U0216203

吉林人民出版社

简体字本二十六史

清史稿

卷一四一——卷一六三

（五）

〔民国〕 赵尔巽等 撰

许凯等 标点

清史稿卷一四一
志第一一六

兵十二

马　政

清初沿明制，设御马监，康熙间，改为上驷院，掌御马，御马以备上乘。畜以备御者，曰内马，供仪仗者，曰仗马。御马选入，以印烙之。设蒙古马医官疗马病。上巡幸及行围，扈从官弁，各给官马。以副都统或侍卫为放马大臣，主其事。上谒祖陵，需马二万三千余匹，东西陵需马四千三百余匹，悉取察哈尔牧厂马应之。迨乾隆时，每扈从用马匹辄二万余。嘉庆中，物力渐耗，停木兰秋狝。十二年，减额马之半。道光九年，如盛京谒陵，额马视乾隆时，约略相等，计取给厂马暨各盟长所进，盖二万六千余匹云。

顺治十五年定军马，亲王出征，马四百匹，郡王三百，贝勒二百，贝子百五十，镇国公百匹，辅国公八十，不人八分镇国公七十，辅国公六十五，将军八十，副将军七十，护军统领、前锋统领、副都统皆六十，其下各有差，最少者护军、领催各六匹。康熙三十五年，敕出征兵一人马四匹，四人为伍，一伍主从骑八匹，驮器粮用具亦八匹。是岁，征噶尔丹，以兵丁马瘦，褫兵部尚书索诺和职。五十一年，定军中职官马数，大学士、尚书、左都御史十六匹，侍郎以下递减，经略、大将军各二十五匹，副将军以下递减。乾隆十六年，八旗牧官马二万七千七百余匹，以万匹于都城外牧养，热河千匹，各庄

头二千匹，余者分畀直隶标营。圈马之设，始乾隆二十八年，从都统舒赫德请也。满洲八旗，旗养马二百匹。蒙古八旗，旗百匹。洎五十九年撤圈，分给各兵拴养。嘉庆十二年，谕成亲王永瑆议复圈马，大学士戴衢亨等会议，立章程十条，圈马仍旧。道光末，军兴遂废，后亦不复筹矣。同治元年谕曰："马政废弛，积弊已深，以致军马罢瘠。牧厂大臣等应妥实整顿，差功罪以挽颓风，著为令。"溯自世祖入关，迄于康、乾之际，盛京、吉林、黑龙江、直隶、江南、浙江、广东、福建、湖北、四川、陕、甘、山东、山西诸省设驻防满洲营，马凡十万六千四百余匹，惟福建水师驻防仅数十匹。乾隆季年，定西藏兵制，前藏供差营马六十匹，后藏二十匹，旧塘四十三，共塘马二百二十匹，新设番塘二十四，共番马九十八匹。黑龙江兵向无额马，道光十六年，从哈丰阿请，始设置之。

天聪时，征服察哈尔，其地宜牧，马蕃息。顺治初，大库口外设种马厂，隶兵部。康熙九年，改牧厂属太仆寺，分左翼右翼二厂，均在口外。是时，大凌河设牧厂一，边墙设厂二，曰商都达布逊诺尔，曰达里冈爱，隶上驷院。寻分设牧厂五，曰大凌河牧群马营，曰养息牧哈达牧群马营，曰养息所边外苏鲁克牧牛羊群，及黑牛群牧营，曰养息牧边外牧群牛营，并在盛京境。凡马牡曰儿，牝曰骒，不及三岁曰驹，及壮择割其牡曰骟。别其骒骟以为群，率骒马五配儿马一，群无过四百匹。骒马及羊三年一平群，牛六年，骒马群三岁以息补耗，三马而取一驹，骟马群岁耗其十一。置牧长、牧副、牧丁任其事，辖以协领、翼长、总管，官兵皆察哈尔、蒙古人充之。饲秣所需木槽镞錾镝杓，每群各二，五年一给之。总管三年番代。二十四年，定牧群牲畜岁终汇报增减数目，视其赢绌，以第赏罚。二十六年，令八旗孳马，春夏驱赴察哈尔牧放，曰出青，秋冬回圈，曰回青。四十四年，将军杨福请市马给兵丁，上不许，谕曰："朝廷屡以太仆寺厂马并茶马给各兵丁，故无赔马之苦。历观宋、明议马政，皆无善策。牧马惟口外最善，水草肥美，不糜饷而孳生甚多。如驱入内地牧之，即日费万金不足矣。"雍正三年，定在厂马以四万匹为率。至乾隆五年，足

额外溢七千余匹。两翼牧厂，共骒马百六十群，骟马十六群，令分在两翼厂牧放。八年，敕牧界毋许侵越。先是甘、凉、肃三州及西宁各设马厂，分五群，群储牝马二百匹，牡四十。寻改甘州厂属巴里坤。二十五年，伊犁设孳生马驼厂，畀锡伯、察哈尔、索伦、厄鲁特四营牧之。三十二年，定牧厂官属所需马，视内地驿传例，按官品给之，不得逾额。嘉庆中，从都统庆溥言，撤回厄鲁特人牧厂。初，富俊建言，撤大凌河牧厂，分归东三省，仁宗严谕斥之。迨道光七年，上经杏山东阅马厂，风河岸马群壮整。因谕："是间牧厂宽阔，水草蕃滋，马恃以生息，若轻议裁，则散之甚易，聚之甚难。再有率为此请者，以违制论。"咸丰四年，科尔沁亲王僧格林沁剿捻，檄取察哈尔战马六百匹，不堪乘用，奏闻。上大怒，严谕都统庆昀整顿，盖马政渐衰弛矣。光绪九年，太仆寺言两翼骒马骟马一百十四群，并孳生马五群，驼亦五群，较乾隆时群数大减。嗣是穆图善练兵，至黑龙江求马无良，愀然曰："地气其尽乎！"迨于末叶，历行新法，旧时牧政益废不讲，岂非时势使然欤？

顺治初，陕西设洮岷、河州、西宁、庄浪、甘州茶马司，及开成、安定、广宁、黑水、清平、万安、武安七监，岁遣御史一人专理之。七年，喀尔喀、额鲁特来市马，谕令自章京监察之贩客及贾人，与不系披甲者，概不许购，违者鞭一百，马入官。蒙古携马来京，不许商贩私买，胥役私购者罪之。康熙七年，裁茶马御史，以马政归甘肃巡抚。三十四年，谕遣师中等往蒙古诸旗购马，归化城、科尔沁各二千匹，余定额有差。乾隆十二年，禁朝鲜买马。二十五年，敕乌鲁木齐市易哈萨克马百三十余匹归巴里坤。旋以五吉等言，选哈萨克所易马拨往巴里坤，遂停购买。阿桂言伊犁易来哈萨克马渐成大群，敕书嘉予。二十八年，定江宁、浙江、福建驻防马匹出口采买例。三十二年，以伊犁易哈萨克马累积至多，择巴里坤善地牧放。寻乌里雅苏台马缺，亦以哈萨克马换易之。陕、甘营马，例调自伊犁转补，道远耗时。咸丰四年，用赓福请，由伊犁、塔尔巴哈台随地变价，令各营自购。七年，并敕山东缺额马，亦就近买补云。

贡马于国初,归化城土默特二旗,每岁四时贡马百匹。顺治十三年,吐鲁番贡三百二十四匹,嗣减令贡西马四匹,蒙古马十匹。康熙八年,以边外蒙古贡马,沿途抑买,谕严禁之。三十年,谕土谢图、车臣俱留汗号,贡白驼一、白马八如初,自余毋以九白进。三十五年,喀尔喀蒙古献驼马,多不可计,感圣祖破噶尔丹,得归原牧地也。四川各土司"例贡及折徵马,各营少者一、二匹,最多十二匹。甘肃唐古特七族西喇古儿例贡马匹,各营最多者八十二匹,少者递减至二、三匹。乾隆元年,谕四川土司折价马每匹纳银十二两,通省营马改从驿马例,纳银八两,永著为令。"三十年,哈萨克沁德穆尔等献马。敕其余马赴伊犁,毋于喀什噶尔诸地贸易。寻令沙拉伯尔游牧之哈萨克,与沙拉伯尔一体贡马。嘉庆元年,停叶尔羌进马。十六年,谕乌里雅苏台将军等贡马及备用马选取之。又谕伊犁进马,材具借闲,足供御用,令正备贡各五匹,有私带者,以违制论。道光二年,从那彦成奏,青海属玉树番族岁纳贡马,据丁口数,依二十壮丁贡马一匹例,按数递裁。凉州属番族岁仍纳马一匹。初内外蒙部多贵戚,每征伐,争先输马、驼,汉、唐以来所未有也。康熙初,察哈尔亲王、郡王、贝勒等,闻三藩叛,各犬马匹佐军。道光九年,章佳胡图克图捐马百匹,收其半。二十三年,察哈尔蒙旗捐马千九百七十匹。咸丰初,哲布尊丹巴等捐马千匹,喀尔喀土谢图等二千匹,锡林果勒盟长等三千匹,帝以其多,却之。嗣闻已在途中,令择善地牧以待用。自是三音诺颜部等,以军事输马、驼,旋捐马二千一百,锡林果勒盟等千二百,或留或否。七年,各部落蒙古王等捐马六千四百匹,诏纳之。时粤、捻扰畿东,利于用骑也。同治间,黑龙江将军德英于呼伦贝尔各城劝捐军马。光绪初,丰绅托克淊办海防,时昭乌达盟郡王捐马六百匹,因请踵行推广劝谕,以助军实云。

驿置肇自前汉,历代因之。清沿明制,设驿马,为额四万三千三百有奇。各省驿制,定于康熙二年,凡赍奏官驿马之数,各藩马五匹,公、将军、提督、督、抚三匹,总兵、巡盐御史二匹,从兵部侍郎石麟请也。边外之驿,定于九年,凡明诏特遣,及理藩院饬赴蒙古诸部

宣谕公务,得乘边外驿马。三十五年,征噶尔丹,设边外五处驿站,
用便车粮运输。又从理藩院言,自张家口外设蒙古驿。其大略也。
驿传在僻地者,仅供本州县所需,亦曰递马,额不过数匹。冲繁州
县,置驿或二或三,额马至六七十匹。驿差大者,皇华使臣,朝贡蕃
客,余如大臣入觐、莅官、视龌、监税皆是。若赍奏员役,呈奉表册,
其小者也。要者,如星驰飞递,刻期立赴之属。若闵劳恤死,允给邮
传,其散者也。驿政弊坏,张汧尝极言之。越数诛求,横索滋扰,蠹
国病民,势所必至。已定例诸驿额马,每年十踣其三,循例买补。咸
丰中,粤氛孔炽,湖、湘境为贼据,劫失驿骑,焚毁号舍,往往有之。
各州县或买马填补,或赁马应差,其有失驿未设,即雇夫代马。甘肃
旧设马额六千余,亦以军兴废弛。光绪九年,军务既平,驿递渐简,
所留马视前减三分二,而驿政亦无所妨。十一年,新疆南路设驿。是
时,综通国驿站岁费,约三百万余金。二十九年,刘坤一、张之洞条
陈新法,谓驿站耗财,不如仿外人之邮政。邮政递信速,驿政文报
迟。弊由有驿州县马缺额,又复疲瘦,驿丁或倚为利薮,因致稽延。
请设驿政局,推行邮政,俾驿铺经费专取给邮资即三百万岁耗可以
省出矣。时韪其言。已而驿马渐裁,嗣是驿遂废不用。

顺治初,建常盈库,凡车驾司朋桩站银,武库司马值,太仆寺马
价皆储之。康熙初,改常盈库储归户部。乾隆十六年,敕云南营马
除十踣其三按例应赔外,其逾额踣毙者免赔桩银。二十七年,定给
留圈马乾,每匹视绿营稍优异。三十八年,又令云南买补马价,每匹
减银三两。初马乾岁费约四十四万有奇。道光中,从载铨等言,裁
八旗官拴马半额,以节出之费补兵饷焉。

清初定现任官得养马,余悉禁之。寻许武进士、武举、兵丁、捕
役养马。康熙元年,禁民人养马。有私贩马匹,为人首告者,马给首
告之人。其主有官职,予重罚。平民荷校鞭责。十年,令民人仍得
养马。二十六年,定出厂马、驼,或践食田禾,或纵逸侵扰,兵鞭责,
官罚俸有差。其兵丁强人代牧,及勒索扰累者,兵发刑部,官降调。
凡牧马毙,则验其皮,踣毙例须赔抵,有一九、一七之罚。应取驹千

匹者，以百匹为一分，百匹者以十匹为一分。雍正十三年，定马、驼
出厂时，毛齿皆有册，回日核验，如疲瘠十不及三，免议，否则兵鞭
责，官罚俸有差。乾隆初，禁牧丁等盗马私售，及与人乘，峻其科罚。
十六年，严牧马减克料草之罪。二十八年，官马出青，每百匹准倒十
匹，逾额勒其买补。嘉庆十一年，行围木兰，查获私贩马匹诸犯，重
惩之。因谕："我朝请武时巡，扈从均给官马。大臣禄入较优，给马
较少。官员兵丁，视差务之繁简，定马数之多寡，少者一、二匹，多至
五匹，事竣原马还官。如踣毙，呈验耳尾，仍按价折交。收放时，命
王大臣督察。乃官兵等竟私鬻官单，察哈尔官兵收马利，其折银易
于买补。积弊日深，大妨马政。自后设有卖单及折收者，一体科罚。
私买之马贩，从严问拟。大臣等其妥议定章以闻。"凡营马或走脱窃
失，责令赔补，谓之赔桩，年递减十之一，至十年悉免之。应敌伤损
者免赔。骑至三年踣毙者亦免。其余一年或二三年内踣毙，赔额视
其省而异，以十金为最多。同治二年，定古北口盘获私马逾三十匹
者送京，不及三十匹赏与兵丁，者为令。

清史稿卷一四二

志第一一七

刑法一

中国自书契以来，以礼教治天下。劳之来之而政出焉，匡之直之而刑生焉。政也，刑也，凡皆以维持礼教于勿替。故《尚书》曰："明于五刑，以弼五教。"又曰："士制百姓于刑之中，以教祗德。"古先哲王，其制刑之精义如此。周衰礼废，典籍散失。魏李悝著《法经》六篇，流衍至于汉初，萧何加为《九章》，历代颇有增损分合。至唐《永徽律》出，始集其成。虽沿宋迄元、明而面目一变，然科条所布，于扶翼世教之意，未尝不兢兢焉。君子上下数千年间，观其教化之昏明，与夫刑罚之中不中，而盛衰治乱之故，綦可睹矣。

有清起自辽左，不三四十年混一区宇。圣祖冲年践阼，与天下休养，六十余稔，宽恤之诏，岁不绝书。高宗运际昌明，一代法制，多所裁定。仁宗以降，事多因循，未遑改作。综其终始，列朝刑政，虽不尽清明，然如明代之厂卫、廷杖，专意戮辱士大夫，无有也。治狱者虽不尽仁恕，然如汉、唐之张汤、赵禹、周兴、来俊臣辈，深文惨刻，无有也。德宗末叶，庚子拳匪之变，创巨痛深，朝野上下，争言变法，于是新律萌芽。迨宣统逊位，而中国数千年相传之刑典俱废。是故论有清一代之刑法，亦古今绝续之交也。爰备志之，俾后有考焉。

清太祖嗣服之初，始定国政，禁悖乱，戢盗贼，法制以立。太宗继武，于天聪七年，遣国舅阿什达尔汉等往外藩蒙古诸国宣布钦定

法令,时所谓"盛京定例"是也。嗣复陆续著有治罪条文,然皆因时立制,不尽垂诸久远。

世祖顺治元年,摄政睿亲王入关定乱,六月,即令问刑衙门准依《明律》治罪。八月,刑科给事中孙襄陈刑法四事,一曰定刑书:"刑之有律,犹物之有规矩准绳也。今法司所遵及故明律令,科条繁简,情法轻重,当稽往宪,合时宜,斟酌损益,刊定成书,布告中外,俾知画一遵守,庶奸慝不形,风俗移易。"疏上,摄政王谕令法司会同廷臣详绎《明律》,参酌时宜,集议允当,以便裁定成书,颁行天下。十月,世祖入京,即皇帝位。刑部左侍郎党崇雅奏,在外官吏,乘兹新制未定,不无凭臆舞文之弊。并乞暂用明律,候国制画一,永垂令甲。得旨:"在外仍照《明律》行,如有恣意轻重等弊,指参重处。"二年,命修律官参稽满、汉条例,分轻重等差,从刑科都给事中李士焜也。

三年五月,《大清律》成,世祖御制序文曰:"朕惟太祖、太宗创业东方,民淳法简,大辟之外,惟有鞭笞。朕仰荷天休,抚临中夏,人民既众,情伪多端。每遇奏谳,轻重出入,颇烦拟议。律例未定,有司无所禀承。爰敕法司官广集廷议,详绎《明律》,参以国制,增损剂量,期于平允。书成奏进,朕再三覆阅,仍命内院诸臣校订妥确,乃允刊布,名曰《大清律集解附例》。尔内外有司官吏,敬此成宪,勿得任意低昂,务使百官万民,畏名义而重犯法,冀几刑措之风,以昭我祖宗好生之德。子孙臣民,其世世守之。"十三年,复颁满文《大清律》。

康熙九年,圣祖命大学士管理刑部尚书事对喀纳等将律文复行校正。十八年,特谕刑部定律之外,所有条例,应去应存,著九卿、詹事、科道会同详加酌定,确议具奏,嗣经九卿等遵旨会同更改条例,别自为书,名为《现行则例》。二十八年,台臣盛符升以律例须归一贯,乞重加考定,以垂法守。特交九卿议,准将《现行则例》附入《大清律》条。随命大学士图纳、张玉书等为总裁。诸臣以律文自《唐律》,辞简义赅,易致舛讹,于每篇正文后增用总注,疏解律义。

次第酌定名例四十六条，三十四年，先行缮呈。三十六年，发回刑部，命将奏闻后更改之处补入。至四十六年六月，辑进四十二本，留览未发。

雍正元年，巡视东城御史汤之旭奏："律例最关紧要，今《六部见行则例》，或有从重改轻，从轻拟重，有先行而今停，事同而法异者，未经画一。乞简谙练律例大臣，专掌律例馆总裁，将康熙六十一年以前之例并《大清会典》，逐条互订，庶免参差。"世宗允之，命大学士朱轼等为总裁，谕令于应增应减之处，再行详加分晰，作速修完。三年书成，五年颁布。盖《明律》以《名例》居首，其次则分隶于六部，合计三十门，都凡四百六十条。顺治初，厘定律书，将《公式》门之信牌移入《职制》，漏泄军情移入《军政》，于《公式》门删漏用钞印，于《仓库》门删钞法，于《诈伪》门删伪造宝钞。后又于《名例》增入边远充军一条。雍正三年之律，其删除者：《名例律》之吏卒犯死罪、杀害军人、在京犯罪军民共三条，《职制》门选用军职、官吏给由二条，《婚姻》门之蒙古、色目人婚姻一条，《宫卫》门之悬带关防牌面一条。其并入者：《名例》之边远充军并于充军地方，《公式》门之毁弃制书印信并二条为一，《课程》门之盐法并十二条为一，《宫卫》门之冲突仪仗并三条为一，《邮驿》门之递送公文并三条为一。其改易者：《名例》之军官军人免发遣更为犯罪免发遣，军官有犯更为军籍有犯；《仪制》门之收藏禁书及私习天文生节为收藏禁书。其增入者：《名例》之天文生有犯充军地方二条。总计《名例律》四十六条。《吏律》：曰《职制》十四条，曰《公式》十四条。《户律》：曰《户役》十五条，曰《田宅》十一条，曰《婚姻》十七条，曰《仓库》二十三条，曰《课程》八条，曰《市廛》五条。《礼律》：曰《祭祀》六条，曰《仪制》二十条。《兵律》：曰《宫卫》十六条，曰《军政》二十一条，曰《关津》七条，曰《厩牧》十一条，曰《邮驿》十六条。《刑律》：曰《贼盗》二十八条，曰《人命》二十条，曰《斗殴》二十二条，曰《骂詈》八条，曰《诉讼》十二条，曰《受赃》十一条，曰《诈伪》十一条，曰《犯奸》十条，曰《杂犯》十一条，曰《捕亡》八条，曰《断狱》二十九条。《工律》：曰《营造》九条，

曰《河防》四条。盖仍《明律》三十门，而总为四百三十六条。律首
《六赃图》、《五刑图》、《狱具图》、《丧服图》，大都沿明之旧。《纳赎诸
例图》、《徒限内老疾收赎图》、《诬轻为重收赎图》，银数皆从现制。
其律文及律注，颇有增损改易。律后总注，则康熙年间所创造。律
末并附《比引律》三十条。此其大较也。自时厥后，虽屡经纂修，然
仅续增附律之条例，而律文未之或改。惟乾隆五年，馆修奏准芟除
总注，并补入《过失杀伤收赎》一图而已。

　　例文自康熙初年仅存三百二十一条，末年增一百一十五条。雍
正三年，分别订定，曰《原例》，累朝旧例凡三百二十一条；曰《增
例》，康熙间现行例凡二百九十条；曰《钦定例》，上谕及臣工条奏凡
二百有四条，总计八百十有五条。其立法之善者，如犯罪存留养亲，
推及嫠妇独子；若殴妻致死，并得准其承祀，恤孤嫠且教孝也。犯死
罪非常赦所不原，察有祖父子孙阵亡，准其优免一次劝忠也。枉法
赃有禄人八十两，无禄人及不枉法赃有禄人一百二十两，俱实绞，
严贪墨之诛也。衙蠹索诈，验赃加等治罪，惩胥役所以保良懦也。强
盗分别法无可贷、情有可原，奸渠魁、赦协从之义也。复仇以国法得
伸与否为断，杜凶残之路也。凡此诸端，或隐合古义，或娇正前失，
皆良法也。而要皆定制于康、雍时。

　　又国初以来，凡纂修律例，类必钦命二三大臣为总裁，特开专
馆。维时各部院则例陆续成书，苟与刑律相涉，馆员俱一一厘正，故
鲜乖牾。自乾隆元年，刑部奏准三年修例一次。十一年，内阁等衙
门议改五年一修。由是刑部专司其事，不复简派总裁，律例馆亦遂
附属于刑曹，与他部往往不相关会。高宗临御六十年，性矜明察，每
阅谳牍，必求其情罪曲当，以万变不齐之情，欲御以万变不齐之例。
故乾隆一朝纂修八九次，删《原例》、《增例》诸名目，而改变旧例及
因案增设者为独多。

　　嘉庆以降，按期开馆，沿道光、咸丰以迄同治，而条例乃增至一
千八百九十有二。盖清代定例，一如宋时之编敕，有例不用律，律既
多成虚文，而例遂愈滋繁碎。其间前后抵触，或律外加重，或因例破

律,或一事设一例,或一省一地方专一例,甚且因此例而生彼例,不惟与他部则例参差,即一例分载各门者,亦不无歧异。辗转纠纷,易滋高下。雍正十三年,世宗遗诏有曰:“国家刑罚禁令之设,所以诘奸除暴,惩贪黜邪,以端风俗,以肃官方者也。然宽严之用,又必因乎其时。从前朕见人情浅薄,官吏营私,相习成风,罔知省改,不得不惩治整理,以戒将来。今人心共知警惕矣,凡各衙门条例,有前严而改宽者,此乃从前部臣定议未协,朕与廷臣悉心酌核而后更定,自可垂诸永久。若前宽而改严者,此乃整饬人心风俗之计,原欲暂行于一时,俟诸弊革除,仍可酌复旧章,此朕本意也。向后遇事斟酌,如有应从旧例者,仍照旧例行。”惜后世议法诸臣,未尽明世轻世重之故,每届修例,第将历奉谕旨及议准臣工条奏节次编入,从未统合全书,逐条厘正。穆宗号称“中兴”,母后柄政,削平发、捻、回疆之乱,百端待理,尚于同治九年纂修一次。德宗幼冲继统,未遑兴作。兼之时势多故,章程丛积,刑部既惮其繁猥,不敢议修,群臣亦未有言及者,因循久之。

逮光绪二十六年,联军入京,两宫西狩。忧时之士,咸谓非取法欧、美,不足以图强。于是条陈时事者,颇稍稍议及刑律。二十八年,直隶总督袁世凯、两江总督刘坤一、湖广总督张之洞,会保刑部左侍郎沈家本、出使美国大臣伍廷芳修订法律,兼取中西。旨如所请,并谕将一切现行律例,按照通商交涉情形,参酌各国法律,妥为拟议,务期中外通行,有裨治理。自此而议律者,乃群措意于领事裁判权。

是年刑部亦奏请开馆修例。三十一年,先将例内今昔情形不同,及例文无关引用,或两例重复,或旧例停止者,奏准删除三百四十四条。三十三年,更命侍郎俞廉三与沈家本俱充修订法律大臣。沈家本等乃征集馆员,分科纂辑,并延聘东西各国之博士律师,藉备顾问。其前数年编纂未竣之旧律,亦特设编案处,归并分修。十二月,遵旨议定满、汉通行刑律,又删并旧例四十九条。宣统元年,全书纂成缮进,谕交宪政编查馆核议。二年,覆奏订定,名为《现行

刑律》。

时官制改变，立宪诏下，东西洋学说朋兴。律虽仍旧分三十门，而芟削六部之目。其因时事推移及新章递嬗而删者，如《名例》之犯罪免发遣、军籍有犯、流囚家属、流犯在道会赦、天文生有犯、工乐户及妇人犯罪、充军地方，《职制》之大臣专擅选官、文官不许封公侯、官员赴任过限、无故不朝参公座、奸党，《公式》之照刷文卷、磨勘卷宗、封掌印信，《户役》之丁夫差遣不平、隐蔽差役、逃避差役，《田宅》之任所置买田宅，《婚姻》之同姓为婚、良贱为婚姻，《课程》之监临势要中盐、阻坏盐法、私矾、舶商匿货，《礼制》之朝见留难，《宫卫》之内府工作人匠替役，《军政》之边境申索军需、公侯私役官军、夜禁，《关津》之私越冒度关津、诈冒给路引、递送逃军妻女出城、私出外境及违禁下海、私役弓兵，《厩牧》之公使人等索借马匹，《邮驿》之占宿驿舍上房，《贼盗》之起除刺字，《斗殴》之良贱相殴，《诉讼》之军民约会、词讼诬告、充军及迁徙，《受赃》之私受公侯财物，《犯奸》之良贱相奸，《杂犯》之搬做杂剧，《捕亡》之徒流人逃，《断狱》之徒囚不应役，《营造》之有司官吏不住公廨是也。其缘政体及刑制迁变而改者，如《名例》之化外人有犯改为蒙古及入国籍人有犯，徒流迁徙地方改为五徒三流二遣地方，《婚姻》之娶乐人为妻妾改娶娼妓为妻，《人命》之杀子孙及奴婢图赖人节去“及奴婢”字，《斗殴》之奴婢殴家长改为雇工人殴家长，《骂詈》之奴婢骂家长改为雇工人骂家长，《犯奸》之奴婢奸家长妻改为雇工人奸家长妻是也。综计全律仍存三百八十有九条，而《比引律》则删存及半，依类散入各门，不列比附之目。旧例除删并外，合续纂之新例，统一千六十六条。其《督捕则例》一书，顺治朝命臣工纂进，原为旗下逃奴而设。康熙十五年重加酌定，乾隆以后续有增入，计条文一百一十，亦经分别去留，附入《刑律》，而全书悉废。律首仍载《服制全图》，以重礼教。是年冬颁行焉。若蒙古治罪各条，载诸《理藩院则例》，及《西宁番子治罪条例》，别行诸岷、洮等处者，以其习俗既殊，刑制亦异，未敢轻议更张。

新律则光绪三十二年法律馆撰上《刑民诉讼律》,酌取英、美陪审制度。各督抚多议其窒碍,遂寝。三十三年,复先后奏上《新刑律草》案,《总则》十七章:曰法例,曰不论罪,曰未遂罪,曰累犯罪,曰俱发罪,曰共犯罪,曰刑名,曰宥恕减轻,曰自首减免,曰酌量减轻,曰加减例,曰缓刑,曰暂释,曰恩赦,曰时效,曰时期计算,曰文例。《分则》三十六章:曰关于帝室之罪,曰关于内乱之罪,曰关于国交之罪,曰关于外患之罪,曰关于漏泄机务之罪,曰关于渎职之罪,曰关于妨害公务之罪,曰关于选举之罪,曰关于骚扰之罪,曰关于逮捕监禁者脱逃之罪,曰关于藏匿罪人及湮灭证据之罪,曰关于伪证及诬告之罪,曰关于放火决水及水利之罪,曰关于危险物之罪,曰关于往来通信之罪,曰关于秩序之罪,曰关于伪造货币之罪,曰关于伪造文书及印文之罪,曰关于伪造度量衡之罪,曰关于祀典及坟墓之罪,曰关于鸦片烟之罪,曰关于赌博彩票之罪,曰关于奸非及重婚之罪,曰关于饮料水之罪,曰关于卫生之罪,曰关于杀伤之罪,曰关于堕胎之罪,曰关于遗弃之罪,曰关于逮捕监禁之罪,曰关于略诱及和诱之罪,曰关于安全信用名誉及秘密之罪,曰关于窃盗及强盗之罪,曰关于诈欺取财之罪,曰关于侵占之罪,曰关于赃物之罪,曰关于毁弃损坏之罪。两编合共三百八十七条,经宪政编查馆奏交部院及疆臣核议,签驳者多。

宣统元年,沈家本等汇集各说,复奏进《修正草案》。时江苏提学使劳乃宣上书宪政编查馆论之曰:"法律大臣会同法部奏进修改刑律,义关伦常诸条,未依旧律修入。但于《附则》称中国宗教遵孔,以纲常礼教为重。如律中十恶亲属容隐,干名犯义,存留养亲,及亲属相奸、相盗、相殴,发冢犯奸各条,未便蔑弃。中国人有犯以上各罪,应仍依旧律,别辑单行法,以昭惩创。窃维修订新律,本为筹备立宪,统一法权。凡中国人及在中国居住之外国人,皆应服从同一法律。是此法律,本当以治中国人为主。今乃依旧律别辑中国人单行法,是视此新刑律专为外国人设矣。本末倒置,莫此为甚。《草案》案语谓修订刑律,所以收回领事裁判权。刑律内有一二条为外

国人所不遵奉,即无收回裁判权之实。故所修刑律,专以摹仿外国为事。此说实不尽然。泰西各国,凡外国人居其国中,无不服从其国法律,不得执本国无此律以相争,亦不得恃本国有此律以相抗。今中国修订刑律,乃谓为收回领事裁判权,必尽舍固有之礼教风俗,一一摹仿外国。则同乎此国者,彼国有违言,同乎彼国者,此国又相反,是必穷之道也。总之一国之律,必与各国之律相同,然后乃能令国内居住之外国人遵奉,万万无此理,亦万万无此事。以此为收回领事裁判权之策,是终古无收回之望也。且夫国之有刑,所以弼教。一国之民有不遵礼教者,以刑齐之。所谓礼防未然,刑禁已然,相辅而行,不可缺一者也。故各省签驳《草案》,每以维持风化立论,而案语乃指为浑道德法律为一。其论无夫奸曰:'国家立法,期于令行禁止。有法而不能行,转使民玩法而肆无忌惮。和奸之事,几于禁之无可禁,诛之不胜诛,即刑章具在,亦祇具文。必教育普及,家庭严正,舆论之力盛,廉耻之心生,然后淫靡之风可少衰。'又曰:'防遏此等丑行,不在法律而在教化。即列为专条,亦无实际。'其立论在离法律与道德教化而二之,视法律为全无关于道德教化,故一意摹仿外国,而于旧律义关伦常诸条弃之如遗,焉用此法为乎?"谓宜将旧律有关礼教论纪各节,逐一修入正文,并拟补干名犯义、犯罪存留养亲、亲属相奸相殴、无夫奸、子孙违犯教令各条。法律馆争之。明年资政院开,宪政编查馆奏交院议,将总则通过。时劳乃宣充议员,与同院内阁学士陈宝琛等,于无夫奸及违犯教令二条尤力持不少息,而分则遂未议决。余如《民律》、《商律》、《刑事诉讼律》、《民事诉讼律》、《国籍法》俱编纂告竣,未经核议。惟《法院编制法》、《违警律》、《禁烟条例》均经宣统二年颁布,与《现行刑律》仅行之一年,而逊位之诏下矣。

清史稿卷一四三
志第一一八

刑法二

《明律》渊源唐代，以笞、杖、徒、流、死为五刑。自笞一十至五十，为笞刑五。自杖六十至一百，为杖刑五。徒自杖六十徒一年起，每等加杖十，刑期半年，至杖一百徒三年，为徒五等。流以二千里、二千五百里、三千里为三等，而皆加杖一百。死刑二：曰斩，曰绞。此正刑也。其律例内之杂犯、斩绞、迁徙、充军、枷号、刺字、论赎、凌迟、枭首、戮尸等刑，或取诸前代，或明所自创，要皆非刑之正。

清太祖、太宗之治辽东，刑制尚简，重则斩，轻则鞭扑而已。迨世祖入关，沿袭明制，初颁《刑律》，笞、杖以五折十，注入本刑各条。康熙朝《现行则例》改为四折除零。雍正三年之律，乃依例各于本律注明板数。徒、流加杖，亦至配所照数折责。盖恐扑责过多，致伤生命，法外之仁也。文武官犯笞、杖，则分别公私，代以罚俸、降级、降调，至革职而止。

徒者，奴也，盖奴辱之。明发盐场铁冶煎盐炒铁，清则发本省驿递。其无驿县，分拨各衙门充水火夫各项杂役，限满释放。

流犯，初制由各县解交巡抚衙门，按照里数，酌发各处荒芜及濒海州县。嗣以各省分拨失均，不免趋避拣择。乾隆八年，刑部始纂辑《三流道里表》，将某省某府属流犯，应流二千里者发何省何府属安置，应流二千五百里者发何省何府属安置，应流三千里者发何省何府属安置，按计程途，限定地址，逐省逐府，分别开载。嗣于四

十九年及嘉庆六年两次修订。然第于州县之增并,道里之参差,略有修改,而大体不易。《律》称:"犯流妻妾从之,父祖子孙欲随者听。"乾隆二十四年,将金妻之例停止。其军、流、遣犯情愿随带家属者,不得官为资送,律成虚设矣。

斩、绞,余是死刑。然自汉以来,有秋后决囚之制。《唐律》除犯恶逆以上及奴婢、部曲杀主者,从立春至秋分不得奏决死刑。明弘治十年奏定真犯死罪决不待时者,凌迟十二条,斩三十七条,绞十二条,真犯死罪秋后处决者,斩一百条,绞八十六条。顺治初定律,乃于各条内分晰注明,凡律不注监候者,皆立决也;凡例不言立决者,皆监候也。自此京、外死罪多决于秋,朝审遂为一代之大典。杂犯斩、绞准徒五年与杂犯三流总徒四年,大都创自有明。《清律》于官吏受赃,枉法不枉法,满贯俱改为实绞,余多仍之。名实混淆,殊形镠轕。

迁徙原于唐之杀人移乡,而定罪则异。律文沿用数条,然皆改为比流减半、徒二年,并不徙诸千里之外。惟条例于土蛮、瑶、僮、苗人仇杀劫掳及改土为流之土司有犯,将家口实行迁徙。然各有定地,亦不限千里也。

明之充军,义主实边,不尽与流刑相比附。清初裁撤边卫,而仍沿充军之名。后遂以附近、近边、边远、极边、烟瘴为五军,且于满流以上,为节级加等之用。附近二千里,近边二千五百里,边远三千里,极边、烟瘴俱四千里。在京兵部定地,在外巡抚定地。雍正三年之律,第于十五布政司应发省分约略编定。乾隆三十七年,兵部根据《邦政纪略》,辑为《五军道里表》,凡发配者,视表所列。然名为充军,至配并不入营差操,第于每月朔望检点,实与流犯无异。而满流加附近、近边道里,反由远而近,司谳者每苦其纷歧,而又有发遣名目。初第发尚阳堡、宁古塔,或乌喇地方安插,后并发齐齐哈尔、黑龙江、三姓、喀尔喀、科布多,或各省驻防为奴。乾隆年间,新疆开辟,例又有发往伊犁、乌鲁木齐、巴里坤各回城分别为奴种地者。咸、同之际,新疆道梗,又复改发内地充军。其制屡经变易,然军遣

止及其身。苟情节稍轻，尚得更赦放还。以视明之永远军戍，数世后犹句及本籍子孙者，大有间也。若文武职官犯徒以上，轻则军台效力，重则新疆当差。成案相沿，遂为定例。此又军遣中之歧出者焉。

枷杻，本以羁狱囚。明代《问刑条例》，于本罪外或加以枷号，示戮辱也。《清律》犯罪免发遣条："凡旗人犯罪，笞、杖各照数鞭责，军、流、徒免发遣，分别枷号。徒一年者，枷号二十日，每等递加五日。流二千里者，枷号五十日，每等亦递加五日，充军附近者，枷号七十日，近边、沿海、边外者八十日，极边、烟瘴者九十日。"原立法之意，亦以旗人生则入档，壮则充兵，巩卫本根，未便离远，有犯徒、流等罪，直以枷号代刑，强干之义则然。然犯系寡廉鲜耻，则销除旗档，一律实发，不姑息也。若窃盗再犯加枷，初犯再犯计次加枷，犯奸加枷，赌博加枷，逃军逃流加枷，暨一切败检逾闲、不顾行止者酌量加枷，则初无旗、民之别。康熙八年，部议囚禁人犯止用细炼，不用长枷，而枷号遂专为行刑之用。其数初不过一月、二月、三月，后竟有论年或永远枷号者。始制重者七十斤，轻者六十斤。乾隆五年，改定应枷人犯俱重二十五斤，然例尚有用百斤重枷者。嘉庆以降，重枷断用三十五斤，而于四川、陕西、湖北、河南、山东、安徽、广东等省匪徒，又有系带铁杆石礅之例，亦一时创刑也。

刺字，古肉刑之一，律第严于贼盗。乃其后条例滋多，刺缘坐，刺凶犯，刺逃军、逃流，刺外遣、改遣、改发。有刺事由者，有刺地方者，并有分刺满、汉文字者。初刺右臂，次刺左臂，次刺右面、左面。大抵律多刺臂，例多刺面。若窃盗责充警迹，二三年无过，或缉获强盗二名以上、窃盗三名以上，例又准其起除刺字，复为良民。盖恶恶虽严，而亦未尝不予以自新之路焉。

赎刑有三：一曰纳赎，无力照律决配，有力照例纳赎。二曰收赎，老幼废疾、天文生及妇人折杖，照律纳赎。三曰赎罪，官员正妻及律难的决，并妇人有力者，照例赎罪。收赎名曰律赎，原本唐律纳赎。赎罪名为例赎，则明代所创行。顺治修律，五刑不列赎银数目。

雍正三年,始将《明律赎图》内应赎银数斟酌修改,定为《纳赎诸例图》。然自康熙《现行例》定有承问官滥准纳赎交部议处之条,而前明纳赎及赎罪诸旧例又节经删改,故律赎俱照旧援用,而例赎则多成具文。

其捐赎一项,顺治十八年,有官员犯流徒籍没认工赎罪例;康熙二十九年,有死罪现监人犯输米边口赎罪例;三十年,有军流人犯捐赎例;三十四年,有通仓运米捐赎例;三十九年,有永定河工捐赎例;六十年,有河工捐赎例。然皆事竣停止,其历朝沿用者,惟雍正十二年户部会同刑部奏准预筹运粮事例,不论旗、民,罪应斩、绞,非常赦所不原者,三品以上官照西安驼捐例捐运粮银一万二千两,四品官照营田例捐运粮银五千两,六品官照营田例捐银四千两,七品以下、进士、举人二千五百两,贡、监生二千两,平人一千二百两,军、流各减十分之四,徒以下各减十分之六,俱准免罪。西安驼捐,行自雍正元年,营田例则五年所定也。乾隆十七年,西安布政使张若震奏请另定捐赎笞、杖银数。经部议,预筹运粮事例,杖、笞与徒罪不分轻重,一例捐赎,究未允协。除犯枷号、杖责者照徒罪捐赎外,酌拟分杖为一等,笞为一等。其数,杖视徒递减,笞视杖递减。二十三年,谕将斩、绞缓决各犯纳赎之例永行停止。遇有恩赦减等时,其惮于远行者,再准收赎。而赎锾则仍视原拟罪名,不得照减等之罪。著为令。嗣后官员赎罪者,俱照运粮事例核夺。刑部别设赎罪处,专司其事。此又律赎、例赎而外,别自为制者矣。

凌迟,用之十恶中不道以上诸重罪,号为极刑。枭首,则强盗居多。戮尸,所以待恶逆及强盗应枭诸犯之监故者。凡此诸刑,类皆承用《明律》,略有通变,行之二百余年。至过误杀之赔人,窃盗之割脚筋,重辟减等之贯耳鼻,强盗、贪官及窝逃之籍家产,或沿自盛京定例,或顺治朝偶行之峻令,不久革除,非所论也。

自光绪变法,二十八年,山西巡抚赵尔巽奏请各省通设罪犯习艺所。经刑部议准,徒犯毋庸发配,按照年限,于本地收所习艺。军、流为常赦所不原者,照定例发配,到配一律收所习艺。流二千里限

工作六年,二千五百里八年,三千里者十年。遣军照满流年限计算,限满释放,听其自谋生计,并准在配所入籍为民。若为常赦所得原者,无论军、流,俱无庸发配,即在本省收所习艺。工作年限,亦照前科算。自此五徒并不发配,即军、流之发配者,数亦锐减矣。二十九年,刑部奏准删除充军名目,将附近、近边、边远并入三流,极边及烟瘴改为安置,仍与当差并行。自此五军弟留其二,而刑名亦改变矣。三十年,刘坤一、张之洞会奏变法第二折内,有恤刑狱九条。其省刑责条内,经法律馆议准,笞、杖等罪,仿照外国罚金之法,改为罚银。凡律例内笞刑五,以五钱为一等,至笞五十罚银二两五钱,杖六十者改为罚五两。每一等加二两五钱,以次递加,至杖一百改为罚十五两而止。如无力完纳,折为作工。应罚一两,折作工四日,以次递加,至十五两折作工六十日而止。然窃盗未便罚金,议将犯窃应拟笞罪者,改科工作一月;杖六十者,改科工作两月;杖七十至一百,每等递加两月。又附片请将军、流、徒加杖概予宽免,无庸决责。自此而笞、杖二刑废弃矣。

三十一年,修订法律大臣沈家本等奏请删除重法数端,略称:"见行律例款目极繁,而最重之法,亟应先议删除者,约有三事:一曰凌迟、枭首、戮尸。凌迟之刑,唐以前无此名目。《辽史·刑法志》始列入正刑之内。宋自熙宁以后,渐亦沿用。元、明至今,相仍未改。枭首在秦、汉时惟用诸夷族之诛,六朝梁、陈、齐、周诸律,始于斩之外别立枭名。自隋迄元,复弃而不用。今之斩枭,仍明制也。戮尸一事,惟秦时成蟜军反,其军吏皆斩戮尸,见于《始皇本纪》。此外历代刑制,俱无此法。明自万历十六年,定有戮尸条例,专指谋杀祖父母、父母而言。国朝因之,后更推及于强盗。凡此酷重之刑,固所以惩戒凶恶。第刑至于斩,身首分离,已为至惨。若命在顷忽,葅醢必令备尝,气久消亡,刀锯犹难幸免,揆诸仁人之心,当必惨然不乐。谓将以惩本犯,而被刑者魂魄何知;谓将以警戒众人,而习见习闻,转感召其残忍之性,实非圣世所宜遵。请将凌迟、枭首、戮尸三项,一概删除,死罪至斩决而止。凡《律例》内凌迟、斩枭各条,俱改

斩决。斩决而下,依次递减。一曰缘坐。缘坐之制,起于秦之参夷
及收司连坐法。汉高后除三族令,文帝除收孥相坐律,当时以为盛
德。惜夷族之诛,犹间用之。晋以下仍有家属从坐之法,《唐律》惟
反叛、恶逆、不道,律有缘坐,他无有也。今律则奸党、交结近侍诸项
俱缘坐矣,反狱、邪教诸项亦缘坐矣。一案株连,动辄数十人。夫以
一人之故而波及全家,以无罪之人而科以重罪,汉文帝以为不正之
法反害于民,北魏崔挺尝曰"一人有罪,延及阖门,则司马牛受桓魋
之罚,柳下惠膺盗跖之诛,不亦哀哉",其言皆笃论也。今世各国,皆
主持刑罚止及一身之义,与"罪人不孥"之古训实相符合。请将律内
缘坐各条,除知情者仍坐罪外,其不知情者悉予宽免。余条有科及
家属者,准此。一曰刺字。刺字乃古墨刑,汉之黥也。文帝废肉刑
而黥亦废,魏、晋、六朝虽有逃奴劫盗之刺,旋行旋废。隋、唐皆无此
法。至石晋天福间,始创刺配之制,相沿至今。其初不过窃盗逃人,
其后日加烦密。在立法之意,原欲使莠民知耻,庶几悔过而迁善。讵
知习于为非者,适予以标识,助其凶横。而偶罹法纲者,则黥刺一
膺,终身戮僇辱。夫肉刑久废,而此法独存,汉文所谓刻肌肤痛而不
德者,未能收弼教之益,而徒留此不德之名,岂仁政所宜出此。拟请
将刺字款目,概行删除。凡窃盗皆令收所习艺,按罪名轻重,定以年
限,俾一技能娴,得以糊口,自少再犯、三犯之人。一切递解人犯,严
令地方官金差押解,果能实力奉行,逃亡者自少也。"奏上,谕令凌
迟、枭首、戮尸三项永远删除。所有《现行律例》内凌迟、斩枭各条,
俱改为斩决;其斩决各条,俱改为绞决;绞决各条,俱改为绞监候,
入于秋审情实;斩监候各条,俱改为绞监候,与绞候人犯仍入于秋
审,分别实缓。至缘坐各条,除知情者仍治罪外,余悉宽免。其刺字
等项,亦概行革除。旨下,中外称颂焉。

　　三十二年,法律馆奏准将戏杀、误杀、擅杀虚拟死罪各案,分别
减为徒、流。自此而死刑亦多轻减矣。又是年法律馆以妇女收赎,
银数太微,不足以资警戒,议准妇女犯笞、杖,照新章罚金。徒、流、
军、遣,除不孝及奸、盗、诈伪旧例应实发者,改留本地习艺所工作,

以十年为限，余俱准其赎罪。徒一年折银二十两，每五两为一等，五徒准此递加。由徒入流，每一等加十两，三流准此递加。遣、军照满流科断。如无力完缴，将应罚之数，照新章按银数折算时日，改习工艺。其犯该枷号，不论日数多寡，俱酌加五两，以示区别。自此而收赎银数亦稍变矣。

故宣统二年颁布之《现行刑律》，第将近数年奏定之章程采获修入，于是刑制遂大有变更。其五刑之目，首罚刑十，以代旧律之笞、杖。一等罚，罚银五钱，至十等罚，为银十五两，据法律馆议覆恤刑狱之奏也。次徒刑五，年限仍旧律。次流刑三，道里仍旧律，然均不加杖，以法律馆业经附片奏删也。次遣刑二：曰极边足四千里及烟瘴地方安置，曰新疆当差。以闰刑加入正刑，承用者广，不得不别自为制也。次死刑二：曰绞，曰斩。时虽有死刑唯一之议，以旧制显分等差，且凌迟、枭首等项甫经议减，不敢径行废斩也。徒、流虽仍旧律，然为制不同。按照习艺章程，五徒依限收入本地习艺所习艺；流、遣毋论发配与否，俱应工作。故于徒五等注明按限工作，流二千里注工作六年，二千五百里注工作八年，三千里注工作十年，遣刑俱注工作十二年。收赎则根据妇女赎罪新章酌减银数，改为通例。罚刑照应罚之数折半收赎，徒一年赎银十两，每等加银二两五钱，至徒三年收赎银二十两。流刑每等加银五两，至三千里赎银三十五两。遣刑与满流同科。绞、斩则收赎银四十两。亦分注于各刑条下。然非例应收赎者，不得滥及也。捐赎，据光绪二十九年刑部奏准照运粮事例，减半银数，另辑为例。其笞、杖虽不入正刑，仍留竹板，以备刑讯之用。外此各刑具，尽行废除，枷号亦一概芟削，刑制较为径省矣。

惟就地正法一项，始自咸丰三年。时各省军兴，地方大吏，遇土匪窃发，往往先行正法，然后奏闻。嗣军务敉平，疆吏乐其便己，相沿不改。光绪七八年间，御史胡隆洵、陈启泰等屡以为言。刑部声请饬下各省，体察情形，仍照旧例解勘，分别题奏。嗣各督抚俱覆称地方不靖，碍难规复旧制。刑部不得已，乃酌量加以限制，如实系土

匪、马贼、游勇、会匪,方准先行正法,寻常强盗,不得滥引。自此章
程行,沿及国变,而就地正法之制,讫未之能革。

清史稿卷一四四
志第一一九

刑法三

太祖始创八旗，每旗设总管大臣一，佐管大臣二。又置理政听讼大臣五人，号为议政五大臣。扎尔固齐十人，号为理事十大臣。凡听断之事，先经扎尔固齐十人审问，然后言于五臣，五臣再加审问，然后言于诸贝勒。众议既定，犹恐冤抑，亲加鞫问。天命元年，谕贝勒大臣曰："国人有事，当诉于公所，毋得诉于诸臣之家。兹播告国中，自贝勒大臣以下有罪，当静听公断，执拗不服者，加等治罪。凡事俱五日一听断于公所，其私诉于家，不执送而私断者，治罪不贷。"十一年，太宗以议政五大臣、理事十大臣不皆分授，或即以总管、佐管兼之，于是集诸贝勒定议裁撤。每旗由佐管大臣审断词讼，不令出兵驻防。其每旗别设调遣大臣二员，遇有驻防调遣所属词讼，仍令审理。天聪七年，设刑部承政、参政、启心郎等官，听讼始有专责。

世祖入主中夏，仍明旧制，凡诉讼在外由州县层递至于督抚，在内归总于三法司。然明制三法司，刑部受天下刑名，都察院纠察，大理寺驳正。清则外省刑案，统由刑部核覆。不会法者，院寺无由过问，应会法者，亦由刑部主稿。在京讼狱，无论奏咨，俱由刑部审理，而部权特重。刑部初设十四司。雍正元年，添置现审左右二司，审理八旗命盗及各衙门钦发事件。后复改并，定为十八清吏司：曰直隶，曰奉天，曰江苏，曰安徽，曰江西，曰福建，曰浙江，曰湖广，曰

山东,曰山西,曰陕西,曰四川,曰广东,曰广西,曰云南,曰贵州。凡各省刑名咨揭到部,各司具稿呈堂,以定准驳。吉林、黑龙江附诸奉天,甘肃、新疆附诸陕西,京曹各署关涉文件,亦分隶于十七司。现审则轮流签分。顺治十年,设督捕衙门,置侍郎满、汉各一员,其属有前司、后司。初隶兵部,专理缉捕逃旗事宜。康熙三十八年裁撤,将前后司改隶刑部。嗣复并为督捕一司,不掌外省刑名,亦不分现审。刑部收受讼案,已结未结,每月汇奏。设督催所,而督以例限。审结寻常徒、流、军、遣等罪,按季汇题。案系奏交,情虽轻,专案奏结。死罪既取供,大理寺委寺丞或评事,都察院委御史,赴本司会审,谓之会小法。狱成呈堂,都察院左都御史或左副都御史,大理寺卿或少卿,挈同属员赴刑部会审,谓之会大法。如有翻异,发司覆审,否则会稿分别题奏。罪干立决,旨下,本司派员监刑。监候则入朝审。各省户、婚、田土及笞、杖轻罪,由州县完结,例称自理。词讼每月设立循环簿,申送督、抚、司、道查考。巡道巡历所至,提簿查核,如有未完,勒限催审。徒以上解府、道、臬审转,徒罪由督抚汇案咨结。有关人命及流以上,专咨由部汇题。死罪系谋反、大逆、恶逆、不道、劫狱、反狱、戕官,并洋盗、会匪、强盗、拒杀官差,罪干凌迟、斩、枭者,专折具奏,交部速议。杀一家二命之案,交部速题。其余斩、绞,俱专本具题,分送揭帖于法司科道,内阁票拟,交三法司核议。如情罪不符及引律错误者,或驳令覆审,或径行改正,合则如拟核定。议上立决,命下,钉封飞递各州县正印官或佐贰,会同武职行刑。监候则入秋审。

　　朝审原于明天顺三年,令每岁霜降后,但有该决重囚,三法司会同公、侯、伯从实审录。秋审亦原于明之奏单,冬至前会审决之。顺治元年,刑部左侍郎党崇雅奏言:"旧制凡刑狱重犯,自大逆、大盗决不待时外,余俱监候处决。在京有热审、朝审之例,每至霜降后方请旨处决。在外直省,亦有三司秋审之例,未尝一丽死刑辄弃于市。望照例区别,以昭钦恤。"此有清言秋、朝审之始。嗣后逐渐举行,而法益加密。初制分情实、缓决、矜、疑,然疑狱不经见。雍正

以后,加入留养承祀,区为五类。截止日期,云南、贵州、四川、广东、广西以年前封印日,福建以正月三十日,奉天、吉林、黑龙江、陕西、甘肃、湖北、湖南、浙江、江西、安徽、江苏以二月初十日,河南、山东、山西以三月初十日,直隶以三月三十日。然遇情重之案,虽后期有声明赶入秋审者。刑部各司,自岁首将各省截止期前题准之案,分类编册,发交司员各详。初看蓝笔句改,覆看用紫,轮递至秋审处坐办、律例馆提调,墨书粘签,一一详加斟酌,而后呈堂核阅。朝审本刑部问拟之案,刑部自定实缓。秋审则直省各督抚于应勘时,将人犯提解省城,率同在省司道公同会勘,定拟具题。刑部俟定限五月中旬以前,各省后尾到齐,查阅外勘与部拟不符者,别列一册。始则司议,提调、坐办主之。继则堂议,六堂主之,司议各员与焉。议定,刑部将原案及法司督抚各勘语刊刷招册,送九卿、詹事、科道各一分,八月内定期在金水桥西会同详核。先日朝审,三法司、九卿、詹事、科道入座,刑部将监内应死人犯提至当堂,命吏朗诵罪状及定拟实、缓节略,事毕回禁。次日秋审,凭招册审核,如俱无异议,会同将原拟陆续具题;有异,前期签商。若各执不相下,持异之人奏上,类由刑部回奏听裁。苟攻及原审,则径行扣除再讯。二百余年来,刑部历办秋、朝审,句稽讲贯,备极周密,长官每以此校司员之优劣。究之人命至重,死者不可复生,其所矜慎,尤在实、缓。乾隆以前,各司随意定拟,每不画一。三十二年,始酌定《比对条款》四十则,刊分各司,并颁诸各省,以为勘拟之准绳。四十九年,复行增辑。嗣刑部侍郎阮葵生别辑《秋谳志略》,而后规矩略备,中外言秋勘者依之,并比附历年成案,故秋、朝审会议,其持异特奏者,每不胜焉。

秋审本上,入缓决者,得旨后,刑部将戏杀、误杀、擅杀之犯,奏减杖一百,流三千里,窃赃满贯、三犯窃赃至五十两以上之犯,奏减云、贵、两广极边、烟瘴充军,其余仍旧监固,俟秋审三次后查办。间有初次入缓,后复改实者,权操自上,非常例也。入可矜者,或减流,或减徒。留养承祀者,将该犯枷号两月,责四十板释放。案系斗杀,追银二十两给死者家属养赡。情实则大别有三,服制、官犯、常犯是

也。本下,内阁随命钦天监分期择日。句到,刑部按期进呈黄册。至日,素服御殿,大学士三法司侍,上秉硃笔,或命大学士按单予句。服制册大都杀伤期功尊长之案,既以情轻而改监候,类不句决;情实二次,大学士会同刑部奏请改缓。官犯则情重者,刑部从严声叙,未容倖免;轻则一律免句,十次改缓。常犯之人情实,固罪无可道者;其或一线可原,刑部粘签声叙,类多邀恩不句,十次亦改缓。向例句决重囚,刑科三覆奏,自乾隆十四年简去二覆,第于句到前五日,覆奏一次。句到时,将原本进呈覆阅,一俟批发,在京例由刑科给事中,刑部侍郎各一人赴西市监视。官犯无论句否,俱绑赴行刑场候决。在外则刑部各司将句单连同榜示钉封送兵部发驿,文到之日行刑。如恭逢庆典或国家有故,则下旨停句。

　　顺治十三年,谕刑部:"朝审秋决,系刑狱重典。朕必详阅招案始末,情形允协,令死者无冤。今决期伊迩,朝审甫竣,招册繁多,尚未及详细简阅,骤行正法,朕心不忍。今年姑著暂停秋决,昭朕矜恤至意。"自是列朝于秋谳俱勤慎校阅。康熙二十二年,圣祖御懋勤殿,召大学士、学士等入,酌定在京秋审情实重犯。圣祖取罪案逐一亲阅,再三详审,其断无可恕者,始定情实。因谕曰:"人命事关重大,故召尔等共相商酌。情有可原,即开生路。"雍正十一年,世宗御洞明堂,阅秋审情实招册,谕刑部曰:"诸臣所进招册,俱经细加斟酌,拟定情实。但此内有一线可生之机,尔等亦当陈奏。在前日定拟情实,自是执法,在此刻句到商酌,又当原情,断不可因前奏难更,遂尔隐默也。"高宗尤垂意刑名,秋审册上,每干饬责。乾隆三十一年,湖南官犯饶伶,以其回护已过予句。迨阅浙省招册,知府黄象震亦以承审回护,原题仅拟军台效力。急谕湖南巡抚将饶伶暂停处决,令刑部查明两案情节不同,始行明谕处分。其慎重谳典如此。仁宗亦娴习法律。嘉庆七年,御史广兴会议秋审,奏请将斗杀拟缓之广东姚得辉改入情实,援引乾隆十八年"一命必有一抵"之旨。仁宗谓:"一命一抵,原指械斗等案而言,至寻常斗殴,各毙各命,自当酌情理之平,分别实缓。若拘泥'一命必有一抵'之语,则是秋谳囚徒,

凡杀伤毙命之案,将尽行问拟情实,可不必有缓决一项。有是理乎?"命仍照原拟入缓。其剖析法意,致为明允。自后宣宗、文宗遵循前轨,罕可纪述。穆宗、德宗两经垂廉,每逢句到,命大学士一人捧单入内阁恭代,后遂沿为故事。而前行之秋审条款,因光绪季年死刑递有减降,法律馆重加厘定,奏颁内外焉。

热审之制,顺治初赓续举行。康熙十年,定每年小满后十日起,至立秋前一日止,非实犯死罪及军、流,俱量予减等。四十三年,谕刑部停止。雍正初复行。乾隆以后,第准免笞、杖,则递行八折决放,枷号渐释,余不之及。且惟京师行之,外省笞、杖自理,无从考核,具文而已。列朝无寒审,而有军、流、遣犯隆冬停遣之例。未起解者,十月至正月终及六月俱停遣。若已至中途,至十一月初一日准停。倘抵配不远,并发往东南省分,人犯有情愿前进者,一体起解。

又有停审之例,每年正月、六月、十月及元旦令节七日,上元令节三日,端午、中秋、重阳各一日,万寿圣节七日,各坛庙祭享、斋戒以及忌辰素服等日,并封印日期,四月初八日,每月初一、初二日,皆不理刑名。然中外问刑衙门,于正月、六月、十月及封印日期、每月初一二等日不尽如例行也。其农忙停审,则自四月初一日至七月三十日,一应户、婚、田土细故,不准受理,刑事不在此限。又有停刑之例,每年正月、六月及冬至以前十日,夏至以前五日,一应立决人犯及秋、朝审处决重囚,皆停止行刑。

凡审级,直省以州县正印官为初审。不服,控府、控道、控司、控院,越诉者笞。其有冤抑赴都察院、通政司或步军统领衙门呈诉者,名曰京控。登闻鼓,顺治初立诸都察院。十三年,改设右长安门外。每日科道官一员轮值。后移入通政司,别置鼓厅。其投厅击鼓,或遇乘舆出郊,迎驾申诉者,名曰叩阍。从前有擅入午门、长安门、堂子跪告,及打长安门内、正阳门外石狮鸣冤者,严禁始绝。即迎车驾而冲突仪仗,亦罪至充军。京控及叩阍之案,或发回该省督抚,或奏交刑部提讯。如情罪重大,以及事涉各省大吏,抑经言官、督抚弹劾,往往钦命大臣莅审。发回及驳审之案,责成督抚率同司道亲鞫,

不准复发原问官,名为钦部事件。文武官犯罪,题参革职。道府、副
将以上,遴委道员审理。同知、游击以下,遴委知府审理。巡按御史,
顺治初犹常设。四年,从大理寺卿王永吉奏,差官往直省恤刑,然皆
不久停罢。外省刑名,遂总汇于按察使司,而督抚受成焉。京师笞、
杖及无关罪名词讼,内城由步军统领,外城由五城巡城御史完结,
徒以上送部,重则奏交。如非常大狱,或命王、大臣、大学士、九卿会
汛。自顺治迄乾隆间,有御廷亲鞫者。律称八议者犯罪,实封奏闻
请旨,不许擅自句问。在京大小官员亦如之。

　　若宗室有犯,宗人府会刑部审理。觉罗,刑部会宗人府审理。所
犯笞、杖、枷号,照例折罚责打;犯徒,宗人府拘禁;军、流、锁禁,俱
照旗人折枷日期,满日开释。屡犯军、流,发盛京、吉林、黑龙江等处
圈禁;死刑,宗人府进黄册。阉寺犯轻罪,内务府慎刑司讯决,徒以
上亦送部。八旗地亩之讼,属诸户部现审处,刑事统归刑部。清初
有都统会审之制,有高墙拘禁之条,至乾隆时俱废。旗营驻防省分,
额设理事同知。旗人狱讼,同知会同州县审理。热河都统衙门特设
理刑司,刑部派员听讼,三年一任。同治三年,以吉林狱讼繁多,诏
依热河设立刑司例,令刑部拣派满、汉郎中、员外、主事各一员,分
别掌印主稿,统归将军管辖。嗣吉林建省裁撤,而热河如故。

　　蒙古刑狱,内外扎萨克王公、台吉、塔布囊及协理台吉等承审。
康熙三十七年,曾遣内地官员教导蒙古王等听断盗案,后不常设。
沿边与民人交涉案件,会同地方官审理,死罪由盟长核报理藩院,
会同三法司奏当。在京犯斩、绞,刑部审讫,会理藩院法司亦如之。
盛京刑部掌谳盛京旗人及边外蒙古之狱。秋审,会同四部侍郎、奉
天府尹酌定实、缓汇题,盖皆特别之制。

　　凡检验,以宋宋慈所撰之《洗冤录》为准,刑部题定《验尸图
格》,颁行各省。人命呈报到官,地方正印官随带刑书、仵作,立即亲
往相验。仵作据伤喝报部位之分寸,行凶之器物,伤痕之长短浅深,
一一填入尸图。若尸亲控告伤痕互异,许再行覆检,不得违例三检。
如自缢、溺水、事主被杀等案,尸属呈请免验者,听。京师内城正身

旗人及香山等处各营房命案,由刑部当月司员往验。街道及外城人命,无论旗、民,归五城兵马司指挥相验。检验不以实者有刑。

凡讯囚用杖,每日不得过三十。熬审得用掌嘴、跪练等刑,强盗人命酌用夹棍,妇人拶指,通不得过二次。其余一切非刑有禁。断罪必取输服供词,律虽有"众证明白,即同狱成"之文,然非共犯有逃亡,并罪在军、流以下,不轻用也。

凡审限,直省寻常命案限六阅月,盗劫及情重命案、钦部事件并抢夺掘坟一切杂案俱定限四阅月。其限六月者,州县三月解府州,府州一月解司,司一月解督抚,督抚一月咨题。其限四月者,州县两月解府州,府州二十日解司,司二十日解督抚,督抚二十日咨题。如案内正犯及要证未获,或在监患病,准其展限或扣限。若隔属提人及行查者,以人文到日起限。限满不结,督抚咨部,即于限满之日起算,再限二、三、四月,各级分限如前。如仍迟逾,照例参处。按察司自理事件,限一月完结。州县自理事件,限二十日审结。上司批发事件,限一月审报。刑部现审,笞杖限十日,遣、军、流、徒二十日,命盗等案应会三法司者三十日。每月奏报,声明曾否逾限。如有患病及查传等情,亦得依例扣展。速议速题,均限五日覆。死罪会核,自科钞到部之日,立决限七十日,监候限八十日。会同题覆,院寺各分限八日。由咨改题之案,展限十日。系清文加译汉十日或二十日,逾限附参。盗贼逾月不获,捕役汛兵予笞,官罚俸。吏兵两部《处分则例》,尚有疏防及初、二、三、四参之分。命案凶犯在逃,承辑、接缉亦按限开参。然例虽严,而巧于规避者,盖自若也。

凡解犯有三:一、定案时之解审。徒犯解至府州转报,军、流、遣及死罪,自府州递省,逐级讯问无异,督抚然后咨题。一、秋审时之解勘。死罪非立决,发回本州县监禁,逮秋审,径行解司审勘。官犯自定案即拘禁司监待决。常犯缓决者,二次秋审,即不复解。其直省各边地离督抚驻处远,有由该管巡道审勘加结转报者,非通例也。一、发遣时之解配。徒囚问发隔县,军、流起解省分,预行咨明应发省分督抚,查照《道里表》,酌量州县大小远近、在配军流多寡,

先期定地,饬知入境首站州县,随到随发。遣犯解至例定地方安插。犯籍州县佥差,名曰长解。沿途州县,派拨兵役护送,名为短解。罪囚视罪名轻重,定用铁锁杻镣道数。若中途不觉失囚,讯明有无贿纵,分别治罪。隔属关提及发交各地方官管束者,视此为差。京师现审,徒犯发顺天府充徒。流囚由刑部定地,札行顺天府起送。五军咨由兵部定地提发,外遣亦咨兵部差役起解。综计诉讼所历,自始审迄终结,其程序各有定规,毋或逾越。

迨光绪变法,三十二年,改刑部为法部,统一司法行政。改大理寺为大理院,配置总检察厅,专司审判。于是法部不掌现审,各省刑名,画归大理院覆判,并不会都察院,而三法司之制废。题本改为折奏,内阁无所事事。秋、朝审专属法部,其例缓者随案声明,不更加勘,而九卿、科道会审之制废。京师暨各省设高等审检厅,都城省会及商埠各设地方及初级审检厅,改按察使为提法司。三十二年,法部奏定《各级厅试办章程》。宣统二年,法律馆奏颁《法院编制法》,由初级起诉之案不服,可控由地方而至高等,由地方起诉之案不服,可控由高等而至大理院,名为四级三审。从前审级、审限、解审、解勘之制,州县行之而不行于法院。审判分民事、刑事。民律艰于成书,所据者第旧律户役、田宅、钱债、婚姻各条,而法未备。司法事务有年度,判断有评议,刑事有检察官莅审,人命由检察官相验,法院行之而不能行于州县。刑诉制度,盖杂糅矣。

然尔时所以急于改革者,亦曰取法东西列强,藉以收回领事裁判权也。考领事裁判,行诸上海会审公堂,其源肇自咸丰朝,与英、法等国缔结通商条约,约载中外商民交涉词讼,各赴被告所属之国官员处控告,各按本国律例审断。嗣遇他国缔约,俱援利益均沾之说,群相仿效。同治八年,定有《洋泾浜设官章程》,遴委同知一员,会同各国领事审理华洋诉讼。其外人应否科刑,谳员例不过问。华人第限于钱债、斗殴、窃盗等罪,在枷杖以下,准其决责。后各领扩张权限,公堂有迳定监禁数年者。外人不受中国刑章,而华人反就外国之裁判。清季士大夫习知国际法者,每咎彼时议约诸臣不明外

情，致使法权坐失。光绪庚子以后，各国重立和约，我国断断争令撤销，而各使藉口中国法制未善，靳不之许。迨争之既亟，始声明异日如审判改良，允将领事裁判权废弃。载在约章，存为左券。故二十八年设立法律馆，有"按照交涉情形，参酌各国法律，务期中外通行"之旨。盖亦欲修明法律，俾外国就范也。夫外交视国势之强弱，权利既失，岂口舌所能争。故终日言变法，逮至国本已伤，而收效卒鲜，岂法制之咎与？然其中有变稍善而未竟其功者，曰监狱。有政体所关而未之变者，曰赦典。

监狱与刑制相消息，从前监羁罪犯，并无已决未决之分。其囚禁在狱，大都未决犯为多。既定罪，则笞、杖折责释放，徒、流、军、遣即日发配，久禁者斩、绞监候而已。州县监狱，以吏目、典史为管狱官，知州、知县为有狱官，司监则设按司狱。各监有内监以禁死囚，有外监以禁徒、流以下，妇人别置一室，曰女监。徒以上锁收，杖以下散禁。囚犯日给仓米一升，寒给絮衣一件。锁杻常洗涤，席荐常铺置，夏备凉浆，冬设暖床，疾病给医药。然外省监狱多湫隘，故例有轻罪人犯及干连证佐，准取保候审之文。无如州县惧其延误，每有班馆差带诸名目，胥役藉端虐诈，弊窦丛滋。虽屡经内外臣工参奏，不能革也。刑部有南北两监，额设司狱八员、提牢二员，掌管狱卒，稽查罪囚，轮流分值。每月派御史查监，有瘐毙者亦报御史相验。年终并由部汇奏一次，防闲致为周备。自光绪三十二年审判画归大理院，院设看守所，以羁犯罪之待讯者，各级审检厅亦然，于是法部犴狴空虚。别设已决监于外城，以容徒、流之工作，并令各省设置新监，其制大都采自日本。监房有定式，工厂有定程。法律馆特派员赴东调查，又开监狱学堂，以备京、外新监之用。然斯时新法初行，措置未备，外省又限于财力，未能遍设也。

赦典有恩赦、恩旨之别。历朝登极、升袝、册立皇后、皇上五旬以上万寿、皇太后六旬以上万寿及武功克捷之类，例有恩赦。其诏书内开：一、官吏军民人等有犯，除谋反、大逆、子孙谋杀祖父母父母、内乱、妻妾杀夫、奴婢杀家长、杀一家非死罪三人、采生折割人、

谋杀故杀真正人命、蛊毒魇魅毒药杀人、强盗、妖言、十恶等真正死罪不赦外，军务获罪、隐匿逃人及侵贪入己亦不赦外，其余已发觉未发觉、已结未结者，咸赦除之。若寻常万寿及喜庆等事，则传旨行赦。恩赦死罪以下俱免，恩旨则死罪已下递减。诏书既颁，刑部检查成案，分别准免不准免，开单奏定，名为恩赦条款。恩旨则分别准减不准减，名为减等条款。部设减等处，专司核驳。其巡幸所经，赦及一方，及水旱兵灾、清理庶狱者，则视诏旨从事焉。明制，徒、流已至配，不复援赦。清自康熙九年准在配徒犯会赦放免。乾隆二年恩诏，军、流在配三年，安静悔过，情愿回籍，查明准释。迨嘉庆二十五年，始将到配未及三年人犯一体查办，尤为旷典。昔人有言："赦者小人之幸，君子之不幸。"意第谓赦恩之不可滥耳。若夫非常庆典，特颁汗号，使之荡涤瑕秽，洒然自新，未始非仁政之一端。有清一代，赦典屡颁，然条款颇严，毋虞滥及。且行庆施惠，王者驭世之大权，非苟然也。故光绪三十四年宣统登极，犹循例大赦云。

清史稿卷一四五
志第一二〇

艺文一

经　部

　　清起东陲,太宗设文馆,命达海等翻译经史。复改国史、秘书、弘文三院,编纂国史,收藏书籍,文教始兴。世祖入定中原,命冯铨等议修《明史》,复诏求遗书。圣祖继统,诏举博学鸿儒,修经史,纂图书,稽古右文,润色鸿业,海内彬彬向风焉。高宗继试鸿词,博采遗籍,特命辑修《四库全书》,以皇子永瑢、大学士于敏中等为总裁,纪昀、陆锡熊等为总纂,与其事者三百余人,皆极一时之选,历二十年始告成。全书三万六千册,缮写七部,分藏大内文渊阁,圆明园文源阁,盛京文溯阁,热河文津阁,扬州文汇阁,镇江文宗阁,杭州文澜阁。命纪昀等撰《全书总目》,著录三千四百五十八种,存目六千七百八十八种,都一万二百四十六种。复命于敏中、王际华撷其精华,别为《四库荟要》,凡一万二千册,分缮二部,藏之大内离藻堂及御园味腴书屋。又别辑《永乐大典》三百八十五种,交武英殿以聚珍版印行。时大典储翰林院者尚存二万四百七十三卷,合九千八百八十一册。其宋、元精椠,多储内府,《天禄琳琅》,备详《宫史》。经籍既盛,学术斯昌,文治之隆,汉、唐以来所未逮也。各省先后进书,约及万种,阮元既补《四库》未收书四百五十四种,复刊《经解》一千四百十二卷,王先谦又《续经解》一千三百十五卷,而各省督抚,广修

方志,郡邑典章,粲然大备。其后曾国藩倡设金陵、苏州、扬州、杭州、武昌官书局,张之洞设广雅书局,延聘儒雅,校刊群籍,私家亦辑刻日多,丛书之富,曩代莫京。及至晚近,欧风东渐,竞译西书,道艺并重。而敦煌写经,殷墟龟甲,奇书秘宝,考古所资,其有裨于学术者尤多,实集古今未有之盛焉。艺文旧例,胥列古籍,兹仿《明史》为志,凡所著录,断自清代。唯清人辑古佚书甚夥,不可略之,则附载各类之后。

经部十类:一曰《易》类,二曰《书》类,三曰《诗》类,四曰《礼》类,五曰《乐》类,六曰《春秋》类,七曰《孝经》类,八曰《四书》类,九曰经总义类,十曰小学类。

《易》类

《易经通注》九卷。顺治十三年,傅以渐等奉敕撰。《日讲易经解义》十八卷。康熙二十二年,牛钮等奉敕撰。《周易折中》二十二卷。康熙五十四年,李光地等奉敕撰。《周易述义》十卷。乾隆二十年,傅恒等奉敕撰。《易图解》一卷,《周易补注》十一卷。简亲王德沛撰。《易翼》二卷。孙承泽撰。《读易大旨》五卷。孙奇逢撰。《周易稗疏》四卷,《考异》一卷,《周易内传》六卷,《发例》一卷,《周易大象解》一卷,《周易外传》七卷。王夫之撰。《易学象数论》六卷。黄宗羲撰。《周易象辞》二十一卷,《寻门余论》二卷,《图书辨惑》一卷。黄宗炎撰。《读易笔记》一卷。张履祥撰。《周易说略》四卷。张尔岐撰。《易酌》十四卷。刁包撰。《易闻》十二卷。归起先撰。《田间易学》十二卷。钱澄之撰。《大易则通》十五卷,《闰》一卷,《易史》一卷。胡世安撰。《周易疏略》四卷。张沐撰。《易学阐》十卷。黄与坚撰。《读易绪言》二卷。谢文洊撰。《易经衷论》二卷。张英撰。《读易日钞》六卷。张烈撰。《周易通论》四卷,《周易观象大指》二卷,《周易观象》十二卷。李光地撰。《周易浅述》八卷。陈梦雷撰。《周易定本》一卷。邵嗣尧撰。《易经识解》五卷。徐秉义撰。《易经筮

贞》四卷。赵世对撰。《周易明善录》二卷。徐继发撰。《易原就正》十二卷。包仪撰。《周易通》十卷,《周易辨正》二十四卷。浦龙渊撰。《合订删补大易集义粹言》八十卷。纳喇性德撰。《周易筮述》八卷。王弘撰撰。《周易应氏集解》十三卷。应㧑谦撰。《仲氏易》三十卷,《推易始末》四卷,《春秋占筮书》三卷,《易小帖》五卷,《太极图说遗议》一卷,《河图洛书原舛编》一卷。毛奇龄撰。《乔氏易俟》十八卷。乔莱撰。《大易通解》十卷。魏荔彤撰。《周易本义蕴》四卷。《周易蕴义图考》二卷。姜兆锡撰。《周易传注》七卷,《周易筮考》一卷。李恭撰。《学易初津》二卷,《易翼宗》六卷,《易翼说》八卷。晏斯盛撰。《周易札记》二卷。杨名时撰。《易经详说》不分卷。冉觐祖撰。《易经辨疑》七卷。张问达撰。《周易传义合订》十二卷。朱轼撰。《易宫》三十六卷,《读易管窥》五卷。吴隆元撰。《读易观象惺惺录》十六卷,《读易观象图说》二卷,《太极图说》二卷,《周易原始》一卷,《天水答问》一卷,《羲皇易象》二卷,《羲皇易象新补》二卷。李南晖撰。《孔门易绪》十六卷。张德纯撰。《易图明辨》十卷。胡渭撰。《身易实义》五卷。沈廷劢撰。《先天易贯》五卷。刘元龙撰。《易互》六卷。杨陆荣撰。《周易玩辞集解》十卷,《易说》一卷。查慎行撰。《易说》六卷。惠士奇撰。《周易函书约存》十八卷,《约注》十八卷,《别集》十六卷。胡煦撰。《易笺》八卷。陈法撰。《周易观象补义略》不分卷。诸锦撰。《索易臆说》二卷。吴启昆撰。《周易孔义集说》二十卷。沈起元撰。《陆堂易学》十卷。陆奎勋撰。《易经揆一》十一卷,《易学启蒙补》二卷。梁锡玙撰。《易经诠义》十五卷,《易经如话》十五卷。汪绂撰。《周易本义爻徵》二卷。吴日慎撰。《周易图说正编》六卷。万年茂撰。《易翼述信》十二卷。王又朴撰。《周易原始》六卷。范咸撰。《周易浅释》四卷。潘思榘撰。《易学大象要参》四卷。林赞龙撰。《周易解翼》十卷。上官章撰。《东易问》八卷。魏枢撰。《周易洗心》九卷。任启运撰。《空山易解》四卷。牛运震撰。《周易剩义》二卷。章能灵撰。《周易汇解衷翼》十五卷。许体元撰。《易象援古》不分卷。申尔宣撰。

《丰川易说》十卷。王心敬撰。《周易粹义》五卷。薛雪撰。《周易图说》六卷。蔡新撰。《读易别录》三卷。全祖望撰。《周易经言拾遗》十四卷。徐文靖撰。《易象大意存解》一卷。任陈晋撰。《周易集解纂疏》三十六卷。李道平撰。《周易图书质疑》二十四卷。赵继序撰。《易象通义》六卷。秦笃辉撰。《易深》八卷。许伯政撰。《易说存悔》二卷。汪宪撰。《卦气解》一卷,《八卦观象解》二卷,《彖传论》一卷,《象象论》一卷,《系辞传论》二卷。庄存与撰。《易例举要》五卷,《十家易象集说》九十卷。吴鼎撰。《周易大衍辨》一卷。吴蕭撰。《周易井观》十二卷,周大枢撰。《周易注疏校正》一卷。卢文绍撰。《易守》三十二卷。叶佩荪撰。《周易二闾记》三卷,《周易小义》二卷。茹敦和撰。《周易辑要》五卷。朱璘撰。《易卦私笺》二卷。蒋衡撰。《易经明洛义》六卷。孙慎行撰。《易卦图说》一卷。崔述撰。《周易章句证异》十一卷。翟均廉撰。《周易考占》一卷。金傍撰。《易经贯》一二十二卷。金诚撰。《周易辨画》四十卷。连斗山撰。《大易择言》三十六卷,《程氏易通》十四卷,《易说辨正》四卷。程廷祚撰。《周易悬象》八卷。黄元御撰。《周易本义注》六卷。胡方撰。《周易略解》八卷。冯经撰。《周易述》二十三卷,《易汉学》八卷,《易例》二卷,《易微言》二卷,《易大谊》一卷,《周易本义辨证》五卷,《增补周易郑注》一卷,《周易郑注爻辰图》一卷,《易说》六卷。惠栋撰。《观象居易传笺》十二卷。汪师韩撰。《周易述翼》五卷。黄应骐撰。《周易述补》五卷。李林松撰。《孙氏周易集解》十卷。孙星衍撰。《卦本图考》一卷。胡秉虔撰。《周易虞氏义》九卷,《虞氏消息》二卷,《虞氏易礼》二卷,《虞氏易事》二卷,《虞氏易言》二卷,《虞氏易候》一卷,《虞氏易变表》二卷,《周易郑氏义》二卷,《周易荀氏九家义》一卷,《易义别录》十四卷,《易图条辨》一卷,《易纬略义》三卷。张惠言撰。《易大义补》一卷。桂文烁撰。《学易讨原》一卷。姚文田撰。《易说》十二卷,《易说便录》二卷。郝懿行撰。《易经衷要》十二卷。李式谷撰。《易章句》十二卷,《易通释》二十卷,《易图略》八卷,《周易补疏》二卷,《易余篇录》二十卷,《易话》二卷,《易广

记》二卷。焦循撰。《易经异文释》六卷,《李氏集解剩义》三卷,《校异》二卷。李富孙撰。《易问》四卷,《观易外编》六卷。纪大奎撰。《周易指》三十八卷,《易例》一卷,《易图》五卷,《易断辞》一卷。端木国瑚撰。《卦气解》一卷,《周易考异》二卷。宋翔凤撰。《古易音训》二卷。宋咸熙撰。《周易倚数录》二卷,《图》一卷。杨履泰撰。《周易虞氏略例》一卷。李锐撰。《周易学》三卷。沈梦兰撰。《周易述补》四卷。江藩撰。《六十四卦经解》八卷,《易郑氏爻辰广义》二卷,《易经传互卦卮言》一卷,《易章句异同》一卷,《易消息升降图》二卷,《学易札记》四卷。朱骏声撰。《易经述传》二卷,《周易讼卦浅说》一卷,《周易解诂》一卷,《易经象类》一卷。丁晏撰。《周易姚氏学》十六卷,《周易通论月令》二卷,《易学阐元》一卷。姚配中撰。《虞氏易消息图说》一卷。胡祥麟撰。《易确》十二卷。许桂林撰。《易汉学考》二卷,《易汉学师承表》一卷,《易象传大义述》一卷,《易爻例》一卷。吴翊寅撰。《周易附说》一卷。罗泽南撰。《周易旧疏考证》一卷。刘毓崧撰。《读易丛记》二卷。叶名澧撰。《周易旧注》十二卷。徐㶊撰。《郑氏爻辰补》六卷。戴棠撰。《周易爻辰申郑义》一卷。何秋涛撰。《诸家易学别录》一卷,《虞氏易学汇编》一卷,《周易卦象集证》一卷,《周易互体详述》一卷,周易卦变举要》一卷。方申撰。《周易故训订》一卷。黄以周撰。《易例辑略》五卷。庞大坤撰。《易贯》五卷,《玩易篇》一卷,《艮宦易说》一卷,《邵易补原》一卷,《卦气直日解》一卷,《易穷通变化论》一卷,《八卦方位说》一卷,《卦象补考》一卷,《周易互体徵》一卷。俞樾撰。《陈氏易说》四卷,《读易汉学私记》一卷。陈寿熊撰。《易释》四卷。黄式三撰。《读易笔记》二卷。方宗诚撰。《周易释爻例》一卷。成蓉镜撰。《易解说》二卷。吴汝纶撰。《易经通论》一卷。皮锡瑞撰。

唐史征《周易口诀义》六卷。宋司马光《温公易说》六卷。宋邵伯温《易学辨惑》一卷。宋李光《读易详说》十卷。宋郑刚中《周易窥余》十五卷。宋都絜《易变体义》十二卷。宋程大昌《易原》八卷。宋赵善誉《易说》四卷。宋徐总斡《易传》灯四卷。宋冯椅《厚斋易学》

五十二卷。宋蔡渊《易象意言》一卷。宋李杞《周易详解》十六卷。宋
俞琰《读易举要》四卷。宋丁易东《周易象义》十六卷。元吴澄《易纂
言外翼》八卷。元解蒙《易精蕴大义》十二卷。元曾贯《易学变通》六
卷。以上均乾隆三十八年王际华等奉敕辑。《周卜氏易传》一卷。汉
孟喜《周易章句》一卷。汉京房《周易章句》一卷。汉马融《周易传》
一卷。汉荀爽《周易注》一卷。汉郑玄《周易注》三卷,《补遗》一卷。
汉刘表《周易章句》一卷。汉宋衷《周易注》一卷。魏董遇《周易章
句》一卷。魏王肃《周易注》一卷。蜀范长生《周易注》一卷。吴陆绩
《周易述》一卷。吴姚信《周易注》一卷。吴虞翻《周易注》十卷。晋
王廙《周易注》一卷。晋张璠《周易集解》一卷。晋向秀《周易义》一
卷。晋干宝《周易注》一卷。晋翟玄《周易义》一卷。齐刘𤩴《易义
疏》一卷。以上均孙堂辑。《连山》一卷。《归藏》一卷。汉蔡景君
《易说》一卷。汉丁宽《易传》二卷。汉韩婴《易传》二卷。汉刘安周
《易淮南九师道训》一卷。汉施仇《周易章句》一卷。汉梁丘贺《周易
章句》一卷。汉费直《易注》一卷。《易林》一卷。《周易分野》一卷。
古五子《易传》一卷。不著时代薛虞《周易记》一卷。魏王肃《周易
音》一卷。魏何晏《周易解》一卷。晋邹湛《周易统略》一卷。晋杨周
《易卦序论》一卷。晋张轨《周易义》一卷。晋黄颖《周易注》一卷。晋
徐邈《周易音》一卷。晋李轨《周易音》一卷。晋孙盛《易象妙于见形
论》一卷。晋桓玄《周易系辞注》一卷。样荀柔之《周易系辞注》一卷。
齐明僧绍《周易系辞注》一卷。齐沈麟士《周易要略》一卷。梁武帝
《周易大义》一卷。梁伏曼容《周易集解》一卷。梁褚仲都《周易讲
疏》一卷。陈周弘正《周易义疏》一卷。陈张讥《周易讲疏》一卷。后
魏卢景裕《周易注》一卷。后魏刘昞《周易注》一卷。隋何妥《周易讲
疏》一卷。隋侯果《周易注》三卷。不著时代姚规《周易注》一卷。崔
觐《周易注》一卷。王凯冲《周易注》一卷。王嗣宗《周易义》一卷。傅
氏周易注》一卷。庄氏《易义》一卷。唐崔憬《周易探元》三卷。唐李
淳风《周易元义》一卷。唐阴弘道《周易新率论传疏》一卷。唐徐勋
《周易新义》一卷。唐僧一行《易纂》一卷。以上均马国翰辑。齐刘

巘《乾坤义》一卷。黄奭辑。汉京房《易飞候》一卷。晋郭璞《易洞林》一卷。以上均王谟辑。

《书》类

《日讲书经解义》十三卷。康熙十九年,库勒纳等奉敕编。《书经传说汇纂》二十四卷。康熙六十年,王顼龄等奉敕撰。《书经图说》五十卷。光绪二十九年奉敕撰。《尚书近指》六卷。孙奇逢撰。《书经稗疏》四卷,《尚书引义》六卷。王夫之撰。《书经笔授》三卷。黄宗羲撰。《尚书体要》六卷。钱肃润撰。《尚书埤传》十七卷,《禹贡长笺》十二卷。朱鹤龄撰。《尚书集解》二十卷,《九州山川考》三卷,《洪范经传集义》一卷。孙承泽撰。《书经衷论》四卷。张英撰。《尚书解义》一卷,《尚书句读》一卷,《洪范说》一卷。李光地撰。《古文尚书考》一卷。陆陇其撰。《古文尚书疏证》八卷。阎若璩撰。《古文尚书冤词》八卷,《尚书广厅录》五卷,《舜典补亡》一卷。毛奇龄撰。《古文尚书辨》一卷。朱彝尊撰。《禹贡锥指》二十卷,《图》一卷,《洪范正论》五卷。胡渭撰。《书经蔡傅参议》六卷。姜兆锡撰。《禹贡解》八卷。晏斯盛撰。《尚书地今释》一卷。蒋廷锡撰。《尚书质疑》八卷。王心敬撰。《禹贡谱》二卷。王澍撰。《尚书质疑》二卷。顾栋高撰。《今文尚书说》三卷。陆奎勋撰。《书经诠义》十二卷。汪绂撰。《尚书约注》四卷。任启运撰。《禹贡会笺》十二卷。徐文靖撰。《尚书注疏考证》一卷。齐召南撰。《尚书既见》三卷,《尚书说》一卷。庄存与撰。《晚书订疑》三卷。程廷祚撰。《尚书注疏堂正》三卷。卢文绍撰。《尚书质疑》二卷,《尚书异读考》六卷。赵佑撰。《尚书后案》三十卷,《附后辨》一卷。王鸣盛撰。《尚书小疏》一卷。沈彤撰。《尚书释天》六卷。盛百二撰。《禹贡三江考》三卷。程瑶田撰。《古文尚书考》二卷。惠栋撰。《古文尚书辨伪》二卷。崔述撰。《尚书义考》二卷。戴震撰。《古文尚书撰异》三十二卷。段玉裁撰。《古文尚书正辞》三十三卷。吴光耀撰。《尚书读记》一卷。阎循观撰。《尚书今古文疏证》七卷。庄述祖撰。《禹贡川泽考》二

卷。桂文灿撰。《大云山房十二章图说》一卷。恽敬撰。《尚书今古文注疏》三十卷，《古文尚书马郑注》十卷，《尚书逸文》二卷。孙星衍撰。《禹贡地理古注考》一卷。孙冯翼撰。《尚书训诂》一卷。王引之撰。《尚书叙录》一卷。胡秉虔撰。《尚书集注音疏》十二卷，《尚书经师系表》一卷。江声撰。《尚书周诰考辨》二卷。章谦存撰。《禹贡郑注释》二卷，《尚书补疏》二卷。焦循撰。《书说》二卷。郝懿行撰。《尚书略说》二卷，《尚书谱》二卷。宋翔凤撰。《逸汤誓考》六卷。徐时栋撰。《尚书隶古定释文》八卷，《附经文》二卷。李遇孙撰。《书异文释》八卷。李富孙撰。《尚书今古文集解》三十一卷，《书序述闻》一卷。刘逢禄撰。《古文尚书私议》二卷。张崇兰撰。《召诰日名考》一卷。李锐撰。《尚书古注便读》四卷。朱骏声撰。《禹贡集释》三卷，《禹贡锥指正误》一卷，《禹贡蔡传正误》一卷，《尚书余论》一卷。丁晏撰。《太誓答问》一卷。龚自珍撰。《禹贡正字》一卷。王筠撰。《尚书伸孔篇》一卷。焦廷琥撰。《尚书通义》二卷，《尚书传授异同考》一卷。邵懿辰撰。《尚书沿革表》一卷。戴熙撰。《禹贡旧疏考证》一卷。刘毓崧撰。《尚书今文二十八篇解》。杨钟泰撰。《禹贡郑注略例》一卷。何秋涛撰。《尚书后案驳正》二卷。王劼撰。《考正胡氏禹贡图》一卷。陈澧撰。《今文尚书经说考》三十二卷，《尚书欧阳夏侯遗说考》一卷。陈乔枞撰。《虞书命羲和章解》一卷。曾钊撰。《书传补商》十七卷。戴钧衡撰。《书古微》十二卷。魏源撰。《达斋书说》一卷，《生霸死霸考》一卷，《九族考》一卷。俞樾撰。《禹贡说》一卷。倪文蔚撰。《书傅补义》一卷。方宗诚撰。《尚书历谱》二卷，《禹贡班义述》三卷。成蓉镜撰。《尚书故》三卷。吴汝纶撰。《尚书古文辨惑》十八卷，《释难》二卷，《析疑》一卷，《商是》一卷。洪良品撰。《书经通论》一卷，《今文尚书考证》三十卷。皮锡瑞撰。《尚书孔传参正》三十六卷。王先谦撰。《尚书大传考异补遗》一卷。卢文绍撰。《别本尚书大传》三卷，《补遗》一卷。孙之骒撰。《尚书大传注》四卷。孔广林撰。《尚书大传注》五卷，《五行传注》三卷。陈寿祺撰。

宋胡瑗《洪范口义》二卷。宋毛晃《禹贡指南》四卷。宋程大昌《禹贡论》五卷,《后论》一卷,《山川地理图》一卷。宋史浩《尚书讲义》二十卷。宋夏僎《尚书详解》二十六卷。宋傅寅《禹贡说断》四卷。宋杨简《五诰解》四卷。宋袁燮絜《斋家塾书钞》十二卷。宋黄伦《尚书精义》五十卷。宋钱时《融堂书解》二十卷。宋赵善湘《洪范统一》一卷。以上均乾隆三十八年王际华等奉敕辑。《今文尚书》一卷。《古文尚书》三卷。汉欧阳生《尚书章句》一卷。汉夏侯建《尚书章句》一卷。汉马融《尚书传》四卷。魏王肃《尚书注》二卷。晋徐邈《古文尚书音》一卷。晋范甯《尚书舜典注》一卷。隋刘焯《尚书义疏》一卷。隋刘炫《尚书述义》一卷。隋顾彪《尚书疏》一卷。以上均马国翰辑。汉伏胜《尚书大传》四卷。汉张霸《百两篇》一卷。汉刘向《五行传》二卷。以上均王谟辑。汉郑玄《尚书注》九卷,《尚书五行传注》一卷,《尚书略说注》一卷。以上均袁钧辑。

《诗》类

《诗经传说汇纂》二十卷,《序》二卷。康熙六十年,王鸿绪等奉敕撰。《诗义折中》二十卷。乾隆二十年,傅恒等奉敕撰。《诗经稗疏》四卷,《诗经考异》一卷,《诗广传》五卷。王夫之撰。《田间诗学》十二卷。钱澄之撰。《诗说简正录》十卷。提桥撰。《诗经通义》十二卷。朱鹤龄撰。《毛诗稽古篇》三十卷。陈启源撰。《诗问》一卷。汪琬撰。《毛诗日笺》六卷。秦松龄撰。《诗所》八卷。李光地撰。《毛朱诗说》一卷。阎若琚撰。《毛诗写官记》四卷,《诗札》二卷,《国风省篇》一卷,《诗传诗说驳义》五卷,《续诗传鸟名》三卷,《白鹭洲主客说诗》一卷。毛奇龄撰。《诗蕴》四卷。姜兆锡撰。《诗识名解》十五卷。姚炳撰。《毛诗国风绎》一卷,《读诗随记》一卷。陈迁鹤撰。《诗传名物集览》十二卷。陈大章撰。《诗说》三卷,《附录》一卷。惠周惕撰。《诗经札记》一卷。杨名时撰。《陆堂诗学》十二卷。陆奎勋撰。《读诗质疑》三十一卷,《附录》十五卷。严虞撰。《朱子诗义补正》八卷。方苞撰。《诗经测义》四卷。李钟侨撰。《毛

诗类说》二十一卷,《续编》三卷。顾栋高撰。《诗疑辨证》六卷。黄
中松撰。《毛诗说》二卷。诸锦撰。《诗经诠义》十五卷。汪绂撰。
《毛诗名物图说》九卷。徐鼎撰。《诗经正解》三十卷。姜文灿撰。
《毛诗说》四卷。庄存与撰。《诗细》十二卷,《毛诗草木鸟兽虫鱼疏
校正》二卷。赵佑撰。《虞东学诗》十二卷。顾镇撰。《三家诗拾
遗》十卷,《诗渖》二十卷。范家相撰。《诗序补义》二十四卷。姜炳
章撰。《读风偶识》四卷。崔述撰。《毛诗广义》不分卷。纪昭撰。
《毛郑诗考正》四卷,《诗经补注》二卷。戴震撰。《诗经小学》四卷,
《毛诗故训傅》三卷。段玉裁撰。《童山诗说》四卷。李调元撰。《邶
风说》一卷。龚景瀚撰。《诗志》八卷。牛运震撰。《诗考异字笺
余》十四卷。周邵莲撰。《韩诗内传征》四卷,《叙录》二卷。宋绵初
撰。《韩诗外传校注》十卷。周廷采撰。《毛诗考证》四卷,《周颂口
义》三卷。庄述祖撰。《毛诗证读》不分卷,《读诗或问》一卷。戚学
标撰。《三家诗补遗》三卷。阮元撰。《毛诗天文考》一卷。洪亮吉
撰。《韩诗遗说》二卷,《订讹》一卷。臧庸撰。《诗古训》十卷。钱大
昭撰。《诗谱补亡后订》一卷。吴骞撰。《毛诗传笺异义解》十六卷。
沈镐撰。《毛诗通说》三十卷,《补遗》一卷。任兆麟撰。《毛诗补
疏》五卷,《毛诗地理释》四卷,《陆玑毛诗疏考证》一卷。焦循撰。
《三家诗遗说考》一卷。陈寿祺撰。《诗经补遗》一卷。郝懿行撰。
《诗说》二卷,《待问》二卷。郝懿行妻王照圆撰。《诗氏族考》六卷。
李超孙撰。《诗经异文释》十六卷。李富孙撰。《诗序辨正》八卷。汪
大任撰。《毛诗绅义》二十四卷。李平撰。《毛诗后笺》三十卷。胡
承珙撰。《山中诗学记》五卷。徐时栋撰。《三家诗异文疏证》六卷,
《补遗》三卷,《续补遗》二卷。冯登府撰。《重订三家诗拾遗》十卷。
叶钧撰。《多识录》九卷。石韫玉撰。《毛郑诗释》四卷,《郑氏诗谱
考正》一卷,《诗考补注》二卷,《补遗》一卷,《毛诗陆疏校正》二卷,
《诗集传附释》一卷。丁晏撰。《读诗札记》八卷,《诗章句考》,
《诗乐存亡谱》一卷,《朱子诗集传校勘记》一卷。夏炘撰。《毛诗通
考》二十卷,《毛诗识小》三十卷,《郑氏诗谱考正》一卷。林伯桐撰。

《毛诗礼征》十卷。包世荣撰。《齐诗翼氏学》二卷。迮鹤寿撰。《读诗小牍》二卷。焦廷琥撰。《诗古微》二十卷。魏源撰。《毛诗传笺通释》三十二卷。马瑞辰撰。《三家诗遗说考》四十九卷,《毛诗郑笺改字说》四卷,《四家诗异文考》五卷,《齐诗翼氏学疏证》二卷,《诗纬集证》四卷。陈乔枞撰。《诗经集传拾遗》二卷。吴德旋撰。《诗名物证古》一卷,《达斋诗说》一卷,《读韩诗外传》一卷。俞樾撰。《诗毛氏传疏》三十卷,《郑氏笺考征》一卷,《释毛诗音》四卷,《毛诗说》一卷,《毛诗传义类》一卷。陈奂撰。《诗小学》三十卷。吴树声撰。《毛诗多识》二卷。多隆阿撰。《诗学详说》三十卷,《正诂》五卷。顾广誉撰。《诗地理征》七卷。朱右曾撰。《诗本谊》一卷。龚橙撰。《诗经异文》四卷,《韩诗辑》一卷。蒋曰豫撰。《毛诗序传》三十卷,《毛诗读》三十卷。王劼撰。《毛诗异文笺》十卷。陈玉树撰。《毛诗谱》一卷。胡元仪撰。《诗经通论》一卷。皮锡瑞撰。《诗三家义集疏》二十九卷。王先谦撰。

宋杨简《慈湖诗传》二十卷。宋戴溪《续吕氏家塾读诗记》三卷。宋袁燮《絜斋毛诗经筵讲义》四卷。宋林《毛诗讲义》十二卷。元刘玉汝诗缵绪》十八卷。以上均乾隆三十八年王际华等奉敕辑。汉申培鲁《诗故》三卷。汉后苍《齐诗传》三卷。汉韩婴《诗故》二卷,《诗内传》一卷,《诗说》一卷。汉薛汉《韩诗章句》二卷。汉侯苞《韩诗翼要》一卷。汉马融《毛诗注》一卷。魏刘桢《毛诗义问》一卷。魏王肃《毛诗注》一卷,《毛诗义驳》一卷,《毛诗奏事》一卷,《毛诗问难》一卷。魏王基《毛诗驳》一卷。吴韦昭、朱育《毛诗答杂问》一卷。吴徐整《毛诗谱畅》一卷。晋孙毓《毛诗异同评》三卷。晋陈统难《孙氏毛诗评》一卷。晋郭璞《毛诗拾遗》一卷。晋徐邈《毛诗音》一卷。齐刘桓《毛诗序义》一卷。宋周续之《毛诗周氏注》一卷。梁简文帝《毛诗十五国风义》一卷。梁何胤《毛诗隐义》一卷。梁崔灵恩《集注毛诗》一卷。不著时代舒瑗《毛诗义疏》一卷。不著时代、撰人《毛诗草虫经》一卷,《毛诗提纲》一卷。后周沈重《毛诗义疏》二卷。后魏刘芳《毛诗笺音义证》一卷。隋刘炫《毛诗述义》一卷。唐施士《丐诗

说》一卷。以上均马国翰辑。汉辕固《齐诗传》一卷。魏王基《毛诗申郑义》一卷。均黄奭辑。汉郑玄《毛诗谱》一卷。王谟辑。

《礼》类

《周官义疏》四十八卷。乾隆十三年，鄂尔泰等奉敕撰。《周官笔记》一卷。李光地撰。《周礼述注》二十四卷。李光坡撰。《高注周礼》二十卷。高愈撰。《周官辨非》一卷。万斯大撰。《周礼问》二卷。毛奇龄撰。《周礼训纂》二十一卷。李钟伦撰。《周礼节训》六卷。黄叔琳撰。《周官集注》十二卷，《周官析疑》三十六卷，《考工记析义》四卷，《周官辨》一卷。方苞撰。《周官翼疏》三十卷。沈淑撰。《周礼辑义》十二卷。姜兆锡撰。《礼说》十四卷。惠士奇撰。《周官记》六卷，《周官说》二卷，《周官说补》三卷。庄存与撰。《周礼疑义举要》七卷。江永撰。《周礼精义》十二卷。连斗山撰。《周官禄田考》三卷。沈彤撰。《周官禄田考补正》三卷。倪景曾撰。《考工记图注》二卷。戴震撰。《周礼军赋说》四卷。王鸣盛撰。《周礼汉读考》六卷。段玉裁撰。《田赋考》一卷。任大椿撰。《考工记论文》一卷。牛运震撰。《周礼故书考》一卷。程际盛撰。《周礼故书疏证》六卷。宋世荦撰。《车制图考》一卷。阮元撰。《车制考》一卷。钱坫撰。《周官臆测》六卷，《叙录》一卷。孔广林撰。《周礼学》二卷。王聘珍撰。《周官故书考》四卷。徐养原撰。《周礼畿内授田考实》一卷。胡匡衷撰。《周官礼郑氏注笺》十卷。庄绶甲撰。《周礼学》一卷。沈梦兰撰。《周礼释注》二卷。丁晏撰。《考工轮舆私笺》二卷。郑珍撰。《图》一卷。珍子知同撰。《周官注疏小笺》五卷。曾钊撰。《考工记考辨》八卷。王宗涑撰。《周礼补注》六卷。吕飞鹏撰。《周官参证》二卷。王宝仁撰。《周礼正义》八十六卷。孙诒让撰。

宋王安石《周官新义》十六卷，附《考工记解》二卷。宋易袚《周官总义》三十卷。元毛应龙《周官集传》十六卷。以上均乾隆三十八年王际华等奉敕辑。汉郑兴《周礼解诂》一卷。汉郑众《周礼解诂》

六卷。汉杜子春《周礼注》二卷。汉贾逵《周礼解诂》一卷。汉马融《周官传》一卷。汉郑玄《周礼音》一卷。晋干宝《周礼注》一卷。晋徐邈《周礼音》一卷。晋李轨《周礼音》一卷。晋陈邵《周官礼异同评》一卷。不著时代刘昌宗《周礼音》二卷。聂氏《周礼音》一卷。后周沈重《周官礼义疏》一卷。陈戚衮《周礼音》一卷。以上均马国翰辑。

以上《礼》类《周礼》之属

《仪礼义疏》四十八卷。乾隆十三年,鄂尔泰等奉敕撰。《仪礼郑注句读》十七卷,附《监本正误》一卷。张尔岐撰。《读礼通考》一百二十卷。徐乾学撰。《仪礼述注》十七卷。李光坡撰。《仪礼商》二卷,《附录》一卷。万斯大撰。《丧礼吾说篇》十卷,《三年服制考》一卷。毛奇龄撰。《丧服翼注》一卷。阎若璩撰。《仪礼章句》十七卷。吴廷华撰。《仪礼节要》二十卷。朱轼撰。《仪礼析疑》十七卷,《丧礼或问》一卷。方苞撰。《仪礼经传内编》二十三卷,《外编》五卷。姜兆锡撰。《飨礼补亡》一卷。诸锦撰。《朝庙宫室考》十三卷,《肆献祼馈食礼》三卷。任启运撰。《礼经本义》十七卷。蔡德晋撰。《仪礼汉释宫增注》一卷,《仪礼释例》一卷。江永撰。《仪礼小疏》一卷。沈彤撰。《仪礼管见》十七卷。褚寅亮撰。《丧服文足征记》十卷。程瑶田撰。《仪礼注疏详校》十七卷。卢文绍撰。《仪礼读考》一卷。段玉裁撰。《仪礼集编》四十卷。盛世佐撰。《仪礼今古文疏证》二卷。宋世荦撰。《礼经释例》十三卷,《目录》一卷。凌廷堪撰。《仪礼图》六卷,《读仪礼记》二卷。张惠言撰。《冕服考》四卷。焦廷琥撰。《仪礼今古文异同疏证》五卷。徐养原撰。《仪礼校正》十七卷。黄丕烈撰。《礼经宫室答问》二卷。洪颐煊撰。《仪礼经注一隅》一卷。朱骏声撰。《仪礼释官》九卷。《郑氏仪礼目录校正》一卷。胡匡衷撰。《仪礼学》一卷。王聘珍撰。《仪礼今古文疏义》十七卷。胡承珙撰。《丧礼经传约》一卷。吴卓信撰。《仪礼正义》四十卷。胡培翚撰。《仪礼宫室提纲》一卷。胡培系撰。《仪礼经注疏正讹》十七卷。金曰追撰。《仪礼礼服通释》六卷。凌曙撰。《仪礼释注》二

卷。丁晏撰。《仪礼私笺》八卷。郑珍撰。《读仪礼录》一卷。曾国藩撰。《丧服会通说》四卷。吴嘉宾撰。《士昏礼对席图》一卷,《丧服私论》一卷。俞樾撰。《昏礼重别论对驳义》二卷。刘寿曾撰。

宋李如圭《仪礼集释》三十卷,《仪礼释宫》一卷。以上均乾隆三十八年王际华等奉敕辑。《蔡氏月令》二卷。蔡云辑。汉戴德《丧服变除》一卷。汉何休《冠礼约制》一卷。汉郑众《昏礼》一卷。汉马融《丧服经传注》一卷。汉郑玄《丧服变除》一卷。汉刘表《新定礼》一卷。魏王肃《丧经传注》一卷,《丧服要记》一卷。吴射慈《丧服变除图》一卷。晋杜预《丧服要集》一卷。晋袁准《丧服经传注》一卷。晋孔伦《集注丧服经传》一卷。晋刘智《丧服释疑》一卷。晋蔡谟《丧服谱》一卷。晋贺循《丧服谱》一卷,《葬礼》一卷,《丧服要记》一卷。晋葛洪《丧服变除》一卷。晋孔衍《凶礼》一卷。不著时代陈铨《丧服经传注》一卷。谢徽《丧服要记注》一卷。宋裴松之《集注丧服经传》一卷。宋雷次宗《略注丧服经传》二卷。宋崔凯《丧服难问》一卷。宋周续之《丧服注》一卷。齐王俭《丧服古今集记》一卷。齐王逡之《丧服世行要记》一卷。以上均马国翰辑。

以上《礼》类《仪礼》之属

《日讲礼记解义》六十四卷。乾隆元年敕编。《礼记义疏》八十二卷。乾隆十三年敕撰。《礼记章句》四十九卷。王夫之撰。《深衣考》一卷。黄宗羲撰。《礼记纂编》六卷。李光地撰。《礼记述注》二十八卷。李光坡撰。《礼记偶笺》三卷。万斯大撰。《庙制图考》四卷。万斯同撰。《陈氏礼记集说补正》三十八卷。纳喇性德撰。《曾子问讲录》四卷,《檀弓订误》一卷。毛奇龄撰。《礼记章义》十卷。姜兆锡撰。《礼记疑义》十八卷。吴廷华撰。《礼记析疑》四十六卷。《丧礼或问》一卷。方苞撰。《戴记绪言》四卷。陆奎勋撰。《礼记章句》十卷,《或问》四卷。汪绂撰。《礼记章句》十卷。任启运撰。《檀弓疑问》一卷。邵泰衢撰。《礼记训义择言》八卷,《深衣考误》一卷。江永撰。《学礼阙疑》八卷。刘青莲撰。《续卫氏礼记集说》一百卷。杭世骏撰。《礼记注疏考证》一卷。齐召南撰。《礼记注疏校正》一

卷。卢文绍撰。《祭法记疑》二卷。王元启撰。《明堂大道录》八卷，《禘说》二卷。惠栋撰。《深衣释例》三卷。《弁服释例》八卷。任大椿撰。《抚州本礼记郑注考异》二卷。张敦仁撰。《释服》二卷。宋绵初撰。《明堂考》三卷。孙星衍撰。《明堂亿》一卷。孔广林撰。《礼记郑读考》四卷,《礼记天算释》一卷。孔广牧撰。《卢氏礼记解诂》一卷,《蔡氏月令章句》一卷。臧庸撰。《礼记集解》六十一卷。孙希旦撰。《七十二候考》一卷。曹仁虎撰。《礼记补疏》三卷。焦循撰。《礼记说》八卷。杨秉杷撰。《礼记异文释》八卷。李富孙撰。《礼记笺》四十九卷。郝懿行撰。《礼记宫室答问》二卷。洪颐煊撰。《燕寝考》三卷。胡培翚撰。《礼记经注正讹》六十三卷。金日追撰。《礼记训纂》四十九卷。朱彬撰。《礼记释注》四卷,《投壶考原》一卷。丁晏撰。《檀弓辨诬》三卷。夏炘撰。《礼记郑读考》六卷。陈乔枞撰。《礼记质疑》四十九卷。郭嵩焘撰。《礼记异文笺》一卷,《礼记郑读考》一卷,《七十二候考》一卷。俞樾撰。《礼记集解补义》一卷。方宗诚撰。《礼记浅说》二卷。皮锡瑞撰。

宋张虑《月令解》十二卷。宋袁甫《蒙斋中庸讲义》四卷。以上均乾隆三十八年王际华等奉敕辑。汉马融《礼记注》一卷。汉卢植《礼记注》一卷。汉荀爽《礼传》一卷。汉蔡邕《月令章句》一卷,《月令问答》一卷。魏王肃《礼记注》一卷。魏孙炎《礼记注》一卷。不著时代谢氏《礼记音义隐》一卷。晋范宣《礼记音》一卷。晋徐邈《礼记音》一卷。不著时代刘昌宗《礼记音》一卷。宋庾蔚之《礼记略解》一卷。梁何胤《礼记隐义》一卷。梁贺瑒《礼记新义疏》一卷。梁皇侃《礼记义疏》四卷。后魏刘芳《礼记义证》一卷。后周沈重《礼记义疏》一卷。后周熊安生《礼记义疏》四卷。唐成伯玙《礼记外传》一卷。以上均马国翰辑。唐明皇《月令注释》一卷。黄奭辑。吴射慈《礼记音义隐》一卷。汉蔡邕《明堂月令论》一卷。汉崔寔《四民月令》一卷。以上均王谟辑。

以上《礼》类《礼记》之属

《夏小正解》一卷。徐世溥撰。《曾子问天员篇》一卷。梅文鼎

撰。《夏小正注》一卷。黄叔琳撰。《夏小正诂》一卷。诸锦撰。《夏
小正辑注》四卷。范家相撰。《夏小正考注》一卷。毕沅撰。《曾子
注释》四卷。阮元撰。《大戴礼记补注》十三卷,《叙录》一卷。孔广
森撰。《夏小正经传考释》十卷。庄述祖撰。《夏小正传校正》三卷。
孙星衍撰。《大戴礼解诂》十三卷,《叙录》一卷。王聘珍撰。《大戴
礼记正误》一卷。汪中撰。《夏小正分笺》四卷,《异义》二卷。黄谟
撰。《大戴礼记笺证》五卷。胡培系撰。《大戴礼记补注》十三卷,
《目录》一卷,《附录》一卷。汪照撰。《大戴礼记考》一卷。吴文起撰。
《夏小正传笺》四卷,《公符篇考》一卷。王谟撰。《夏小正补注》四卷。
任兆麟撰。《夏小正补传》三卷。朱骏声撰。《夏小正经传通释》四
卷。梁章钜撰。《夏时考》五卷。安吉撰。《夏时考》一卷。刘逢禄
撰。《夏小正经传考》二卷,《本义》四卷。雷学淇撰。《夏小正集
解》四卷,《校录》一卷。顾凤藻撰。《孔子三朝记》七卷,《目录》一卷。
洪颐煊撰。《夏小正疏义》四卷,《附释音异字记》一卷。洪震煊撰。
《夏小正正义》四卷。王筠撰。《夏小正笺疏》四卷。马徵麟撰。《夏
小正集说》四卷。程鸿诏撰。《夏时考》一卷。郑晓如撰。《夏小正
戴氏传训解》四卷,《考异》一卷,《通论》一卷。王宝仁撰。《夏小正
私笺》一卷。吴汝纶撰。

　　以上《礼》类《大戴礼》之属

　　《学礼质疑》二卷,《宗法论》一卷。万斯大撰。《读礼志疑》十三
卷,《礼经会元疏解》四卷。陆陇其撰。《郊社禘祫问》一卷,《北郊配
位尊西向义》一卷,《昏礼辨正》一卷,《大小宗通绎》一卷,《明堂问》
一卷,《庙制折衷》一卷,《学校问》一卷。毛奇龄撰。《参读礼志疑》
二卷。汪绂撰。《钓台遗书》四卷。任启运撰。《礼经质疑》二卷。杭
世骏撰。《稽礼辨论》一卷。刘凝撰。《三礼郑注考》一卷。程际盛
撰。《礼笺》三卷。金榜撰。《礼学卮言》六卷。孔广森撰。《五服异
同汇考》二卷。崔述撰。《禘祫觿解篇》一卷。孔广林撰。《三礼义
证》十卷。武亿撰。《白虎通阙文》一卷。庄述祖撰。《三礼图》三卷。
孙星衍、严可均同撰。《礼说》四卷。凌曙撰。《郑氏三礼目录》一卷。

臧庸撰。《答问》一卷。胡培翚撰。《礼堂经说》二卷。陈乔枞撰。《三礼陈数求义》三十卷。陈乔枞撰。《四禘通释》三卷。崔适撰。《白虎通疏证》十二卷。陈立撰。《三礼通释》二百八十卷。林昌彝撰。《求古录礼记》五卷，《补遗》一卷。金鹗撰。《求古录礼说校勘记》三卷。王士骏撰。《学礼管释》十八卷，《三纲制服述义》三卷。夏炘撰。《佚礼扶微》五卷。丁晏撰。《礼经通论》一卷。邵懿辰撰。《积石礼说》三卷。张履撰。《礼说》二卷。吴嘉宾撰。《郑康成驳正三礼考》一卷，《玉佩考》一卷。俞樾撰。《礼书通故》五十卷，《礼说略》三卷。黄以周撰。《经述》三卷。林颐山撰。

汉戴圣《石渠礼论》一卷，汉郑玄《鲁礼禘祫志》一卷，《三礼图》一卷，魏董勋《问礼俗》一卷，晋卢谌《杂祭法》一卷，晋范汪《祭典》一卷，晋干宝《后养义》一卷，晋范甯《礼杂问》一卷，晋范宣《礼论难》一卷，晋吴商《礼杂议》一卷。宋颜延之《逆降义》一卷。宋徐广《礼论答问》一卷。宋何承《天礼论》一卷。宋任豫《礼论条牒》一卷，齐王俭《礼义答问》一卷，齐荀万秋《礼论钞略》一卷，梁贺述《礼统》一卷，梁周舍《礼疑义》一卷，梁崔灵恩《三礼义宗》四卷，后魏李谧《明堂制度论》一卷，不著时代梁正《三礼图》一卷，唐张镒《三礼图》一卷，唐元行冲《释疑论》一卷。以上均马国翰辑。汉叔孙通《礼器制度》一卷，汉郑玄《三礼目录》一卷，晋孙毓《五礼驳》一卷。以上均王谟辑。汉郑玄《答临硕难礼》一卷。袁钧辑。

以上《礼》类总义之属

《朱子礼纂》五卷。李光地撰。《辨定祭礼通俗谱》五卷，《家礼辨说》十六卷。毛奇龄撰。《读礼偶见》二卷。许三礼撰。《吕氏四礼翼》一卷。朱轼撰。《礼学汇编》七十卷。应㧑谦撰。《礼乐通考》三十卷。胡抡撰。《礼书纲目》八十五卷。江永撰。《六礼或问》十二卷。汪绂撰。《四礼宁俭编》一卷。王心敬撰。《五礼通考》二百六十二卷。秦蕙田撰。《五礼经传目》五卷。沈迁芳撰。《冠昏丧祭仪考》十二卷。林伯桐撰。《三礼从今》三卷。黄本骥撰。《四礼榷疑》八卷。顾广誉撰。

以上《礼》类通礼之属

《乐》类

《律吕正义》五卷。康熙五十二年御撰。《律吕正义后编》一百二十卷。乾隆十一年敕撰。《诗经乐谱》三十卷,《乐律正俗》一卷。乾隆五十三年敕撰。《乐律》二卷。薛凤祚撰。《大成乐律》一卷。孔贞瑄撰。《古乐经传》五卷。李光地撰。《圣谕乐本解说》二卷,《皇言定声录》八卷,《竟山乐录》四卷。毛奇龄撰。《古乐书》二卷。应扬谦撰。《李氏学乐录》二卷。李恭撰。《昭代乐章恭纪》一卷。张廷玉撰。《易律通解》八卷。沈光邦撰。《乐律古义》二卷。童能灵撰。《乐经律吕通解》五卷,《乐经或问》三卷。汪绂撰。《乐律表微》八卷。胡彦升撰。《琴旨》三卷。王坦撰。《律吕新论》二卷,《律吕阐微》十卷。江永撰。《律吕考略》一卷。孔毓焞撰。《大乐元音》七卷。潘士权撰。《律吕古义》六卷。钱塘撰。《燕乐考原》六卷,《晋泰始笛律匡谬》一卷。凌廷堪撰。《乐悬考》二卷。江藩撰。《乐谱》一卷。任兆麟撰。《律吕臆说》一卷,荀勖《笛律图注》一卷,《管色考》一卷。徐养原撰。《古律经传附考》六卷。纪大奎撰。《乐志辑略》三卷。倪元坦撰。《音分古义》二卷,《附》一卷。戴煦撰。《声律通考》十卷。陈澧撰。《律吕通今图说》一卷,《律易》一卷,《音调定程》一卷。缪阗撰。

元熊朋来《瑟谱》六卷,元余载《韶舞九成乐补》一卷,元刘瑾《律吕成书》二卷。以上均乾隆三十八年王际华等奉敕辑。汉阳城子长乐经一卷,汉刘向《乐记》一卷,汉刘德《乐元语》一卷,汉扬雄《琴清英》一卷,梁武帝《乐社大义》一卷、《钟律纬》一卷,陈僧智匠《古今乐录》一卷,后魏信都芳《乐书》一卷,后周沈重《乐律义》一卷,不著时代、撰人《乐部》一卷,《琴历》一卷,隋萧吉《乐谱集解》一卷,唐赵惟暕《琴书》一卷。以上均马国翰辑。汉刘歆《钟律书》一卷,汉蔡邕《琴操》一卷。以上均黄奭辑。

《春秋》类

《左传读本》三十卷。道光三年，英和等奉敕编。《左传杜解补正》三卷。顾炎武撰。《续春秋左氏传博议》四卷。王夫之撰。《读左日钞》十二卷，《补录》二卷。朱鹤龄撰。《左传事纬》十二卷，《附录》八卷。马骕撰。《春秋地名考略》十四卷。高士奇撰。《春秋国都爵姓考》一卷，《补》一卷。陈鹏撰。《春秋分年系传表》一卷。翁方纲撰。《春秋左传事类年表》一卷。顾宗玮撰。《春秋长历》十卷，《春秋世族谱》一卷。陈厚耀撰。《春秋识小录》九卷。程廷祚撰。《春秋左传补注《六卷。惠栋撰。《春秋地理考实》四卷。江永撰。《读左补议》五十卷。姜炳璋撰。《春秋左传小疏》一卷。沈彤撰。《春秋左传古经》十二卷，《附五十凡》一卷。段玉裁撰。《春秋左传会要》四卷，《左传官名考》二卷。李调元撰。《春秋左传诂》五十卷，《春秋十论》一卷。洪亮吉撰。《春秋列国官名异同考》一卷。汪中撰。《左通补释》三十二卷。梁履绳撰。《春秋左传分国土地名》二卷，《春秋列国职官》一卷，《春秋器物宫室》一卷。沈淑撰。《左传刘杜持平》六卷。邵英撰。《春秋名字解诂》二卷。王引之撰。《春秋左氏补疏》五卷。焦循撰。《读左言》一卷。石韫玉撰。《左氏春秋考证》二卷。刘逢禄撰。《春秋左传补注》三卷。马宗连撰。《左传识小录》一卷。朱骏声撰。《春秋左传补注》十二卷，《考异》十卷，《左传地名补注》十二卷。沈钦韩撰。《春秋左氏古义》六卷，臧寿恭撰。《左传贾服注辑述》二十卷。李贻德撰。《左传杜注辨正》六卷。张总咸撰。《春秋国都爵姓续考》一卷。曾钊撰。《左传旧疏考正》八卷。刘文淇撰。《春秋名字解诂补义》一卷。俞樾撰。《春秋世族谱拾遗》一卷。成蓉镜撰。《春秋名字解诂驳》一卷。胡元玉撰。《补春秋僖公事阙书》一卷。桑宣撰。

晋杜预《春秋释例》十五卷，宋吕祖谦《春秋左氏传续说》十二卷。以上均乾隆三十八年王际华等奉敕辑。汉刘歆《春秋左氏传章句》一卷，汉贾逵《春秋左氏传解诂》二卷、《春秋左氏传长经章句》一卷，汉服虔《春秋左传解谊》四卷，汉彭汪《左氏奇说》一卷，汉许

淑《春秋左传注》一卷,魏董遇《春秋左氏经传章句》一卷,魏王肃
《春秋左传注》一卷,魏嵇康《春秋左传音》一卷,晋孙毓《春秋左氏
传义注》一卷,晋干宝《左氏传函义》一卷,陈沈文阿《春秋左氏经传
义略》一卷。陈王元规《续春秋左氏经传议略》一卷,不著时代苏宽
《春秋左氏传议疏》一卷。以上均马国翰辑。隋刘炫《左氏传述义》
一卷。黄奭辑。汉郑玄《春秋传服氏注》十二卷。袁钧辑。

以上《春秋》类《左传》之属

《春秋正辞》十一卷,《春秋举例》一卷,《春秋要指》一卷。庄存
与撰。《公羊墨史》二卷。周拱辰撰。《春秋公羊通义》十一卷,
《叙》一卷。孔广森撰。《公羊何氏释例》十卷,《公羊何氏解诂笺》一
卷,《发墨守评》一卷,《箴膏肓评》一卷,《谷梁废疾申何》二卷。刘逢
禄撰。《公羊补注》一卷。马宗连撰。《公羊礼疏》十一卷,《公羊礼
说》一卷,《公羊答问》二卷,《春秋繁露注》十七卷。凌曙撰。《春秋
决事比》一卷。龚自珍撰。《公羊义疏》七十六卷。陈立撰。《公羊
注疏质疑》二卷。何若瑶撰。《公羊历谱》十一卷。包慎言撰。《公
羊逸礼考征》一卷。陈奂撰。

汉董仲舒《春秋决事》一卷,汉严彭祖《公羊春秋》一卷,汉颜安
乐《春秋公羊记》一卷,汉何休《春秋公羊文谥例》一卷。以上均马国
翰辑。

以上《春秋》类《公羊》之属

《谷梁释例》四卷。许桂林撰。《谷梁大义述》三十卷。柳兴恩
撰。《谷梁礼证》二卷。侯康撰。《谷梁经传补注》二十四卷。钟文
烝撰。

汉尹更始《春秋谷梁传章句》一卷,汉刘向《春秋谷梁传说》一
卷,魏糜信《春秋谷梁注》一卷,晋徐邈《春秋谷梁传注义》一卷、
《音》一卷,晋范甯薄叔元问《谷梁义》一卷,晋郑嗣《春秋谷梁传说》
一卷。以上均马国翰辑。晋范甯《谷梁传例》一卷。黄奭辑。

以上《春秋》类《谷梁》之属

《春秋传说汇纂》三十八卷。康熙三十八年,王掞等奉敕撰。

《日讲春秋解义》六十四卷。雍正七年敕撰。《春秋直解》十六卷。乾
隆二十三年，傅恒等奉敕撰。《春秋稗疏》二卷，《春秋家说》三卷，
《春秋世论》五卷。王夫之撰。《春秋平义》十二卷，《春秋四传纠
正》一卷。俞汝言撰。《春秋传议》四卷。张尔岐撰。《学春秋随
笔》十卷。万斯大撰。《春秋大义》、《春秋随笔》共一卷，《春秋毁
余》四卷。李光地撰。《春秋毛氏传》三十六卷，《春秋简书刊误》二
卷，《春秋属辞比事记》四卷，《春秋占筮书》三卷，《春秋条贯篇》十
一卷。毛奇龄撰。《春秋集解》十二卷，《校补春秋集解绪余》一卷，
《春秋提要补遗》一卷。应为谦撰。《春秋参义》十二卷，《春秋事义
慎考》十四卷，《公谷汇义》十二卷。姜兆锡撰。《春秋管窥》十二卷。
徐庭垣撰。《春秋三传异同考》一卷。吴陈琰撰。《春秋遵经集说》
二十八卷。邵钟仁撰。《三传折诸》四十四卷。张尚瑗撰。《春秋阙
如编》八卷，《小国春秋》一卷。焦袁熹撰。《春秋宗朱辨义》十二卷。
张自超撰。《春秋通论》四卷，《春秋义法举要》一卷，《春秋比事目
录》四卷，《春秋直解》十二卷。方苞撰。《半农春秋说》十五卷。惠
士奇撰。《春秋义》十五卷。孙嘉淦撰。《春秋大事表》五十卷，《舆
图》一卷，《附录》一卷。顾栋高撰。《春秋七国统表》六卷。魏翼龙
撰。《春秋义存录》十二卷。陆奎勋撰。《春秋日食质疑》一卷。吴
守一撰。《春秋集传》十六卷，首、末各一卷。汪绂撰。《空山堂春秋
传》十二卷。牛运震撰。《春秋原经》二卷。王心敬撰。《春秋深》十
九卷。许伯政撰。《春秋一得》一卷。阎循观撰。《三正考》二卷。吴
鼐撰。《春秋三传定说》十二卷。张甄陶撰。《春秋夏正》二卷。胡
天游撰。《春秋究遗》十六卷。叶酉撰。《春秋随笔》二卷。顾奎光
撰。《春秋三传杂案》十卷，《读春秋存稿》四卷。赵佑撰。《三传补
注》三卷。姚鼐撰。《春秋三传比》二卷。李调元撰。《春秋疑义》二
卷。华学泉撰。《公谷异同合评》四卷。沈赤然撰。《春秋经传朔闰
表》二卷。姚文田撰。《春秋说略》十二卷，《春秋比》二卷。郝懿行
撰。《春秋目论》二卷。邓显鹤撰。《三传异同考》一卷。陈莱孝撰。
《春秋经传比事》二十二卷。林春溥撰。《春秋三家异文核》一卷，

《春秋乱贼考》一卷。朱骏声撰。《春秋三传异文释》十三卷。李富孙撰。《春秋属辞辨例编》六十卷。张应昌撰。《春秋上律表》四卷。范景福撰。《春秋至朔通考》四卷。张冕撰。《驳正朔考》一卷。陈钟英撰。《春秋三传异文笺》四卷。赵坦撰。《春秋新义》十二卷，《春秋岁星表》一卷，《日食星度表》一卷，《日表》一卷。朱兆熊撰。《春秋释地韵编》五卷。徐寿基撰。《春秋述义拾遗》九卷，《春秋规过考信》九卷。陈熙晋撰。《春秋古经说》二卷。侯康撰。《达斋春秋论》一卷，《春秋岁星考》一卷，《春秋古本分年考》一卷。俞樾撰。《春秋朔闰异同考》三卷。罗士琳撰。《春秋钻燧》四卷。曹金籀撰。《春秋经传朔闰表发覆》四卷，《推春秋日食法》一卷。施彦士撰。《春秋日月考》四卷。谭云撰。《春秋朔闰日食考》二卷。宋庆云撰。《春秋释》一卷。黄式三撰。《春秋测义》三十五卷。强汝询撰。《春秋说》一卷。陶正靖撰。《春秋传正谊》四卷。方宗诚撰。《春秋日南至谱》一卷。成蓉镜撰。《春秋说》二卷。郑杲撰。

宋刘敞《春秋传说例》一卷，宋萧楚《春秋辨疑》四卷，宋崔子方《春秋经解》十二卷、《春秋例要》一卷，宋张大亨《春秋通训》六卷，宋叶梦得《春秋考》十六卷、《春秋谳》二十二卷，宋高闶《春秋集注》四十卷，宋戴溪《春秋讲义》四卷，宋洪咨夔《春秋说》三十卷，元程端学《春秋三传辨疑》二十卷。以上均乾隆三十八年王际华等奉敕辑。《春秋大传》一卷，汉郑众《春秋牒例章句》一卷，汉马融《春秋三传异同说》一卷，汉戴宏《解疑论》一卷，汉颖容《春秋释例》一卷，晋刘兆《春秋公羊谷梁传》解诂一卷，晋江熙《春秋公羊谷梁二传评》一卷，晋京相璠《春秋土地名》一卷，后魏贾思同《春秋传驳》一卷，隋刘炫《春秋述义》一卷、《春秋规过》一卷、《春秋攻昧》一卷，不著时代撰人《春秋井田记》一卷，唐啖助《春秋集传》一卷，唐赵匡《春秋阐征纂类义统》一卷，唐陆希声《春秋通例》一卷，唐陈岳《春秋折衷论》一卷。以上均马国翰辑。汉严彭祖《春秋盟会图》一卷，晋乐资《春秋后传》一卷。以上均黄奭辑。汉郑玄《箴膏肓》一卷、《起废疾》一卷、《发墨守》一卷。以上均王复、武亿同辑。

《孝经》类

《孝经注》一卷。顺治十三年御撰。《孝经集注》一卷。雍正五年敕撰。《钦定翻译孝经》一卷。雍正五年敕撰。《孝经全注》一卷。李光地撰。《孝经问》一卷。毛奇龄撰。《孝经类解》十八卷。吴之录撰。《孝经正文》一卷，《内传》一卷，《外传》一卷。李之素撰。《孝经集注》二卷。陆遇霖撰。《孝经详说》二卷。冉觐祖撰。《孝经注》三卷。朱轼撰。《孝经三本管窥》三卷。吴隆元撰。《孝经章句》一卷，《或问》一卷。汪绂撰。《孝经章句》一卷。任启运撰。《孝经通义》一卷。华玉淳撰。《孝经约义》一卷。汪师韩撰。《孝经外传》一卷，《孝经中文》一卷。周春撰。《孝经音义考证》一卷。卢文绍撰。《孝经通释》十卷。曹庭栋撰。《孝经郑注补证》一卷。洪颐煊撰。《孝经义疏补》九卷。阮福撰。《孝经述注》一卷，《孝经徵文》一卷。丁晏撰。《孝经曾子大孝》一卷。邵懿辰撰。《孝经指解补正》一卷，《辨异》一卷。伊乐尧撰。《孝经今古文传注辑论》一卷。吴大廷撰。《孝经十八章辑傅》一卷。汪宗沂撰。《孝经郑注疏》二卷。皮锡瑞撰。

明项彬《孝经述注》一卷。乾隆三十八年，王际华等奉敕辑。周魏文侯《孝经传》一卷，汉后苍《孝经说》一卷，汉张禹《孝经安昌侯说》一卷，汉长孙氏《孝经说》一卷，魏王肃《孝经解》一卷，吴韦昭《孝经解赞》一卷，晋殷仲文《孝经注》一卷，晋谢万《集解孝经》一卷，齐永明诸王《孝经讲义》一卷，齐刘桓《孝经说》一卷，梁武帝《孝经义疏》一卷，梁严植之《孝经注》一卷，梁皇侃《孝经义疏》一卷，隋刘炫《古文孝经述义》一卷，隋魏真己《孝经训注》一卷，唐元行冲《御注孝经疏》一卷。以上均马国翰辑。汉郑玄《孝经注》一卷。袁钧辑。

《四书》类

《日讲四书解义》二十六卷。康熙十六年，库勒纳奉敕撰。《翻

译四书集注》二十九卷。乾隆二十年敕译。《四书近指》二十卷。孙奇逢撰。《大学讲义》一卷,《中庸讲义》二卷。朱用纯撰。《孟子师说》二卷。黄宗羲撰。《四书训义》三十八卷,《读四书大全说》十七卷,《四书稗疏》一卷,《四书考异》一卷。王夫之撰。《四书反身录》十四卷,《续录》二卷。李颙撰。《四书翊注》四十二卷。刁包撰。《四书讲义困勉录》三十七卷,《续困勉录》六卷,《松阳讲义》十二卷,《三鱼堂四书大全》四十卷。陆陇其撰。《大学古本说》一卷,《中庸章段》一卷,《中庸余论》一卷,《读论语札记》二卷,《读孟子札记》二卷。李光地撰。《四书述》十九卷。陈诜撰。《四书贯一解》十二卷。闵嗣同撰。《论语稽求篇》七卷,《四书剩言》四卷,《补》二卷,《大学证文》四卷,《四书改错》二十二卷,《四书索解》四卷,《大学知本图说》一卷,《大学问》一卷,《中庸说》五卷,《逸讲笺》三卷。毛奇龄撰。《四书释地》一卷,《续》一卷,《又续》二卷,《三续》二卷,《孟子生卒年月考》一卷。阎若璩撰。《四书朱子异同条辨》四十卷。李沛霖、李桢撰。《四书诸儒辑要》四十卷。李沛霖撰。《大学传注》四卷,《中庸传注》一卷,《论语传注》二卷,《传注问》一卷。李恭撰。《四书札记》四卷,《辟雍讲义》一卷,《大学讲义》二卷,《中庸讲义》二卷。杨名时撰。《四书讲义》四十三卷。吕留良撰。《大学困学录》一卷,《中庸困学录》一卷。王澍撰。《成均讲义》不分卷。孙嘉淦撰。《大学翼真》七卷。胡渭撰。《此木轩四书说》九卷。焦袁熹撰。《大学说》一卷。惠士奇撰。《四书诠义》十五卷。汪绂撰。《中庸解》一卷。任大任撰。《四书录疑》三十九卷。陈绰撰。《四书本义汇参》四十五卷。王步青撰。《论语说》二卷。桑调元撰。《四书约旨》十九卷。任启运撰。《论语随笔》二十卷。牛运震撰。《论语附记》二卷,《孟子附记》二卷。翁方纲撰。《四书温故录》十一卷。赵佑撰。《四书逸笺》六卷。程大中撰。《四书注说参证》七卷。胡清取撰。《乡党图考》十卷。江永撰。《鲁论说》三卷。程廷祚撰。《四书考异总考》三十六卷,《条考》三十六卷。翟灏撰。《论语补注》三卷。刘开撰。《论语骈枝》一卷。刘台拱撰。《孟子字义疏证》三卷。戴震撰。

《论语后录》五卷。钱坫撰。《论语余说》一卷。崔述撰。《中庸注》一卷。惠栋撰。《四书摭余说》七卷。曹之升撰。《四书偶谈》二卷。戚学标撰。《四书考异句读》一卷。武亿撰。《四书拾义》五卷。明绍勋撰。《孟子四考》四卷。周广业撰。《孟子七国诸侯年表》一卷。张宗泰。《论语偶记》一卷。方观旭撰。《论语俟质》三卷。江声撰。《孟子时事略》一卷。任兆麟撰。《论语古训》十卷。陈鳣撰。《论语异文考证》下十卷。冯登府撰。《论语补书》三卷,《论语通释》一卷,《孟子正义》三十卷。焦循撰。《读论质疑》一卷。石韫玉撰。《四书琐语》一卷。姚文田撰。《论语说义》十卷,《孟子赵注补正》六卷,《四书释地辨证》二卷,《大学古义说》二卷。宋翔凤撰。《论语鲁读考》一卷。徐养原撰。《大学旧文考证》一卷,《中庸旧文考证》一卷。朱日佩撰。《论语旁证》二十卷。梁章钜撰。《论语类考》二十卷,《孟子杂记》四卷。陈士元撰。《四书拾遗》五卷,《孟子外书补证》四卷。林春溥撰。《论语孔注辨伪》二卷。沈涛撰。《乡党正义》一卷。金鹗撰。《六书段借经征》四卷。朱骏声撰。《孟子音义考证》二卷。蒋仁荣撰。《论语述何》二卷,《四书是训》十五卷。刘逢禄撰。《论语古解》十卷。梁廷枏撰。《孟子学》一卷。沈梦兰撰。《四书地理考》十一卷。王鎏撰。《四书释地补》一卷,《续补》一卷,《又续补》一卷,《三续补》一卷。樊廷枚撰。《四书典故核》三卷。凌曙撰。《大学臆古》一卷,附《古今文附证》一卷,《中庸臆测》二卷。王定柱撰。《四书说略》四卷。王筠撰。《论语集注附考》一卷。丁晏撰。《读孟子札记》二卷。罗泽南撰。《孟子班爵禄疏证》十六卷,《正经界疏证》六卷。迮鹤寿撰。《论语正义》二十卷。刘宝楠撰。《大不质疑》一卷,《中庸质疑》二卷。郭嵩焘撰。《论语古注集笺》十卷,考一卷。潘维城撰。《论语古注择从》一卷,《论语郑义》一卷,《何邵公论语义》一卷,《续论语骈枝》一卷,《论语小言》一卷,《孟子古注择从》一卷,《孟子高氏义》一卷,《孟子缵义》一卷,《四书辨疑辨》一卷。俞樾撰。《论语注》二十卷。戴望撰。《何休注训论语述》一卷。刘恭冕撰。《论语后案》二十卷。黄式三撰。《读孟子质疑》二卷,《孟子

外书集证》五卷。施彦士撰。《论语集解校》补卷。蒋日豫撰。《读大学中庸笔记》二卷,《读论孟笔记》二卷,《补记》一卷。方宗诚撰。《朱子论语集注训诂考》二卷。潘衍桐撰。

宋余允文《尊孟辨》三卷,《续辨》二卷,《别录》一卷。以上乾隆三十八年王际华等奉敕辑。《古论语》十卷,《齐论语》一卷,汉孔安国《论语训解》十一卷,汉包咸《论语章句》二卷,汉周氏《论语章句》一卷,汉马融《论语训说》一卷,汉郑玄《论语注》十卷、《论语孔子弟子目录》一卷,魏陈群《论语义说》一卷,魏王朗《论语说》一卷,魏王肃《论语义说》一卷,魏周生烈《论语义说》一卷,魏王弼《论语释疑》一卷,晋谯周《论语注》一卷,晋卫瓘《论语集注》一卷,晋缪播《论语旨序》一卷,晋缪协《论语说》一卷,晋郭象《论语体略》一卷,晋栾肇《论语释疑》一卷,晋虞喜《论语赞注》一卷,晋庾翼《论语释》一卷,晋李充《论语集注》二卷,晋范甯《论语注》一卷,晋孙绰《论语集解》一卷,晋梁凯《论语注释》一卷,晋袁乔《论语注》一卷,晋江熙《论语集解》二卷,晋殷仲堪《论语解释》一卷,晋张凭《论语注》一卷,晋蔡谟《论语注解》一卷,宋颜延之《论语说》一卷,宋僧慧琳《论语说》一卷,齐沈麟士《论语训注》一卷,齐顾欢《论语注》一卷,梁武帝《论语注》一卷,梁太史叔明《论语注》一卷,梁褚仲都《论语义疏》一卷,不著时代沈峭《论语说》一卷,熊埋《论语说》一卷,不著时代撰人《论语隐义注》一卷,汉赵岐《孟子章指》二卷、《篇叙》一卷,汉程曾《孟子手章句》一卷,汉高诱《孟子章句》一卷,汉刘熙《孟子注》一卷,汉郑玄《孟子注》一卷,晋綦母邃《孟子注》一卷,唐陆善经《孟子注》一卷,唐张镒《孟子音义》一卷,唐丁公著《孟子音》一卷。以上马国翰辑。《逸论语》一卷。赵在翰辑。《逸语》十卷。曹庭栋辑。《逸孟子》一卷。李调元辑。

经总义

《翻译五经》五十八卷。乾隆二十年敕译。《五经翼》二十卷。孙承泽撰。《墨庵经学》不分卷。沈起撰。《经问》十八卷,《经问补》三

卷。毛奇龄撰。《松源经说》四卷。孙之录撰。《七经同异考》三十
四卷,《韦庵经说》一卷。周象明撰。《此木轩经说汇编》六卷。焦袁
熹撰。《十三经义疑》十二卷。吴浩撰。《经义杂记》三十卷。臧琳
撰。《经稗》六卷。郑方坤撰。《经玩》二十卷。沈淑撰。《朱子五经
语类》八十卷。程川撰。经咫一卷。陈祖范撰。《经言拾遗》十四卷。
徐文靖撰。《考信录》三十六卷,《读经余论》二卷。崔述撰。《古经
解钩沈》三十卷。余萧客撰。《易堂问目》四卷。吴鼎撰。《九经
说》十七卷。姚鼐撰。《群经补义》五卷。江永撰。《群经互解》一卷。
冯经撰。《十三经札记》二十二卷。朱亦栋撰。《经学卮言》六卷。孔
广森撰。《经传小记》三卷,《汉学拾遗》一卷。刘台拱撰。《九经古
义》十六卷。惠栋撰。《经考》六卷。戴震撰。《通艺录》四十八卷。
程瑶田撰。《群经释地》六卷。吕吴撰。《五经小学述》二卷。庄述
祖撰。《群经识小》八卷。李淳撰。《经义知新记》一卷。汪中撰。
《诗书古训》八卷。阮元撰。《浙士解经录》五卷。阮元编。《周人经
说》四卷,《王氏经说》六卷。王绍兰撰。《九经学》三卷。王聘珍撰。
《五经异义疏证》三卷,《左海经辨》二卷。陈寿祺撰。《邃雅堂学古
录》七卷。姚文田撰。《经义述闻》三十二卷,《经传释词》十卷。王
引之撰。《五经要义》一卷,《五经通义》一卷。宋翔凤撰。《群经宫
室图》二卷。焦循撰。《顽石庐经说》十卷。徐养原撰。《经义未详
说》五十四卷。徐卓撰。《十七史经说》十二卷。张养吾撰。《经义
丛钞》三十卷。严杰编。《凤氏经说》三卷。凤韶编。《介庵经说》十
卷。雷学淇撰。《十三经诂答问》六卷。冯登府撰。《说纬》六卷。王
崧撰。《安甫遗学》三卷。江承之撰。《实事求是斋经说》二卷。朱
大韶撰。《读经说》一卷。丁晏撰。《玉函山房目耕帖》三十一卷。马
国翰撰。《汉儒通义》七卷。陈澧撰。《娱亲雅言》六卷。严元照撰。
《经传考证》八卷。朱彬撰。《十三经客难》五十五卷。龚元介撰。
《一镫精舍甲部稿》五卷。何秋涛撰。《群经平议》三十五卷,《茶香
室经说》十五卷,《诂经精舍自课文》二卷,《经课续编》八卷,《群经
剩义》一卷,《达斋丛说》一卷。俞樾撰。《开有益斋经说》五卷。朱

绪曾撰。《读书偶志》十一卷。邹汉勋撰。《贵阳经说》一卷,《经说残稿》一卷。刘书年撰。《巢经巢经说》一卷,《郑学录》三卷。郑珍撰。《儆居经说》四卷。黄式三撰。《愚一录》十二卷。郑献甫撰。《敩经笔记》一卷。陈倬撰。《隶经剩义》一卷。林兆丰撰。《郑志考证》一卷。成蓉镜撰。《汉碑征经》一卷。朱百度撰。《汉孳室经说》一卷。陶方琦撰。《经说略》二卷。黄以周撰。《操敕斋遗书》四卷。管礼耕撰。《经窥》四卷。蔡以盛撰。《九经误字》一卷,《五经同异》三卷。顾炎武撰。《助字辨略》五卷。刘淇撰。《十三经注疏正字》八十一卷。沈廷芳撰。《注疏考证》六卷。齐召南撰。《九经辨字渎蒙》十二卷。沈炳震撰。《经典释文考证》三十卷。卢文绍撰。《经典文字考异》一卷。钱大昕撰。《群经义证》八卷,《经读考异》八卷,补一卷,《句读叙述》二卷,补一卷。武亿撰。《经典文字辨正》五卷。毕沅撰。《十三经注疏校勘记》二百十七卷,《孟子音义校勘记》一卷,《释文校勘记》二十五卷。阮元撰。《群经字考》四卷。曾廷枚撰。《十经文字通正书》十四卷。钱坫撰。《经苑》不分卷。钱仪吉撰。《七经异文释》五十卷。李富孙撰。《群经字考》十卷。吴东发撰。《经典释文补条例》一卷。汪远孙撰。《经典异同》四十八卷。张维屏撰。《十三经注疏校勘记识语》四卷。汪文台撰。《汉书引经异文录证》六卷。缪祐孙撰。《授经图》四卷。明朱睦㮮原本,黄虞稷、龚翔麟重编。《十三经注疏姓氏》一卷。翁方纲撰。《建立伏博士始末》二卷。孙星衍撰。《传经表》一卷,《通经表》一卷。洪亮吉撰。《西汉儒林传经表》二卷。周廷采撰。《汉西京博士考》二卷。胡秉虔撰。《两汉五经博士考》三卷。张金吉撰。《两汉传经表》二卷。蒋日豫撰。《国朝汉学师承记》七卷,《附经义目录》一卷,《隶经文》四卷。江藩撰。《古文天象考》十二卷,《附图说》一卷。雷学淇撰。《经书算学天文考》一卷。陈懋龄撰。《学计一得》二卷。邹伯奇撰。《石经考》一卷。顾炎武撰。《石经正误》一卷。张尔岐撰。《汉魏石经考》一卷,《唐宋石经考》一卷。万斯同撰。《石经考异》二卷。杭世骏撰。《汉石经残字考》一卷。翁方纲撰。《魏石经毛诗残

字》一卷。王昶撰。《蜀石经毛诗考异》二卷。陈鳣撰。《石经考文提要》十三卷。彭元瑞撰。《魏三体石经残字考》二卷。孙星衍撰。《石经仪礼校勘记》四卷。阮元撰。《汉石经残字证异》二卷。孔广牧撰。《唐石经校文》十卷。严可均撰。《石经补考》十二卷。冯登府撰。《北宋汴学篆隶二体石经记》一卷。丁晏撰。《唐开成石经图考》一卷。魏锡曾撰。

汉刘向《五经通义》一卷,汉郑玄《六艺论》一卷,《郑记》一卷,不著时代雷氏《五经要义》一卷,魏王肃《圣证论》一卷,晋谯周《五经然否论》一卷,晋束晳《五经通论》一卷,晋杨芳《五经钩沈》一卷,晋戴逵《五经大义》一卷,后魏常爽《六经略注》一卷,后魏邯郸绰《五经析疑》一卷,后周樊文深《七经义纲》一卷,汉《石经尚书》一卷,《鲁诗》一卷,《仪礼》一卷,《公羊传》一卷,《论语》一卷,魏《三字石经尚书》一卷,《春秋》一卷。以上均马国翰辑。汉郑玄《驳五经异义》一卷,补遗一卷,魏郑小同《郑志》三卷,《补遗》三卷。以上均王复、武亿同辑。

小学类

《尔雅补注》六卷。姜兆锡撰。《尔雅补郭》二卷。翟灏撰。《尔雅正义》二十卷,《音义》三卷。邵晋涵撰。《尔雅补注》四卷。周春撰。《尔雅汉注》三卷。臧庸撰。《尔雅释文补》三卷。钱大昭撰。《尔雅义疏》二十卷。郝懿行撰。《尔雅释地以下四篇注》四卷,《尔雅古义》二卷。钱坫撰。《尔雅古义》二卷。胡承珙撰。《尔雅小笺》三卷。江藩撰。《尔疋古义》十二卷。黄奭撰。《尔雅注疏本证误》五卷。张宗泰撰。《尔雅匡名》二十卷。严元照撰。《尔雅补注残本》一卷。刘玉麟撰。《尔雅诂》二卷。徐孚吉撰。《尔雅郭注补正》三卷。戴莹撰。《尔雅经注集证》三卷。龙启瑞撰。《尔雅正郭》三卷。潘衍桐撰。《尔雅古注斠》三卷。闺秀叶蕙心撰。《续方言》二卷。杭世骏撰。《方言校正》十三卷。卢文绍撰。《方言补校》一卷。刘台拱撰。《方言疏证》十三卷。戴震撰。《续方言补

证》一卷。程际盛撰。《方言笺疏》十三卷。钱绎撰。《续方言疏证》二卷。沈龄撰。《释名疏证》八卷，《补遗》一卷，《续释名》一卷。江声撰。《广释名》二卷。张金吾撰。《释名补证》一卷。成蓉镜撰。《广雅疏义》二十卷。钱大昭撰。《广雅疏证》十卷。王念孙撰。《小尔雅约注》一卷。朱骏声撰。《小尔雅训纂》六卷。宋翔凤撰。《小尔雅义证》十三卷。胡承珙撰。《小尔雅疏》八卷。王煦撰。《小尔雅疏证》五卷。葛其仁撰。《补小尔雅释度量衡》一卷。邹伯奇撰。《字诂》一卷。黄生撰。《越语肯綮录》一卷。毛奇龄撰。《连文释义》一卷。王言撰。《别雅》五卷。吴玉搢撰。《经籍籑诂》一百六卷，《附补遗》一百六卷。阮元撰。《比雅》十九卷。洪亮吉撰。《释缯》一卷。任大椿撰。《通诂》二卷。李调元撰。《越言释》二卷。茹敦和撰。《释庙》一卷，《释车》一卷，《释帛》一卷，《释色》一卷，《释词》一卷，《释农具》一卷。朱骏声撰。《释服》一卷。宋翔凤撰。《释谷》一卷。刘宝楠撰。《释人注》一卷。孙冯翼撰。《释祀》一卷。董蠡舟撰。《拾雅》二十卷。夏味堂撰，夏纪堂注。《骈字分笺》二卷。程际盛撰。《骈雅训纂》十六卷。魏茂林撰。《周秦名字解诂补》一卷。王萱龄撰。《叠雅》十三卷。史梦兰撰。《别雅订》五卷。许瀚撰。

汉郭舍人《尔雅注》三卷，汉刘歆《尔雅注》一卷，汉樊光《尔雅注》一卷，汉李巡《尔雅注》三卷，魏孙炎《尔雅注》三卷、《音》一卷，晋郭璞《尔雅音义》一卷、《图赞》一卷，梁沈旋《集注尔雅》一卷，陈施乾《尔雅音》一卷，陈谢峤《尔雅音》一卷，陈顾野王《尔雅音》一卷，唐裴瑜《尔雅注》一卷。以上马国翰辑。吴韦昭《辨释名》一卷。黄奭辑。

以上小学类训诂之属

《康熙字典》四十二卷。康熙五十五年，张玉书等奉敕撰。《字典考证》三十六卷。道光十一年，王引之奉敕撰。《急就章考异》一卷。孙星衍撰。《急就章姓氏补注》一卷。吴省兰撰。《急就章音略》一卷，《音略考证》一卷。王绍兰撰。《急就章考证》一卷。钮树

玉撰。《急就篇统笺》一卷,《急就姓氏考》一卷。陈本礼撰。《急就篇考异》一卷。庄世骥撰。《说文广义》三卷。王夫之撰。《说文引经考》二卷。吴玉搢撰。《说文系传考异》四卷,《附录》一卷。汪宪撰。《说文答问》一卷。钱大昕撰。《六书通》十卷。闵齐汲撰。《说文偏旁考》二卷。吴照撰。《说文旧音》一卷,《音同字异辨》一卷。毕沅撰。《六书转注古义考》一卷。曹仁虎撰。《说文解字段氏注》三十卷,《六书音韵表》五卷,《汲古阁说文订》一卷。段玉裁撰。《惠氏读说文记》十五卷。惠栋撰。《说文解字通正》十四卷。潘奕隽撰。《王氏读说文记》一卷,《说文解字校勘记》一卷。王念孙撰。《说文补考》一卷,《汉学谐声》二十四卷,《古音论》一卷,《附录》一卷。戚学标撰。《说文古籀疏证》六卷。庄述祖撰。《说文古语考》二卷。程际盛撰。《六书转注录》十卷。洪亮吉撰。《说文解字义证》五十卷《说文段注钞案》一卷,补一卷。桂馥撰。《说文段注订补》十四卷。王绍兰撰。《说文徐氏新附考证》一卷,《说文统释序注》一卷。钱大昭撰。《说文解字斠诠》十四卷。钱坫撰。《说文述谊》二卷。毛际盛撰。《说文字原集注》十六卷,《表》一卷,《说》一卷。蒋和撰。《席氏读说文记》十五卷。席世昌撰。《说文管见》三卷。胡秉虔撰。《六书说》一卷。江声撰。《说文校义》三十卷。姚文田、严可均同撰。《说文声系》十四卷,《说文解了考异》十四卷,《偏旁举略》一卷。姚文田撰。《说文翼》十六卷,《说文声类》二卷,《说文订订》一卷。严可均撰。《说文五翼》八卷。王煦撰。《说文辨字正俗》八卷。李富孙撰。《说文解了群经正字》二十八卷。邵英撰。《说文通训定声》十八卷,《补遗》一卷,《柬韵》一卷,《说雅》一卷,《小学识余》四卷。朱骏声撰。《说文经字考》一卷。陈寿祺撰。《说文检字》二卷,《补遗》一卷。毛谟撰。《说文双声叠韵谱》一卷,邓廷桢撰。《形声类编》五卷。丁履恒撰。《说文段注札记》一卷。徐松撰。《读说文证疑》一卷。陈诗庭撰。《小学说》一卷。吴夌云撰。《说文古字考》十四卷。沈涛撰。《说文说》一卷。孙济世撰。《说文系传校录》三十卷,《说文释例》二十卷,《说文补正》二十卷,《说文解字句读》三十

卷,《句读补正》三十卷,《说文韵谱校》五卷,《新附考校正》一卷,
《正字略》一卷,《文字蒙求》四卷。王筠撰。《说文谐声谱》九卷,张
成孙撰。《说文段注订》八卷,《说文新附考》六卷,《续考》一卷,《说
文解字校录》三十卷,《说文玉篇校录》一卷。钮树玉撰。《说文释
例》二卷,《说文音韵表》十八卷。江沅撰。《说文段注匡谬》八卷。徐
承庆撰。《说文辨疑》一卷。顾广圻撰。《说文段注札记》一卷。龚
自珍撰。《许氏说音》四卷。许桂林撰。《说文引经考异》十六卷。柳
荣宗撰。《说文疑疑》二卷,《附录》一卷。孔广居撰。《说文拈字》
七卷,《补遗》二卷。王玉树撰。《说文校定本》二卷。朱士端撰。
《说文答问疏证》六卷。薛传均撰。《说文新附考》六卷,《说文逸
字》二卷,《附录》一卷。郑珍撰。《说文声读考》七卷,《说文声订》二
卷,《说文建首字读》一卷。苗夔撰。《六书转注说》二卷。夏炘撰。
《说文谐声孳生述》一卷。陈立撰。《说文引经考证》八卷,《说文举
例》一卷。陈撰。《读说文记》一卷。许连撰。《唐写本说文木部笺
异》一卷。莫友芝撰。《谐声补逸》十四卷,《附札记》一卷。宋保撰。
《六书系韵》二十四卷,《检字》二卷。李贞撰。《说文双声》二卷,《说
文叠韵》二卷。刘熙载撰。《儿笘录》四卷。俞樾撰。《印林遗著》一
卷。许瀚撰。《说文段注撰要》九卷。马寿龄撰。《说文外编》十六
卷,《说文引经例辨》三卷。雷浚撰。《说文揭原》二卷,《说文发疑》
六卷,《汲古阁说文解字校记》一卷。张行孚撰。《说文解字索隐》一
卷,《补例》一卷。张度撰。《说文系传校勘记》三卷。承培元、夏灏、
吴永康撰。《说文引经证例》二十四卷。承培元撰。《说文古籀补》
十四卷,《补遗》一卷,《附录》一卷,《字说》一卷。吴大澂撰。《说文
本经答问》二卷,《说文浅说》一卷。郑知同撰。《说文重文本部考》
一卷。曾纪泽撰。《古籀拾遗》三卷,附《宋政和礼器文字考》一卷,
《名原》二卷。孙诒让撰。《说文引群说故》二十七卷。郑文焯撰。
《说文解字引汉律令考》二卷,《附录》一卷。王仁俊撰。《洨民遗
文》一卷。孙传凤撰。《小学考》五十卷。谢启昆撰。《九经字样
疑》一卷,《五经文字疑》一卷。孔继涵撰。《汗简笺正》七卷。郑珍

撰。《隶释刊误》一卷。黄丕烈撰。《复古编校正》一卷,《附录》一卷。葛鸣阳撰。《古音骈字续编》五卷。庄履丰、庄鼎铉同撰。《缪篆分韵》五卷,《补》一卷。桂馥撰。《篆隶考异》二卷。周靖撰。《隶辨》八卷。顾蔼吉撰。《隶法汇纂》十卷。项怀述撰。《汉隶拾遗》一卷。王念孙撰。《汉隶异同》六卷。甘扬声撰。《隶通》二卷。钱庆曾撰。《隶篇》十五卷,《续》十五卷,《补》十五卷。翟云升撰。《金石文字辨异》十二卷。邢澍撰。《钟鼎字源》五卷。汪立名撰。《积古斋钟鼎彝器款识》十卷。阮元撰。《筠清馆金文》五卷。吴荣光撰。《从古堂款识学》十六卷。徐同柏撰。《捃古录金文》九卷。吴式芬撰。《两罍轩彝器图释》十二卷。吴云撰。《攀古楼彝器款识》二卷。潘祖荫撰。《石鼓然疑》一卷。庄述祖撰。《石鼓文考释》一卷。任兆麟撰。《石鼓文读七种》一卷。吴东发撰。《石鼓文定本》十卷。沈梧撰。《续字汇补》十二卷。吴志伊撰。《字贯提要》四十卷。王锡侯撰。《字学辨正集成》四卷。姚心舜撰。

《仓颉篇》三卷,《续》一卷,《补》二卷。孙星衍原辑,任大椿续辑,陶方琦补辑。《小学钩沉》十八卷。任大椿辑。《字林考逸》八卷,《补》一卷。任大椿原辑,陶方琦补辑。周《太史籀篇》一卷,秦李斯等《仓颉篇》一卷,汉司马相如《凡将篇》一卷,汉扬雄《训纂篇》一卷,汉杜林《仓颉训诂》一卷,汉服虔《通俗文》一卷,汉卫宏《古文官书》一卷,汉蔡邕《劝学篇》一卷,汉郭显卿《杂字指》一卷,魏张揖《埤苍》一卷、《古今字诂》一卷、《杂字》一卷,魏周成《杂字解诂》一卷,吴朱育《异字》一卷,吴项峻《始学篇》一卷,晋索靖《草书状》一卷,晋卫恒《四体书势》一卷,晋葛洪《要用字苑》一卷,晋束皙《发蒙记》一卷,晋顾恺之《启蒙记》一卷,晋李彤《字指》一卷,附《单行字》一卷,宋何承天《纂文》一卷,宋颜延之《庭诰》一卷、《纂要》一卷、《诂幼》一卷,梁元帝《纂要》一卷,梁阮孝绪《文字集略》一卷,梁庚俨默《演说文》一卷,梁樊恭《广苍诂幼》一卷,后魏杨承庆《字统》一卷,后魏江式《古今文字表》一卷,隋曹宪《文字指归》一卷,隋诸葛颖《桂苑珠丛》一卷,不著时代、撰人《分毫字样》一卷。以上均马国

翰辑。后魏宋世良《字略》一卷，不著时代陆善经《新字林》一卷，《字书》一卷，唐开元《文字音义》一卷、《小学》一卷。以上均黄奭辑。

以上小学类字书之属

《易音》三卷，《诗本音》十卷。顾炎武撰。《诗叶韵辨》一卷。王夫之撰。《易韵》四卷。毛奇龄撰。《诗经叶音辨讹》八卷。刘维谦撰。《九经韵证》一卷。吴廷华撰。《十三经音略》十三卷。周春撰。《诗音表》一卷。钱坫撰。《诗音辨》二卷。李调元撰。《诗声类》十二卷，《诗声分例》一卷。孔广森撰。《诗经韵读》四卷，《群经韵读》一卷，《先秦韵读》一卷。江有诰撰。《诗声衍》一卷。刘逢禄撰。《撰毛诗双声叠韵说》一卷。王筠撰。《毛诗韵订》十卷。苗夔撰。《三百篇原声》七卷。夏味堂撰。《尔雅直音》二卷。王祖源撰。《唐韵正》二十卷，《补正》一卷。顾炎武撰。《广韵正》四卷。李因笃撰。《唐韵考》五卷。纪容舒撰。《唐韵四声正》一卷。江有诰撰。《九经补韵考正》一卷。钱绎撰。《集韵考正》十卷。方成珪撰。《广韵说》一卷。吴垓云撰。《集韵校误》四卷，《群经音辨校误》一卷。陆心源撰。《音论》三卷，《古音表》二卷。顾炎武撰。《古今通韵》十二卷。毛奇龄撰。《古今韵考》四卷。李因笃撰。《声韵丛说》一卷，《韵问》一卷。毛先舒撰。《古音通》八卷。柴绍炳撰。《古今韵略》五卷。邵长蘅撰。《古音正义》一卷。熊士伯撰。《声韵图谱》一卷。钱人麟撰。《古韵标准》四卷。江永撰。《声韵考》四卷，《声类表》十卷，《转语》二十章。戴震撰。《声类》四卷，《音韵问答》一卷。钱大昕撰。《汉魏音》四卷。洪亮吉撰。《古音谐》八卷。姚文田撰。《古韵论》三卷。胡秉虔撰。《廿一部谐声表》一卷，《入声表》一卷。江有诰撰。《古今韵准》一卷。朱骏声撰。《歌麻古韵考》四卷。苗夔撰。《五音论》二卷。邹汉勋撰。《述韵》十卷。夏燮撰。《古韵通说》四卷。龙翰臣撰。《刘氏遗著》一卷。刘禧延撰。《韵府钩沉》四卷。雷浚撰。《钦定叶韵汇辑》五十八卷。乾隆十五年，梁诗正等奉敕撰。《榕村韵书》五卷。李光地撰。《韵歧》四卷。江昱撰。《诗韵析》五卷，《附录》二卷。汪绂撰。《官韵考异》一卷。吴省钦撰。《韵

辨附文》五卷。沈兆霖撰。《诗韵辨字略》五卷。黄倬撰。《韵诂》五卷，《补遗》一卷。方逵颐撰。《钦定音韵阐微》十八卷，《韵谱》一卷。康熙五十四年，李光地等奉敕撰。《钦定同文韵统》六卷。乾隆十五年，庄亲王允禄等奉敕撰。《钦定音韵述微》三十卷。乾隆三十八年敕撰。《类音》八卷。潘耒撰。《等切元声》十卷。熊士伯撰。《四声切韵表》四卷，《音学辨微》一卷。江永撰。《沈氏四声考》二卷。纪昀撰。《四声韵和表》五卷。洪榜撰。《四声易知录》四卷。姚文田撰。《等韵丛说》一卷。江有诰撰。《字母辨》一卷。黄廷鉴撰。《四声切韵表补正》三卷。汪日桢撰。《刘氏碎金》一卷，《中州切音论赘论》一卷。刘禧延撰。《四声定切》四卷。刘熙载撰。《切韵员》六卷，《外篇》三卷。陈澧撰。《翻切简可篇》二卷。张燮承撰。

宋司马光《切韵指掌图》二卷，附《捡例》一卷。以上乾隆三十八年王际华等奉敕辑。魏李登《声类》一卷，晋吕静《韵集》一卷，北齐阳休之《韵略》一卷，唐僧神珙《四声五音九弄反钮图》一卷。以上均马国翰辑。宋李椉《音谱》一卷，《声谱》一卷，唐孙愐《唐韵》二卷，唐颜真卿《韵海镜源》一卷，唐李舟《切韵》一卷。以上均黄奭辑。

以上小学类韵书之属

《西域同文志》二十四卷。乾隆二十八年，傅恒等奉敕撰。《增订清文鉴》三十二卷，《补编》四卷，《总纲》八卷，《补总纲》二卷。乾隆三十六年，傅恒等奉敕撰。《满汉对音字式》一卷。乾隆三十七年敕撰。《满洲蒙古汉字三合切音清文鉴》三十三卷。乾隆四十四年，阿桂等奉敕撰。《清文汇书》十二卷。李延基撰。《清文补汇》八卷。宗室宜兴撰。《清文备考》六卷。戴谷撰。《清文启蒙》四卷。舞格撰。《三合便览》十二卷。不著撰人名氏。《清文总汇》二卷。不著撰人名氏。

以上小学类清文之属按：《艺文志》序，关外一次本与此相同，而关内本与此详略互异，附录于后，以资参考。

清代肇基东陲，造创伊始，文教未宏。太宗首命大学士希福等译逊、金、元三史，逮世祖译史告成，二年又有议修《明史》之诏。惟

其时区于未要，日不暇给，是以石渠之建，犹未遑焉。圣祖继统，诏举博举鸿儒，继修《明史》，复纂诸《经解》、《图书集成》等书，以纲罗遗逸，拔擢英才，宏奖斯文，润色鸿业，驯致太平之治，而海内彬彬靡然向风矣。世宗嗣位，再举鸿词，未行而崩。

高宗妆元，继试鸿博，采访遗书。乾隆三一年谕曰："朕稽古右文，聿资治理，几余典学，日有孜孜。因思策府缥缃，载籍极博，其巨者羽翼经训，垂范方来，固足称千秋法鉴别，即在识小这徒，专门撰述，细及名物象数，兼综条贯，各自成家，亦莫不有所发明，可为游艺养心之助。然或逸在名山，未登柱史，正宜及时采集，汇关京师，以彰千古同文之盛。其令直省督抚、学政加意购访，量为给价，家藏钞本，录副呈送。庶几藏在石渠，用储乙览，《四库》、《七略》益昭美备，称朕意焉。"于是安徽学政朱筠条奏明《永乐大典》内多古书，请开局纂辑，缮写各自为书。时《永乐大典》储翰林院，已有残缺，原书为卷二万二千九百三十七，缺二千四百四卷，存二万四百七十三卷，为册九千八百八十一。高宗下筠议，大学士于敏中力赞其说。明年，诏设四库全书馆，以皇子永容、大学士于敏中等为总裁，侍郎纪昀、大理寺卿陆锡熊等为总纂，其纂修等官则有戴震、邵晋涵、庄存与、任大椿、王念孙、姚鼐、翁方纲、朱筠等，与事者三百余人，皆博选一时之俊。历二十年，始缮写告成。先后编辑之书三百八十五种，以聚珍版印行百余种。三十九年，催缴直省藏书，四方竞进秘籍甚众，江、浙督抚采进者达四五千种，浙江鲍士恭、范懋柱、汪启淑、江苏马裕家藏之籍，呈进者各六七百种，击厚育、蒋曾莹、吴玉墀、孙仰曾、汪汝等亦各进书百种以上。至是天府之藏，卓越前代，特命纪昀等撰《四库全书总目》，著录三千四百五十八种，存目著录六千七百八十八种，都一万二百四十六种。复以《总目提要》卷帙浩繁，学子翻阅匪易，又命纪昀就《总目》之书别纂《四库简明目录》，其存目之书不预焉。

先是高宗命撷《四库》精华，都四百六十四部，缮为《荟要》，藏诸离藻堂，以备御览。当是时，四库写书至十六万八千册，诏钞四

分,分庋京师文渊、京西圆明园文源、奉天文溯、热河文津四阁,复简选精要,命武英殿刊版颁行。四十七年,诏再写三分,分贮扬州大观堂之文汇阁、镇江金山寺之文宗阁、杭州圣因寺珏兰堂之文澜阁,令好古之士欲读中秘书者,任其入览。用是海内从风,人文炳乱,文澜亦有散佚。独文渊、文溯、文津三阁之书,巍然具存,书皆钞本,其宋、元精,多储大内天禄琳琅等处,载诸《宫史》;而外省督抚,礼聘儒雅,广修方志,郡邑典章,粲然大备。阮元补《四库》未收书四百五十四种,复刊学海堂《经解》一千四百十二卷,王先谦续刊一千三百十五卷,甄采精博,一代经学人文萃焉。曾国藩督两江,倡设金陵、苏州、扬州、浙江、武昌官书局,张之洞督粤,设广雅书局,皆慎选通儒,审校群籍,广为剞劂,以惠士林,而私家校勘,精镂亦夥,丛书之,曩代莫京。

清之末叶,欧风东渐,科学日昌。同治初,设江南制造局,始译西籍。光绪末,复设译书局,流风所被,译书竞出,夏世俊英,群研时务。是时敦煌写经,殷墟龟甲,异书秘宝,胥见垲壤,实足献纳艺林,宏裨学术,其间硕学名儒,各标宗派,故鸿篇钜制,不可殚纪。

艺文旧例,胥列古籍,清代《总目》,既已博戴,兹声著录,取则《明史》,断自清代。四部分类,多从《总目》,审例订讹,间有异撰。清儒箸述,总目所载,采靡遗,存目稍芜,录从慎。乾隆以前,漏者补之,嘉庆以后,缺者续之,苟有纤疑,则从盖阙。前朝群书,例既弗录,清代辑佚,异乎斯旨,哀纂功深,无殊撰述,故附载焉。

按自《易经通注》九卷至《易学大象要参》之“易”字止,关内本无。

清史稿卷一四六

志第一二一

艺文二

史　部

史部十六类:一曰正史类,二曰编年类,三曰纪事本末类,四曰别史类,五曰杂史类,六曰诏令奏议类,七曰传记类,八曰史钞类,九曰载记类,十曰时令类,十一曰地理类,十二曰职官类,十三曰政书类,十四曰目录类,十五曰金石类,十六曰史评类。

正史类

《明史》三百三十六卷。康熙十八年敕撰。乾隆四年书成表进。《辽金元三史国语解》四十六卷。乾隆四十六年敕撰。《史记补注》一卷。方苞撰。《史记疑问》一卷。邵泰衢撰。《史记考证》七卷。杭世骏撰。《史记志疑》三十六卷。梁玉绳撰。《读史记十表》十卷。汪越撰。徐克范补。《史记天官书补目》一卷,《考证》十卷。孙星衍撰。《史记律历天官书正讹》三卷。王元启撰。《史记三书释疑》三卷。钱塘撰。《史记功比说》一卷。张锡瑜撰。《史记毛本正误》一卷。丁晏撰。《校刊史记札记》五卷。张文虎撰。《史汉笺论》十卷。杨于果撰。《史汉骈枝》一卷。成蓉镜撰。《汉书辨疑》二十二卷。钱大昭撰。《汉书拾遗》一卷。刘台拱撰。《汉书疏证》三十六卷。沈钦韩撰。《汉书注校补》五十六卷。周寿昌撰。《汉书管见》四卷。朱

一新撰。《汉书补注》一百卷。王先谦撰。《汉初年月日表》一卷。姚文田撰。《汉书律历志正讹》二卷。王元启撰。《汉书地理志稽疑》六卷。全祖望撰。《汉书地理志补注》一百三卷。吴卓信撰。《新斠注汉书地理志》十六卷。钱坫撰。《汉书地理志校注》二卷。王绍兰撰。《汉书地理志校本》二卷。汪远孙撰。《汉志水道疏证》四卷。洪颐煊撰。《汉书地理志水道图说》七卷。陈澧撰。《汉志释地略汉志志疑》一卷。汪士铎撰。《汉书地理志集释》十四卷,《西域传补注》二卷。徐松撰。《汉西域图考》七卷。李光廷撰。《汉书古今人表考》九卷。梁玉绳撰。《人表考校补》一卷,《续补》一卷。蔡云撰。《汉书正误》四卷。王峻撰。《汉书刊误》一卷。石韫玉撰。《汉书注考证》一卷。何若瑶撰。《两汉朔闰表》二卷,附《汉太初以前朔闰表》一卷。张其翮撰。《两汉举正》五卷。陈景云撰。《后汉书补注》二十四卷。惠栋撰。《后汉书辨疑》十一卷,《续后汉书辨疑》九卷,《后汉书补表》八卷,《补续汉书艺文志》一卷,《后汉郡国令长考》一卷。钱大昭撰。《后汉书疏证》三十卷。沈钦韩撰。《后汉书补注续》一卷,《补后汉书艺文志》四卷。侯康撰。《后汉书注补正》八卷。周寿昌撰。《后汉书注又补》一卷。沈铭彝撰。《后汉书儒林传补》二卷。李慈修撰。《后汉书补逸》二十一卷。姚之撰。《后汉书注刊误》一卷,《后汉公卿表》一卷。练恕撰。《后汉三公年表》一卷。华湛恩撰。《后汉书注考证》一卷。何若瑶撰。《三国志举正》四卷。陈景云撰。《三国志考证》八卷。潘眉撰。《三国志补注》六卷。杭世骏撰。《三国志续考证》一卷。卢文绍撰。《三国志辨疑》三卷。钱大昭撰。《三国志注补》六十五卷。赵一清撰。《三国志补注》十六卷。沈钦韩撰。《三国志旁证》三十卷。梁章钜撰。《三国志证闻》二卷。钱仪吉撰。《三国纪年表》一卷。周嘉猷撰。《补三国疆域志》三卷。洪亮吉撰。《三国职官表》三卷。洪饴孙撰。《三国志注续》一卷,《补三国艺文志》四卷。侯康撰。《三国志注证遗》四卷。周寿昌撰。《晋书地理志新补正》五卷。毕沅撰。《东晋疆域志》四卷。洪亮吉撰。《晋书补传赞》一卷。杭世骏撰。《补晋书兵

志》一卷。钱仪吉撰。《晋书校勘记》四卷。周云撰。《晋书校勘记》三卷。劳格撰。《补晋书艺文志》四卷,《晋书校文》五卷。丁国钧撰。《晋宋书故》一卷,《补宋书刑法志》一卷,《食货志》一卷。郝懿行撰。《宋书州郡志校勘记》一卷。成蓉镜撰。《补梁疆域志》四卷。洪饴孙撰。《魏书校勘记》一卷。王先谦撰。《北周公卿表》一卷。练恕撰。《南北史识疑》四卷。王懋竑撰。《补南北史表》七卷。周嘉猷撰。《补南北史志》十四卷。汪士铎撰。《隋书经籍志考证》十三卷。章宗源撰。《隋书地理志考证》九卷。杨守敬撰。《新旧唐书互证》二十卷。赵绍祖撰。《旧唐书疑义》四卷。张道撰。《旧唐书校勘记》六十六卷。罗士琳、陈立、刘文淇、刘毓崧同撰。《唐学士年表》一卷。钱大昕撰。《五代史志疑》四卷。杨陆荣撰。《五代史纂误补》四卷。吴兰庭撰。《五代史纂误续补》六卷。吴光耀撰。《五代史纂误补续》一卷。周寿昌撰。《旧五代史考异》二卷。邵晋涵撰。《新五代史注》七十四卷。彭元瑞、刘凤诰同撰。《五代纪年表》一卷。周嘉猷撰。《五代史地理考》一卷。练恕撰。《补五代史艺文志》一卷。顾杯三撰。《五代学士年表》一卷。钱大昕撰。《宋史地理志校勘记》一卷。成蓉镜撰。《宋史艺文志补》一卷。倪灿撰。《宋中兴学士年表》一卷,《宋修唐书史臣表》一卷。钱大昕撰。《辽史拾遗》二十四卷,补五卷。厉鹗撰。《辽史拾遗续》三卷。杨复吉撰。《金史详校》十卷,《金源札记》二卷。施国祁撰。《元史本证》五十卷,《元史证误》二十三卷。汪辉祖撰。《元史氏族表》三卷,《补元史艺文志》四卷。钱大昕撰。《元史译文证补》三十卷。洪钧撰。《宋辽金元四史朔闰考》二卷,《辽金元三史拾遗》五卷。钱大昕撰。《补辽金元三史艺文志》一卷。倪灿撰。《补辽金元三史艺文志》一卷。金门诏撰。《明史考证逸》四十二卷。王颂蔚撰。《二十二史考异》一百卷,《诸史拾遗》五卷。钱大昕撰。《十七史商榷》一百卷。王鸣盛撰。《二十二史札记》三十六卷,《补遗》一卷。赵翼撰。《四史发伏》十二卷。洪亮吉撰。《读史举正》八卷。张熷撰。《诸史然疑》一卷。杭世骏撰。《诸史考异》十八卷。洪颐煊撰。《历代史目

表》一卷。洪饴孙撰。

宋薛居正等《旧五代史》一百五十卷、《目录》二卷，宋吴缜《五代史记纂误》三卷。以上乾隆时奉敕辑。《汉书音义》三卷、《补遗》一卷。臧镛堂辑。

编年类

《太祖实录》十三卷。崇德元年敕纂，康熙二十一年圣祖重修，雍正十二年敕加校订。《太宗实录》六十八卷。顺治九年敕纂，康熙十二年圣祖重修，雍正十二年敕加校订。《世祖实录》一百四十七卷。康熙六年敕纂，雍正十二年敕加校订。《圣祖实录》三百三卷。康熙六十一年敕纂。《世宗实录》一百五十九卷。雍正十三年敕纂。《高宗实录》一千五百卷。嘉庆四年敕纂。《仁宗实录》三百七十四卷。道光四年敕纂。《宣宗实录》四百七十六卷。咸丰二年敕纂。《文宗实录》三百五十六卷。同治元年敕纂。《穆宗实录》三百七十四卷。光绪五年敕纂。《德宗实录》五百六十一卷。宣统时敕纂。《御批通鉴辑览》一百十六卷，附《明唐桂二王本末》三卷。乾隆三十二年傅恒等奉敕撰。《御定通鉴纲目三编》四十卷。乾隆四十年敕撰。《开国方略》三十二卷。乾隆三十八年敕撰。《竹书统笺》十二卷。徐文靖撰。《竹书纪年集证》五十卷。陈逢衡撰。《考定竹书》十三卷。孙之录撰。《竹书纪年校正》十四卷。郝懿行撰。《校正竹书纪年》二卷。洪颐煊撰。《竹书纪年集注》二卷。陈诗撰。《竹书纪年校补》二卷。张宗泰撰。《考订竹书纪年》十四卷，《竹书纪年义证》四十卷。雷学淇撰。《竹书纪年补证》四卷。林春溥撰。《资治通鉴后编》一百八十四卷。徐乾学撰。《续资治通鉴后编校勘记》十五卷。夏震武撰。《续资治通鉴》三百二十卷。毕沅撰。《续资治通鉴长编拾补》六十卷。秦缃业撰。《续资治通鉴长编拾遗》六十卷。黄以周撰。《通鉴胡注举正》一卷。陈景云撰。《通鉴注辨正》二卷。钱大昕撰。《通鉴注商》十八卷。赵绍祖撰。《通鉴刊本识误》三卷，《通鉴补略》一卷。张敦仁撰。《通鉴校勘记》七卷。张瑛撰。《通鉴

地理今释》十六卷。吴熙载撰。《纲目订误》四卷。陈景云撰。《纲
目分注补遗》四卷。芮长恤撰。《通鉴纲目释地纠缪》六卷,《释地补
注》六卷。张庚撰。《纲目志疑》一卷。华湛恩撰。《读通鉴纲目条
记》二十卷。李述来撰。《明鉴前纪》二卷。齐召南撰。《明通鉴》一
百卷。夏燮撰。《明纪》六十卷。陈鹤撰。《周季编略》九卷。黄式
三撰。《古史纪年》十四卷,《古史考年异同表》二卷,《战国纪年》六
卷,附《年表》一卷。林春溥撰。《国策编年》一卷。顾观光撰。《小
腆纪年附考》二十卷。徐鼒撰。《东华录》三十二卷。蒋良骐撰。
《十朝东华录》四百二十五卷。王先谦撰。《咸丰朝东华续录》六十
九卷。潘颐福撰。《光绪东华录》二百二十卷。朱寿朋撰。《滇云历
年传》十二卷。倪蜕撰。

　　宋李焘《续资治通鉴长编》五百二十卷,宋不著撰人《两朝纲目
备要》十六卷,宋王益之《西汉纪年》三十卷,宋熊克《中兴小纪》四
十卷。以上乾隆时敕辑。陆机《晋纪》一卷,干宝《晋纪》一卷,习凿
齿《汉晋春秋》一卷,郑粲《晋纪》一卷,孙盛《晋阳秋》一卷,刘谦之
《晋纪》一卷,徐广《晋纪》一卷,檀道鸾《续晋阳秋》一卷,刘道荟《晋
起居注》一卷。以上黄奭辑。《晋纪》五卷,《晋阳秋》五卷,《汉晋春
秋》四卷,《三十国春秋》十八卷。以上汤球辑。

　　纪事本末类

　　《平定三逆方略》六十卷。康熙二十一年,勒德洪等奉敕撰。
《亲征平定朔漠方略》四十八卷。康熙四十七年,温达等奉敕撰。
《平定金川方略》三十二卷。乾隆十三年,来保等奉敕撰。《平定准
噶尔方略前编》五十四卷,《正编》八十五卷,《续编》三十三卷。乾隆
三十七年,傅恒等奉敕撰。《临清纪略》十六卷。乾隆四十二年,于
敏中等奉敕撰。《平定两金川方略》一百五十二卷。乾隆四十六年,
阿桂等奉敕撰。《兰州纪略》二十卷。乾隆四十六年敕撰。《石峰堡
纪略》二十卷。乾隆四十九年敕撰。《台湾纪略》七十卷。乾隆五十
三年敕撰。《安南纪略》三十二卷。乾隆五十六年敕撰。《廓尔喀纪
略》五十四卷。乾隆六十年敕撰。《巴布勒纪略》二十六卷。乾隆时

敕撰。《平苗匪纪略》五十二卷。嘉庆二年,鄂辉等奉敕撰。《剿平三省邪匪方略前编》三百六十一卷,《续编》三十六卷,《附编》十二卷。嘉庆十五年,庆桂等奉敕撰。《平定教匪纪略》四十二卷。嘉庆二十一年,托津等奉敕撰。《平定回疆剿捦逆裔方略》八十卷。道光九年,曹振镛等奉敕撰。《剿平粤匪方略》四百二十卷。同治十一年敕撰。《剿平捻匪方略》三百二十卷。同治十一年敕撰。《平定陕甘新疆回匪方略》三百二十卷。光绪二十二年敕撰。《平定云南回匪方略》五十卷。光绪二十二年敕撰。《平定贵州苗匪纪略》四十卷。光绪二十二年敕撰。《绎史》一百六十卷。马骕撰。《左传纪事本末》五十三卷。高士奇撰。《通鉴本末纪要》八十一卷。蔡毓荣撰。《辽史纪事本末》四十卷,《金史纪事本末》五十二卷。李有棠撰。《明史纪事本末》八十卷。谷应泰撰。《续明纪事本末》十八卷。倪在田撰。《明朝纪事本末补编》五卷。彭贻孙撰。《三藩纪事本末》四卷。杨陆荣撰。《四藩始末》四卷。钱名世撰。《绥寇纪略》十二卷。吴伟业撰。《滇考》二卷。冯苏撰。《皇朝武功纪盛》四卷。赵翼撰。《圣武记》十四卷。魏源撰。《平定罗刹方略》四卷。不著撰人氏名。《平台纪略》一卷,附《东征集》六卷。蓝鼎元撰。《平定粤匪纪略》十卷,《附记》四卷。杜文澜撰。《湘军志》十六卷。王闿运撰。《湘军记》二十卷。王定安撰。《平浙纪略》十六卷。秦缃业、陈钟英同撰。《吴中平寇记》八卷。钱助撰。《淮军平捻记》十二卷。周世澄撰。《豫军纪略》十二卷。尹耕云撰。《山东军兴纪略》二十二卷。不著撰人氏名。《霆军纪略》十六卷。陈昌撰。《平定关陇经略》十三卷。易孔昭、胡孚骏同撰。《粤东剿匪纪略》五卷。陈坤撰。《平回志》八卷。杨毓秀撰。《剿定新疆记》八卷。魏光焘撰。《浙东筹防录》四卷。薛福成撰。《国朝柔远记》十八卷。王之春撰。《中西纪事》二十四卷。夏燮撰。《普法战纪》二十卷。王韬撰。《中东战纪本末》八卷。蔡尔康撰。

　　别史类

《历代纪事年表》一百卷。康熙五十一年，王之枢等奉敕撰。
《续通志》五百二十七卷。乾隆三十二年敕撰。《逸周书补注》二十二卷，《补遗》一卷。陈逢衡撰。《汲冢周书辑要》一卷。郝懿行撰。《逸周书集训校释》十卷，《逸文》一卷。朱右曾撰。《逸周书集训校释增校》一卷。朱骏声撰。《逸周书管笺》十六卷。丁宗洛撰。《逸周书王会篇笺释》三卷。何秋涛撰。《校辑世本》二卷。雷学淇撰。《世本辑补》十卷。秦嘉谟撰。《帝王世纪考异》一卷。宋翔凤撰。《帝王世纪地名衍》四卷。迮鹤寿撰。《春秋战国异词》五十六卷，《通表》二卷，《摭遗》一卷。陈厚耀撰。《春秋纪传》五十一卷。李凤雏撰。《尚史》一百七卷。李锴撰。《后汉书补逸》二十一卷。姚之骃撰。《季汉书》九十卷。章陶撰。《季汉书》九十卷。汤成烈撰。《季汉五志》十二卷。王复礼撰。《后汉书》十四卷。王廷璨撰。《晋记》六十八卷。郭伦撰。《晋略》六十卷。周济撰。《西魏书》二十四卷。谢启昆撰。《续唐书》七十卷。陈鳣撰。《宋史翼》四十卷。陆心源撰。《元史新编》九十五卷。魏源撰。《元秘史注》十五卷。李文田撰。《元史备志》五卷。王光鲁撰。《续宏简录》四十二卷。邵远平撰。《明书》一百七十一卷。傅维鳞撰。《明史稿》三百十卷。王鸿绪撰。《明史稿》二十卷，《续》二卷。汤斌撰。《拟明史列传》二十四卷。汪琬撰。《拟明史传》不分卷。姜宸英撰。《明史分稿残编》二卷。方象英撰。《明史拟传》六卷，《艺文志》五卷，《外国志》五卷。尤侗撰。《国史考异》六卷。潘柽章撰。《开辟传疑》二卷。林春溥撰。《历代甲子考》一卷。黄宗羲撰。《二十一史年表》十卷。顾炎武撰。《历代史表》五十九卷。万斯同撰。《二十一史四谱》五十四卷，《历代世系纪年编》一卷。沈炳震撰。《历代帝王年表》三卷。齐召南撰。《历代帝王庙谥年讳谱》一卷。陆费墀撰。《纪元要略》二卷。陈景云撰。《历代建元考》十卷。钟渊映撰。《元号略》四卷，《补遗》一卷。梁玉绳撰。《纪元通考》十二卷。叶维庚撰。《列代建元表》十卷，《建元类聚考》二卷。钱东垣撰。《纪元编》三卷。李兆洛撰。《历代统纪表》十三卷。段承基撰。

汉刘珍《东观汉记》二十四卷,元郝经《续后汉书》九十卷。乾隆时敕辑。《世本》一卷。孙冯翼辑。汉宋衷《世本注》五卷。张澍辑。《七家后汉书》二十一卷。汪文台撰。《重订谢承后汉书补逸》五卷。孙志祖辑。薛莹《后汉书》一卷,华峤《后汉书》注一卷,谢沈《后汉书》一卷,袁山松《后汉书》一卷,张璠《后汉记》一卷,虞预《晋书》一卷,朱凤《晋书》一卷,何法盛《晋中兴书》一卷,谢灵运《晋书》一卷,臧荣绪《晋书》一卷,《众家晋书》一卷。以上黄奭辑。《九家旧晋书》三十七卷。汤球辑。

杂史类

《蒙古源流》八卷。蒙古小彻辰萨囊台吉撰。乾隆四十二年敕译。《国语韦昭注疏》十六卷。洪亮吉撰。《国语校文》一卷。汪中撰。《国语补注》一卷。姚鼐撰。《国语补校》一卷。刘台拱撰。《国语补韦》四卷。黄模撰。《国语三君注辑存》四卷,《国语考异》四卷,《国语发正》二十一卷。汪远孙撰。《国语翼解》六卷。陈瑑撰。《国语释地》三卷。谭沄撰。《国语正义》二十一卷。董增龄撰。《战国策去毒》二卷。陆陇其撰。《战国策释地》二卷。张琦撰。《国策地名考》二十卷。程恩泽撰,狄子奇笺。《读战国策随笔》一卷。张尚瑗撰。《战国策札记》三卷。顾广圻撰。《武王克殷日记》一卷,《灭国五十考》一卷。林春溥撰。《考信录提要》二卷,《补上古考信录》二卷,《唐虞考信录》四卷,《夏考信录》二卷,《商考信录》二卷,《丰镐考信录》八卷,《丰镐别录》三卷,《考古续说》二卷,《考信附录》二卷。崔述撰。《熹庙谅阴记》一卷,《圣安本纪》六卷,《明季实录》六卷。顾炎武撰。《南宋六陵遗事》一卷,《庚申君遗事》一卷。万斯同撰。《见闻随笔》二卷。冯苏撰。《安南使事记》一卷。李仙根撰。《建文帝后纪》一卷。邵远平撰。《武宗外纪》一卷,《后鉴录》七卷。毛奇龄撰。《烈皇勤政记》一卷,《思陵典礼记》四卷。孙承泽撰。《三朝野纪》七卷。李逊之撰。《弘光日录》四卷,《永历实录》二十五卷,《行朝录》十二卷,《汰存录》一卷,《赣州失事记》一卷,《绍武争

立记》一卷,《舟山兴废记》一卷,《四明山寨》一卷,《沙州定乱记》一卷,《赐姓始末》一卷,《郑成功传》一卷,《滇考》一卷,《日本乞师记》一卷。黄宗羲撰。《永历实录》二十六卷。王夫之撰。《鲁春秋》一卷。查士佐撰。《伪东宫伪后及党祸记略》一卷,《榆林城守记略》一卷,《保定城守记略》一卷,《扬州城守记略》一卷。戴田有撰。《二申野录》八卷。孙之录撰。《逊代阳秋》二十八卷。余美英撰。《复社记事》一卷。吴伟业撰。《社事始末》一卷。杜登春撰。《启祯野乘》十六卷,二集八卷。邹漪撰。《蜀难叙略》一卷。沈荀蔚撰。《金陵野钞》十四卷。顾苓撰。《甲申传信录》十卷。钱士馨撰。《史外》八卷。汪有典撰。《明季北略》二十四卷,《南略》十八卷。计六奇撰。《东南纪事》十二卷,《西南纪事》十二卷。邵廷采撰。《南疆逸史》三十卷,《恤谥录》八卷,《摭遗》十八卷。温睿临撰。《南疆绎史》五十八卷。李瑶撰。《海东逸史》十八卷。不著撰人氏名。《爝火录》三十卷。李本撰。《小腆纪传》六十五卷。徐鼒撰。《补遗》五卷,《考异》一卷。徐承礼撰。《闽事纪略》二卷。华廷献撰。《平定耿逆记》一卷。李之芳撰。《平闽记》十三卷。杨捷撰。《啸亭杂录》十卷,《续录》三卷。礼亲王昭梿撰。《养吉斋丛录》二十二卷。吴振棫撰。《郎潜记闻初笔》十四卷,《二笔》十六卷,《三笔》十二卷。陈康祺撰。《圣德纪略》一卷,《直纪略》一卷,《恩遇纪略》一卷,《旧闻纪略》一卷。瞿鸿玑撰。

　　宋不著撰人《咸淳遗事》二卷,《大金吊伐录》四卷,元王鹗《汝南遗事》四卷。乾隆时敕辑。《国语贾注》一卷。蒋日豫辑。郑众《国语解诂》一卷,贾逵《国语注》一卷,唐固《国语注》一卷,王肃《国语章句》一卷,孔晁《国语注》一卷,孔衍《春秋后语》一卷,陆贾《楚汉春秋》一卷,伏侯《古今注》一卷,王粲《英雄记》一卷、司马彪《战略》一卷,《九州春秋》一卷,傅畅《晋诸公赞》一卷,荀绰《晋后略》一卷,卢林《晋八王故事》一卷,《晋四王遗事》一卷。以上黄奭辑。

　　诏令奏议类

《太祖高皇帝圣训》四卷。康熙二十五年敕编。《太宗文皇帝圣训》六卷。顺治时敕编，康熙二十六年告成。《世祖章皇帝圣训》六卷。康熙二十六年敕编。《亲政纶音》不分卷。顺治时敕编。《圣祖仁皇帝圣训》六十卷。雍正九年敕编。《庭训格言》不分卷。世宗御编。《圣谕广训》不分卷。雍正二年敕刊。《上谕内阁》一百五十九卷。雍正七年敕刊，乾隆时续刊。《硃批谕旨》三百六十卷。雍正十年敕编，乾隆三年告成。《上谕八旗》十三卷，《上谕旗务议覆》十二卷，《谕行旗务奏议》十三卷。雍正九年敕编。《训饬州县条规》二十卷。雍正八年敕刊。《世宗宪皇帝圣训》三十六卷。乾隆五年敕编。《高宗纯皇帝圣训》三百卷。嘉庆十二年敕编。《仁宗睿皇帝圣训》一百十卷。道光四年敕编。《宣宗成皇帝圣训》一百三十卷。咸丰六年敕编。《文宗显皇帝圣训》一百十卷。同治五年敕编。《穆宗毅皇帝圣训》一百六十卷。光绪五年敕编。《明名臣奏议》二十卷。乾隆四十年奉敕编。《息斋疏草》五卷。金之俊撰。《龚端毅奏议》八卷，《附录》一卷。龚鼎孳撰。《孟忠毅公奏议》二卷。孟乔芳撰。《赵忠襄奏疏存稿》六卷。赵良栋撰。《张襄壮奏疏》六卷。张勇撰。《兼济堂奏议》四卷。魏裔介撰。《寒松堂奏议》四卷。魏象枢撰。《文襄公奏疏》十五卷。李之芳撰。《抚虔奏议》一卷。佟国器撰。《平岳疏议》一卷，《平海疏议》一卷。万正色撰。《郝恭定集》五卷。郝惟讷撰。《中山奏议》四卷。郝浴撰。《靳文襄奏疏》八卷。靳辅撰。《乾清门奏对记》一卷。汤斌撰。《抚浙奏议》一卷，《督闽奏议》一卷。范承谟撰。《抚浙疏草》五卷。朱昌祚撰。《抚吴封事》八卷，《抚楚封事》一卷，《抚黔封事》一卷，《抚漕封事》一卷，《辑瑞陈言》一卷。慕天颜撰。《于山奏牍》七卷。于成龙撰。《清忠堂奏疏》不分卷。朱宏祚撰。《西台奏议》一卷，《亦兆奏议》一卷，《附曲徒录》一卷。杨素蕴撰。《杨黄门奏疏》不分卷，《抚黔奏疏》八卷。杨雍建撰。《华野疏稿》五卷。郭琇撰。《河防疏略》二十卷。朱之锡撰。《西陂奏疏》六卷。宋荦撰。《督漕疏草》二十二卷。董讷撰。《奏疏稿》不分卷。江蘩撰。《抚豫宣化录》四卷。田文镜撰。《防河

奏议》十二卷。嵇曾筠撰。《平蛮奏疏》一卷。鄂尔泰撰。《张公奏议》二十四卷。张鹏翮撰。《条奏疏稿》二卷。蒋廷锡撰。《奏疏》十卷。高其倬撰。《望溪奏疏》一卷。方苞撰。《尹元孚奏议》十卷。尹会一撰。《裘文达奏议》一卷。裘日修撰。《那文毅奏议》八十卷。那彦成撰。《两河奏疏》不分卷。严烺撰。《思补斋奏稿偶存》一卷。潘世恩撰。《恭寿堂奏议》十二卷。韩文绮撰。《楚蒙山房奏疏》五卷。晏斯盛撰。《东溟奏稿》四卷。姚莹撰。《林文忠政书》三卷。林则徐撰。《陶云汀先生奏议》三十二卷。陶澍撰。《耐庵奏议存稿》十二卷。贺长龄撰。《吴文节遗集》八十卷。吴文镕撰。《张大司马奏稿》四卷。张亮基撰。《骆文忠奏议》十六卷。骆秉章撰。《李文恭奏议》二十二卷。李星沅撰。《李尚书政书》八卷。李宗羲撰。《王侍郎奏议》十卷。王茂荫撰。《台垣疏稿》一卷。丁寿昌撰。《张文毅奏稿》八卷。张芾撰。《曾文正奏稿》三十二卷。曾国藩撰。《胡文忠奏稿》五十二卷。胡林翼撰。《左文襄奏疏初编》三十八卷,《续编》七十六卷,《三编》六卷。左宗棠撰。《曾忠襄奏疏》六十一卷。曾国荃撰。《沈文肃政书》十二卷。沈葆桢撰。《李忠武奏议》一卷。李续宾撰。《刘中丞奏稿》八卷。刘昆撰。《刘中丞奏议》二十卷。刘蓉撰。《刘武慎奏稿》十六卷。刘长佑撰。《彭刚直奏议》八卷。彭玉麟撰。《郭侍郎奏疏》十二卷。郭嵩焘撰。《岑襄勤奏稿》三十卷。岑毓英撰。《丁文诚奏议》二十六卷。丁宝桢撰。《毛尚书奏稿》十六卷。毛鸿宾撰。《曾惠敏奏议》六卷。曾纪泽撰。《出使奏疏》二卷。薛福成撰。《养云山庄奏稿》四卷。刘瑞芬撰。《钱敏肃奏疏》七卷。钱鼎铭撰。《黎文肃奏议》十六卷。黎培敬撰。《许太常奏稿》一卷。许乃济撰。《豸华堂奏议》十二卷。金应麟撰。《水流云在馆奏议》二卷。宋晋撰。《吴柳堂奏疏》一卷。吴可读撰。《王文敏奏疏稿》一卷。王懿荣撰。《袁太常戊戌条陈》一卷。袁昶撰。《谏垣存稿》四卷。安维峻撰。《李文忠政书》一百六十五卷。李鸿章撰。《张宫保政书》十二卷。张之洞撰。《端忠敏奏议》十六卷。端方撰。《三贤政书》十八卷。汤斌、宋荦、张伯行撰。《嘉定长白二先

生奏议》四卷。徐致祥、宝廷撰。

宋陈次升《谠论集》五卷。乾隆时敕辑。

传记类

《宗室王公功绩表传》十二卷。乾隆四十六年敕撰。《蒙古王公功绩表传》十二卷。乾隆四十四年敕撰。《八旗满洲氏族通谱》八十卷。乾隆九年敕撰。《胜朝殉节诸臣录》十二卷。乾隆四十一年敕撰。《满汉名臣传》八十卷,《贰臣传》十二卷,《叛臣传》四卷。乾隆时敕撰。《史传三编》五十六卷。朱轼撰。《历代忠臣义士卓行录》八卷。戴作铭撰。《历代名臣言行录》二十四卷。朱恒撰。《广群辅录》六卷。徐汾撰。《臣鉴录》二十卷。蒋伊撰。《历代党鉴》五卷。徐宾撰。《续高士传》五卷。高兆撰。《续补高士传》三卷。魏裔介撰。《孝史类编》十卷。黄齐贤撰。《元党人传》十卷。陆心源撰。《明名臣言行录》四十五卷。徐开仕撰。《崇祯五十宰相传》一卷,《年表》一卷。曹溶撰。《明儒言行录》十卷,《续录》十卷。沈佳撰。《东林列传》二十四卷,《留溪外传》十八卷。陈鼎撰。《复社姓氏传略》十卷。吴山嘉撰。《国朝耆献类徵初编》七百二十卷,《编目》十九卷。李恒撰。《碑传集》一百六十卷。钱仪吉撰。《续碑传集》八十六卷。缪荃孙撰。《国朝先正事略》六十卷。李元度撰。《中兴将帅别传》三十卷,一作《咸同以来功臣别传》,一作《中兴名臣事略》,一作《续先正事略》。《续编》六卷。朱孔彰撰。《大清名臣言行录》一卷。留保撰。《文献徵存录》十卷。钱林撰。《从政观法录》三十卷。朱方曾撰。《初月楼闻见录》十卷,《续录》十卷。吴德旋撰。《学统》五十六卷。熊赐履撰。《雒闽渊源录》十九卷。张夏撰。《圣学知统录》二卷,《圣学知统翼编》二卷。魏裔介撰。《道统录》二卷,《附录》一卷,《道南源委》六卷,《伊洛渊源续录》二十卷。张伯行撰。《儒林宗派》十六卷。万斯同撰。《理学宗传》二十六卷。孙奇逢撰。《理学宗传辨正》十六卷。刘廷诏撰。《宋元学案》一百卷。黄宗羲原本,全祖望补编。《明儒学案》六十二卷。黄宗羲撰。《明儒林

录》十九卷。张恒撰。《国朝学案小识》十五卷。唐鉴撰。《国朝经学名儒记》一卷。张星鉴撰。《国朝宋学渊源记》二卷,《附记》一卷。江藩撰。《国朝儒林文苑传》四卷。阮元撰。《康熙己未词科录》十二卷。秦瀛撰。《鹤徵录》八卷。李集、李富孙、李遇孙同撰。《词科掌录》十七卷,《余话》二卷。杭世骏撰。《鹤徵后录》十二卷。李富孙撰。《畴人传》四十六卷。阮元撰。《续畴人传》六卷。罗士琳撰。《畴人传》三编七卷。诸可宝撰。《国朝名家诗钞小传》二卷。郑方坤撰。《畿辅人物志》二十卷。孙承泽撰。《洛学编》四卷。汤斌撰。《中州人物考》八卷。孙奇逢撰。《中州道学编》二卷,《补编》一卷。耿介撰。《关学编》十卷。廉伟然撰。《东越儒林后传》一卷,《文苑后传》一卷。陈寿祺撰。《闽中理学渊源考》九十二卷,《闽学志略》十七卷。李清馥撰。《粤东名儒言行录》二十四卷。邓淳撰。《豫章十代文献略》五十卷。王模撰。《金华徵献略》二十卷。王崇炳撰。《嘉禾献徵录》四十六卷。盛枫撰。《松陵文献录》十五卷。潘柽章撰。《海州文献录》十六卷。许乔林撰。《吴门耆旧记》一卷。顾承撰。《列女传补注》八卷,《附叙录》一卷,《校正》一卷。闺秀王照圆撰。《列女传校注》八卷。闺秀梁端撰。《列女传集注》八卷。闺秀萧道管撰。《广列女传》二十卷。刘开撰。《胜朝彤史拾记》六卷。毛奇龄撰。《贤媛类徵初编》十二卷。李桓撰。《越女表微录》五卷。汪辉祖撰。

　　宋不著撰人《庆元党禁》一卷,《京口耆旧传》九卷,元辛文房《唐才子传》八卷。以上乾隆时奉敕辑。魏嵇康《圣贤高士传》一卷,后魏常景《鉴戒象赞》一卷。以上马国翰辑。赵岐《三辅决录》一卷,刘向《孝子传》一卷,萧广济《孝子传》一卷,师觉授《孝子传》一卷。以上黄奭辑。

　　以上传记类总录之属

　　《晏子春秋音义》一卷。孙星衍撰。《晏子春秋校正》一卷。卢文绍撰。《晏子春秋校勘》一卷。黄以周撰。《周公年表》一卷。牟廷相撰。《孔子年谱》五卷。杨方晃撰。《孔子年谱辑注》一卷。江

永撰,黄定宜辑注。《孔子编年注》五卷。胡培翚撰。《至圣编年世
纪》二十四卷。李灼、黄晟同撰。《先圣生卒年月考》二卷。孔广牧
撰。《孔子世家考》二卷,《仲尼弟子列传考》一卷。郑环撰。《宗圣
志》十二卷。孔允植撰。《阙里文献考》一百卷。孔继汾撰。《孔子
世家补订》一卷,《孔门师弟年表》一卷,《孔孟年表》一卷,《孟子列
传纂》一卷,《孟子时事年表》一卷。林春溥撰。《孔子编年》四卷,
《孟子编年》四卷。狄子奇撰。《洙泗考信录》四卷,《余录》一卷,《孟
子事实录》二卷。崔述撰。《孔子弟子门人考》一卷,《孟子弟子门人
考》一卷。朱彝尊撰。《孟子年谱》一卷。黄玉蟾撰。《孟子生卒年
月考》一卷。阎若璩撰。《孟子游历考》一卷。潘眉撰。《三迁志》十
二卷。孟衍泰、王特选、仲蕴锦同撰。《从祀名贤传》六卷。常安撰。
《刘更生年表》一卷。梅毓撰。《许君年表》一卷。陶方琦撰。《郑司
农年谱》一卷。孙星衍撰。《汉郑君晋陶靖节魏陈思王唐陆宣公年
谱》四卷。丁晏撰。《郑康成纪年》一卷。袁钧撰。《郑学录》四卷。
郑珍撰。《诸葛忠武故事》五卷。张澍撰。《忠武志》八卷。张鹏翮
撰。《王右军年谱》一卷。鲁一同撰。《安定言行录》一卷。丁宝书
撰。《濂溪周夫子志》十五卷。吴大镕撰。《增订欧阳文忠年谱》一
卷。朱文藻撰。《胡少师年谱》一卷。胡培翚撰。《王荆公年谱》二
十五卷,《杂录》二卷,《附录》一卷。蔡上翔撰。《米海岳年谱》一卷。
翁方纲撰。《考订朱子世家》一卷。江永撰。《朱子年谱》四卷,《考
异》四卷,《附录》二卷。王懋竑撰。《重订朱子年谱》一卷。褚寅亮
撰。《别本朱子年谱》二卷,《附录》一卷。黄中撰。《陆象山年谱》二
卷。李绂撰。《杨文靖年谱》二卷。张夏撰。《洪文惠年谱》一卷,
《洪文敏年谱》一卷,《陆放翁年谱》一卷,《王伯厚年谱》一卷。钱大
昕撰。《王深宁年谱》一卷。张大昌撰。《谢皋羽年谱》一卷。徐沁
撰。《元遗山年谱》三卷。翁方纲撰。《元遗山年谱》二卷。凌廷堪
撰。《元遗山年谱》一卷。施国祁撰。《周文襄公年谱》二卷。周仁
俊撰。《李文正公年谱》一卷。法式善撰。《王文成集传本》二卷。毛
奇龄撰。《王弇州年谱》一卷。钱大昕撰。《归震川年谱》一卷。孙

岱撰。《杨升庵年谱》一卷。李调元撰。《周忠介公遗事》一卷。彭定求撰。《缪文贞公年谱》一卷。缪之镕撰。《袁督师事迹》一卷。不著撰人氏名。《倪文正公年谱》一卷。倪会鼎撰。《黄忠端公年谱》二卷。黄炳垕撰。《左忠毅年谱》二卷。左宰撰。《张忠烈公年谱》一卷。赵之谦撰。《刘子行状》二卷。黄宗羲撰。《蕺山年谱》二卷。刘均撰。《顾亭林年谱》一卷。吴映奎撰。《顾亭林年谱》四卷。张穆撰。《黄黎洲年谱》二卷。黄炳垕撰。《孙夏峰年谱》二卷。汤斌撰。《李二曲历年纪略》二卷。惠霶嗣撰。《杨园先生年谱》四卷。陈樟撰。《杨园先生年谱》一卷。苏惇元撰。《颜习斋先生年谱》二卷。李恭撰。《李恕谷先生年谱》五卷。冯辰撰。《申凫盟先生年谱》一卷。申涵煜、申涵盼同撰。《宁海将军固山贝子功绩录》一卷。不著撰人氏名。《渔洋山人自订年谱注》一卷。惠栋撰。《施愚山年谱》四卷。施念曾撰。《陆清献年谱》一卷。罗以智撰。《陆稼书年谱》二卷。吴光酉撰。《阎潜丘年谱》四卷。张穆撰。《朱文端公行述》一卷。朱必阶撰。《阿文成年谱》二十四卷。那彦成撰。《钱文端公年谱》三卷。钱仪吉撰。《王述庵年谱》二卷。严荣撰。《孙文靖年谱》一卷。孙惠撰。《黄昆圃年谱》一卷。黄叔琳撰。《黄荛圃年谱》一卷。江标撰。《戴东原年谱》一卷。段玉裁撰。《洪北江年谱》一卷。吕培撰。《焦理堂事略》一卷。焦廷琥撰。《寄圃老人自记年谱》一卷。孙玉庭撰。《思补老人自订年谱》一卷。潘世恩撰。《石隐山人自订年谱》一卷。朱骏声撰。《彭文敬自订年谱》一卷。彭蕴章撰。《翁文端年谱》一卷。翁同和撰。《骆文忠年谱》一卷。骆天保撰。《曾文正年谱》十二卷。黎庶昌撰。《曾文正公大事记》四卷。王定安撰。《吴柳堂孤忠录》三卷。傅岩霖撰。《豫章先贤九家年谱》九卷,《四朝先贤六家年谱》七卷。杨希闵撰。《四史疑年录》七卷。阮元撰。《历代名人年谱》十七卷。吴荣光撰。《疑年录》四卷。钱大昕撰。《续疑年录》四卷。吴修撰。《补疑年录》四卷。钱椒撰。《疑年赓录》二卷。张鸣珂撰。《三续疑年录》十卷。陆心源撰。

以上传记类名人之属

史钞类

《史纬》三百三十卷。陈允锡撰。《读史蒙拾》一卷。王士禄撰。《廿一史约编》十卷。郑元庆撰。《汉书蒙拾》三卷，《后汉书蒙拾》二卷。杭世骏撰。《汉书古字类》一卷。郭梦星撰。《国志蒙拾》二卷。郭麟撰。《宋书琐语》一卷。郝懿行撰。《两晋南北集珍》六卷。陈维崧撰。《南史识小录》八卷，《北史识小录》八卷。沈名孙、朱昆田同撰。《南北史识小录补正》二十八卷。张应昌撰。《南北史捃华》八卷。周嘉猷撰。《新旧唐书合钞》二百六十卷。沈炳震撰。

载记类

《吴越春秋校文》一卷。蒋光煦撰。《吴越春秋校勘记》一卷，《逸文》一卷。顾观光撰。《读吴越春秋》一卷，《读越绝书》一卷。俞樾撰。《越绝书札记》一卷，《逸文》一名。钱培名撰。《增订吴越备史》五卷，《补遗》一卷。钱时钰撰。《补华阳国志三州郡县目录》一卷。廖寅撰。《华阳国志校勘记》一卷。顾观光撰。《十六国疆域志》十六卷。洪亮吉撰。《十六国春秋辑补》一百卷，《十六国春秋纂录校本》十卷。汤球撰。《十六国年表》一卷。张愉憎撰。《十六国年表》三十二卷。孔尚质撰。《西秦百官表》一卷。练恕撰。《十国春秋》一百十四卷。吴任臣撰。《拾遗》一卷，《备考》一卷。周昂撰。《南汉书》十八卷，《考异》十八卷，《丛录》二卷，《文字略》二卷。梁廷相撰。《南汉纪》五卷，《地理志》一卷，《金石志》一卷。吴兰修撰。《南唐拾遗记》一卷。毛先舒撰。《西夏国志》十六卷。洪亮吉撰。《西夏书事》四十二卷。吴广成撰。《西夏纪事本末》三十六卷。张鉴撰。《西夏书》十卷。周春撰。《西夏事略》十六卷。陈昆撰。

晋陆翙《邺中记》一卷，唐樊绰《蛮书》十卷，宋不著撰人《江南余载》二卷。乾隆时奉敕辑。

时令类

《月令辑要》二十四卷,《图说》一卷。康熙五十四年,李光地等奉敕撰。《古今类传岁时部》四卷。董谷士、董炳文同编。《时令汇纪》十六卷,《余日事文》四卷。朱濂撰。《月日纪古》十二卷。萧智汉撰。《节序同风录》十二卷。孔尚任撰。《七十二候考》一卷。曹仁虎撰。《月令粹编》二十四。秦嘉谟撰。《二十四史日月考》二百三十六卷。汪日桢撰。《古今冬至表》四卷。谭云撰。

唐韩鄂《四时纂要》一卷。马国翰辑。

地理类

《皇舆表》十六卷。康熙四十三年,喇沙里等奉敕撰。《方舆路程考略》不分卷。康熙时,汪士宏等奉敕撰。《大清一统志》三百四十卷。乾隆八年敕撰。《大清一统志》五百卷。乾隆二十九年敕撰。《皇朝职贡图》九卷。乾隆十六年,傅恒等奉敕撰。《历代疆域表》三卷,《沿革表》三卷。段长基撰。《历代地理沿革表》四十七卷。陈芬绩撰。《东晋南北朝舆地表》二十一卷。徐文范撰。《舆地沿革表》四十卷。杨丕复撰。《周末列国所有郡县考》一卷,《古国都今郡县合考》一卷。闵麟嗣撰。《战国地舆》一卷。林春溥撰。《楚汉诸侯疆域志》三卷。刘文淇撰。《历代郡国考略》三卷。叶云撰。《今古地理述》二十卷。王子音撰。《历代地理沿革图》一卷,《舆地图》一卷,《历代地理志韵编今释》二十卷,《皇朝舆地韵编》二卷。李兆洛撰。《王会新编》一百四十五卷。茹铉撰。《乾隆府厅州县志》五十卷。洪亮吉撰。《皇朝舆地全图》不分卷。董佑诚撰。《大清一统舆图》三十卷。胡林翼撰。《皇朝舆地韵编》一卷,《舆地略》一卷。严德撰。《郡县分韵考》十卷。黄本骥撰。《肇域志》一百卷,《天下郡国利病书》一百二十卷。顾炎武撰。《读史方舆纪要》一百三十卷,《形势纪要》九卷。顾祖禹撰。《太平寰宇记补缺》二卷。陈兰森撰。《山河两戒考》十四卷。徐文靖撰。

晋《太康三年地记》一卷,王隐《晋书地道记》一卷,唐濮王泰等

《括地志》一卷。以上黄奭辑。

以上地理类总志之属

《满洲源流考》二十卷。乾隆四十二年，阿桂等奉敕撰。《热河志》八十卷。乾隆四十六年，和坤等奉敕撰。《日下旧闻考》一百二十卷。乾隆三十九年敕撰。《日下旧闻》四十二卷。朱彝尊撰。《盛京通志》一百二十卷。乾隆四十四年，阿桂等奉敕撰。《新疆识略》十三卷。道光元年，汪廷珍等奉敕撰。《盛京通志》四十八卷。雷以诚等修。《畿辅通志》一百二十卷。李卫等修。《畿辅通志》三百卷。李鸿章等修。《江南通志》二百卷。赵宏恩等修。《安徽通志》二百六十卷。陶澍修。《安徽通志》三百五十卷。刘坤一等修。《江西通志》二百六卷。白璜等修。《江西通志》一百六十二卷。谢旻等修。《江西通志》一百八十卷。刘坤等等修。《浙江通志》二百八十卷。嵇曾筠等修。《福建通志》七十八卷。郝玉麟修。《福建通志》二百七十八卷。吴棠等修。《湖广通志》八十卷。徐国相等修。《湖广通志》一百二十卷。迈柱等修。《湖北通志》一百卷。吴熊光等修。《湖南通志》一百七十卷。陈宏谋等修。《湖南通志》二百二十八卷。巴哈布等修。《湖南通志》三百十五卷。裕禄等修。《河南通志》八十卷。王士俊等修。《续河南通志》八十卷。阿思喀等修。《山东通志》三十六卷。岳浚等修。《山东通志》六十四卷。钱江等修。《山西通志》二百三十卷。觉罗石麟等修。《山西通志》一百八十四卷。张煦等修。《山西志辑要》十卷。雅德撰。《陕西通志》一百卷。刘於义等修。《甘肃通志》五十卷。许容等修。《甘肃通志》一百卷。长庚等修。《四川通志》四十七卷。黄廷桂等修。《四川通志》二百二十六卷。杨芳灿等修。《广东通志》六十四卷。郝玉麟等修。《广东通志》三百三十四卷。阮元等修。《广西通志》一百二十八卷。金铁等修。《广西通志》二百八十卷。吉庆等修。《云南通志》三十卷。鄂尔泰等修。《续云南通志稿》一百九十四卷。王文韶等修。《贵州通志》四十六卷。鄂尔泰等修。《吉林通志》一百二十二卷。长顺等修。《顺天府志》一百三十卷。李鸿章修。《保定府志》八十卷。李振祜

修。《承德府志》六十卷。海忠修。《永平府志》七十二卷。游智开修。《河间府志》二十卷。周嘉露修。《天津府志》四十卷。李梅宾修。《天津府志》五十四卷。李鸿章修。《正定府志》五十卷。郑大进修。《顺德府志》十六卷。徐景曾修。《广平府志》二十四卷。吴谷修。《大名府志》二十二卷。李焕修。《大名府志》六卷。武蔚文修。《宣化府志》四十二卷。王畹修。《江宁府志》五十六卷。吕燕昭修。《江宁府志》十五卷。苏启勋修。《苏州府志》八十卷。习隽撰。《苏州府志》一百六十卷。石韫玉撰。《苏州府志》一百五十卷。冯桂芬撰。《松江府志》八十四卷。宋如林修。《松江府志》四十卷。博润修。《常州府志》三十八卷。于琨修。《淮安府志》三十二卷。顾栋高撰。《扬州府志》四十卷。张万寿修。《扬州府志》七十二卷。张世浣修。《扬州府志》三十卷。晏端书撰。《徐州府志》三十卷。王峻修。《安庆府志》三十二卷。张楷修。《徽州府志》八卷。郑交泰修。《宁国府志》三十八卷。鲁铨修。《池州府志》五十八卷。张士范修。《太平府志》四十四卷。朱肇基修。《庐州府志》五十四卷。张祥云修。《凤阳府志》二十一卷。冯煦修。《颍州府志》十卷。王敛福修。《南昌府志》七十六卷。黄良栋修。《饶州府志》三十六卷。黄家遴修。《广信府志》二十六卷。康基渊修。《南康府志》十二卷。廖文英修。《九江府志》二十二卷。胡宗虞修。《建昌府志》三十四卷。姚文光修。《抚州府志》四十五卷。张四教修。《临江府志》十六卷。施润章撰。《瑞州府志》二十四卷。黄廷金修。《袁州府志》十五卷。陈乔枞撰。《吉安府志》七十六卷。卢松修。《赣州府志》七十八卷。李本仁修。《南安府志》二十卷。陈奕禧撰。《南安府志》三十二卷。黄鸣珂修。《杭州府志》四十卷。马铎修。《杭州府志》一百十卷。郑沄修。《嘉兴府志》十六卷。吴永芳修。《嘉兴府志》八十卷。伊汤安修。《嘉兴府志》九十卷。许瑶光修。《湖录》一百五卷。郑元庆撰。《湖州府志》十二卷。程量修。《湖州府志》四十八卷。李堂修。《湖州府志》九十六卷。宗源瀚撰。《宁波府志》三十六卷。曹秉仁修。《绍兴府志》六十卷。邹尚周修。《绍兴府志》八十卷。李亨特

修。《台州府志》十八卷。冯苏修。《金华府志》三十卷。张莐修。《衢州府志》三十五卷。杨廷望修。《严州府志》三十五卷。吴士进修。《温州府志》三十卷。汪炉修。《处州府志》二十卷。曹抡彬修。《处州府志》三十二卷。潘绍贻修。《福州府志》七十六卷。高景崧修。《泉州府志》七十六卷。章倬标修。《建宁府志》四十八卷。张琦修。《延平府志》四十六卷。徐震耀修。《汀州府志》四十五卷。曾日煐修。《邵武府志》三十卷。王琛修。《邵武府志》二十四卷。张凤孙修。《漳州府志》五十卷。沈定均修。《福宁府志》三十卷。李绂修。《台湾府志》二十六卷。六十七修。《武昌府志》十二卷。裴天锡修。《汉阳府志》五十卷。陶士偰修。《安陆府志》三十六卷。张尊德修。《襄阳府志》四十卷。陈谔修。《郧阳府志》十卷。王正常修。《郧阳府志》三十八卷。杨廷耀修。《德安府志》二十四卷。傅鹤祥修。《黄州府志》二十卷。王勍修。《荆州府志》五十八卷。施廷枢修。《宜昌府志》十六卷。聂光銮修。《施南府志》三十卷。松林修。《长沙府志》五十卷。吕肃高修。《岳州府志》三十卷。黄凝道修。《宝庆府志》一百五十七卷。黄宅中修。《衡州府志》三十二卷。饶佺修。《常德府志》四十八卷。应光烈撰。《辰州府志》十一卷。毕本烈修。《沅州府志》四十卷。张官五修。《永州府志》十八卷。宗绩辰撰。《永顺府志》十二卷。张天如修。《开封府志》四十卷。管竭忠修。《陈州府志》三十卷。崔应楷修。《归德府志》三十六卷。陈锡辂修。《彰州府志》三十二卷。汤康业修。《卫辉府志》五十五卷。德昌修。《怀庆府志》三十二卷。杜惊修。《河南府志》一百十六卷。施诚修。《南阳府志》六卷。孔传金修。《汝宁府志》三十卷。德昌修。《济南府志》七十二卷。王赠芳修。《泰安计志》三十二卷。成城修。《武定府志》三十八卷。李熙龄修。《衮州府志》三十二卷。陈顾联修。《沂州府志》二十三卷。李希贤修。《曹州府志》二十二卷。周尚质修。《东昌府志》五十卷。白嵩修。《青州府志》六十四卷。毛永相修。《登州府志》六十九卷。贾瑚修。《莱州府志》十六卷。严有禧修。《太原府志》六十卷。沈树声修。

《平阳府志》三十六卷。章廷圭修。《蒲州府志》二十四卷。周景柱修。《潞安府志》四十卷。张淑渠修。《汾州府志》三十六卷。孙和相修，戴震撰。《泽州府志》五十二卷。朱樟修。《大同府志》三十二卷。吴辅宏修。《宁武府志》十二卷。周景柱修。《朔平府志》十二卷。刘士铭修。《西安府志》八十卷。严长明撰。《同州府志》三十四卷。李思继修。《凤翔府志》十二卷。达灵阿修。《汉中府志》三十二卷。严如煜撰。《兴安府志》三十卷。叶世倬修。《延安府志》八十卷。张蕙修。《榆林府志》五十卷。李熙龄修。《兰州府志》四卷。陈如稷修。《西宁志》七卷。苏锐修。《甘州府志》十六卷。钟赓起修。《保宁府志》六十二卷。史观修。《重庆府志》九卷。王梦庚修。《夔州府志》三十六卷。恩成修。《雅州府志》二十卷。陈钧修。《广州府志》六十卷。沈廷芳修。《肇庆府志》二十一卷。何梦瑶撰。《韶州府志》十六卷。唐宗尧修。《惠州府志》二十卷。吕应奎修。《惠州府志》四十五卷。刘桂年修。《潮州府志》四十二卷，《廉州府志》二十卷。周硕勋修。《高州府志》十六卷。黄安涛撰。《雷州府志》二十卷。雷学海修。《琼州府志》四十四卷。张岳崧撰。《平乐府志》四十卷。清桂修。《浔州府志》三十九卷。魏笃修。《镇安府志》八卷。傅聚修。《云南府志》三十卷。张毓修。《大理府志》三十卷。黄元治修。《临安府志》二十卷。江浚源修。《楚雄府志》十卷。张嘉颖修。《澂江府志》十六卷。柳正芳修。《广南府志》四卷。何愚修。《顺宁府志》十卷。刘靖修。《曲靖府志》八卷。程封修。《丽江府志》二卷。万咸燕修。《永昌府志》二十六卷。宣世涛修。《永北府志》二十八卷。陈奇典修。《东川府志》二十卷。方桂修。《思州府志》八卷。蒋深修。《镇远府志》二十卷。蔡宗建修。《铜仁府志》十一卷。徐阊修。《黎平府志》四十一卷。刘宇昌修。《遵义府志》四十八卷。郑珍、莫友芝同撰。《遵化直隶州志》十二卷。刘靖修。《易州直隶州志》十八卷。张登记修。《冀州直隶州志》二十卷。范清旷修。《赵州直隶州志》十卷。祝万祉修。《深州直隶州风土记》二十二卷。吴汝纶撰。《定州直隶州志》四卷。王榕吉修。

《口北三厅志》十八卷。黄可润修。《川沙厅志》十四卷。俞樾撰。《海州直隶州志》三十二卷。唐仲冕撰。《通州直隶州志》十五卷。王宜亨修。《广德直隶州志》五十卷。周广业修。《滁州直隶州志》三十卷。敦泰修。《和州直隶州志》二十四卷。夏炜修。《六安直隶州志》五十卷。周广业修。《泗州直隶州志》十八卷。莫之干修。《莲花厅志》十卷。李其昌修。《宁州直隶州志》三十二卷。刘丙修。《定南厅志》八卷。赖勋修。《定海直隶厅志》三十卷。陈重威、黄以周同撰。《玉环厅志》四卷。张坦龙修。《玉环厅志》十五卷。吕鸿煮修。《厦门厅志》十六卷。周恺修。《永春直隶州志》十六卷,《龙岩直隶州志》十六卷。郑一崧修。《噶吗兰厅志》八卷。董正官修。《淡水厅志》十五卷。陈培桂修。《荆门直隶州志》十二卷。黄昌辅修。《鹤峰直隶厅志》十四卷。吉钟颖修。《澧州直隶州志》二十八卷。魏式曾修。《桂阳直隶州志》二十七卷。陈延榮修。《凤皇直隶厅志》二十卷。黄应培修。《永绥直隶厅志》十八卷。周玉衡修。《乾州直隶厅志》十六卷。赵文在修。《晃州直隶厅志》四十四卷。俞光振修。《靖州直隶州志》十二卷。汪尚文修。《郴州直隶州志》四十三卷。朱屋修。《郑州直隶州志》十二卷。张钺修。《许州直隶州志》十六卷。段汝舟修。《陕州直隶州志》二十卷。龚崧林修。《淅川直隶厅志》九卷。徐光第修。《汝州直隶州志》十卷。钱福昌修。《济宁直隶州志》三十四卷。周永年、盛百二同撰。《临清直隶州志》十一卷。朱度修。《胶州直隶州志》八卷。于智修。《平定直隶州志》十卷。金明源修。《忻州直隶州志》四十二卷。方戊昌修。《代州直隶州志》六卷。吴重光修。《保德直隶州志》十二卷。王秉韬修。《霍州直隶州志》二十五卷。崔允临修。《解州直隶州志》十八卷。言如泗修。《绛州直隶州志》二十卷。张成德修。《沁州直隶州志》十卷。雷畅修。《商州直隶州志》十四卷。王如玖修。《潼关厅志》九卷。杨端本修。《定远厅志》二十六卷。余修凤修。《留坝厅志》十卷。贺仲瑊修。《汉阴厅志》十卷。钱鹤年修。《鹿州直隶州志》十卷。吴鸣捷修。《泾州直隶州志》二卷。张延福修。《阶州

直隶州志》二卷。林忠修。《秦州直隶州志》十二卷。任其昌修。
《肃州直隶州志》不分卷。黄文炜修。《循化厅志》八卷。龚景瀚撰。
《资州直隶州志》三十卷。刘炯修。《绵州直隶州志》五十四卷。范
绍泗修。《茂州直隶州志》四卷。杨迦怿修。《马边厅志》六卷。周
斯才修。《叙永直隶厅志》四十六卷。周伟叶修。《江北厅志》八卷。
宋煊修。《酉阳直隶州志》二十四卷。冯世瀛修。《忠州直隶州志》
八卷。吕钺麟撰。《石砫直隶厅志》十二卷。王槐龄修。《眉州直隶
州志》十九卷。徐长发修。《邛州直隶州志》四十六卷。吴巩修。
《连州直隶州志》十二卷。单兴诗修。《连山直隶厅志》一卷。姚柬
之修。《南雄直隶州志》三十四卷。黄其勤修。《嘉应直隶州志》十
二卷。王之正修。《钦州直隶州志》十二卷。朱椿年修。《阳江直隶
州志》八卷。胡椿修。《崖州直隶州志》十卷。宋锦修。《景东直隶
厅志》二十八卷。罗含章修。《广西府志》二十六卷。周采修。《元
江直隶州志》四卷。广裕修。《蒙化直隶厅志》六卷。徐时行修。
《永北府志》二十八卷。陈奇典修。《镇边抚彝直隶厅志》八卷。谢
体仁修。《永清县志》二十四卷。章学诚撰。《迁安府志》二十卷，
《抚宁县志》十二卷。史梦兰撰。《灵寿县志》十卷。陆陇其撰。《上
元江宁县志》三十卷。莫友芝、甘绍盘同撰。《高淳县志》二十八卷。
张裕钊撰。《吴江县志》四十六卷。郭秀撰。《黎里志》十六卷。徐
达源撰。《崇明县志》十八卷。李联秀撰。《华亭县志》二十四卷。姚
光发、张文虎撰。《娄县志》三十卷。陆锡熊撰。《上海县志》二十卷。
李林松撰。《南汇县志》二十二卷。张文虎撰。《青浦县志》四十卷。
王昶撰。《武进阳湖县志》三十卷。汤成烈撰。《无锡金匮县志》四
十卷。秦缃业撰。《宜兴荆溪县志》十卷。吴德旋撰。《荆溪县志》
四卷。唐仲冕撰。《丹徒县志》六十卷。吕耀斗撰。《宝应图经》六
卷。刘宝楠撰。《邳州志》二十卷，《清河县志》二十四卷。鲁一同撰。
《山阳县志》二十一卷。何绍基、丁晏同撰。《合肥县志》三十六卷。
左辅撰。《凤台县志》十二卷。李兆洛撰。《弋阳县志》十四卷，《宜
春县志》十五卷，《分宜县志》十五卷，《万载县志》十八卷。陈乔枞

撰。《海昌备志》十六卷。钱泰吉撰。《海盐县续图经》七卷。王为
圭撰。《南浔镇志》四十一卷。汪日桢撰。《黄岩县志》四十卷。王
永霓撰。《罗源县志》三十卷。林春溥撰。《台湾县志》十七卷。王
礼撰。《黄冈县志》二十四卷。刘恭冕撰。《麻城县志》五十六卷。潘
颐福撰。《东湖县志》三十卷。王柏心撰。《湘阴县志》三十六卷。郭
嵩焘撰。《武陵县志》三十一卷。杨丕复、杨彝珍同撰。《龙阳县
志》三十一卷。黄教熔撰。《杞纪》二十二卷。张榳撰。《孟县志》十
卷。冯敏昌撰。《偃师县志》三十卷。孙星衍撰。《登封县志》二十
八卷。洪亮吉撰。《新城县志》十四卷。王士禛撰。《曲阜县志》二
十六卷。孔毓琚撰。《聊城县志》四卷。傅以渐撰。《云石县志》十
二卷。王志融撰。《澄城县志》二十一卷。洪亮吉、孙星衍同撰。
《武威县志》一卷,《镇番县志》一卷,《永昌县志》一卷,《古浪县志》
一卷,《平番县志》一卷。张绍美撰。《什邡县志》五十四卷。纪大奎
撰。《罗江县志》十卷。李调元撰。《遂宁县志》六卷。张鹏翮撰。
《新会县志》十四卷。黄培芳、曾钊同撰。《师宗州志》二卷。夏治元
撰。《弥勒州志》二十七卷。王纬撰。《禄劝州志》二卷。李廷宰撰。
《永宁州志》十二卷。沈毓兰撰。

　　以上地理类都会郡县之属

　　《盘山志》二十一卷。乾隆十九年,蒋溥等奉敕撰。《清凉山新
志》十卷。康熙间敕撰。《万山纲目》二十一卷。李诚撰。《长白山
录》一卷,《补遗》一卷,王士撰。《万岁山考证》一卷,《昌平山水记》
二卷,《岱岳记》一卷。顾炎武撰。《泰山志》二十卷。金棨撰。《泰
山道里记》一卷。聂文撰。《岱览》三十二卷。唐仲冕撰。《泰山述
记》十卷。宋思仁撰。《说嵩》三十二卷,《嵩岳庙史》十卷。景日昣
撰。《南岳志》八卷。高自位撰。《狱麓志》八卷。赵宁撰。《华岳
志》八卷。李榕撰。《恒岳志》三卷。张崇德撰。《恒山志》五卷。桂
敬顺撰。《摄山志》八卷。陈毅撰。《宝华山志》十五卷。刘名芳撰。
《盉山志》八卷。顾云撰。《茅山志》十四卷。笪重光撰。《北固山
志》二卷。释了璞撰。《金山志略》四卷。释行海撰。《焦山志》二十

六卷。吴云撰。《虎丘山志》二十四卷。顾诒禄撰。《慧山记续编》四卷。邵涵初撰。《黄山志》七卷。闵麟嗣撰。《九华纪胜》二十三卷,《齐山岩洞志》二十六卷。陈蔚撰。《庐山小志》二十四卷。蔡瀛撰。《青源山志略》十三卷。施润章撰。《四明山志》九卷。黄宗羲撰。《普陀山志》十五卷。朱谨、陈睿同撰。《西天目祖山志》八卷。释广宾撰。《天台山全志》十六卷。张联元撰。《广雁荡山志》三十卷。曾唯撰。《天竺山志》十二卷。管廷芳撰。《武夷山新志》二十四卷。董天工撰。《麻姑山丹霞洞天志》十七卷。罗森撰。《鼓山志》十二卷。僧元贤撰。《大别山志》十卷,《黄鹄山志》十二卷。胡凤丹撰。《莲峰志》五卷。王夫之撰。《洛阳龙门志》一卷。路朝霖撰。《太岳太和山纪略》八卷。王槩撰。《峨眉山志》十八卷。蒋超撰。《罗浮山志会编》二十二卷。宋广业撰。《西樵志》六卷。马符篆撰。《桂郁岩洞志》一卷。贾敦临撰。《鸡足山志》十卷。范承勋撰。《水经注集释订讹》四十卷。沈炳巽撰。《水经注释》四十卷,《刊误》十二卷,《附录》一卷。赵一清撰。《水经注校》三十卷,《水地记》一卷。戴震撰。《水经注校正》四十卷,《补遗》一卷,《附录》一卷。全祖望撰。《水经注释地》四十卷,《水道直指》一卷,《补遗》一卷。张匡学撰。《水经释地》八卷。孔继涵撰。《水经注疏证》四十卷。沈钦韩撰。《水经注图说残稿》四卷。董祐诚撰。《水经注西南诸水考》三卷。陈沣撰。《水经注洛泾二水补》一卷。谢钟英撰。《水经注图》二卷。汪士铎撰。《合校水经注》四十卷,《附录》二卷。王先谦撰。《河源纪略》三十六卷。乾隆四十七年,纪昀、陆锡熊等奉敕撰。《今水经》一卷。黄宗羲撰。《水道提纲》二十八卷。齐召南撰。《江源记》一卷。查拉吴麟撰。《导江三议》一卷。王柏心撰。《长江图说》十二卷。黄翼升撰。《淮流一勺》二卷。范以煦撰。《昆仑河源考》一卷。万斯同撰。《黄河全图》五卷。吴大澄、倪文蔚同撰。《中国黄河经纬度图》一卷。梅启照撰。《历代黄河变迁图考》四卷。刘鹗撰。《东西二汉水辨》一卷。王士撰。《汉水发源考》一卷。王筠撰。《直隶河渠志》一卷。陈仪撰。《二渠九河图考》一卷。孙彤

撰。《永定河志》三十二卷。李逢亨撰。《西域水道记》五卷。徐松撰。《关中水道记》一卷。孙彤撰。《蜀水考》四卷。陈登龙撰。《汴水说》一卷。朱际虞撰。《漳水图经》一卷。姚柬之撰。《山东全河备考》四卷。叶方恒撰。《山东运河备览》十二卷。陆燿撰。《扬州水道记》四卷。刘文淇撰。《太湖备考》十六卷。金友理撰。《新刘河志》一卷,《娄江志》一卷。顾士连撰。《章水经流考》一卷。朱际虞撰。《浙江图考》三卷。阮元撰。《洞庭湖志》十四卷。万年淳撰。《两河清汇》八卷。薛凤祚撰。《河纪》二卷。孙承泽撰。《居济一得》八卷。张伯行撰。《治河奏积书》四卷。靳辅撰。《畿辅水利辑览》一卷,《水利营田图说》一卷,《畿辅河道管见》一卷,《水利私议》一卷。吴邦庆撰。《河防刍议》六卷。崔维雅撰。《畿辅水利四案》四卷,《附录》一卷。潘锡恩撰。《畿辅安澜志》十卷。王履泰撰。《畿辅水利议》一卷。林则徐撰。《北河续记》八卷。阎廷谟撰。《行水金鉴》一百七十五卷。傅泽洪撰。《续行水金鉴》一百五十六卷。黎世序撰。《五省沟洫图说》一卷。沈梦兰撰。《西北水利议》一卷。许承宣撰。《东南水利》八卷。沈恺曾撰。《明江南治水记》一卷。陈士矿撰。《三吴水利条议》一卷。钱中谐撰。《江苏水利图说》二十一卷。陶澍撰。《江苏水利全案正编》四十卷,《附编》十二卷。李庆云撰。《浙西水利备考》八卷。王凤生撰。《西湖水利考》一卷。吴农祥撰。《萧山水利书》七卷。来鸿雯、张文瑞、张学懋同撰。《湘湖水利志》三卷。毛奇龄撰。《海塘新志》六卷,《两浙海塘通志》二十卷。方观承撰。《海塘揽要》十二卷。杨荣撰。《捍海塘志》一卷。钱文瀚撰。《海塘录》二十六卷。翟均廉撰。《海道图说》十五卷。金约撰。

元沙克什《河防通议》二卷,王喜《治河图略》一卷。以上乾隆时奉敕辑。

以上地理类山川河渠之属

《西域图志》五十二卷。乾隆二十一年,刘统勋等奉敕撰。《藩部要略》十八卷,《西陲要略》四卷,《西域释地》一卷,《西域行程记》

一卷,《万里行程记》四卷。祁韵士撰。《蒙古游牧记》十六卷。张穆撰。《汉西域图考》七卷。李光廷撰。《西陲总统事略》十二卷。松筠撰。《西域闻见录》八卷。七十一撰。《卫藏图志》五十卷。盛绳祖撰。《西藏通考》八卷。黄沛翘撰。《康輶纪行》十六卷。姚莹撰。《金川琐记》六卷。李心衡撰。《西游记金山以东释》一卷。沈尧撰。《朔方备乘》八十五卷。何秋涛撰。《三州辑略》九卷。和宁撰。《蛮司合志》十五卷。毛奇龄撰。《楚南苗志》六卷。段汝霖撰。《苗防备览》二十二卷,《三省边防备览》十六卷。严如煜撰。《苗蛮合志》二卷。曹树翘撰。《楚峒志略》一卷。吴省兰撰。《云缅山川志》一卷。李荣升撰。《台湾纪略》一卷。林谦光撰。《澎湖纪略》十二卷。胡建伟撰。《澳门记略》二卷。印光任、张汝霖同撰。《海防述略》一卷。杜臻撰。《海防备览》十卷。薛传源撰。《防海辑要》十八卷,《图》一卷。俞昌会撰。《洋防辑要》二十四卷。严如煜撰。

　　以上地理类边防之属

　　《西湖志纂》十二卷。乾隆十六年,梁诗正奉敕撰。《历代帝王宅京记》二十卷。顾炎武撰。《历代陵寝备考》五十卷,《宗庙附考》八卷。朱孔阳撰。《帝陵图说》四卷。梁份撰。《唐两京城坊考》五卷。徐松撰。《宋东京考》二十卷。周城撰。《圆明园记》一卷。黄凯钧撰。《南宋古迹考》二卷。周春撰。《北平古今记》十卷,《建康古今记》十卷,《营平二州地名记》一卷,《山东考古录》一卷,《谲觚》一卷。顾炎武撰。《关中胜迹图志》三十二卷。毕沅撰。《江城名迹》二卷。陈宏绪撰。《潞城考古录》二卷。刘锡信撰。《两浙防护录》不分卷。阮元撰。《西湖志》四十六卷。傅玉露撰。《先圣庙林记》一卷。屈大均撰。《阙里广志》二十卷。宋际、李庆长同撰。《阙里述闻》十四卷。郑晓如撰。《仓圣庙志》一卷。祝炳森撰。《梅里志》四卷。吴存礼撰。《伍公庙志》六卷。金志章撰。《卧龙冈志》二卷。罗景星撰。《鹦鹉洲志》四卷。胡凤丹撰。《兰亭志》一卷。王复礼撰。《南岳二贤祠志》八卷。尹继隆撰。《濂溪志》七卷。周诰撰。《岳庙志略》十卷。冯培撰。《于忠肃公祠墓录》十二卷。丁丙

撰。《平山堂小志》十二卷。程梦星撰。《沧浪小志》二卷。宋荦撰。
《竹垞小志》五卷。阮元撰。《白鹿书院志》十九卷。毛德琦撰。《鹅
湖讲舍汇编》十二卷。郑之侨撰。《明道书院纪绩》四卷。章秉法撰。
《东林书院志》二十二卷。高桂、高隆、高廷珍、高陛、许献同撰。《毓
文书院志》八卷。洪亮吉撰。《学海堂志》一卷。林伯桐撰。《文澜
阁志》二卷。孙树礼等撰。

　　以上地理类古迹之属

　　《宸垣识略》十六卷。吴长元撰。《天府广记》四十四卷。孙承
泽撰。《金鳌退食笔记》二卷,《松亭行纪》二卷,《塞北小钞》一卷,
《东巡扈从日录》一卷,《西巡扈从日录》二卷。高士奇撰。《都门纪
略》四卷。杨静亭撰。《盛京疆域考》六卷。杨同桂、孙宗瀚同撰。
《辽载前集》二卷。林本裕撰。《吉林外纪》十卷。萨英额撰。《黑龙
江外纪》四卷。西清撰。《龙江述略》六卷。徐宗亮撰。《龙沙纪
略》一卷。方式济撰。《宁古塔纪略》一卷。吴振臣撰。《柳边纪
略》五卷。杨宾撰。《封长白山记》一卷。方象瑛撰。《畿辅地名
考》三卷。王灏撰。《颜山杂记》四卷。孙廷铨撰。《津门杂记》三卷。
张焘撰。《江南星野辨》一卷。叶燮撰。《三吴采风类记》十卷。张
大纯撰。《百城烟水》九卷。徐崧、张大纯同撰。《白下琐言》十卷。
甘熙撰。《清嘉录》十二卷。顾禄撰。《具区志》十六卷。翁澍撰。
《林屋民风》十二卷。王维德撰。《广陵通典》三十卷。汪中撰。《广
陵事略》七卷。姚文田撰。《扬州画舫录》十八卷。李斗撰。《邗
记》六卷,《北湖小志》五卷。焦循撰。《淮壖小记》六卷。范以煦撰。
《桃溪客语》五卷。吴骞撰。《太仓风俗记》一卷。程穆衡撰。《云间
第宅志》一卷。王云撰。《皖省志略》四卷。朱云锦撰。《皖游纪
略》二卷。陈克劬撰。《姑孰备考》八卷。夏之符撰。《杏花村志》十
二卷。郎遂撰。《二楼小志》四卷。程元翕撰,汪越、沈廷璐补。《浔
阳蹠醢》六卷。文行远撰。《东乡风土记》一卷,《鹅湖书田志》四卷。
吴嵩梁撰。《浙江通志图说》一卷。沈德潜撰。《杭志三诘三误辨》
一卷。毛奇龄撰。《武林志余》三十二卷。张昀撰。《西湖梦寻》五

卷。张岱撰。《西湖览胜志》十四卷。夏基撰。《增修云林寺志》八卷。厉鹗撰。《武林第宅考》一卷。柯汝霖撰。《东城杂记》四卷。厉鹗撰。《北隅掌录》二卷。黄士珣撰。《清波小志》二卷。徐逢吉撰。《南湖纪略稿》六卷。邱峻撰。《龙井见闻录》六卷。汪志銷撰。《定乡小志》十六卷。张道撰。《湖壖杂记》一卷,《北墅琐言》一卷。陆次云撰。《唐栖景物略》二卷。张半庵撰。《乍浦九山补志》十二卷。李确撰。《峡石山水志》一卷。蒋宏任撰。《濮川所闻录》六卷。金淮、濮璜同撰。《海昌外志》不分卷。谈迁撰。《石柱记笺释》五卷。郑元庆撰。《四明谈助》十六卷。徐兆昺撰。《越中观感录》一卷。陈锦撰。《萧山县志刊误》三卷。毛奇龄撰。《俆阳杂录》一卷。章大来撰。《瓯江逸志》一卷。劳大与撰。《江心志》十二卷。释元奇撰。《闽越巡视纪略》六卷。杜臻撰。《闽小纪》四卷。周亮工撰。《续闽小纪》一卷。黎定国撰。《台海使槎录》八卷。黄叔敬撰。《东槎纪略》五卷。姚莹撰。《中州杂俎》三十五卷。汪价撰。《鄂署杂钞》十二卷。汪为熹撰。《光绪湖北舆地记》二十四卷。不著撰人氏名。《汉口丛谈》六卷。范锴撰。《监利风土记》一卷。王柏心撰。《湖南方物志》八卷。黄本骧撰。《浯溪考》二卷。王士禛撰。《澧志举要》三卷,《补》一卷。潘相撰。《海岱史略》一百三十卷。王馭超撰。《济宁图记》二卷。王元启撰。《海岱日记》一卷。张榕端撰。《云中纪程》二卷。高懋功撰。《高平物产记》二卷。邹汉勋撰。《河套志》六卷。陈履中撰。《延绥镇志》六卷。谭吉璁撰。《陕西南山谷口考》一卷。毛凤梧撰。《三省山内风土杂记》一卷。严如熤撰。《新疆大记》六卷。阎凤楼撰。《伊犁日记》二卷,《天山客话》二卷。洪亮吉撰。《荷戈纪程》一卷。林则徐撰。《轮台杂记》二卷。史善长撰。《蜀徼纪闻》四卷,《陇蜀余闻》一卷。王士禛撰。《蜀典》十二卷。张澍撰。《蜀都碎事》六卷。陈祥裔撰。《锦江脞记》十二卷。戴璐撰。《广东新语》二十六卷。屈大均撰。《羊城古钞》八卷。仇巨川撰。《广州游览志》一卷。王士禛撰。《岭南杂记》二卷。吴方震撰。《韩江闻见录》十卷。郑昌时撰。《南粤笔记》十六卷。李调元

撰。《岭海见闻》四卷。钱以垲撰。《粤行纪事》三卷。瞿昌文撰。
《岭南风物记》一卷。吴绮撰。《连阳八排风土记》八卷。李来章撰。
《惠阳山水纪胜》四卷。吴骞撰。《星余笔记》一卷。王钺撰。《粤西
偶记》一卷。陆祚蕃撰。《桂游日记》三卷。张维屏撰。《滇系》四十
卷。师范撰。《云南备徵志》二十一卷。王崧撰。《滇南杂志》二十
四卷。曹树翘撰。《滇海虞衡志》十三卷。檀萃撰。《洱海丛谈》一
卷。释同揆撰。《滇黔土司婚礼记》一卷。陈鼎撰。《黔书》二卷。田
雯撰。《续黔书》八卷。张澍撰。《黔记》四卷。李宗昉撰。《黔话》
二卷。吴振棫撰。《黔轺纪程》一卷。黎培敬撰。《淮西见闻记》一
卷。俞庆远撰。

　　唐刘恂《岭表录异》三卷,元讷新《河朔访古记》二卷。以上乾隆
时奉敕辑。

　　以上地理类杂志之属

　　《海国闻见录》二卷。陈伦炯撰。《坤舆图志》二卷。西洋南怀
仁撰。《异域录》一卷。图理琛撰。《八纮译史》四卷,《纪余》四卷,
《八纮荒史》一卷。陆次云撰。《海录》二卷。杨炳南撰,《瀛寰志
略》十卷。徐继畬撰。《海国图志》一百卷。魏源撰。《朝鲜史略》六
卷。不著撰人氏名。《朝鲜载记备编》二卷,《朝鲜史表》一卷。周家
禄撰。《奉使朝鲜日记》一卷。柏俊撰。《朝鲜箕田考》一卷。韩百
谦撰。《越史略》三卷。不著撰人氏名。《海外纪事》六卷。释大汕
撰。《安南史事记》一卷。李仙根撰。《安南纪游》一卷。潘鼎圭撰。
《越南世系沿革略》一卷,《越南山川略》一卷,《中外交界各隘卡略》
一卷。徐延旭撰。《中山沿革志》二卷。汪楫撰。《中山传信录》六
卷。徐葆光撰。《琉球志略》十五卷。周煌撰。《续琉球志略》五卷。
费锡章撰。《中山见闻辨异》二卷。黄景福撰。《记琉球入学始末》
一卷。王士祯撰。《琉球入学见闻录》四卷。潘相撰。《琉球朝贡
考》一卷。王韬撰。《缅述》一卷。彭崧毓撰。《缅事述闻》一卷。师
范撰。《缅甸琐记》一卷。傅显撰。《征缅纪闻》一卷。王昶撰。《从
征缅甸日记》一卷。朱裕撰。《滇缅边界纪略》一卷。不著撰人氏名。

《暹逻考略》一卷。龚柴撰。《暹逻别记》一卷。李麟光撰。《日本外史》二十二卷。赖襄撰。《游历日本图经》三十卷。傅云龙撰。《日本图志》四十卷。黄遵宪撰。《日本新政考》二卷。顾厚焜撰。《东槎闻见录》四卷。陈家麟撰。《使东杂记》一卷。何如璋撰。《东游丛录》四卷。吴汝纶撰。《使俄罗斯行程录》一卷。张鹏翮撰。《绥服纪略》一卷。松筠撰。《俄罗斯国纪要》一卷。林则徐撰。《俄游汇编》十二卷。缪祐孙撰。《俄罗斯疆界碑记》一卷。徐元文撰。《吉林勘界记》一卷。吴大征撰。《中俄交界图》不分卷。洪钧撰。《西北边界俄文译汉图例言》一卷,《帕米尔图说》一卷。许景澄撰。《东三省韩俄交界表》一卷。聂士成撰。《使俄草》八卷。王之春撰。《英吉利考略》一卷。汪文台撰。《英政概》一卷,《英藩政概》四卷,《法政概》一卷。刘锡彤撰。《法国志略》二十四卷。王韬撰。《英法德俄四国志略》四卷。沈敦和撰。《美利加图经》三十二卷。傅云龙撰。《初使泰西记》一卷。宜厚撰。《乘槎笔记》一卷。斌春撰。《使西纪程》一卷。郭嵩焘撰。《奉使英伦记》一卷。黎庶昌撰。《英轺私记》一卷。刘锡鸿撰。《西轺纪略》四卷。刘瑞芬撰。《出使英法日记》二卷。曾纪泽撰。《出使英法义比日记》六卷,《续》十卷。薛福成撰。《出使美日秘日记》十六卷。崔国因撰。《使德日记》一卷。李凤苞撰。《李傅相历聘欧美记》二卷。蔡尔康编。《三洲日记》八卷。张荫恒撰。《游历巴西图经》十卷,《游历图经余记》十五卷。傅云龙撰。《使美纪略》一卷。陈兰彬撰。《四述奇》十六卷。张德彝撰。《环游地球新录》四卷。李圭撰。《西史纲目》二十卷。周维翰撰。《边事汇钞》十二卷,《续钞》七卷。朱克敬撰。

宋赵汝适《诸蕃志》二卷。乾隆时奉敕辑。

以上地理类外志之属

职官类

《词林典故》八卷。乾隆九年,鄂尔泰等奉敕撰。《皇朝词林典故》六十四卷。嘉庆十年,朱圭等奉敕撰。《国子监志》六十二卷。乾

隆四十三年,梁国治等奉敕撰。《历代职官表》六十三卷。乾隆四十五年敕撰。《刑部则例》二卷。康熙十八年敕撰。《工部则例》五十卷。乾隆十四年,史贻直等奉敕撰。《工部续增则例》九十五卷。乾隆二十四年,史贻直奉敕撰。《吏部则例》六十六卷。乾隆三十七年,傅恒等奉敕撰。《户部则例》一百二十卷。乾隆四十一年,于敏中等奉敕撰。《户部则例》一百卷。同治十二年,潘祖荫等奉敕撰。《礼部则例》一百九十四卷。乾隆四十九年,德保等奉敕撰。《兵部处分则例》三十九卷。道光五年,明亮等奉敕撰。《金吾事例》十卷。咸丰三年,步军统领衙门奉敕撰。《内务府则例》四卷。光绪十年,福锟等奉敕撰。《宋人府则例》二十卷。光绪十四年,世铎等奉敕撰。《理藩院则例》六十四卷。光绪十七年,松森等奉敕撰。《光禄寺则例》九十卷。官本。《古官制考》一卷。王宝仁撰。《历代制考略》二卷。叶云撰。《汉官答问》五卷。陈树镛撰。《汉州郡县吏制考》一卷。强汝询撰。《唐折冲府考》四卷。劳经撰。《枢垣纪略》十六卷。梁章钜撰。《重修枢垣纪略》二十六卷。朱智等撰。《中书典故考》八卷。王正功撰。《槐厅载笔》二十卷,《清秘述闻》十六卷。法式善撰。《清秘述闻续》十六卷。王家相撰。《国朝翰詹源流编年》二卷,《馆选爵里谥法考》二卷。吴鼎雯撰。《南台旧闻》十六卷。黄叔敬撰。《春曹仪注》一卷。王士祯撰。《南省公余录》八卷。梁章钜撰。

宋程俱《麟台故事》五卷,陈骙《南宋馆阁录》十卷,不知撰人《续录》十卷。以上乾隆时敕辑。

以上职官类官制之属

《人臣儆心录》一卷。顺治十二年,世祖御撰。《朋党论》一卷。雍正三年,世宗御撰。《训饬州县条规》二十卷。雍正八年敕撰。《政学录》五卷。郑端撰。《为政第一编》八卷。孙宏撰。《百僚金鉴》十二卷。牛天宿撰。《臣鉴录》二十卷。蒋伊撰。《大臣法则》八卷。谢文存撰。《学仕遗规》八卷,《在官法戒录》四卷。陈宏谋撰。《居官日省录》六卷。乌尔通阿撰。《居官寡过录》六卷。李元春撰。《临民金镜录》一卷。赵殿成撰。《从政余谈》一卷。王定柱撰。《学

治臆说》二卷,《续说》一卷,《说赘》一卷。汪辉祖撰。《庸吏庸言》二卷,《庸吏余谈》二卷,《蜀僚问答》一卷。刘衡撰。《牧令书》二十三卷。徐栋撰。《劝谕牧令文》一卷。黄辅辰撰。《劝戒浅语》一卷。曾国藩撰。《吏治辑要》一卷。倭仁撰。《福惠全书》三十二卷。黄六鸿撰。《道齐正轨》二十卷。邹鸣鹤撰。《图民录》四卷。袁守定撰。《富教初桄录》二卷。宗源瀚撰。《宦海慈航》一卷。周埙撰。

不著撰人《州县提纲》四卷。乾隆时敕辑。

以上职官类官箴之属

政书类

《大清会典》二百五十卷。起崇德元年迄康熙二十五年,圣祖敕撰。自康熙二十六年至雍正五年,世宗敕撰,雍正十年刊。《大清会典》一百卷,《会典则例》一百八十卷,乾隆二十六年,履亲王允祹奉敕撰。《大清会典》八十卷,《图》一百三十二卷,《事例》九百二十卷。嘉庆二十三年敕撰。《大清会典》一百卷,《图》二百七十卷,《事例》一千二百二十卷。光绪二十五年敕撰。《续通典》一百四十四卷。乾隆三十二年敕撰。《续文献通考》二百五十二卷。乾隆十二年敕撰。《皇朝通典》一百卷。乾隆三十二年敕撰。《皇朝通志》二百卷。乾隆三十二年敕撰。《皇朝文献通考》二百六十六卷。乾隆十二年敕撰。《元朝典故编年考》十卷。孙承泽撰。《明会要》八十卷。纪文彬撰。

宋李攸《宋朝事实》二十卷。乾隆时敕辑。

以上政书类通制之属

《幸鲁盛典》四十卷。康熙二十三年,孔毓圻编。《万寿盛典》一百二十卷。康熙五十二年,王原祁等编。《南巡盛典》一百二十卷。乾隆三十一年,高晋等编。《八旬万寿盛典》一百二十卷。乾隆五十四年,阿桂等编。《西巡盛典》二十四卷。嘉庆十六年,董诰等编。《大清通典》四十卷。乾隆元年敕撰。《皇朝礼器图式》二十八卷。乾隆二十四年敕撰。《满洲祭神祭天典礼》六卷。乾隆四十二年敕撰。

《国朝宫史》三十六卷。乾隆七年敕撰。《宫史续编》一百卷。嘉庆
六年敕撰。《大清通礼》五十四卷。道光四年敕撰。《庙制图考》一
卷。万斯同撰。《坛庙祀典》三卷。观撰方承。《坛庙乐章》一卷。张
乐盛撰。《万寿衢歌乐章》六卷。彭元瑞撰。《北郊配位议》一卷，
《辨定嘉靖大礼议》二卷。毛奇龄撰。《北岳恒山历祀上曲阳考》一
卷。刘师峻撰。《盛京典制备考》八卷。崇厚撰。《满洲四礼考》四
卷。索宁安撰。《太常纪要》十五卷，《四译馆考》十五卷。江蘩撰。
《学典》三十卷。孙承泽撰。《国学礼乐录》二十四卷。李周望、谢履
忠同撰。《頖宫礼乐全书》十六卷。张安茂撰。《圣门礼乐统》二十
四卷。张行言撰。《文庙祀典考》五十卷。庞钟璐撰。《直省释奠礼
乐记》六卷。应宝时撰。《醴陵县文庙丁祭谱》四卷。蓝锡瑞撰。
《文庙从祀先贤先儒考》一卷。郎廷极撰。《孔庙从祀末议》一卷。阎
若琚撰。《家塾祀典》一卷。应谦撰。《大清通礼品官士庶仪纂》六
卷。刘师陆撰。《吾学录初编》二十四卷。吴荣光撰。《国朝谥法
考》一卷。王士祯撰。《皇朝大臣谥法录》四卷。邵晋涵撰。《皇朝
谥法考》五卷。鲍康撰。

　　汉卫宏《汉官旧仪》一卷，《补遗》一卷,不著撰人《庙学典礼》四
卷。以上乾隆时敕辑。

　　以上政书类典礼之属

　　《学政全书》八十卷。乾隆三十九年，索尔纳等奉敕撰。《磨勘
简明条例》二卷，《续》二卷。乾隆时奉敕撰。《科场条例》六十卷。光
绪十四年奉敕撰。《奏定学堂章程》不分卷。光绪二十九年，管学大
臣奉敕撰。《吏部铨选则例》十七卷。嘉庆十年敕撰。《吏部处分则
例》五十二卷，《验封司则例》六卷，《稽勋司则例》八卷。道光十年敕
撰,光绪十三年重修。《历代铨选志》一卷。袁定远撰。《铨政论
略》一卷。蔡方炳撰。《登科记考》三十卷。徐松撰。《国朝贡举年
表》三卷。陈国霖、顾锡中同撰。《国朝贡举考略》三卷。黄崇简撰。
《历科典试题名录》一卷，《考官试题录》四卷。黄崇简、饶玉成同撰。
《国朝鼎甲考》一卷，《状元事考》一卷。饶玉成撰。《制义科琐记》四

卷,《续记》一卷,《淡墨录》十六卷。李调元撰。《国朝右文掌录》一卷。宗源瀚撰。《制科杂录》一卷。毛奇龄撰。《汇征录》一卷。不著撰人氏名。《历代武举考》一卷。谭吉璁撰。

以上政书类铨选科举之属

《赋役全书》一百卷。顺治间敕撰。《孚惠全书》六十四卷。乾隆六十年,彭元瑞奉敕撰。《辛酉工赈纪事》三十八卷。嘉庆六年敕撰。《户部漕运全书》九十六卷。光绪二年敕撰。《官田始末考》一卷。顾炎武撰。《苏松历代财赋考》一卷。不著撰人氏名。《杭州府赋役全书》一卷。不著撰人氏名。《浙江减赋全案》十卷。杨昌浚编。《大元海运记》二卷。胡敬撰。《明漕运志》一卷。曹溶撰。《丁漕指掌》十卷。王大经撰。《海运刍言》一卷。施彦士撰。《江苏海运全案》十二卷。贺长龄撰。《浙江海运全案》十卷。黄宗汉编。《江北运程》四十卷。董恂编。《钱币刍言》一卷。王鎏撰。《泉刀汇纂》不分卷。邱峻撰。《钱录》十二卷。张端本撰。《大钱图录》一卷。鲍康撰。《长芦盐法志》二十卷,《附编》十卷。珠隆阿修。《河东盐法志》十卷。石麟等修。《山东盐法志》二十四卷,《附编》十卷。崇福等修。《山东盐法续增备考》六卷。王定柱编。《两淮盐法志》四十卷。吉庆修。《两淮盐法志》五十六卷。佶山修。《两淮盐法志》一百二十卷。刘坤一修。《淮南盐法纪略》十卷。庞际云撰。《淮盐备要》十卷。李澄撰。《淮盐问答》一卷。周济撰。《淮南调剂志略》四卷。不著撰人氏名。《淮北票盐续略》十二卷。许宝书撰。《两浙盐法续纂备考》十二卷。杨昌浚编。《两广盐法志》三十五卷。阮元等修。《翻盐蠡测编》一卷。陈铨撰。《盐法议略》一卷。王守基撰。《历代征税纪》一卷。彭宁和撰。《续纂淮关统志》十四卷。元成编。《北新关志》十六卷。许梦闳撰。《粤海关志》三十卷。豫坤编。《荒政丛书》十卷,《附录》二卷。俞森撰。《救荒备览》四卷。劳潼撰。《荒政辑要》十卷。汪志伊撰。《康济录》六卷。倪国琏撰。《筹济编》三十卷。杨景仁撰。《捕蝗考》一卷。陈芳生撰。《捕蝗汇编》一卷。陈仅撰。《伐蛟说》一卷。魏廷珍撰。《畿辅义仓图》六卷。方观承撰。《左司笔记》二十卷。吴景撰。《己庚编》六卷。祁韵士撰。《石渠余纪》六卷。王庆

云撰。《光绪会计录》三卷。李希圣撰。

以上政书类邦计之属

《八旗通志初集》二百五十卷。雍正五年，鄂尔泰奉敕撰。《八旗通志》三百五十四卷。乾隆三十七年，福隆安等奉敕撰。《八旗则例》十二卷。乾隆三十七年，福隆安等撰。《军器则例》二十四卷。嘉庆十九年敕撰。《绿营则例》十六卷。官本。《中枢政考》三十二卷。嘉庆二十年，明亮等奉敕撰。《中枢政考续纂》七十二卷。道光九年，长龄等奉敕撰。《杭州驻防八旗志略》二十五卷。张大昌撰。《荆州驻防八旗志》十六卷。希元撰。《驻粤八旗志》二十四卷。长善撰。《马政志》一卷。蔡方炳撰。《保甲书》四卷。徐栋撰。《乡守外编辑要》十卷。许乃钊撰。

以上政书类军政之属

《督捕则例》二卷。乾隆二年，徐本等奉敕撰。《大清律例》四十七卷。乾隆五年，三泰等奉敕撰。《大清律续纂条例总类》二卷。乾隆二十五年敕撰。《五军道里表》四卷。乾隆四十四年，福隆安等奉敕撰。《三流道里表》四卷。乾隆四十九年，阿桂等奉敕撰。《删除律例》附《商律》不分卷。光绪三十一年，沈家本奉敕撰；《商律》，三十二年，商部奉敕撰。《清现行刑律》三十六卷，《秋审条款》一卷。光绪时，沈家本等奉敕撰。《禁烟条例》一卷。光绪时，善耆等奉敕撰。《蒙古律例》十二卷。官本。《刑部奏定新章》四卷。官本。《刑部比照加减成案》三十二卷。许连、熊义同撰。《刑案汇览》六十卷，《卷首》一卷，《卷末》一卷，《拾遗备考》一卷，《续编》十卷。祝庆祺撰。《驳案新编》三十九卷。全士潮等编。《秋审比较汇案续编》八卷。不著撰人氏名。《清律例歌括》一卷。不著撰人氏名，丁承禧注。《重修名法指掌图》四卷。徐灏撰。《法曹事宜》四卷。不著撰人氏名。

以上政书类法令之属

《乘舆仪仗做法》二卷。乾隆十三年奏刊。《工程做法》七十四卷。雍正十二年，果亲王允礼等撰。《物料价值则例》二百二十卷。乾隆三十三年，陈宏谋等奉敕撰。《武英殿聚珍板程式》一卷。乾隆

三十八年,金简等奉敕撰。《内廷工程做法》八卷,《简明做法》无卷
数。工部会同内务府撰。《圆明园工部则例》不分卷。不著撰人氏
名。《城垣做法册式》一卷。官本。《工部军器则例》六十卷。嘉庆
十六年,刘权之等奉敕撰。《战船则例内河》五十八卷,《外海》四十
卷。官本。《重订铁路简明章程》一卷。光绪二十九年,商部撰。
《河工器具图式》四卷。麟庆撰。《浮梁陶政志》一卷。吴允嘉撰。
《筑圩图式》一卷。孙峻撰。

以上政书类考工之属

目录类

《天禄琳琅书目》十卷。乾隆四十年敕撰。《天禄琳琅书目后
编》二十卷。嘉庆二年敕撰。《四库全书总目提要》二百卷。乾隆三
十七年,纪昀等奉敕撰。《简明目录》二十卷。乾隆三十九年,纪昀
等奉敕撰。《抽毁书目》一卷。官本。《禁书目录》一卷。官本。《违
碍书目》一卷。乾隆五十三年,官刻颁行。《四库全书考证》一百卷。
王太岳、曹锡宝等撰。《四库简明目录标注》二十卷。邵懿辰撰。
《四库全书提要纂稿》一卷。邵晋涵撰。《四库未收书目提要》五卷。
阮元撰。《四库阙书目》一卷。徐松撰。《国子监书目》一卷。不著
撰人氏名。《征刻唐宋人秘本书目》三卷。黄虞稷、周在浚同编。
《传是楼宋元板书目》一卷。徐乾学撰。《静惕堂宋元人集书目》一
卷。曹溶撰。《汲古阁珍藏秘本书目》一卷。毛扆编。《艺芸书舍宋
元本书目》一卷。汪士钟撰。《古泉山馆宋元板书序录》一卷。瞿中
溶撰。《滂喜斋宋元本书目》一卷。潘祖荫撰。《宋元旧本书经眼
录》三卷,《附录》一卷。莫友芝撰。《宋元本行格表》二卷。江标撰。
《崇文总目辑释》五卷,《补佚》一卷。钱东垣撰。《通志堂经解目
录》一卷。翁方纲撰。《全上古三代秦汉三国六朝文编目》百三卷,
严可均撰。《天一阁书目》四卷。汪本撰。《天一阁见在书目》六卷。
薛福成撰。《绛云楼书目》一卷。钱谦益撰。《述古堂藏书目》四卷。
钱曾撰。《千顷堂书目》三十二卷。黄虞稷撰。《传是楼书目》八卷。

徐乾学撰。《培林堂书目》二卷。徐秉义撰。《含经堂书目》四卷。徐元文撰。《潜采堂书目》四卷，《曝书亭宋元人集目》一卷。朱彝尊撰。《青纶馆藏书目录》三卷。宋筠撰。《季沧苇藏书目》一卷。季振宜撰。《楝亭书目》三卷。曹寅撰。《孝慈堂书目》不分卷。王闻远撰。《佳趣堂书目》二卷。陆漻撰。《百岁堂书目》三卷。惠栋撰。《小山堂藏书目》二卷。赵一清撰。《好古堂藏书目》四卷。姚际恒撰。《文瑞楼书目》十二卷。金檀撰。《塾南书库目录》六卷。王昶撰。《稽瑞楼书目》一卷。陈揆撰。《振绮堂书目》六卷。汪诚撰。《抱经楼书目》一卷。卢址撰。《清吟阁书目》四卷。瞿瑛撰。《环碧山房书目》一卷。汪辉祖撰。《瞑琴山馆藏书目》四卷。范楷撰。《别下斋书目》一卷。蒋光育撰。《乐意轩书目》四卷。吴成佐撰。《石研斋书目》四卷。秦恩复撰。《竹掩盦传钞书目》一卷。赵魏撰。《孙氏祠堂书目内编》四卷，《外编》三卷。孙星衍撰。《绩溪金紫胡氏所箸书目》二卷。胡培系撰。《鉴止水斋书目》一卷。许宗彦撰。《津逮楼书目》十八卷。甘福撰。《结一庐书目》四卷。朱学勤撰。《带经堂书目》五卷。陈徵芝撰。《海源阁书目》一卷。杨以增撰。《持静斋书目》五卷。丁日昌撰。《邵亭知见传本书目》十六卷。莫友芝撰。《行素堂目睹书目》十卷。朱记荣撰。《读书敏求记》四卷。钱曾撰。《熏习录》二十卷。吴焯撰。《廉石居藏书记》二卷，《平津馆鉴赏记》三卷，《补遗》一卷，《续编》一卷。孙星衍撰。《士礼居藏书题跋记》四卷，《续录》一卷，《百宋一厘录》一卷。黄丕烈撰。《拜经楼藏书题跋记》六卷。吴寿阳撰。《爱日精庐藏书志》三十六卷。张金吾撰。《铁琴铜剑楼藏书目》二十四卷。瞿镛撰。《百宋楼藏书志》一百二十卷，《续志》四卷。陆心源撰。《滂喜斋藏书记》三卷。潘祖荫撰。《善本书室藏书志》四十卷，《附录》一卷。丁丙撰。《盈书偶录》五卷，《续编》四卷。杨绍和撰。《经义考》三百卷。朱彝莫撰。《经义考补正》十二卷。翁方纲撰。《古今伪书考》一卷。姚际恒撰。《历代载籍足征录》一卷。庄述祖撰。《知圣道斋读书跋尾》二卷。彭元瑞撰。《校订存疑》十七卷。朱文藻撰。《竹汀先生日记钞》三卷。

何元锡编。《经籍跋文》一卷。陈鳣撰。《经籍举要》一卷。龙翰臣撰。《曝书杂记》三卷,《可读书斋校书谱》一卷。钱泰吉撰。《群书答问》二卷,《补遗》一卷。凌曙撰。《书目答问》七卷。张之洞撰。《群书提要》一卷,《皇清经解提要》一卷,《皇清经解渊源录》一卷。沈豫撰。《半毡斋题跋》二卷。江藩撰。《东湖丛记》六卷。蒋光煦撰。《开有益斋读书志》六卷,《续》一卷。朱绪曾撰。《木居士书跋》二卷。瞿中溶撰。《郑堂读书日记》不分卷。周中孚撰。《仪顾堂题跋》十六卷,《续跋》十六卷。陆心源撰。《浙江采辑遗书总录》十一卷。三宝等撰。《关右经籍考》十一卷。邢澍撰。《长河经籍考》十卷。田雯撰。《昆陵经籍志》四卷。卢文绍撰。《武林藏书录》三卷。丁申撰。《日本访书志》十七卷。杨守敬撰。《汲古阁题跋初集》二卷,《续》一卷。毛凤苞编。《汲古阁校刻书目》一卷,《补遗》一卷,《刻板存亡考》一卷。郑德懋编。《金山钱氏家刻书目》十卷。钱培荪编。《勿庵历算书目》一卷。梅文鼎撰。《嘉定钱氏艺文略》三卷。钱师景撰。《庐江钱氏艺文略》一卷。钱仪吉撰。《流通古书约》一卷。曹溶撰。《藏书纪要》一卷。孙庆增撰。《百宋一厘赋》一卷。顾广圻撰。《藏书纪事诗》六卷。叶昌炽撰。《灵隐书藏纪事》一卷。潘衍桐撰。《焦山藏书约》一卷,《书目》一卷,《续》一卷。梁鼎芬撰。《艺文待访录》一卷。罗以智撰。《国朝箸述未刊书目》一卷。郑文焯撰。《国朝未刻遗书志略》一卷。朱记荣编。

汉刘向《七略别录》一卷。马国翰辑。

金石类

《西清古鉴》四十卷。乾隆十四年,梁诗正等奉敕编。《西清续鉴甲编》二十卷,《附录》一卷。乾隆五十八年敕编。《校正淳化阁帖释文》十卷。乾隆三十四年,金简奉敕编。《积古斋藏器目》一卷。阮元藏。《清仪阁藏器目》一卷。张廷济藏。《竹庵盦藏器目》一卷。赵魏撰。《嘉荫簃藏器目》一卷。刘喜海撰。《平安馆藏器目》一卷。叶志诜撰。《双虞壶馆藏器目》一卷。吴式芬撰。《怀米山房藏器目》

一卷。曹载奎藏。《簠斋藏器目》一卷。陈介祺藏。《木庵藏器目》一卷。程振甲藏。《梅花草盦藏器目》一卷。丁彦忠藏。《选青阁藏器目》一卷。王锡启撰。《爱吾鼎斋藏器目》一卷。李璋煜撰。《石泉书屋藏器目》一卷。李佐贤撰。《两罍轩藏器目》一卷。吴云撰。《愙斋藏器目》一卷。吴大沅藏。《天壤阁藏器目》一卷。王懿荣撰。《愙斋集古录》二十六卷,《恒轩吉金录》不分卷,《度量权衡实验说》不分卷。吴大澂撰。《匋斋吉金录》八卷,《续》二卷。端方撰。《焦山鼎铭考》一卷。翁方纲撰。《周无专鼎铭考》一卷。罗士琳撰。《齐侯罍铭通释》二卷。陈庆镛撰。《盘亭小录》一卷。刘铭传撰。《京畿金石考》二卷。孙星衍撰。《畿辅金石记残稿》不分卷。沈涛撰。《畿辅碑目》二卷。樊彬撰。《常山贞石志》二十四卷。沈涛撰。《赵州石刻录》一卷。陈钟祥撰。《江宁金石记》八卷,《待访录》二卷。严观撰。《江左石刻文编》四卷。韩崇撰。《江宁金石待访录》四卷。孙彤撰。《吴郡金石目》一卷。程祖庆撰。《吴中金石记》一卷。顾沅撰。《徐州金石记》一卷。方骏谟撰。《崇川金石志》一卷。冯云鹏撰。《安徽金石略》十卷,《泾川金石记》一卷。赵绍祖撰。《山左金石志》二十四卷。毕沅、阮元同撰。《山左访碑录》十三卷。法伟堂撰。《山左碑目》四卷。段赤苓撰。《山左南北朝石刻存目》一卷。尹彭寿撰。《至圣林庙碑目》六卷。孔昭薰撰。《孔林汉碑考》一卷。顾仲清撰。《济州金石志》八卷。徐宗干撰。《济州学碑释文》一卷。张绍撰。《济南金石记》四卷。冯云鹓撰。《历城金石考》二卷。周永年撰。《诸城金石略》二卷。李文藻撰。《益都金石记》四卷。段赤苓撰。《山右金石志》一卷。夏宝晋撰。《山右金石记》八卷。杨笃撰。《山右石刻丛编》四十卷。胡聘之撰。《中州金石记》五卷。毕沅撰。《中州金石考》八卷。黄叔敬撰。《中州金石目》四卷,《补遗》一卷。姚晏撰。《中州金石目录》八卷。杨铎撰。《安阳金石录》十三卷。武亿、赵希璜同撰。《河阳金石记》三卷。冯敏昌撰。《河内金石记》二卷,《补遗》一卷。方履籛撰。《嵩洛访碑日记》一卷。黄易撰。《嵩阳石刻集记》二卷。叶封撰。《登封县金石志》一卷。洪

亮吉撰。《偃师金石记》四卷,《偃师金石遗文补录》二卷,《郏县金石志》一卷,《宝丰金石志》五卷,《鲁山金石志》三卷。武亿撰。《孟县金石志》三卷。冯敏昌撰。《浚县金石录》二卷。熊象阶撰。《关中金石记》八卷。毕沅撰。《雍州金石记》十卷。朱枫撰。《关中金石附记》一卷。蔡汝霖撰。《陕西得碑目》二卷,《长安获古编》二卷,《补遗》一卷。刘喜海撰。《关中金石文字存佚考》十二卷。毛凤枝撰。《唐昭陵石迹考》五卷。林侗撰。《昭陵六骏赞辨》一卷。张绍撰。《昭陵碑考》十三卷。孙三锡撰。《扶风金石录》二卷,《眉县金石遗文录》二卷,《兴平金石志》一卷。张埙撰。《宝鸡县金石志》一卷。邓梦琴撰。《武林金石刻记》十卷。倪涛撰。《武林金石记残稿》不分卷。丁敬撰。《两浙金石志》十八卷,《补遗》一卷。阮元撰。《吴兴金石志》十六卷。陆心源撰。《墨妙亭碑目考》二卷。张鉴撰。《越中金石记》十二卷。杜春生撰。《东瓯金石录》十二卷。戴咸弼撰。《台州金石录》十三卷,《阙访》二卷。黄瑞撰。《括苍金石志》十二卷,《续》四卷。李遇孙撰。《括苍金石志补遗》四卷。邹柏森撰。《湖北金石存佚考》二十二卷。陈诗撰。《湖北金石诗》二卷。严观撰。《永州金石略》一卷。宗稷辰撰。《三巴䣑古志》不分卷。刘喜海撰。《蜀碑补记》十卷。李调元撰。《粤东金石略》十八卷。阮元撰。《高要金石略》四卷。彭泰来撰。《粤西金石略》十五卷。谢启昆撰。《粤西得碑记》一卷。杨翰撰。《滇南古金石录》一卷。阮福撰。《和林金石录》一卷。李文田撰。《高丽碑全文》八卷。叶志诜撰。《海东金石苑》四卷,《海东金石考存》一卷。刘喜海撰。《日本金石志》二卷。傅云龙撰。《两汉金石记》二十二卷。翁方纲撰。《隋唐石刻拾遗》二卷。黄本骥撰。《南汉金石志》二卷。吴兰修撰。《元刻偶存》一卷。陆增祥撰。《元碑存目》一卷。黄本骥撰。《寰宇访碑录》十二卷。孙星衍、邢澍同撰。《访碑续录》一卷。严可均撰。《访碑后录》三卷。黄本骥撰。《补寰宇访碑录》五卷。赵之谦撰。《揽古录》二十卷。吴式芬撰。《天一阁碑目》一卷。《潜研堂金石文字目录》八卷。钱大昕撰。《小蓬莱阁金石目》一卷。黄易撰。《平

安馆碑目》八卷。叶志诜撰。《玉雨堂碑目》四册。韩泰华撰。《式训堂碑目》三卷。章寿康撰。《求古录》一卷,《金石文字记》六卷。顾炎武撰。《来斋金石考》三卷。林侗撰。《观妙斋金石文考略》十六卷。李光暎撰。《金石续录》四卷。刘青藜撰。《金石经眼录》一卷。褚峻摹图,牛运震补说。《金石录补》二十七卷,《续》七卷,《金石小笺》一卷。叶奕苞撰。《金薤琳琅补遗》一卷。宋振誉撰。《平津馆读碑记》八卷,《续记》一卷,《再续》一卷,《三续》二卷。洪颐煊撰。《潜研堂金石文字跋尾》二十五卷。钱大昕撰。《金石三跋》十卷,《金石文字续跋》十四卷。武亿撰。《古泉山馆金石文跋》不分卷。瞿中溶撰。《铁桥金石跋》四卷。严可均撰。《古墨斋金石文跋》六卷。赵绍祖撰。《宝铁斋金石跋尾》三卷。韩崇撰。《石经阁金石跋文》一卷。冯登府撰。《攀古小庐古器物铭释文》不分卷,《碑跋》不分卷。许瀚撰。《清仪阁题跋》一卷。张廷济撰。《枕经堂金石题跋》三卷。方朔撰。《求是斋金石跋尾》四卷。丁绍基撰。《宜禄堂金石记》六卷。朱士端撰。《斋金石文字考释》一卷,《笔记》一卷。陈介祺撰。《开有益斋金石文字记》一卷。朱绪曾撰。《十二砚斋金石过眼录》十八卷。汪鋆撰。《金石萃编》一百六十卷。王昶撰。《金石萃编补目》三卷。黄本骥撰。《金石续编》二十一卷,《目》一卷。陆耀撰。《金石萃编补略》二卷。王言撰。《金石萃编补正》四卷。方履籛撰。《八琼室金石补正》一百三十卷。陆增祥撰。《匋斋藏石记》四十四卷。端方撰。《金石表》一卷。曹溶撰。《金石存》十六卷。吴玉搢撰。《金石索》十二卷。冯云鹏、冯云鹓撰。《金石品》二卷,《金石存》十五卷。李调元撰。《金石契》四卷。张燕昌撰。《金石屑》四卷。鲍昌熙撰。《金石摘》十卷。陈善埻撰。《香南精舍金石契》二卷。觉罗崇恩撰。《金石遗文录》十卷。陈奕禧撰。《金石文释》六卷。吴颖芳撰。《古志石华》三十卷。黄本骥撰。《金石文钞》八卷。赵绍祖撰。《碑录》二卷。朱文藻撰。《缋语堂碑录》不分卷。魏锡曾撰。《金石图》二卷。褚峻摹图,牛运震补说。《求古精舍金石图》四卷。陈经撰。《小蓬莱阁金石文字》不分卷。黄易撰。《古均阁宝刻录》

一卷。许连撰。《平安馆金石文字》不分卷。叶名澧撰。《随轩金石文字八种》无卷数。徐渭仁撰。《二铭草堂金石聚》十六卷。张得容撰。《淇泉摹古录》一卷。赵希璜撰。《汉碑篆额》不分卷。何溦撰。《红崖碑释文》一卷。邹汉勋撰。《汉武梁祠画象考证》二卷。沈梧撰。《汉射阳石门画象汇考》一卷。张宝德撰。《华山碑考》四卷。阮元撰。《石门碑醳》一卷。《郙阁铭考》一卷。王森文撰。《天发神谶碑释文》一卷。周在浚撰。《国山碑考》一卷。吴骞撰。《汉魏碑刻记存》一卷。谢道承撰。《北魏郑文公碑考》一卷。诸可宝撰。《龙门造象释文》一卷。陆继辉撰。《瘗鹤铭辨》一卷。张绍撰。《瘗鹤铭考》一卷。汪士宏撰。《瘗鹤铭考》一卷。吴东发撰。《瘗鹤铭考补》一卷。翁方纲撰。《山樵书外纪》一卷。张开福撰。《唐尚书省郎官石柱题名考》二十六卷，《唐御史台精舍题名考》三卷，《附录》一卷。赵钺、劳格同撰。《楚州石柱考》一卷。范以煦撰。《分州石室录》三卷。叶昌炽撰。《石鱼文字所见录》一卷。姚觐元撰。《九曜石刻录》一卷。周中孚撰。《苍玉洞题名石刻》一卷。刘喜海撰。《翠微亭题名考》一卷。释达受撰。《龙兴寺经幢题跋》一卷。罗榘撰。《金天德钟款识》一卷。丁晏撰。《铁券铜塔考》三卷。钱泳撰。《岳庙彝器铭》一卷。不著撰人氏名。《分灵偶存》二卷。万经撰。《碑文摘奇》一卷。梁廷丹撰。《碑别字》五卷。罗振鋆撰。《金石要例》一卷。黄宗羲撰。《碑版广例》十卷。王芑孙撰。《志铭广例》二卷。梁玉绳撰。《金石例补》二卷。郭麟撰。《金石综例》四卷。冯登府撰。《金石订例》四卷。鲍振方撰。《金石称例》五卷，《续》一卷。梁廷丹撰。《汉石例》六卷。刘宝楠撰。《汉魏六朝墓铭纂例》四卷。吴灏撰。《唐人志墓例》一卷。徐朝弼撰。《金石学录》四卷。李富孙撰。《金石学录补》四卷。陆心源撰。《金石札记》四卷，《祛伪》一卷。陆增祥撰。《语石》六卷。叶昌炽撰。《闲者轩帖考》一卷。孙承泽撰。《淳化秘阁法帖考正》十二卷。王澍撰。《淳化阁帖考证》十卷。吴有兰撰。《淳化阁跋》一卷。沈兰先撰。《淳化阁帖源流考》一卷。周行仁撰。《法帖释文》十卷。徐朝弼撰。《南村帖考》四

卷。程文荣撰。《鸣野山房帖目》四卷。沈复粲撰。《禊帖综闻》一卷。胡世安撰。《苏米斋兰亭考》八卷。翁方纲撰。《定武兰亭考》一卷。王灏撰。《凤墅残帖释文》二卷。钱大昕撰。《惜抱轩法帖题跋》三卷。姚𡘜撰。《苏米斋题跋》二卷。翁方纲撰。《竹云题跋》四卷。王澍撰。《铁函斋书跋》六卷。杨宾撰。《芳坚馆题跋》四卷。郭尚先撰。《钱录》十六卷。乾隆十六年敕撰。《泉神志》七卷。李世熊撰。《泉志校误》四卷。金嘉撰。《钱志新编》二十卷。张崇懿撰。《琴趣轩泉谱》一卷。黄灼撰。《广钱谱》一卷。张延世撰。《历代古钱目》一卷。朱炜撰。《泉布统志》九卷。孟麟撰。《选青小笺》十卷。许原恺撰。《虞夏赎金释文》一卷。刘师陆撰。《古今待问录》六卷。朱枫撰。《吉金所见录》十六卷。祁尚龄撰。《古今钱略》三十四卷。倪模撰。《货布文字考》四卷。马昂撰。《泉宝所见录》十六卷。沈巍皆撰。《历代钟官图经》八卷。陈莱孝撰。《吉金志存》四卷。李光廷撰。《癖谈》六卷，《附录》四卷。蔡云撰。《运甓轩钱谱》四十卷。吕全孙撰。《癖泉臆说》六卷。高焕撰。《古泉丛话》三卷，《藏泉记》一卷。戴熙撰。《观古阁泉说》一卷，《丛稿》二卷，《续稿》一卷，《三编》二卷。鲍康撰。《论泉绝句》二卷。刘喜海撰。《古泉汇》六十卷，《续》十四卷，《补遗》二卷。李佐贤撰。《齐鲁古印揽》四卷，《续》一卷。高庆龄撰。《集古官印考证》七卷。瞿中溶撰。《两罍轩印考漫存》九卷。吴云撰。《秦汉瓦当文字》二卷，《续》一卷。程敦撰。《浙江砖录》不分卷。冯登府撰。《百砖考》一卷。吕全孙撰。《千甓亭砖录》六卷，《续》四卷，《古砖图释》二十卷。陆心源撰。《匋斋藏砖记》二卷。端方撰。《秋景庵主印谱》四卷。黄易撰。《龙泓山人印谱》八卷。丁敬撰。《切莽集古印存》三十二卷。汪启淑撰。《求是斋印谱》四卷。陈豫钟撰。《吴让之印存》二卷。吴廷飏撰。《杨聋石印存》二卷。杨澥撰。《选集汉印分韵》二卷，《续》二卷。袁日有撰。《杨啸村印集》二卷。杨大受撰。《胡鼻山人印集》二卷。胡震撰。《观自得斋印集》十六卷。徐子静撰。《秦汉印选》六卷。石潜撰。《二金蝶堂印谱》四卷。赵之谦撰。《封泥考略》十卷。吴式

芬、陈介祺同撰。

　　宋不著撰人《宝刻类编》八卷。乾隆时敕辑。宋欧阳棐《集古录目》五卷。黄本骥辑。

　　史评类

　　《御批通鉴纲目》五十九卷,《通鉴纲目前编》一卷,《外纪》一卷,《举要》三卷,《通鉴纲目续编》二十七卷。康熙四十六年御撰。《评鉴阐要》十二卷。乾隆三十六年,刘统勋等奉敕编。《古今储贰金鉴》六卷。乾隆四十六年敕撰。《承华事略补图》六卷。元王恽撰,光绪时徐甫等奉敕补图。《史记评注》十二卷。牛运震撰。《史汉发明》五卷。傅泽鸿撰。《宋论》十五卷。王夫之撰。《史论五答》一卷。施国祁撰。《明史评》二卷。纳兰常安撰。《明印十二论》一卷。段玉裁撰。《读通鉴论》三十卷。王夫之撰。《读通鉴札记》二十卷。章邦元撰。《通鉴评语》五卷。申涵煜撰。《看鉴偶评》四卷。尤侗撰。《鉴语经世编》二十七卷。魏裔介撰。《唐鉴偶评》四卷。周池撰。《纲目通论》一卷,《历代通论》一卷。任兆麟撰。《读史杂记》一卷,《读宋鉴论》三卷。方宗诚撰。《鉴评别录》六十卷。黄恩彤撰。《阅史郤视》四卷,《续》一卷。李恭撰。《读史管见》一卷。汤斌撰。《午亭史评》二卷。陈廷敬撰。《茗香堂史论》四卷。彭孙贻撰。《史见》二卷。陈遇夫撰。《史评》一卷。谢济世撰。《四鉴》十六卷。尹会一撰。《中山史论》二卷。郝浴撰。《十七朝史论一得》一卷。郭伦撰。《石溪史话》八卷。刘凤起撰。《史学提要笺释》五卷。杨锡祐撰。《读书任子自镜录》二十二卷。胡季堂撰。《史林测义》三十八卷。计大受撰。《读史大略》六十卷,《附录》一卷。沙张白撰。《味隽斋史义》二卷。周济撰。《读史笔记》十二卷。吴烜撰。《读史提要录》十二卷。夏之蓉撰。《史论五种》十一卷。李祖陶撰。《史说》一卷。黄式三撰。《史说略》四卷。黄以周撰。《读史臆说》五卷。杨琪光撰。《史通》二十卷。周悦让撰。《救文格论》一卷。顾炎武撰。《炳烛偶钞》一卷。陆锡熊撰。《南江书录》一卷。邵晋涵撰。

《读史札记》一卷。卢文绍撰。《文史通义》八卷,《校雠通义》三卷,《文史通义补编》一卷。章学诚撰。《史通通释》二十卷。浦起龙撰。《史通训故补》二十卷。黄叔琳撰。《史通校正》一卷。卢文绍撰。《史通削繁》四卷。纪昀撰。

宋曹彦《约经幄管见》四卷,李心传《旧闻证误》四卷。以上乾隆时奉敕辑。

清史稿卷一四七
志第一二二

艺文三

子　部

子部十四类：一曰儒家，二曰兵家，三曰法家，四曰农家，五曰医家，六曰天文算法，七曰术数，八曰艺术，九曰谱录，十曰杂家，十一曰类书，十二曰小说，才三曰释家，十四曰道家。

儒家类

《劝善要言》一卷。世祖御撰。《资政要览》三卷，《后序》一卷。顺治十二年，世祖御撰。《内则衍义》十六卷。顺治十三年，世祖御定。《圣谕广训》一卷。《圣谕》，圣祖御撰。《广训》，世宗推绎。《庭训格言》一卷。雍正八年，世宗御纂。《日知荟说》四卷。乾隆元年，高宗御撰。《孝经衍义》一百卷。顺治十三年奉敕撰。康熙二十一年告成。《朱子全书》六十六卷，康熙五十二年，李光地等奉敕撰。《性理精义》十二卷。康熙五十六年，李光地等奉敕撰。《执中成宪》八卷。雍正六年敕撰。《御览经史讲义》三十一卷。乾隆十四年，蒋溥等奉敕撰。《孔子家语疏证》十卷。陈士珂撰。《孔子家语疏证》六卷。孙志祖撰。《孔子家语证讹》十一卷。范家相撰。《孔子集语》十七卷。孙星衍撰。《孔丛子正义》五卷。姜兆锡撰。《曾子注释》四卷。阮福撰。《子思内篇》五卷，《外篇》二卷。黄以周撰。

《删定荀子》一卷。方苞撰。《荀子杨倞注校》二十卷，附《校勘补遗》一卷。谢墉撰。《荀子补注》一卷。刘台拱撰。《荀子补注》二卷。郝懿行撰。《荀子集解》二十卷。王先谦撰。《贾子次诂》十六卷。王耕心撰。《盐铁论考证》三卷。张敦仁撰。《新序校补》一卷，《说苑校补》一卷。卢文绍撰。《读说苑》一卷。俞樾撰。《潜夫论笺》十卷。汪继培撰。《周子疏解》四卷。王明弼撰。《读周子札记》不分卷。崔纪撰。《通书注》一卷。李光地撰。《通书集解》二卷。王植撰。《通书解拾遗》一卷，《后录》一卷。李文照撰。《太极图说论》十四卷。王嗣槐撰。《太极图说集注》一卷。孙子昶撰。《太极图说集释》一卷。王植撰。《太极图说注解》不分卷。陈兆咸撰。《太极图解拾遗》一卷。李文照撰。《太极图说遗议》一卷。毛奇龄撰。《张子渊源录》十卷。张镠撰。《张子正蒙注》九卷。王夫之撰。《注解正蒙》二卷。李光地撰。《正蒙初义》十七卷。王植撰。《正蒙集解》九卷。李文照撰。《西铭集释》一卷。王植撰。《西铭解拾遗》一卷，《后录》一卷。李文照撰。《西铭讲义》一卷。罗泽南撰。《二程学案》二卷。黄宗羲撰。《二程子遗书纂》二卷。李光地撰。《二程语录》十八卷。张伯行撰。《程门主敬录》一卷。谢文洊撰。《集程朱格物法》一卷。王澍撰。《邵子观物篇注》二卷。李光地撰。《皇极经世考》三卷。徐文靖撰。《尊朱要旨》一卷。李光地撰。《读朱随笔》四卷。陆陇其撰。《朱子语类辑略》八卷。张伯行撰。《朱子圣学考略》十卷。朱泽云撰。《紫阳大旨》八卷。秦云爽撰。《朱子学归》二十三卷。郑端撰《朱子为学考》三卷。童能灵撰。《朱子语类纂》十三卷。王钺撰。《集朱子读书法》一卷。王澍撰。《朱子讲习辑要编》十卷。龙启垣撰。《朱子言行录》八卷。舒敬亭撰。《朱子语类日钞》五卷。陈沣撰。《考正朱子晚年定论》二卷。孙承泽撰。《朱子晚年全论》八卷。李绂撰。《朱子论定文钞》二十卷。吴震方撰。《述朱质疑》十六卷。夏炘撰。《近思录集注》十四卷。茅星来撰。《近思录集解》十四卷。江永撰。《近思录集解》九卷。李文照撰。《近思录集解》十四卷，《续近思录》十四卷，《广近思录》十四卷。张伯行撰。《近思

续录》四卷。刘源渌撰。《读近思录》一卷。汪绂撰。《续近思录》二十八卷。郑光羲撰。《小学集解》六卷,《小学衍义》八十六卷。张伯行撰。《小学集解》六卷。黄澄撰。《小学集解》六卷。蒋承修撰。《小学纂注》六卷。高愈撰。《小学纂注》二卷。彭定求撰。《小学浅说》一卷。郭长清撰。《小学分节》二卷。高熊征撰。《小学句读记》六卷。王建常撰。《小学大全解名》六卷。陆有容、谢庭芝、沈眉同撰。《续小学》六卷。叶钐撰。《朱子白鹿洞规条目》二十卷。王澍撰。《读白鹿洞规大义》五卷。任德成撰。《陆子学谱》二十卷。李绂撰。《大学衍义辑要》六卷,《补辑要》十二卷。陈宏谋撰。《大学衍义续》七十卷。强汝询撰。《薛子条贯篇》十三卷,《续篇》十三卷。戴楫撰。《薛文清读书录》八卷。张伯行节录。《薛文清读书录钞》四卷。陆纬撰。《读书录钞》二卷。纪大奎撰。《读读书录》一卷。汪绂撰。《薛氏粹语》四卷。刘世暮撰。《王阳明遗书疏证》四卷。胡泉撰。《王学质疑》五卷,《附录》一卷。张烈撰。《姚江学辨》二卷。罗泽南撰。《吕子节录》四卷,《补遗》一卷。陈宏谋撰。《吕语解释》四卷。尹会一撰。《新吾粹语》四卷。汪霍原撰。《呻吟语质疑》一卷。陆陇其撰。《周程张朱正脉》不分卷。魏裔介撰。《濂洛关闽书》十九卷。张伯行撰。《三子定论》五卷。王复礼撰。《王刘异同》五卷。黄百家撰。《下学指南》一卷,《当务书》一卷。顾炎武撰。《思问录内外篇》二卷。《语录》二卷。王夫之撰。《理学心传纂要》八卷,《岁寒居答问》二卷,《附录》一卷,《语录》二卷。孙奇逢撰。《观感录》一卷,《悔过自新录》一卷。李颙撰。《二曲粹言》四卷。吴凤藻撰。《二曲集录要》四卷。倪元坦撰。《毋欺录》一卷。朱用纯撰。《洙泗问津》一卷。巢鸣盛撰。《鲍瓜录》六卷。芮长恤撰。《潜室札记》二卷。刁包撰。《思辨录辑要》三十五卷,《论学酬答》四卷。陆世仪撰,张伯行删削。《思辨录疑义》一卷。刘蓉撰。《圣学入门书》一卷,《淮云问答》一卷。陈瑚撰。《言行见闻录》四卷,《备忘录》四卷,《近古录》四卷,《初学备忘录》三卷,《经正录》一卷,《顾记》一卷,《答问》一卷。张履祥撰。《事心录》一卷。万斯大撰。《正

学隅见述》一卷。王弘撰撰。《存学编》四卷,《存性编》二卷,《存治编》一卷,《存人编》四卷。颜元撰。《颜习斋言行录》二卷。钟錂撰。《颜氏学记》十卷。戴望撰。《颜学辨》八卷。程朝仪撰。《大学辨业》四卷,《圣经学规纂》二卷,《论学》二卷,《小学稽业》五卷,《瘳忘篇》二卷,《平书订》十四卷。李恭撰。《藤阴札记》不分卷,《明辨录》二卷。孙承泽撰。《学言》三卷。白允谦撰。《紫阳通志录》四卷。高世泰撰。《此庵语录》十卷。胡统虞撰。《张界轩集》八卷。张时为撰。《性图》一卷。黄采撰。《学案》一卷。王甡撰。《致知格物解》二卷,《论性书》二卷,《约言录》二卷,《希贤录》十卷。魏裔介撰。《知言录》一卷,《儒宗录》一卷,《庸言》一卷。魏象枢撰。《郝雪海笔记》三卷。郝浴撰。《读书质疑》二卷,《欲从录》十卷。王锬撰。《臆言》四卷。朱显祖撰。《儒宗理要》二十九卷。张能鳞撰。《理学辨》一卷。王庭撰。《常语笔存》一卷。汤斌撰。《理学要旨》不分卷。耿介撰。《双桥随笔》十二卷。周召撰。《闲道录》三卷,《下学札记》三卷。熊赐履撰。《榕村语录》三十卷,《榕村讲授》三卷,《经书笔记》、《读书笔录共》一卷,《道南讲授》三卷,《观澜录》一卷,《初夏录》一卷。李光地撰。《三鱼堂剩言》十二卷,《松阳钞存》二卷,《学术辨》一卷,《问学录》四卷,《日记》十卷.陆陇其撰。《性理谱》五卷。萧企昭撰。《困学录集粹》八卷,《性理正宗》四十卷。张伯行撰。《儒门法语》一卷。彭定求撰。《读书偶记》三卷,《励志杂录》一卷。雷宏撰。《理学逢源》十二卷,《读困知记》一卷,《读问学录》一卷.汪绂撰。《儒林谱》一卷。焦袁熹撰。《大儒粹语》二十八卷。顾栋高撰。《愤助编》四卷。蔡方炳撰。《溯流史学钞》二十卷。张沐撰。《程功录》五卷。杨名时撰。《切近编》一卷。桑调元、沈廷芳编。《沈端悫遗书》四卷.沈近思撰。《健余札记》四卷,《读书笔记》四卷。尹会一撰。《圣贤儒史》一卷。王复礼撰。《理学正宗》十五卷,《事亲庸言》二十卷。窦克勤撰。《性理纂要》八卷,《天理主敬图》一卷。冉觐祖撰。《嵩阳学凡》六卷。景日昣撰。《会语支言》四卷。陆鸣鳌撰。《性理大中》二十八卷。应扬谦撰。《体独私钞》四卷。黄百

家撰。《信阳子卓录》八卷。张鹏翮撰。《正修录》三卷。于准撰。《心印正说》三十四卷。吴台硕撰。《尊道集》四卷。朱寨撰。《儒门语要》六卷。《儒学入门》一卷。《慎独图说》一卷。倪元坦撰。《读书日记》六卷。刘源撰。《性理辨义》二十卷。王建衡撰。《原善》三卷。戴震撰。《静用堂偶编》十卷。涂天相撰。《广字义》三卷。黄叔敬撰。《虚谷遗书》三卷。何国材撰。《慎思录》二卷。李南晖撰。《载道集》六十卷。许焞撰。《耻亭遗书》十卷。周宗濂撰。《棉阳学准》五卷。蓝鼎元撰。《绚斋随笔》一卷。孔毓焞撰。《躬行实践录》十五卷。桑调元撰。《理学疑问》四卷。童能灵撰。《性理浅说》一卷。郭长清撰。《淑艾录》十四卷,《下学编》十四卷。祝洤撰。《逸语》十卷。曹廷栋撰。《困勉斋私记》四卷。阎循观撰。《明儒讲学考》一卷。程嗣章撰。《读书小记》三十一卷。范尔梅撰。《东莞学案》不分卷。吴鼎撰。《坊表录》六卷。苏宗经撰。《宗辉录》六卷。陆元纶撰。《省身录》一卷。王灏撰。《省身录》十卷。苏源生撰。《忏摩录》一卷。彭兆荪撰。《省疚录》一卷。孔广牧撰。《非石子》二卷。钮树玉撰。《养一斋札记》九卷。潘德舆撰。《焚香录》一卷,《求复录》一卷,《晚闻录》一卷。孟超然撰。《倭文端遗书》十四卷。倭仁撰。《忱行录》二卷。邵懿辰撰。《梅窗碎录》六卷。陈会芳撰。《弟子箴言》十四卷。胡达源撰。《畜德录》二十卷。席启图撰。《大意尊闻》三卷,《进修录》一卷,《未能录》二卷,《志学录》八卷,《俟命录》十卷。方宗诚撰。《来复堂学内篇》四卷,《学外篇》六卷,《讲义》四卷。丁大椿撰。《生斋读易日识》六卷,《自知录》三卷,《自识》一卷,《自识续》一卷。方埛撰。《经说拾余》一卷,《经说弟子记》一卷。胡泉撰。《敦艮斋遗书》十七卷。徐润第撰。《辨心性》二卷,《心述》三卷,《性述》三卷。方潜撰。《持志塾言》二卷。刘熙载撰。《理学辨似》一卷。潘欲仁撰。《孝友堂家规》一卷,《家训》一卷。孙奇逢撰。《奉常家训》一卷。王时敏撰。《丧祭杂记》一卷,《训子语》一卷。张履祥撰。《养正类编》十三卷。张伯行撰。《蒋氏家训》一卷。蒋伊撰。《家规》一卷。窦克勤撰。《家规》三卷。倪元坦

撰。《范身集略》四卷。秦坊撰。《里堂家训》一卷。焦循撰。《双节堂庸训》六卷。汪辉祖撰。《敬义堂家训》一卷。纪大奎撰。《丧礼辑略》二卷,《家戒录》一卷。孟超然撰。《养蒙大训》一卷。熊大年撰。《养正篇》一卷,《初学先言》一卷。谢文存撰。《闲家编》八卷。王士俊撰。《先正遗规》四卷。汪正撰。《人范》六卷。蒋元撰。《身范》十三卷。孙希朱撰。《五种遗规》十五卷。陈宏谋撰。《学规类编》二十七卷。张伯行撰。《学规》一卷,《训门人语》一卷。张履祥撰。《学约续编》十四卷。孙承泽撰。《教习堂条约》一卷。徐乾学撰。《鳌峰学约》一卷。蔡世远撰。《泌阳学规》一卷,《寻乐堂学规》一卷。窦克勤撰。《志学会规》一卷。倪元坦撰。《国朝先正学规汇钞》一卷。黄舒昺撰。《箴友言》一卷。赵青藜撰。《士林彝训》八卷。关槐撰。《古格言》十二卷。梁章钜撰。《箴铭录要》一卷。倪元坦撰。《座右铭类钞》一卷,《续钞》一卷。汪汲、顾景濂同编。《子史粹言》十二卷。丁晏撰。《小学韵语》一卷。罗泽南撰。《女教经传通纂》二卷。任启运撰。《女学》六卷。蓝鼎元撰。《秦氏闺训新编》十二卷。秦云爽撰。《妇学》一卷。章学诚撰。《经世篇》十二卷。顾炎武撰。《明夷待访录》二卷。黄宗羲撰。《教民恒言》一卷。魏裔介撰。《绎志》十九卷。胡承诺撰。《拟太平策》六卷。李塨撰。《潜书》四卷。唐甄撰。《居济一得》八卷。张伯行撰。《法书》十卷。檀萃撰。《治嘉格言》一卷,《莅政摘要》二卷。陆陇其撰。《齐沿录》三卷。于准编。《万世玉衡录》四卷。蒋伊撰。《强学录》四卷。夏锡畴撰。《仕学备余》二卷。纪大奎撰。《枢言》一卷,《续枢言》一卷,《经论疏》一卷。王柏心撰。《校邠卢抗议》二卷。冯桂芬撰。

唐太宗《帝范》四卷,宋袁采《袁氏世范》三卷,宋刘清之《戒子通录》八卷,宋胡宏《知言》六卷、《附录》一卷,宋刘萌《明本释》三卷,宋吕祖谦《少仪外传》二卷,宋项安世《项氏家说》十卷、《附录》二卷,宋张洪、齐熙《朱子读书法》四卷,旧题朱子撰《家山图书》一卷。以上乾隆时敕辑。周管夷吾《内业》一卷,周《漆雕子》一卷,周宓不齐《宓子》一卷,周《景子》一卷,周世硕《世子》一卷,周魏斯《魏

文侯书》一卷,周《李克书》一卷,周《公孙尼子》一卷,周孔穿《谰言》一卷,周宁越《宁子》一卷,周《王孙子》一卷,周《李氏春秋》一卷,周董无心《董子》一卷,周《徐子》一卷,周鲁仲连《鲁连子》一卷,周虞卿《虞氏春秋》一卷,汉朱建《平原君书》一卷,汉《刘敬书》一卷,汉贾山《至言》一卷,汉刘德《河间献王书》一卷,汉《儿宽书》一卷,汉《公孙弘书》一卷,汉《终军书》一卷,汉《吾邱寿王书》一卷,汉王逸《正部》一卷,汉仲长子《昌言》一卷,汉魏朗《魏子》一卷,魏周生烈《要论》一卷,魏王肃《正论》一卷,魏杜恕《体论》一卷,魏王基《新书》一卷,吴周昭《周子》一卷,吴顾谭《新言》一卷,吴陆景《典语》一卷,晋袁宏《去伐论》一卷,晋殷基《通语》一卷,晋谯周《法训》一卷,晋袁准《正论》二卷、《正书》一卷,晋孙毓《孙氏成败志》一卷,晋王婴《古今通论》一卷,晋蔡洪《化清经》一卷,晋夏侯湛《新论》一卷,晋华谭《新论》一卷,晋陆机《要览》一卷,晋梅氏《新论》一卷,晋虞喜《志林新书》一卷、《广林》一卷、《释滞》一卷、《通疑》一卷,晋干宝《干子》一卷,晋顾夷《义训》一卷,隋王邵《读书记》一卷。以上马国翰辑。魏文帝《典论》一卷,晋杨泉《物理论》一卷。以上黄奭辑。

兵家类

《握奇经注》一卷。李光地撰。《握奇经解》一卷。王曔撰。《握奇经定本》一卷,《正义》一卷,《图》一卷。张惠言撰。《孙子汇征》四卷。郑端撰。《孙子集注》一卷。邓廷罗撰。《司马法古注》三卷,附《音义》一卷。曹元忠撰。《军礼司马法考征》一卷。黄以周撰。《卫公兵法辑本》二卷,《考证》一卷。汪宗沂撰。《惧谋录》四卷。顾炎武撰。《兵谋》一卷,《兵法》一卷。魏禧撰。《兵镜》十一卷,《兵镜或问》二卷。邓廷罗撰。《戊笈谈兵》十卷。汪绂撰。《洴澼百金方》十四卷。吴宫桂撰。《治平胜算全书》十六卷,《年将军兵法》二卷。年羹尧撰。《兵法类案》十三卷。谢文洊撰。《兵法集鉴》六卷。史策先撰。《兵鉴》五卷,《测海录》五卷。徐宗干撰。《行军法戒录》二卷。秦光第撰。《奇门行军要略》四卷。刘文淇撰。《兵法入门》一卷。左

宗棠撰。《武备志略》五卷。傅禹撰。《慎守要录》九卷。韩霖撰。《防御纂要》一卷。游阆撰。《坚壁清野议》一卷。龚景瀚撰。《练勇刍言》五卷。王鑫撰。《临陈心法》一卷。刘连捷撰。《简练集》一卷。程荣春撰。《教练纪要》十卷。谢瑛撰。《武备辑要》六卷,《续编》十卷。许乃钊撰。《武备地利》四卷。施永图撰。《读史兵略》四十六卷。胡林翼撰。《百将传》二卷。丁日昌撰。《学射录》二卷。李塨撰。《贯虱心传》一卷。纪鉴撰。《征南射法》一卷,《内家拳法》一卷。黄百家撰。《手臂录》四卷。吴殳撰。《历代车战叙略》一卷。张泰交撰。《练阅火器阵纪》一卷。薛熙撰。《火器真诀解证》一卷。沈善蒸撰。《火器略说》一卷。王达权、王韬同撰。《中西火法》一卷。薛凤祚撰。《炮规图说》一卷。陈旸撰。《炮法撮要》一卷。董祖修撰。

《六韬逸文》一卷。孙星衍辑。《六韬逸文》一卷。孙同元辑。《六韬》一卷。孙奭辑。《太公兵法逸文》一卷,《武侯八阵心法辑略》一卷。汪宗沂辑。《别本司马法》一卷。张澍辑。

法家类

《钦颁州县事宜》一卷。田文镜撰。《删定管子》一卷。方苞撰。《管子校正》二十四卷。戴望撰。《管子义证》八卷。洪颐煊撰。《弟子职集解》一卷。庄述祖撰。《弟子职笺释》一卷。洪亮吉撰。《弟子职集注》一卷。任文田撰。《弟子职注》一卷。孙同元撰。《弟子职正音》一卷。许瀚撰。《弟子职音谊》一卷。钟广撰。《弟子职正音》一卷。王筠撰。《管子地员篇注》四卷。王绍兰撰。《商君书新校正》五卷。严万里撰。《韩非子识误》三卷。顾广圻撰。《韩非子校正》一卷。卢文弨撰。《韩非子集解》二十卷。王先慎撰。《疑狱集笺》四卷。陈芳生撰。《洗冤录详义》四卷,《摭遗》二卷。许连、葛元煦撰。《洗冤录集证》四卷。王又槐撰。《洗冤录辨正》一卷。瞿中溶撰。《洗冤录集解》一卷。姚德豫撰。《洗冤录证》四卷。刚毅撰。《巡城条约》一卷,《风宪禁约》一卷。魏裔介撰。《提牢备考》四

卷。赵舒翘撰，《审看拟式》六卷。刚毅撰。《爽鸠要录》二卷。蒋超伯撰。《牧令书辑要》十卷。徐致初撰。《筮仕金鉴》二卷。邵嗣宗撰。《学治臆说》二卷，《续说》一卷，《说赘》一卷，《佐治药言》一卷，《续》一卷。汪辉祖撰。《学治一得录》一卷。何耿绳撰。《学治偶存》八卷。陆维祺撰。《吏治悬镜》一卷。徐文弼撰。《续刑法叙略》一卷。谭宣撰。《读律佩觽》一卷。王明德撰。《读律琯朗》一卷。梁他山撰。《读律提纲》一卷。杨荣绪撰。《读律心得》三卷。刘衡撰。《明刑官见录》一卷。穆翰撰。《明刑弼教录》六卷。王祖源撰。《折狱卮言》一卷。陈士矿撰。《办案要略》一卷。王乂槐撰。《检验合参》一卷。郎锦麒撰。《幕学举要》一卷。万维翰撰。《未信编》六卷。潘杓灿撰。《萧曹随笔》四卷。不著撰人氏名。《治山经律札记》一卷。朱廷励撰。《守禾日记》六卷。卢崇兴撰。《天台治略》八卷。戴兆佳撰。《问心一隅》二卷。何秋涛撰。《寄簃文存》八卷，《二编》二卷。沈家本撰。

宋郑克《折狱龟鉴》八卷。乾隆时敕辑。周申不害《申子》一卷，汉晁错《新书》一卷，汉崔寔《政论》一卷，魏刘廙《部论》一卷，魏阮武《政论》一卷，魏桓范《世要论》一卷，吴陈融《要言》一卷。以上马国翰辑。李悝《法经》一卷。黄奭辑。

农家类

《授时通考》七十八卷。乾隆二年，鄂尔泰等奉敕撰。《授衣广训》二卷。嘉庆十三年，董诰等奉敕撰。《补农书》二卷。张履祥撰。《梭山农谱》三卷。刘应棠撰。《恒产琐言》一卷。张英撰。《宝训》八卷。郝懿行撰。《农业易知录》三卷。郑之任撰。《泽农要录》六卷。吴邦庆撰。《增订教稼书》四卷。盛百二撰。《农雅》六卷。倪倬撰。《农候杂占》四卷。梁章钜撰。《农圃备览》一卷。丁宜曾撰。《区田书》一卷。王心敬撰。《区种五种》五卷，《附录》一卷。赵梦龄撰。《江南催耕课稻篇》不分卷。李彦章撰。《豳风广义》三卷。杨屾撰。《蚕桑萃编》十五卷。卫杰撰。《种桑说》三卷，《附饲蚕诗》一

卷。周凯撰。《蚕桑说》一卷。沈练撰。《蚕桑简编》一卷。杨名扬撰。《广蚕桑说辑要》二卷。仲学辂撰。《广蚕桑说辑补》一卷。宗源瀚撰。《桑志》十卷。李聿修撰。《湖蚕述》四卷。汪曰桢撰。《橡茧图说》二卷。刘祖震撰。《樗茧谱》一卷。郑珍撰。《木棉谱》一卷。褚华撰。《种苎麻法》一卷。李厚裕撰。《广种柏树兴利除害条陈》一卷。徐绍基撰。《野菜赞》一卷。顾景崇撰。《抚郡农产考略》二卷。何刚德撰。

元官撰《农桑辑要》七卷，元鲁明善《农桑衣食撮要》二卷，元王祯《农书》二十二卷。以上乾隆时敕辑。《神农书》一卷，《野老书》一卷，周范蠡《范子计然》三卷，《养鱼经》一卷，汉《尹都尉书》一卷，汉《氾胜之书》一卷，汉《蔡癸书》一卷，汉卜式《养羊法》一卷，唐郭橐驼《种树书》一卷。以上马国翰辑。《范子计然》一卷。黄奭辑。

医家类

《御定医宗金鉴》九十卷。乾隆十四年，鄂尔泰等奉敕撰。《素问直解》九卷。高世栻撰。《素问集注》九卷。张志聪撰。《素问悬解》十三卷。黄元御撰。《素问释义》十卷。张琦撰。《素问校义》一卷。胡澍撰。《内经知要》二卷。李念莪撰。《内经运气病释》九卷，《内经运气表》一卷，《内经难字》一卷。陆懋修撰。《灵枢经集注》九卷。张志聪撰。《灵枢悬解》九卷。黄元御撰。《素问灵枢类纂》九卷。汪昂撰。《灵枢素问浅注》十二卷。陈念祖撰。《难经悬解》二卷。黄元御撰。《难经经释》二卷。徐大椿撰。《金匮玉函经注》二十二卷。张扬俊撰。《金匮要略方论本义》二十二卷。魏荔彤撰。《金匮要略论注》二十四卷。徐彬撰。《金匮悬解》二十二卷。黄元御撰。《金匮要略浅注》十卷，《金匮方歌括》六卷。陈念祖撰。《金匮心典》三卷。尤怡撰。《伤寒论注》六卷。张志聪撰。《伤寒悬解》十五卷，《伤寒说意》十一卷。黄元御撰。《伤寒论注》四卷，一名《伤寒来苏集》。《伤寒论翼附翼》四卷。柯琴撰。《伤寒论注》六卷，《伤寒论附录》二卷，《伤寒例新注》一卷，《读伤寒论心法》一卷。王

丙撰。《伤寒论纲目》十六卷。沈金鳌撰。《伤寒分经》十卷。吴仪洛撰。《伤寒论条辨续注》十二卷。郑重光撰。《伤寒论浅注》六卷，《长沙方歌括》六卷，《伤寒医诀串解》六卷，《伤寒真方歌括》六卷。陈念祖撰。《伤寒论阳明病释》四卷。陆懋修撰。《伤寒卒病论读》不分卷。沈又彭撰。《伤寒集注》十卷，《附录》五卷，《伤寒六经定法》一卷。舒诏撰。《伤寒论后条辨》十五卷。程应旄撰。《伤寒赞论》二卷，《伤寒绪论》二卷。张璐撰。《伤寒类方》一卷。徐大椿撰。《伤寒论补注》一卷。顾观光撰。《伤寒辨证广注》十四卷，《中寒论辨证广注》三卷。汪琥撰。《伤寒古鉴》一卷。张登撰。《伤寒兼证析义》一卷。张倬撰。《伤寒贯珠集》八卷。尤怡撰。《伤寒审证表》一卷。包诚撰。《伤寒大白论》四卷。秦之桢撰。《长沙药解》四卷。黄元御撰。《圣济总录纂要》二十六卷。程林撰。《四圣心源》十卷，《四圣悬枢》四卷，《素灵微蕴》四卷。黄元御撰。《尚论篇》四卷，《后篇》四卷，《伤寒答问》一卷，《医门法律》六卷，《寓意草》一卷，《生民切要》二卷。喻昌撰。《医学真传》一卷。高世轼撰。《诊家正眼》二卷，《病机沙篆》二卷。李中梓撰。《诊宗三昧》一卷。张璐撰。《四诊扶微》八卷。林之翰撰。《证治大还》四十卷。陈治撰。《马师津梁》八卷。马元仪撰。《医笈宝鉴》十卷。董西园撰。《兰台轨范》八卷，《医学源流论》二卷，《医贯砭》二卷。徐大椿撰。《医林纂要》十卷。汪绂撰。《医学从众录》八卷，《医学实在易》八卷。陈念祖撰。《医学举要》六卷。徐镛撰。《医门棒喝》四卷，《二集》九卷。章楠撰。《救偏琐言》十卷。费启泰撰。《侣山堂类辨》一卷。张志聪撰。《名医汇粹》八卷。罗美撰。《辨证录》十四卷。陈士铎撰。《病机汇论》十八卷。沈朗山撰。《医学读书记》三卷，《续》一卷。尤怡撰。《续名医类案》六十卷。魏之秀撰。《医林集腋》十六卷。赵学敏撰。《医学汇纂指南》八卷。端木缙撰。《医理信述》六卷。夏子俊撰。《医经原旨》六卷。薛雪撰。《医津筏》一卷。江之兰撰。《医醇剩义》四卷。费伯雄撰。《张氏医通》十六卷。张璐撰。《李氏医鉴》十卷，《续补》二卷。李文来撰。《洄溪医案》一卷。徐大椿撰。

《王氏医案》五卷。王士雄撰。《康斋医案偶存》一卷。陈其晋撰。《钱氏医略》四卷。钱一桂撰。《燮臣医学》十卷。屠通和撰。《世补斋医书》十六卷。陆懋修撰。《李翁医记》三卷。焦循撰。《柳州医话》一卷。魏之秀撰。《冷庐医话》五卷。陆以恬撰。《潜斋医话》一卷。王士雄撰。《神农本草百种录》一卷。徐大椿撰。《神农本草经读》四卷。陈念祖撰。《本草述》三十二卷。刘若金撰。《得宜本草》一卷。王子接撰。《本草备要》四卷。汪昂撰。《本草崇原》三卷。高世栻、张志聪撰。《本草通原》二卷。李中梓撰。《本草纲目药品药目》一卷。蔡烈先编。《图》三卷。许燮年绘。《本草万方缄线》八卷。蔡烈先撰。《本草话》二十二卷,《本草纲目拾遗》十卷,《药性元解》四卷,《花药小名录》四卷,《奇药备考》六卷。赵学敏撰。《本草纲目求真》十一卷。黄宫绣撰。《本草汇纂》十卷。屠通和撰。《本经逢原》四卷。张璐撰。《本经疏证》十二卷,《续疏》六卷,《本经序疏要》八卷。邹澍撰。《药性歌括》一卷,《日用菜物》一卷。汪昂撰。《玉楸药解》四卷。黄元御撰。《要药分剂》十卷。沈金鳌撰。《药性赋音释》一卷。金萃华撰。《古方考》四卷。龙柏撰。《名医方论》三卷。罗美撰。《程氏易简方论》六卷。程履新撰。《绛雪园古方选注》三卷。王子接撰。《医方集解》二十三卷,《汤头歌括》一卷。汪昂撰。《临证指南医案》十卷。叶桂撰。《养素园传信方》六卷。赵学敏撰。《洄溪秘方》一卷。徐大椿撰。《成方切用》十四卷。吴仪洛撰。《得心录》一卷。李文渊撰。《时方妙用》四卷,《时方歌括》二卷,《景岳新方砭》四卷,《十药神书注解》一卷。陈念祖撰。《四科简效方》十卷。王士雄撰。《集验良方》六卷。年希尧撰。《便易经验集》三卷。毛世洪撰。《良方集腋》二卷,《良方合璧》二卷。谢元庆编。《医方易简》十卷。龚月川撰。《行军方便方》三卷。罗世瑶撰。《平易方》三卷。叶香侣撰。《万选方》一卷。金懋撰。《急救良方》一卷。余成甫撰。《世补斋不谢方》一卷。陆懋修撰。《运气精微》二卷。薛凤祚撰。《时节气候决病法》一卷。王丙撰。《升降秘要》二卷。赵学敏撰。《经络歌括》一卷。汪昂撰。《脉诀汇辨》十卷。李

延是撰。《脉理求真》一卷。黄宫绣撰。《释骨》一卷。沈彤撰。《杂病源流》三十卷。沈金鳌撰。《温证语录》一卷。喻昌撰。《广温热论》五卷。戴天章撰。《温热论》一卷。薛雪撰。《瘟疫传症汇编》二十卷。熊立品撰。《温疫条辨摘要》一卷。吕田撰。《松峰说疫》六卷。刘奎撰。《温热经纬》五卷。王士雄撰。《温症痧疹辨证》一卷。许汝楫撰。《痧胀玉衡书》三卷,《后书》三卷。郭志邃撰。《治瘟痢方》一卷。倪涵初撰。《痢疾论》四卷。孔毓礼撰。《痧法备旨》一卷。欧阳调律撰。《霍乱论》二卷。陈念祖撰。《霍乱论》二卷。王士雄撰。《吊脚痧方论》一卷。徐子默撰。《喉科秘钥》二卷。许佐廷撰。《烂喉痧辑要》一卷。金德鉴撰。《时疫白喉捷要》一卷。张绍修撰。《血症经验良方》一卷。潘为缙撰。《傅青主男科》二卷,《女科》二卷,《产后编》二卷。傅山撰。《济阴纲目》十四卷。武之望撰,汪淇笺。《女科要旨》四卷。陈念祖撰。《宁坤宝笈》二卷,附一卷。释月田撰。《女科辑要》八卷。周纪常撰。《妇科玉尺》六卷。沈金鳌撰。《女科经论》八卷。萧埙撰。《产科心法》二卷。江吉撰。《产孕集》二卷。张曜孙撰。《胎产护生编》一卷。李长科撰。《达生编》一卷。亟斋居士撰。《保生碎事》一卷。汪淇撰。《幼科铁镜》六卷。夏鼎撰。《雅爱堂痘疹验方》一卷。邵嗣尧撰。《冯氏锦囊秘录杂证大小合参》二十卷,《痘疹全集》十五卷,《杂证痘疹药性合参》十二卷。冯兆张撰。《痘疹不求人方论》一卷。朱隆撰。《疹痘集解》六卷。俞茂昆撰。《保童济世论》一卷。陈含章撰。《痘证宝筏》六卷。强健撰。《庄氏慈幼二书》二卷。庄一夔撰。《幼科释谜》六卷。沈金鳌撰。《幼幼集成》六卷。陈复成撰。《天花精言》六卷。袁旬撰。《牛痘要法》一卷。蒋致远撰。《外科正宗评》十二卷。徐大椿撰。《外科证治全生》一卷。王维德撰。《治疗汇要》三卷。过铸撰。《一草亭目科全书》一卷。邓苑撰。《眼科方》一卷。叶桂撰。《治蛊新方》一卷。路顺德撰。《理瀹骈文》二卷。吴尚先撰。《串雅》八卷,《祝由录验》四卷。赵学敏撰。《药证宜忌》一卷。陈澈撰。《医学三字经》四卷。陈念祖撰。《慎疾刍言》一卷。徐大椿撰。《勿药须知》一卷。尤

垂撰。《摄生间览》四卷。赵学敏撰。《医故》二卷。郑文焯撰。

不知时代撰人《颅囟总经》二卷，宋王衮《博济方》五卷，宋沈括《苏沈良方》八卷，宋董汲《脚气治法总要》二卷、《旅舍备要方》一卷，宋韩祗《伤寒微旨》二卷，宋王贶《全生指迷方》四卷，宋夏德《卫生十全方》三卷、《奇疾方》一卷，东轩居士《卫济宝书》二卷，不知撰人《太医局程文》九卷，《产育宝庆方》二卷，宋李迅《集验背疽方》一卷，宋严用和《济生方》八卷，不知撰人《产宝诸方》一卷，《救急仙方》六卷，元沙图穆苏《瑞竹堂经验方》五卷。以上乾隆时敕辑。《神农本草经》三卷。孙星衍、孙冯翼同辑。《神农本草经》三卷。顾观光辑。

天文算法类

《历象考成》四十二卷。康熙五十二年，圣祖御撰。《历象考成后编》十卷。乾隆二年敕撰。《仪象考成》三十二卷。乾隆九年，戴进贤等奉敕撰。《仪象考成续编》三十二卷。道光二十四年，敬征等奉敕撰。《律历渊源》一百卷。雍正元年，世宗御定。《万年书》不分卷。道光时奉敕撰。《历代三元甲子编年》三卷。道光时奉敕撰。《天经或问前集》一卷，《后集》一卷。游艺撰。《天步真原》一卷，《天学会通》一卷。薛凤祚撰。《天元历理大全》十二卷。徐发撰。《天文考异》一卷。徐文靖撰。《续天文略》一卷。戴震撰。《天学入门》一卷。徐朝俊撰。《圜天图说》三卷，《续编》二卷。李明征撰。《天学问答》二卷。梅启照撰。《天算或问》一卷。李善兰撰。《测天约术》一卷。陈昌齐撰。《晓庵新法》六卷，《晓庵杂著》一卷，《历法表》三卷。王锡阐撰。《历学会通正集》十二卷，《考验部》二十八卷，《致用部》十六卷。薛凤祚撰。《历学疑问》三卷，《疑问补》二卷，《历学骈枝》四卷，《历学答问》一卷，《交会管见》一卷，《交食蒙求》三卷，《七政细草补注》一卷，《平立定三差解》一卷。梅文鼎撰。《平立定三差详说》一卷。梅毂成撰。《历象本要》一卷。李光地撰。《历法记疑》一卷。王元启撰。《推步法解》五卷，《历学补论》一卷，《岁

实消长辨》一卷,《恒气注历辨》一卷,《中西合法拟草》一卷,《七政
衍》一卷。江永撰。《八线测表图说》一卷。余熙撰。《古今岁实考
校补》一卷,《古今朔实考校补》一卷。黄汝成撰。《交食图说举隅》
一卷,《推算日食增广新术》二卷。罗士琳撰。《表算日食三差》一卷,
《朔食九服里差》三卷,《强弱率通考》一卷,《古今积年解源》二卷。
徐有壬撰。《日法朔余强弱考》一卷。李锐撰。《陵犯新术》三卷。司
徒栋、杜熙龄同撰。《交食细草》三卷。张作楠撰。《尺算日晷新
义》二卷。刘衡撰。《推步简法》三卷。顾观光撰。《推步迪蒙记》一
卷。成孺撰。《推步惟是》四卷。安清翘撰。《古今推步诸术考》二
卷,《太岁超辰表》一卷,《疑年表》一卷。汪曰桢撰。《躔离引蒙》一
卷,《交食引蒙》一卷。贾步纬撰。《交食捷算》四卷,《五纬捷术》四
卷。黄炳垦撰。《五星行度解》一卷。王锡阐撰。《中星谱》一卷。胡
宣撰。《五星纪要》一卷,《火星本法》一卷。梅文鼏撰。《中西经星
异同考》一卷。《南极诸星考》一卷。梅文鼏撰。《金水发微》一卷。
江永撰。《中星表》一卷。徐朝俊撰。《恒星说》一卷。江声撰。《岁
星表》一卷。朱骏声撰。《恒星余论》一卷。张星江撰。《中星全
表》三卷。刘文澜撰。《星土释》三卷。李林松撰。《恒星图表》一卷。
贾步纬撰。《新测恒星图表》一卷,《中星图表》一卷,《更漏中星表》
三卷,《金华晷漏中星表》二卷。张作楠撰。《句陈晷度》一卷,《廿星
距度》一卷,《日星测时表》二卷。余煌撰。《赤道南北恒星图》一卷。
邹伯奇撰。《赤道经纬恒星图》一卷。六严撰。《黄道经纬恒星图》
一卷。戴进贤撰。《北极经纬度分表》一卷。齐彦槐撰。《北极高度
表》一卷。刘茂吉撰。《冬至考》一卷。梅文鼎撰。《冬至权度》一卷。
江永撰。《全史日至源流》三十三卷。许伯政撰。《璿玑遗述》七卷。
揭暄撰。《三政考》一卷。吴鼏撰。《颛顼历考》二卷。邹汉勋撰。
《颛顼新术》一卷,《夏殷历章部合表》一卷,《周初年月日岁星表》一
卷。姚文田撰。《汉太初历考》一卷。成孺撰。《三统术衍》三卷,
《术钤》三卷。钱大昕撰。《三统术衍补》一卷。董佑诚撰。《三统术
详说》三卷。陈沣撰。《汉三统术注》三卷,《汉四分术注》三卷,《汉

乾象术注》二卷,《补修宋奉元术并注》一卷,《补修宋占天术并注》
一卷。李锐撰。《麟德术解》三卷。李善兰撰。《大统历法启蒙》一
卷。王锡阐撰。《大统书志》十七卷。梅文鼎撰。《六历通考》一卷,
《回回历解》一卷。顾观光撰。《历代长术辑要》十卷。汪曰桢撰。
《古术今测》八卷,《附考》二卷。梁僧宝撰。《万青楼图编》十六卷。
邵昂霄撰。《揆日候星纪要》一卷,《岁周地度合考》一卷,《诸方日轨
高度表》一卷。梅文鼎撰。《揆日正方图表》一卷。徐朝俊撰。《地
球图说补》一卷。焦循撰。《地圆说》一卷。焦廷琥撰。《二仪铭补
注》一卷。梅文鼎撰。《授时术解》六卷。黄钺撰。《测地志要》四卷。
黄炳垕撰。《舆地经纬度里表》一卷。丁取忠撰。

　　元赵友钦《原本革象新书》五卷。乾隆时敕辑。黄帝《泰阶六符
经》一卷,不知撰人《五残杂变星书》一卷,汉张衡《灵宪》一卷、《军
仪》一卷,吴姚信《昕天论》一卷,晋虞喜《安天论》一卷。以上马国翰
辑。

　　以上天文算法类推步之属

　　《数理精蕴》五十三卷。康熙十三年,圣祖御撰。《周髀算经图
注》一卷。吴烺撰。《周髀算经校勘记》一卷。顾观光撰。《周髀算
经述》一卷,《算略》一卷。冯经撰。《方田通法》一卷,《方程论》六卷,
《句股举隅》一卷,《句股阐微》四卷。梅文鼎撰。《句股引蒙》五卷,
《句股述》二卷。陈讦撰。《句股矩测解原》二卷。黄百家撰。《句股
正义》一卷。杨作枚撰。《句股割圜记》三卷。戴震撰。《句股容三
事拾遗》三卷,《附例》一卷。罗士琳撰。《句股浅术》一卷。梅冲撰。
《句股尺测量新法》一卷。刘衡卷。《句股六术》一卷。项名达撰。
《句股截积算术》二卷。罗士琳撰。《句股图解》四卷。焦腾凤撰。
《少广拾遗》一卷。梅文鼎撰。《少广补遗》一卷。陈世仁撰。《少广
正负术内外篇》六卷。孔广森撰。《少广缒鉴》一卷。夏鸾翔撰。
《开方补记》六卷,《求一算术》一卷,《附通论》一卷。张敦仁撰。《开
方释例》四卷,《游艺录》二卷。骆腾凤撰。《开方之分还原术》一卷。
宋景昌撰。《开诸乘方捷术》一卷。项名达撰。《方程新术细草》一

卷。李锐撰。《方程术》一卷,《句股术》一卷,《句股目录》一卷,《句股细草》一卷,《散根方释例》一卷。吴嘉善撰。《方田通法补例》六卷。张作楠撰。《海岛算经细草图说》一卷。李潢撰。《海岛算经纬笔》一卷。李镠撰。《五经算术考证》一卷。戴震撰。《缉古算经考注》二卷。李潢撰。《校缉古算经》一卷,《图解》一卷,《细草》一卷,《音义》一卷。陈杰撰。《缉古算经细草》三卷。张敦仁撰。《缉古算经图草》四卷。揭庭锵撰。《缉古算经补注》一卷。刘衡撰。《九章录要》十二卷。屠文漪撰。《九章算术细草图说》九卷。李潢撰。《天元一术图说》一卷。叶裳撰。《天元一术》一卷,《天元名式释例》一卷,《天元一草》一卷,《天元问答》一卷。吴嘉善撰。《天元一释》二卷。焦循撰。《天元句股细草》一卷,《测圆海镜细草》十二卷。李锐撰。《测圆海镜法笔》一卷。李镠撰。《校正算学启蒙》三卷。罗士琳撰。《算学启蒙通释》三卷。徐凤诰撰。《四元玉鉴细草》二十四卷,《附》一卷,《增》一卷,《四元释例》二卷。罗士琳撰。《四元玉鉴省笔》一卷。李镠撰。《四元算式》一卷。徐有壬撰。《四元解》二卷。李善兰撰。《四元名式择例》一卷,《四元草》一卷。吴嘉善撰。《四地术赘》一卷。方克猷撰。《弧矢启秘》二卷。李善兰撰。《弧矢算术补》一卷。罗士琳撰。《弧矢算术细草图解》一卷。李锐草,冯桂芬图解。《几何补编》五卷,《几何通解》一卷。梅文鼎撰。《几何论约》七卷。杜知耕撰。《几何易简集》三卷。李子金撰。《几何举隅》六卷。郑毓英译。《新译几何原本》十三卷,《续补》二卷,《代微积拾级》十八卷,《曲线说》一卷。李善兰译。《增删算法统宗》十一卷。梅毂成撰。《割圜密率捷法》四卷。明安图撰。《校正割圜密率捷法》四卷。罗士琳撰。《庄氏算学》八卷。庄亨阳撰。《数学钥》六卷。杜知耕撰。《笔法便览》五卷。纪大奎撰。《算剩》一卷。江永撰。《九数通考》十三卷。屈曾发撰。《衡斋算学》七卷。汪莱撰。《算牖》四卷,《宣西通》三卷。许桂林撰。《算迪》八卷。何梦瑶撰。《学强恕斋笔算》十卷。梅启照撰。《算学发蒙》五卷。潘逢禧撰。《九艺算解》一卷,《九数外录》一卷,《算剩初编》一卷,《续编》一卷,

《余稿》二卷。顾观光撰。《古算演略》一卷,《古算器考》一卷,《笔算》五卷,《筹算》七卷。梅文鼎撰。《百鸡术演》二卷。时曰醇撰。《珠算入门》一卷。张豸冠撰。《算术问答》一卷。钱大昕撰。《学计一得》二卷。邹伯奇撰。《西算新法直解》八卷。冯桂芬、陈阳同撰。《平三角举要》五卷,《弧三角举要》五卷,《环中黍尺》六卷,《堑堵测量》二卷,《方圆幂积》一卷,《割圜八线表》一卷,《度算释例》二卷。梅文鼎撰。《数度衍》二十四卷。方中通撰。《测算刀圭》三卷,《视学》二卷,《面体比例便览》一卷,《对数表》一卷。年希尧撰。《同度记》一卷。孔继涵撰。《正弧三角疏义》一卷。江永撰。《弧角简法》四卷。余煌撰。《象数一原》六卷。《椭圆术》一卷。项名达撰。《加减乘除释》八卷,《释弧》三卷,《释轮》二卷,《释椭》一卷,《开方通释》一卷。焦循撰。《矩线原本》四卷,《一线表用》六卷。安清翘撰。《三角和较算例》一卷,《演元九式》一卷,《台锥积演》一卷,《比例会通》四卷,《缀术辑补》一卷,《增广新术》二卷。罗士琳撰。《洞方术圆解》二卷,《致曲术》一卷,《致曲术图解》一卷,《万象一原》九卷。夏鸾翔撰。《平三角平视法》一卷。陈澧撰。《格术补》一卷,《对数尺记》一卷,《乘方捷术》三卷。邹伯奇撰。《外切密率》四卷,《假数测圆》二卷,《对数简法》二卷,《续对数简法》一卷。戴煦撰。《弧田问率》一卷,《演元要义》一卷,《直积回求》一卷。谢家禾撰。《量仓通法校笔》一卷,《算学奇题削笔》一卷。李镠撰。《量仓通法》五卷,《仓田通法续编》三卷,《八线类编》三卷,《八线对数类编》二卷,《八线对数表》一卷,《弧角设如》三卷,《高弧细草》一卷。张作楠撰。《弧三角举隅》一卷。江临泰撰。《筹表开诸乘方捷法》二卷,《借根方浅说》一卷,《四率浅说》一卷。刘衡撰。《割圜连比例述图解》三卷,《椭圆求周术》一卷,《堆垛求积术》一卷,《斜弧三边求角补术》一卷。董祐诚撰。《测圆密率》三卷,《堆垛测圜》一卷,《垛积招差》一卷,《椭园正术》一卷,《截球解义》一卷,《弧三角拾遗》一卷,《圜率通考》一卷,《椭圆求周术》一卷,《割圜八线缀术》四卷,《造各表简法》一卷。徐有壬撰。《方圆阐幽》一卷,《对数探源》二卷,

《垛积比类》四卷。《椭圆正数解》二卷。《椭圆新术》一卷。《椭圆拾遗》三卷,《尖锥变法释》一卷。《级数回术》一卷。李善兰撰。《缀术释明》二卷,《缀术释戴》一卷。左潜撰。《圜率考真图解》一卷。曾纪鸿、左潜、黄宗宪同撰。《求一术通解》二卷。左潜、黄宗宪同撰。《客园七术》三卷,《曲面容方》一卷。黄宗宪撰。《开方用表简术》一卷。程之骥撰。《弧角拾遗》一卷,《开方表》一卷。贾步纬撰。《对数详解》五卷。曾纪鸿、丁取忠同撰。《对数四问》一卷。刘彝程撰。《八线对数表》一卷。《对数详解》一卷,《数学拾遗》一卷。丁取忠撰。《借根方句股细草》一卷。李锡蕃撰。《粟米演草》二卷,《补》一卷。第一卷,丁取忠、左潜、曾纪鸿、吴嘉善、李善兰同撰;第二卷,邹伯奇,丁取忠、左潜同撰;补卷,丁取忠撰。《笔算》一卷,《今有术》一卷,《分法》一卷,《开方释》一卷,《立方立圆术》一卷,《平方术》一卷,《平圆术》一卷,《平三角术》一卷,《弧三角术》一卷,《测量术》一卷,《差分术》一卷,《盈朒术》一卷,《割圜八线缀术》一卷,《方程天元合释》一卷。吴嘉善撰。《西算初阶》一卷,《算法须知》一卷,《开方别术》一卷,《数根术解》一卷,《开方古义》一卷,《积较术》三卷,《算草丛存》四卷,《学算笔谈》六卷。华蘅芳撰。《尖锥曲线学》一卷,《八线法术》一卷,《诸乘差对数说》一卷。方克猷撰。

　　不知时代、撰人《九章算术》九卷,《孙子算经》三卷,晋刘徽《海岛算经》一卷,不知撰人《五曹算经》五卷,夏侯阳《算经》三卷,北周甄鸾《五经算术》五卷,宋秦九韶《数学九章》十八卷,元李冶《益古演段》二卷。以上乾隆时敕辑。

　　以上天文算法类算书之属

　　术数类

　　《易林释文》一卷。丁晏撰。《易林校略》十六卷。翟云升撰。《太元解》一卷。焦袁熹撰。《太元别训》五卷。刘斯组撰。《太元经补注》四卷。孙滋撰。《太玄阐秘》十卷。陈本礼撰。《太玄后知》六卷。许桂林撰。《潜虚解》一卷。焦袁熹撰。《潜虚述义》三卷。苏

木天撰。《皇极经世书解》十四卷。王植撰。《皇极数钞》二卷。陶成撰。《皇极经世绪言》九卷。黄泉、泰包耀同撰。《皇极经世易知》八卷。何梦瑶撰。《洪范补注》五卷。潘士权撰。《洪范图说》四卷。舒俊鲲撰。《衍范》二卷，顾昌祚撰。《数书探赜》不分卷。《数书索引》五卷,《数书致远》二卷。不著撰人氏名。《浚元》十六卷。张必刚撰。《河洛理数便览》一卷。纪大奎撰。

宋张行成《皇极经世索隐》二卷,宋丁易《大衍索隐》三卷。乾隆时敕辑。

以上术数类数学之属

《天文大成管窥辑要》八十卷。黄鼎撰。《推测易知》四卷。陈松撰。《请雨经》一卷。纪大奎撰。《校正开元占经九艺术》一卷。徐有壬撰。

以上术数类占候之属

《葬经笺注》一卷。吴元音撰。《撼龙经校补》十二卷,《疑龙经校补》三卷。杨锡勋撰。《撼龙经注》二卷。李文田撰。《天玉经注》七卷,《天玉经说》七卷。黄越撰。《青囊天玉通义》五卷。张惠言撰。《杨氏地理元文注》四卷,《附周易葬说》一卷。端木国瑚撰。《地理大成》三十六卷。叶九升撰。《山法全书》十九卷,《平阳全书》十五卷。叶泰撰。《地理辨直正解》五卷,《地理存真》一卷,《地理古镜歌》一卷,《归厚录》一卷。蒋大鸿撰。《地理末学》六卷,《水法要诀》五卷。纪大奎撰。《罗经解定》七卷。胡国桢撰。《青囊解惑》四卷。汪沆撰。《地理述》八卷。陈诜撰。《地理旨宗》二卷。程永芳撰。《地理或问》二卷。陆应谷撰。《堪舆泄秘》六卷。熊起撰。《阳宅大成》十五卷。魏青江撰。《阳宅撮要》二卷。吴鼐撰。《阳宅辟谬》一卷。原题梅漪老人撰。《风水祛感》一卷。丁芮朴撰。《五种秘窍》十七卷。甘时望撰。《定穴立向开门放水坟宅便览要诀》四卷。梅自实撰。《灵城秘旨》一卷。余懋撰。

以上术数类相宅相墓之属

《卜法详考》四卷。胡煦撰。《易冒》十卷。程良玉撰。《风角

书》八卷。张尔岐撰。《三才世纬》一百卷。不著撰人氏名。《景祐六壬神定经》一卷。杨维德撰。《六壬指南》五卷。程起鸾撰。《六壬经纬》六卷。毛志道撰。《六壬课经集》四卷。郭载騋撰。《六壬类叙》四卷。纪大奎撰。《大六壬寻源》四卷。张纯照撰。《奇门一得》二卷。甘时望撰。《奇门阐秘》六卷。罗世瑶撰。《奇门金章》一卷。不著撰人氏名。

以上术数类占卜之属

《太乙照神经》三卷,《经验》二卷。刘学曾撰。《子罕言》四卷。沈志言撰。《命盘图说》三卷。陶胥来撰。《中西星命丛说》一卷。温葆深撰。《五星聚腋》十卷,《续编》一卷。廖冀亨撰。

旧题周老子《月波洞中记》二卷,周鬼谷子《命书》唐李虚中注三卷,晋郭璞《玉照定真经》张颙注一卷,南唐宋齐丘《玉管照神局》三卷,后周王朴《太清神鉴》六卷,宋徐子平《徐氏珞琭子赋注》二卷,宋岳珂注《三命指迷赋》一卷,辽耶律纯《星命总括》三卷,金张行简《人论大统赋》一卷。以上乾隆时敕辑。

以上术数类相书命书之属

《星历考原》六卷。康熙五十二年,李光地等奉敕辑。《协纪辨方书》三十六卷。乾隆四年,庄亲王允禄等奉敕撰。《选择历书》十卷。康熙二十三年,钦天监奉敕撰。《禽遁七元成局书》十四卷。汪汉谋撰。《永宁通书》十二卷。王维德撰。《选择天镜》三卷。任端书、熊镇远同撰。《诹吉便览》二卷。俞荣宽撰。《诹吉汇纂》六卷。梅菁门撰。《择吉禽要》四卷。姚承恩撰。《陈子性藏书》十二卷。陈应选撰。《出行宝镜》一卷。不著撰人氏名。

以上术数类阴阳五行之属

《字触》六卷。周亮工撰。《梧玜经》一卷。吴屿撰。《梦书》一卷。闺秀王照圆撰。《纪梦编年》一卷。释成鹫撰。

以上术数类杂技之属

艺术类

《佩文斋书画谱》一百卷。康熙四十七年,孙岳颁奉敕撰。《石渠宝笈》四十四卷,《秘殿珠林》二十四卷。乾隆九年,张照等奉敕撰。《六艺之一录》四百六卷,《续编》十二卷。倪涛撰。《隶八分辨》一卷。方辅撰。《楷法溯源》十二卷。潘存撰。《十七帖述》一卷。王弘撰撰。《草韵汇编》二十六卷。陶南望撰。《颜书编年录》四卷。黄本骥撰。《飞白录》二卷。陆绍曾撰。《书法正传》十卷。冯武撰。《重校书法正传》不分卷。蒋和撰。《钝吟书要》一卷。冯班撰。《书法雅言》一卷。项穆撰。《书学汇编》十卷。万斯同撰。《书学捷要》二卷。朱履贞撰。《汉溪书法通解》八卷。戈守智撰。《临池心解》一卷。朱和羹撰。《临池琐语》一卷。陈昌齐撰。《龚安节书诀》一卷。龚贤撰。《书筏》一卷。笪重光撰。《评书帖》一卷。梁巘撰。《频罗庵论书》一卷。梁同书撰。《艺舟双楫》九卷。包世臣撰。《初月楼论书随笔》一卷。吴德旋撰。《墨海人名录》十卷。童翼驹撰。《国朝书人辑略》十一卷。震钧撰。《玉台书史》一卷。厉鹗撰。《读画录》四卷。周亮工撰。《绘事备考》八卷。王毓贤撰。《重编图绘宝鉴》八卷。冯仙湜撰。《月湖读画录》一卷。王梁撰。《画学钩深》一卷。汪曰桢撰。《苦瓜和尚画语录》一卷。释道济撰。《画诀》一卷。龚贤撰。《画筌》一卷。笪重光撰。《题画诗》一卷,《画跋》一卷。恽格撰。《雨窗漫笔》一卷。王原祁撰。《东庄论画》一卷。王昱撰。《指头画说》一卷。高秉撰。《石村画诀》一卷。孔衍栻撰。《画尘》一卷。沈灏撰。《绘事发微》一卷。唐岱撰。《小山画谱》二卷。邹一桂撰。《传神秘要》一卷。蒋骥撰。《山静居画论》二卷。方薰撰。《松壶画赘》二卷,《画忆》二卷。钱杜撰。《国朝画征录》三卷,《续录》二卷,《图画精意识》一卷,《浦山论画》一卷。张庚撰。《郑板桥题画》一卷。郑燮撰。《二十四画品》一卷。黄钺撰。《山南论画》一卷。王学浩撰。《画学心印》八卷,《桐阴论画》三卷,《续》一卷,《画诀》一卷。秦祖永撰。《画絮》十卷。戴熙撰。《溪山卧游录》四卷。盛大士撰。《纫园烟墨著录》一卷。徐坚撰。《画筌析览》一卷。汤贻汾撰。《南宋院画录》八卷。厉鹗撰。《明画录》八卷。徐沁撰。

《南薰殿图象考》二卷,《国朝院画录》二卷。胡敬撰。《无声诗史》七卷。姜绍书撰。《历代画家姓名韵编》七卷。顾仲清撰。《宋元以来画人姓氏录》三十六卷。曾峻撰。《明画姓氏汇编》八卷。陈豫钟撰。《画史汇传》七十二卷。彭蕴灿撰。《历代画史汇传附录》二卷。邱步洲撰。《墨林今话》十八卷,《续编》一卷。蒋宝龄撰。《海虞画苑略》一卷,《补遗》一卷。鱼翼撰。《越画见闻》一卷。陶元藻撰。《玉台画史》五卷。闺秀汤漱玉撰。《芥子园画传》五卷。王安节撰。《西清札记》四卷。胡敬撰。《石渠随笔》八卷。阮元撰。《庚子消夏记》八卷。孙承泽撰。《庚子消夏记校正》一卷。何焯撰。《江村消夏录》三卷。高士奇撰。《书画记》六卷。吴其贞撰。《式古堂书画汇考》六十卷。卞永誉撰。《吴越所见书画录》六卷。陆时化撰。《大观录》二十卷。吴敏撰。《鸣野山房书画记》三卷。沈启浚撰。《好古堂书画记》二卷。姚际恒撰。《卧庵藏书画目》一卷。朱之赤撰。《湘管斋寓赏编》六卷。陈焯撰。《烟云过眼录》二十卷。周在浚撰。《梁溪书画征》一卷。嵇曾筠撰。《墨缘汇观》四卷。原题松泉老人撰。《寓意录》四卷。缪日藻撰。《辛丑消夏记》八卷。吴荣光撰。《岳雪楼书画录》五卷。孔广镛、孔广陶同撰。《听帆楼书画记》五卷。潘正炜撰。《梦园书画录》二十五卷。方浚颐撰。《红豆树馆书画记》八卷。陶梁撰。《须静斋云烟过眼录》一卷。潘世璜撰。《玉雨堂书画记》四卷。韩泰华撰。《过云楼书画记》十卷。顾文彬撰。《书画鉴影》二十四卷。李佐贤撰。《穰梨馆过眼录》四十卷,《续录》十六卷。陆心源撰。《瞑瞑斋书画记》四卷。谢诚钧撰。《瓯钵罗馆书画过目考》四卷。李玉棻撰。《诸家藏书画簿》十卷。李调元撰。《砥斋题跋》一卷。王弘撰。《义门题跋》一卷。何焯撰。《湛园题跋》一卷。姜宸英撰。《麓台题画稿》一卷。王原祁撰。《隐绿轩题识》一卷。陈奕禧撰。《天瓶斋书画题跋》二卷。张照撰。《半毡斋题跋》二卷。江藩撰。《汪文端题跋》一卷。汪由敦撰。《清仪阁题跋》四卷。张廷济撰。《仪顾堂题跋》十六卷,续十六卷。陆心源撰。《退庵金石书画题跋》二十卷。梁章钜撰。《太涤子题画诗

跋》一卷。释道济撰。《南田画跋》一卷。恽格撰。《墨井题跋》一卷。吴历撰。《画梅题跋》一卷。查礼撰。《画竹题记》一卷,《画梅题记》一卷,《画马题记》一卷,《画佛题记》一卷,《自写真题记》一卷。金农撰。《画梅题记》一卷。朱方蔼撰。《装潢志》一卷。周嘉胄撰。《赏延素心录》一卷。周二学撰。

宋岳《珂宝真斋法书赞》二十八卷,元李衎《竹谱》十卷,元郑杓《衍极》十卷。以上乾隆时敕辑。

《印典》八卷。朱象贤撰。《续三十五举》一卷,《再续三十五举》一卷,《重定续三十五举》一卷。桂馥撰。《再续三十五举》一卷。黄子高撰。《续三十五举》一卷。余懋撰。《再续三十五举》一卷。姚晏撰。《篆刻减度》八卷。陈克恕撰。《说篆》一卷。许容撰。《六书缘起》一卷,《篆印发微》一卷。孙光祖撰。《古印考略》一卷。夏一驹撰。《印文考略》一卷。鞠履厚撰。《印章要论》一卷。朱简撰。《敦好堂论印》一卷。吴先声撰。《秋水园印说》一卷。陈炼撰。《折肱录》一卷。周济撰。《摹印述》一卷。陈澧撰。《印人传》三卷。周亮工撰。《飞鸿堂印人传》八卷。汪启淑撰。《紫泥法》一卷。汪镐京撰。

以上艺术类篆刻之属

《松风阁琴谱》二卷,《抒怀操》一卷。程雄撰。《操缦录》十卷。胡世安撰。《溪山琴况》一卷。徐祺撰。《琴学心声》一卷。庄臻凤撰。《琴谈》二卷。程允基撰。《琴学内篇》一卷,《外篇》一卷。曹庭栋撰。《立雪斋琴谱》二卷。汪绂撰。《与古斋琴谱》四卷。祝凤喈撰。《以六正五之斋琴学秘谱》六卷。孙宝撰。《自远堂琴谱》十二卷。吴灯撰。《琴学正声》六卷。沈琯撰。《琴旨补正》一卷。孙长源撰。《琴谱合璧》十八卷。何素绛译。《弦歌古乐谱》一卷,《箫谱》一卷。任兆麟撰。《操缦巵言》一卷。梅瑴成撰。

以上艺术类音乐之属

《弈妙》一卷。梁魏今、程兰如、施襄夏、范世勋撰。《弈理指归》三卷。施襄夏撰。《桃花泉棋谱》二卷。范世勋撰。《投壶考

原》一卷。丁晏撰。

　　以上艺术类杂技之属

　　谱录类

　　《西清古鉴》四十卷。乾隆十四年，梁诗正等奉敕撰。《西清续鉴》二十卷，附录一卷。乾隆五十八年，王杰等奉敕撰。《西清砚谱》二十四卷。乾隆四十三年，于敏中等奉敕撰。《焦山古鼎考》一卷。王士禄撰。《汉甘泉宫瓦记》一卷。林佶撰。《保母砖跋尾》一卷。高士奇撰。《宣炉歌注》一卷。冒襄撰。《纪听松庵竹炉始末》一卷。邹炳泰撰。《玉纪》一卷。陈性撰。《古玉图录》一卷。瞿中溶撰。《古玉图考》一卷。吴大澄撰。《琼居谱》三卷。姜绍书撰。《怪石赞》一卷。宋荦撰。《观石录》一卷。高兆撰。《观石后录》一卷。毛奇龄撰。《石谱》一卷。诸九鼎撰。《怪石录》一卷。沈心撰。《石画记》一卷。阮元撰。《黄山松石谱》一卷。闵麟嗣撰。《水坑石记》一卷。钱朝鼎撰。《端溪砚史》三卷。吴兰修撰。《说砚》一卷。朱彝尊撰。《砚录》一卷。曹溶撰。《砚林》一卷。余怀撰。《砚小史》四卷。朱栋撰。《宝研堂砚辨》一卷。何传瑶撰。《端溪砚谱记》一卷。袁树撰。《淄砚录》一卷。盛百二撰。《漫堂墨品》一卷。宋荦撰。《雪堂墨品》一卷。张二熙撰。《曹氏墨林》二卷。曹素功撰。《笔史》一卷。梁同书撰。《金粟笺说》一卷。张燕昌撰。《文房四谱》四卷。倪涛撰。《文房肆考图说》八卷。唐秉钧撰。《笔墨纸砚谱》一卷。不著撰人氏名。《浮梁陶政志》一卷。吴允嘉撰。《景德镇陶录》四卷。蓝浦撰。《陶说》六卷。朱琰撰。《窑器说》一卷。程哲撰。《琉璃志》一卷。孙廷铨撰。《阳羡茗壶系》二卷。吴骞撰。《绣谱》一卷。陈丁佩撰。《杖扇新录》一卷。王廷鼎撰。《川扇记》一卷。谢鸣篁撰。《羽扇谱》一卷。张燕昌撰。《湖船录》一卷。厉鹗撰。《续湖船录》二卷。丁午撰。《骨董卷》十二卷。李调元撰。

　　以上谱录类器物之属

　　《续茶经》三卷，《附录》一卷。陆廷灿撰。《茶史》二卷。刘源长

撰。《茶史补》一卷。余怀撰。《岕茶汇钞》一卷。冒襄撰。《洞山岕茶系》一卷。周高起撰。《饭有十二合说》一卷。张英撰。《酒部汇考》十八卷。不著撰人氏名。《酒社刍言》一卷。黄周星撰。《南村觞政》一卷。张撰。《�略》四卷。赵信撰。《居常饮馔录》一卷。曹寅撰。《豆区八友传》一卷。王著撰。《养小录》一卷。顾仲撰。《随息居饮食谱》七卷。王士雄撰。《随园食单》一卷。袁枚撰。《香乘》二十八卷。周嘉胄撰。《非烟香法》一卷。董说撰。《烟谱》一卷。张耀撰。《勇卢闲话》一卷。赵之谦撰。

以上谱录类食用之属

《广群芳谱》一百卷。康熙四十七年,汪灏等奉敕撰。《植物名实图考》三十八卷。吴其浚撰。《寻花日记》一卷。归庄撰。《倦圃蒔植记》三卷。曹溶撰。《北野抢瓮录》一卷。高士奇撰。《花部农谈》一卷。焦循撰。《种鸟柏树图说》一卷。吴寿康撰。《竹谱》一卷。陈鼎撰。《兰言》一卷。冒襄撰。《艺兰四说》一卷。杜文澜撰。《兰蕙原说》一卷。徐苹湖撰。《青在堂菊谱》一卷。不著撰人氏名。《菊说》一卷。计楠撰。《艺菊须知》一卷。顾禄撰。《艺菊志》八卷。陆廷灿撰。《东篱中正》一卷。许兆熊撰。《洋菊谱》一卷。邹一桂撰。《亳州牡丹述》一卷。钮秀撰。《曹州牡丹谱》一卷。余鹏年撰。《茶花谱》三卷。不著撰人氏名。《凤仙谱》一卷。赵学敏撰。《徐园秋花谱》一卷。吴仪一撰。《笺卉》一卷。吴崧撰。《苔谱》六卷。汪宪撰。《岭南荔支谱》六卷。吴应达撰。《荔支谱》一卷。陈鼎撰。《荔谱》一卷。陈宝国撰。《赖园橘记》一卷。谭莹撰。《槜李谱》一卷。王逢辰撰。《水密桃谱》一卷。褚华撰。《吴蕈谱》一卷。吴崧撰。《甘薯谱》一卷。陆耀撰。《参谱》一卷。黄叔灿撰。《人参谱》一卷。陆烜撰。《龙经》一卷。王晫撰。《谈虎》一卷。赵彪诏撰。《猫乘》一卷。王初桐撰。《猫苑》一卷。黄汉撰。《燕子春秋》一卷。郝懿行撰。《鸟衣香牒》四卷。陈邦彦撰。《画眉笔谈》一卷。陈均撰。《鹌鹑谱》一卷。陈石麟撰。《异鱼图赞笺》四卷,《异鱼图赞补》三卷,《闰集》一卷。胡世安撰。《记海错》一卷。郝懿行撰。《晴

川蟹录》四卷,《后蟹录》四卷。孙之騄撰。《蛇说》一卷。赵彪贻撰。
《春驹小谱》二卷。陈邦彦撰。《四虫备览》二十三卷。倪廷英撰。
《蠕范》八卷。李元撰。

以上谱录类植物动物之属

杂家类

《墨子经说解》二卷。张惠言撰。《墨子注》十五卷,《目录》一卷。
毕沅撰。《墨子闲诂》十五卷,《目录》一卷,《附录》、《后语》二卷。孙
诒让撰。《吕子校补》二卷。梁玉绳撰。《吕子校补献疑》一卷。蔡
云撰。《吕氏春秋正误》一卷。陈昌齐撰。《吕氏春秋杂记》十卷。徐
时栋撰。《淮南天文训补注》二卷。钱塘撰。《淮南校勘记》一卷。顾
广圻撰。《淮南子补校》一卷。刘台拱撰。《淮南子正误》十二卷。陈
昌齐撰。《淮南子校勘记》一卷。汪文台撰。《淮南许注异同诂》六
卷,《补遗》一卷。陶方琦撰。《淮南天文训存疑》一卷。罗士琳撰。
《颜氏家训补注》七卷,《补遗》一卷,《附录》一卷。赵羲明撰。《息斋
藏书》十二卷。裴希度撰。《激书》二卷。贺贻孙撰。《衡书》三卷。
唐大陶撰。《格物问答》三卷,《螺峰说录》一卷,《圣学真语》二卷。毛
先舒撰。《潜斋处语》一卷,《蒙训》一卷。杨庆撰。《理学就正言》十
卷。祝文彦撰。《圣学大成》不分卷。孙钟瑞撰。《拳拳录》二卷,
《颜巷录》一卷,《晚闻篇》一卷。李衷灿撰。《万世太平书》十卷。劳
大舆撰。《龙岩子集》十二卷。李丕则撰。《唾居随录》四卷。张贞
生撰。《图书秘典一隅解》一卷。张沐撰。《五伦懿范》八卷。不著
撰人氏名。《天方典礼择要解》二十卷。刘智撰。《进善集》不分卷。
张天柱撰。《方斋补庄》不分卷。方正瑗撰。《公余笔记》二卷。张
文炳撰。《苔西问答》一卷。吴学孔撰。《续笈山房集略》十八卷。郑
道明撰。《圣学逢源录》十八卷。金维嘉撰。《圣门择非录》五卷。毛
奇龄撰。《圣门辨诬》一卷。皇甫焞撰。《书林扬觯》二卷,《汉学商
兑》六卷。方东树撰。

梁孝元帝《金楼子》六卷。乾隆时敕辑。许叔重《淮南子注》一

卷。孙冯翼、蒋曰豫辑。《淮南万毕术》一卷。丁晏辑。周《由余书》一卷,汉唐蒙《博物记》一卷,汉伏无忌《伏侯古今注》一卷,魏蒋济《蒋子万机论》一卷,魏杜恕《笃论》一卷,晋邹氏《邹子》一卷,吴诸葛恪《诸葛子》一卷,吴张俨《默记》一卷,吴裴元《裴氏新言》一卷,吴刘廙《新义》一卷,吴秦菁《秦子》一卷,晋张显《析言论》一卷、《古今训》一卷,晋杨伟《时务论》一卷,晋郭义恭《广志》二卷,晋陆机《陆氏要览》一卷,宋范泰《古今善言》一卷,宋江邃《文释》一卷,梁刘杳《要雅》一卷,沈约《俗说》一卷。以上马国翰辑。

　　以上杂家类杂学之属

　　宋王应麟《困学纪闻注》二十卷。翁元圻辑。《困学蒙证》六卷。宋薇卿撰。《日知录》三十二卷,《日知录之余》四卷。顾炎武撰。《日知录集释》三十二卷,《刊误》二卷,《续刊误》二卷。黄汝成撰。《识小录》一卷。王夫之撰。《义府》二卷。黄生撰。《群书疑辨》十二卷。万斯同撰。《艺林汇考》二十四卷。沈自南撰。《潜丘札记》六卷。阎若璩撰。《湛园札记》四卷。姜宸英撰。《白田杂著》八卷,《读书记疑》十六卷。王懋竑撰。《义门读书记》五十八卷。何焯撰。《樵香小记》二卷。何琇撰。《管城硕记》三十卷。徐文靖撰。《订讹杂录》十卷。胡鸣玉撰。《识小编》二卷。董丰垣撰。《修洁斋闲笔》四卷。刘坚撰。《天香楼偶得》十卷。虞兆隆撰。《陔余丛考》四十三卷。赵翼撰。《言鲭》二卷。吕种玉撰。《事物考辨》六十二卷。周象明撰。《天禄识余》二卷。高士奇撰。《畏垒笔记》四卷。徐昂发撰。《古今释疑》十八卷。方中履撰。《螺江日记》八卷,《续记》四卷。张文枫撰。《知新录》三十二卷。王棠撰。《西圃蒙辨》三十二卷。田同之编。《经史问》五卷。郭植撰。《掌录》二卷。陈祖范撰。《读书记闻》十卷。陈景云撰。《读书笔记》六卷,《札记》四卷。尹会一撰。《矩斋杂记》一卷。施闰章撰。《经传绎义》五十卷。陈炜撰。《群书札记》十六卷。朱亦栋撰。《松崖笔记》三卷,《九曜斋笔记》三卷。惠栋撰。《韩门缀学》五卷,《续编》一卷,《谈书录》一卷。汪师韩撰。《经史问答》十卷。全祖望撰。《南江札记》四卷。邵晋涵撰。

《群书拾补》三十七卷,《钟山札记》四卷,《龙城札记》四卷。卢文绍撰。《十驾斋养新录》二十卷,《余录》三卷,《竹汀日记钞》三卷,《恒言录》一卷,《潜研堂答问》十卷。钱大昕撰。《蛾术编》一百卷。王鸣盛撰。《晓读书斋杂录初录》二卷,《二录》二卷,《三录》二卷,《四录》二卷。洪亮吉撰。《读书杂志》八十卷。王念孙撰。《考古录》四卷。钟褱撰。《清白士集》二十八卷,《瞥记》七卷。梁玉绳撰。《清白士集校补》四卷。蔡云撰。《庭立纪闻》四卷。梁学昌撰。《援鹑堂随笔》四十卷。姚范撰。《溉亭述古录》二卷,《迩言》六卷。钱塘撰。《目耕帖》三十卷。马国翰撰。《晒书堂笔记》二卷。郝懿行撰。《读书脞录》七卷,《续编》四卷。孙志祖撰。《惜抱轩笔记》八卷。姚鼐撰。《札朴》十卷。桂馥撰。《拜经日记》十二卷。臧庸撰。《大云山房杂记》一卷。恽敬撰。《寄傲轩读书随笔》十卷,《续笔》六卷,《三笔》六卷。沈赤然撰。《柚堂笔谈》四卷,《续笔谈》八卷。盛百二撰。《南野堂笔记》十二卷,《续笔记》五卷。吴文溥撰。《筠轩读书丛录》二十四卷,《台州札记》十二卷。洪颐宣撰。《四寸学》六卷。张云敖撰。《经史管窥》六卷。萧昙撰。《邃雅堂学古录》七卷。姚文田撰。《小学庵遗书》四卷。钱馥撰。《随园随笔》二十八卷。袁枚撰。《蠢勺编》四十卷。凌扬藻撰。《愈愚录》六卷。刘宝楠撰。《合肥学舍札记》十二卷。陆继辂撰。《通俗编》三十八卷。翟灏撰。《丙辰札记》一卷。章学诚撰。《郑堂札记》五卷。周中孚撰。《借闲随笔》一卷。汪远孙撰。《攉对》八卷。许桂林撰。《菉友蚁术编》二卷,《菉友丛说》一卷。王筠撰。《刘氏遗书》八卷。刘台拱撰。《读书小记》二卷。焦廷琥撰。《古书拾遗》四卷,《开卷偶得》十卷。林春溥撰。《宝甓斋札记》不分卷。赵坦撰。《过庭录》十六卷。宋翔凤撰。《炳烛编》四卷。李赓芸撰。《读书杂记》一卷,《随笔》一卷。周镐撰。《质疑删存》三卷。张宗泰撰。《经史质疑录》二卷。张聪咸撰。《潘澜笔记》一卷。彭兆荪撰。《寒秀草堂笔记》四卷。姚衡撰。《痴学》八卷。黄本骥撰。《经史答问》四卷。朱骏声撰。《卍斋琐录》十卷,《仇林冗笔》四卷,《剿说》四卷。李调元撰。《读书杂

识》十二卷。劳格撰。《多识录》四卷。练恕撰。《说纬》二卷。王崧撰。《癸巳类稿》十五卷,《癸巳存稿》十五卷。俞正燮撰。《斠补录偶录》不分卷。蒋光煦撰。《读书随笔》一卷。吴德旋撰。《落帆楼初稿》四卷。沈垚撰。《窥豹集》二卷。《南漘楛语》八卷,《麗㵲荟录》十四卷,《榕堂续录》四卷。蒋超伯撰。《吴顼儒遗书》一卷。吴卓信撰。《逊志斋杂钞》十卷。吴翌凤撰。《研六室杂著》不分卷。胡培翚撰。《蕙櫋杂记》一卷。严元照撰。《玉井山馆笔记》一卷。许宗衡撰。《武陵山人杂著》一卷。顾观光撰。《读书偶识》八卷。邹汉勋撰。《礼耕堂丛说》一卷。施国祁撰。《求阙斋读书录》四卷,《日记类钞》二卷。曾国藩撰。《有不为斋随笔》十卷。光律元撰。《铜熨斗斋随笔》八卷,《瑟榭丛谈》二卷,《交翠轩笔记》四卷。沈涛撰。《钮匪石日记》一卷。钮树玉撰。《读书偶得》一卷。吴养原撰。《诸子平议》三十五卷,《俞楼杂纂》五十卷,《曲园杂纂》五十卷,《古书疑义举例》七卷,《读书余录》二卷,《湖楼笔谈》七卷,《春在堂随笔》十卷,《九九消夏录》十四卷。俞樾撰。《读书杂释》十四卷。徐鼒撰。《群书校补》一百卷。陆心源撰。《纲思堂答问》一卷。成蓉镜撰。《无邪堂答问》五卷。朱一新撰。《学古堂日记》不分卷。雷浚撰。《思益堂日札》二十卷。周寿昌撰。《临川答问》一卷。刘寿曾撰。《札迻》十二卷。孙诒让撰。《舒艺室随笔》六卷,《续笔》一卷,《余笔》三卷。张文虎撰。《复堂日记》八卷。谭献撰。《悔翁笔记》六卷。汪士铎撰。《东父笔记》一卷,《杂记》一卷。郑杲撰。《子通》二十卷。周悦让撰。《东塾读书记》二十一卷。陈澧撰。《云山读书记》六卷,《藻川堂谈艺》四卷。邓绎撰。《横阳札记》十卷。吴承志撰。

唐苏鹗《苏氏演义》二卷,宋张淏《云谷杂记》四卷,宋袁文《瓮牖闲评》八卷,宋邢凯《坦斋通编》一卷,宋叶大庆《考古质疑》六卷,宋陈昉《颍川语小》二卷,不著撰人《爱日斋丛钞》五卷。以上乾隆时敕辑。

以上杂家类杂考之属

《亭林杂录》一卷。顾炎武撰。《俟解》一卷,《噩梦》一卷,《黄书》一卷。王夫之撰。《枣林杂俎》不分卷。谈迁撰。《春明梦余录》七十卷。孙承泽撰。《书影》十卷。周亮工撰。《读书偶然录》十二卷。程正揆撰。《见闻记忆录》五卷。余国桢撰。《冬夜笺记》一卷。王崇简撰。《樗林三笔》五卷。魏裔介撰。《雕丘杂录》十八卷。梁清远撰。《居易录》三十四卷,《池北偶谈》二十六卷。《香祖笔记》十二卷,《古夫于亭杂录》六卷,《分甘余话》四卷。王士禛撰。《蒿庵闲话》二卷。张尔岐撰。《听潮居存业》十卷。原良撰。《匡林》二卷。毛先舒撰。《庸言录》不分卷。姚际恒撰。《筠廊偶笔》二卷,《二笔》二卷。宋荦撰。《广阳杂记》五卷。刘献廷撰。《山志》六卷。王弘撰撰。《尚论持平》二卷,《析疑待正》二卷,《事文标异》一卷。陆次云撰。《在园杂志》四卷。刘廷玑撰。《东山草堂迩言》六卷。邱嘉穗撰。《经史慧解》六卷。蔡含生撰。《此木轩杂著》八卷。焦袁熹撰。《熙朝新语》十六卷。余奎撰。《岭西杂录》二卷,《后海堂杂录》二卷。王孝咏撰。《南村随笔》六卷。陆廷灿撰。《枝语》二卷。孙之骕撰。《谔崖脞说》五卷。章楷撰。《然疑录》六卷。顾奎光撰。《潇湘听雨录》八卷。江昱撰。《人海记》二卷。查慎行撰。《艮斋杂说》十卷。尤侗撰。《仁恕堂笔记》一卷。黎士宏撰。《客舍新闻》一卷。彭孙贻撰。《聪训斋语》四卷。张英撰。《澄怀园语》四卷。张廷玉撰。《古欢堂杂著》八卷。田雯撰。《据鞍录》一卷。杨应琚撰。《日贯斋涂说》一卷。梁同书撰。《玉几山房听雨录》一卷。陈撰撰。《寒灯絮语》一卷。汪宪撰。《春草园小记》一卷。赵昱撰。《桃溪客语》五卷。《尖阳丛笔》十卷。吴骞撰。《檐曝杂记》六卷,《续》一卷。赵翼撰。《定香亭笔谈》四卷,《小沧浪笔谈》四卷。阮元撰。《瀛舟笔谈》十二卷。阮元撰。《小琅嬛丛记》四卷。阮福撰。《西征随笔》二卷。王景祺撰。《楚南随笔》一卷。吴省兰撰。《匏园掌录》一卷。杨夑生撰。《天山客话》一卷,《外家纪闻》一卷。洪亮吉撰。《柳南随笔》六卷,《续笔》四卷。王应奎撰。《鸡窗丛话》一卷。蔡澄撰。《退余丛话》二卷。鲍倚云撰。《瓜棚避暑录》一卷,《诚是

录》一卷,《广爱录》一卷。孟超然撰。《茶余客话》十二卷。阮葵生撰。《蕉窗日记》二卷。王豫撰。《收田杂录》二卷,《琐记》二卷,《缀语》二卷,《桑梓外志》二卷,《涉世杂谈》一卷,《大怪录》一卷,《闻见杂记》四卷,《知味录》二卷。崔述撰。《天慵庵笔记》二卷。方士庶撰。《水曹清暇录》十六卷,《粹掌录》二卷。汪启淑撰。《桥西杂记》一卷。叶名澧撰。《思补斋笔记》八卷。潘世恩撰。《淮南杂识》四卷。闻益撰。《退庵随笔》二十二卷,《南省公余录》二卷。梁章钜撰。《无事为福斋随笔》二卷。韩泰华撰。《忆书》六卷。焦循撰。《竹叶亭杂记》八卷。姚元之撰。《爨余丛话》四卷,《樗园消夏录》三卷。郭麟撰。《向果微言》三卷。方东树撰。《石亭纪事》二卷。丁晏撰。《吹纲录》六卷,《鸥波渔话》六卷。叶廷琯撰。《履园丛话》二十四卷。钱泳撰。《萝摩亭笔记》八卷。乔松年撰。《蕉轩随录》十二卷,《梦园丛说内篇》八卷。方浚师撰。《转徙余生记》一卷。方浚颐撰。《维摩室遗训》四卷。庄受祺撰。《古南余话》五卷。《湘舟漫录》五卷。舒梦兰撰。《艺概》六卷。刘熙载撰。《浮丘子》十二卷。汤鹏撰。《冷庐杂识》八卷,《苏庐偶笔》四卷。陆以恬撰。《桐阴清话》八卷。倪鸿撰。《庸间斋笔记》十二卷。陈其元撰。《丹泉海岛录》四卷。徐景福撰。《寄龛甲志》四卷,《乙志》四卷,《丙志》四卷,《丁志》四卷。孙德祖撰。《多暇录》二卷。程庭鹭撰。《鸡泽脞录》一卷,《迎霭笔记》二卷。程鸣诏撰。《天壤阁杂记》一卷。王懿荣撰。《养和轩随笔》一卷。陈作霖撰。

宋吕希哲《吕氏杂记》二卷,宋宇文绍奕《石林燕语考异》十卷,宋吴箕《常谈》一卷,宋谢采伯《密斋笔记》五卷,《续笔记》一卷,宋郑至道《琴堂谕俗编》二卷,元李冶冶《敬斋古今注》八卷,元李翀《日闻录》一卷。以上乾隆时敕辑。

以上杂家类杂说之属

《韵石斋笔谈》二卷。姜绍书撰。《七颂堂识小录》一卷。刘体仁撰。《研山斋杂记》四卷。不著撰人氏名。《老老恒言》五卷。曹庭栋撰。《初学艺引》二十三卷。李士学撰。《博物要览》十二卷。谷

应泰撰。《秋园杂佩》一卷。陈贞慧撰。《物类相感续志》一卷,《补遗》一卷。王暤撰。《心斋杂俎》二卷。张潮撰。《清闲供》一卷。程羽文撰。《怡情小录》一卷。马大年撰。《陆地仙经》一卷。马谨撰。《游戏录》一卷。程景沂撰。《西湖器具录》一卷。庄仲方撰。《幽梦影》一卷。张潮撰。《幽梦续影》一卷。朱锡绶撰。《前尘梦影录》二卷。徐康撰。

以上杂家类杂品之属

《悦心集》五卷。世宗御编。《唐马总意林注》五卷,《逸文》一卷。周广业撰。《元明事类钞》四十卷。姚之骃。《钝吟杂录》十卷。冯班撰。《懿行编》八卷。李莹撰。《伦史》五十卷。成克巩撰。《雅说集》十九卷。魏裔介撰。《嗜退庵语存》十卷。严有谷撰。《胜饮编》一卷。郎廷枢撰。《经世名言》十二卷。苏宏祖撰。《寄园寄所寄》十二卷。赵吉士撰。《四本堂右编》二十四卷。朱潮远。《敦行录》二卷。张鹏翮撰。《仕学要咸》五卷。张圻编。《人道谱》不分卷。闵忠撰。《砚北杂录》不分卷。黄叔琳编。《查浦辑闻》二卷。查嗣瑮撰。《会心录》四卷。孔尚任撰。《权衡一书》四十一卷。王植撰。《多识类编》二卷。曹昌言撰。《养知录》八卷。纪昭撰。《闲家类纂》二卷。彭绍谦撰。《物诠》八卷。汪汲撰。《宋稗类钞》八卷。潘永因编。《古愚老人消夏录》六十二卷。汪绂撰。《茶香室丛钞》二十三卷,《续钞》二十五卷,《三钞》二十九卷,《四钞》二十九卷。俞樾撰。

元张光祖《言行龟鉴》八卷。乾隆时敕辑。《意林补阙》二卷。李富孙辑。

以上杂家类杂纂之属

类书类

《渊鉴类函》四百五十卷。康熙四十九年,张英等奉敕撰。《骈字类编》二百四十卷。康熙五十八年,吴士玉等奉敕撰。《分类字锦》六十四卷。康熙六十年,何焯等奉敕撰。《子史精华》一百六卷。

康熙六十年,吴士玉等奉敕撰。《古今图书集成》一万卷。雍正三年,蒋廷锡等奉敕撰。《佩文韵府》四百四十三卷。康熙四十三年,张玉书等奉敕撰。《佩文韵府拾遗》一百十二卷。康熙五十九年,张廷玉等奉敕撰。《编珠补遗》二卷,《续编珠》二卷。高士奇撰。《鉴古录》十六卷。沈廷芳撰。《考古类编》十二卷。柴绍炳撰。《教养全书》四十一卷。应㧑谦撰。《政典汇编》八卷。王芝藻撰。《政谱》十二卷。朱粟夷撰。《文献通考节贯》十卷。周宗渡撰。《考古略》八卷,《考古原始》六卷。王文清撰。《说略》三十卷。顾启元撰。《同书》四卷。周亮工撰。《古事苑》十二卷。邓志谟撰。《同人传》四卷。陈祥裔撰。《古事比》五十三卷。方中德撰。《李史》四十八卷。王希廉撰。《五经类编》二十八卷。周世樟撰。《三才汇编》四卷。陈在升撰。《三才藻异》三十三卷。屠粹忠撰。《读书记数略》五十四卷。宫梦仁撰。《格致镜原》一百卷。陈元龙撰。《花木鸟兽集类》三卷。吴宝芝撰。《历朝人物氏族会编》十卷。尹敏撰。《氏族笺释》八卷。熊峻运撰。《姓氏谱》六卷,《类纂》五十卷。李绳远撰。《姓氏寻源》十卷,《姓氏辨误》一卷,《辽金元三史姓录》一卷。张澍撰。《姓氏解纷》十卷,《避讳录》五卷。黄本骥撰。《百家姓韵语三编》一卷。丁晏编。《千家姓文》一卷。崔冕撰。《代北姓谱》一卷,《辽金元姓谱》一卷。周春撰。《希姓补》五卷。单隆周撰。《齐名纪数》十二卷。王承烈撰。《奇字名》十二卷。李调元撰。《别号录》九卷。葛万里撰。《廿四史讳略》一卷。周榘撰。《国志蒙拾》二卷。郭麟撰。《史姓韵编》六十四卷,《九史同姓名略》七十二卷,《补遗》一卷,《三史同名录》四十卷。汪辉祖撰。《同姓名录》八卷。王廷灿撰。《历代同姓名录》二十三卷。刘长华撰。《亲属记》二卷。郑珍撰。《称谓录》三十二卷。梁章钜撰。《异号类编》二十卷,《双名录》一卷。史梦兰撰。《人寿金鉴》二十二卷。程得龄撰。《古今记林》二十九卷。汪士汉撰。《类林新咏》三十六卷。姚之骃撰。《喻林一叶》二十四卷。王苏撰。《广事类赋》四十卷。华希闵撰。《十三经注疏锦字》四卷,《方言藻》二卷。李调元撰。《连文释义》一卷。王言撰。

《清河偶钞》四卷,《骈字分义》二卷。程际盛撰。《汉书蒙拾》一卷,《后汉书蒙拾》一卷,《文选课虚》四卷。杭世骏撰。《唐句分韵初集》四卷,《二集》四卷,《续集》二卷,《四集》五卷。马瀚撰。《杜韩集韵》三卷。汪文柏撰。《韵粹》一百七卷。朱彝撰。《三体摭韵》十二卷。朱昆田撰。《唐诗金粉》十卷。沈炳震撰。《月满楼甄藻录》一卷。顾宗泰撰。

梁孝元帝《古今同姓名录》二卷,唐林宝《元和姓纂》十八卷,宋马永易《实宾录》十四卷,宋邓名世《古今姓氏书辨证》四十卷,宋唐仲友《帝王经世图谱》十六卷。以上乾隆时敕辑。

小说类

《山海经广注》十八卷。吴任臣撰。《山海经存》九卷。汪绂撰。《山海经笺疏》十八卷,《图赞》一卷,《订讹》一卷。郝懿行撰。《读山海经》一卷。俞樾撰。《穆天子传补正》六卷。陈逢衡撰。《穆天子传注疏》六卷。檀萃撰。《谲觚》一卷。顾炎武撰。《汉世说》十四卷。章抚功撰。《世说补》二十卷。黄汝琳撰。《今世说》八卷。王晫撰。《明语林》十四卷。吴肃公撰。《陇蜀余闻》一卷,《皇华纪闻》四卷。王士禛撰。《矩斋杂记》二卷。施闰章撰。《玉堂荟记》一卷。杨士聪撰。《客途偶记》一卷。郑与侨撰。《玉俞尊闻》十卷。梁维枢撰。《潜园集录》十六卷。屠倬撰。《关陇舆中偶忆编》一卷。张祥河撰。《客话》三卷,《剧话》二卷,《弄话》二卷。李调元撰。《两般秋雨庵随笔》八卷。梁绍壬撰。《藤阴杂记》十二卷。戴璐撰。《归田琐记》八卷,《浪迹丛谈》十一卷,《续》八卷。梁章钜撰。《说铃》一卷。汪琬撰。《觚剩》八卷,《续编》四卷。钮秀撰。《坚瓠集》六十六卷。褚人获撰。《虞初新志》二十卷。张潮撰。《虞初续志》十二卷。郑澍若撰。《史异纂》十六卷,《有明异丛》十卷。傅燮诇撰。《续广博物志》十六卷。徐寿基撰。《阅微草堂笔记》二十四卷。纪昀撰。《池上草堂笔记》八卷。梁恭辰撰。《笔谈》二卷。史梦兰撰。《右台仙馆笔记》十六卷。俞樾撰。《夜史》一百卷。王初桐撰。《影梅庵忆

语》一卷。冒襄撰。《西清散记》四卷。史震林撰。《板桥杂记》三卷。余怀撰。《古笑史》三十四卷。李渔撰。

宋吴淑《江淮异人录》二卷，宋张洎《贾氏谈录》一卷，宋范镇《东斋记事》六卷，宋高晦叟《珍席放谈》二卷，宋王谠《唐语林》八卷，宋朱彧《萍洲可谈》三卷，宋曾慥《高斋漫录》一卷，宋张知甫《张氏可录》一卷，宋陈长方《步里客谈》二卷，不著撰人《东南纪闻》三卷。以上乾隆时敕辑。《青史子》一卷，周宋钘《宋子》一卷，魏邯郸淳《笑林》一卷，晋裴启《裴子语林》二卷，晋郭澄之《郭子》一卷，郭氏《玄中记》一卷，宋东阳无疑《齐谐记》一卷，隋杜宝《水饰》一卷。以上马国翰辑。

释家类

《拣魔辨异录》八卷。世宗御撰。《语录》十九卷。世宗御撰。《南宋元明僧宝传》十五卷。释自融撰。《五叶弘传》二十三卷。释智安撰。《重定教乘法数》十二卷。释起海、通理、广治同撰。《宗统编年》三十二卷。释纪荫撰。《摩尼烛坤集要》七十二卷。尼得一撰。《宗门颂古摘珠》二十八卷。释净符撰。《洞宗会选》二十六卷。释智考撰。《现果随录》一卷。释戒显撰。《正宏集》一卷。释本果撰。《万法归心录》三卷。释超溟撰。《万善光资》四卷，《欲海探源》三卷。周思仁撰。《续指月录》二十卷，《尊宿集》一卷。聂光撰。《治心编》一卷。李芬撰。《如幻集》四卷。释心源撰。《归元镜》二卷。释智达撰。《揞黑豆集》八卷。平圣台撰。《种莲集》一卷。陈本仁撰。《净土圣贤录》九卷，续录四卷，《善女人传》二卷。彭际清撰。《佛尔雅》八卷。周春撰。《释雅》一卷，《梵言》一卷。李调元撰。《楞严经蒙钞》十卷，《心经略疏小钞》二卷，《金刚经疏记悬判》一卷，《疏记会钞》一卷，《金刚经论释悬判》一卷，《偈记会钞》一卷。钱谦益撰。《金刚经注》一卷，《多心经注》一卷。石成金撰。《圆觉经析义疏》四卷。释通理撰。《金刚般若波罗蜜经解注》一卷，附《金刚经诸夹心经浅说》。王定柱撰。《阅藏随笔》二卷，《续笔》一卷。释元度撰。

《心经集注》一卷。徐泽醇撰。《金刚经注》二卷。俞樾撰。《浮石禅师语录》十卷。释行浚等编。《林野奇禅师语录》八卷。释行谧等编。《龙池万如禅师后录》一卷。释行果、超英同编。《憨予暹禅师语录》六卷。释法云、广学同编。《径山费隐禅师语录》一卷。释行和编。《具德禅师语录》二卷。释济义编。《普济玉林禅师语录》十二卷,附《年谱》二卷。释音讳编。《山峰宪禅师语录》五卷。释智质编。《芥子弥禅师语录》二卷。释明成等编。《信中符禅师偈言》二卷。释净符撰。《南山天愚宝禅师语录》四卷。释智普编。《雄圣惟极禅师语录》三卷。释超越编。《东悟本禅师语录》四卷。释通介编。《丈云语录》一卷。释澈润编。《彻悟禅师遗稿》二卷。释了亮编。《梦东禅师遗集》二卷。释际醒撰。《昌启顺禅师语录》二卷。释明成等编。《普照禅师文录》一卷,附《净业记》一卷。释显振等编。

道家类

《御注道德经》二卷。顺治十三年,世祖御撰。《阴符经注》一卷。李光地撰。《阴符经注》一卷。徐大椿撰。《阴符经本义》一卷。董德宁撰。《读阴符经》一卷。汪绂撰。《阴符经注》一卷。宋葆淳撰。《阴符经发隐》一卷。杨文会撰。《老子衍》一卷。王夫之撰。《老子说略》二卷。张尔岐撰。《老子道德经考异》二卷。毕沅撰。《老子参注》四卷。倪元坦撰。《老子解》一卷,《老子别录》一卷,《非老》一卷。吴鼐撰。《老子章义》二卷。姚鼐撰。《老子约说》四卷。纪大奎撰。《道德经编注》二卷。胡与高撰。《读道德经私记》二卷。汪缙撰。《道德经悬解》二卷。黄元御撰。《道德经注》二卷。徐大椿撰。《道德经臆注》二卷。王定柱撰。《道德宝章翼》二卷。金道果撰。《道德经发隐》一卷。杨文会撰。《列子释文》二卷,《考异》一卷。任大椿撰。《列子辨》二卷。不著撰人氏名。《冲虚经发隐》一卷。杨文会撰。《庄子解》三十三卷,《庄子通》一卷。王夫之撰。《庄诂》不分卷。钱澄之撰。《庄子解》三卷。吴世尚撰。《庄子因》六卷,《读庄子法》一卷。林云铭撰。《庄子独见》三十三卷。胡文英撰。《庄

子本义》二卷。梅冲撰。《庄子解》一卷。吴俊撰。《说庄》三卷。韩泰青撰。《庄子集解》八卷。王先谦撰。《庄子约解》四卷。刘鸣典撰。《南华通》七卷。孙家淦撰。《南华释名》一卷。金人瑞撰。《南华本义》二卷。林仲懿撰。《南华经传释》一卷。周金然撰。《南华简钞》四卷。徐廷槐撰。《南华摸象记》八卷。张世荦撰。《南华真经影史》九卷。周拱辰撰。《南华通》七卷。屈复撰。《南华经正义》不分。陈寿昌撰。《南华经发隐》一卷。杨文会撰。《列仙传校正》二卷,附《列仙赞》一卷。闺秀王照圆撰。《参同契章句》一卷,《鼎符》一卷。李光地撰。《读参同契》三卷。汪绂撰。《参同契注》二卷。陈兆成撰。《参同契集注》六卷。刘英龙撰。《古文周易参同契注》八卷。袁仁林撰。《周易参同契集韵》六卷。纪大奎撰。《参同契金隄大义》三卷。许桂林撰。《参同契集注》二卷。仇沧柱撰。《悟真篇集注》五卷。仇知几撰。《列仙通纪》六十卷。薛大训撰。《仙史》八卷。王建章撰。《金仙证论》一卷。柳华阳撰。《万寿仙书》四卷。曹无极撰。《果山修道居志》二卷。叶钤撰。《金盖心灯》八卷。鲍廷博撰。《真诠》二卷。不著撰人氏名。《得一参五》七卷。姜中贞撰。《瓣香录》一卷。邵璞撰。《质神录》一卷。彭兆升撰。《太上老君说常清静经注》一卷。徐廷槐撰。《黄庭经发微》二卷。董德宣撰。《太上感应篇注》二卷。惠栋撰。《感应篇赞义》一卷。俞樾撰。

宋杜道坚《文子赞义》十二卷。乾隆时敕辑。《抱朴子内篇佚文》一卷,《外篇佚文》一卷。顾广圻、严可均同辑。《商伊尹书》一卷,周《辛甲书》一卷,魏《公子牟子》一卷、《田骈子》一卷,楚《老莱子》一卷、《黔娄子》一卷,郑《长者书》一卷,魏任嘏《任子道论》一卷、关朗《洞极真经》一卷,吴唐滂《唐子》一卷,晋苏彦《苏子》一卷、陆云《陆子》一卷,杜夷《杜子幽求新书》一卷、孙绰《孙子》一卷、苻朗《苻子》一卷,齐张融《少子》一卷,顾欢《夷夏论》一卷。以上马国翰辑。

清史稿卷一四八
志第一二三

艺文四

集　部

　　集部五类：一曰楚辞类，二曰别集类，三曰总集类，四曰诗文评类，五曰词曲类。

楚辞类

　　《补绘离骚全图》二卷。萧云从原图，乾隆四十七年奉敕补绘。《楚辞通释》十四卷。王夫之撰。《山带阁注楚辞》六卷，《楚词余论》二卷。《楚辞说韵》一卷。蒋骥撰。《楚辞灯》四卷。林云铭撰。《楚辞新注》六卷。屈复撰。《楚辞疏》八卷。吴世尚撰。《楚辞会真》一卷。卿彬撰。《楚辞贯》一卷。董国英撰。《楚辞章句》七卷。刘飞鹏撰。《离骚图》一卷。萧云从图并注。《离骚经注》一卷。李光地撰。《离骚正义》一卷。方苞撰。《离骚经解》一卷。方楘如撰。《离骚解》一卷。顾成天撰。《离骚笺》二卷。龚景瀚撰。《离骚解》一卷。谢济世撰。《离骚辨》一卷。朱冀撰。《离骚节解》一卷。张德纯撰。《离骚中正》二卷。林仲懿撰。《离骚补注》一卷。朱骏声撰。《天问补注》一卷。毛奇龄撰。《天问校正》一卷。屈复撰。《九歌注》一卷。李光地撰。《九歌解》一卷。顾成天撰。《屈原赋注》六卷，《通释》二卷，《音义》三卷。戴震撰。《屈子生卒年月考》一卷。陈

阳撰。《楚辞人名考》一卷。俞樾撰。《离骚草木疏辨证》四卷。祝德麟撰。《楚词辨韵》一卷。陈昌齐撰。《楚辞韵读》一卷,《宋赋韵读》一卷。江有诰撰。《离骚释韵》一卷。蒋曰豫撰。《屈子正音》三卷。方绩撰。

别集类

清 圣祖《文初集》四十卷、《二集》五十卷、《三集》五十卷、《四集》三十六卷、《避暑山庄诗》二卷,世宗《文集》三十卷、《悦心集》二卷,高宗《文初集》三十卷、《二集》四十四卷、《三集》十六卷、《诗初集》四十八卷、《二集》一百卷、《三集》一百十二卷、《四集》一百十二卷、《五集》一百卷、《余集》二十卷、《乐善堂定本》三十卷、《全史诗》二册、《全韵诗》二册、《拟白居易乐府》四册、《圆明园诗》不分卷,仁宗《文初集》十卷、《二集》十四卷、《余集》二卷、《诗初集》四十八卷、《二集》六十四卷、《三集》六十四卷、《余集》六卷、《味余书屋全集定本》四十卷,附《随笔》二卷、《全史诗》六十四卷,宣宗《文集》十卷、《余集》六卷、《诗集》二十四卷、《余集》十二卷、《养正书屋全集定本》四十卷,文宗《文集》二卷、《诗集》八卷,穆宗《文集》十卷、《诗集》六卷。诸王、宗室诗文集已见本传,不载。

魏曹植《子建集铨评》十卷。丁晏撰。晋阮籍《咏怀诗注》四卷。蒋师沦撰。晋孙楚《冯翊集发微》四卷。于宗林撰。晋陶潜《诗汇注》四卷。吴瞻泰撰。《陶诗笺》五卷。邱嘉穗撰。《陶诗集注》四卷。詹夔锡撰。《陶靖节集注》十卷。陶澍撰。《陶诗附考》一卷。方东树撰。周庾信《开府集笺注》十卷。吴兆宜撰。《庾子山集注》十六卷。倪璠撰。陈徐陵《孝穆集笺注》六卷。吴兆宜撰。唐王勃《子安集注》二十五卷。蒋清翊撰。骆宾王《临海集注》十卷。陈熙晋撰。《李太白诗集注》三十六卷。王琦撰。杜甫《工部集注》二十卷。钱谦益撰。《杜诗辑注》二十三卷。朱鹤龄撰。《杜诗详注》二十五卷,《附编》二卷。仇兆龟撰。《杜诗镜铨》二十卷。杨伦撰。《杜诗注解》二十卷。张晋撰。《杜诗注释》二十四卷。许宝善撰。《杜工部

诗疏解》二卷。顾施祯撰。《知本堂读杜》二十四卷。汪灏撰。《杜诗提要》十四卷。吴瞻泰撰。《杜诗说》十二卷。黄生撰。《杜诗疏》八卷。纪容舒撰。《杜诗会粹》二十四卷。张远撰。《杜诗阐》三十三卷。卢元昌撰。《杜诗论》五十六卷。吴见思撰。《杜诗注解》十二卷。顾宏撰。《杜诗集说》二十卷。江浩然撰。《杜诗谱释》二卷。毛张健撰。《岁寒堂读杜》二十卷。范辇云撰。《读杜心解》六卷。浦起龙撰。《杜诗通解》四卷。李文炜撰。《杜工部诗注》五卷。陈之埙撰。《杜诗直解》五卷。范廷谋撰。王维《右丞集注》二十八卷,《附录》二卷。赵殿成撰。《白香山诗集》四十卷,附《年谱》一卷。顾嗣立编及笺释。韩愈《昌黎诗笺注》十一卷。顾嗣立撰。《昌黎诗增注证讹》十一卷。黄钺撰。《编年昌黎诗注》十二卷。方世举撰。《韩集点勘》四卷。陈景云撰。《昌黎集补注》四十卷。沈钦韩撰。《读韩记疑》十卷。王元启撰。《柳集点勘》三卷。陈景云撰。李贺《长吉歌诗汇解》四卷,《外集》一卷。王琦撰。《协律钩元注》四卷。陈本礼撰。樊宗师《绍述集注》二卷,卢仝《玉川子诗集注》五卷。孙之录撰。杜牧《樊川文集注》二十卷。冯集梧撰。李商隐《义山诗注》三卷,《补注》一卷。朱鹤龄撰。《重订李义山诗集笺注》三卷,《外集笺注》一卷。程梦星撰。《李义山诗集注》十六卷。姚培谦撰。《李义山文集笺注》十卷。笺,徐树谷撰;注,徐炯撰。《玉溪生诗详注》三卷,《樊南文集详注》八卷。冯浩撰。《樊南文集笺注补编》十二卷,附录一卷。笺,钱振伦撰;注,钱振常撰。温庭筠《飞卿集笺注》九卷。顾予咸撰,子嗣立增补。《孙文志疑》一卷。汪师韩撰。罗邺《比红儿诗注》一卷。沈可培撰。宋王安石《荆公文集注》四十四卷。沈钦韩撰。《苏诗施注补注》四十二卷,《王注正讹》一卷。邵长蘅、李必恒同撰。《苏诗补注》一卷。冯景撰。《补注东坡编年诗》五十卷。查慎行撰。《苏诗查注补正》四卷。沈钦韩撰。《苏诗合注》五十卷,《附录》五卷。冯应榴撰。《苏诗编注集成》一百三卷,《杂缀》一卷。王文浩撰。《苏诗补注》八卷。翁方纲撰。范成大《石湖诗集注》三卷。沈钦韩撰。谢翱《西台恸哭记注》一卷。黄宗羲撰。

金元好问《遗山诗集注》十四卷。施国祁撰。元吴莱《渊颖先生集注》十二卷。王朝、王绳曾曾同撰。杨维桢《铁崖乐府注》十卷,《逸编注》八卷,《咏史注》八卷。楼卜瀍撰。明高启《青丘诗集注》十八卷,附《凫藻集》五卷。金檀撰。陈子龙《忠裕集注》三十卷。王昶等撰。

以上笺注自魏至明诗文集

《亭林文集》六卷,《诗集》五卷,《余集》一卷,《佚诗》一卷。顾炎武撰。《南雷文定前集》十一卷,《后集》四卷,《三集》三卷,《诗历》四卷。黄宗羲撰。《姜斋文集》十卷,《诗集》十八卷。王夫之撰。《夏峰先生集》十四卷。孙奇逢撰。《用六集》十二卷。刁包撰。《桴亭诗钞》八卷,《文钞》六卷。陆世仪撰。《居易堂集》二十卷。徐枋撰。《隰西草堂诗集》五卷,《文集》三卷。万寿祺撰。《蜃园文集》四卷,《诗集》四卷,《梅花百咏》一卷,《九山游草》一卷。李确撰。《愧讷集》十二卷。朱用纯撰。《杨园先生文集》五十四卷。张履祥撰。《霜红龛文集》四卷,《诗集》不分卷。傅山撰。《白耷山人诗集》十卷,《文集》二卷。阎尔梅撰。《悬弓集》三十卷,《玄恭文续钞》七卷。归庄撰。《田间诗集》二十八卷,《文集》三十卷。钱澄之撰。《二曲集》二十六卷。李颙撰。《五公山人集》十四卷。王余祐撰。《巢民诗集》八卷,《文集》六卷。冒襄撰。《魏伯子文集》十卷。魏际瑞撰。《魏叔子文集》二十二卷,《诗集》八卷。魏禧撰。《魏季子文集》十六卷。魏礼撰。《邱邦士文集》十七卷。邱维屏撰。《寒支初集》十卷,《二集》四卷。李世熊撰。《变雅堂文集》五卷,《诗集》四卷。杜浚撰。《聪山集》十四卷。申涵光撰。《柿叶庵诗选》一卷。张盖撰。《为可堂诗集》十六卷。朱一是撰。《蒿庵集》三卷。张尔岐撰。《冯氏小集》七卷。冯班撰。《屈翁山诗集》八卷,《外集》十八卷。屈大均撰。《独漉堂稿》六卷。陈恭尹撰。《犀崖文集》二十五卷,《云湖堂集》六卷。易学实撰。《陈士业全集》十六卷。陈宏绪撰。《枣林诗集》一卷。谈迁撰。《水田居士文集》五卷。贺贻孙撰。《宇台集》四十卷。孙治撰。《潜斋先生集》十卷。应㧑谦撰。《五经堂文集》五卷。范

鄗鼎撰。《敬修堂钓业》一卷。查继佐撰。《濑园文集》二十卷,《诗后集》三卷。严首升撰。《内省斋文集》三十二卷。汤来贺撰。《虎溪渔叟集》十卷。刘命清撰。《落木庵诗集》二卷。徐波撰。《困亨斋集》二卷。王锡阐撰。《紫峰集》十四卷。杜越撰。《白茅堂集》四十六卷。顾景星撰。《愚庵小集》十五卷。朱鹤龄撰。《景棠文钞》六卷,《诗钞》七卷。李邺嗣撰。《初学集》一百十卷,《有学集》五十卷。钱谦益撰。《梅村集》四十卷。吴伟业撰。《吴诗集览》二十卷,《谈薮》一卷。靳荣藩编注。《吴梅村诗笺注》二十卷。吴翌凤撰。《燕香斋文集》四卷,《诗集》六卷。刘余祐撰。《金文通集》二十卷。金之俊撰。《灌研斋集》四卷。李元鼎撰。《秀岩集》三十一卷。胡世安撰。《澹友轩集》十六卷,《桴庵集》四卷。薛所蕴撰。《青溪遗稿》二十八卷。程正揆撰。《己亥存稿》一卷。孙承泽撰。《浮云集》十一卷。陈之遴撰。《静惕堂诗集》四十四卷。曹溶撰。《了莽文集》九卷,《且园近集》、《且园近诗》四卷。王岱撰。《读史亭诗集》十六卷,《文集》二十二卷。彭而述撰。《山围堂集》二十三卷。郑宗圭撰。《石云居士集》十五卷,《诗》七卷。陈名夏撰。《栖云阁诗》十六卷。高珩撰。《青箱堂文集》三十三卷,《诗集》三十三卷。王崇简撰。《东村集》十卷。李呈祥撰。《东谷集》三十四卷,《归庸集》四卷,《桑榆集》三卷。白允谦撰。《定山堂诗集》四十三卷。龚鼎孳撰。《雪堂先生集选》十一卷。熊文举撰。《赖古堂集》二十四卷。周亮工撰。《沚亭删定文集》二卷,《自删诗》一卷。孙廷铨撰。《兼济堂文集》二十卷。魏裔介撰。《寒松堂文集》十卷,《诗集》三卷。魏象枢撰。《西北文集》四卷。毕振姬撰。《兰雪堂诗集》三卷。谢宾王撰。《袯园集》九卷。梁清远撰。《心远堂诗集》十二卷。李尉撰。《且亭诗集》不分。杨思圣撰。《四思堂文集》八卷。傅维鳞撰。《王文靖集》二十四卷。王熙撰。《傅忠毅集》八卷。傅弘烈撰。《佳山堂集》十卷。冯溥撰。《林屋文稿》十六卷,《诗稿》十四卷。宋征舆撰。《慎斋遇集》五卷。蒋永修撰。《安雅堂诗》不分卷,《文集》四卷,《未刻稿》十卷。宋琬撰。《学余堂文集》二十八卷,《诗

集》五十卷,《外集》二卷。施闰章撰。《矶思堂文集》八卷,《诗集》一卷。刘子壮撰。《熊学士诗文集》三卷。熊伯龙撰。《志壑堂文集》十三卷,《诗集》十五卷。唐梦赉撰。《中山文钞》四卷,《诗钞》四卷。郝浴撰。《汤文正遗稿》五卷。汤斌撰。《莲龛集》十六卷。李来泰撰。《嵩游集》一卷。叶封撰。《万青阁全集》八卷,《林卧遥集》三卷。赵吉士撰。《堪斋诗存》八卷。顾大申撰。《学源堂文集》十八卷。郭棻撰。《尧峰文钞》五十卷,《钝翁类稿》一百十八卷。汪琬撰。《司勋五种集》二十卷。王士禄撰。《抡山集选》一卷。王士禧撰。《古钵集选》一卷。王士祐撰。《带经堂全集》九十二卷。王士祯撰。《渔洋山人精华录训纂》十卷。惠栋撰。《精华录笺注》十二卷,《补遗》一卷。金荣撰。《乐圃集》七卷。颜光敏撰。《鹤岭山人诗集》十六卷。王泽弘撰。《耻躬堂文集》二十卷。王命岳撰。《七颂堂集》十四卷。刘体仁撰。《午亭文编》五十卷。陈廷敬撰。《经义斋集》十八卷。熊赐履撰。《庸书》二十卷。张贞生撰。《苍岘山人文集》六卷,《诗集》五卷。秦松龄撰。《读书斋偶存藁》四卷。叶方蔼撰。《松桂堂全集》三十七卷。彭孙遹撰。《张文贞集》十二卷。张玉书撰。《忠贞集》十卷。范承谟撰。《抱犊山房集》六卷。嵇永仁撰。《莲洋诗钞》十卷。吴雯撰。《西陂类稿》三十九卷。宋荦撰。《正谊堂诗集》二十卷,《文集》不分卷。董以宁撰。《铁庐集》三卷,《外集》二卷,《附录》一卷。潘天成撰。《溉堂前集》九卷。《续集》六卷,《后集》六卷。孙枝蔚撰。《闇修斋稿》一卷。萧企昭撰。《藕湾全集》二十九卷。张仁熙撰。《织斋集钞》八卷。李焕章撰。《谢程山集》十八卷。谢文存撰。《燕峰文钞》一卷。费密撰。《省庐文集》七卷,《诗集》七卷。彭师度撰。《省轩文钞》十卷。柴绍炳撰。《张秦亭诗集》十二卷。张丹撰。《潠书》八卷,《思古堂集》四卷,《东苑文钞》二卷,《诗钞》一卷,《小匡文钞》四卷,《蕊云集》一卷,《晚唱》一卷。毛先舒撰。《会侯文钞》二十卷。毛际可撰。《学园集》一卷,《续编》一卷。沈起撰。《黄山诗留》十六卷。法若真撰。《春树草堂集》六卷。杜恒灿撰。《天延阁诗前集》十六卷,《后集》十三卷。梅

清撰。《托素斋集》十卷。黎士宏撰。《雪鸿堂文集》十八卷。李蕃撰。《秋笳集》十卷。吴兆骞撰。《改亭文集》十六卷,《诗》六卷。计东撰。《挹奎楼文集》十二卷,《吴山毂音》八卷。林云铭撰。《嵩庵集》五卷。冯苏撰。《世德堂集》四卷。王钺撰。《古愚心言》八卷。彭鹏撰。《聊园全集》十五卷。孔贞宣撰。《叶忠节遗稿》十三卷。叶映榴撰。《谷口山房诗集》十卷。李念慈撰。《中岩集》六卷。宋振麟撰。《稽留山人集》二十卷。陈祚明撰。《陋轩诗》四卷。吴嘉纪撰。《定隆乐府》十卷。沙张白撰。《突星阁诗钞》十五卷。王戬撰。《冠豸山堂文集》三卷。童能灵撰。《丁野鹤诗钞》十卷。丁耀亢撰。《吾好遗稿》一卷。章静宜撰。《莱山堂集》八卷,《遗稿》五卷。章金牧撰。《怀葛堂文集》十五卷。梁份撰。《江泠阁诗集》十四卷,《文集》四卷,《续集》二卷。冷士嵋撰。《海日堂诗集》五卷,《文集》二卷。程可则撰。《问山诗集》十卷,《文集》八卷。丁炜撰。《己畦诗集》十卷,《文集》十四卷。叶燮撰。《习斋记余》十卷。颜元撰。《恕谷后集》十三卷。李塨撰。《居业堂集》二十卷。王源撰。《林蕙堂集》二十六卷。吴绮撰。《思绮堂文集》十卷。章藻功撰。《善卷集》四卷。陆繁绍撰。《尺五堂诗删》六卷。严我斯撰。《读书堂集》四十六卷。赵士麟撰。《笃素堂诗集》七卷,《文集》十六卷,《存诚堂诗集》二十五卷,《应制诗》五卷。张英撰。《戒庵诗存》一卷。邵远平撰。《古欢堂集》三十六卷。田霡雯撰。《鬲津草堂诗集》不分卷。田脉撰。《学文堂集》四十三卷。陈玉撰。《石屋诗钞》八卷,《补钞》一卷。魏麟徵撰。《榕村集》四十卷。李光地撰。《皋轩文编》一卷。李光坡撰。《三鱼堂文集》十二卷,《外集》六卷,《附录》二卷。陆陇其撰。《憺园集》三十八卷。徐乾学撰。《健松斋集》二十四卷,《续集》十卷。方象瑛撰。《百尺梧桐阁集》二十六卷。汪懋麟撰。《赵恭毅剩稿》八卷。赵申乔撰。《玉岩诗集》七卷。林麟撰。《安静子集》十三卷。安致远撰。《临野堂文集》十卷。钮秀撰。《有怀堂诗文稿》二十八卷。韩菼撰。《苹村类藁》三十卷。徐倬撰。《凤池园集》十六卷。顾汧撰。《宝菑堂诗藁》四卷,《河上草》二卷,《兰樵归田稿》一卷。张

榕端撰。《张文端集》七卷。张鹏翮撰。《因园集》十三卷。赵执信撰。《宝菌堂遗诗》二卷。赵执端撰。《通志堂集》十八卷。纳喇性德撰。《青门簏稿》十六卷，《青门旅稿》六卷，《青门剩稿》六卷。邵长蘅撰。《清芬堂存稿》八卷。胡会恩撰。《横云山人集》十六卷。王鸿绪撰。《于清端政书》八卷。于成龙撰。《世恩堂集》三十五卷。王顼龄撰。《受祺堂诗集》三十四卷。李因笃撰。《遂初堂诗集》十五卷，《文集》二十卷，《别集》四卷。潘耒撰。《抱经斋集》二十卷。徐嘉炎撰。《丛碧山房集》五十七卷。庞垲撰。《曝书亭集》八十卷，《附录》一卷。朱彝尊撰。《曝书亭集上稿》八卷。冯登府辑。《曝书亭诗注》二十二卷。杨谦撰。《曝书亭赋诗注》二十三卷。孙银槎撰。《曝书亭诗钞笺注》十二卷。汪浩然撰。《湖海楼诗集》十二卷，《文集》十八卷。陈维崧撰。《陈检讨四六注》十二卷。程师恭撰。《西河集》一百八十九卷。毛奇龄撰。《西堂全集》六十六卷。尤侗撰。《白云村集》八卷。李澄中撰。《秋锦山房集》二十二卷。李良年撰。《南州草堂集》三十卷。徐撰。《深秀亭近草》五卷。潘钟麟撰。《超然诗集》八卷。张远撰。《香草居集》七卷。李符撰。《秋水阁文钞》一卷。陈维岳撰。《野香亭集》十三卷。李孚青撰。《冯舍人遗诗》六卷。冯廷撰。《居业斋文集》二十卷，《别集》十卷。金德嘉撰。《葛庄分类诗钞》十四卷。刘廷玑撰。《益戒堂诗集》十六卷。揆叙撰。《南堂集》十二卷。施世纶撰。《与梅堂集》十三卷。佟世思撰。《栋亭诗钞》八卷，《文钞》一卷。曹寅撰。《墨井诗钞》二卷。吴历撰。《瓯香馆集》十二卷。恽格撰。《离垢集》五卷。华岊撰。《蓄斋集》十六卷。黄中坚撰。《笠翁一家言》十六卷。李渔撰。《柯庭余习》十二卷。汪文柏撰。《后甲集》二卷。章大来撰。《正谊堂集》十二卷，《续集》八卷。张伯行撰。《爱日堂诗》二十七卷。陈元龙撰。《鹤侣斋集》三卷。孙勷撰。《岭老编年诗钞》十三卷。金张撰。《昆仑山房集》三卷。张笃庆撰。《怀清堂集》二十卷。汤右曾撰。《药亭诗集》二卷。梁佩兰撰。《湛园未定稿》六卷，《苇间诗集》五卷。姜宸英撰。《经进文稿》六卷，《清吟堂集》九卷，《归田集》十四卷。高

士奇撰。《绀寒亭诗集》十卷,,文集》四卷。赵俞撰。《枞左堂诗集》六卷,孙致弥撰。《过江集》四卷。史申义撰。《寒村集》三十六卷。郑梁撰。《峣山文集》四卷,《诗集》一卷。田从典撰。《潘中丞集》四卷。潘宗洛撰。《东山草堂文集》二十卷。邱嘉穗撰。《陆堂文集》二十卷。陆奎勋撰。《时用集》不分卷。陈讦撰。《小谷口著述缘起》不分卷。郑元庆撰。《思复堂集》十卷。邵廷采撰。《高阳山人文集》十二卷。刘青藜撰。《南山文集》十六卷。戴名世撰。《吕用晦文集》六卷,《续集》四卷。吕留良撰。《幸跌草》三卷。黄百家撰。《眺秋楼诗》八卷。高岑撰。《赤嵌集》四卷。孙元衡撰。《四香楼集》四卷。范赞撰。《酿川集》十三卷。许尚质撰。《南园诗钞》十卷。尤世求撰。《在陆草堂集》六卷。储欣撰。《道荣堂文集》六卷,《近诗》十卷。陈鹏年撰。《固哉叟诗钞》八卷。高孝本撰。《咸斋文钞》七卷。查旭撰。《味和堂诗集》六卷。高其倬撰。《德荫堂集》十六卷。阿克敦撰。《清端集》八卷。陈宾撰。《梦月岩诗集》二十卷,《冶古堂文集》五卷。吕履恒撰。《青要集》十二卷。吕谦恒撰。《严太仆诗文集》十卷。严虞撰。《天鉴堂集》八卷。沈近思撰。《朴学斋诗集》十卷。林佶撰。《畏垒山人诗集》四卷。徐昂发撰。《杨文定文集》十二卷。杨名时撰。《澄怀园全集》三十七卷。张廷玉撰。《咏花轩诗集》六卷。张廷璐撰。《秋江诗集》六卷。黄任撰。《黑蝶斋诗钞》四卷。沈岸登撰。《楼村集》二十五卷。王式丹撰。《古剑书屋文钞》十卷。吴廷桢撰。《纬萧草堂诗》六卷。宋至撰。《彭南畇文稿》十二卷,《诗稿》十卷,《编年诗》十七卷。彭定求撰。《补瓢存稿》六卷。韩骐撰。《砚溪先生诗稿》七卷。惠周惕撰。《甓湖草堂文集》六卷,《近集》四卷。高世杰撰。《二希堂文集》十二卷。蔡世远撰。《查浦诗钞》十二卷。查嗣撰。《敬业堂集》五十卷。查慎行撰。《望溪集》十八卷,《外集》十二卷。方苞撰。《四知堂集》三十六卷。杨锡绂撰。《存砚楼文集》十六卷。储大文撰。《绩学堂文钞》六卷,《诗钞》四卷。梅文鼎撰。《滋兰堂诗集》十卷。沈元沧撰。《澹初诗稿》八卷。沈翼机撰。《十峰集》五卷。徐

基撰。《圭美堂集》二十六卷。徐用锡撰。《性影集》八卷。王时宪撰。《橘巢小稿》四卷。王世琛撰。《改堂文钞》二卷。唐绍祖撰。《师经堂集》十八卷。徐文驹撰。《间丘诗集》六十卷。顾嗣立撰。《今有堂诗集》六卷。程梦星撰。《墨香阁诗文集》十三卷。彭维新撰。《何端简集》十二卷。何世基撰。《赵裘尊剩稿》四卷。赵熊诏撰。《白田草堂存稿》二十四卷。王懋竑撰。《近道斋诗集》四卷，《文集》六卷。陈万策撰。《孟邻堂文钞》十六卷。杨椿撰。《健余文集》十卷。尹会一撰。《义门先生集》十二卷。何焯撰。《解春文钞》十二卷，《补遗》二卷，《诗钞》二卷。冯景撰。《穆堂类稿》五十卷，《续稿》五十卷，《别稿》五十卷。李绂撰。《近青堂诗集》一卷。卓尔堪撰。《积山先生遗集》十卷。汪维宪撰。《可仪堂文集》二卷。俞长城撰。《虞东先生文录》八卷。顾镇撰。《黄叶村庄诗集》十卷。吴之振撰。《大谷集》六卷。方殿元撰。《大樗堂初集》十二卷。王隼撰。《云华阁诗略》六卷。易宏撰。《鹿洲初集》二十卷。蓝鼎元撰。《龙溪草堂集》十卷。王世睿撰。《云溪文集》五卷。储掌文撰。《寒香阁诗集》四卷。邓钟岳撰。《坌麟诗集》十二卷。马维翰撰。《秋塍文钞》十二卷，《三州诗钞》四卷。鲁曾煜撰。《文蔚堂诗集》八卷，《西林遗稿》六卷。鄂尔泰撰。《楚蒙山房诗文集》二十卷。晏斯盛撰。《香树斋文集》二十八卷，《续集》五卷，《诗集》十八卷，《续集》三十六卷。钱陈群撰。《澄潭山房古文存稿》四卷，《诗集》十七卷。程襄龙撰。《师善堂诗集》十卷。嵇曾筠撰。《小兰陔集》十二卷。谢道承撰。《桐村诗》九卷。冯咏撰。《崇德堂集》八卷。王植撰。《墙东杂著》一卷。王汝骧撰。《王己山文集》十卷，《别集》四卷。王步青撰。《甘庄恪集》十六卷。甘汝来撰。《课忠堂诗钞》不分卷。魏廷珍撰。《灵川阁诗集》九卷。杜诏撰。《学古堂诗集》六卷。沈季友撰。《渠亭山人半部稿》一卷，《潜州集》一卷，《或语集》一卷，《娱老集》一卷。张贞撰。《湖海集》十二卷。孔尚任撰。《陈司业文集》四卷，《诗集》四卷。陈祖范撰。《芙蓉集》十七卷。宋元鼎撰。《怀筋集》三十六卷。魏荔彤撰。《笛渔小稿》十卷。朱昆田撰。《秋

水集》十卷。严绳孙撰。《清芬楼遗稿》四卷。任启运撰。《松泉文集》二十卷,《诗集》二十六卷。汪由敦撰。《蔗尾诗集》十五卷,《文集》二卷。郑方坤撰。《树人堂诗》七卷。帅念祖撰。《涵有堂诗文集》四卷。游绍安撰。《江声草堂诗集》八卷。金志章撰。《王艮斋集》十四卷。王峻撰。《四焉斋文集》八卷,《诗集》六卷。曹一士撰。《金管集》一卷,《花语山房诗文小钞》一卷。顾成大撰。《柳渔诗钞》十二卷。张湄撰。《秋水斋诗集》十五卷。张映斗撰。《松桂读书堂集》八卷。姚培谦撰。《寒斋诗集》四卷。岳钟琪撰。《道腴堂诗编》三十卷,《诗续》十二卷。鲍钦撰。《屏守斋遗稿》四卷。姚世钰撰。《在亭丛稿》二十卷。李果撰。《后海书堂遗文》二卷。王孝咏撰。《丰川全集》二十八卷,《后集》三十四卷。王心敬撰。《垆塘诗集》一卷,《楚颂亭诗》二卷,《扈从清平遗调》一卷。顾贞观撰。《质园诗集》三十四卷。商盘撰。《绿荫亭集》二卷。陈奕禧撰。《江湖间吟》八卷。王道撰。《翰村诗稿》六卷。仲是保撰。《芝庭文稿》八卷,《诗稿》十六卷。彭启丰撰。《尹文端公诗集》十卷。尹继善撰。《柳南诗钞》十卷,《文钞》六卷。王应奎撰。《上湖纪岁诗编》四卷,《续编》一卷,《分类文编》一卷,《补钞》二卷。汪师韩撰。《矢音集》十卷。梁诗正撰。《筠谷诗钞》六卷,《别集》一卷。郑江撰。《露香书屋遗集》十卷。张映辰撰。《蔗堂未定稿》八卷,《外集》四卷。查为仁撰。《吞松阁集》二十卷。郑虎文撰。《朱文端公集》四卷。朱轼撰。《铜鼓书堂遗集》三十二卷。查礼撰。《珂雪集》二卷,《实庵诗略》二卷。曹贞吉撰。《培远堂偶存稿》四十八卷。陈宏谋撰。《双池文集》十卷。汪绂撰。《陶晚闻先生集》十卷。陶正靖撰。《经笥堂文钞》二卷。雷宏撰。《晴岚诗存》八卷。张若霭撰。《寿藤斋集》三十五卷。鲍倚云撰。《南华山人诗钞》十六卷,《赐诗赓和集》六卷。张鹏翀撰。《问青堂诗集》十卷。朱伦瀚撰。《蒋济航先生文集》二卷。蒋汾功撰。《奉石堂集》二卷。达礼撰。《受宜堂集》四十三卷。常安撰。

以上顺治、康熙、雍正朝

《绳庵内外集》二十四卷。刘纶撰。《东山草堂集》六卷。潘安礼撰。《绛跗阁诗稿》十一卷。诸锦撰。《道古堂文集》四十八卷，《诗集》二十六卷。杭世骏撰。《紫竹山房文集》十一卷，《诗集》十二卷。陈兆仑撰。《隐拙斋集》五十卷。沈廷芳撰。《宝纶堂文钞》八卷，《诗钞》六卷。齐召南撰。《石笥山房诗集》十一卷，《补遗》四卷，《文集》六卷，《补遗》一卷。胡天游撰。《归愚诗文钞》五十八卷。沈德潜撰。《小仓山房文集》三十卷，《诗集》三十一卷，《外集》七卷。袁枚撰。《随园诗录》十卷。边连宝撰。《白云诗集》七卷。卢存心撰。《白云山房文集》六卷，《诗集》二卷。张象津撰。《云逗楼集》二卷。杨度汪撰。《黄静山集》十二卷。黄永年撰。《桧门诗存》四卷。金德瑛撰。《强恕斋文钞》五卷。张庚撰。《睫巢集》六卷，《后集》一卷。李锴撰。《大谷山堂集》六卷。梦麟撰。《雷溪草堂诗》一卷。那兰长海撰。《陈玉几诗集》三卷。陈撰撰。《无悔斋集》十五卷。周京撰。《樊榭山房集》二十卷。厉鹗撰。《果堂集》十二卷。沈彤撰。《赐书堂诗选》八卷。周长发撰。《明史杂咏》四卷。严遂成撰。《位山诗赋全集》二卷。徐文靖撰。《云在诗钞》九卷。查祥撰。《六峰阁诗稿》一卷。朱稻孙撰。《黍谷山房集》十卷。吴麟撰。《桑弢甫集》八十四卷。桑调元撰。《唐堂集》六十一卷，《香屑集》十六卷。黄之隽撰。《集虚斋学古文》十二卷。方楘如撰。《绿萝山房文集》二十四卷，《诗集》三十三卷。胡浚撰。《海峰文集》十卷，《诗集》四卷。刘大櫆撰。《鲒埼亭文集》三十八卷，《外集》五十卷，《诗集》八卷，《句余土音》四卷。全祖望撰。《爱日堂吟稿》十五卷。赵昱撰。《沙河逸老小稿》一卷。马曰琯撰。《南斋集》二卷。马曰璐撰。《澄悦堂集》十四卷。国梁撰。《薇香集》一卷，《燕香集》二卷，《二集》二卷。方观承撰。《裘文达诗集》十二卷，《文集》六卷。裘曰修撰。《春凫小稿》十二卷。符曾撰。《择石斋诗集》四十九卷。钱载撰。《空山堂文集》十二卷，《诗集》六卷。牛运震撰。《阮斋集》十卷。劳孝舆撰。《槐堂诗文稿》二十卷。汪沆撰。《秀砚斋吟稿》二卷。赵信撰。《兰藻堂集》十二卷。舒瞻撰。《西斋诗辑遗》三卷。博明撰。《固载

草亭集》六卷。高斌撰。《陶人心语》六卷。唐英撰。《绲斋文集》八卷,《诗稿》八卷。蔡新撰。《板桥全集》四卷。郑燮撰。《海门诗钞初集》十卷,《外集》四卷.鲍皋撰。《赐书堂文集》六卷,《诗集》四卷。翁照撰。《介石堂诗集》十卷,《古文》十卷。郭起元撰。《素余堂集》三十四卷。于敏中撰。《敬思堂诗集》六卷,《文集》六卷。梁国治撰。《知足斋文集》六卷,《诗集》二十卷。朱圭撰。《笥河文集》十六卷。朱筠撰。《切问斋集》十六卷。陆烗撰。《潜研堂文集》五十卷,《诗集》十卷,《续集》十卷。钱大昕撰。《可庐十种箸述叙例》一卷。钱大昭撰。《春融堂集》六十八卷。王昶撰。《西庄始存稿》三十九卷,《西沚居士集》二十四卷。王鸣盛撰。《樗亭诗稿》十八卷。萨哈岱撰。《兰玉堂文集》二十卷,《诗集》十卷。张云锦撰。《燕川集》十四卷。范泰恒撰。《援鹑堂文集》六卷。姚范撰。《苏园仲文集》二卷,《补遗》一卷,《诗集》六卷。苏去疾撰。《梅崖居士文集》三十卷,《外集》八卷。朱仕秀撰。《研经堂文集》三卷,《诗集》十三卷。吉梦熊。《松崖文钞》二卷。惠栋撰。《复初斋文集》三十五卷,《诗集》六十六卷。翁方纲撰。《听莺居文钞》三十卷。翁广平撰。《纪文达遗集》十六卷。纪昀撰。《一瓢斋诗存》六卷。薛雪撰。《枯坡居士集》十二卷。万光泰撰。《澄碧斋诗钞》十二卷。钱琦撰。《静廉斋诗集》二十四卷。金牲撰。《刘文清遗集》十七卷。刘墉撰。《冬心集》四卷。金农撰。《产鹤亭诗集》七卷。曹廷栋撰。《省吾斋集》二十卷。窦光鼐撰。《笃心书屋诗钞》十二卷。褚廷璋撰。《月满楼诗集》四十一卷,《别集》六卷。顾宗泰撰。《葆淳阁集》二十六卷。王杰撰。《泊鸥山房存》三十八卷。陶元藻撰。《墨香阁文集》十五卷。彭惟新撰。《小山诗钞》十一卷。邹一桂撰。《东原集》十卷。戴震撰。《南江集钞》四卷。邵晋涵撰。《抱经堂文集》三十四卷。卢文绍撰。《玉芝堂文集》六卷,《诗集》三卷。邵齐焘撰。《隐几山房文集》十六卷。邵齐熊撰。《学福斋文集》二十卷,《诗集》三十卷。沈大成撰。《还读斋诗稿》二十卷。韩封撰。《西涧草堂集》四卷。阎循观撰。《南阜山人诗集》七卷。高凤翰撰。《红桐书屋文

稿》七卷，《诗稿》四卷。孔继涵撰。《玉虹楼遗稿》一卷。孔继涑撰。
《灵岩山人文集》四十卷，《诗集》二十卷。毕沅撰。《青溪文集》十二
卷。程廷祚撰。《存悔斋集》二十八卷。刘凤诰撰。《恩余堂经进初
稿》十二卷，《续稿》二十二卷，《三稿》十一卷。彭元瑞撰。《秋士先
生遗集》六卷。彭续撰。《二林居士集》二十四卷。彭绍升撰。《尊
闻居士集》八卷。罗有高撰。《惜抱轩诗文集》三十八卷。姚鼐撰。
《山木集》十四卷。鲁仕骥撰。《忠雅堂文集》十二卷，《诗集》二十九
卷。蒋士铨撰。《白华前稿》六十卷，《后稿》四十卷。吴省钦撰。
《听彝堂偶存稿》二十一卷。吴省兰撰。《悦亲楼诗集》三十卷。祝
德麟撰。《三松堂诗集》二十卷，《文集》四卷，《续集》六卷。潘奕隽
撰。《勉行堂文集》六卷，《诗集》二十四卷。程晋芳撰。《小岘山人
文集》六卷，《诗集》二十八卷。秦瀛撰。《钱南园遗集》五卷。钱沣
撰。《经韵楼集》十二卷。段玉裁撰。《百一山房诗集》十二卷。孙
士毅撰。《宝奎堂集》十二卷。陆锡熊撰。《瓯北集》五十卷，《续》三
卷，《瓯北诗钞》二十卷。赵翼撰。《海愚诗钞》十二卷。朱孝纯撰。
《梦楼诗集》二十四卷。王文治撰。《红豆诗人集》十九卷。董潮撰。
《清献堂集》十卷。赵佑撰。《频罗庵集》十六卷。梁同书撰。《无不
宜斋稿》四卷。翟灏撰。《陈乾初文集》十八卷，《诗集》十二卷，《别
集》十九卷。陈确撰。《临江乡人诗》四卷。吴颖芳撰。《青虚山房
集》十一卷。王太岳撰。《程侍郎遗集》十卷。程恩泽撰。《认庵诗
存》六卷。汪启淑撰。《响泉集》三十卷。顾光旭撰。《梅庵文钞》六
卷，《诗钞》五卷。铁保撰。《石闾诗稿》三十卷。陈景元撰。《竹叶
庵集》三十三卷。张埙撰。《柚堂文存》四卷。盛百二撰。《藏韵堂
诗集》八卷，《御览集》四卷。沈初撰。《孟亭居士文稿》五卷，《诗
稿》四卷。冯浩撰。《述学内外篇》六卷，《诗集》六卷。汪中撰。《校
礼堂集》三十六卷。凌廷堪撰。《无间集》四卷。崔述撰。《授堂文
钞》八卷。武亿撰。《㸌轩所著书》六十卷。孔广森撰。《拜经堂文
集》四卷。臧庸撰。《问字堂集》五卷，《岱南阁集》五卷，《五松园文
集》一卷，《芳茂山人诗录》九卷。孙星衍撰。《卷施阁文甲集》十卷，

《补遗》一卷,《乙集》十卷,《续编》一卷,《诗集》二十卷,《更生斋文甲集》四卷,《乙集》二卷,《诗集》八卷,《续集》十卷。洪亮吉撰。《纯则斋骈文》二卷,《诗》二卷。洪齮孙撰。《嘉树山房诗文集》二十卷,《外集》二卷。张士元撰。《大云山房文稿》四卷,《二集》四卷,《言事》二卷。恽敬撰。《渊雅堂编年诗稿》二十卷,《惕夫未定稿》二十六卷,《诗外集》四卷,《文外集》四卷。王芑孙撰。《吉堂文稿》十二卷,《诗稿》八卷。钦善撰。《壹斋集》四十卷。黄钺撰。《瓶庵居士文钞》四卷,《诗钞》四卷。孟超然撰。《双佩斋文集》四卷,《骈体文》一卷,《诗集》八卷。王友亮撰。《船山诗草》二十卷。张问陶撰。《衍庆堂诗稿》十一卷。颜检撰。《晚学集》八卷。桂馥撰。《简松草堂诗集》二十卷,《文集》十卷。张云璈撰。《韫山堂文集》八卷,《诗集》十六卷。管世铭撰。《陶山诗录》十二卷。唐仲冕撰。《两当轩集》二十二卷。黄景仁撰。《刘端临遗书》四卷。刘台拱撰。《稼门诗文草》十卷。汪志伊撰。《第六弦溪文钞》四卷。黄廷鉴撰。《双桂堂稿》十卷,《续编》八卷。纪大奎撰。《亦有生斋诗集》三十二卷,《文集》二十卷。《续集》六卷。赵怀玉撰。《珍艺宦文钞》七卷,《诗钞》二卷。庄述祖撰。《真率斋初稿》十卷,《芙蓉山馆诗稿》十六卷。杨芳灿撰。《童山文集》二十卷,《补遗》一卷。李调元撰。《烟霞万古楼文集》六卷,《仲瞿诗录》一卷。王昙撰。《荣性堂集》二十卷。吴俊撰。《易简斋诗钞》四卷。和宁撰。《香湖文存》一卷,《诗钞》二卷。李尧文撰。《存素堂诗初集》二十四卷,《二集》二卷。法式善撰。《素修堂诗集》二十四卷,《后集》六卷。吴蔚光撰。《双藤书屋诗集》十二卷。何道生撰。《瓶水斋诗集》十七卷。舒位撰。《清爱堂集》二十三卷。魏成宪撰。《留春草堂诗钞》七卷。伊秉绶撰。《五砚斋文钞》十卷,《诗钞》二十卷。沈赤然撰。《澹静斋文钞》六卷,《诗钞》六卷。龚景瀚撰。《陶园文集》八卷,《诗集》二十四卷。张九钺撰。《笙雅堂文集》四卷,《诗集》十四卷。张九镡撰。《有正味斋文集》十六卷,《骈体文》二十四卷。《诗集》十六卷。吴锡麟撰。《树经堂文集》四卷。谢启昆撰。《思不辱斋文集》四卷,《诗集》四卷。

万承风撰。《吴学士文集》四卷。吴骞撰。《东潜文稿》二卷。赵一清撰。《玉山逸稿》四卷。鲍廷博撰。《炳烛斋遗文》一卷。江藩撰。《棕亭古文钞》十卷，《骈体文钞》八卷，《诗钞》十八卷。金兆燕撰。《迈堂文略》四卷。李祖陶撰。《南涧文集》二卷。李文藻撰。《南野堂诗集》七卷。吴文溥撰。《论山诗选》十五卷。鲍之钟撰。《悔生文集》八卷。王灼撰。《祇平居士集》三十卷。王元启撰。《揅经室一集》十四卷，《二集》八卷，《三集》五卷，《四集》十一卷，《诗集》十二卷，《续集》九卷，《再续集》六卷。阮元撰。《茗柯语文集》五卷。张惠言撰。《崇百药斋文集》二十卷，《续集》四卷，《三集》十二卷。陆继辂撰。《太乙舟文集》八卷。陈用光撰。《东溟文集》六卷，《外集》四卷。姚莹撰。《南村草堂文钞》二十卷。邓显鹤撰。《壮学斋文集》十二卷。周树槐撰。《月沧文集》八卷。吕橫撰。《孟涂文集》十卷。刘开撰。《通艺阁文集》十二卷，《诗录》八卷，《和陶诗》二卷。姚椿撰。《休复居文集》六卷。毛岳生撰。《初月楼集》十八卷，《诗钞》四卷。吴德旋撰。《雕菰楼集》二十四卷。焦循撰。《思适斋集》十八卷。顾广圻撰。《蜕稿》四卷。梁玉绳撰。《左海文集》二十卷，《绛趺阁诗集》六卷。陈寿祺撰。《鉴止水斋集》二十卷。许宗彦撰。《铁桥漫稿》八卷。严可均撰。《尚絅堂文集》二卷，《诗》五十二卷。刘嗣绾撰。《小谟馆文集》四卷，《续》二卷，《诗集》八卷，《续》二卷。彭兆荪撰。《章氏遗书》十一卷。章学诚撰。《泰云堂文集》二十五卷。孙尔准撰。《赏雨茆屋诗集》二十二卷，《骈体文》二卷。曾燠撰。《求是堂诗集》二十二卷，《文集》六卷，《骈体文》二卷。胡承珙撰。《养素堂文集》三十五卷。张澍撰。《柯家山馆遗诗》六卷，《悔庵学文》八卷。严元照撰。《简庄文钞》六卷，《续编》二卷，《诗钞》一卷。陈鳣撰。《心斋诗稿》一卷。任兆麟撰。《养一斋文集》二十六卷。李兆洛撰。《丹棱文钞》四卷。蒋彤撰。《幼学堂诗集》十七卷，《文集》八卷。沈钦韩撰。《香苏山馆诗集》二十一卷，《文集》二卷。吴嵩梁撰。《落帆楼文稿》六卷，《剩稿》二卷。沈垚撰。《校经庼文稿》十八卷。李富孙撰。《借间生诗》三卷。汪远孙撰。《花

宜馆诗钞》十六卷,《续钞》一卷,《文略》一卷。吴振棫撰。《是程堂集》二十二卷。屠倬撰。《颐道堂文钞》十三卷,《诗选》三十卷,《外集》十三卷,《戒后诗存》十六卷,《补遗》六卷。陈文述撰。《崇雅堂骈体文钞》四卷,《文钞》二卷,《诗钞》十卷,《删余诗》一卷。胡敬撰。《潘少白古文》八卷,《诗》五卷。潘谘撰。《太鹤山人集》十三卷。端木国瑚撰。《秋室集》十卷。杨凤苞撰。《沈四山人诗录》六卷。沈谨学撰。《晚闻居士遗集》九卷。王宗炎撰。《三长物斋诗略》五卷,《文略》六卷。黄本骥撰。《筠轩文钞》八卷,《诗钞》四卷。洪颐煊撰。《鹤泉文钞》二卷。戚学标撰。《研六室文钞》十卷,《补遗》一卷。胡培翚撰。《石经阁文集》八卷,《拜竹诗龛诗存》四卷。冯登府撰。《悔过斋文集》七卷,《续集》七卷,《补遗》一卷。顾广誉撰。《白鹄山房诗选》四卷,《骈体文钞》二卷。徐熊飞撰。《灵芬馆诗集》三十五卷。郭麟撰。《游道堂集》四卷。朱彬撰。《真有益斋文编》十卷,《诗娱室诗》二十四卷,《息耕草堂诗》十八卷。黄安涛撰。《桂馨堂诗集》八卷。张廷济撰。《倚晴楼诗集》十二卷,《续集》四卷。黄燮清撰。《后甲集》二卷。章大来撰。《陶文毅公全集》六十四卷。陶澍撰。《养一斋诗文集》二十五卷。潘德舆撰。《适斋居士集》四卷。舒敏撰。《余暇集》二卷。特衣顺撰。《寸心知堂存稿》六卷。汤金钊撰。《秋水堂文集》六卷,《诗集》六卷。庄亨阳撰。《群峰集》五卷。沈清端撰。《岑华居士诗》八卷,《凤巢山樵诗》十一卷,《文集》四卷。吴慈鹤撰。《书堂文集》十二卷,《外集》二卷,《别集》一卷。郝懿行撰。《汪子文录》十卷,《诗录》十卷。汪缙撰。《功甫小集》十一卷,《东津馆文集》三卷。潘曾沂撰。《知止堂文集》八卷,《诗稿》十二卷。朱绶撰。《邃雅堂文集》十卷。姚文田撰。《蕴素阁文集》八卷,《诗集》十二卷。盛大士撰。《小万卷斋文稿》二十四卷,《诗稿》三十二卷。朱存撰。《野云诗钞》十二卷。鲍文逵撰。《独学庐初集》九卷,《二集》九卷。石韫玉撰。《与稽斋丛稿》十八卷。吴翌凤撰。《天真阁集》五十四卷,《外集》六卷。孙原湘撰。《刘礼部集》十二卷。刘逢禄撰。《陶山诗录》二十八卷。唐仲冕撰。《贞定先生遗集》四卷。

莫与俦撰。《印雪轩文钞》三卷,《诗钞》十六卷。俞鸿渐撰。《儆居集》十卷。黄式三撰。《问奇室诗集》二卷,《续集》一卷,《文集》一卷。蒋曰豫撰。《见星集庐集》九卷。林家桂撰。《钓鱼篷山馆集》六卷。刘佳撰。

以上乾隆、嘉庆朝

《旧香居文稿》十卷。王宝仁撰。《仙樵诗钞》十二卷。刘文麟撰。《抱冲斋诗集》三十六卷。斌良撰。《求是山房遗集》四卷。鄂恒撰。《柏枧山房文集》十六卷,《续集》一卷,《诗集》十卷,《骈文》二卷。梅曾亮撰。《小安乐窝文集》四卷,《诗存》二卷,张海珊撰。《怡志堂集》八卷。朱琦撰。《求自得之室文钞》十二卷,《尚绸庐诗存》二卷。吴嘉宾撰。《龙壁山房文集》十卷,《诗钞》十二卷。王拯撰。《通甫类稿》四卷,《续编》二卷,《诗存》四卷,《诗存之余》二卷。鲁一同撰。《玉笥山房诗集》四卷,《文》一卷。顾廷纶撰。《苍筤文集》六卷。孙鼎臣撰。《因寄轩文初集》十卷,《二集》六卷,《补遗》一卷。管同撰。《仪卫轩文集》十二卷,遗诗五卷。方东树撰。《肙斋居士文集》八卷。张穆撰。《傅经室文集》十卷,《赋》一卷,《临啸阁诗钞》五卷。朱骏声撰。《味经山馆文集》四卷,《续集》二卷。戴钧衡撰。《万善花室文集》六卷,《续集》一卷,《诗集》五卷。方履籛撰。《孙仰晦先生文集》七卷。孙希朱撰。《味无味斋诗钞》七卷,《文》一卷,《骈文》二卷。董兆熊撰。《栘华馆骈体文》四卷。董基诚撰。《董方立文甲集》二卷,《乙集》二卷。董祐诚撰。《柴薜亭诗集》四卷,《十经斋文集》四卷。沈涛撰。《衎石斋纪事稿》十卷,《续稿》十卷,《刻楮集》四卷,《旅逸小稿》二卷。钱仪吉撰。《甘泉乡人文稿》二十四卷。钱泰吉撰。《安吴四种》三十六卷。包世臣撰。《古微堂内集》三卷,《外集》七卷,《诗集》六卷。魏源撰。《介存斋诗》六卷,《文稿》二卷。周济撰。《弇榆山房诗略》十卷。许乔林撰。《红豆树馆诗集》十四卷。陶梁撰。《定庵文集》三卷,《续集》四卷,《文诗集补》二卷,《杂诗》一卷,《文集补编》四卷。龚自珍撰。《复庄诗问》三十四卷,《骈体文榷》八卷。姚燮撰。《青溪旧屋文集》十卷。刘文淇

撰。《齐物论斋文集》六卷。董士锡撰。《悔庐文钞》六卷。张崇兰
撰。《密梅花馆诗录》二卷。焦廷琥撰。《李文恭公文集》十六卷,
《诗集》八卷。李星沅撰。《胡文忠公集》八十八卷。胡林翼撰。《倭
文端公遗书》十二卷。倭仁撰。《吴文节公遗集》八十卷。吴文熔撰。
《曾文正公文集》四卷,《诗集》三卷。曾国藩撰。《曾忠襄公集》三十
二卷。曾国荃撰。《唐确慎公集》十卷。唐鉴撰。《拙修集》十卷。吴
廷栋撰。《习苦斋诗文集》十二卷。戴熙撰。《沈文忠公集》十卷。沈
兆霖撰。《盾鼻余沈》一卷。左宗棠撰。《罗忠节公诗文集》八卷。罗
泽南撰。《彭刚直公诗集》八卷。彭玉麟撰。《江忠烈公遗集》十卷。
江忠源撰。《王壮壮武公遗集》二十五卷。王鑫撰。《张文节公遗
诗》一卷。张洵撰。《彭文敬集》四十四卷。彭蕴章撰。《躬耻斋文
钞》十四卷,《后编》六卷,《诗钞》十四卷,《后编》十一卷。宗稷辰撰。
《受恒受渐斋集》十二卷。沈日富撰。《半岩庐文集》二卷,《诗集》二
卷。邵懿辰撰。《逊学斋文钞》十卷,《诗钞》十卷。孙衣言撰。《一
灯精舍甲部稿》五卷。何秋涛撰。《显志堂文集》十二卷。冯桂芬撰。
《思益堂古诗》二卷,《骈文》二卷,《诗集》六卷。周寿昌撰。《昨非
集》四卷。刘熙载撰。《敩艺斋文存》三卷,《诗存》一卷,《外集》一卷。
邹汉勋撰。《蓬莱阁诗录》四卷。陈克家撰。《养晦堂文集》十卷,
《诗集》二卷。刘蓉撰。《水流云在馆诗钞》六卷。宋晋撰。《玉井山
馆文略》五卷,《文续》二卷,《诗》十五卷。许宗衡撰。《经德堂文
集》七卷,《浣月山房诗集》五卷。龙启瑞撰。《桴湖文录》八卷。吴
敏树撰。《听松庐诗略》二卷。张维屏撰。《海陀华馆文集》一卷,
《诗集》三卷。何若瑶撰。《面城楼集》十卷。曾钊撰。《乐志堂文
集》十八卷,《诗集》十二卷,《续集》三卷.谭莹撰。《修本堂稿》一卷,
《月亭诗钞》一卷。林伯桐撰。《东塾集》六卷。陈沣撰。《守柔斋诗
集》八卷。苏廷魁撰。《斯未信斋文编》十二卷。徐宗干撰。《虹桥
老人遗稿》九卷。秦缃业撰。《未灰斋文集》八卷。徐骗撰。《翠岩
室文稿》二卷,《诗钞》五卷。韩弼元撰。《枫南山馆遗集》八卷。庄
受祺撰。《漱六山房全集》十三卷。吴昆田撰。《无近名斋文钞》四

卷。彭翊撰。《阅莒草堂遗草》四卷。王拓撰。《意苕山馆诗稿》十六卷。陆嵩撰。《懋花庵诗》二卷。叶廷琯撰。《袖海楼文录》六卷。黄汝成撰。《邵亭诗钞》六卷,《遗诗》八卷,《遗文》八卷。莫友芝撰。《宾萌集》六卷,《外集》四卷,《春在堂杂文》二卷,《续编》五卷,《三编》四卷,《四编》八卷,《五编》八卷,《六编》十卷,《诗编》二十三卷,《诂经精舍自课文》二卷,俞樾撰。《武陵山人杂著》一卷。顾观光撰。《微尚斋遗文》一卷。冯志沂撰。《东洲草堂诗钞》二十七卷。何绍基撰。《大小雅堂诗钞》十卷。邵堂撰。《西沤全集》十卷。李惺撰。《简学斋诗文钞》十二卷。陈沆撰。《小重山房初稿》二十四卷。张祥河撰。《好云楼集》二十八卷。李联秀撰。《易画轩诗录》二卷。王学浩撰。《依旧草堂遗稿》一卷。费丹旭撰。《海秋诗集》二十六卷,《后集》二卷。汤鹏撰。《如舟吟馆诗钞》一卷。瑞常撰。《大小雅堂集》一卷。承龄撰。《佩蘅诗钞》十二卷。宝璐撰。《馤钦亭集》三十二卷。祁寯藻撰。《澄怀书屋诗草》四卷。穆彰阿撰。《香南居士集》六卷。崇恩撰。《通艺阁全集》四十三卷。姚椿撰。《梅麓诗钞》十八卷,《文钞》八卷。齐彦槐撰。《巢经巢诗钞》九卷。郑珍撰。《积石诗存》十八卷。张履撰。《木鸡书屋文钞》三十卷。黄金台撰。《静远堂集》三卷。陈寿熊撰。《健修堂诗集》二十二卷。边浴礼撰。《澄怀堂诗集》十四卷。陈裴之撰。《勿二三斋诗》一卷。孔广牧撰。《琴隐园诗集》三十六卷。汤贻汾撰。《竹石居文草》四卷,《诗草》四卷。童华撰。《李文忠公全集》一百六十三卷。李鸿章撰。《求补拙斋文略》二卷,《诗略》二卷。黎培敬撰。《大潜山房诗钞》一卷。刘铭传撰。《周武壮公遗书》九卷。周盛传撰。《曾惠敏公诗文集》九卷。曾纪泽撰。《结一庐遗文》二卷。朱学勤撰。《心白日斋集》四卷。尹耕云撰。《养云山庄文集》四卷,《诗集》四卷。刘瑞分撰。《湖塘林馆骈体文钞》二卷。《白华绛跗阁诗集》十卷。李慈铭撰。《拙尊园文稿》六卷。黎庶昌撰。《有恒心斋集》四十四卷。程鸿诏撰。《谪麟堂文集》四卷。戴望撰。《复堂文》四卷,《文续》五卷,《诗》十一卷。谭献撰。《舒艺室杂著甲编》二卷,《乙编》二卷,《剩

稿》一卷,《诗存》七卷。张文虎撰。《仰萧楼文集》一卷。张星鉴撰。
《通斋诗集》五卷,《外集》一卷,《文集》二卷,《垂金荫录轩诗钞》二
卷,《圃珑岩诗钞》四卷。蒋超伯撰。《晓瀛遗稿》二卷。蒋继伯撰。
《赌棊山庄集》七卷。谢章铤撰。《陶堂遗文》一卷,《志微录》五卷。
高心夔撰。《毋自欺室文集》十卷。王炳燮撰。《剑虹居文集》二卷,
《诗集》二卷。秦焕撰。《天岳山馆文钞》四十卷。李元度撰。《归庵
文稿》八卷。叶裕仁撰。《悔余庵诗稿》十三卷,《文稿》九卷。何栻
撰。《携雪堂全集》四卷。吴可读撰。《存素堂诗文》十三卷。钱宝
琛撰。《集义斋咏史诗钞》六十卷。罗惇衍撰。《倚晴楼诗集》十二
卷,《续集》四卷。黄燮清撰。《小匏庵诗存》六卷。吴仰贤撰。《汀
鹭文钞》三卷,《诗钞》二卷,《诗余》一卷。杨传第撰。《蒿庵遗集》十
二卷。庄棫撰。《小酉腴山房全集》二十卷。吴大廷撰。《百柱堂诗
稿》八卷。王柏心撰。《亨甫诗选》八卷。张际亮撰。《悔庵诗钞》十
五卷。汪士铎撰。《烟屿楼文集》四十卷,《诗集》十六卷。徐时栋撰。
《柏堂集》七十一卷。方宗诚撰。《琴鹤山房遗稿》八卷。赵铭撰。
《仙心阁诗钞》八卷。彭慰高撰。《古红梅阁遗集》八卷。刘履芬撰。
《渐西村人诗初集》十三卷,《安般簃诗续钞》十卷,《水明楼诗》一
卷,《于湖文录》六卷。袁昶撰。《泽雅堂诗集》六卷,《文集》八卷。施
补华撰。《寒松阁诗集》四卷。张鸣珂撰。《汉孴室文钞》四卷。陶
言琦撰。《缦雅堂骈体文》八卷。王诒寿撰。《扁善堂文存》二卷,
《诗存》一卷。邓嘉缉撰。《郑东父遗书》六卷。郑杲撰。《濂亭文
集》八卷。张裕钊撰。《仪顾堂集》二十卷。陆心源撰。《枕经堂文
钞》二卷,《骈文》二卷。方朔撰。《虚受堂文集》十六卷。王先谦撰。
《庸庵全集》十五卷。薛福成撰。《吴挚甫文集》四卷,《诗集》一卷。
吴汝纶撰。《函雅堂集》二十四卷。王咏霓撰。《诵芬诗略》三卷。黄
炳垕撰。《意园文略》一卷,《郁华阁遗诗》三卷。盛昱撰。《灵石山
房诗草》二卷。贵成撰。《藤香馆诗词删存》六卷。薛时雨撰。《退
补斋诗存》十六卷,《二编》七卷,《文存》十二卷,《二编》五卷。胡凤
丹撰。《宝韦斋类稿》一百卷。李恒撰。《香禅纪游草》四卷。潘钟

瑞撰。《汲庵文存》六卷,《诗存》八卷。杨象济撰。《小芊香馆遗集》十二卷。李杭撰。《萝摩亭遗诗》四卷。乔松年撰。《养知书屋文集》二十八卷,《诗集》十五卷。郭嵩焘撰。《句溪杂著》二卷。陈立撰。《广经室文钞》一卷。刘恭冕撰。《学诂斋文集》二卷。薛寿撰。《心巢文录》一卷。成蓉镜撰。《颐情馆闻过集》十二卷。宗源瀚撰。《元同文钞》六卷。黄以周撰。《爱经居杂著》四卷。黄以恭撰。《崇兰堂诗存》十卷。张预撰。《玉鉴堂诗存》一卷,《栎奇诗存》一卷。汪曰桢撰。《味静斋诗存》八卷。徐嘉宾撰。《范伯子诗集》十九卷。范当世撰。《通雅堂诗钞》十卷。施山撰。《伏敌堂诗录》十五卷,《续录》四卷。江湜撰。《随安庐文集》六卷,《诗集》九卷。亢树滋撰。《西圃集》十卷。潘遵祁撰。《佩弦斋文存》三卷,《诗存》一卷。朱一新撰。《姚震甫文略》十卷。姚舆撰。《榴石山房遗稿》十卷。吴存义撰。《啸古堂文集》八卷。蒋敦复撰。《读有用书斋杂著》二卷。韩应陛撰。《秋蟪吟馆诗钞》六卷,《文钞》一卷。金和撰。《冬暄草堂诗钞》二卷。陈豪撰。《训真书屋诗存》二卷。黄国瑾撰。《鲜庵遗稿》一卷。黄绍箕撰。《缦庵遗稿》一卷。黄绍第撰。《籀稿述林》十卷。孙诒让撰。《人境庐诗》十一卷。黄遵宪撰。《雁影楼诗存》一卷。李希圣撰。《贺先生文集》四卷。贺涛撰。《张文襄公全集》二百四十卷。张之洞撰。《雄白文集》一卷。张宗瑛撰。《望云山房文集》三卷,《诗集》一卷。安维峻撰。《瞿文慎公诗选遗墨》四卷。瞿鸿禨撰。《题曾文正公祠百咏》一卷。朱孔彰撰。《蒿庵类稿》三十二卷。冯煦撰。

　　以上道光、咸丰、同治、光绪、宣统朝

　　《六宜楼稿》一卷,《绿华草》一卷。吴宗爱撰。《拙政园诗集》二卷。陈之遴室徐灿撰。《徐都讲诗》一卷。徐昭华撰。《芸香巢剩稿》一卷。查为仁室金玉元撰。《抱青轩诗稿》一卷。华浣芳撰。《玉窗遗稿》一卷。葛宜撰。《寓书楼稿》一卷。陈谷撰。《蕴真轩诗草》二卷。高其倬室蔡琬撰。《培远堂诗》四卷。毕沅母张藻撰。《蠹窗诗集》十四卷。张英女令仪撰。《柴车倦游集》二卷。蒋士铨

母钟令嘉撰。《晚晴楼诗草》二卷。陆锡熊母曹锡淑撰。《长离阁集》一卷。孙星衍室王采薇撰。《写韵轩小稿》二卷。王芑孙室曹贞秀撰。《五真阁吟稿》一卷。陆继辂室钱惠尊撰。《长真阁集》七卷。孙原湘室席佩兰撰。《古春轩诗文钞》二卷。许宗彦室梁德绳撰。《闺中文存》一卷。郝懿行室王照圆撰。《梯仙阁余课》一卷。曹一士室陆凤池撰。《如亭诗草》一卷。铁保室莹川撰。《芳荪书屋存稿》四卷。吴瑛撰。《澹仙诗钞》四卷,《文钞》一卷。熊琏撰。《兰居吟草》一卷。陈玉瑛撰。《绣闻集》一卷。浦淡英撰。《问花楼遗稿》三卷。许权撰。《传书楼诗稿》一卷。金顺撰。《南楼吟稿》二卷。徐映玉撰。《盈书阁遗稿》一卷。袁棠撰。《素文女子遗稿》一卷。袁机撰。《楼居小草》一卷。袁杼撰。《浣青诗草》一卷。钱维城女孟钿撰。《缫芷阁遗稿》一卷。左如芬撰。《蕴玉楼集》四卷。屈秉筠撰。《红香馆诗草》二卷。麟庆母恽珠撰。《绣余小草》一卷。归懋仪撰。《起云阁诗钞》四卷。鲍之兰撰。《清娱阁吟稿》六卷。鲍之蕙撰。《三秀斋诗钞》二卷。鲍之芬撰。《听秋轩诗集》四卷。骆绮兰撰。《不栉吟》三卷。潘素心撰。《鼓瑟楼存》一卷。叶鱼鱼撰。《贻砚斋诗稿》四卷。孙荭意撰。《珠楼遗稿》一卷。徐贞撰。《兰如诗钞》一卷。叶蕙心撰。《兰韫诗草》四卷。徐裕馨撰。《梅花绣佛斋草》一卷。毕汾撰。《秋红丈室遗诗》一卷。王崶室金礼嬴撰。《澹鞠轩诗稿》四卷。张绺英撰。《纬青遗稿》一卷。张綳英撰。《邻云友月之居诗集》四卷,《餐枫馆文集》三卷。张纨英撰。《绿槐书屋诗稿》五卷。张纶英撰。《自然好学斋诗钞》十卷。陈裴之室汪端撰。《芸香阁诗稿》一卷。黄婉璥撰。《滤月轩集》七卷。赵芬撰。《小维摩集》一卷。江珠撰。《绣箧小集》四卷。朱绶室高眉撰。《天游阁集》五卷。贝勒奕绘侧室顾太清撰。《芸香馆遗诗》二卷。宗室盛昱母那逊兰保撰。《清足居集》一卷。邓瑜撰。

　　以上闺阁

《宝云堂集》四卷。南潜撰。《完玉堂诗集》十卷。元景撰。《冬关诗钞》六卷。通复撰。《懒斋别集》十四卷。通门撰。《双树轩诗

钞》一卷。湛汛撰。《香域内外集》十二卷。敏膺撰。《敲空遗响》十二卷。如乾撰。《偏行堂续集》十六卷。今释撰。《石堂集》七卷。元玉撰。《芝崖诗集》二卷。超凡撰。《流香一览》一卷。明开撰。《话堕集》六卷。篆玉撰。《洞庭诗稿》六卷。大镫撰。《笠堂诗草》一卷。福红撰。《倚杖吟》五卷。古风撰。《南涧吟草》一卷。实月撰。《笯虚大师遗集》三卷。明中撰。《法喜集》三卷,《唾余集》三卷。禅一撰。《水明山楼集》四卷。宝懿撰。《借庵诗草》十二卷。清恒撰。《竹窗剩稿》一卷。伴霞撰。《口头吟》一卷。龙池撰。《镬头吟》一卷。起信撰。《茶梦山房吟草》二卷。达宣撰。《古树轩录》一卷。啸颠撰。《小绿天庵吟草》一卷。达受撰。

以上方外

宋潘阆《逍遥集》一卷,赵湘《南阳集》六卷,夏竦《文庄集》三十六卷,宋庠《宋元宪集》四十卷,宋祁《宋景文集》六十二卷、《补遗》二卷、《附录》一卷,《胡宿文恭集》五十卷、《补遗》一卷,宋强至《祠部集》三十六卷,王珪《华阳集》六十卷、《附录》十卷,金君卿《金氏文集》二卷,刘敞《公是集》五十四卷,刘攽《彭城集》四十卷,陈舜俞《都官集》十四卷,郑獬《郧溪集》三十卷,吕陶《净德集》三十卷,刘挚《忠肃集》二十卷,王安礼《王魏公集》八卷,李廌《济南集》八卷,张舜民《画墁集》八卷,陆佃《陶山集》十四卷,华镇《云溪居士集》三十卷,李复《潏水集》十六卷,刘跂《学易集》八卷,毕仲游《西台集》二十卷,吴则礼《北湖集》五卷,谢逸《溪堂集》十卷,李彭《日涉园集》十卷,吕南公《灌园集》二十卷,慕容彦远《摛文堂集》十五卷、《附录》一卷,许翰《襄陵集》十二卷,毛滂《东堂集》十卷,周行己《浮沚集》八卷,赵鼎臣《竹隐畸士集》二十卷,洪朋《洪龟父集》二卷,李新《跨鳌集》三十卷,李若水《忠愍集》三卷,王安中《初寮集》八卷,许景衡《横塘集》二十卷,洪刍《老圃集》二卷,葛胜仲《丹阳集》二十四卷,张守《毗陵集》十五卷,汪藻《浮溪集》三十六卷,李光《庄简集》十八卷,赵鼎忠《正德文集》十卷,张扩《东窗集》十六卷,翟汝文《忠惠集》十卷、《附录》一卷,刘才邵《檆溪居士集》十二卷,吕颐浩

《忠穆集》八卷，张嵲《紫微集》三十六卷，王洋《东牟集》十四卷，王之道《相山集》三十卷，黄彦平《三余集》四卷，李正民《大隐集》十卷，洪皓《鄱阳集》四卷，李流谦《澹斋集》十八卷，朱翌《潜山集》三卷，郭印《云溪集》十二卷，綦崇礼《北海集》四十六卷、《附录》三卷，李处权《崧庵集》六卷，吴可《藏海居士集》二卷，曾几《茶山集》八卷，张元干《芦川归来集》十卷、《附录》一卷，邓深《邓绅伯集》二卷，仲并《浮山集》十卷，吴芾《湖山集》十卷，汪应辰《文定集》二十四卷，陈长方《唯室集》四卷、《附录》一卷，王之望《汉滨集》十六卷，曹协《云庄集》五卷，林季仲《竹轩杂箸》六卷，王质《雪山集》十六卷，李石《方舟集》二十四卷，喻良能《香山集》十六卷，崔敦礼《宫教集》十二卷，陈棣《蒙隐集》二卷，卫博《定庵类稿》四卷，李吕《澹轩集》八卷，虞俦《尊白堂集》六卷，袁说友《东堂集》二十卷，许及之《涉斋集》十八卷，赵蕃《乾道稿》一卷、《淳熙稿》二十卷、《章泉稿》五卷，彭龟年《止堂集》二十卷，曾丰《缘督集》二十卷，袁燮《絜斋集》二十四卷，蔡戡《定斋集》二十卷，员兴宗《九华集》二十五卷、《附录》一卷，赵善括《应斋杂箸》六卷，李洪《芸庵类稿》六卷，张兹《南湖集》十卷，韩元吉《南涧甲乙稿》二十二卷，章甫《自鸣集》六卷，杨冠卿《客亭类稿》十五卷，史尧弼《莲峰集》十卷，孙应时《烛湖集》二十卷、《附编》二卷，曹彦约《昌谷集》二十二卷，廖行之《省斋集》十卷，周南《山房集》九卷，卫泾《后乐集》二十卷，度正《性善堂稿》十五卷，葛绍体《东山诗选》二卷，袁甫《蒙斋集》十八卷，吴泳《鹤林集》四十卷，许应龙《东涧集》十四卷，戴栩《浣川集》十卷，陈元晋《渔墅类稿》八卷，程公许《沧洲尘缶编》十四卷，苏泂《冷然斋集》八卷，韩淲《涧泉集》二十卷，陈耆卿《筼窗集》十卷，王迈《臞轩集》十六卷，包恢《敝帚稿略》八卷，赵汝腾《庸斋集》六卷，赵孟坚《彝斋文编》四卷，张侃《张氏拙轩集》六卷，唐士耻《灵岩集》十卷，徐元杰《楳埜集》十二卷，高斯得《耻堂存稿》八卷，阳枋《字溪集》十一卷、《附录》一卷，释文珦《潜山集》十二卷，刘辰翁《须溪集》十卷，胡仲弓《苇航漫游稿》四卷，马廷鸾《碧梧玩芳集》二十四卷，舒岳祥《阆风集》十

二卷,卫宗武《秋声集》六卷,董嗣杲《庐山集》五卷。《英溪集》一卷,农铉翁《则堂集》六卷,连文凤《百正集》三卷,陈杰《自堂存稿》四卷,蒲寿晟《心泉学诗稿》六卷。金王寂《拙轩集》六卷。元张养浩《归田类稿》二十四卷,艾性夫《剩语》二卷,陆文圭《墙东类稿》二十卷,赵文《青山集》八卷,胡祗通《紫山大全集》二十六卷,杨宏道《小亨集》六卷,魏初《青崖集》五卷,刘将孙《养吾斋集》三十二卷,耶律铸《双溪醉隐集》八卷,滕安上《东庵集》四卷,程端礼《畏斋集》六卷,姚燧《牧庵文集》三十六卷,陈宜甫《陈秋岩诗集》二卷,王旭《兰轩集》十六卷,张之翰《西岩集》二十卷,刘敏中《中庵集》二十卷,王结《王文忠集》六卷,萧㪺《勤斋集》八卷,同恕《榘庵集》十五卷,王沂《伊滨集》二十四卷,程端学《积斋集》五卷,朱希颜《瓢泉吟稿》五卷,张仲深《子渊诗集》六卷,刘仁本《羽庭集》六卷,吴皋《吾吾类稿》三卷,周巽《性情集》六卷,胡行简《樗隐集》六卷。明谢肃《密庵集》八卷,钱宰《临安集》六卷,蓝仁《蓝山集》六卷,蓝智《蓝涧集》六卷,郑潜《樗庵类稿》二卷,龚敩《鹅湖集》九卷。以上乾隆时敕辑。宋晏殊《元献遗文》一卷。胡亦堂辑。宋尤袤《梁溪遗稿》一卷。尤侗辑。

以上辑佚

总集类

《古文渊鉴》六十四卷。康熙二十四年,徐乾学等奉敕编。《唐宋文醇》五十八卷。高宗御定。《全唐文》一千卷。嘉庆十九年敕编。《清文颖》一百二十四卷。乾隆十二年,张廷玉等奉敕编。《清续文颖》一百八卷。嘉庆十五年敕编。《全唐诗》九百卷。康熙四十六年,彭定求等奉敕编。《唐诗》三十二卷,《附录》一卷。康熙五十二年,圣祖御选。《四朝诗》三百十二卷。康熙四十八年,张豫章等奉敕编。《全金诗》七十四卷。郭元钎原本,康熙五十年奉敕刊。《佩文斋咏物诗选》四百八十六卷。康熙四十五年,张玉书等奉敕编。《历代题画诗》一百二十卷。康熙四十六年,陈邦彦等奉敕编。《唐宋诗醇》

四十七卷。高宗御定。《熙朝雅颂集首集》二十六卷,《正集》一百八卷。嘉庆九年,铁保等奉敕编。《千叟宴诗》四卷。康熙六十一年敕编。《千叟宴诗》三十四卷。乾隆四十九年敕编。《重举千叟宴诗》三十四卷。乾隆五十五年敕编。《南巡召试录》三卷。乾隆时,谢墉等奉敕编。《上书房消寒诗》一卷。嘉庆时,董观国等奉敕编。《三元诗》一卷,附《三元喜宴诗》一卷。嘉庆二十五年,陆锡熊奉敕编。《历代赋汇》一百四十卷,《外集》二十卷,《逸句》二卷,《补遗》二十二卷。康熙四十五年,陈元龙等奉敕编。《四书文》四十一卷。乾隆元年,方苞奉敕编。

《文选举正》二卷。陈景云撰。《文选理学权舆》八卷。汪师韩撰。《文选理学权舆补》一卷,《文选李注补正》四卷,《文选考异》四卷。孙志祖撰。《文选考异》十卷。胡克家撰。《文选音义》八卷。余萧客撰。陈彬华补辑。《文选集释》二十四卷。朱存撰。《选学胶言》二十卷。张云璈撰。《文选旁证》四十六卷。梁章钜撰。《文选笺正》三十二卷。胡绍煐撰。《读选意签》一卷。陈仅撰。《选学规李》一卷,《选学规何》一卷。徐攀凤撰。《文选疏解》十九卷。顾施桢撰。《选诗定论》十八卷。吴湛撰。《古诗十九首说》一卷。徐昆撰。《古诗十九首注》一卷。卿彬撰。《古诗十九首解》一卷。张庚撰。《古诗十九首详解》二卷。饶学斌撰。《文选古字通疏证》六卷。薛传均撰。《文选考音》一卷。赵晋撰。《文选编珠》一卷。石蕴玉撰。《文选通段字会》四卷。杜宗玉撰。《文选课虚》四卷。杭世骏撰。《玉台新咏考异》十卷。纪容舒撰。《玉台新咏笺注》十卷。吴兆宜撰。《才调集补注》十卷。殷元勋、宋邦绥同撰。《三体唐诗补注》六卷。高士奇撰。《唐诗鼓吹笺注》十卷。注,钱朝蒲、王俊臣撰;笺,王清臣、陆贻典撰。《诗纪匡谬》一卷。冯舒撰。

《全上古三代秦汉三国六朝文》七百四十六卷。严可均辑。《唐文粹补遗》二十六卷。郭麟辑。《唐文拾遗》八十卷,《续》十六卷。陆心源辑。《宋文选》三十卷。顾宸编。《宋四大文选》八卷。陶珽编。《南宋文范》七十卷。庄仲方编。《南宋文录》二十四卷。董兆熊编。

《辽文萃》七卷。王仁俊辑。《金文雅》十卷。庄仲方编。《金文最》一百二十卷。张金吾辑。《南汉文字》四卷。梁廷枏编。《西夏文缀》二卷。王仁俊辑。《明文海》四百八十二卷,《明文授读》六十二卷。黄宗羲编。《明文在》一百卷。薛熙编。《国朝古文汇钞初集》一百七十六卷,《二集》一百卷。朱存编。《国朝文录》八十二卷,《续录》六十六卷。李祖陶编。《国朝文录》一百卷。姚椿编。《国朝文征》四十卷。吴翌凤编。《国朝古文正的》七卷。杨彝珍编。《国朝六家文钞》八卷。刘执玉编。《三家文钞》三十二卷。宋荦编。《湖海文传》七十五卷。王昶编。《切问斋文钞》三十卷。陆耀编。《皇朝经世文编》一百二十卷。贺长龄编。《皇朝经世文续编》一百二十卷。盛康编。《唐宋八大家文钞》十九卷。张伯行编。《唐宋八大家全集录》五十一卷。储欣编。《唐宋八大家文读本》三十卷。沈德潜编。《唐宋八家文分体初集》八卷,《二集》八卷,《三集》八卷。汪份编。《金元明八大家文选》五十三卷。李祖陶编。《斯文正统》十二卷。刁包编。《古文雅正》十四卷。蔡世远编。《古文精藻》二卷。李光地编。《续古文雅正》十四卷。林有席编。《文章正宗读本》十六卷。王翰熙编。《文章练要》十卷。王源编。《古文近道集》二卷。王赞元编。《古文约编》十卷。倪承茂编。《乾坤正气集》五百七十四卷。潘锡恩编。《古文词类纂》四十八卷。姚鼐编。《古文词略》二十四卷。梅曾亮编。《续古文词类纂》三十四卷。王先谦编。《续古文词类纂》二十卷。黎庶昌编。《经史百家杂钞》二十卷。《经史百家简编》二卷。《鸣原堂论文》二卷。曾国藩编。《续古文苑》二十卷。孙星衍辑。《金石文钞》八卷。赵绍祖编。《八旗文经》五十六卷,《作者考》一卷。盛昱编。《燕台文选》八卷,《补遗》一卷。田茂遇编。《容城三贤集》十卷。张斐然编。《金陵文钞》十六卷。陈作霖编。《七十二峰足征集》一百一卷。吴定璋编。《松陵文录》二十四卷。凌淦编。《南昌文考》二十卷。徐午编。《临川文献》八卷。胡亦堂编。《丰阳人文纪略》十卷。聂芳声编。《金华文略》二十卷。王崇炳编。《当湖文系初编》二十八卷。朱壬林编。《缙云文征》二十卷,《补

编》一卷。汤成烈编。《湖南文征》一百九十卷。罗汝怀编。《中州文征》五十四卷。苏源生编。《续垂棘编三集》十卷,《四集》九卷。范鄗鼎编。《滇南文略》四十七卷。袁文揆、张登瀛编。《杨氏五家文钞》十二卷。杨长世及从子以叙、以俨从孙兆凤、兆年撰。《义门郑氏奕叶集》十卷。郑尔坦编。《申氏拾遗集》二卷。申居郧编。《汪氏传家集》一百三十卷。汪琬编。《三陶集》二十二卷。杨沂孙编。《沈氏三代家言》十五卷。沈中祐编。《彭氏三先生集》七卷。彭祖贤编。《安吉施氏遗著》七卷。戴翊清、朱廷燮同编。《钱氏四先生集》十五卷。不著编人。《骈体文钞》三十一卷。李兆洛编。《唐骈体文钞》十七卷。陈均编。《宋四六选》二十四卷。彭元瑞、曹振镛同编。《骈体正宗》十二卷。曾燠编。《骈文类苑》十四卷。姚燮编。《八家四六》八卷。孙星衍编。《十家四六》十卷。王先谦编。《历朝赋格》十五卷。陆葇编。《历朝赋楷》九卷。王修玉编。《赋汇录要笺略》十卷。吴光昭撰。《七十家赋钞》五卷。张惠言编。《藏庋集》十六卷。周在竣编。《尺牍嘤鸣集》十二卷。王相编。《颜氏家藏尺牍》四卷,《姓氏考》一卷。潘仕成编。《明尺牍墨华》三卷。黄本骥编。《宫闺文选》三十五卷。周寿昌编。

《汉诗音注》五卷,《汉诗评》五卷,李因笃撰。《汉诗统笺》三卷。陈本礼撰。《唐诗选》十七卷,《唐人万首绝句选》七卷,《唐贤三昧集》三卷。王士祯编。《唐贤三昧集笺注》三卷。吴煊、胡棠撰。《全唐诗录》一百卷。徐焯编。《唐四家诗选》八卷。汪立名编。《说唐诗》二十三卷。戴明说撰。《续三体唐诗》八卷,《唐诗掞藻》八卷。高士奇撰。《唐诗叩弹集》十二卷,《续集》三卷。杜诏、杜庭珠同编。《唐诗贯珠笺释》六十卷。胡以梅编。《唐诗别裁集》三十卷。沈德潜编。《读雪山房唐诗选》四十卷,《序例》一卷。管世铭编。《全五代诗》一百卷。李调元编。《宋诗钞》一百六卷。吴之振编。《宋诗删》二十五卷。顾贞观编。《宋百家诗存》二十八卷。曹廷栋编。《宋诗选》四十九卷。曹学佺编。《元诗选三集》一百十一卷,《元诗选癸集》十卷。顾嗣立编。《列朝诗集六集》八十一卷。钱谦益编。

《明诗综》一百卷。朱彝尊编。《明诗别裁集》十二卷。沈德潜编。《明三十家诗选二集》十六卷。闺秀汪端编。《古诗选》三十二卷。王士祯编。《诗原》二十五卷。顾大申编。《历朝诗约选》九十二卷。刘大櫆槐撰。《古诗录》十二卷。张琦编。《十六家诗钞》二十卷。曾国藩编。《宋元诗会》一百卷。陈焯编。《宋金元诗永》二十卷,《补遗》二卷。吴绮编。《宋金元诗选》八卷。吴翌凤编。《宋元四家诗选》四卷。戴熙编。《清诗选》三十卷。孙铉编。《清诗初集》十二卷。蒋龙等编。《盛朝诗选初集》十二卷。顾施桢编。《本朝应制琳琅集》十卷。邹一桂编。《本朝馆阁诗》二十卷。阮学洪编。《国朝赓扬集注》十六卷。张日珣、邱允德同编。《国朝应制诗粹》四卷。许大纶编。《清诗鼓吹》四卷。周佑予编。《国雅集》二卷。傅王露编。《国朝诗别裁集》三十六卷。沈德潜编。《国朝正雅集》一百卷。符葆森编。《国朝诗》十卷,《外编》一卷,《补》六卷。吴翌凤编。《国朝诗的》六十三卷。陶煊等编。《国朝诗乘》十卷。刘然编。《国朝诗铎》二十六卷。张应昌编。《国朝诗隐》一卷。不著编人氏名。《国朝诗萃初集》十卷,《二集》四卷。潘瑛等编。《国朝六家诗钞》八卷。刘执玉编。《国初十家诗钞》七十五卷。王相编。《四家诗钞》二十八卷。王企靖编。《诗持》十卷,《广集》八十九卷。魏宪编。《陆陈二先生诗钞》十六卷。删德模编。《二家诗钞》二十卷。邵长蘅编。《七子诗选》十四卷。沈德潜编。《八家诗选》八卷。吴之振编。《二冯诗集》九卷。胡思敬编。《国朝四家诗集》四卷。叶燮编。《诗观》十二卷。邓汉仪编。《明遗民诗》十六卷。卓尔堪编。《感旧集》十六卷。王士祯编。《同人集》十二卷。冒襄编。《旧怀集》二卷。冯舒编。《篚衍集》十二卷。陈维崧编。《溯洄集》十卷。魏裔介编。《近光集》二十四卷。汪士宏编。《群雅集》十二卷。李振裕编。《高言集》四卷。田茂遇、董俞编。《于野集》七卷。王原编。《友声集》七卷。赖鲲升编。《续同人集》十三卷。袁枚编。《金兰续集》一卷。徐坚编。《八表停云集》三十卷。严长明编。《群雅集》四十卷,《二集》九卷。王豫编。《清尊集》十六卷。汪远孙编。《刻烛集》一卷。

曹仁虎编。《盍簪集》十卷。刘国楫编。《过日集》十六卷。曾灿编。《幽光集》一卷。方登贤编。《沈珠集》一卷。陈辰生编。《金铃集》十二卷。张纶编。《天籁集》一卷。郑旭旦编。《慰托集》十六卷。黄安涛编。《印须集》八卷,《续集》六卷,《又续集》六卷,《怀旧集》十二卷,《续集》六卷,《又续集》二卷。吴翌凤编。《同调集》一卷。龙铎、舒位同编。《拜扬集》八卷。马俊臣编。《兰言集》二十卷。谢坤编。《兰言集》十二卷。赵绍祖编。《笃旧集》十八卷。刘存仁编。《师友集》十卷。梁章钜编。《撷芳集》二卷。谢桐冈编。《共赏集》一卷,《二编》一卷。钱辰编。《湖海诗传》四十六卷。王昶撰。《扶轮新集》十四卷。黄博传祖编。《同岑诗选》十二卷。黄孙灿编。《同人题赠集》四卷。何承燕编。《蜕翁所见录》十卷。叶廷官编。《白山诗介》十卷。铁保编。《国朝畿辅诗传》六十卷。陶梁编。《沧州诗钞》十二卷。王国均编。《津门诗钞》三十卷。梅成栋编。《燕齐四家诗集》十二卷。不著编人。《磁人诗》十卷。杨方晃编。《易台风雅》四卷。苏宏祖编。《易台风雅续集》四卷。苏元善编。《江苏诗征》一百八十卷。王豫编。《国朝金陵诗征》四十八卷。朱绪曾编。《石城七子诗钞》十四卷。翁长森编。《金陵名胜诗钞》四卷,《秦淮诗钞》二卷。李鳌编。《南邦黎献集》十六卷。鄂尔泰编。《吴风》二卷,《江左十五子诗选》十五卷。宋荦编。《江左三大家诗钞》九卷。顾有孝编。《江左十子诗钞》十卷。王鸣盛编。《吴会英才集》二十四卷。毕沅编。《吴门三家诗》三卷。朱琳编。《姑苏杨柳枝词》一卷。汪琬编。《木渎诗存》十四卷。汪正编。《国朝松陵诗征》二十卷。费周仁编。《禊湖诗》十八卷。徐达源编。《松风余韵》五十一卷。姚宏绪编。《国朝练音集》十二卷。王辅铭编。《青浦诗传》三十二卷。王昶编。《海曲诗钞》十六卷。冯金伯编。《太仓十子诗选》十卷。吴伟业编。《毘陵六逸诗钞》二十三卷。庄仕芬、徐梅同编。《梁溪诗钞》五十八卷。顾光旭编。《京江耆旧集》十三卷。张学仁编。《焦山诗集》一卷。卢见曾编。《淮海英灵集》二十二卷。阮元编。《邗上题襟集》一卷,《续集》一卷。曾燠编。《甓湖联吟集》七

卷。李光国撰。《高邮耆旧诗存》二卷。王敬之编。《东皋诗存》四十八卷。王之珩编。《崇川诗钞汇存》五十一卷。王藻编。《崇川诗集》十二卷。孙翔编。《续宛雅》八卷。蔡蓁编。《合肥三家诗录》二卷。谭献编。《江西诗征》九十四卷。曾燠编。《岳阳诗传》四卷。李嵋、李嵘同编。《江浙诗存》六卷。阮元、秦瀛同编。《两浙輶轩录》四十卷,《补遗》十卷。阮元编。《续两浙輶轩录》五十四卷,《补遗》六卷。潘衍桐编。《浙人诗存》八卷。柴杰编。《国朝杭郡诗辑》三十二卷。吴颢编,孙振械重编。《国朝杭郡诗辑续编》四十六卷。吴振械编。《国朝杭郡诗三辑》一百卷。丁丙编。《西泠三太守诗钞》三卷,《西泠六君子诗钞》六卷。聂先编。《西泠五布衣遗著》二十五卷。丁丙编。《钱唐怀古诗》一卷。王德麟编。《湖墅诗钞》八卷。孙以荣编。《西泠十子诗选》十卷。不著编人。《西湖柳枝词》五卷。王昶编。《海昌丽则》八卷。吴骞编。《槜李诗系》四十二卷。沈季友编。《续槜李诗系》四十卷。胡昌基撰。《嘉禾百咏偶钞》一卷。不著编人。《梅里诗辑》二十八卷。许灿编。《梅里续诗辑》十二卷,《补遗》一卷。沈爱莲编。《梅会诗集》十三卷。李维钧编。《梅会诗选》十二卷。李稻塍编。《魏唐诗陈》八卷。钱佳编。《峡川诗钞》二十卷。曹宗载编。《峡川诗续钞》十六卷。许仁沐、蒋学坚同编。《鸳鸯湖棹歌》四卷。不著编人。《柳洲诗集》十卷。陈曾新编。《国朝湖州诗续录》十六卷。郑佶编。《吴兴诗存四集》四十八卷。陆心源编。《浙西六家诗钞》六卷。吴应和编。《甬上耆旧诗》三十卷。胡文学编。《四明四友诗》六卷。郑性编。《越姥诗蒐》十二卷。倪励编。《越风》三十卷。商盘编。《姚江逸诗》十五卷。黄宗羲编。《续姚江逸诗》十二卷。倪继宗编。《越七十二家诗集》八卷。不著编人。《越三子集》七卷。潘祖荫编。《诸暨诗存》十六卷。郦滋德编。《诸暨诗存续编》四卷。郭肇编。《嵊诗钞》四卷。吕岳孙编。《上虞诗选》四卷。徐干编。《上虞四家诗钞》十八卷。不著编人。《金华诗录》六十卷。朱琰编。《永康十孝廉诗钞》二十二卷。胡凤丹编。《东阳历代诗》九卷。董肇勋编。《国朝严州诗录》八卷。宗源瀚编。

《黄岩集》三十二卷。王咏霓编。《三台诗录》三十二卷。戚学标编。《仙居集》二十四卷。王寿颐编。《两浙教官诗录》十八卷。许正绥编。《国朝全闽诗录初集》三十二卷，《续集》十一卷。郑杰编。《莆风清籁集》六十卷。郑杰编。《莆风清籁集》六十卷。郑王臣编。《黄冈二家诗钞》三十四卷。陈师晋编。《资江耆旧集》六十四卷，《沅湘耆旧集》二百卷。邓显鹤编。《国朝山左诗钞》六十卷。卢见曾编。《山左诗续钞》三十二卷，《补钞》四卷。张鹏展编。《曲阜诗钞》八卷。孔宪彝编。《渠风集略》七卷。马长淑编。《山右诗存》二十四卷，《附录》八卷。李锡麟编。《晋四人诗》六卷。戴廷栻编。《蒲溪吟社三家诗钞》四卷。顾贻禄编。《潞安诗钞前编》四卷。程之珰编。《潞安诗钞后编》十二卷。常煜编。《陇西二家诗钞》三卷。李俊编。《蜀雅》二十卷。李调元编。《蜀诗》十五卷。费经虞编。《粤东诗海》一百卷，《补遗》六卷。温汝能编。《粤风集》四卷。李调元编。《广东诗粹》十二卷。梁善长编。《岭南群雅集》六卷。刘彬华编。《岭海诗钞》二十四卷。凌扬藻编。《楚庭耆旧诗前集》二十一卷，《后集》三十二卷。伍崇曜编。《端人集》四卷。彭泰来编。《粤诗蒐逸》四卷。黄子高编。《粤十三家诗钞》一百八十三卷。伍元薇编。《倪城风雅》二卷。劳峤编。《黔诗纪略》二十三卷。黎兆勋编。《滇诗嗣音集》二十卷，《补遗》一卷。黄琼编。《滇诗重光集》十八卷。许印芳编。《滇诗拾遗》六卷。陈荣昌编。《午梦堂诗钞》四卷。叶燮编。《曲阜孔氏诗钞》十四卷。孔宪彝编。《长林四世弓冶集》五卷。林其茂编。《述本堂诗集》二十一卷。桐城方氏编。《二方诗钞》六卷。方观承编。《笃叙堂诗集》五卷。侯官许氏编。《棣华书屋近刻》四卷。朱湘、朱绛、朱纲撰。《沈氏诗录》十二卷。沈祖禹编。《桐鹤诗钞》二十九卷。单铭编。《湖陵江氏集》五卷。江八斗编。《春星堂诗集》十卷，《续集》一卷。汪箎编。《汪氏传家集》一卷。汪宗豫编。《邵氏联珠集》四卷。邵齐烈、邵齐焘、邵齐熊、邵齐然撰。《陈氏联珠集》十五卷。王肇奎编。《翟氏诗钞》一卷，《附录》一卷。翟瀚编。《诸氏家集》十卷。诸家乐编。《后村周氏渊

源录》十三卷。周源编。《萧山任氏遗芳集》三卷。任渠编。《虞山黄氏五家集》五卷。黄泰编。《秀水王氏家藏集》五十卷。王㲉之编。《锡山秦氏诗钞》十五卷。秦彬编。《钱氏傅芳集》一卷。钱泳编。《继生堂集》四卷。张宾、张淇、张灏、张椿年撰。《鄂铧联吟集》二卷。马国伟、马用俊撰。《桐城马氏诗钞》七十卷。马树华编。《尹氏历代诗钞》七十卷。尹抡编。《许氏巾箱集》四卷。许兆熊编。《琴川黄氏三集》三卷。黄鹤、黄叔灿、黄廷鉴撰。《瑞竹亭合稿》四卷。王愈扩、王愈融撰。《屠氏昆季诗钞》二卷。屠秉钧等撰。《戴氏三俊集》三卷。戴芬、戴福谦、戴莼撰。《胡氏群从集》三卷。胡珵、胡琨、胡琮撰。《方氏乔梓集》一卷。方及子宗诚撰。《毗陵杨氏诗存》六卷,《附编》三卷。杨葆彝编。《新安先集》二十卷。朱之榛编。《海丰吴氏诗存》四卷。吴重熹编。《石氏乔梓集》二卷。潘钟瑞编。《二熊君诗剩》二卷。熊其英、熊其光撰。《二许集》二卷。许乃济等撰。《同怀忠孝集》二卷。严辰编。《高氏一家稿》一卷。高云麟编。《汪氏全集》十二卷。汪曾唯编。《湖墅钱氏家集》十八卷。钱锡宾等撰。《济阳家集》一卷。丁丙编。《城北唱随集》一卷。徐叶钧及妻吴婉宜撰。《唱和初集》一卷,《随草》二卷,《随草续编》一卷。李元鼎及妻朱中楣撰。《鸣和集》一卷,《抵掌八十一吟集》一卷。马履泰及婿锁成、子庆孙、怡孙撰。《亭林同志赠言》一卷。沈岱瞻编。《双节堂赠言》三十卷。汪辉祖编。《汤将军怀忠录》八卷。汤成烈编。《查氏一门烈女编》一卷。查礼编。《紫阳书院课余选》二卷。屠倬编。《敬修堂诗赋课钞》十五卷。胡敬编。《八砖吟馆刻烛集》二卷。阮元编。《问梅诗社诗钞》一卷。尤兴诗编。《林屋吟榭诗钞》十二卷,《附录》三卷。任兆麟编。《谢琴诗钞》八卷。吴景潮编。《载书图题咏》一卷。王士禛编。《填词图题咏》一卷。陈维崧编。《枫江渔父图咏》一卷。徐轨编。《松吹堂读书图题咏》一卷。杭世骏编。《梦境图唱和诗》一卷。黄丕烈编。《张忆娘簪花图题咏》一卷。不著编人。《乐府英华》十卷。顾有孝编。《乐府广序》三十卷。朱嘉征编。《古谣谚》一百卷。杜文澜编。《古今谣谚补注》二卷,

《古今风谣拾遗》四卷,《古今谚拾遗》六卷。史梦兰编。《古谚笺》十卷。林伯桐撰。《唐宫闱诗》三卷。费密编。《妇人集》一卷。陈维崧编。《国朝闺秀正始集》二十卷,《附录》一卷,《补遗》一卷。闺秀恽珠编。《红树楼名媛诗选》十二卷。陆昶编。《国朝闺阁诗钞》九十九卷。蔡殿齐编。《女士诗钞》不分卷。吴翌凤编。《袁家三妹合稿》三卷。袁枚编。《鲍氏三女妇诗钞》三卷。闺秀鲍之兰等撰。《随园女弟子诗选》六卷。袁枚编。《碧城仙馆女弟子诗》一卷。陈文述编。《京江三上人诗选》三卷。洪亮吉编。

宋陈起《江湖小集》九十五卷、《江湖后集》二十四卷,元方回《文选颜鲍谢诗评》四卷,汪泽民、张师愚《宛陵群英集》十二卷。以上乾隆时敕辑。

诗文评类

《救文格论》二卷。顾炎武撰。《夕堂永日绪论》一卷。王夫之撰。《论学三说》一卷。黄与坚撰。《伯子论文》一卷。魏际瑞撰。《日录论文》一卷。魏禧撰。《枣林艺篑》一卷。谈迁撰。《铁立文起》二十二卷。王之绩撰。《惺斋论文》一卷。王元启撰。《古文绪论》一卷。吴德旋撰。《述庵论文别录》一卷。王昶撰。《鸣原堂论文》二卷。曾国藩撰。《艺概》六卷。刘熙载撰。《论文章本原》三卷。方宗诚撰。《四六金针》一卷。陈维崧撰。《四六丛话》三十三卷。孙梅撰。《宋四六话》十二卷。彭元瑞撰。《读赋卮言》一卷。王芑孙撰。《见星庐赋话》十卷。林联桂撰。《赋话》十卷。李调元撰。《春秋诗话》五卷。劳孝舆撰。《选诗丛话》一卷。孙梅撰。《读雪山房唐诗凡例》一卷。管世铭撰。《李杜诗话》三卷。潘德舆撰。《五代诗话》十二卷。王士祯撰。《五代诗话》十卷。郑方坤撰。《西昆发微》三卷。吴乔撰。《江西诗社宗派图录》一卷。张泰来撰。《辽诗话》二卷。周春撰。《明人诗品》二卷。杜荫棠撰。《历代诗话》八十卷。吴景旭撰。《历代诗话考索》一卷。何文焕撰。《全闽诗话》十二卷。郑方坤撰。《榕城诗话》三卷。杭世骏撰。《南浦诗话》八卷,

《雁宕诗话》二卷。梁章钜撰。《全浙诗话》五十四卷。陶元藻撰。《全浙诗话刊误》一卷。张道撰。《广陵诗事》十卷。阮元撰。《社律诗话》二卷。陈廷敬撰。《杜诗双声叠韵谱括略》八卷。周春撰。《玉溪生诗说》二卷。纪昀撰。《苏海识余》四卷。王文诰撰。《苏亭诗话》六卷。张道撰。《诗律蒙告》一卷。顾炎武撰。《诗铎》一卷。王夫之撰。《梅村诗话》一卷。吴伟业撰。《带经堂诗话》三十卷。王士禛撰，张宗枏辑。《师友诗传录》一卷，郎廷极撰。《续录》一卷。刘大勤撰。《然灯记闻》一卷。何世基撰。《蠖斋诗话》二卷。施闰章撰。《谈龙录》一卷。赵执信撰。《漫堂说诗》一卷。宋荦撰。《静志居诗话》二十四卷。朱彝尊撰。《西河诗话》八卷。毛奇龄撰。《诗辨坻》四卷。毛先舒撰。《初白庵诗评》三卷。查慎行撰。《寒厅诗话》一卷。顾嗣立撰。《谈诗录》一卷，《诗学纂闻》一卷。汪师韩撰。《野鸿诗的》一卷。黄子云撰。《诗义固说》二卷。庞垲撰。《围炉诗话》八卷。吴乔撰。《原诗》一卷。叶燮撰。《说诗晬语》四卷。沈德潜撰。《莲坡话》三卷。查为仁撰。《随园诗话》十六卷，《补遗》十卷。袁枚撰。《石洲诗话》八卷。翁方纲撰。《北江诗话》六卷。洪亮吉撰。《茗香诗论》一卷。宋大樽撰。《瓯北诗话》二卷。赵翼撰。《雨村诗话》二卷。李调元撰。《拜经楼诗话》四卷。吴骞撰。《月山诗话》一卷。宗室恒仁撰。《柳亭诗话》三十卷。宋俊撰。《槐塘诗话》一卷。汪沆撰。《凫亭诗话》二卷。陶元藻撰。《灵芬馆诗话》十八卷。郭麟撰。《雅歌堂诗话》二卷。陈经撰。《瓶水斋诗话》一卷。舒位撰。《山静居诗话》一卷。方薰撰。《匏庐诗话》三卷。姚椿撰。《养一斋诗话》十卷。潘德舆撰。《筼石山房诗话》六卷。杨霈撰。《小匏庵诗话》十卷。吴仰贤撰。《射鹰楼诗话》二十四卷。林昌彝撰。《寿松堂诗话》四卷。陈来泰撰。《灯窗琐话》四卷。于源撰。《春雪亭诗话》一卷。徐熊飞撰。《春草堂诗话》八卷。谢坤撰。《缘庵诗话》三卷。李堂撰。《耐冷谭》十六卷。宋咸熙撰。《小沧浪诗话》四卷。张燮承撰。《养自然斋诗话》十卷。钟骏声撰。《缉雅堂诗话》二卷。潘衍桐撰。《然脂集例》一卷。王士禄撰。《诗法萃

编》十五卷。许印芳撰。《闺秀诗话》四卷。梁章钜撰。《闺秀诗话续编》四卷。丁芸撰。《全唐文纪事》一百二十二卷。陈鸿墀撰。《宋诗纪事》一百卷。厉鹗撰。《宋诗纪事补遗》一卷。罗以智撰。《宋诗纪事补遗》一百卷，附《小传补正》四卷。陆心源撰。《本事诗》十二卷。徐钒撰。《词坛纪事》三卷。李良年撰。《国朝诗人小传》四卷。郑方坤撰。《国朝诗人征略》六十卷，《二编》六十四卷。张维屏撰。《制艺丛话》二十四卷。梁章钜撰。《试律新话》四卷。倪鸿撰。《声调谱》一卷，《续谱》一卷。赵执信撰。《声调谱拾遗》一卷。翟灏撰。《声调八病说》一卷。吴镇撰。《声调谱说》一卷。吴绍灿撰。《声调三谱》四卷。王祖源撰。《声调四谱》十二卷。董文焕撰。

宋吴可《藏海诗话》一卷，不著撰人名氏《环溪诗话》一卷，王正德《余师录》四卷，李耆卿《文章精义》二卷，周密《浩然斋雅谈》三卷，元陈绎《文说》一卷。以上乾隆时敕辑。

词曲类

《鼓棹初集》一卷，《二集》一卷，《潇湘怨词》一卷。王夫之撰。《隰西草堂词》一卷。万寿祺撰。《梅村词》二卷。吴伟业撰。《定山堂诗余》四卷。龚鼎孳撰。《棠村词》三卷。梁清标撰。《玉琴斋词》四卷。余怀撰。《炊闻词》二卷。王士禄撰。《衍波词》二卷。王士禛撰。《艺香词钞》四卷。吴绮撰。《苍梧词》十二卷。董元恺撰。《二乡亭词》二卷。宋琬撰。《曝书亭词》七卷，《江湖载酒集》三卷，《蕃锦集》二卷。朱彝尊撰。《曝书亭词注》七卷。李富孙撰。《迦陵词》三十卷。陈维崧撰。《珂雪词》二卷。曹贞吉撰。《纳兰词》五卷。纳喇成德撰。《弹指词》三卷。顾贞观撰。《紫云词》一卷。丁炜撰。《微云词》一卷。秦松龄撰。《秋笛词》一卷。吴兆骞撰。《溉堂诗余》二卷。孙枝蔚撰。《茗斋诗余》二卷。彭孙贻撰。《延露词》三卷。彭孙遹撰。《秋锦山房词》一卷。李良年撰。《枫香词》一卷。宋荦撰。《西河填词》六卷。毛奇龄撰。《百末词》六卷。尤侗撰。《蓉渡词》一卷。董以宁撰。《玉山词》一卷。陆次云撰。《余波词》二卷。

查慎行撰。《蔬香词》一卷。《竹聪词》一卷,《独旦词》一卷。高士奇撰。《楝亭词钞》一卷。曹寅撰。《茗柯词》一卷。程梦星撰。《归愚诗余》一卷。沈德潜撰。《红藕庄词》三卷。龚翔麟撰。《石笥山房诗余》一卷。胡天游撰。《樊榭山房词》二卷,《续集》一卷。厉鹗撰。《押帘词》一卷。查为仁撰。《冬心先生自度曲》一卷。金农撰。《青衫词》一卷。郑方坤撰。《板桥词钞》一卷。郑燮撰。《铜弦词》二卷。蒋士铨撰。《冰天雪窖词》一卷,《机声灯影词》一卷。洪亮吉撰。《竹眠词》二卷。黄景仁撰。《茗柯词》一卷。张惠言撰。《念宛斋词钞》一卷。左辅撰。《兼塘词》一卷。恽敬撰。《晒书堂诗余》一卷。郝懿行撰。《蠡翁词》二卷。李调元撰。《嶰谷词》一卷。马曰琯撰。《南斋词》二卷。马曰璐撰。《月满楼词》二卷。顾宗泰撰。《有正味斋词》八卷。吴锡麒撰。《红薇翠竹词》一卷。焦循撰。《求是堂词》一卷。胡承珙撰。《扁舟载酒词》二卷。江藩撰。《棕亭词钞》七卷。金兆燕撰。《亦有生斋词》五卷。赵怀玉撰。《芙蓉山馆词钞》二卷,《真率斋词》二卷。杨芳灿撰。《梅边吹笛词》二卷。凌廷堪撰。《金牛湖渔唱》一卷。张云璈撰。《齐物论斋词》一卷。董士锡撰。《香草词》二卷。《洞箫词》一卷,《碧云庵词》二卷。宋翔凤撰。《立山词》一卷。张琦撰。《享帚词》四卷。秦恩复撰。《瑶想词》一卷。王芑孙撰。《借闲生词》一卷。汪远孙撰。《梅边吹笛谱》二卷,《篷窗蓻烛集》二卷。李堂撰。《百缘语业》一卷。朱昂撰。《筝船词》一卷。刘嗣绾撰。《银藤花馆词》四卷。戴延介撰。《琴筑山房乐府》二卷。盛大士撰。《小谟觞馆诗余》一卷。彭兆荪撰。《蘅梦词》二卷,《浮眉楼词》二卷,《忏余绮语》二卷,《焚余词》一卷。郭麐撰。《百萼红词》二卷。吴骞撰。《香苏山馆词》一卷。吴嵩梁撰。《露蝉吟词钞》一卷。唐仲冕撰。《蜩翼词》一卷。李兆洛撰。《思贤阁词》一卷。丁履恒撰。《万善花室词》一卷。方履篯撰。《兰石词》一卷。董祐诚撰。《存审斋词》三卷。周济撰。《林雅》一卷。蒋曰豫撰。《耶溪渔隐词》二卷。屠倬撰。《红豆树馆词》八卷。陶梁撰。《临啸阁诗余》四卷。朱骏声撰。《知止堂词录》三卷。朱绶撰。《桐

月修箫谱》一卷。王嘉禄撰。《翠微雅词》一卷。戈载撰。《因柳阁词》二卷。焦廷琥撰。《拙宜园词》二卷。黄宪清撰。《柯家山馆词》三卷。严元照撰。《玉壶词选》二卷。改琦撰。《种芸仙馆词》四卷,《钓船笛谱》一卷。冯登府撰。《六花词》一卷。徐熊飞撰。《倚晴楼诗余》四卷。黄燮清撰。《桐花阁词钞》一卷。吴兰修撰。《鸳鸯宜福馆吹月词》二卷。陈元鼎撰。《清梦庵二白词》五卷。沈传桂撰。《金梁梦月词》二卷。《怀梦词》一卷。周之琦撰。《冰蚕词》一卷。承龄撰。《空青词》三卷。边浴礼撰。《清邻词》一卷。陆继辂撰。《竹邻词》一卷。金式玉撰。《养一斋词》三卷。潘德舆撰。《无著词》一卷,《怀人馆词》一卷,《影事词》一卷,《小奢摩词》一卷,《庚子雅词》一卷。龚自珍撰。《双砚斋词》二卷。邓廷桢撰。《玉井山馆诗余》一卷。许宗衡撰。《苍筤馆词》一卷。孙鼎臣撰。《心庵词》一卷。何兆瀛撰。《诗龄词续》一卷。张祥河撰。《茂陵秋雨词》四卷。王拯撰。《春在堂词录》三卷。俞樾撰。《玉洤词》一卷。潘曾玮撰。《眉绿楼词》八卷。顾文彬撰。《芬陀利室词》一卷。潘祖荫撰。《思益堂词》一卷。周寿昌撰。《东川草堂诗余》一卷。何绍基撰。《拜石山房词》四卷。顾翰撰。《敩艺斋诗余》一卷。邹汉勋撰。《琴隐园词》四卷。汤贻汾撰。《汀芦诗余》一卷。杨传第撰。《藤香馆词》一卷。薛时雨撰。《悔翁诗余》五卷。汪士铎撰。《忆云词》五卷。项鸿祚撰。《水云楼词》二卷。蒋春霖撰。《沤梦词》一卷。刘履芬撰。《复堂词》三卷。谭献撰。《新蘅词》六卷。张景祁撰。《笙月词》五卷,《花影词》一卷。王诒寿撰。《疏影楼词》一卷。姚燮撰。《陈比部词钞》一卷,《诗余别集》一卷。陈寿祺撰。《缃秋词》一卷。程庭鹭撰。《索笑词》二卷。张文虎撰。《太素斋词钞》二卷。勒方锜撰。《采香词》四卷。杜文澜撰。《黄雁山人词》四卷。庄缙度撰。《空一切庵词》一卷。邓嘉纯撰。《晴花暖玉词》二卷。邓嘉缜撰。《荔墙词》一卷。汪曰桢撰。《寒松阁》二卷。张鸣珂撰。《香禅精舍词》四卷。潘钟瑞撰。《袖墨集》一卷,《虫秋词》一卷,《味梨集》一卷,《鸳翁集》一卷,《蜩知集》一卷,《校梦龛集》一卷,《庚子秋

词》一卷,《春蛰吟》一卷。王鹏运撰。《兰当词》二卷。陶方琦撰。
《郁华阁词》一卷。宗室盛昱撰。《赌棋山庄词》八卷。谢章铤撰。
《璞斋词》一卷。诸可宝撰。《漱泉词》一卷。成肇麟撰。《霞川花隐
词》二卷。李慈铭撰。《云起轩词钞》一卷。文廷式撰。《麟榷词》一
卷。刘恩黻撰。《山中和白云》一卷,《拈花词》一卷。蒋敦复撰。
《搴红词》一卷。陈如升撰。《樵风乐府》九卷。郑文焯撰。《红蕉
词》一卷。江标撰。

　　宋葛胜仲《丹阳词》一卷。乾隆时敕辑。

　　以上词曲类词集之属

　　《历代诗余》一百二十卷。康熙四十六年,沈辰垣等奉敕撰。
《绝妙好词笺》七卷。查为仁、厉鹗同辑。《词综》三十四卷。朱彝尊
撰。《词综补》八卷,《明词综》十二卷。王昶撰。《词综补遗》二十卷。
陶梁撰。《选声集》三卷。吴绮撰。《东日堂词选初集》十五卷。佟
世南编。《历朝名人词选》十三卷。夏昕秉衡撰。《词选》二卷。张
惠言撰。《五代词选》三卷。成肇麟撰。《宋七家词选》七卷。戈载
撰。《词辨》二卷,《宋四家词选》一卷。周济撰。《续词选》二卷。董
毅撰。《林下词选》十四卷。周铭撰。《十六家词》三十九卷。孙默
撰。《今词苑》三卷。陈维崧等编。《今词选》二卷。纳喇成德、顾贞
观编。《昭代词选》三十八卷。蒋重光撰。《国朝词综》四十八卷。王
昶撰。《国朝词综补》五十八卷。丁绍仪撰。《国朝词综续编》二十
四卷。黄燮清撰。《国朝词雅》二十四卷。姚阶编。《绝妙近词》六
卷。孙麟趾编。《绝妙近词续钞》二卷。余集、徐懋同编。《诗余偶
钞》六卷。王先谦编。《燕市聊吟集》四卷,《讨春合唱》一卷。袁通
编。《金陵词钞》八卷。秦际唐编。《江东词社选》一卷。秦耀曾编。
《广陵唱和词》一卷。孙金砺编。《高邮耆旧诗余》一卷。王敬之编。
《粤风续九》四卷。吴淇编。《闽词钞》四卷,《本事词》二卷,《天籁轩
词选》六卷。叶申芗编。《明湖四家词》四卷。赵国华编。《四明近
体乐府》十五卷。袁钧编。《硖川词钞》一卷。曹宗载编。《同声
集》九卷。王鹄编。《侯鲭词》五卷。边保枢编。《箧中词》六卷,

《续》四卷。谭献编。《词学全书》十四卷。查继起编。《词学丛书》
二十三卷。秦恩复编。

　　以上词曲类词选之属

　　《花草蒙拾》一卷。王士禛撰。《词话》二卷。毛奇龄撰。《词苑
丛谈》十二卷。徐钪撰。《古今词话》六卷。沈雄撰。《词藻》四卷，
《词统源流》一卷，《金粟词话》一卷。彭孙遹撰。《词家辨证》一卷。
李良年撰。《七颂堂词绎》一卷。刘体仁撰。《词综偶评》一卷。许
昂霄撰。《填词名解》四卷。毛先舒撰。《远志斋词衷》一卷。邹祇
谟撰。《词林纪事》二十二卷。张宗橚撰。《雨村词话》一卷。李调
元撰。《香研居词麈》五卷。方成培撰。《莲子居词话》四卷。吴衡
照撰。《听秋声馆词话》二十卷。丁绍仪撰。《赌棋山庄词话》十二
卷。谢章铤撰。《芬陀利室词话》三卷。蒋敦复撰。《词谱》四十卷。
康熙五十四年御定。《词律》二十卷。万树撰。《词律拾遗》六卷。徐
本立撰。《词律校勘记》二十卷。杜文澜撰。《填词图谱》六卷，《续
集》二卷。赖以邠撰。《白香词谱》一卷。舒梦兰撰。《白香词谱
笺》四卷。谢朝征撰。《天籁轩词谱》六卷。叶申芗撰。《词韵选
集》一卷。应扬谦撰。《榕园词韵》一卷。吴宁撰。《学宋斋词韵》一
卷。吴烺撰。《词韵》二卷。仲恒撰。《词林正韵》三卷。戈载撰。
《词韵考略》一卷。许昂霄撰。《碎金词韵》四卷。谢元维撰。《新声
谱》一卷。朱和羲撰。

　　以上词曲类词话、词谱、词韵之属

　　《曲谱》十四卷。康熙五十四年奉敕撰。《九宫大成曲谱》八十
一卷，《闰集》一卷。庄亲王撰。《昭代箫韵》二十卷。王廷章等辑。
《制曲枝言》一卷。黄周星撰。《南曲入声答问》一卷。毛先舒撰。
《乐府传声》二卷。徐大椿撰。《一笠庵北词广正谱》不分卷。李元
玉撰。《南词定律》十三卷。杨绪等撰。《太古传宗》二卷。邹金声
等撰。《曲目表》一卷。支丰宜撰。《曲海总目》一卷。黄文旸撰。
《雨村曲话》二卷。李调元撰。《曲话》五卷。梁廷枏撰。

　　以上词曲类南北曲之属。

清史稿卷一四九

志第一二四

交通一

铁　路

有清之世，欧洲诸国以制器相竞致强富，路船邮电，因利乘权。道光朝五口通商，各国踵迹至。中外棣通，外舟侵入我江海置邮通商地。大北、大东两公司海底电线贯太平洋、大西洋而来，亦骈集我海上，骎骎有返客为主之势焉。李鸿章、郭嵩焘诸臣以国权、商务、戎机所关甚巨，抗疏论列。其始也阻于众咻，其继也卒排群议而次第建设之，开我国数千年未有之奇局。于时鸿章总督直隶，领北洋通商大臣，忍诟负重，卒观厥成。长江招商轮船局始于同治十三年。逮光绪三年，有唐山胥各庄铁路之筑。四年，设邮政局。五年，设电线于大沽、北塘海口炮台，西达天津。自时厥后，岁展月拓，分途并进。轮船则有官轮、商轮之别，铁路则有官办、商办之别，电线则有部办、省办之别，邮政则有总局、分局之别。宣统初，邮传部计路之通车者逾万里，线之通电者九万余里，局之通邮者四千余处。岁之所入，路约银二千万，电约一千万，邮六百余万，而岁支外所盈无几，无乃分其利者众欤？昔者车行日不过百里，舟则视风势水流为迟疾，廷寄军书，驿人介马竢，尽日夕行不过六七百里已耳。今则京汉之车，津沪之舟，计程各二三千里而遥，不出三日，邮之附舟车以达者如之。若以电线达者，数万里外瞬息立至。民情虑始难，观成

易,故船、电、路皆有商办名。顾言利之臣胥欲笼为国有,以加诸电商者加之川汉自办之路,操之过激,商股抗议者辄罪之。淫刑而逞,以犯众怒,党人乘之,国本遂摇。孔子论治,以书同文、车同轨、行同伦为极盛。清之天下,可谓同文同轨矣,惟行殊焉,而理乱顿异。则知伏羲氏所谓通天下之志者,有形下之器,尤贵有形上之道以维系之,未可重器而遗道也。撰《交通志》。

铁路创始于英吉利,各国踵而行之。同治季年,海防议起,直督李鸿章数为执政者陈铁路之利,不果行。

光绪初,英人擅筑上海铁路达吴淞,命鸿章禁止,因偕江督沈葆桢,檄盛宣怀等与英人议,卒以银二十八万两购回,废置不用,识者惜之。

三年,有商人筑唐山至胥各庄铁路八十里,是为中国自筑铁路之始。

六年,刘铭传入觐,疏言:"自古敌国外患,未有如今日之多且强也。一国有事,各国环窥,而俄地横亘东、西、北,与我壤界交错,尤为心腹之忧。俄自欧洲起造铁路,渐近浩罕,又将由海参崴开路以达珲春,此时之持满不发者,以铁路未成故也。不出十年,祸且不测。日本一弹丸国耳,师西人之长技,恃有铁路,亦遇事与我为难。舍此不图,自强恐无及矣。自强之道,练兵造器,固宜次第举行。然其机括,则在于急造铁路。铁路之利,于漕务、赈务、商务、矿务、厘捐、行旅者,不可殚述,而于用兵尤不可缓。中国幅员辽阔,北边绵亘万里,毗连俄界;通商各海口,又与各国共之。画疆而守,则防不胜防,驰逐往来,则鞭长莫及。惟铁路一开,则东西南北呼吸相通,视敌所趋,相机策应,虽万里之遥,数日可至,百万之众,一呼而集。且兵合则强,分则弱。以中国十八省计之,兵非不多,饷非不足。然此疆彼界,各具一心,遇有兵端,自顾不暇,征饷调兵,无力承应。若铁路告成,则声势联络,血脉贯通,裁兵节饷,并成劲旅,防边防海,转运枪炮,朝发夕至,驻防之兵即可为游击之旅,十八省合为一气,

一兵可抵十数兵之用。将来兵权饷权，俱在朝廷，内重外轻，不为疆臣所牵制矣。方今国计绌于边防，民生困于厘卡。各国通商，争夺利权，财赋日竭，后患方殷。如有铁路，收费足以养兵，则厘卡可以酌裁，裕国便民，无逾于此。今欲乘时立办，莫如筹借洋债。中国要路有二：南路一由清江经山东，一由汉口经河南，俱达京师；北路由京师东通盛京，西达甘肃。若未能同时并举，可先修清江至京一路，与本年拟修之电线相为表里。”

事下直督李鸿章、江督刘坤一议覆。鸿章言：“铁路之设，关于国计、军政、京畿、民生、转运、邮政、矿务、招商、轮船、行旅者，其利甚溥。而借用洋债，外人于铁路把持侵占，与妨害国用诸端，亦不可不防。”坤一以妨碍民生、厘税为言。学士张家骧言兴修铁路有三大弊。复下其疏于鸿章，鸿章力主铭传言。会台官合疏力争，侍讲张楷言九不利，御史洪良品言五害，语尤激切。以廷臣谏止者多，诏罢其议。嗣是无复有言之者矣。

十一年，既与法国议和，朝廷念海防不可弛，诏各臣工切筹善后。李鸿章言：“法事起后，借洋债累二千万，十年分起筹还，更无力筹水师之岁需。开源之道，当效西法采煤铁、造铁路、兴商政。矿藏固为美富，铁路实有远利。但招商集股，难遽踊跃，官又无可资助。若轻息假洋款为之，虽各国所恒有，乃群情所骇诧，非圣明主持于上，谁敢破众议以冒不韪？”大学士左宗棠条上七事，一言宜仿造铁路：“外国以经商为本，因商造路，因路治兵，转运灵通，无往不利。其未建以前，阻挠固甚，一经告成，民因而富，国因而强，人物因而倍盛，有利无害，固有明征。电报、轮船，中国所无，一旦有之，则为不可少之物。倘铁路造成，其利尤溥。清江至通州宜先设立铁路，以通南北之枢，一便于转漕，而商务必有起色；一便于征调，而额兵即可多裁。且为费仅数百万，由官招商股试办，即可举行，且与地方民生并无妨碍。追办有成效，再添设分支。至推广西北一路，尤为日后必然之势。”疏下王大臣议，虽善其言而不能用也。是年冬，鸿章复言：“陶城、临清间二百余里，运道淤垫，请试办铁道，为南北大

道枢纽。”上用漕督崧骏等言，格不行。

初，法、越事起，以运输不便，军事几败。事平，执政者始知铁路关系军事至要。十三年春，海军衙门王大臣奕譞等言：“铁路之议，历有年所，毁誉纷纭，莫衷一是。自经前岁战事，始悉局外空谈与局中实际，判然两途。臣奕譞总理事务，见闻较切。臣曾纪泽出使八年，亲见西洋各国轮车铁路之益。现公同酌核，调兵运械，贵在便捷，自当择要而图。据天津司道营员等禀，直隶海岸绵长，防守不易，转运尤艰。请将开平至阎庄商办铁路，南接大沽北岸八十余里，先行接造，再由大沽至天津百余里，逐渐兴修。津沽铁路告成，续办开平迤北至山海关，则提督周盛波所部万人，驰骋援应，不啻数万人之用。此项海防要工，集资不易，应以官款兴办，调兵勇协同工作，以期速成。如蒙俞允，即派员督率开平公司经理。”从之。明年，路成。总理衙门奏言：“新造津沽铁路，自天津府城经塘沽、芦台以至阎庄，长一百七十五里，其自阎庄至滦州之唐山，长八十里，为各商旧造铁路。新旧铁路首尾衔接，轮车通行快利，为轮船所不及。通塞之权，操之自我，断无利器假人之虑。由此经营推广，一遇征兵运械，挽粟飞刍，咄嗟可致；商民贸迁，无远弗届，榛莽之地，可变通衢，洵为今日自强之急务。”

会粤商陈承德请接造天津至通州铁路，略言：“现造铁路，其所入不敷养路之用。如接造此路，既可抽还造路借本，并可报效海军经费。”直督李鸿章以闻，已如所请矣；于时举朝骇然，尚书翁同龢、奎润，阁学文治，学士徐会沣，御史余联沅、洪良品、屠仁守交章谏阻。其大端不外资敌、扰民、失业三者，亦有言宜于边地及设于德州、济宁以通河运者。命俱下海军衙门。寻议上，略言：“原奏所虑各节，一在资敌。不知敌至而车已收回，岂有资敌之虑？一在扰民。建设铁路，首在绕避民间庐舍丘墓，其万难绕避者，亦给重价，谕令迁徙，可无扰民之事。一在失业。铁路兴而商业盛，谋生之途益广，更鲜失业之虞。津通之路，非为富国，亦非利商，外助海军相辅之需，内备征兵入卫之用。乃议者不察底蕴，不相匡助，或竟道听途

说，或竟凭空结撰，连章论列，上渎天听。方今环球诸国，各治甲兵，其往也，非干羽所能格，其来也，非牛饩所能退，全视中华之强弱，为相安相扰之枢机。臣等创修铁路本意，不在效外洋之到处皆设，而专主利于用兵。不仅修津通之路，而志期应援全局。诚能于江南、赵北、关东、陇西各设重兵，各安铁路，则军行万里无胼胝之劳，粮运千仓有瞬息之效，零星队伍可撤可并，浮滥饷乾或裁或节。此外如海防河运，裨益实多，而通货物、销矿产、利行旅、便工役、速邮递，利之所兴，难以枚举。而事属创办，不厌求详。请下沿江沿海各将军督抚，各抒所见。"遂如所请，命各详议以闻。

台湾巡抚刘铭传议由津沽造路至京师，护苏抚黄彭年议先办边防、漕路，缓办腹地及沿江沿海各省，而试行于津通。粤督张之洞请缓办津通，改建腹省干路，疏言："今日铁路之用，以开通土货为急。进口外货，岁逾出口土货二千万两。若听其耗漏，以后万不可支，惟有设法多出土货、多销土货以济之。有铁路，则机器可入，笨货可出，山乡边郡之产，悉可致诸江岸海墙，流行于九洲四瀛之外矣。而沿江沿海、辽东三省、秦陇沿边，强邻窥伺，防不胜防。若无铁路应援赴敌，以静待动，安得无数良将精兵利炮巨饷而守之？宜先择四达之衢，首建干路，为经营全局之计。至津通铁路，则关系甚巨，不便尤多。设此路创造之时，稍有纷扰，则习常蹈故者，益将执为口实，视为畏途。以后他处续造，集股之官商必裹足，疑沮之愚民必有辞，则铁路之功终无由成，而铁路之效终无由见矣。翁同龢请试行于边地以便运兵，徐会沣等请改设于德州、济宁以便运漕，均拟缓办津通，为另辟一路之计。但边地偏远，无裨全局，效亦难见；且非商贾辐辏之所，铁路费无所出，不足以自存。德济一路，黄河岸阔沙松，工费太巨。臣以为宜自京城外之芦沟桥起，经河南达于湖北汉口镇。豫、鄂居天下之腹，中原缩毂，胥出其涂。铁路取道，宜自保定、正定、磁州，历彰、卫、怀等府，北岸在清化镇以南，南岸在荥泽口以上，择黄河上游滩窄岸坚经流不改之处，作桥以渡河，则三晋之辙下于井陉，关陇之骖交于洛口，西北声息刻期可通。自河

以南,则由郑、许、信阳驿路以抵汉口,东引淮、吴,南通湘、蜀。语其便利,约有数事。内处腹地,不近海口,无引敌之虑,利一。南北三千余里,原野广漠,编户散处,不似近郊之稠密,一屋一坟易于勘避,利二。干路袤远,厂盛站多,经路生理既繁,纬路枝流必旺。执鞭之徒,列肆之贾,生计甚宽,舍旧谋新,决无失所,利三。以一路控八九省之冲,人货辐辏,贸易必旺。将来汴洛、荆襄、济东、淮泗,经纬纵横,各省旁通,四达不悖。岂惟有养路之资费,实可裕无穷之饷源,利四。近畿有事,三楚旧部,两淮精兵,电檄一传,不崇朝而云集都下。或内地偶有土寇窃发,发兵征讨,旬日立可荡平。征兵之道,莫此为便,利五。中国矿利,惟煤铁最有把握。太行以北,煤铁最旺而最精,而质最重、路最艰。既有铁路,则辇机器以开采,用西法以煎熔,矿产日多。大开三晋之利源,永塞中华之漏卮,利六。海上用兵,首虑梗漕。东南漕米百余万石,由镇江轮船溯江而上,三日而抵汉口,又二日而达京城。由芦沟桥运赴京仓,道里与通县相等,足以备河海之不虞,辟飞挽之坦道,而又省挑河剥运之浮糜。较之东道王家营一路碍于黄河下流者,办理转有把握,利七。若虑费巨难成,则分北京至正定为首段,次至黄河北岸,又次至信阳州为二三段,次至汉口为末段。每里不过五六千金,每段不过四百万内外,合计四段之工,须八年造成,款亦八年分筹。中国之大,每年筹二百万之款,似尚不至无策。筹款之法,除由铁路公司照常招股外,应酌择各省口岸较盛、盐课较旺之地,由藩运两司、关道转发印票股单,设法劝集。铁料运自晋省,置炉炼冶,以供取用,庶施工有序,而藏富在民。”

　　奏上,仍下海军衙门。寻复议上:“各国兴办铁路,以干路为经,以枝路为纬,有事则以路征兵,无事则以商养路。就五大洲言之,宜于西洋,宜于东洋,岂其独不宜于中国?就中国言之,或云宜于边防,或云宜于腹地,岂其独不宜于臣衙门所奏准之津通?津通,畿东南一正干也。水路受沿海七省之委输,陆路通关东三省之命脉。豫鄂则畿西南一正干也,控荆襄,达关陇,以一道扼七八省之冲。初意

徐议中原，而先以津沽便海防，继以津通扩商利，区区二百里，其关系与豫鄂之千里略同。今张之洞亦设为津通五宜审之说，其中所虑各节，前奏固已剖析无遗。惟事关创始，择善而从。津通铁路应即暂从缓办，而卢汉必以汉口至信阳为首段，层递而北，并改为卢沟、汉口两路分投试办，综计需银三千万两，以商股、官帑、洋债三者为集款之法。"议上，诏旨允之。

初，鸿章倡津通铁路之议，举朝以为不可，鸿章持之甚力。之洞特创卢汉干路之说，调停其间，而醇亲王奕譞复赞之于内，其事始定。然其时廷臣尚多不以卢汉造路为然，但无敢昌言者。故通政黄体芳谓铁路不可借洋债以自累，而台臣亦有言黄河桥工难成者，以执政者坚持举办，久之浮议始息。鸿章与之洞书，谓局外议论纷歧，宜速开办，免生枝节，之洞深然之。未几，之洞总督湖广。之洞既移鄂，益锐意兴办卢汉铁路，其所经画，曰储材宜急，勘路宜缓，兴工宜迟，竣工宜速。以商股难恃，请岁拨帑金二百万两以备路用。上如所请。

十六年，以东三省边事亟，从海军衙门王大臣及直督李鸿章言，命移卢汉路款先办关东铁路。拟由林西造干路，出山海关至沈阳达吉林，另由沈阳造枝路以至牛庄、营口，计二千三百二十三里，年拨银二百万两为关东造路专款，命李鸿章为督办大臣，裕禄为会办大臣，而卢汉路工因之延缓。盖自光绪初年，内外臣工往往条陈铁路，当国者亦欲试行以开风气，而疆吏畏难因循，顾虑清议，莫敢为天下先。卢汉铁路已定议矣，寻复中辍。至是年，国内铁路，仅有唐山至阎庄八十五里，阎庄至林西镇二百三十五里，又基隆至淡水六十里而已。

二十一年，命张之洞遴保人才，及筹议清江至京路事。之洞言铁路以卢汉为要，江宁、苏、杭次之，清江筑路非宜。上韪其言。时之洞方督两江，特命移鄂综其事。以卢汉路长款巨，谕有招股千万者，许设公司自办。粤人许应锵、方培尧等咸言集赀如额，遵旨承办。直督王文韶与之洞言承办各商举不足恃，请以津海关道盛宣怀

为督办，允之，命以四品京堂督路事。宣怀条上四事，一请特设铁路总公司，拨官款，募商股，借洋债。先办卢汉，次第及于苏沪、粤汉。上如所请。是年设总公司于上海，而卢汉之始基以立。

自中日战后，外人窥伺中国益亟，侵略之策，以揽办铁路为先。俄索接造西伯利亚干路，横贯黑、吉两省，修枝路以达旅顺、大连湾。英则请修五路：一苏杭甬，自苏州经杭州以达宁波；一广九，自广州以达九龙；一津镇，自天津以达镇江；一浦信，自浦口以达信阳；一自山西、河南以达长江。法自越南筑路以达云南省，自龙州筑路以达镇南关。德踞胶州湾，筑路以达济南。葡据澳门，筑路以达广州。日本擅于新民厅筑路达奉天，更获有奉天至安东铁道之权。此各国以铁路侵略中国之大略也。

先是俄人阴结朝鲜窥奉天，建言者请急建关内外路以相钤制，乃命顺天府尹胡燏芬督办津榆路事；后以续造吉林一路款绌中辍。二十四年，俄事急；芬请息借英款为之。疏言："关外一路，初拟迳达吉林，以无款又落后著。迨归并津卢，俄即起而争执。近允其由俄边直接大连湾，奉、吉两省东北之利尽为所占。计惟有由大凌河赶至新民厅铁路，以备联络沈阳之路，并可兼护蒙古、热河矿务。一面由营口至广宁，庶中国海关不致为俄侵占，尚可保全奉省西北之利。现东三省全局已在俄人掌握，幸留此一线之路，堪以设法抵御。若坐失机宜，后悔何及。"从之。

初，英人图粤路甚亟。王文韶、张之洞、盛宣怀合疏言："粤汉南干路，原拟稍缓续筹，无如时局日亟，刻不及待。群雄环伺，辄以交涉细故，兵轮互相驰骋，海洋通塞，靡有定期。今海军既无力能兴，设有外变，隔若异域，必内地造有铁路，方可联络贯通。广东财赋之区，南戒山河，未可遽弃，此粤汉南路当与北路并举者也。"又疏言："德国无理肇衅，占踞胶、墨要害，并获承办山东铁路。俄已造路于黑龙江、吉林，为通奉天、旅顺之谋。法已造路于广西，以为割滇之计。独英人窥伺最久，尚无所得。今年春，英商屡来揽办粤路，坚持未允。其所拟急行者，在赶营中国中部，或广东建筑轨道。盖英所

欲者，一借款，一修路，一拟索香港对岸之深水埠，其为觊觎铁路无疑。现在德已踞胶，俄已留旅，法已窥琼，英有图扼长江、吴淞之谋。是中国各海口几尽为外国所占，仅有内地尚可南北往来。若粤汉一线再假手英人，将来俄路南引，英轨北趋，惟有卢汉一路踽踽其中，何能展布？甚或为英、俄之路所并。惟有赶将粤汉一路占定自办，尚足补救万一。"嘉纳之。

初，粤汉路议由鄂入赣达粤。嗣病其迂远，改道湘之郴、永、衡、长。至是，定议三省绅商自办，总公司综其纲领。盖各省干路，以关东肇其端，卢汉、粤汉次之。此外则建天津至卢沟桥之津卢路，正定至太原之正、太路，郑州东至开封、西历荥阳、氾水达洛阳之汴、洛路，广州至九龙之广九路，上海至江宁之沪宁路，萍乡至昭山之萍昭路，道口至清化镇之道清路，京师至张家口之京张路，天津至浦口之津浦路，吉林、长春之吉长路，齐齐哈尔卜魁城至昂昂溪之齐昂路，此属于官办者也。若潮汕、新宁、川汉、同蒲、洛潼、西潼、广厦、归包、归新、桂全、滇桂、滇蜀、腾越以及浙、苏、皖、赣、滇、蜀诸省，咸请自修干枝等路，悉如所请。至是建造铁路之说，风行全国，自朝廷以逮士庶，咸以铁路为当务之急。

趋向既定，筹款与办法最关紧要。筹款有官帑，有洋债，有民股。修路有官办，有商办，有官督商办。自刘铭传倡借债筑路之议，为众论所尼，借款修路，遂为当时所讳言。故卢汉建议之初，犹以部帑为请，未敢昌言借洋债也。借洋债自津卢、关内外铁路始。迨盛宣怀督办路事，首以三路分三国借款之策进。曰卢汉借比款，沪宁借英款，粤汉借美款。上俞其请。由是正太则借俄款，汴洛则借比款，广九、苏杭甬则借英款，津浦则借英、德款。贷之者，大率资金什予其九，息金二什而取其一；以路为质，或并及附路之产物。付息、还本、赎路，咸有定程，而还本、赎路未及其时，且勿许。购料、勘路、兴工，多假外人为之。故外人多以款为饵，冀获承办之利。

卢汉路近三千里，费逾四千万，黄河桥工糜款尤巨，官帑仅资开办而已。借款始拟美，以所望奢，改与比议。英、德、法诸国接踵

而至。卒借比款一百十二兆五十万佛郎。比小国，饶铜铁，娴工事，于中国无大志。三十一年，续借一百二十五万佛郎。逾年，路成。北端直抵京师，因易名京汉。京汉之枝路曰正太，曰汴洛。正太借款，始二十三年。俄璞科第与晋官绅议定而中止。二十八年，盛宣怀与议借款四千万佛郎。约成，而俄人挨士巴尼忽索太原至榆次，至成都，至太谷，至西安，石庄至东光、微水、横涧四岔道，及同蒲诸路。均格部议，而岔道卒如所请。三十三年秋，工竣。

自容闳倡办津镇，盛宣怀恐夺卢汉之利，因议办汴洛、开济以相钤制。汴洛借款始于二十五年，至二十八年而约成，借比款二千五百万佛郎。比人卢法尔主工事。嗣续借千六百万佛郎。三十四年，路成。津沽用款百三十万，官帑、商股兼备，以洋债补其不足。津卢假英金四十万镑。关内外路借英金二百三十万镑。本由商办，迨胡燏芬为督办，始官为之。拳匪乱起，关外路为俄踞，关内路为英踞。命袁世凯等与英使立约收回，英人遂攫有百里内不准他人承修之权。三十一年，全路告竣，是为京奉路。道清路为英商福公司所造，长九十里，利微费巨。初，英商索泽襄、怀浦，俱不获。遂以借款收回道清为言，内外臣工咸持不可，终借英金六十一万四千六百镑赎回。津浦路，因津镇之议不果行，改议北起天津，南讫浦口，借英、德款五百万镑。尚书吕海寰主其事。宣统三年，工竣。

其促成各省铁路自办与拒绝外债之机者，则沪宁、苏杭甬、粤汉借款所致也。沪宁筑路，倡于盛宣怀，南北洋大臣据以入告，得请。方从事淞沪工作，而英声请承办，宣怀与订草约。二十九年，正约成，借英金三百二十五万镑，五十年为期。商部以借款几倍于原估之数诘之。而工未及半，款已告罄，复议续借百万镑。苏人群起责难，并疏闻于上。命唐绍仪督办沪宁、京汉，罢铁路总公司。绍仪既任事，徇英工程司之请，复议售小票六十五万镑。疏言："盛宣怀移交合同文卷及购地工程帐册，支款浮滥，当经驳回。沪宁合同吃亏，比京汉干路为甚。其最棘手者，在设立总管理处。华员二人，洋员三人，每会议时，彼众我寡，已占低著。议者有添举监督之说。岂

知权在总管理处,合同早已订明,虽有监督,实不济事。其尤棘手者,财政之权操于洋人掌握,用款虽由华员签字,而司帐者为洋员也。分段司帐,其支发权仍在工程司也。购料事宜,向由怡和洋行经手。行车总管、材料总管,皆洋员专司也。本彼众我寡之因,以成事事制肘之果。挽回补救之术,惟有改订总管理处章程,加派华员司帐,并分任各总管,现已分别办理。至路款不敷,尚拟续售小票六十五万镑以资接济。"下所司议行。方绍仪拟续借英款也。侍郎吴郁生上疏力争,略言:"沪宁铁路由英国银公司要求承造,盛宣怀与之订立合同。以长不逾六百里之路工,借款至三百五十万镑之巨,估价多,必至浮滥。自合同宣布后,远近骇然。上年奉严旨改派唐绍仪妥筹办理。近闻沪宁工程司来京,又以工款不敷,有议续售小票七十万镑之说。此项路工,即就业经借定之三百五十万镑尽数开支,每里合银三万两以上,视他路浮逾两倍,公家受亏已多。今若再借巨债,是唐绍仪接办以来,于盛宣怀失算之处并无补救之方。请饬按照合同,严核用款,一面自行筹款接济。不可再令银公司出售小票,致以九折虚数,受人盘剥。"疏上,下所司知之。而沪宁铁路终以本息过巨,收赎无期也。

苏杭甬铁路,自二十四年许英商承办。是年,盛宣怀与订草约,大要悉本沪宁。约成而英人置之。三十一年,浙路自办之局定,御史朱锡恩请废前约,上命宣怀偕浙抚主其事。英人恃有前约,坚欲承办,往复为难要挟,久之不决。侍郎汪大燮与议,分修路、借款为二事。浙人以路股集有成数,一意拒款,闻之大哗,诋大燮甚力。大燮旋使英,以梁敦彦继之。浙推孙廷翰、苏推王同愈等议于京,终以成约难废,由部借英款,贷之两省而事息

粤汉借用美款,倡于盛宣怀。驻美使伍廷芳与合兴公司议借美金四千万,期以五年工竣。美以毕来斯司路事。起粤之三水,筑路十五里,糜款逾二百万。毕来斯殁,工事亦辍,而美股多售之比人。鄂督张之洞以比已承修卢汉,粤汉再假之比,两路相合,非国之利,力倡废美约之议,湘人助之。上用御史黄昌年言,命之洞妥筹办理。

之洞主废约益力。宣怀不愿,阴挠其事,诏宣怀不得干预。之洞复属驻美使梁诚与合兴公司议,年余始定,借英金百十万镑赎回焉。

方之洞议借英款也,英人乘间请改订广九路约。广九为英人请办五路之一,二十五年签订草约,悬而未定者也。三十年,沪宁约成,英人索议未果。迨苏杭甬事起,相持方急,部许英人先议广九,以缓其事,而正约以成。至是议粤汉借款,英人复索合办广九全路,粤督持不可。旋索以粤盐及路质借款,粤人亦不之许。终假英金百五十万镑而约成。之洞既借英款赎美约,一时议者以为以英易美,其害相埒,相与诟病。昌年复言路权至重,赎款难担,亟宜兴修,严杜干涉。诏以借款修路,流弊滋多,应由三省集股兴修,以保利权。自明诏严禁借债修路,而商部复有限制借款之条。各省人士亦以外人谋我之亟,咸谋铁路自办,以杜外患,鉴外债受亏之巨,争欲招集股款,自保路权。此由官办改为商办之所由来也。

商办铁路,始于唐山至阎庄,更自天津、大沽以达林西镇,皆开平公司为之。嗣是武举李福明请修京至西沽路,粤人许应镠等请办卢汉路,俱不获,自此无复有言商办者。二十九年,粤人张煜南请设公司承办潮汕铁路。既得请,而川汉继之。川督锡良以英、美商人竞涎川路,而美商班士复索灌县富顺枝路,奏准由川人筹款自办。明年,赣人以李有棻总理江西铁路,以南寻为干路第一段。三十一年,编修陈荣昌等以法人已修滇越路,滇省内地应自行推广,以杜口实,请办滇蜀铁路,滇督丁振铎据以入告,报可。黔抚林绍年言黔路不通,滇亦少利,因并及黔。荣昌嗣请展修腾越,以编修吴琨总理其事。皖以李经方为总理,经始于芜湖,以期北接卢汉、南通赣浙。闽以陈宝琛为总理,筑路厦门。浙以汤寿潜为总理,干路一自杭达苏,一历富达江西;枝路则南道江山以通闽,西道湖、长以通皖。新宁、广厦铁路,粤人陈宜禧、张振勋经办。西潼路,近联汴洛,远达甘新,为西北纬干之枢纽,陕抚曹鸿勋奏准。三十二年,苏人以王清穆为总理,规画江苏全路,江南自上海经松江以达浙江,北自海州入徐以达豫。桂以于式枚为总理,拟自桂林筑路至全州以达湘,经梧

州以达粤。粤汉自美约废后，三省公设路局于鄂，筹款筑路，各自为之，不相搀越，先干后枝，以为要约。湘以袁树勋为总理，粤人内阁侍读梁庆桂、道员黎国廉与粤督岑春煊争粤路商办，被劾夺官。上命往查，旋起二人原官，路由官督商办，旬日集股数达四千万元，以郑官应为总理。

当其时，以铁路为救时要图，凡有奏请，立予俞允。请办干、枝各路，经纬相属，几遍全国。其筹款，于招集民股外，大率不外开办米谷、盐、茶、房屋、彩券、土药等捐，及铜元余利、随粮认股数者。而程功之速，事权之一，首推新宁。陈宜禧者，籍新宁，娴铁路学，众相推戴，始终其事，故二年而路竣。次则潮汕，虽勘路招股，事变屡起，而卒底于成。总理张煜南，奖擢三品京堂。此外，以粤汉路粤人集股为最多，倾轧亦最剧。总理屡易，路工停滞。川省以租股为大宗，数达千余万元。浙、闽、皖、赣亦均次第兴工。其余各省，大都集股无多，有名鲜实。西潼一路，以商股难成，奏归官办，其见端也。

三十四年，上用苏抚陈启泰言，以大学士张之洞督办粤汉，冀以统一事权，亦无所济。是年，诏以铁路为交通大政，绅商集股，各设公司，奏办有年，多无起色，命所司遴员分往查勘。寻奏上勘路查款办法。时川汉已派员往查。其余以洛潼、西潼、同蒲、江苏、浙江最要，为一起；粤汉、潮汕、新宁、惠潮、广西、福建次要，为一起；滇、蜀、安徽、江西再次，为一起。拟先查洛潼、西潼、同蒲三路，报闻。宣统二年，川路司出纳者，亏倒路股百九十余万，川人宦京者甘大璋等闻于上，查明饬追，徒托空言而已。

三年，给事中石长信言："我国兴造各省铁路，事前并未谋定后动。今宜明定干路、枝路办法，使天下咸知国家铁路政策之所在，此后有所遵循，不再如从前之群议庞杂，茫无主宰。当此时事日亟，边防最要。国家若不赶将东西南北诸大干路迅速次第兴筑，则强邻四逼，无所措手。人民不足责，其如大局何。此中利害，间不容发。惟有仰恳乾纲独断，不再游移。在德、奥、法、日本、墨西哥诸国，其铁路均归国有，而我分枝路与民，已为优异。况干枝相辅，上下相维，

于理尚顺，于事稍易。此路政之大纲，亟宜明定办法者一也。又东南干路，以粤汉议办为最早。光绪二十六年，督办大臣会同湖广总督等奏准借美款兴造。当时订定合同后，业已筑成粤省之佛山三水铁路一百余里，广州至英德干路亦已购地开工。乃三十年春间，张之洞忽信王先谦等之言，不惜巨资，经向美公司废约，坚持固执，卒至停罢。废约后，原欲集鄂、湘、粤三省之力以成此路。讵悠忽数年，粤则有款而绅士争权，办路甚少，湘、鄂则集款无著，徒糜局费。张之洞翻然悔悟，不护前非，仍拟借款筑造，乃向英、德、法三国银行订定借款草合同，签押后正欲入告，因美国援案插入，暂缓陈奏。张之洞旋即病故，此事遂一搁至今。计自废约以来，已阅七载。倘若无此翻覆，粤汉早已告成，亦如京汉，已届十年还本之期矣。至川汉集款，皆属取诸田间，其款确有一千余万。绅士树党，各怀意见，上年始由宜昌开工至归州以东，此五百里工程，尚不及十分之二三，不知何年方能告竣。而施典章擅将川路租股之所入，倒帐竟至数百万之多。此又川、粤、汉干路之溃败延误，亟宜查办者又一也。近来云贵督臣李经羲议造滇桂边路，于国防尤有关系。然不有粤汉干路自湖南之永兴与广西之全州相接，则滇桂路何能自守？今我粤汉直贯桂滇，川汉远控西藏，实为国家应有两大干路，万一有事，缓急可恃。故无论袤延数千里之干路，断非民间零星凑集之款所能图成，即使迟以十年或二十年，造成之后，而各分畛域，倘于有事之际，命令不行，仍必如东西洋之议归国家收买。此干路之必归国有者又一也。国家成法，待民宽厚，虽当财赋极困难之时，不肯加赋。四川、湖南现因兴造铁路，创为租股名目，每亩带征，以充路款。闻两省农民，正深訾怨，偶遇荒年，追呼尤觉难堪。但路局以路亡地亡之说惊吓愚民，遂不得不从。川省民办较纾，尚能勉强担负。湘民本非饶足，若数年之间，强逼百姓出此数千巨万之重赀，而路工一日不完，路利一日无著，深恐民穷财尽，欲图富强而转滋贫弱。是以干路收归国有，命下之日，薄海百姓必无阻挠之虑。况留此民力以造枝路其工易成其资易集其利易收。使其土货得以畅行民间渐资饶富此

枝路之可归民有者又一也。"

疏上,下所司议行。诏曰:"中国幅员辽阔,边疆袤延数万里,程途动需数阅月之久,朝廷每念边防,辄劳宵旰。欲资控御,惟有速造铁路之一策。况宪政之谘谋,军务之征调,土产之运输,胥赖交通便利,大局始有转机。熟筹再四,国家必有纵横四境诸大干路,方足以资行政而握中央之枢纽。从前规划未善,并无一定办法,以致全国铁路,错乱纷歧,不分枝干,不量民力,一纸呈请,辄行批准商办。乃数年以来,粤则收股及半,造路无多;川则倒帐甚巨,参追无著;湘、鄂则开局多年,徒资坐耗。竭万民之脂膏,或以虚糜,或以侵蚀,恐旷时愈久,民累愈深,上下交受其害,贻误何堪设想。用特明白晓谕,昭示天下,干路均归国有,定为政策。所有宣统三年以前,各省分设公司、集股商办之干路,延误已久,应即由国家收回,赶紧兴筑。除枝路仍准商民量力酌行其从前批准干路各案一律取消。至应如何收回之详细办法著度支部、邮传部悉心筹划迅速请旨办理。"

度支部奏:"粤、川、湘、鄂四省所抽所招之公司股票,尽数收回,由度支、邮传两部特出国家铁路股票常年六厘给息。嗣后如有余利,按股分给。倘愿抽本,五年后亦可分十五年抽本。其不愿换国家铁路股票者均准分别办理,以昭平允。粤路全系商股,因路工停顿,糜费太甚票价不及五成。现每股从优发给六成其亏耗之四成,发给国家无利股票。路成获利之日,准在本路余利项下,分十年摊给。湘路商本,照本发给。其米捐、租股等款,准发给国家保利股本。鄂路商股,并准一律照本发还。其因路动用赈粜捐款,准照湖南米捐办理。川路宜昌实用工料之款四百数十万两,准给国家保利股票。其现存七百余万两,愿否入股,或归本省兴办实业仍听其便。"从之。诏停川、湘两省租股。起端方以侍郎督办粤汉、川汉铁路。其粤汉、川汉英、德、法三国借款,亦即签订。

方干路收归国有之诏既颁,湘、粤人士群起哗噪,力谋抗拒,顾未久即定。护川督王人文代陈川谘议局请缓接收川路,诏旨斥之。

川人罗纶等言:"部臣对待川民,均以威力从事,毫不持平。"人文复据以上闻,仍严斥之。未几,以赵尔丰署四川总督。川人因路事持久不决,始以罢市、罢课,抗粮、抗捐,发布自保商榷书;继则集众围攻督署,再攻省垣。遂命端方率军入川。又以川事日棘,命前粤督今春煊赴川办理剿抚。春煊既受命,请以现金偿川省路股,桂抚沈秉坤亦以为言部议借英金三百万镑,不能决也。春煊至鄂,会成都围解,称疾不往。

御史陈善同上章,请罢斥邮传大臣盛宣怀,以弭巨变。疏言:"窃维国以民为本,自古未有得民心而国不兴者,即未有失民心而不危者。传曰:"众怒难犯。"书曰:"民可近,不可下。"此中消息至微。此次以铁路干线归国有,政策本极相宜。比者屡诏蠲除各项杂捐,所以恤民者,固已仁至义尽。而湘、粤等省人心惶骇,扰扰不靖,川患且日以加剧者,则以邮传大臣盛宣怀于此事之办理实有未善也。各路商办之局,其始皆历奉先皇帝谕旨,根据大清商律。如欲改归官办,自应统筹全局,划定年限,分期分段,量力递收,于国于民,方为两利。今盛宣怀事前毫无预备,徒仰仗借款,突然将批准各案奏请一律取消。各路以十余年之经营,千数百万之筹集,一旦尽取诸其怀而夺之。而所订借款合同,利率之高,虚折之多,抵押之巨,债权之重,又著著失败,予人口实。各省人民,痛念前劳,怵心后祸,宜其奔走骇告,岌岌若不终日也。查给事中石长信之请定干路、枝路办法,在四月初七日;邮传部之覆奏,宣布国有政策,在十一日;而借款合同之签押,在二十二日。似政策之改定,实缘借款而发生也者。举办此等大事,乃平时漫无布置,出以猝遽如此,反使朝廷减轻民累之旨晦没不彰。而复不能审慎临机,强令宜归工程每月工项仍由川款开支,实与五月二十一日上谕"川路仍存七百余万,愿否入股,或办实业,并听其便"等语大相违背。必欲使我皇上体恤商民之恩,壅遏之不使下逮,陷朝廷以不信,示天下以可疑,群起抵抗,何怪其然。幸以国家三百年来深仁厚泽,沦浃人心,故虽众怨交集于盛宣怀,终无敢有归怨朝廷者。比闻川省风潮日烈,皆以盛宣

怀丧权误国，欲得而甘心。月余以来，屡开全省股东大会，每次到者近万人，誓与路为存亡，在场之人无不为之泣下。合十余州县地方，并相约不纳钱粮，不上捐输，学堂停课，商民罢市。各户恭设先皇帝灵位，朝夕痛哭，人无乐生之心，士怀必死之志，悉惨萧条，如经大劫，至可怜念。夫今日皇皇失所之穷民，皆国家在疚之赤子，情形狼狈至此，我皇上闻之，必有恻然动念者。若不亟为拯救，万一相持不解，稍延时日，或有不轨之徒，从中鼓煽，强者并命于寻仇，弱者绝望于逃死，众志一睽，全体瓦解，终非国家福也。现在湘、鄂争路，余波尚未大熄，而雨水为灾，几近十省，盗匪成群，流亡遍野。若川省小有风鹤之警，恐由滇、藏以至沿江、沿海，必有起而应之者，其为患又岂止于路不能收而已。顷者我皇上谕派鄂、粤、川、湘等省督抚，令于所辖境内铁路事宜各得会同办理。盛宣怀刚愎自用，不洽舆情，已可概见，应如何惩处，以儆将来。至川民争议，久悬不断，终虑酿成巨变。应责成督办、会办各大臣，酌度情形，妥速维持，以息众喙。"时宣怀入为邮传大臣，干路收归国有、及息借外债筑路、处分四省路股、实主其事，故善同及之，语至切直。

疏入不省。而川省温江等十余州县民团，每起数千或万人，所至焚掠，势极猖獗。大军击退之，旋据崇庆、新津、顿山，而嘉定、灌县相继失陷。邛州军队哗变，汶川县署被毁，命湘、鄂、陕诸军赴援。会鄂事起，川乱愈亟，以岑春煊为川督，而川省旋为民军所据，端方、赵尔丰均及于难。乃罢盛宣怀以谢川人，而国事已不可为矣。

盖论办路之优劣，官办则筹款易、竣工速，自非商办可及。而外债之亏耗，大权之旁落，弊害孔多，亦远过于商路。惟京张铁路，以京奉余利举办，詹天佑躬亲其役，丝毫不假外人，允为中国自办之路。而鄂之铁厂，制钢轨以应全国造路之需，挽回大利，尤为不鲜。统计官办之路：京汉长二千六百三十里，资本金一万万零五百六十二万八千余元。京奉长二千二百四十六里，资本金五千零八十八万四千余元。津浦长一千八百六十三里，资本金八千零四十九万余元。京张长五百四十六里，资本金一千零三十二万余元。沪宁长七

百二十五里,资本金三千六百五十三万余元。正太长六百二十三里,资本金二千三百十二万六千余元。汴洛长四百零二里,资本金二千零五十万元。道清长三百三十里,资本金九百五十四万九千余元。广九长三百零三里,资本金一千一百六十六万二千余元。吉长长一百四十里,资本金一百二十万三千七百零四元。萍株长二百零五里,资本金四百六十一万六千余元。齐昂长五十六里,资本金四十八万八千余元。商办之路::浙江长三百四十二里,资本金一千二百七十八万八千余元。新宁长二百六十里,资本金四百零八万九千余元。南当长七十七里,资本金三百五十万六千余元。福建长二十八里,资本金二百四十二万八千余元。潮汕长八十三里,资本金三百五十四万六千余元。其借外债所筑各路,惟京汉届期赎归我有,其他则尚未及去云。

清史稿卷一五〇
志第一二五

交通二

轮　船

　　自西人轮船之制兴，有兵轮，有商轮。其始仅往来东西洋各国口岸而已。中国自开埠通商而后，与英吉利订《江宁条约》，而外轮得行驶海上矣。续与订《天津条约》，而外轮得行驶长江矣。商旅乐其利便，趋之若鹜。于时内江外海之利尽为所占。

　　同治十一年，直隶总督李鸿章建议设轮船招商局，论者谓妨河船生计。鸿章谓当咸丰间河船三千余艘，今仅存四百艘。及今不图，将利权尽失。请破群议力行之。十三年，鸿章又疏言：“同治间曾国藩、丁日昌在江苏督、抚任，迭据道员许道身、同知容闳创议华商造船章程，分运漕米，兼揽客货。曾经寄请总理衙门核准，饬由江海关道晓谕各口商人试办。日久因循，未有成局。同治七年，仅借用夹板船运米一次，旋又中止。本年夏间，臣于验收海运之暇，遵照总理衙门函示，商令浙局总办海运委员知府朱其昂酌拟轮船章程。嗣以现在官造轮船内并无商船可领，各省在沪殷商，或自置轮船行驶各埠，或挟资本依附西商之籍。若中国自立招商局，则各商所有轮船股本必渐归官局，似足顺商情而强国体。拟请先行试办招商，为官商浃洽地步。俟商船造成，即可随时添补，推广通行。又海运米石，本届江浙沙宁船不敷，应请以商船分运，以补沙宁之不足。将来米

数愈增,可无缺船之患。请照户部核准练饷制钱借给苏、浙典章,准商等借领二十万缗,以作设局商本,仍预缴息钱助赈。所有盈亏,全归商认,与官无涉。当令朱其昂回沪设局招商。商人争先入股,现已购集坚捷轮船三艘。经臣咨商浙江督抚臣饬拨明年漕米二十万石,由招商轮船运津,其水脚耗米等项,悉照沙宁船定章。至揽载货物,报关纳税,仍照新关章程,以免藉口。若从此轮船畅行,庶使我内江外海之利不致为洋人占尽,其关于国计民生者实非浅鲜。”疏入,报可。

先是闽厂专为制造兵轮而设。学士宋晋言糜款过巨,议请罢之。事下,鸿章力持不可。略言:“欧洲诸国闯入中国边界腹地,无不款关而求互市。海外之险,有兵船巡防,而我与彼可共分之。长江及各海口之利,有轮船转运,而我与彼亦共分之。或不至让洋人独擅其利与险,而浸至反客为主也。”又言:“沿江沿海各省,不准另行购雇西洋轮船。若有所需,令其自向闽、沪两厂商拨订制。至载货轮船,与兵船规制迥异。闽厂现造之船,商船皆不合用。曾国藩前饬沪厂造兵船外,另造商船四五艘。闽厂似亦可间造商船,以资华商雇领。现与曾国藩筹议,中国股商每不愿与官交涉,且各口岸生意已被洋商占尽。华商领官船,另树一帜,洋人势必挟重赏以倾夺,则须华商自立公司,自建行栈,自筹保险,本巨用繁,初办恐亦无利可图。若行之既久,添造与租领稍多,乃有利益。闻华商愿领者,必准其兼运漕粮,方有专门生意,不至为洋商排挤。将来各厂商船造有成数,再请敕下总理衙门,商饬各省筹办。”疏上,下所司议行。

是年冬,招商局成立,以知府朱其昂主其事,道员盛宣怀佐之。其昂以道员胡光墉、李振玉等招徕商股,入赘者极为踊跃,宣怀亦援粤人唐廷枢、徐润董局事。购船、设械、立埠,次第经营,悉属商本,规模粗具。光绪元年,鸿章奏奖其昂等有差。三年,增购旗昌船舰,始假用直隶、江苏、江西、湖北、东海关官款百九十万两有奇。初拟购旗昌轮船,宣怀持之最力,需银二百数十万两。商本无几,不足

以应。宣怀以国防大计、江海利源之说,力陈于江督沈葆桢。葆桢为所动,拨银百万以济,论者咸谓是举为失计,至以"旗昌弃垂敝之裘,得值另制新衣,期于适体"为喻。事后募集商股,应者寥寥,仅得银四万者以此也。御史董俊翰言:"招商局每月亏至五六万两。致亏之由,因置船过多,轮车行驶,经费过巨,必须一船得一船之用,方可无虞折耗。闻商局各船揽载之资,不敷经费,船多货少。刻下既未能遽赴外洋各国,以广收贸易之利,祗宜量为变置,使所出之数不至浮于所入也。"六年,祭酒王先谦请整顿招商局务,语涉宣怀。疏下江督刘坤一,言宣怀于购旗昌轮船时,声言有商款百余万,实无所有,有意欺谩,冀获酬金,请夺宣怀职。复请以官款概作官股,以其赢余作海防经费。疏入,均不报。

招商局所假官帑,至光绪六年,应分期拨还。乃偿已逾半,复假洋债。鸿章言兼筹并顾,招商局力有未逮,请先偿洋债,后及官帑,格于部议。嗣以递年清还,而商股尚达四百万两焉。当招商开办之初,仅轮船三艘。嗣承领闽、沪两厂,购之英国,增至十二艘。迨购入旗昌轮船十八艘,遂与英商太古、怡和并称三公司。资本过巨,收入转微。

是年,以言官劾奏招商局办理毫无实济,请饬认真整顿,谕李鸿章及江督吴元炳澈查。鸿章等奏言:"轮船招商局之设,乃各商集股,自行经理,已于创办之初奏明,盈亏全归商认,与官无涉。轮船商务牵涉洋务,更不便由官任之,与他项设立官局开支公款者,迥不相同。惟此举为收回中国利权,事体重大,故须官为扶持,并酌借官帑,以助商力之不足。光绪三年冬曾将商局事宜筹画整顿复奏,并饬江海、津海两关道,于每年结帐,就近分赴沪洋各局清查帐目,如有隐冒,据实奏请参赔。数年以来,虽有英商太古、怡和洋行极力倾挤,而局事尚足相持,官帑渐可拨还。复先承运京仓漕米,各省赈粮,不下数百万石,征兵调饷、解送官物军械者,源源不绝,岂得谓于国事毫无实济?其揽载客货,以及出入款目,责成素习商业之道员唐廷枢、徐润总理其事,每年结帐后,分晰开列清册,悉听入本各

商阅看稽查。若局中稍有弊端，则众商不待官查，必已相率追控。而自开办至今，并无入股商人控告者。现值漕运揽载吃紧之时，若纷纷调簿清查，不特市面徒滋摇惑，生意难以招徕；且洋商嫉忌方深，更必乘机倾挤，冀遂其把持专利之谋，殊于中国商务大局有碍。总之，商局关系国课最重，而各关各纳税课，丝毫无亏，所借官款由商局运漕水脚分年扣还，公款已归有着，其各商股本盈亏，应如前奏，全归商认，与官无涉。应俟每年结帐时，照案由沪、津两关道就近清查，以符定章。"疏入，报闻。

十一月，学士梅启照言："招商局自归并旗昌轮船，各国轮船之利渐减，然只在香港、福州、宁波、上海、天津、牛庄、长江等处码头，不如推广，竟令其赴东西洋各国。请饬南北洋大臣，督令局员，酌派丰顺、保大等船，先赴东洋试行。行之有效，渐及于西洋，则贸迁有无之利，中外分之。"明年，祭酒王先谦亦以为言。均下所司核议。先是招商局船驶往新嘉坡、小吕宋、日本等处，不足与外轮竞利，寻即停罢。嗣遣和众船往夏威仁国之檀香山、美之旧金山两埠，华人麕集，航业颇振。因复遣美富船往。而各国商业，英为巨擘。七年，粤人梁云汉等设肇兴公司与伦敦，船政大臣黎兆棠实倡斯议。鸿章疏言："西洋富强之策，商务与船政互相表里。以兵船之力卫商船，必先以商船之税养兵船，则整顿尤为急务。迩者各国商船争赴中国，计每年进出口货价约银二万万两以外。洋商所逐什一之利，已不下数千万两，以十年计之，则数万万两。此皆中国之利，有往无来者也。故当商务未兴之前，各国原可闭关自治。逮风气大开，既不能拒之使不来，惟有自扩利源，劝令华商出洋贸易，庶土货可畅销，洋商可少至，而中国利权亦可逐渐收回。前此招商局轮船尝使往新嘉坡、小吕宋、越南等埠揽载。近年和众、美富等船分驶夏威仁国之檀香山、美国之旧金山，载运客货，究止小试其端，尚未厚集其力。英国伦敦为通商第一都会，并无华商前往。黎兆棠志在匡时，久有创立公司之议，尽心提倡，力为其难。现既粗定规模，自当因势利导，期于必成。"报闻。

十年,法人来扰,海疆不靖,股商汹惧,局船虑为劫夺,以银五百二十五万两暂售之旗昌行主。事平收回,复增置江新、新昌、新康、新铭各舰。而沈没朽敝者,不一而足,其后共达二十九艘云。十二年,鄂督张之洞遣总兵王荣和至南洋,筹办捐船护商事项。宣统三年,设商船学校于吴淞。凡此皆为扩充航业之张本,而局船行驶外洋之利,终不能与各国争衡也。

招商局之设,本为挽回江海已失航利。开办之始,即知为洋商所嫉,而弥补之策,首在分运苏、浙漕米,嗣更推之鄂、赣、江、安。而滇之铜斤,蜀之灯木,江、浙之采办官物,直、晋之赈粮,胥由局船经营其事。光绪十一年,道员叶廷眷复条上扶持商局运鄂茶、鄂盐,增加运漕水脚诸策。事下直督李鸿章。先是局船运漕,石银五钱有奇。嗣英、美人揽运,故廉其值,商局运费因之减少,势益不支。鸿章请稍增益之,格部议,不果行。盖招商局自开办以来,局中之侵蚀与局外之倾挤,所有资力颇虞亏耗。商股不足,贷及官款,继以洋债。当事者日言维持补救之策,裨益实鲜,而以用款浮滥,复屡为言官所劾。至是部臣疏言:"三代之治法,贵本而抑末,重农而贱商,从古商务未尝议于朝廷。海上互市以来,论者乃竞言商政。窃谓商者逐什一之利,以厚居积、权子母为事者也。厚居积,必月计之有余;权子母,必求倍入之息。若计存本则日亏,问子母则无著,甚且称贷乞假以补不足,犹号于众曰"此吾致富之术也",有是理乎?尝见富商大贾,必择忠信之人以主会计。其入有经,其出有节。守余一余三之法,核实厚积,乃能久远。若主计不得其人,生之者寡,食之者众,取之无度,用之无节,不旋踵而终窭。用人理财之道,与政通矣。前者李鸿章、沈葆桢创立此局,谋深虑远,实为经国宏谋,固为收江海之利,与洋商争衡,转贫为富、转弱为强之机,尽在此举。乃招商局十余年来,不特本息不增,而官款、洋债,欠负累累,岂谋之不臧哉?稽之案牍,证之人言,知所谓利权,上不在国,下不在商,尽归于中饱之员绅。如唐廷枢、朱其昂之被参于前,徐润、张鸿禄之败露于后,皆其明证。主计之不得其人,出入之经,不能讲求撙节,又安得以局

本亏折,诿之于海上用兵耶?商局既拨有官款,又津贴以漕运水脚,减免于货税,其岁入岁出之款,即应官为稽察。请饬下南北洋大臣,将局中现存江海轮若干支,码头几处,委员商董衔名,及运脚支销,分别造报。此后总办如非其人,原保大臣应即议处。"报可。然管理招商之权,始终属之直隶总督,部臣无从过问。迨三十三年,商局与英商怡和、太古订利益均享之约,始免互相倾挤,而其利渐著。此招商局办理之大略情形也。

招商轮船航行各埠,悉自沪始。驶行长江者曰江轮,驶行海洋者曰海轮。停泊口岸,大小不一,惟商务殷阗之所,设货栈焉。以故上海设总栈,而苏之镇江、南京,皖之芜湖,赣之九江,鄂之汉口,浙之宁波、温州,闽之福州、汕头,粤之广州、香港,鲁之烟台,奉之营口,直之塘沽、天津,皆设行栈,而通州为漕运所关,亦设栈焉。江轮、海轮,时统名之为大轮。其与大轮并行于内江外海,或驶行大轮所不能达之处,则有小轮。光绪初,商置小轮之行驶,仅限于通商口岸。十年,明申禁令,小轮不得擅入内河。官商雇用,须江海关给照乃可。然只限于苏杭之间。其输运客货、驶入江北内河者,皆在所禁。

十六年,詹事志锐疏请各省试行小轮。总署王大臣议以为不可。护湘抚沈晋祥言:"湘民沿河居住,操舟为业者,实繁有徒。自上海通商以后,仅有淮盐一项,尚可往来装运,其余货物,多由轮船载送,湘省民船只能行抵江、汉而止,舵工水手失业者多。今再加以小轮行驶内河,诚如总理衙门原奏所云,必至夺民船之利,有碍小民生计。"江督刘坤一亦言小轮行驶内河,流弊滋多,碍民生,妨国课,病地方,请严禁之。俱如所请。

初,外轮行驶长江,由沪至汉口而止。二十一年,《马关约》成,许日轮一自汉口达宜昌,更溯江上至重庆,一自上海入运河以抵苏、杭,于时朝旨始许华商小轮于苏杭间行驶。而江督张之洞更推广其航行之路于镇江、江宁、清江浦及赣之鄱阳。二十四年,《长江通商约》成,而通州芦泾港、泰兴天星桥、湖北荆河口悉定为洋轮上

下搭客处,而桂之西江、直之白河、沈之辽河、松花江,亦先后许外轮行驶。迨《中英马凯约》成,更及于粤之北江、东江。与英、日订内港行轮章程,凡内地水道,外轮悉攫得行驶之权,于是向之华商小轮不得行驶各地,始一律弛禁焉。江、浙、闽、粤轮船公司次第设立,转输客货,人称便捷。特以洋商创始于前,华商瞠乎其后,而跌价倾挤,时有所闻,欲求赢利,盖綦难矣。

三十年,商部参议王清穆言:"植商业之基础,莫如内河航政一事。凡铁路之尚未通者,可藉航路控接之,凡轨路所不能达者,可由航路转输之。江、鄂诸省,若汉湘,若九南,若镇扬、镇浦、苏杭、苏沪、常镇各航路,四通八达,往往为外人所经营,其公司多不过数万金,视轨路之动需千百万者,难易迥殊,华商之力尚能兴办,洵为今日切要之举。请饬各省有航路处所,于华商轮船公司亟予保护。未设者,提倡筹办。"报可。自是小轮公司渐推渐广。

闽、粤滨海之区,轮樯如织,随处可通。直则有往来安东、天津、大连、营口、牛庄、烟台、龙口、义马岛、威海卫、海参威之小轮,苏则有往来镇江、清江浦、通州、海门、上海、苏、杭、江宁、扬州、六合之小轮,皖则有往来芜湖、庐州、安庆、宁国、巢县之小轮,赣则有往来南昌、九江、吴城、湖口、丰城、樟树镇、吉安、饶州之小轮,湘、鄂则有往来汉口、黄州、沙市、宜昌、武昌、嘉鱼、长沙、株州、常德、咸宁、岳州、湘潭、益阳、仙桃镇、老河口之小轮,桂则有往来梧州、南宁、贵县、柳州之小轮,浙则有往来宁波、温州、穿山、定海、象山、宁海、台州、海门、沈家门、普陀山、余姚、西坞、瑞安、平望、震泽、南浔之小轮,川则有往来宜昌、重庆、嘉定、叙府之小轮,各公司盈亏不一,而航路四达,商旅便之,实与江海大轮有相辅而行之利。此外则有各省官用小轮暨专用小轮,是又于商轮之外特设者也。

三十一年,修撰张謇醵银五十万,设大达轮步公司于上海。宣统三年,吉林巡抚陈昭常创办吉林图长航业公司,自沪越日本长崎达图们江,以沪商朱江募赀为之。此皆于招商局外别树一帜者也。

清史稿卷一五一
志第一二六

交通三

电　报

　　电报之法,自英吉利人初设于其国都,推及于印度,再及于上海。同治十三年,日本犯台湾,两江总督沈葆桢疏言电报之利,诏旨饬办,不果行。光绪五年,直隶总督李鸿章始于大沽、北塘海口炮台设线达天津,试行之而利,明年因有安设南北洋电报之请。先是同治间,英使阿礼国请设电线于中国境内,力拒之,乃已。九年,其使臣威妥玛复申前议,易陆线为水线,自广州经闽、浙以达上海,争之数月,卒如所请。嗣是香港海线循广州达天津,陆线达九龙。而丹国陆线亦由吴淞至沪上,骎骎有阑入内地之势。

　　天津道盛宣怀言于鸿章:"宜仿轮船招商之例,醵集商股,速设津沪陆线,以通南北两洋之邮,遏外线潜侵之患;并设电报学堂,育人才,备任使。"鸿章韪之。明年,疏言:"用兵之道,神速为贵。泰东西各国于讲求枪炮之外,水路则有快轮船,陆路则有火轮车,而数万里海洋欲通军信,则又有电报之法。近来俄罗斯、日本均效而行之。故由各国以至上海,莫不设立电报,瞬息之间,可以互相问答。独中国文书尚恃驿递,虽日行六百里加紧,亦已迟速悬殊。查俄国海线可达上海,旱线可达恰克图。钦使曾纪泽由俄国电报到上海,只须一日。而由上海至京城,轮船附寄,尚须六七日到京。如遇海

道不通,由驿必以十日为期。是上海至京仅二千数百里,较之俄国至上海数万里,消息反迟十倍。倘遇用兵之际,彼等外国军信速于中国,利害已判若径庭。且其铁甲兵船,在津洋日行千余里,势必声东击西,莫可测度,全赖军报神速,相机调援,是电报实为防务所必需。现自北洋以至南洋,调兵馈饷,在在俱关紧要,亟宜设立电报,以通气脉。如由天津陆路循运河以至江北,越长江以达上海,安置旱线,即与外国通中国之电线相接,需费不过十余万两,一半年可以告成。约计正线支线,横亘三千余里,沿路分设局栈,常年用费,先于军饷内垫办。办成后,仿照轮船招商章程,择公正商董,招股集资,俾令分年缴还本银。嗣后即由官督商办,并设电报学堂,雇用洋人教习中国学生,自行经理,庶几权自我操,历久不敝。"疏入,报可。逾年,工竣,以宣怀董其事。

未几,英、法、德、美各使拟设万国电报公司于上海,增沪至香港各口海线。英使格维纳并援案请增上海至宁波、温州、福州、厦门、汕头海线。鸿章言:"宜令华商速设沿海陆线,以争先著,使彼无利可图,庶几中止。且从此海疆各省与京、外脉络贯注,实与洋务海防有裨。即商民转输贸易,消息灵通,为利更大。"从之。而苏州至浙、闽、粤陆线因之告成。其时香港英商方欲设水线至广州,粤督曾国荃亟造陆线以遏之。于是港线不得侵入粤境,英线不获造至福州。而上海丹线、九龙英线先后毁去,或资购之。沿海电线,其权悉操于中国之手。此因外线之侵入而次第创设者也。

当沿海陆线未设之先,海疆万里,消息阻绝,缓急无以为备。御史陈启泰上防海六策,其一言:"洋面既派兵轮分驻,即不可不设电线以通消息。议者必以不急之务虚糜巨款为疑。不知非常之原,断非省啬所能集事。即以目前而论,越南情形,每藉各国新闻纸以为耳目。今年朝鲜之变,非由日本发来电信,中国尚不得知。军情紧急,日夕万状,邮传迂缓,既恐有误机宜,藉助外人,事体更多窒碍,自不如招雇洋匠自行安设之为愈。中国电报,似宜推广各省海口,凡兵船寄碇之处,一律开办。广东琼州之线迳达越南,奉天旅顺之

线迳达朝鲜,总期脉络联贯,呼应灵通,遇有警报,瞬息可至。"下所司议行。十年,法、越事起,海防急,设线北塘以迄山海关,递及于营口、旅顺。江督左宗棠则设长江线以通武汉,粤督张树声则设广西线以达龙州。二十一年,中日战事亟,虑直东一线有阻,接设老河口至西安线。是役江苏增上海至狮子林、金山卫、乍浦,清江至青口、板浦,扬州至通州、泰州,镇江至圌山关、天都庙,崇明至吴淞等线,而奉天至仁川电线先成于十一年。台湾以濒海要区,十四年亦水陆线并设焉。此因海防紧要而次第安设者也。

滇、桂密迩越南、缅甸,边备为急。滇省电线,其始仅通鄂通蜀,与南宁接线之议,光绪十一年得请而未果行。十三年,滇督岑毓英复言:"由缅入滇,以腾越为入境门户,犹蒙自之于越南也。今英国有开办通商之请,自当先事筹维。拟就粤西工匠到滇之便,即将省城至腾越一路安设电线,以通英缅声息。"时粤督张之洞亦言:"广西南界接壤滇边,桂、滇皆西邻越南,滇则西接缅甸。若仅恃由鄂入滇一线传达电音,设有雷雨折断电杆,阻滞堪虞。且遇有军务之时,由滇、川、沪、鄂展转至粤,恐有交会壅滞之患。已商之滇督,自剥隘至蒙自,由粤接造,并增腾越之线。"疏入,报闻。盖剥蒙设线,所以备越南,腾越设线,所以备缅甸也。

吉林、黑龙江偪处俄疆,边防尤要。十五年,自吉林省城设线至松花江南岸,历茂兴站、齐齐哈尔、布素特、哈墨尔根、兴安岭、黑龙江以达黑河镇,从练兵大臣穆图善之言也。十八年,陕甘总督杨昌浚言:"新疆西北邻俄,西南与英属部接壤,文报濡滞,贻误必多。宜由肃州设线至新疆省城,及于伊犁、喀什噶尔。"宣统元年,桂抚张鸣岐疏陈设柳邕电线二千三百余里。俱得请。此因边备而增设者也。

初,奏设南北洋陆线,北端仅至天津。法事将起,出使大臣曾纪泽请接营近畿电线,谓可壮声威以保和局,灵呼应以利战事。事下所司,与鸿章议展拓之法。鸿章言:"神京为中外所归向,发号施令,需用倍切。前于创办电报之初,颇虑士大夫见闻未熟,或滋口舌,是

以暂从天津设起,渐开风气。其于军国要务,裨益实多。今总理衙门与曾纪泽皆以近畿展线为善策,拟暂设至通州,逐渐接展至京。"允行。逾年,津线遂逾通州达京师。自时厥后,各省咸知电报之利。或本无而创设,或已有而引伸。其尤要之区,则陆线、水线兼营,正线、支线并设,纵横全国,经纬相维。直、苏、粤、桂、滇、鲁、鄂诸省,设局多至二十余所,余省亦十余局或数局有差。其互相衔接者,京师之线所达,曰库伦、济南、太原。天津之线所达,曰奉天。奉天之线所达,曰天津、旅顺、吉林。吉林之线所达,曰海参威、齐齐哈尔、奉天。黑龙江之线所达,曰吉林、海兰泡。江苏之线所达,曰京师、芜湖。安徽之线所达,曰江宁、九江。山西之线所达,曰京师、西安。山东之线所达,曰京师、开封、清江浦。河南之线所达,曰京师、济南、西安。陕西之线所达,曰开封、太原、兰州、汉口。甘肃之线所达,曰迪化、西安。新疆之线所达,曰兰州。浙江之线所达,曰上海、福州。江西之线所达,曰广州、芜湖、河口。湖北之线所达,曰九江、成都、长沙、郑州。湖南之线所达,曰汉口、桂林。四川之线所达,曰汉口。福建之线所达,曰杭州、广州。广东之线所达,曰福州、梧州、九江。广西之线所达,曰长沙、广州。云南之线所达,曰汉口、重庆、八莫、南宁。贵州之线所达,曰重庆。外蒙则达京师、张家口焉。濒海之区则设海线。直隶自大沽以通之罘。江苏自上海东通长崎,北通之罘、大沽,南通厦门、香港。广东自香港通海防、新嘉坡、厦门、上海、马尼喇。山东自之罘通大沽、旅顺、威海卫、青岛、上海。福建自川石山通台湾淡水,自厦门通上海、香港。盖总计陆线之设,不下四万里有奇,而水线不与焉。

电报设局,亦如轮船招商之例,商力举办而官董其成,谓官督商办也。津沪一线,其始倡以官帑,未几即归商局,醵资至二百余万。而各省电线不尽由商办者,良以商人重利,入赀则权子母、计盈亏,其于海防,边备情势缓急,国内交通利便与否,不以措意。往往一线,官办商办,参互错综,大率以官办补商办之不足。两粤电线,广州至龙州则属之官,至梧州则属之商。钦、廉、雷琼及镇南关、虎

门,则官商协力。而滇线一自鄂入,一自蜀入,一自桂入。西安迄嘉峪关、甘、新、奉、吉、黑等省,通州至承德,陆线俱官为之。此类是也。然由沪达粤之线,本为防止外线而设,需费四十余万两,咸由商力措备。其时香港英人并欲引线达广州,亦赖华合公司预设线至九龙,其谋始戢。方华合公司设线九龙也,华民抗拒,英商挠阻,其势汹汹。公司商人何献墀等排众难而为之,不为所屈,卒底于成。中日战事棘,引襄阳线千余里直达西安,俾京、沪军报不至梗阻。而张家口至恰克图一线,以俄使援约相促,亦由商局集金六十余万两,接线二千七百余里,经营至二三年之久,工巨费繁,为全国最。此外造成之线,不能里数,其所裨殆非浅鲜矣。

二十五年,大学士徐桐言电报局获利不赀,并无裨益公家之实。廷臣亦有以招商、电报各局假公济私为言者。俱下协办大学士刚毅查复。刚毅时以事衔命赴苏,寻疏陈:"电局自恰线成后,所亏至巨,俟有赢余,岁输南北洋学款十二万四千两。"报可。明年,廷臣复言电局利权太重,宜遴员接办。招饬宣怀按年册报收支款目,官电应免收费。宣怀上疏,略言:"电局本系集华商合众之力,以与洋商争衡,旁观每惊为大利所丛,其实析分千百股商,仍皆寸寸铢铢之微利。近年电线开拓日广,则局用及修线养线之费亦日增。上年因中俄条约,接造恰克图之线用费六十余万两,未请官款,悉系电商集资办成。沙漠荒僻之区,绝少报费,而常年用数尤巨。至本年应办之工,因办理铁路,芦沟桥至保定线已造成,又须造保定至汉口干线。因办理海防,乃须造宁波至温州之线。总理衙门因洋人之请,则须造山东泰安、沂州之线。此外各路加线要工,络绎不绝,官款并无可筹,皆借股商之力,以赴公家之急。总局收支各账,均系按年刊布。各局详细坐簿,亦任股商随时查阅。一出一入,众见众闻,非如官中所办报销,出于一二人之手者可比。原奏所疑各节,似属不知此中原委。至官报之费,前定章程,拟一半报效,一半给资,期于官商兼顾,持久不废,仍宜照旧办理,以维大局。"报闻。

宣怀时综司轮、电两局,叠被指摘。二十八年,言于直督袁世

凯："电报宜归官有。轮船纯系商业,可易督办,不可归官。"世凯谋诸执政者,以为然,闻于上。寻命世凯督办电局,候补侍郎吴和喜副之。明诏发还商股,不遽予行。众商汹惧,争欲持券售之外人。宣怀力遏之,乃已。寻诏原有商股一仍其旧,盖其时仅易一商股官办之局而已。

三十四年,邮传设部已二年,将以全国电局为实行部辖之计。邮传部尚书陈璧疏言:"电报为交通全国机关。各国电报之权皆操诸国家。中国电报,创始原归商办。而光绪初年,商股微薄,仍赖官力以为补助,非完全商办也。历年获利,约计五六百万。果使全国交通推行无阻,则富商即可富国,亦何必别议更张?乃观商线所至之处,皆属市镇都会,而边远省分,如云、贵、广西、甘肃、新疆,商人以无利可图,均推归官办。虽商力实有未逮,而顾私利、忘远略,实悖朝廷立部之初心。衡以中国近状,自非改为官办,无以定区画之方,即末由收扩充之效。东西各国,电线如织,策应灵通,故伏莽方生,旋就扑灭。中国电报,无论要荒,即腹地稍僻者,亦多缺而未举。一旦有事,道途修阻,声息不通,实于军务有碍。况当百度维新,外交内政关系非轻,稍滞交通,辄形扞格。近来科布多、川、藏、蒙古、闽、浙、江西、苏、松纷纷请设电线。本年四月,奉旨迅设贵阳至义兴电线。又陆军部以秋间江、鄂各军在安徽会操,请设安庆至太湖电线。外务部请设川、藏通印度电线,以为收赎英人江孜线路张本。湖北官电局以赔累不堪,请改归部办。纷来沓至,均为不可稍缓之图。核计各省请设各线,不下万有余里,工程当在一百余万以上。且此万余里,半皆荒村僻壤,报务不多,增一线即赔一线之本,修一里即亏一里之费。前此添设云、贵一二边省电线,各股商尚虑亏损。今统筹荒瘠之区,更难著手。至利则归己,损则归公,恐亦无此情理。此展线之宜归官办者也。各省线路,待修者众,朽败难支,而陕、豫、闽三省尤甚。设遇军兴仓猝,何堪设想。现在遴员调查,通盘筹画,尚有应移近铁路者,有关系交涉亟须先占者,有文报日多应行添线者。次第修举,工费浩繁,需银约五六十万两。此项巨费,即尽括商

股余利息项，亦难支抵。此大修之宜归官办者也。中国报费昂贵，甲于全球。远省一二字之费，几与各国二十字相等。近据宁夏副都统志锐，请核减报费以利交通。又据赴葡部员周万鹏称，葡国公会亦以中国报费太昂为词。自当酌减，使价目与各国略同，为入万国电政会之预备。惟核减电费，以岁入三百余万元计算，若减一二成，即在五六十万以上。若递减至四五成，或减至与东西洋相等，为数尤多。此事一行，则商股年息恐不可保，余利更不待言。此减费之宜归官办者也。凡此三事，实为电政今日最要之图，即为商股今日最损之策。与其苟且因循，日积月累，致官商之两病，曷若平价收赎，期上下之交益。实见夫今日电报有必须扩充之势，即有不免折阅之时。在商人只课赢余，在国家必求利便。事实不同，断难强合。臣等拟恪遵光绪二十八年谕旨，改为官办，筹还商股。即由部备价收赎，于每股股本外特予加价，以示国家恤商之意。"奏入，允行。

八月，电股收赎完竣。陈璧疏言："臣部收赎商电，酌核市值赎之，每百圆电股，给予一百七十圆。旋复从众商之请，加价十圆，作为优待费。计共二十二万圆。自颁发收赎章程后，旬月之间，共收回商股二万一千四百余股。其未到之五百余股，委系外埠及内地僻处，递寄维艰，拟请宽予限期，照章给价，提存现款，以便续领，仍给优待费，以示体恤。此后即全归国有，与商无涉。收赎之款三百九十六万，臣部暂由路款借拨，仍须另行设法归还，以清款目。"又言："电政为交通枢机，图扩充方期发达。今既改归国有，应将减费、展线、修线诸事次第整顿。而减价为中外众目所睹，非实行筹办，尤不足以餍人望而广招徕。拟自光绪三十五年正月始，酌减电费二成，以所收商报约三百万圆之额计之，即少收约六十万圆，不敷在二十万圆以上。减费之后，报费必增，可供挹注。而一时添线、修线，并扩充电话，在在需款。所增之数，必须抵拨，逐渐推广工程之用。预算短额，拟暂由臣部各路余利项下，每年分拨二十万圆，以三年为限，自第四上起至六年止，每年匀还二十万圆，一律还清。一转移间，路款均归有著，电政亦可渐兴，不烦续借他款，实收财政统筹之

益。"报可。自时厥后，事权统一，呼应灵通，每岁展拓电线三四千里以为常。而取值之廉，迥异畴昔，此则非商办之所及也。

中国幅员辽阔，文报稽延，至于变起仓猝，往往因消息迟滞，坐误机宜，酿成巨患。历朝变乱之起，大率以此。自有电报，举向来音信隔绝之弊，一扫而空。若朝阳教匪之倡乱，云南猛喇游匪魏名高之滋事，均因电报之告警，与军事布置之迅速，得以立即剿平。而外则朝鲜之二次内讧，越南事变之先事防御，亦惟电报是赖。此其明效大验也。然当创办之初，乡僻囿于见闻，外人多所挠阻，艰难曲折，乃克成功。设线之处，若系边疆瘴疠、塞外荒凉之地，措手之艰，什伯内地。以故在事人员，得邀奖叙，而近省不得援例以请者此也。

至于意外之损坏，其事尤多。贵州毕节乡民之拆线；山西霍山乡民之毁杆；湘省澧州民误以电线为外人所设，集众毁弃；陕之长武、乾州、醴泉、邠州、永寿，甘之泾州、平凉等处，人民谓旱疫为电线所致，拆毁殆尽。俱由地方官出资修复，首犯有论重辟者。二十六年拳匪之变，京师至保定电线先为所毁，京津、京德继之，山西、河南又继之。驯至晋、豫、直隶、山东四省境内，荡然无一线之遗。南北隔阂，中外阻塞，消息不通者数月。而外兵盘踞京、津，初设行军电线，嗣拟设大沽至上海水线，以大东、大北两公司主其事。宣怀密行作价，购其机器料物，属于中国商局，其谋竟不得逞。宣怀寻请修复已毁各线。其经战事损坏者，商局任之。晋、豫未有战事，地方官保护不力，甚且指使拆坏者，援毕节、霍山之例，分别赔修。报可。三十年，东三省线再毁于日俄之战。迨三十四年，总督徐世昌修复之。此已毁复修各线之大略情形也。

电报之利于交通。与铁路相辅而行，缺一不可。然铁路需费过巨，每有兴筑，拟假外资集事，非如电报工省费轻，商力已足举办，其借外债而成者，仅沪、烟、沽正副水线而已。光绪二十六年，外兵方据京、津，谋设大沽至沪水线。宣怀以其侵我主权，密向承办之大东、大北公司购归商局办理。方是时，两公司因利乘便，故昂其值。中国官商交困，复绌于力，于是以购价作为息借，分三十年偿还。殆

迫于势之不得已也。前外人在中国设线，由商股购回者，如丹国所设之淞沪旱线、德国所设之京沽干线、铁路至天津支线是也。电报非仅达于国内已也，必行驰域外，而其用益宏。于是与外国通线，若法、若英、若俄，既订通线费之约，并分订联合其价摊分之约，以相约束焉。

电局既日渐扩充，尤以培养人才为要。电报学堂创于光绪六年。嗣分设按报、测量、高等诸塾，以宏造就。二十五年，并设电话学科以附益之。

电话初名曰"德律风"。二十五年，宣怀疏言："德律风创自欧、美。入手而能用，著耳而得声，坐一室而可对百朋，隔颜色而可亲謦欬，此亘古未有之便宜。故创行未三十年，遍于各国。其始止达数十里，现已可通数千里，新机既辟，不可禁遏。日本电报、德律风，统归递信省。学生教于一堂，机器出于一厂。中国之有德律风也，自英人设于上海租界始。近年各处通商口岸，洋人纷纷谋设。吴淞、汉口则请借杆卦线矣，厦门则请自行设线矣。电报公司竭力坚拒，但恐各国使臣将赴总理衙门要求，又滋口舌。一经应允，为患甚巨。况西人眈眈逐逐，欲攘我电报之权利而未得其间。沿江沿海通商各埠，若令皆设有德律风，他日由短线而达长线，由传声而兼传字，势必一纵而不可收拾。不特中国电报权利必为所夺，而彼之消息更速于我。防备不早，补救何从？现在官报恐难筹措。臣与电报各商董再四熟筹，惟有劝集华商资本，自办德律风，与电报相辅而行。自通商各口岸次第开办，再以次及于省会各郡县，庶可预杜彼族觊觎之谋，保全电报已成之局。"报可。自是京师、天津、上海、奉天、福州、广州、江宁、汉口、长沙、太原皆设之，此则连类而及者也。

清史稿卷一五二
志第一二七

交通四

邮　政

　　海国大通以来,异域侨民,恒自设信局。咸丰十一年订约,驻京公使邮件,初与总理衙门交驿代寄。同治五年,改由总税务司汇各驻京公使文件,递天津寄上海。光绪五年,增设封河后由天津至牛庄、烟台、镇江三路邮差。迄十一年,邮务愈繁,总税务司乃于天津、镇江、上海各税务司处专员理之。此总税务兼理邮递之权舆也。

　　初,光绪二年,总税务司英人赫德建议创办邮政。四年,始设送信官局于北京、天津、烟台、牛庄,以赫德主其事,九江、镇江亦继设局。是为中国试办邮政之始。十六年,命通商口岸推广举办。十九年,北洋大臣李鸿章、南洋大臣刘坤一以各国增设各地信局,妨推广之路,请速筹善策。总署付赫德议。

　　二十一年十二月,署南洋大臣张之洞疏请举办邮政。略言:"泰西各国视邮政重同铁路,特设邮政大臣综理。取资甚微,获利甚巨。即以英国而论,一岁所收之费,当中银三四千万两。各国通行,莫不视为巨帑。且权操于上,有所统一,利商利民,而即以利国。近来英、法、美、德、日本先后在上海设立彼国邮局,其余各口岸亦于领事署内兼设邮局,侵我大权,攘我大利,实背万国通例。光绪十一年间,前浙江宁绍台道薛福成据委员李奎条陈,请中国自行设局,以挽利

权,并经税务司葛显礼前往香港、日本,向彼国商议,收回上海所设英、日两国邮局,已有端倪。南洋大臣曾国荃曾据咨总理衙门,饬总税务司赫德议复办法。赫德亦谓此举为裕国便民大政,陈有要端七事。并称须有奏准饬办之明文,使各国皆知系中国国家所设,即可商令各国将在中国所设之邮局撤回,并可商入万国信会之举。查各关试办邮递有年,未能推行及远。外国所设信局,并未裁撤。良由税关所办邮递,与国家所设,体制不同,故推广每多窒碍。现复与葛显礼面加筹议,知其情形熟悉,各关税务司熟谙办法者当不乏人。请饬总理衙门,转饬赫德,妥议章程开办。即推行沿江沿海各省,兼及内地水陆各路。务令各国将所设信局全撤,并与各国联会,彼此传递文函,互相联络。如果认真举行,各国在华所设信局必肯裁撤。此各国通行之办法,有利无弊,诚理财之大端,便民之要政也。"

总理衙门疏言:"光绪二年间,赫德因议滇案,请设送信官局,为邮政发端之始。四年,拟开设京城、天津、烟台、牛庄、上海五处,略仿泰西邮政办法,交赫德管理。嗣因各国纷纷在上海暨各口设立邮局,虑占华民生计。九年,德国使臣巴兰德来,请派员赴会。十一年,曾国荃咨称州同李圭条陈邮政利益,并据宁海关税务司葛显礼申称,香港英监督有愿将上海英局改归华关自办之议。十六年三月,札行赫德,以所拟办法无损民局,即就通商各口推广办理。拟俟办有规模,再行请旨定设。此各税关试办邮递之始也。十八年冬,赫德以数年来创办艰难,若再不奏请设立官邮政局,恐将另生枝节。十九年五月,李鸿章、刘坤一称江海关道聂缉规禀称,上海英、美工部局现议增设各口信局,异日中国再议推广,必更维艰。考泰西邮政,自乾隆初年普国始议代民经理,统以大臣,位齐卿贰。各国以为上下交通,争相仿效。葛显礼呈送万国邮政条例,联约者六十余国。大端以先购图记纸,黏贴信面,送局以抵信资,其费每封口信重五钱者,取银四分,道远酌加。其取资既微,又有定期。百货腾跌,万里起居,随时径达。如有事时,并可查禁敌国私函。诚如张之洞所称"权有统一,为利商利民即以利国"之要政也。溯自十八年以

来，美国一国邮局清单一纸，所收银圆至六十四兆二十万九千四百九十圆之多。张之洞所举英国收数当中银三四千万两，尚系约略之辞。利侔铁路，诚为不虚。且西国邮政与电局相辅，以火车轮船为递送。近来法国设立公司轮船十艘，通名信船，遇口停泊，信包未到，不能开碇，其郑重如此。中国工商旅居新旧金山、檀香山、新嘉坡、槟榔屿、古巴、秘鲁者，不下数百万人，往往有一纸家书十年不达者，缘邮会有扣阻无约国文函之例也。中国邮政若行，即以获资置备轮船出洋，藉递信以流通商货。其挽回利权，所关尤巨。臣等博访周谘，知为当务之急。爰于十九年札饬赫德详加讨论。上年六月至十二月，复与总税务司面商屡次，先后据其递到四项章程，计四十四款。臣等详加披阅，大致厘然，自应及时开办。应请旨敕下臣衙门，转饬总税务司赫德专司其事，仍由臣衙门总其成，即照赫德所拟章程，定期开办。应制单纸，亦由赫德一手经理。遇有应行酌改增添之处，随时呈由臣衙门核定，务期有利无弊。至赫德呈内称万国联约邮政公会，系在瑞士国，应备照会，寄由出使大臣转交其国执政大臣，为入会之据。自可援万国通例，转告各国，将所设信局一律撤回。以上所议，如蒙谕允，即由臣衙门钦遵分别咨照札饬办理。俟办有头绪，即推行内地水陆各路，克期兴办。并咨行沿江沿海及内地各直省将军督抚知照，届期即将简要办法，饬地方州县晓谕商民，咸知利便。凡有民局，仍旧开设，不夺小民之利。并准赴官局报明领单，照章帮同递送，期与各电局相为表里。其江海轮船及将来铁路所通处所，应如何交寄文信，由总税务司与各局员会商办理。官邮政局岁入暨开支款目，由总税务司按结申报，臣衙门汇核奏报。"奉旨：如所议行。此开办邮政之始末也。自是遍通全国，上下交受其利。

　　其邮政区域，北部东起朝鲜、渤海，西讫新疆、青海，北起西比利亚、蒙古，南讫江苏、湖北、四川，而盛京、吉林、黑龙江、直隶、山东、山西、河南、陕西、甘肃括焉。中部东起浙江、福建，西讫西藏、云南，北起安徽、陕西、河南、甘肃，南讫广东、广西、云南，而江西、湖

北、湖南、四川、贵州括焉。东部即长江下游，东起黄海，西讫湖北、江西，北起山东、河南，南讫福建，而江苏、安徽、浙江括焉。南部东起台湾，西讫缅甸，北起江西、贵州、湖南、四川，南讫越南，而福建、浙江、广东、广西、云南括焉。

其邮局，则总局、副总局、分局、支局、代办处，总计六千二百又一。其邮路里数，则邮差邮路、民船邮路、轮船邮路、火车邮路，总计三十八万一千里。每面积百里，通邮线路七里又四九。其邮件，则通常、特种，总计三万万六千二百二十一万六千二百三十九。其包裹，则通常、特种，总计件数三百零二万二千八百七十二，重量一千零六万零四百三十三启罗。其汇兑，则旱汇局、火汇局，总计七百五十八，汇入银数三百九十三万六千两，兑出银数三百九十八万四千二百两，总计银数七百九十二万零二百两。岁入经常二百五十二万八千五百余两，临时六百八十三万五千八百余两。岁出经常二百八十二万七千八百余两，临时六百四十六万六千五百余两。出入两抵，实盈六万九千九百余两。此据宣统三年统计也。

其各国邮局设于中国各口岸者，英国则上海、天津、汉口、烟台、福州、厦门、广州、汕头、宁波九处。德国则上海、北京、天津、汉口、烟台、福州、厦门、广州、汕头、南京、济南、青岛、宜昌、镇江十四处。法国则上海、北京、天津、汉口、烟台、福州、厦门、广州、宁波、重庆、琼州、北海、龙州、蒙自十四处。日本国则上海、北京、天津、汉口、烟台、福州、厦门、广州、汕头、重庆、南京、牛庄、唐沽、沙市、苏州、杭州十六处。美国则上海一处。俄国则上海、北京、天津、汉口、烟台五处。此其大略也。

清史稿卷一五三
志第一二八

邦交一

俄罗斯

中国古重邦交。有清盛时,诸国朝聘,皆与以礼。自海道大通而后,局势乃一变。其始葡萄牙、和兰诸国假一席之地,迁居贸易,来往粤东;英、法、美、德诸大国连袂偕来,鳞萃羽集,其意亦仅求通市而已。泊乎道光己亥,禁烟起,仓猝受盟,于是畀英以香港,开五口通商。嗣后法兰西、美利坚、瑞典、那威相继立约,而德意志、和兰、日斯巴尼亚、义大里、奥斯马加、葡萄牙、比利时均援英、法之例,订约通商,海疆自此多事矣。俄罗斯订约在康熙二十八年,较诸国最先,日本订约在同治九年,较诸国最后,中国逼处强邻,受祸尤烈。其他若秘鲁、巴西、刚果、墨西哥诸小邦,不过尾随大国之后,无他志也。咸丰庚申之役,联军入都,乘舆出狩,其时英、法互起要求,当事诸臣不敢易其一字,讲成增约,其患日深。至光绪甲午马关之约,丧师割地,忍辱行成,而列强据利益均沾之例,乘机攘索,险要尽失。其尤甚者,则定有某地不得让与他国之条,直以中国土疆视为己有,辱莫大焉。庚子一役,两宫播迁,八国连师,势益不支,其不亡者幸耳。

夫中国幅员之广,远轶前古,幽陵、交阯之众,流沙、蟠木之属,莫不款关奉贽,同我版图。乃康、乾以来所力征而经营者,任人蚕

食，置之不顾，西则浩罕、巴达克山诸部失之于俄，南则越南、缅甸
失之英、法，东则琉球、朝鲜失之日本，而朔边分界，丧地几近万里，
守夷守境之谓何，此则尤令人痛心而疾首者也。爰志各国邦交始
末，以备后人之考镜焉。

　　俄罗斯，地跨亚细亚、欧罗巴两洲北境。清初，俄东部有罗刹
者，由东洋海岸收毚矿之贡，抵黑龙江北岸，据雅克萨、尼布楚二
地，树木城居之，侵扰诸部。嗣又越兴安岭南向，侵掠布拉特乌梁海
四佐领。崇德四年，大兵再定黑龙江，毁其城，兵退而罗刹复城之。

　　顺治中，屡遣兵驱逐，以饷不继而返。十二年及十七年，俄察罕
汗两附贸易人至京奏书，然不言边界事。康熙十五年，帝召见其商
人尼果赉，贻书察罕汗，令管束罗刹，毋扰边陲。既而罗刹复肆扰，
帝命黑龙江将军萨布素围雅克萨城。会荷兰贡使至，乃赐书付荷兰
围达其汗。二十五年九月，其新察罕汗复书至，言："中国前屡赐书，
本国无能通解者。今已知边人构衅之罪，自当严治，即遣使臣诣边
定界，请先释雅克萨之围。"许之，遂诏萨布素退师。

　　二十八年冬十二月，与俄定黑龙江界，立约七条。先是俄使臣
费岳多罗额里克谢等由陆路至喀尔喀土谢图汗境，文移往复。至是
始与领侍卫内大臣索额图等会议于黑龙江：一，循鸟伦穆河相近格
尔必齐河上游之石大兴安岭以至于海，凡山南流入黑龙江之溪河
尽属中国，山北溪河尽属俄。一，循流入黑龙江之额尔古讷河为界，
南岸尽属中国，北岸尽属俄。乃归中国雅克萨、尼布楚二城。定市
于喀尔喀东部之库伦。立石于黑龙江两岸，刊泐会议条款，用满、
汉、拉提诺、蒙古、俄罗斯五体文字。是为尼布楚条约。自后贸易之
使每岁间岁一至，未尝稍违节制。

　　三十三年，遣使入贡。时有二犯逃入俄，俄遣人送回，理藩院行
文奖之，遂复遣使入贡。帝阅其章奏，谕大学士曰："外藩朝贡，虽属
盛事，恐传至后世，未必不因此反持事端。总之，中国安宁则外衅不
作，故当以培养元气为根本要务。"三十九年，遣使赍表至。

雍正五年秋九月，与俄订《恰克图互市界约》十一条。俄察罕汗卒后，其妃代临朝，为叩肯汗。遣使臣萨瓦暨俄官伊立礼，与理藩院尚书图礼善、喀尔喀亲王策凌在恰克图议定。喀尔喀北界，自楚库河以西，沿布尔固特山至博移沙岭为两国边境，而互市于恰克图。议定，陈兵鸣炮，谢天立誓。是月，定俄人来京就学额数。俄国界近大西洋者崇天主教，其南境近哈萨克者崇回教，其东境近蒙古者崇佛教。康熙间，尝遣人至中国学喇嘛经典，并遣子弟入国子监，习满、汉语言文字，居旧会同馆，以满、汉助教各一人教习之。至是，定俄人来学喇嘛者，额数六人，学生额数四人，十年更代为例。

乾隆二十三年春正月，俄人献叛人阿睦撒纳尸。初，厄鲁特辉特部阿睦尔撒纳背准噶尔来附，帝封为亲王，命副定北将军班第征准噶尔，降其部众。已复叛归，逃入俄，索之。以渡河溺死闻。既而患痘死，遂移尸至恰克图来献。未几，厄鲁特台吉舍楞戕中国都统唐喀禄，叛逃入俄，索之又不与，绝其恰克图贸易。三十年秋八月，俄绰尔济喇嘛丹巴达尔扎等请附，又恐俄人追索，中国擒送，遣人来探。瑚图灵阿以闻，帝命纳之。三十三年秋八月，复俄恰克图互市，理藩院设库伦办事大臣掌之。四十四年，再停互市，次年复之。五十四年，又以纳叛人闭市，严禁大黄、茶叶出口，俄人复以为请。五十七年，乃与订恰克图市约五条。

嘉庆七年秋七月，喀尔喀亲王蕴端多尔济请巡查恰克图两国边界，帝命逾十年与库伦办事大臣轮次往查。十年冬十二月，俄商船来粤请互市，不许。

道光二十五年，俄进呈书籍三百余种。二十八年，俄商船来上海求互市，不许。初嘉、道间，俄由黑海沿里海南侵游牧各回部。英吉利既据东南两印度，渐拓及温都斯坦而北。于是葱岭西自布哈尔、浩罕诸部皆并于俄，夹恒河城郭回国半属于英，英、俄边界仅隔印度歌士一大山，连年争战。俄思结援中国，遗使约中国以兵二万由缅甸、西藏夹攻印度。事未行。英旋助土耳其与俄战，始讲和而罢。逮江宁抚议定，法、美未与议者，亦照英例，并在五口通商。而

俄人自嘉庆十一年商船来粤驳回后，至是有一船亦来上海求市，经疆臣奏驳，后遂有四国联盟合从称兵之事。

咸丰元年，俄人请增伊犁、塔尔巴哈台、喀什噶尔互市，经理藩院议允伊、塔而拒喀什噶尔。文宗即位，命伊犁将军奕山等与之定约，成《通商章程》十七条。三年，俄人请在上海通商。不许。又请立格尔毕齐河界牌，许之。至五年，俄帝尼哥拉斯一世始命木喇福岳福等来画界。

先是木喇福岳福至莫斯科议新任地诸事，以为欲开西伯利亚富源，必利用黑龙江航路；欲得黑龙江航路，则江口及附近海岸必使为俄领，而以海军协力助之。俄帝遂遣海军中将尼伯尔斯克为贝加尔号舰长，使视察堪察加、鄂霍次克海，兼黑龙江探险之任。与木喇福岳福偕乘船入黑龙江，由松花江下驶，即请在松花江会议。八月开议，以三款要求，既指地图语我，谓格尔毕齐河起，至兴安岭阳面各河止，俱属俄界，而请将黑龙江、松花江左岸及海口分给俄；又以防备英、法为辞，且登岸设炮，逼迁屯户。迭由奕山、景淳与之争议，迄不能决。六年四月，俄人复率舰队入黑龙江。七年，木喇福岳福归伊尔库次克。

时英法联军与中国开衅，俄人乘英国请求，遣布恬廷为公使，来议国境及通商事宜。中国拒之。布恬廷遂下黑龙江，由海道进广东，与英、法、美公使合致书大学士裕诚，请中国派全权大臣至上海议事。答以英、法、美三国交涉事由广东总督办理，俄国交涉事由黑龙江办事大臣办理。布恬廷乃与三国公使进上海。木喇福岳福乘机扩地于黑龙江左岸，并广筑营舍。遣使诘责，则答以与俄公使在上海协商。寻遣使告黑龙江将军奕山，在爱珲议界。奕山遂迎木喇福岳福至爱珲会议。木喇福岳福要求以黑龙江为两国国境，提出条件。明年四月，遂定《爱珲条约》，先划分中俄东界，将黑龙江、松花江左岸由额尔古讷河至松花江海口为俄界，右岸顺江流至乌苏里河为中国界；由乌苏里河至海之地，有接连两国界者，两国共管之。于是绘图作记，以满、汉、俄三体字刊立界碑。

　　时英法联军已陷大沽炮台，俄与美藉口调停，因钦差大臣桂良与英、法缔约，遂援例增通商七海口。初，中、俄交涉，向由理藩院行文，至是往来交接用与国礼，前限制条款悉除焉。是年，议结五年塔尔巴哈台焚俄货圈案，俄屡索偿，至是以茶箱贴补之。九年五月，俄遣伊格那提业福为驻北京公使。十年秋，中国与英、法再开战，联军陷北京，帝狩热河，命恭亲王议和。伊格那提业福出任调停，恭亲王乃与英、法订《北京和约》。伊格那提业福要中国政府将两国共管之乌苏里河以东至海之地域让与俄以为报。十月，与订《北京续约》。其重要者：一，两国沿乌苏里河、松阿察河、兴凯湖、白琳河、瑚布图河、珲春河、图们江为界，以东为俄领，以西为中国领；二，西疆未勘定之界，此后应顺山岭、大河，及中国常驻卡伦等处，立标为界，自雍正五年所立沙宾达巴哈之界碑末处起，往西直至齐桑淖尔湖，自此往西南，顺天山之特穆尔图淖尔，南至敖罕边境为界；三，俄商由恰克图到北京，经过库伦、张家口地方，准零星贸易，库伦设领事官一员；四，中国许喀什噶尔试行贸易。十一年夏五月，仓场侍郎成琦与俄人勘分黑龙江东界。秋七月，俄设领事于汉阳。八月，俄人进枪炮。是年，俄人请进京贸易，不许；后援英、法例，改至天津。

　　同治元年春二月，与俄订《陆路通商章程》。俄人初意欲纳税从轻，商蒙古不加限制，张家口立行栈，经关隘免稽查。总署以俄人向在恰克图等处以货易华茶出口，今许其进口贸易，宜照洋关重税，免碍华商生计。又库伦为蒙古错居之地，其为库伦大臣所属者，向止车臣汗、图什业图汗等地，此外各游牧处所地旷族繁，不尽为库伦大臣所辖，若许俄随地贸易，稽查难周。又张家口距京伊迩，严拒俄商设立行栈。久之，始定《章程》二十一款于天津，《续增税则》一册。三月，俄人以喀什噶尔不靖，请暂移阿克苏通商，不许。

　　时俄人在伊犁属玛呢图一带私设卡伦，阻中国赴勒布什之路，复于沙拉托罗海境率兵拦阻查边人，声称哈萨克、布鲁特为其属国，又于各卡伦外垒立鄂博。乌里雅苏台将军明谊等诘责之，不听。八月，明谊等与俄人会议地界。俄使以《续约》第二条载有"西疆尚

在未定之界，此后应顺山岭、大河之流，及现在中国常驻卡伦"之语，执为定论，并出设色地图，欲将卡外地尽属俄国。明谊等以为条约内载自沙宾达巴哈界牌末处起至浩罕边为界，袤延万里，其中仅有三处地名，未详逐段立界之处。况条约内载"见在中国常驻卡伦等处"并无"为界"之语，自不当执以为词。屡与辨论，不省。忽遣兵队数百人，执持器械炮车，于伊犁卡伦附近伐木滋扰。是月，俄人请派兵船至沪助剿粤贼，许之。十月，俄人复进枪炮。是年，俄人越界盗耕黑龙江右岸地亩，诘之。

二年四月，俄官布色依由海兰泡遣人到齐齐哈尔省城借用驿马，并求通商，请假道前往吉林自松花江回国。黑龙江将军特普钦以非条约所载，不许。是月，俄人复遣兵队数百人至塔尔巴哈台巴克图卡伦住牧。中国谕令撤回，不听。又遣队往伊犁、科布多，又派兵数千分赴齐桑淖尔等地耕种建屋，遣兵四出潜立石垒，为将来议界地步。明谊等议筹防，并与交涉，不省。五月，俄人以哈萨克兵犯伊犁博罗胡吉尔卡伦，击之始退。六月，复来犯沿边卡伦，复击之。七月，俄使进议单，仍执条约第二款为辞。又以条约所载"西直"字为"西南"字误，必欲照议单所指地名分界，不许更易。乃许照议单换约。于是乌里雅苏台将军明谊上言："照议单换约，实与乌梁海蒙古及内服之哈萨克、布鲁特并伊犁距近边卡居住之索伦四爱曼人等生计有妨，请筹安插各项人众及所有生计。"廷谕令与俄人议，须使俄人让地安插，乃中国人照旧游牧。俄人仍不许。

三年秋八月，俄人复遣兵进逼伊犁卡伦。九月，俄使杂哈劳至塔尔巴哈台与明谊会，仍执议单为词。时新疆回氛甚炽，朝廷重开边衅，遂照议单换约。综计界约分数段：一为乌里雅苏台所属地，即乌城界约所立为八界牌者，自沙宾达巴哈起，往西南顺萨彦山岭至唐努额拉达巴哈西边末处，转往西南至赛留格木山岭之柏郭苏克山为止，岭右归俄，岭左归中国。二为科布多所属地，即科城界约所立牌博二十处者，自柏郭苏克山起，向西南顺赛留格木山岭至奎屯鄂拉，即往西行，沿大阿勒台山，至海留图河中间之山，转往西南，

顺此山直至察奇勒莫斯鄂拉,转往东南,沿齐桑淖尔边顺喀喇额尔
齐斯河岸,至玛呢图噶图勒干卡伦。三为塔尔巴哈台所属地,即自
玛呢图噶图勒干卡伦起,先往东南,后向西南,顺塔尔巴哈台山岭
至哈巴尔苏,转往西南,顺塔境西南各卡伦以迄于阿勒坦特布什山
岭,西北为俄地,东南为中国地。四为伊犁所属地,即顺阿勒坦特布
什等山岭以北西偏属俄,再顺伊犁以西诸卡伦至特穆尔图淖尔,由
喀什噶尔边境迤逦达天山顶而至葱岭,倚浩罕处为界,期明年勘界
立牌。会回乱亟,中、俄道阻,界牌迁延未立。

四年,伊犁将军明绪因回乱,请暂假俄兵助剿,许之。然俄人延
不发兵,仅允饷需假俄边转解,及所需粮食枪炮火药允资借。五年
春正月,伊犁大城失守,俄允借兵,仍迟延不至。三月,与俄议改《陆
路通商章程》。俄人欲在张家口任意通商,及删去"小本营生"、天津
免纳子税二事。中国以张家口近接京畿,非边疆可比,不可无限制。
"小本营生"字样若删去,则俄商货色人数无从稽考。惟天津免纳子
税,与他国贩土货出口仅纳一正税相合,遂议免天津子税。而张家
口任意通商,及删去"小本营生"事,并从缓商。五月,俄人请往黑龙
江内地通商。不许。是月,俄人占科布多所属布克图尔满河北境。
六年六月,俄使倭良嘎哩以西疆不靖,有妨通商,贻书总署责问。是
月,俄人占科布多所属霍呢迈拉扈卡伦及乌里雅苏台所属霍呢音
达巴罕之乌克果勒地。诘之,不省。

七年二月,俄人越界如库伦所属乌雅拉噶哈当苏河等处采金,
阻之,不听,反以为俄国游牧地,不认雍正五年所定界址及嘉庆二
十三年两国所绘地图界址。中国屡与争议,不决。时新疆毗连俄境
未立界牌鄂博,乌里雅苏台将军麟兴等请派大员会定界址,许之。
然迟久未勘。俄人又私伐树株,标记所侵库伦所属地。又于朝鲜庆
兴府隔江遥对之处建筑房屋,朝鲜国王疑惧,咨中国查询。七月,俄
人又如呼伦贝尔所属地盗伐木植,阻之,不听。

八年春三月,与俄国续订《陆路通商条约》。五月,荣全等与俄
立界大臣巴布阔福等会立界牌鄂博,至乌里雅苏台所属赛留格木,

俄官藉口原约第六条谓非水源所在,辩议三日,始遵红线条约,于博果苏克坝、塔斯启勒山各建牌博,其由珠噜淖尔至沙宾达巴哈分界处,原图所戴,险阻难行。俄官辄欲绕道由珠噜淖尔移北数十里唐努山之察布雅齐坝上建立鄂博,由此直向西北,绕至沙宾达巴哈。朝旨不许,乃改由珠噜淖尔东南约十数里哈尔噶小山立第三牌博。又顺珠噜淖尔北唐努山南约二百里察布雅齐坝上立第四牌博,照原图所绘红线以外珠噜淖尔圈出为俄国地,哈尔噶小山以东、察布雅齐坝以北,为中国地。又顺珠噜淖尔北唐努山南直向西行,至珠噜淖尔末处转折而北而东,均系红线以外科属阿勒坦淖尔乌梁海地,已分给俄,至库色尔坝上已接唐努乌梁海向西偏北极边地,于此坝上立第五牌博。由此向西,无路可通,乃下坝向东北入唐努乌梁海,复转折而西而北,至唐努鄂拉达巴哈末处,迤西有水西流,名楚拉察河,亦系红线以外分给俄者,于此立第六牌博。其东南为唐努乌梁海边境,其西北为俄地。又由楚拉察河顺萨勒塔斯台噶山至苏尔坝上,立第七牌博。由此坝前进,直至沙宾达巴哈山脉,一线相连,此处旧有两国牌博。与此坝相接,因不再立。荣全仍欲复增牌博,俄官允出具印结,听中国自立,荣全乃遣人立焉。

八月,科布多参赞大臣奎昌又与俄官议立科属牌博,俄官仍欲以山形水势为凭。奎昌等抗辩,非按原图限道建立不可,遂于科布多东北边末布果素克岭至玛呢图噶图勒干各立牌博,至塔尔巴哈台所属布伦托海分界。中国因塔城未经克复,道途梗塞,未暇办理。俄使遽欲于塔城所属玛呢图噶图勒干至哈巴尔苏从北起先建鄂博,并称无中国大臣会办,亦可自行建立。中国以分界关两国地址,决无独勘之理,允俟明年春融,派员会勘。是年,俄人轮船由松花江上驶抵呼兰河口,要求在黑龙江内地通商。黑龙江将军德英以闻,朝旨以非条约所载,不许。

九年正月,俄人来言哈巴尔苏牌博已于去秋自行建立。中国以不符会办原议诘之,并命科布多大臣奎昌按图查勘。二月,俄人复请派员赴齐齐哈尔、吉林与将军议边事,命禁阻之。秋八月,奎昌至

塔城所属玛呢图噶图勒干卡伦,与俄立界大臣穆鲁木策傅会勘俄
自立牌博,中国亦于俄国自立牌博内建立牌博。复往塔尔巴哈台山
岭等处勘查,直至哈巴尔苏,共立牌博十。至是分界始竣。十月,库
伦办事大臣张廷岳等以乌里雅苏台失陷,乌梁海与俄界昆连,请防
侵占。

十年夏五月,俄人袭取伊犁,复欲乘胜收乌鲁木齐。帝命将军、
参赞大臣等止其进兵,不省。既又出兵二千,欲剿玛纳斯贼,以有妨
彼国贸易为词。中国命荣全、奎昌、刘铭傅等督兵图复乌鲁木齐,规
收伊犁。俄人既得伊犁,即令图尔根所驻索伦人移居萨玛尔屯。又
于金顶寺造屋,令汉、回分驻绥定城、清水河等处。复遣人赴喀喇沙
尔、晶河,劝土尔扈特降。又说玛纳斯贼投降事闻,命防阻。十二月,
俄人请援各国例通商琼州,许之。是年,俄人带兵入科布多境。谕
令退兵,久之始去。

十一年四月,伊犁将军荣全与俄官博呼策勒傅斯奇会于俄国
色尔贺鄂普勒,议交还伊犁事。俄官置伊犁不问,仅议新疆各处如
何平定,并以助兵为言,要求在科布多、乌里雅苏台、乌鲁木齐、哈
密、阿克苏、喀什噶尔等处通商、设领事,及赔补塔城商馆,及匡苏
勒官庞龄等被害各节,并请让科布多所属喀喇额尔济斯河及额鲁
特游牧额尔米斯河归俄。荣全等拒之。博呼策勒傅斯奇遂置伊犁
事不议。已忽如北京总署,请仍与荣全会议。博呼策勒傅斯奇又忽
辞归国。至是接收伊犁又迟延矣。

八月,俄人载货入乌鲁木齐所属三塘湖,请赴巴里坤、哈密等
处贸易。阻之,不听。既闻回匪有由哈密东山西窜察罕川古之信,
乃折回。已复有俄官来文,谓伊犁所属土尔扈特游牧西湖、晶河、大
沿子居民均归顺俄国,中国军队不得往西湖各村。中国以当初分界
在伊犁迤西,并无西湖之名,西湖系乌鲁木齐所属军队,原由总署
与俄使议有大略,何可阻止?拒之。时荣全将带兵由塔赴伊安设台
站,俄人以越俄国兵所占地,不许。又阻荣全接济锡伯银两。十月,
俄商赴玛纳斯贸易,中途被杀伤五十余人。十二年夏四月,俄人忽

带兵及哈萨克、汉、回等众，入晶河土尔扈特游牧，索哈萨克所失马，并执贝子及固山达保来绰罗木等，又修治伊犁移东果子沟大路，更换锡伯各官，图东犯，又于塔尔巴哈台所属察罕鄂博山口驻兵，盘诘往来行旅。同治十三年八月，俄人自库伦贸易入乌里雅苏台建房，诘以非条约所载，不省。旋命陕甘总督左宗棠督办新疆军务。

光绪元年夏五月，俄游历官索思诺等来兰州，言奉国主之命，欲与中国永敦和好，俟中国克复乌鲁木齐、玛纳斯，即便交还。左宗棠以闻。既而左宗棠以新疆与俄境毗连，交涉事繁，请旨定夺。帝命左宗棠主办。

三年，议修《陆路通商章程》。俄使布策欲于伊犁未交之先，通各路贸易。中国不允，仅允西路通商，而仍以交收伊犁与商办各事并行为言。俄人又以荣全张示激伊犁人民不遵俄令，乌里雅苏台官吏擅责俄人，江海关道扣留俄船，英廉擅杀哈萨克车隆，及征收俄税，指为违约，谓非先议各事不可。会新疆南路大捷，各城收复，回匪白彦虎等窜入俄，中国援俄约第八款，请其执送。屡与理论，未决。

四年五月，命吏部左侍郎崇厚使俄，议还伊犁及交白彦虎诸事。十二月抵俄。五年二月，与俄外部尚书格尔斯开议。格尔斯提议三端：一通商，一分界，一偿款。而通商、分界又各区分为三。通商之条：一，由嘉峪关达汉口，称为中国西边省分，听其贸易；一，乌鲁木齐、塔尔巴哈台、伊犁、喀什噶尔等处，称为天山南北各路，妥议贸易章程；一，乌里雅苏台、科布多等处，称为蒙古地方，及上所举西边省分，均设立领事。分界之条：一，展伊犁界，以便控制回部；一，更定塔尔巴哈台界，以便哈萨克冬夏游牧；一，新定天山迤南界，以便俄属浩罕得清界线。崇厚皆允之，惟偿款数目未定。崇厚以闻，命塔尔巴哈台参赞大臣锡纶接收伊犁及分界各事。既议偿款卢布五百万圆，俄亦遣高复满等为交还伊犁专使。

崇厚将赴黑海画押回国，而恭亲王奕䜣等以崇厚所定条款损

失甚大,请饬下李鸿章、左宗棠、沈葆桢、金顺、锡纶等,将各条分别酌核密陈。于是李鸿章等及一时言事之臣交章弹劾,而洗马张之洞抗争尤力。略谓:"新约十八条,其最谬妄者,如陆路通商由嘉峪关、西安、汉中直达汉口,秦陇要害,荆楚上游,尽为所窥。不可许者一。东三省国家根本,伯都讷吉林精华,若许其乘船至此,即与东三省任其游行无异,是于绥芬河之西无故自蹙地二千里;且内河行舟,乃各国历年所求而不得者,一许俄人,效尤踵至。不可许者二。朝廷不争税课,当恤商民。若准、回两部,蒙古各盟,一任俄人贸易,概免纳税,华商日困;且张家口等处内地开设行栈,以后逐渐推广,设启戎心,万里之内,首尾衔接。不可许者三。中国屏藩,全在内外蒙古,沙漠万里,天所以限夷狄。如蒙古全站供其役使,一旦有事,音信易通,必撤藩屏,为彼先导。不可许者四。条约所载,俄人准建卡三十六,延袤广大,无事而商往,则讥不胜讥;有事而兵来,则御不胜御。不可许者五。各国商贾,从无许带军器之例。今无故声明人带一枪,其意何居?不可许者六。俄人商税,种种取巧,若各国希冀均沾,洋关税课必至岁绌数百万。不可许者七。同治三年新疆已经议定之界,又欲内侵,断我入城之路。新疆形势,北路荒凉,南城富庶,争硗瘠,弃膏腴,务虚名,受实祸。不可许者八。伊犁、塔尔巴哈台、科布多、乌里雅苏台、喀什噶尔、乌鲁木齐、古城、哈密、嘉峪关等处准设领事官,是西域全疆尽由出入。且各国通例,惟沿海口岸准设外邦领事。若乌里雅苏台等,乃我边境,今日俄人作俑,设各国援例,又将何以处之?不可许者九。名还伊犁,而三省山岭内卡伦以外盘踞如故,割霍尔果斯河以西、格尔海岛以北,金顶寺又为俄人市厘,约定俄人产业不更交还,地利尽失。不可许者十。"又言:"改议之道:一在治崇厚以违训越权之罪;一在请谕旨将俄人不公平,臣民公议不愿之故,布告中外,行文各国,使评曲直;一在据理力争,使知使臣画押,未奉御批示覆,不足为据;一在设新疆、吉林、天津之防,以作战备。"疏入,命与修撰王仁堪等及庶吉士盛昱所奏,并交大学士等议,并治崇厚罪。

六年正月,命大理寺少卿曾纪泽为使俄大臣,续议各款。时廷臣多主废约,曾纪泽以为废约须权轻重,因上疏曰:"伊犁一案,大端有三:曰分界,曰通商,曰偿款。三端之中,偿款固其小焉者也。即通商一端亦较分界为稍轻。查西洋定约之例有二,一则长守不渝,一可随时修改。长守不渝者分界是也。分界不能两全,此有所益,则彼有所损,是以定约之际,其慎其难。随时修改者,通商是也。通商之损益,不可逆睹,或开办乃见端倪,或久办乃分利弊,是以定约之时,必商定年限修改,所以保其利而去其弊也。俄约经崇厚议定,中国诚为受损,然必欲一时全数更张,而不别予一途以为转圜之路,似亦难降心以相从也。臣以为分界既属永定,自宜持以定力,百折不回。至于通商各条,惟当即其太甚者,酌加更易,余者宜从权应允。"

时俄人以中国治崇厚罪,增兵设防,为有意寻衅,欲拒纪泽不与议事。英、法二使各奉本国命,亦以因定约治使臣罪为不然,代请宽免。中国不得已,允减崇厚罪,诏仍监禁。已又与俄使凯阳德先议结边界各案。

六年七月,纪泽抵俄,侍郎郭嵩焘疏请准万国公法,宽免崇厚罪名,纪泽亦请释崇厚,许之。初纪泽至俄,俄吉尔斯、布策诸人咸以非头等全权大臣,欲不与议,遣布策如北京议约。已成行,而朝旨以在俄定议为要,命纪泽向俄再请,始追回布策。纪泽与议主废约。俄人挟崇约成见,屡与忤。纪泽不得已,乃遵总署电,谓可缓索伊犁,全废旧约。寻接俄牒,允还帖克斯川,余不容议。布策又欲俄商在通州租房存货,及天津运货用小轮船拖带。纪泽以非条约所有,拒之。而改约事仍相持不决。

十一月,俄牒中国,允改各条,其要有七:一,交还伊犁;二,喀什噶尔界务;三,塔尔巴哈台界务;四,嘉峪关通商,允许俄商由西安、汉中行走,直达汉口;五,松花江行船至伯都讷;六,增设领事;七,天山南北路贸易纳税。曾纪泽得牒,以俄既许让,则缓索之说,自可不议。于是按约辩论:于伊犁,得争回南境;喀什噶尔,得照两

国现管之地,派员再勘;塔尔巴哈台,得于崇厚、明谊所订两界之间,酌中勘定;嘉峪关通商,得仿照天津办理,西安、汉中两路及汉口字均删去;松花江行船,因《爱珲条约》误指混同江为松花江,又无画押之汉文可据,致俄人历年藉口,久之始允将专条废去,声明《爱珲旧约》如何办法,再行商定;增设领事,俄人请设乌鲁木齐一处,总署命再商改,始将乌鲁木齐改为吐鲁番,余俟商务兴盛时再议增设;天山南北路贸易纳税,将原约"均不纳税"字改为"暂不纳税,俟商务兴盛再订税章"。此外,偿款,崇厚原约偿五百万卢布,俄人以伊犁南境既已让还,欲倍原数,久之始允减定为卢布九百万。纪泽又以此次改约并未用兵,兵费之名绝不能认。于是将历年边疆、腹地与俄人未结之案,有应赔应恤者一百九案,并入其中,作为全结。又于崇厚原订俄章字句有所增减。如条约第三条删去伊犁已入俄籍之民,入华贸易游历许照俄民利益一段;第四条俄民在伊犁置有田地,照旧管业,声明伊犁迁出之民,不得援例,且声明俄民管业既在贸易圈外,应照中国民人一体完纳税饷;并于第七条伊犁西境安置迁民之处,声明系安置因入俄籍而弃田地之民;第六条写明所有前此各案,第十条吐鲁番非通商口岸而设领事,暨第十三条张家口无领事而设行栈,均声明他处不得援以为例;第十五条修约期限,改五年为十年。章程第二条货色包件下添注牲畜字样,其无执照商民,照例惩办,改为从严罚办;第八条车脚运夫,绕越捷径,以避关卡查验,货主不知情,分别罚办之下,声明海口通商及内地不得援以为例。是为收回伊犁条约。又同时与俄订《陆路通商章程》。七年正月,与俄外部尚书吉尔斯及前驻京使臣布策,在俄都画押钤印,旋批准换约。七月,贺俄君即位,递国书。索逆犯白彦虎等,俄以白彦虎等犯系属公罪,不在条约所载之列,不允交还,允严禁。

　　寻命伊犁将军金顺、参赞大臣升泰接收伊犁。八年二月,接收讫。金顺进驻绥定城。升泰会同俄官勘分地界,并以哈密帮办大臣长顺会办西北界务,巴里坤领队大臣沙克都林扎布会办西南界务。四月,俄人带兵潜入科布多所属哈巴河,清安等以闻。因言图内奎

峒山、黑伊尔特什河、萨乌尔岭等处形势,与积年新旧图说不符。朝旨命就原图应勘之处,力与指辩,酌定新界。

十一月,分界大臣长顺等与俄官佛哩德勘分伊犁中段边界。先是距那林东北百余里之格登山有高宗《平准噶尔铭勋碑》,同治三年已画归俄,至是争回,立《界约》三条。

九年,督办新疆军务大臣刘锦棠以新疆南界乌什之贡古鲁克地为南北要津,请按约索还。先是,旧约所载伊犁南界,系指贡古鲁克山顶而言。上年沙克都林扎布与俄使勘分南界,由贡古鲁克等处卡伦绕贡古鲁克山麓至别叠里达坂设立界牌,侵占至毕底尔河源,故锦棠以为言。朝旨命长顺等据理辩论。既而沙克都林扎布又与俄官咩登斯格勘伊犁南界,俄人必欲以萨瓦巴齐为界,沙克都林扎布以为萨瓦巴齐在天山之阳,距天山中梁尚远,不许,乃以天山中梁为界。又立牌博于别叠里达坂,是为《喀什噶尔界约》。

七月,分界大臣升泰等与俄官巴布阔福等勘分科、塔界务。巴布阔福等欲照图中直线,以哈巴河为界。升泰等以哈巴河地居上游,为科境之门户,塔城之藩篱,若划分归俄,不惟原住之哈萨克、蒙、民等无地安插,即科属之乌梁海、塔属之土尔扈特等处游牧之所,亦俱受逼,界址既近,衅端必多,拒之。俄使乃允退离哈巴河迤西约八十余里之毕里克河划分。升泰等以毕里克系小河,原图并未绘刊,若以此划界,则哈巴河上游仍为俄所占,复与力争。俄使乃允复退出五十里,议定在于阿拉喀别克河为界,计距哈巴河至直线共一百三十余里,即原图黄线之旁所开之小河也。余均照黄线所指方位划分。至两国所属之哈萨克,愿归俄者归俄,愿归中国者归中国。如有人归中国而产业在俄,或人居俄而产业在中国,均照伊犁办法,以此次议定新界换约日为始,限一年迁移。约定,又与俄官斐里德勘塔城西南未分之界。俄使意欲多分,升泰以此段界务,新约第七条内业经指明,系顺同治三年塔城界约所定旧界,即原约第二条内所指依额尔格图巴尔鲁克、莫多巴尔鲁克等处卡伦之路办理,是原有图线条约可循,非若他处尚须勘酌议分可比,不许。俄使乃以

巴尔鲁克山界内住牧之哈萨克久已投俄，一经定界，不免迁移，请借让安插，许之。仍援旧约第十条所开塔属原住小水地方居民之例，限十年外迁，随立牌博。

九月，分界大臣额尔庆额等与俄官撒斐索富勘分科布多界。自阿拉克别克河口之喀拉素毕业格库玛小山梁起，至塔木塔克萨斯止，共立牌博四，又立牌博于阿克哈巴河源。先是喀什噶尔西边界务已经长顺与俄人划分，以依尔克池他木为界，而帮办军务广东陆路提督张曜以为有误，请饬覆查。长顺以勘界系依红线，依尔克池他木虽旧图不载，而新图正在红线界限，不容有误。寻总署以约内有现管为界一语，意曾纪泽定约时，必因新图不无缩入，又知左宗棠咨报克复喀城，有占得安集延遗地，边界展宽之说，故约内添此一语。既以现管为界，即可不拘红线，仍命长顺与争。俄人以喀拉多拜、帖列克达湾、屯木伦三处虽现为中国所管，然均在线外百数十里，执不允，仍依红线履勘，自喀克善山起，至乌斯别山止，共立牌博二十二，指山为界者七，遂定议。是为《续勘喀什噶尔界约》。是年，塔尔巴哈台锡纶与俄人会议俄商在塔贸易新圈地址。

十年三月，塔尔巴哈台参赞大臣锡纶与俄人会定哈萨克归附条约，凡在塔城境内混居之哈萨克提尔赛克部、拜吉格特部、赛波拉特部、托勒图勒部、满必特部、柯勒依部、图玛台部各大小鄂拓克，约五千余户，除愿迁回俄境外，其自愿归中国者一千八百户，均由中国管辖，并订管辖条款。七月，法因越南与中国开衅，法人请俄国保护在华之旅人教士及一切利益，俄使允保护，牒中国。

十一年三月，总署以吉林东界牌博中多舛错，年久未修，请简大员会勘，据约立界。先是俄人侵占珲春边界，将图们江东岸沿江百余里误为俄国辖地，并于黑顶子安设俄卡，招致朝鲜流民垦地。前督办宁古塔等处事宜吴大澄，请饬查令俄人交还。朝廷乃命吴大澄等为钦差大臣，与俄人订期会勘。大澄等以咸丰十年北京条约中俄东界顺黑龙江至乌苏里河及图们江口所立界牌，有俄国"阿""巴""瓦""噶""达""耶""热""皆""伊""亦""喀""拉""玛""那""倭"

"怕""啦""萨""土""乌"二十字头，十一年成琦勘界图内尚有"伊""亦""喀""拉""玛""那""倭""怕""啦""萨""土""乌"十二字头，何以官界记文内仅止"耶""亦""喀""拉""那""倭""怕""土"八字头？图约不符。又界牌用木难经久，应请易石，及补立界牌。又以俄人所占黑顶子地，即在"土"字界牌以内，尤为重要。又以自珲春河源至图们江口五百余里，处处与俄接壤，无一界牌。又成琦所立界牌八处，惟"土"字一牌之外，尚有"乌"字一牌。以交界记文而论，图们江左边距海不过二十里，立界牌一，上写俄国"土"字头，是"土"字一牌已在交界尽处，更无补立"乌"字界牌之地，二者必有一误。又补立界牌，无论"乌"字、"土"字，总以图们江左边距海二十里之地为断。十二年夏，吴大澄等赴俄境岩杵河，与俄勘界大员巴啦诺伏等商议界务。大澄等首议补立"土"字界牌，因咸丰十一年所立"土"字界牌之地，未照条约记文"江口相距二十里"之说。大澄等与之辩论，俄员以为海滩二十里，俄人谓之海河，除去海河二十里，方是江口。大澄等以为江口即海口，中国二十里即俄国十里，沙草峰原立"土"字界牌，既与条约记文不符，此时即应更正。巴啦诺伏仍以旧图红线为词。久之，始允于沙草峰南越岭而下至平冈尽处立"土"字牌，又于旧图内"拉"字、"那"字两牌之间，补立"玛"字界牌，条约内"性"字、"土"字两牌之间，补立"啦""萨"二字界牌，悉易以石。又于界牌相去甚远之处，多立封堆，或掘濠为记。至俄人所占黑顶子地，亦允交还。大澄等又以宁古塔境内"倭"字、"那"字二界牌，与记文条约不符，请更正，缘"倭"字界牌本在瑚布图河口，因当时河口水涨，木牌易于冲失，权设小孤山顶，离河较远。大澄等以为若以立牌之地即为交界之所，则小孤山以东至瑚布图河口一段又将割为俄地。乃与巴啦诺伏议定，将"倭"字石界牌改置瑚布图河口山坡高处，"那"字界牌原在横山会处，距瑚布图河口百余里，仅存朽烂木牌二尺余，因易以石，仍立横山会处，移西即系小绥芬河源水向南流处，又于交界处增立铜柱。是为《中俄珲春东界约》。

是年，俄莫斯克瓦商人欲携货赴科布多、哈密、肃州、甘州、凉

州、兰州等处贸易。中国以科布多、哈密、肃州皆系条约订明通商处所，自可前往；甘州、凉州、兰州系属内地，非条约所载，不许。十四年，俄人在乌梁海所属，掘金开地建房，阻之不听。十五年，俄人越界入黑龙江所属，以刈草为名，搭棚占地。总署以询北洋大臣李鸿章，鸿章请但许刈草，不许搭棚，切与要约，以示限制，从之。十六年，俄商请照约由科布多运货回国，许之。初，俄商由陆路运货回国，旧章只有恰克图一路。光绪七年，改订新约，许由尼布楚、科布多两路往来运货。至是，许由科布多行走，其收缴执照诸办法，由科布多参赞大臣派员查验。是年，出使大臣洪钧以俄人在恰克图境穴地取金，请自设厂掘金，不果。俄人又勾结藏番私相馈赠。十七年，俄遣兵至海参威开办铁路。是年，俄太子来华游历，命李鸿章往烟台款接。初俄欲中国简亲藩接待，未允，乃遣鸿章往，有加礼。

十八年，与俄人议接珲春、海兰泡陆路电线。先是中国陆路电线创自光绪六年，惟丹国大北公司海线，先于同治十年由香港、厦门迤逦至上海，一通新加坡、槟榔屿以达欧洲，名为南线；一通海参威，由俄国亚洲旱线以达欧洲，名为北线。俄、丹早有连线之约。嗣丹复与英合办水线。逮各省自设陆线，并拆去英、丹在沪、粤已成之陆线。迨中国吉林、黑龙江线成，与俄之东海滨境内近接。大北公司等深虑中俄线接，分夺其利，屡起争议。至是，命鸿章与俄使喀希呢议约，酌拟沪、福、厦、港公司有水线处，不与争减，此外各口电价，亦不允水线公司争减，遂定议。是为《中俄边界陆路电线相接条约》。

是年，俄入帕米尔。帕米尔高原在中国回疆边外，旧为中国所属。自俄、英分争，而迤北、迤西稍稍归属于俄，迤南小部则附于英属之阿富汗，惟东路、中路久服中国，迄今未变。俄欲取帕米尔以通印度，英人防之，以划清阿富汗边界为辞，欲使中国收辖帕境中间之地，勘明界址；俄人亦欲会同中国勘界分疆，不使英与闻。至是，俄兵入帕，英领事璧利南以从前英、俄立约，喀什噶尔、阿富汗之间并无俄地，愿出作证，又据所绘图，力辟俄图。俄人不顾，欲以郎库

郎里湖为界，移军而南，将据色勒库尔。色勒库尔乃莎车境，益逼近新疆南境。陕甘总督杨昌浚请设防，许之。既因出使大臣洪钧所绘地图有误，李鸿章据薛福成所寄图，谓："喀约既称乌斯别里南向系中国地界，自应认定'南向'二字方合，若无端插入'转东'二字，所谓谬以千里；况乌斯别里为葱岭支脉，如顺山梁为自然界，以变一直往南之说，不特两帕尽弃，喀什噶尔顿失屏蔽，叶尔羌、西藏等全撤藩篱，且恐后此藉口于交界本循山脊而行，语更宽混，尤难分划，此固万难允也。如彼以喀约语太宽混为辞，拟仿照北亚墨利加英、美用经纬度分界之法，以乌斯别里山口之经线为界，北自乌斯别里山口一直往南，至阿富汗界之萨雷库里湖为止，方与经线相合。如此，则大帕米尔可得大半，小帕米尔全境俱在线内，其简当精确，更胜于自然界，而与原议之约亦相符合。否则阿里楚尔山环三面，惟东一面与喀境毗连，界亦自然。何彼竟舍外之山梁，而专用内之山梁，以求多占地界耶？"议久不决。是年，俄茶在戈壁被焚，索偿，允由揽运俄茶之人分偿，俄使欲公家代偿，不允。

十九年四月，议收俄国借地。初，俄借塔尔巴哈台所属之巴尔鲁克山，给所属哈萨克游牧，限十年迁回。至是限满，伊犁将军长庚请遣员商办，俄人请再展十年，不许。久之，俄始允还地迁民，遂立《交山文约》，声明限满不迁，即照人随地归之约。又续立《收山未尽事宜文约》，以清厘两属哈萨克欠债及盗牲畜等事。

二十年，与俄复议帕界。俄初欲据郎库里、阿克塔什，出使大臣许景澄以此为中国地，力争不许。既而俄允于色勒库尔山岭之西，请中国指实何地相让，中国仍以自乌仔别里至萨雷库里湖为言，俄人不允。总署欲改循水为界，拟循阿克拜塔尔河，南逾阿克苏河，东南循河至阿克塔什平地，转向西南，循伊西提克河，直至萨雷库里湖，各将分界水名详叙，仍未决。是年俄嗣皇即位，遣布政使王之春为专使往贺。

明年春，与日本讲成，割台湾及辽河以南地，俄联法、德劝阻辽南割地，日本不允。俄忽调战舰赴烟台，日本允还辽，惟欲于二万万

外加偿费。俄皇特命户部大臣威特见出使大臣许景澄,云欲为中国代借巨款,俾早日退兵。许景澄以闻。总署命与俄商办,遂订借法银四万万佛郎,以海关作保,年息四厘,分年偿还。是为《中俄四厘借款合同》。

九月,俄人分赴东三省勘路。初俄兴造悉毕尔铁路,欲在满洲地方借地接修。总署议自俄境入华境以后,由中国自造。十月,俄水师轮船请暂借山东胶澳过冬,许之。山东巡抚李秉衡上言:"烟台芝罘岛并非不可泊船,胶州向非通商口岸,应请饬俄使进泊后,退出须定期限。"报可。十二月,赏俄使喀希呢及法、德二使头等第三宝星。

二十二年四月,俄皇尼哥拉斯二世加冕,命李鸿章为专使,王之春为副使,赠俄皇头等第一宝星。九月,与俄订新约。时李鸿章尚未回国,俄使喀希呢特密约求总署奏请批准。约成,俄使贵族邬多穆斯契以报谢加冕使来北京,议立华俄银行,遂命许景澄与俄结《华俄道胜银行契约》,中国出股本银五百万两,与俄合办。别立中国东省我路公司,又立条例九章,其第二章银行业务之第十项,规定对于中国之业务:一,领收中国内之诸税;二,经营地方及国库有关系之事业;三,铸造中国政府允许之货币;四,代还中国政府募集公债之利息;五,布设中国内之铁道电线,并订结东清铁道会社条约,以建造铁路与经理事宜委悉银行。

二十三年十一月,俄以德占胶州湾为口实,命西伯利亚舰队入旅顺口,要求租借旅顺、大连二港,且求筑造自哈尔滨至旅顺之铁道权。十二月,俄以兵入金州城征收钱粮,阻之,不省。乡民聚众抗拒,俄人遂于貔口枪毙华民数十。奉天将军依克唐阿以闻,命出使大臣杨儒迅与俄人商办,议久不决。俄皇谓许景澄曰:"俄船借泊,一为胶事,二为度冬,三为助华防护他国占据。"景澄再与商,不应。二十四年二月,命许景澄专论旅、大俄船借泊及黄海铁路事,俄以德既占胶州,各国均有所索,俄未便不租旅、大。又铁路请中国许东省公司自鸭绿江至牛庄一带水口择宜通接,限三月初六日订约,过

期俄即自行办理,词甚决绝。既而俄提督率兵登岸,张接管旅、大示,限中国官吏交金州城。中国再与交涉,俄始允兵屯城外。遂订约,将旅顺口及大连湾暨附近水面租与俄。已画押遣员分勘,将军伊克唐阿以"附近"二字太宽泛,电总署力争,谓金西、金东各岛,离岸一二十里、三四十里不等,谓之"附近"尚可,至索山以南庙儿七岛,近者三四十里,远者二百余里,在山东登莱海面,非辽东所属,不得谓之"附近"。争之再三,俄请将庙群岛作为隙地,免他国占据。总署告以中国但可允认不让与他国享用并通商等利益,不能允作隙地,致损主权。俄人又请允许立字不设炮台、不驻兵。总署仍与力驳,不省。久之,始允照中国议,删去"作为隙地"及"不设炮台"等语;复于专条庙群岛下增缮"不归租界之内"字,而金州东海海阳、五蟒二岛仍租俄。

七月,出使大臣许景澄、杨儒与东省铁路公司续订合同。初,中、俄会订条约,原许东省铁路公司由某站起至大连湾,或酌量至辽东半岛营口、鸭绿江中间沿海较便地方,筑一枝路,未行。至是与议,许景澄与俄外部商明枝路末处在大连湾海口,不在辽东半岛沿海别处,列入专条订合同。俄人嗣以造路首重运料,拟照原合同所许各陆路转运之事,订定暂筑通海口板路暨行船办法,并自行开采煤矿木植等事。许景澄等以原合同第一款,载明中国在铁路交界设关,照通商税则减三分之一,此系指陆路而言,今大运湾海口开作商埠,货物来往内地,竟援减征税,恐牛庄、津海两关必致掣碍。至内地与租地交界,视中俄两国交界有别,设关处所亦须变通,拟改定专款。俄人尚欲并开各矿产,拒之,并议限制转运开采各事。又商加全路工竣年限,俾暂筑枝路届期照拆。凡七款:一,枝路名东省铁路南满洲枝路;二,造路需用料件,许公司用轮船及别船树公司旗,驶行辽河并枝河及营口并隙地各海口,运卸料件;三,公司为运载料件粮草便捷起见,许由南路暂筑枝路至营口及隙地海口,惟造路工竣,全路通行贸易后,应将枝路拆去,不得逾八年;四,许公司采伐在官树株,每株由总监工与地方官酌定缴费,惟盛京御用产

物,暨关系风水,不得损动,并许公司所过开采煤矿,亦由总监工与地方官酌定,计斤纳税;五,俄可在租地内自酌税则,中国可在交界征收货物从租界运入内地,或由内地运往租地之税,照海关进出口税则无增减,并允俄在大连湾设关,委公司代征,别遣文官驻扎为税关委员;六,许公司自备行海商船,照各国通商例,如有亏折,与中国无涉,应照原合同十二条价买及归还期限办理;七,造路方向所过地方,应俟总监工勘定,由公司或北京代办人与铁路总办公司商定。复定铁路经过奉天,应绕避陵寝,俄允绕距三十里,遂画押。

二十五年,盛京将军文兴等遣知府福培、同知涂景涛与俄员倭高格伊林思齐等,勘分旅大租界。俄员拟先从租地北界西岸亚当湾起勘。福培等以中国舆图无亚当湾地名,应照总署电,亚当即普兰店之文为凭,当从普兰店西海湾之马虎岛起。俄员以续约明言西从亚当湾北起,无普兰店字,坚不允改。遂从北界西岸起,次第立碑,至大海滨,凡三十有一碑,北刻汉文,南镌俄国字母。复立小碑八,以数目为号。界线由西至东,长九十八里余九十四弓。界既定,与俄员会议分界专条,又将所绘界图,用华、俄文注明,画押盖印,互换后,分呈俄使及总署批定完结。初由李鸿章、张荫桓与俄使巴布罗福订此约于北京;至是,命王文韶、许景澄加押。

时中国欲自造山海关至营口枝路,英欲投资。俄使牒总署,谓借用外国资本,与续约相背。俄人又以东省铁路将兴工,拟在北京设东省铁路俄文学堂,招中国学生学习俄国语言文字,以备铁路调遣之用。许之。是年,俄以辽东租借地为"关东省"。

二十六年,拳匪乱,各国联军入北京,俄乘势以兵占东三省,藉口防马贼、保铁路。初,奉天土匪先攻俄铁道警卫兵,乱兵烧天主教堂,破毁铁岭铁道,掠洋库;旋攻辽阳铁道,俄铁道员咸退去,同时黑龙江亦炮击俄船。俄闻警,遣军分道进攻,由瑷珲、三姓、宁古塔、珲春进据奉天,乃迫将军增祺订《奉天交地约》,拟在东三省驻兵,政赋官兵均归俄管辖。时朝廷以庆亲王、李鸿章为全权与各国议款,并命驻俄钦使杨儒为全权大臣,与俄商办接收东三省事。杨儒

清史稿卷一五三

与争论久，始允作废。而俄人别出约稿相要，张之洞等连电力争，遂暂停议。

二十七年七月，各国和议成，李鸿章乃手拟四事：一，归地；二，撤兵；三，中国在东三省，除指定铁路公司地段，不再增兵；四，交还铁路，偿以费用。与俄使开议于北京。讲未成而鸿章卒，王文韶继之。二十八年三月，订约四条。

四月，俄人强占科布多所属阿拉克别克河，参赞大臣瑞洵以闻，命外务部商办，不得要领。七月，铁路公司与华俄道胜银行订立《正太铁路借款及行车合同》，又与俄《续订接线展限合同》。九月，交还关外铁路及撤退锦州辽河西南部之俄军，是为第一期撤兵。至翌年三月第二期，金州、牛庄、辽阳、奉天、铁岭、开原、长春、吉林、宁古塔、珲春、阿拉楚喀、哈尔滨驻扎之俄兵仍不如期撤退，俄代理北京公使布拉穆损向外务部新要求七款，拒之，俄使撤回要求案。会俄使雷萨尔复任，复提新议五款，宣言东省撤兵，断不能无条件，纵因此事与日本开战，亦所不顾。

三十年，日、俄开战，中国守中立。是年，俄造东三省铁路成，又改定《中俄接线续约》，议照伦敦万国公会所订条例各减价。三十一年，日本战胜，旅顺、大连租借权移归日本，俄专力于东清铁道。于是有哈尔滨行政权之交涉。哈尔滨为东清铁道中心地，初只俄人住居。自三十一年开放为通商口岸，各国次第置领事，按中国各商埠办法，中国有行政权。乃俄人谓哈尔滨行政权当归诸东清铁道会社，中国拒之。既而俄领事霍尔哇拖忽布东清铁道市制，凡居住哈尔滨市内中外人民，悉课租税。命东三省总督徐世昌与俄人交涉，不洽。宣统元年，俄领事赴北京与外务部议，外务部尚书梁敦彦与霍尔哇拖议设自治会于东清铁道界内，以保中国主权，亦不违反东清铁道会社诸条约，遂议结。而松花江航权之议又起。

初，《中俄条约》所指之松花江，系指黑龙江下流而言，未许在内地松花江通航也。俄谓咸丰八年、光绪七年所结条约，系指松花江全部而言。至是，命滨江关道施肇基与俄领事开议，俄人仍执旧

约为词。中国以日、俄订立《朴资茅斯约》，已将中、俄在松花江独得行船之权利让出，旧约不适用。相与辩论不决。既而俄人又欲干预中国管理船舶之权，及防疫并给发专照等事，复严拒之。俄人仍执全江贸易自由，不认商埠、内地之区别，又以江路与陆路为一类，不与海路并论，久之始就范。明年缔约：一，满洲界内之松花江，许各国自由航行；二，船泊税依所载货物重量收纳；三，两国国境各百里之消费货各免税；四，谷物税比从来减三分之一；五，内地输出货在松花江税关照例纳税。此约成，于是各国得航行于松花江内，而北满之局势一变。时中国与俄订《东省铁路公议会大纲》，俄人以中国开放商埠，与东清铁路地段性质不同，东清铁路地段内有完全行政之权，意在于东清铁路界内施行其行政权。政府以俄侵越主权，严拒之。并通告各国曰："《东清铁路合同》首段即载明中政府与华俄道胜银行合多开设生意，曰'合伙开设生意'明系商务之性质，与行政上之权限丝毫不得侵越。乃俄引此合同第六条为据，谓有'由公司一手经理'字样为完全行政之权，不知其一手经理，即合同所指铁路工程实在必需之地段，而公司经理之权限，不得越出铁路应办之事，绝无可推移到行政地位。又宣统元年中、俄两国所订《东省铁路界内公议会大纲》条款，自第一条以至第五条，均系声明铁路界内中国主权不得稍有损失。又光绪三十一年俄、日在美国议定条约，第三条载明俄、日两国政府统行归还中国全满洲完全专主治理之权。又俄政府声明俄国在满洲并无地方上利益或优先及独得让与之件，致侵害中国主权，或违背机会均等主义。岂能强解商务合同，并以未经中国明认宣布之言为依据，而转将两国之约废弃不论耶？"俄人屈于词，乃定议。

宣统二年，届《中俄通商条约》期满，应改订，因与驻京俄使交涉，俄使坚执旧约。正争议间，俄使奉本国政府电旨，转向中国提出要求案：一，两国国境各百里内，俄制定之国境税率，不受限制，两国领土内之产物及工商品，皆无税贸易；二，旅中国俄人讼案，全归俄官审理，两国人民讼案，归两国会审；三，蒙古及天山南北两路，

俄人得自由居住,为无税贸易;四,俄国于伊犁、塔尔巴哈台、库伦、乌里雅苏台、喀什噶尔、乌鲁木齐、科布多、哈密、古城、张家口等处,得设置领事官,并有购置土地建筑房屋之权。久之,始复俄使云:一,国境百里内,中国确遵自由贸易之约,并不限制俄国之国境税率;二,两国人民讼案,应照旧约办理;三,蒙古、新疆地方贸易,原定俟商务兴盛,即设定税率;四,科布多、哈密、古城三处,既认为贸易隆盛,中国依俄国设领事之要求,俄国亦应依原约,允中国制定关税。俄使以告本国政府,俄以制定关税不应与增设领事并提,更向中国质问,并命土耳其斯担驻军进伊犁边境,遂允之。俄人又遣兵驻库伦,向外务部邀求开矿优先权,拒之。会革命军兴,库伦独立,事益不可问矣。

清史稿卷一五四
志第一二九

邦交二

英吉利

英吉利在欧罗巴西北。清康熙三十七年置定海关,英人始来互市,然不能每岁至。雍正三年来粤东,所载皆黑铅、番钱、羽缎、哆啰、哔叽诸物,未几去。七年,始通市不绝。乾隆七年冬十一月,英巡船遭风,飘至广东澳门,总督策楞令地方官给赀粮、修船舶遣之。二十年,来宁波互市。时英商船收定海港,运货宁波,逾年遂增数舶。旋禁不许入浙,并禁丝斤出洋。二十四年,英商喀喇生、通事洪任辉欲赴宁波开港。既不得请,自海道入天津,仍乞通市宁波,并诘粤海关陋弊。七月,命福州将军来粤按验,得其与徽商汪圣仪交结状,治圣仪罪,而下洪任辉于狱。旋释之。二十七年夏五月,英商等以禁止丝斤,其货艰于成造,仍求通市。粤督苏昌以闻,许之,然仍限每船只许配买土丝五千斤,二蚕湖丝三千斤,至头蚕湖丝及绸缎绫匹仍禁。

五十八年,英国王雅治遣使臣马戛尔尼等来朝贡,表请派人驻京,及通市浙江宁波、珠山、天津、广东等地,并求减关税,不许。六十年,复入贡,表陈“天朝大将军前年督兵至的密,英国曾发兵应援”。的密即廓尔喀也。奏入,敕书赐赉如例。

嘉庆七年春三月,英人窥澳门,以兵船六泊鸡颈洋,粤督吉庆

宣谕回国，至六月始去。十年春三月，英王雅治复遣其臣多林文附商船来粤献方物。十三年秋九月，复谋袭澳门，以兵船护货为词，总督吴熊光屡谕使去，不听，遂据澳，复以兵船闯入虎门，进泊黄埔。命剿办绝市，褫熊光职，英人始于十月退师。明年春二月，增筑澳门炮台。夏五月，定广东《互市章程》。十九年冬十一月，禁英人传教。二十年春三月，申雅片烟禁。

二十一年夏六月，英国遣其臣加拉威礼来粤东投书，言英太子摄政已历四年，感念纯皇帝圣恩，遣使来献方物，循乾隆五十八年贡道，由海洋舟山至天津赴都，恳总督先奏。时总督蒋攸铦方入朝，巡抚董教增权督篆，许其晋见，援督抚大吏见暹逻诸国贡使礼，加拉威礼不受，再三议相见仪，教增不得已许之。其日总督及将军、两副都统、海关监督毕坐节堂，陈仪卫，加拉威礼上谒，免冠致敬，通事为达意，教增离坐起立相问答，允为入告，加拉威礼径出。比教增奏入，而贡使罗尔美都、副贡使马礼逊乘贡舟五，已达天津。帝命户部尚书和世泰、工部尚书苏楞额往天津，率长盐政广惠伴贡使来京，一日夜驰至圆明园，车路颠簸，又衣装皆落后。诘朝，帝升殿受朝会，时正使已病，副使言衣车未至，无朝服不能成礼，和世泰惧获谴，诡奏二贡使皆病，遂却其贡不纳，遣广惠伴押使臣回粤。初英贡使赍表，帝览表文，抗若敌体，又理藩院迓接不如仪，帝故疑其慢，绝不与通。罗尔美都等既出都，有以实入告者，帝始知非贡使罪，复降谕锡赍，追及良乡，酌收贡物，仍赐国王珍玩数事，并敕谕国王咎使臣不遵礼节谢宴，英使怏怏去。七月，降革苏楞额、和世泰、广惠等有差。

道光元年，复申鸦片烟禁。七年，广东巡抚朱桂桢毁英商公局，以其侵占民地也。十三年，英罢商公司。西洋市广东者十余国皆散商，惟英有公司。公司与散商交恶，是年遂散公司，听商自运，而第征其税。明年，粤督卢坤误听洋商言，以英公司虽散，而粤中不可无理洋务之人，遂奏请饬英仍派遣大司大班来粤管理贸易。英王乃遣领事律劳卑来粤。寻代以义律。义律议在粤设审判署，理各洋交涉

讼事，其贸易仍听散商自理。

十六年，定食鸦片烟罪。初，英自道光元年以后，私设贮烟大舶十余支，谓之"趸船"，又省城包买户，谓之"窑口"。由窑口兑价银于英馆，由英馆给票单至趸船取货。有来往护艇，名曰"快蟹"，炮械毕具。太常寺卿许乃济见银输出岁千余万，奏请弛烟禁，令英商仍照药材纳税，入关交行后，人许以货易货，不得用银购买，以示限制。已报可，旋因疆臣奏请严贩卖吸食罪名，加重至死，而私贩私吸如故。十八年，鸿胪寺卿黄爵滋请严吸食罪，行保甲连坐之法，且谓其祸烈于洪水猛兽。疏上，下各督抚议，于是请禁者纷起。

湖广总督林则徐奏尤剀切，言："鸦片不禁绝，则国日贫，民日弱，十余年后，岂惟无可筹之饷，抑且无可用之兵。"帝深然其言，诏至京面授方略，以兵部尚书颁钦差大臣关防，赴粤东查办。明年春正月，至粤东，与总督邓廷桢会申烟禁，颁新律：以一年又六月为限，吸烟罪绞，贩烟罪斩。时严捕烟犯，洋人泊零丁洋诸趸船将徙避，则徐咨水师提督各营分路扼守，令在洋趸船先缴烟方许开舱。又传集十三行商人等，令谕各商估烟土存储实数，并索历年贩烟之查顿、颠地二人，查顿遁走。义律托故回澳门。及事亟，断水陆饷道，义律乃使各商缴所存烟土，凡二万二百八十三箱，则徐命悉焚之，而每箱偿以茶叶五斤，复令各商具"永不售卖烟土"结。于是烟商失利，遂生觖望。

义律耻见挫辱，乃鼓动国人，冀国王出干预。国王谋于上下议院，佥以此类贸易本于中国例禁，其曲在我。遂有律士丹者，上书求禁，并请禁印度栽种。又有地尔洼，作《鸦片罪过论》，以为既坏中国风俗，又使中国猜忌英人，反碍商务。然自烧烟之信傅入外洋，茶丝日见翔踊，银利日长，义律遂以为鸦片兴衰，实关民生国计。

时林则徐令各洋船先停洋面候查，必无携带鸦片者，始许入口开舱。各国商俱如命。独义律抗不遵命，谓必俟其国王命定章程，方许货船入口，而递书请许其国货船泊近澳门，不入黄埔。则徐严驳不许，又禁绝薪蔬食物入澳。义律率妻子去澳，寄居尖沙嘴货船，

乃潜招其国兵船二,又取货船配以炮械,假索食,突攻九龙山。参将赖恩爵炮沉其双桅船一,余船留汉仔者亦为水师攻毁。义律求澳人转圜,愿遵新例,惟不肯即交殴毙村民之犯;又上书请毋逐尖沙嘴货船,且俟其国王之命。水师提督关天培以不交犯,掷还其书。冬十月,天培击败英人,义律遁。十一月,罢英人互市,英货船三十余艘皆不得入。又搜捕侦探船,日数起。英商人人怨义律,义律不得已,复遣人投书乞恩,请仍回居澳门。林则徐以新奉旨难骤更,复严斥与之绝。而英货船皆泊老万山外洋不肯去,惟以厚利啖岛滨亡命渔舟艇致薪蔬,且以鸦片与之市。是月,广东增严海防。

二十年春正月,广东游击马辰焚运烟济英匪船二十余。夏五月,林则徐复遣兵逐英人于磨刀洋。时义律先回国请益兵,其国遂命伯麦率兵船十余及印度兵船二十余来粤,泊金星门。则徐以火艘乘风潮往攻,英船避去。英人见粤防严谋扰闽,败于厦门。六月,攻定海,杀知县姚怀祥等。事闻,特旨命两江总督伊里布为钦差大臣,赴浙督师。七月,则徐遣副将陈连升、游击马辰,率船五艘攻英帅士密于磨刀洋。马辰一艘先至,乘风攻之,炮破其船。

八月,义律来天津要抚。时大学士琦善任直隶总督,义律以其国巴里满衙门照会中国宰相书,遣人诣大沽口上之,多所要索:一,索货价;二,索广州、厦门、福州、定海各港口为市埠;三,欲敌体平行;四,索犒军费;五,不得以外洋贩烟之船贻累岸商;六,欲尽裁洋商浮费。琦善力持抚议,旋宴其酋目二十余人,许陈奏。遂入都面陈抚事。乃颁钦差大臣关防,命琦善赴粤东查办。是月,免浙江巡抚乌乐恭额,以失守海疆,又英人投书不受故也。义律既起碇过山东,巡抚托浑布具犒迎送,代义律奏事,谓义律恭顺,且感皇上派钦差赴粤查办恩。罢两广总督林则徐,上谕切责,以怡良暂署总督事。会义律南行过苏,复潜赴镇海。时伊里布驻浙,接琦善议抚咨,遣家丁张喜赴英船犒师。英水师统领伯麦踞定海数月,闻抚事定,听洋艘四出游弈。至余姚,有土人诱其五桅船入拦浅滩,获黑白洋人数十。伊里布闻之,飞檄余姚县设供张,委员护入粤。

　　冬十月,琦善抵广州,寻授两广总督。义律请撤沿海诸防。虎门为广州水道咽喉,水师提督驻焉。其外大角、沙角二炮台,烧烟后,益增戍守。师船、火船及蜑艇、扒龙、快蟹,悉列口门内外,密布横档暗桩,至是裁撤殆尽。义律遂日夜增船橹,造攻具;首索烟价,继求香港,且行文趣琦善速覆。十二月五日,突攻沙角炮台,副将陈连升等兵不能支,遂陷,皆死之。英人又以火轮、三板赴三门口,焚我战船十数艘,水师亦溃。英人乘胜攻大角炮台,千总黎志安受伤,推炮落水,溃围出,炮台陷。英人悉取水中炮,分兵戍守,于是虎门危急。水师提督关天培、总兵李廷钰、游击马辰等守靖远、威远炮台,仅兵数百,遣弁告急,不应。廷钰至省泣求增兵,以固省城门户。琦善恐妨抚议,不许。文武僚属皆力请,始允遣兵五百。义律仍挟兵力索烟价及香港。二十一年春正月,琦善以香港许英,而未敢入奏,乃归浙江英俘易定海。义律先遣人赴浙缴还定海,续请献沙角、大角炮台以易之。琦善与订期会于莲花城。义律出所定贸易章程,并给予香港全岛,如澳门故事,皆私许之。

　　既而琦善以义律来文入奏,帝怒不许。罢琦善并伊里布,命宗室奕山为靖逆将军,尚书隆文、湖南提督杨芳为参赞大臣,赴粤剿办。时义律以香港已经琦善允给,遍谕居民,以香港为英属埠。又牒大鹏营副将令撤营汛。粤抚怡良闻之,大骇,奏闻。帝大怒,命籍琦善家。遂下诏暴英人罪,促奕山等兼程进,会各路官兵进剿。寻以两江总督裕谦为钦差大臣,赴浙视师。时定海、镇海等处英船四出游弈,裕谦遣兵节次焚剿,并诛其酋目一人。二月,英人犯虎门,水师提督关天培死之;乘胜薄乌涌,省城大震。十三日,参赞杨芳抵粤,各路官兵未集,而虎门内外舟师悉被毁。杨芳议以堵为剿,使总兵段永福率千兵扼守东胜寺,陆路总兵长春率千兵扼凤凰冈水路。英人率师近逼,虽经凤凰冈官兵击退,仍乘潮深入,飞炮火箭并力注攻。会美领事以战事碍各国商船进口,赴营请进埔开舱,兼为英人说和,谓英人缴还定海,惟求通商如旧,并出义律书,有“惟求照常贸易,如带违禁物,即将货船入官”之文。时定海师船亦至粤,杨

芳欲藉此缓兵退敌，遂与怡良联衔奏请。帝以其复踵请抚故辙，严旨切责不许。三月，诏林则徐会办浙江军务，寻复遣戍新疆。

四月，奕山以杨芳、隆文等军分路夜袭英人，不克。英人遂犯广州城。不得已，仍议款。义律索烟价千二百万。美商居间，许其半。议既定，奕山奏称义律乞抚，求许照旧通商，永不售卖鸦片，将所偿费六百万改为追交商欠。抚议既定，英人以撤四方炮台兵将抚佛山镇，取道泥城，经萧关三元里，里民愤起，号召各乡壮勇，四面邀截，英兵死者二百余，殪其渠帅伯麦等。义律驰援，复被围。亟遣人突出告急于广州知府余葆纯，葆纯驰往解散，翼义律出围登舟免。时三山屯民亦击杀英兵百余。佛山义勇围攻英民于龟冈炮台，歼英兵数十，又击破应援之杉板船。新安亦以火攻毁其大兵船一，余船遁。义律牒总督示谕，众始解散。

义律受挫，久之，始变计入闽，攻厦门，再陷。复统兵攻定海，总兵葛云飞等战没。裕谦以所部兵赴镇海，方至，而英人自蛟门岛来攻。时镇海防兵仅四千，提督余步云与总兵谢朝恩各领其半。步云违裕谦节制，不战先走。英遂据招宝山，俯攻镇海，陷之。裕谦赴水死，谢朝恩亦战殁。英人乘胜据宁波。八月，英人攻鸡笼，为台湾道姚莹所败。九月，命大学士宗室奕经为扬威将军，侍郎文蔚、副都统特依顺为参赞大臣，赴浙，以怡良为钦差大臣，赴闽，会办军务。二十二年春正月，大兵进次绍兴，将军、参赞定议同日分袭宁波、镇海。豫泄师期，及战，官军多损失。是月，姚莹复败英人于大安。二月，英人攻慈溪营，金华协副将朱贵及其子武生昭南、督粮官即用知县颜履敬死之。是月，起用伊里布。先是伊里布解任，并逮其家人张喜入都遣戍。至是，浙抚刘韵珂请起用，报可。旋以耆英为杭州将军，命台湾设防。

夏四月，英人犯乍浦，副都统长喜、同知韦逢甲等战死。时伊里布已来浙，即命家人张喜见英酋，告以抚事有成，令先退至大洋，即还所俘英人。英人如约，遂以收复乍浦奏闻。英人连陷宝山、上海，江南提督陈化成等死之，遂犯松江，陷镇江，杀副都统海龄。淮扬盐

商惧甚,赂英师乞免。

秋七月,犯江宁。英火轮兵船八十余艘溯江上,自观音门至下关。时耆英方自浙启行,伊里布亦奉诏自浙驰至,遣张喜泊英船道意。英人要求各款:一,索烟价、商欠、兵费银二千一百万;一,索香港为市埠,并通商广州、福州、厦门、宁波、上海五口;一,英官与中国官用敌体礼;余则划抵关税、释放汉奸等款,末请钤用国宝。会耆英至,按款稍驳诘。英突张红旗,扬言今日如不定议,诘朝攻城,遂即夜覆书,一如所言。翼日,遣侍卫咸龄、布政司黄恩彤、宁绍台道鹿泽长往告各款已代请,俟批回即定约。奏上,许之。时耆英、伊里布、牛鉴以将修好,遣张喜等约期相见。马利逊请以本国平行礼见。耆英等遂诣英舟,与璞鼎查等用举手加额礼订约,复亲具牛酒犒师,画诺于静海寺,是为《白门条约》。自此烟禁遂大开矣。而英犹以台湾杀英俘,为总兵达洪阿、兵备道姚莹罪来诘,不得已,罢之。

十二月,以伊里布为钦差大臣,赴广东督办通商事。二十三年夏,伊里布卒,诏耆英往代。先许英广州通市。初,英粤东互市章程,各国皆就彼卦号始输税。法人、美人皆言“我非英属”,不肯从,遂许法、美二国互市皆如英例。

二十四年,英人筑福州乌石山,英领事官见浙闽总督刘韵珂,请立商埠,欲于会城内外自南台至乌石山造洋楼,阻之。值交还欠款,照《江宁旧约》,已付甲辰年银二百五十万,应将舟山、鼓浪屿退还中国。英公使藉不许福州城内建楼事,不与交还。屡经辩论,始允退还鼓浪屿,然执在彼建屋如故。

福州既得请,遂冀入居广州城。广州民愤阻,揭帖议劫十三洋行,英酋逸去,入城之议遂不行。二十六年秋七月,英人还舟山。十二月,请与西藏定界通商,以非条约所载,不许。二十八年,英酋文翰复请入广州城互市,总督徐广缙拒之。越日,英舟闯入省河,广缙单舸往谕,省河两岸义勇呼声震天。文翰请仍修旧好,不复言入城事。

咸丰元年,文宗嗣位,英人以火轮船驶赴天津,称来吊大行皇

帝丧。直隶总督以闻，命却之。三年，洪秀全陷江宁，英以轮船驶至江宁，迎入城，与通款，英人言："不助官，亦不助洪。"四年，刘丽川据上海作乱。初，英人阻官军进兵，江督怡良等诘之。既而英人欲变通《贸易章程》，联法、美二国请于粤督叶名琛，不许，遂赴上海见苏抚吉尔杭阿。九月，赴天津。帝命长芦盐政崇纶等与相见，拒其遣使驻京诸条，久之始去。

六年秋九月，英人巴夏里致书叶名琛，请循《江宁旧约》入城，不省。英人攻粤城，不克遏，复请释甲入见，亦不许。冬十月，攻虎门横档各炮台，又为广州义勇所却，乃驰告其国。于是简其伯爵额尔金来华，拟由粤入都，先将火轮兵船分泊澳门、香港以俟。额尔金至粤，初谋入城，不可。与水师提督、领事等议款，牒粤中官吏，俟其复书定进止，名琛置不答。七年冬十二月，英人遂合法、美、俄攻城，城陷，执名琛去。因归罪粤中官吏，上书大学士裕诚求达。裕诚覆书，令赴粤与新命粤督黄宗汉商办，不省。

八年夏四月，联兵犯大沽，连陷前路炮台。帝命科尔沁亲王僧格林沁率师赴天津防剿，京师戒严。帝命大学士桂良、吏部尚书花沙纳赴天津查办，复起用耆英偕往。耆英至，往谒英使，不得见，擅自回京，赐自尽。英有里国太者，嘉应州人也，世仰食外洋，随英公使额尔金为行营参赞。闻桂良至，即持所定新议五十六条，要桂良允许，桂良辞之。津民愤，与英人斗，擒里国太将杀之。桂良、谭廷襄恐误抚局，亟遣人释里国太，送回舟。时廷臣交章请罢抚议，以疆事棘，不得已，始命桂良等与定和约五十六款。六月，遣桂良、花沙纳巡视江苏，筹议诸国通商税则。冬十月，定《通商税则》。时英人以条约许增设长江海口商埠，欲先察看沿江形势。定约后，即遣水师、领事以轮船入江，溯流至汉口，逾月而返。

是年，议通商善后事。时各国来天津换约，均因桂良原议，改由北塘海口入。独英船先抵天津海口，俄人继之，突背前约，闯入大沽口。直隶总督恒福遣人持约往，令改道，不听。九年夏五月，英船十余艘驶至滩心。越日，竖红旗挑战，拽倒港口铁锁、铁椿，遂逼炮台，

开炮轰击。时僧格林沁防海口,开炮应之,沈毁其数船。英人复以步队接战,又败之。十年夏六月,复犯天津海口,直隶提督乐善守北岸炮台,拒战,中炮死。时僧格林沁尚守南岸炮台。诏罢兵议抚,乃自天津退军张家湾,英遂乘势陷天津。寻复遣僧格林沁进军通州。帝仍命大学士桂良往天津议抚。桂良抵津,牒洋人商和局。英公使额尔金、参赞巴夏里请增军费及在天津通商,并请各国公使带兵入京换约。桂良以闻,严旨拒绝,仍命僧格林沁等守通州。

八月,英人犯通州,帝命怡亲王载垣赴通议款。时桂良及军机大臣穆荫皆在,英使额尔金遗其参赞巴夏里入城议和,请循天津原议,并约法使会商。翼日,宴于东狱庙。巴夏里起曰:“今日之约,须面见大皇帝,以昭诚信。”又曰:“远方慕义,欲观光上国久矣,请以军容入。”王愤其语不逊,密商僧格林沁,擒送京师,兵端复作。时帝适秋狝,自行在诏以恭亲王奕为全权大臣,守京师,并诏南军入援。时团防大臣、大学士周祖培,尚书陈孚恩等议筹办团练城守事。恭亲王、桂良驻城外,而英师已薄城下,焚圆明园。英人请开安定门入与恭亲王面议和,乃约以次日定和议,而释巴夏里于狱,遣恒祺送归。九月,和议成,增偿兵费八百万,并开天津商埠,复以广东九龙司地与英人。是年,用里国太帮办税务。

十一年春二月,英人始立汉口、九江市埠,均设洋关。九月,总署因与英使卜鲁士议暂订《长江通商章程》十二款,纳税章程五款。是月交还广东省城。卜鲁士始驻京。同治元年,粤贼陷苏、松、常、太各城,各国惧扰上海商务,谋自卫。英水师提督何伯随法、美攻剿,复青浦、宁波诸处。捷闻,嘉奖。九月,与英人续订长江通商章程。二年春,以英将戈登统常胜军,权授江苏总兵。四年秋七月,英交还大沽炮台。

五年春正月,与英人议立《招工章程》。七年十二月,台湾英领事吉必勋因运樟脑被阻,牵及教堂,洋将茄当踞营署,杀伤兵勇,焚烧军火局库,索取兵费。事闻,诘英使,久之,始将吉必勋撤任。未几,英兵船在潮州,又有毁烧民房、杀死民人事,几酿变。八年九月,

与英换新约，英使阿礼国请朝觐，不许。九年，请办电线、铁路，不许。既而请设水底电线于中国通商各口，许之。十年，请开琼州商埠。先是同治七年修新约，英使阿礼国允将琼州停止通商，以易温州。至是，英使威妥玛与法、俄、美、布各国威以为请，允仍开琼州。十二年，穆宗亲政，始觐见。初因觐见礼节中外不同，各国议数月不决，英持尤力，至是始以鞠躬代拜跪，惟易三鞠躬为五，号为加礼。

光绪元年正月乙卯，英翻译官马嘉理被戕于云南。先是马嘉理奉其使臣威妥玛命，以总署护照赴缅甸迎探路员副将柏郎等，偕行至云南腾越厅属蛮允土司地被戕。时岑毓英以巡抚谦署总督。威妥玛疑之，声言将派兵自办。帝派湖广总督李瀚章赴滇查办。威妥玛遂出京赴上海，于是有命李鸿章、丁日昌会同商议之举。威妥玛至津见李鸿章，以六事相要，鸿章拒之。政府派前兵部侍郎郭嵩焘使英，威妥玛亦欲拒议。又驻沪英商租上海、吴淞间地敷设铁轨，行驶火车，总督沈葆桢以英人筑路租界外，违约，饬停工。至是，威妥玛遣其汉文正使梅辉立赴沪商办，鸿章乃与约，令英商停工，而中国以原价购回自办。初上海既通商，租界内仍有厘捐局，专收华商未完半税之货。至是，威妥玛欲尽去厘捐局，界内中国不得设局征收厘税，鸿章请政府勿许。

二年五月，谕："马嘉理案，叠经王大臣与英使威妥玛辩论未洽，命李鸿章商办早结"。六月，命鸿章为全权大臣，赴烟台，与威妥玛会商，相持者逾月，议始定。七月，鸿章奏称："臣抵烟台，威妥玛坚求将全案人证解京覆讯，其注意尤在岑毓英主使。臣与反复驳辨，适俄、德、美、法、日、奥六国使臣及英、德水师提督均集烟台，往来宴，因于万寿圣节，邀请列国公使、提督至公所燕饮庆贺，情宜联洽。翌日，威使始允另议办法，将条款送臣查核。其昭雪滇案六条，皆总理衙门已经应允惟偿款银数未定。其优待使臣三条：一，京外两国官员会晤，礼节仪制互异，欲订以免争端；一，通商各口会审案件；一，中外办案观审，两条可合并参看。观审一节，亦经总署于八条内允行。至通商事务原议七条：一，通商各口，请定不应抽收洋货

厘金之界，并欲在沿海、沿江、沿湖地面，添设口岸；一，请添口岸，分作三项，以重庆、宜昌、温州、芜湖、北海五处为领事官驻扎，湖口、沙市、水东三处为税务司分驻，安庆、大通、武穴、陆溪口、岳州、玛斯六处为轮船上下客商货物；一，洋药准在新关并纳税厘；一，洋货半税单，请定划一款式，华、洋商人均准领单，洋商运土货出口，商定防弊章程；一，洋货运回外国，订明存票年限；一，香港会定巡船收税章程；一，各口未定租界，请再议订。以上如洋药厘税由新关并征，既免偷漏，亦可随时加增；土货报单严定章程，冀免影射冒骗诸弊；香港妥议收税办法，均尚于中国课饷有益。其余亦与条约不背。英使又拟明年派员赴西藏探路，请给护照，因不便附入滇案、优待、通商三端之内，故列为专条。免定口界、添设口岸两事，反覆争论，乃允免定口界，仅于租界免抽洋货厘金，且指明洋货、土货仍可抽收。将来洋药加征，稍资拨补，似于大局无甚妨碍。至添口一节，总署已允宜昌、温州、北海三处，赫德续请添芜湖口，亦经奏准。今仍坚持前议，准添四口，作为领事官驻扎处所。其重庆派英员驻寓，总署已于八条内议准，未便即作口岸，声明俟轮船能上驶时，再行议办。至沿江不通商口岸上下客商货物一节，自长江开码头后，轮船随处停泊，载人运物，因未明定章程，碍难禁阻。英使既必欲议准，似不在停泊处所之多寡，要在口岸内地之分明。臣今与订"上下货物，皆用民船起卸，仍照内地定章，除洋货税单查验免厘外，有报单之土货，只准上船，不准卸卖，其余应完税厘，由地方官一律妥办"等语，是与民船载货查收厘金者一律，只须各地方关卡员役查察严密耳。英使先请湖口等九处，臣与厘定广东之水东系沿海地方，不准骤开此禁，岳州距江稍远，不准绕越行走，姑允沿江之大通、安庆、湖口、武穴、陆溪口、沙市六处，轮船可暂停泊，悉照内地抽征章程。臣复与德国使臣巴兰德议及德国修约添口，即照英国议定办理。威妥玛请半年后，开办口岸租界，免洋货厘，洋药并纳厘税，须与各国会商，再行开办，因准另为一条。至派员赴西藏探路一节，条约既准游历，亦无阻止之理。臣于原议内由总理衙门、驻藏大

臣查度情形字样,届时应由总理衙门妥慎筹酌。迨至诸议就绪,商及滇案偿款。英使谓去冬专为此事,调来飞游帮大兵船四支,保护商民,计船费已近百万。臣谓两国并未失和,无认偿兵费之例,嘱其定数。英使谓吴淞铁路正滋口舌,如臣能调停主持,彼即担代,仍照原议作二十万,遂定议。因于二十六日,将所缮会议条款华、洋文四分,彼此画押盖印互换。至滇边通商,威使面称拟暂缓开办,求于结案谕旨之末,豫为声明。"疏入,报闻。鸿章仍回直督本任。约成互换,是为烟台条约。约分三端:一曰昭雪滇案,二曰优待往来,三曰通商事务。又另议专案一条。是年,遣候补五品京堂刘锡鸿持玺书往英,为践约惋惜滇案也。

三年,英窥喀什噶尔,以护持安集延为词。陕甘总督左宗棠拒之。英人欲中国与喀什噶尔划地界,又请入西藏探路,皆不行。是年始于英属地星嘉坡设领事。四年秋八月,福建民毁英乌石山教堂,英人要求偿所失乃已。五年,英欲与中国定厘税并征确数。总署拟仍照烟台原议条款,税照旧则,厘照旧章。

七年十月,李鸿章复与威妥玛议洋药加征税厘。初,洋药税厘并征之议,始发于左宗棠,原议每箱征银一百五十两。其后各督抚往来商议,讫无成说。滇案起,鸿章乃与威妥玛议商洋药加征税厘。威妥玛谓须将进出口税同商,定议进口税值百抽十,而出口税以英商不愿加税为辞,并主张在各口新关厘税并加,通免内地厘金。鸿章以欲通免厘金,当于海关抽税百二十两,须加正税三倍。如不免厘金,则须增加一倍至六十两。既,威妥玛接到本国拟定鸦片加税章程数条:"一,厘税并征增至九十两;二,增正税至五十两,各口厘金仍照旧收;三,拟由中国通收印度鸦片,而印度政府或约于每年减种鸦片,或由两国商定当减年限,至限满日停种,至每石定价,或按年交还,或另立付价,时候亦由两国订明,其价或在香港拨还,或在印度交兑,其事则官办商办均可;四,拟立专办洋药英商公司,每箱应偿印度政府一定价值,应纳中国国家一定厘税,至缴清此项厘税后,其洋药在中国即不重征,印度政府约明年限,将鸦片逐渐裁

止。"初,威妥玛于进口已允值百抽十,至是因洋药税厘未定,又翻。又欲于各口租界外,酌定二三十里之界,免收洋货厘。鸿章以租界免厘,载在条约,业经开办有年,何得复议推广?拒之。威妥玛又请由香港设电线达粤省,其上岸只准在黄埔轮船停泊附过之处,由粤省大吏酌定。

九年三月,上谕:"洋药税厘并征,载在《烟台条约》,总理衙门历次与英使威妥玛商议,终以咨报本国为词,藉作延宕。威妥玛现已回国,著派出使大臣曾纪泽妥为商办,如李鸿章前议一百一十两之数,并在进口时输纳,即可就此定议。洋药流毒多年,自应设法禁止。英国现有戒烟会,颇以洋药害人为耻。如能乘机利导,与英外部酌议洋药进口、分年递减专条,逐渐禁止,尤属正本清源之计。并著酌量筹办。"纪泽奉旨与英外部议,三年始定。十一年六月,奏曰:"臣遵旨与英外部尚书伯爵葛兰斐尔,侍郎庞斯德、克雷等商论,力争数目,最后乃得照一百一十两之数。今年二月,准彼外部允照臣议,开具节略,咨送臣署,且欲另定专条,声明中国如不能令有约诸国一体遵照,英国即有立废专约之权。臣复力争,不允载入专条,彼乃改用照会。详勘所送节略,即系商定约稿。其首段限制约束等语,缘逐年递减之说,印度部尚书坚执不允。其侍郎配德尔密告臣署参赞官马格里云,照专条办法,印度每年已减收英金七十万余镑,中国欲陆续禁减洋药入口,惟有将来陆续议加税金,以减吸食之人,而不能与英廷豫定递减之法。遂未坚执固争,而请外部于专案首段,加入于行销洋药之事须有限制约束一语,以声明此次议约加税之意,而暗伏将来修约议加之根。至如何酌定防弊章程,设立稽征总口,烟台条约第三端第五节固已明定要约。臣此次所定专条第九款又复声明前说,将来派员商定,自不难妥立章程,严防偷漏。其余各条,核与叠准总理衙门函电吻合。旋承总署覆电照议画押。时适英外部尚书葛兰斐尔退位,前尚书侯爵沙力斯伯里推为首相,仍兼外部。六月三日,始据来文定期七日画押。臣届期带同参随等员前往外部,与沙力斯伯里将《续增条约》专条汉文、英文各二份,互相

盖印画押。按此次所订条约，除第二条税厘并征数目，恪遵谕旨，议得百一十两外，又于第五条议得洋药于内地拆包零售，仍可抽厘，是内地并未全免税捐。将来若于土烟加重税厘，以期禁减，则洋药亦可相较均算，另加税厘。臣于专条中并未提及土烟加税之说，以期保我主权。"疏入，得旨允行。旋两国派员互换，是为《烟台续约》。

秋八月，英人议通商西藏。是岁英窥缅甸，踞其都。滇督岑毓英奏请设防，旋遣总兵丁槐率师往腾越备之。中国以缅甸久为我属，电曾纪泽向英外部力争，令存缅祀立孟氏。英外部不认缅为我藩属，而允立孟氏支属为缅甸教王，不得与闻政令。纪泽未允，外部尚书更易教王之说亦置诸不议矣。既，英署使欧格讷以烟台约有派员入藏之文，坚求立见施行。总署王大臣方以藏众不许西人入境，力拒所请。会欧格讷以缅约事自诣总署，言缅甸前与法私立盟约，是以兴师问罪。今若重立缅王，则法约不能作废，故难从命。今欲依缅甸旧例，每届十年，由缅甸长官派员赴京，而勘定滇、缅边界，设关通商，以践前约。王大臣等以但言派员赴京，并未明言贡献，辨争再四，始改为呈进方物，循例举行，而勘界、通商，则皆如所请。欧格讷始允停止派员入藏，藏、印通商，仍请中国体察情形，再行商议。议既定，总署因与欧格讷商订草约四条，得旨允行。十二年九月，请英退朝鲜巨文岛，不听。十月，议琼州口岸。英领事以条约有牛庄、登州、台湾、潮州、琼州府城口字样，谓城与口皆口岸，中国以英约十一款虽有琼州等府城口字样，而烟台续约第三端，声明新旧各口岸，除已定有各国租界，应无庸议云云。英约天津郡城海口作通商埠，紫竹林已定有各国租界，城内亦不作为口岸，以此例之，则琼州海口系口岸，琼州府城非口岸也。十三年秋七月，与英换缅约于伦敦。

十四年春，英人麻葛蘦督兵入藏，藏人筑卡御之，为英属印兵所逐。藏人旋又攻哲孟雄境之日纳宗，又败。先是，藏地国初归附，自英侵入印度后，藏遂与英邻。乾隆年，英印度总督曾通使班禅求互市，班禅谓当请诸中国，议未协而罢。哲孟雄者，藏、印间之部落

也。道光间，英收为印属。及烟台订约有派员入藏之说，而藏人未知，遂筑炮台于边外之隆吐山，冀阻英兵使不得前。英人以为言，帝谕四川总督刘秉璋，飞咨驻藏大臣文硕、帮办大臣升泰，传各番官严切宣示，迅撤卡兵。于时升泰尚未抵任，文硕未谙交涉，辄以拒英护藏覆奏。于是严旨切责，以长庚代之。仍有旨催令升泰赴藏，传齐番官，谕以："上年与英人订议，缓办通商，正朝廷护持黄教、覆庇藏番，代筹一永保安全之至计。但令迅速撤卡，印督已言明彼决不越藏、中定界热勒巴拉山岭一步。彼此未经开战，无论此地属藏属哲，将来尚可从容辨论。"时十四年正月也。

寄谕未至，英兵已进攻隆吐，毁其垒，藏番悉溃。乃欲藉通商以缓师，文硕复左右之，竟以藏人与英自行立约入奏。四月丁亥，谕曰："印、藏通商一事，英人约定并不催办。此次开衅，与通商绝无干涉。文硕始终不明机要，乃欲藉通商为转圜，不思藏为中国属地，岂有听其自行与人立约之理！升泰、文硕接奉此旨，即传集番官，谕以事须禀明驻藏大臣具奏，由总理衙门核定，候旨遵办。"五月庚申，又谕曰："使英大臣刘瑞芬电称，'印督近又函达藏官，但令藏众退回原界，便可仍旧和好，绝不欲侵入藏地，致碍两国睦谊。'向来藏务专归商上，第穆呼图克图人尚和平晓事，现在掌办商上，责有专归。升泰接奉此旨，即传谕第穆，令其妥为了结。"

未几，升泰抵任受事。九月，奏言："藏番自作不靖，肇起兵戈。所有隆吐山南北本皆哲孟雄地，英人虽视为保护境内，实则哲孟雄、布鲁克巴皆西藏属藩，每届年终，两部长必与驻藏大臣呈递贺禀，驻藏大臣循例优加赏犒。唐古特自达赖喇嘛以下，均有额定礼物，商上亦回赏缎疋银茶，与两部复书草稿，必呈送驻藏大臣批准，始行缮覆。哲、布两部遇有争讼，亦禀由藏官酌派汉、番官办理，此哲、布本为藏地属藩之实在情形也。两部长于光绪二年曾各递番字禀，以黄人有窥伺藏地之心，请早为设法办理。虽经前西藏粮员四望关通判周溁带同戴奉札喜达结往办，只取哲孟雄空结一纸，敷衍了事，并不妥筹善后，贻误边疆，其祸实自此始。嗣后哲夷知藏番并

无远虑,始一意与英人交接,又复贪利取租,听英人修路直至捻纳,迄今仍称租界,又藏中自失藩篱之始末也。藏人不知优待属藩,哲部偶受欺凌,不为申理,此时渐觉英人有逼己之心,忽又攘夺哲地以为己有,更扬言哲夷私结英人,屡议起兵攻伐,哲夷内不自安,则益句结英人以图自保,此又藏、印交兵之所由来也。藏人自四月十三日战败之后,不思设法弭患,又复添调各路土兵,分由小道至帕克里,沿途骚扰,良民大受荼毒。番官管饷,又多减刻,人有怨言,军无斗志。除向隶戴奉之兵三千,及工布兵数百人,差可用命,余则悉系乌合。现札帕隘以外者一万余人,分布各口又数千人,一旦败北哗溃,则数千里台站伏莽增多,此内患之堪虞者也。近时开导之难,实因曩时初与外人交涉,商上办事诸员邀三大寺僧众,以护教为名,共立誓词,云"藏地男女不愿与洋人共生于天地,此后藏中男女老弱有违此誓,即有背黄教,人人得而诛之"。此本不肖之徒,为聚众抗官之谋,三大寺僧众亦藉此干预政事。今事机危迫,特旨到藏,第穆亦知凛畏。无如遽违初议,即祸在目前,虽掌办商务之尊,恐亦不免自危,其噶布伦以次更不待言。窥其情形,似非背城一战,难望转机。此臣探其隐衷而言,非藏番等自有此语也。此时兵尚未撤,委员不便前往。且委员至彼办理界务,应与英国何人会议,应请饬询英使,由总署知照藏中,庶免隔阂。近年藏番异常刁悍,今自开兵衅,尚不自知悔悟,实难姑容。第藏卫距川过远,饷绌兵单,无事不形掣肘。臣万不敢不出之审慎,筹虑万全,相机驾驭,冀纾朝廷西顾之忧。"

是月丁卯,又奏:"臣于五月二十六日抵藏,第穆与大小番官僧俗公同递禀,译其情词,总以隆吐之南日纳宗为藏界,藏人设卡系在境内,英人无端恃强动兵侵地为言。臣以经界为地方要政,从前岂无案牍。乃派员将新旧各案卷概行检阅,始寻出乾隆五十九年前大臣尚书和琳、内阁学士和瑛任内奏设鄂博原案一卷,注明藏内界址,系在距帕克里三站之雅拉、支木两山,设有鄂博。又有春丕、日纳宗两处,上年虽系藏界,乾隆五十三年廓番用兵,哲孟雄被廓夷

追过藏曲大河,哲部穷蹙,达赖喇嘛始将日纳宗地赏给哲部笺理,原派委员西藏游击张志林原禀,即声叙日纳宗不应作为藏界,只在雅拉、支木两山设立鄂博,禀词甚为明晰。此图惜已佚,又觅得旧图一张,并注明纳荡一地乃哲孟雄边境,藏图南面极边界线之上亦绘有雅拉山,是雅拉山确属藏地南界。至藏人设卡之隆吐山,考之旧图,实无此名,以英人所云日纳宗在隆吐北数十里,而藏番新图则日纳宗又在隆吐之南,显系藏人多绘此一段,饰称藏界。臣既考察明确,即以原卷旧图发交开导委员,转给藏番阅看。番人虽有愧色,然终以日纳宗本属藏地,从前虽赏给哲夷,今哲夷已归英属,应即收回自笐。旋奉电传寄谕,臣即面授第穆。臣深虑第穆使将屯兵先行撤入帕克里,并札饬哲、布两部长亲赴英军,告以藏人畏逼,故兵难先撤,印兵亦宜克践前言,彼此约期同日撤退,仍由臣致信英官,促其速撤。忽又得报,英人于六月二十八日添兵九百余名,又益以大炮六门。第穆旋亦禀英人屡次攻扑我营。且廓尔喀前王子果尔杂捻曾出奔印度,今亦由印带兵五百名前来助战,闻已过大吉岭,是以未敢撤兵。伏乞饬下总署详告英使,转电印督,约期撤兵,并饬印兵毋得再动。"

疏入,奉上谕:"升泰所陈,颇中肯綮。刘瑞芬八月二十八日电称:'印兵在热勒巴拉山近处与藏兵攻战,藏兵伤亡数百,印兵追入征毕山岔。'九月十五日电称:'英外部照覆,云来攻纳荡之英军统领拉哈玛,已遵印度政府之谕,不可占据藏地,故追入征毕后,立即退回。印督又报告其政府,谓驻藏大臣将以西历十月三日由拉萨前赴边界,已派政事官保尔前往会晤。'目前升泰想已接晤保尔。藏、哲界址当已查明,印督又有'甚望速了'之语。著即熟商妥办。"

升泰先使江孜守备萧占先驰往开导,又以知县秀荫继之。藏兵之败也,英兵追至仁进冈,将尽焚山上下民舍。会占先至,见英将力争,乃退屯对邦,而促升泰前往会议。数日,复进据姑布。升泰十一月至,与英员保尔相见于对邦,议经月未就。乃奏言:"英人战胜而骄,必欲诸事议妥始允撤兵。现议哲孟雄事不下十次,保尔必欲将

哲为英属,注明条约,而画咱利拉山为界,即历次奏牍所谓热勒巴拉山也。臣议以印督前言'藏众退回原界,仍守二年以前情形,不在隆吐山驻兵,便可照旧办理,绝不侵入藏界'等语折之,保尔则谓此语当在未开战前,战衅既开,自当另议。通商一事,英人开来条款,直欲到藏贸易。臣百端辨说,始允退至江孜。又答以万不能行,则又意在帕克哩。帕隘乃藏南门户,其险要在山腰之格林卡,若至帕克哩,则已在高原,为廓尔喀、哲孟雄、布鲁克巴三部通衢。目前开导藏番,通商必在界外,始可期其遵从。是以臣坚未允许,保尔意甚怫然。臣惟有平心静气,婉与商榷,冀纾目前之急。"是年英定华工往澳大利亚例限。英君主维多利亚登位五十年,中国遣使致贺。

十五年,升泰复与英人接议通商、分界,久不决。十六年二月,朝旨派总税务司赫德之弟赫政赴藏协商藏、印约事。升泰奏言:"撤兵藏番已愿遵旨,所难者分界、通商两大端耳。臣自到边,哲部长之母率其亲族头目来营具禀,云:'英人昔年立约,曾经议明,无论如何不得逾日喜曲河一步。哲部租地与英,每年应收租费洋银十二千圆,英人分毫未给。此次印、藏构兵,以致殃及,实不愿再归英属。'臣维哲孟雄本属小邦,僻在极边。本年印、藏用兵,被英人掠取全土,复迁其部长,安置印度噶伦绷之地,而以重兵驻守扛多,即部长平时治所也。流离转徙,情实可矜。是以此次会议,但许其保护,而必争'照旧'两字,使藏人不至咎臣办理边事失去属藩,并可藉此羁縻布鲁克巴。至布鲁克巴,地大物博,民俗强悍,其地数倍哲孟雄,实为前藏屏蔽,西人呼为布丹国。上年曾经入贡,其部长向无印信,亦无封号。臣此次到边,其部长派兵千七百人来营效力。臣方饬藏兵遣撤,岂可留此多人,致贻口实?是以优给赏赉,勉以大义,饬令速回,许事后为之代恳天恩。该部人欢忻鼓舞而去。"

赫政既抵藏,升泰与英官开议。保尔虽奉命印督为议约专员,然不得自主,事事仍请命印督。藏番不愿与英接壤,秘间哲孟雄于中,乃可定界。英既幽哲酋于噶伦绷,直欲收入印度幅员之内,藏人闻之益愤。升泰严饬番官僧俗母率行于预哲事,而亟使赫政劝阻英

官，勿遽更易哲酋，使藏人有所藉口。藏、哲旧界本在雅纳、支木两山间，其后商贩往来另辟捷径，于是有所谓咱利孔道者，即热勒巴拉岭之支麓也。升泰议即咱利山立石画分藏、哲之界，其印、哲旧界在日喜河者，亦拟仍旧，而于条约注明。藏番不愿通商，初指对帮附近地为商埠，后始议定后藏之亚东，于其地修建关卡，设汉官治之。藏番甫首肯，而英官又迁延不遽决。升泰亟奏请饬总署促英使迅速议约。总署王大臣旋拟四条，与英使华尔身筹商久之，始议定八款。总署乃上奏，谓："第一款，藏、哲以咱利山一带山颠为界；第二款，哲地归英保护；第三款，两边各无犯越；其余缓议。各条善后应办事宜，尽可徐与商榷，彼此派员定议。请简派升泰为全权大臣，与英员先行画押。"奉旨俞允。是岁秋七月，出使大臣薛福成与英外部互换于伦敦，是为《中英会议藏印条约》。

是年德宗大婚，英派使臣华尔身赍英主维多利亚国书致贺，并自鸣钟一座，上刻祝辞云："日月同明，报十二时，吉祥如意，天地合德，庆亿万年，富贵寿康。"旋命驻使薛福成赴英外部传旨致谢，并递国书。是年英开重庆商埠。

十七年春正月，换约限满，前驻藏大臣升泰遣员黄绍勋、张昉及总务司赫政与英印督兰士丹所派之保尔在大吉岭会议，各拟办法。保尔欲在仁进冈入藏一百五十余里之法利城（即帕克里）设关通商，并俟十年后再定入口货税。升泰执定十二年条款"藏、印边界通商，由中国体察情形"之语，辩驳久不决。十八年夏六月，复与保尔商议办法九款，续款二条，定于交界之咱利山下亚东境内为英商贸易所。商上等复怀疑虑，坚请于二款内注明"不得擅入关内"字样，又请禁印茶运藏，一再与英使华尔身辩论，仍不决。至十九年五月，总理衙门奏："现据赫德称：'印度已将办法九款更改商订，最紧要之第二款内，注明英商在亚东贸易，自交界至亚东而止；第四款内注明进出口税，俟五年期满酌定税则；至印茶一项，现议开办时不即运藏，俟五年限满，方可入藏销售，应纳之税不得过华茶入英纳税之数；现议开办时不即运藏，俟五年限满，方可入藏销售，应纳

之税不得过华茶入英纳税之数；此外各款，均照升泰所拟办理。'臣等查《中英通商税则》，茶叶每百斤征银二两五钱，而洋商运华茶至英，每百斤征银十两。现在先与义定，如印茶入藏，应照华茶入英每百斤税银十两，磋议经年，始克就范。窃思《藏约》未结三端，自十七年开议至今，已届三年之久，始得印、藏两情翕然允协，即可就此收束，以绥边围。"是为《续议中英会议藏印条款》。是年十月，在大吉岭互换。

既又与英议滇、缅界务。初，曾纪泽与英议约，英许中国稍展边界，拟予以潞江以东南掌、掸入之地。既，纪泽又向英外部要求八募之地，不允。英外部侍郎克蕾谓英廷已饬驻缅之英官勘验一地，允中国立埠设关收税，有另指旧八募之说，在八募东二三十里。纪泽因与外部互书节略存卷，暂停不议。旋受代回华。

至是，出使大臣薛福成见英人与暹罗勘界，并有创筑铁路通接滇边之讯，恐分界、通商事宜不早筹议，临时必受亏损。于是上书请与英人提议。及福成往促践前议，英以公法为解，谓："西洋公法，议在立约之后，不可不遵；议在立约以前，不能共守。"盖不认让中国展边界及以大金沙江为公共江、八募近处勘地、中国立埠设关三端。

薛福成以英既翻前议，因思野人山地绵亘数千里，不在缅甸辖境之内，复照外务部，请以大金沙江为界，江东之境归滇。而印度总督不允，出师盏达边外之昔马攻击野人，以示不愿分地之意。又欲借端停商全约。福成仍促速议。久之，英始允将久沦于缅之汉龙、天马两关还中国。又久之，始允让所据之铁壁关。惟虎踞关，英人以深入彼境七八十里，与八募相近，不允让。至于设关，拒尤力。福成以英既不允我地，则英所得于我之权利亦应作废。相持甚久，始就滇境东南商定于孟定橄榄坝西南边外让一地曰科干，又自猛卯土司边外包括汉龙关在内，作一直线，东抵潞江麻栗坝之对岸止，划归中国，约计八百英方里。又车里、孟连土司所属镇边厅，系为两属，亦允全让，并野人山毗连之昔马亦允让。至此界务告一结束。而

商务，大金沙江行船、八募立埠设关，英仍不允。福成久与争论，始于行船一事，于约中另立一条，不许他国援例，而设关仍不肯通融。惟约中于英人所得权利，如缅盐不准运入滇境，英关暂不征收货税，领事仅设一员、限一定驻所，商货仅由二路，不准开埠，英亦无词。遂于二十年正月二十四日在伦敦定约，共二十条：一、二、三、四，划定各段界线；五，中国不再索问永昌、腾越边界外隙地，英国于北丹泥及科干照所划边界让与中国，孟连、江洪之地亦归中国，惟未定议前不得让与他国；八，各货物分别应税不应税；十、十一，分别各货物准贩运不准贩运；十三，中国派领事驻仰光，英国派领事驻蛮允；十五，定交逃犯例；十七，定中、英民在两国界内相待最优例；又专条内各条款，仅用于两国所指属地，不能用于别处。是为《中英续议滇缅界务商务条款》。

是年又与英议接滇、缅边界陆路电线条约。寻又议藏、印条款。二十一年夏，中、日和议既成，法索云南普洱徼外猛乌、乌得两地。英使欧格讷以两地属缅江洪，指为违约，欲中国将八募北野人山地，由萨伯坪起，东南到盏达，西南顺南碗河折向瑞丽江，循江至猛卯，向南至工隆、八关、科干皆在内，让归英。不许。英忽请允西江通商，再议野人山地，许之。复要求在肇庆、桔州、桂林、浔州、南宁五府设立领事，佛山、高要、封川、南新墟等处停泊轮船，由广州澳门出入。中国以野人山地减索无几，而通商口岸太多，且桂林在北江之北，浔州、南宁在藤江、龚江上游，并非西江，岂能强索？阻止之。英外部又以北丹尼、科干两地原属缅，为前薛福成定界时误画入华，求索回；又请于腾越、顺宁、思茅三处设领事；及缅甸现有及将来续开之铁路接入中国；又请援照俄、法条约利益，于新疆设领事。再三驳论，始允将新疆设埠及援照俄、法利益一节删去；滇、缅接路一节，改为俟中国铁路展至缅界时彼此相接；滇界领事一节，改为将已设立蛮允领事，改驻或顺宁或腾越一处，其思茅领事，系援利益均沾之例，非英独创；其野人出界线，改为南坎一处作为永租，余俟两国派员勘定。惟西江通商一节，允至梧州而止，梧州之

东,只开三水县城、江根墟两地,商船由磨刀门进口,其由香港至广州省城,本系旧约所许,仍限江门、甘竹、肇庆、德庆四处,遂定议立《中缅条约附款》。时二十三年正月也。是年英主维多利亚在位六十年,命张荫桓前往致贺。

二十四年四月,议展香港界址至九龙城,租期九十九年。五月,英租威海卫。初,威海为日本军占领,英人致书日相伊藤博文,愿代缴偿款,要求早撤兵。会我偿款缴清,北洋大臣派员收回,英使窦纳乐遂请租借。政府派庆亲王奕劻、尚书廖寿恒与立约,文云:"以刘公岛并在威海湾之群岛及威海全湾沿岸以内十英里之地租与英国,威海卫城墙以内仍由中国自行管理。又所租于英国之水面,中国兵船无论在局内局外仍可享用。"并另备照会,谓"中国重整海军,船舶可泊港内,请英人代为训练"。

是月,英领事因沙市教案,照请开办湖南通商口岸。张之洞以岳州系奉准开埠,尚须体察详商办理,致总署请商缓。总署拟推展两年,英使不允。总署以湖南系我自开口岸,与他口不同,不许,亦不许牵入沙案。久不决。二十五年五月,驻汉英领事牒鄂督张之洞云:"本国巴管带欲乘威拉小兵轮往洞庭湖上下游,先至岳州,再往湘阴、长沙,后往沅江、龙阳、常德、安乡等处。"张之洞以条约并无兵轮准往内地之说,阻之。十二月,英参赞璧阁衔欲由湖南长沙取道常德、永顺入川,过酉阳州抵重庆。张之洞复阻之。寻允改由宜昌入川。

二十六年,拳匪起。五月,汉口英领事法磊斯见张之洞,面述沙侯电云:"如长江一带布置弹压,英愿以水师相助。"张之洞答以当与江督刘坤一力任保护,不须外助,力阻之。时英以保全东南商务为辞,已派水师提督西摩入长江。七月二十日联军入京,英军从广渠门入,各据地段。八月,英与德结保护中国商务土地条款,又欲代中国理财、练兵,却之。西摩欲派小轮入襄河控水道,张之洞阻之。既复议浙衢教案。时湘案未结,英又欲派兵轮往,屡阻之。是年英君主逝,国书致唁,皇太后复专电吊唁之。

二十七年,既与各国议定《和约大纲》十二条,四月,英人请直隶、山西停考。张之洞以所请与大纲条约第十条不符,辨驳久之,七月,始定议。八月,英商立德欲在川河行驶轮船,沿江购地七处,请地方官注册。英领事照会到鄂,以条约非通商口岸,无准洋商置买地基产业之条,拒之。

十一月,英使马凯赴江、鄂,与刘坤一、张之洞商议免厘,答以去年在京与赫德筹议洋货税厘并征,必须税至值百抽二五方能免厘。马凯允加进口税而不欲多加。于是朝命尚书吕海寰为办理商约大臣,侍郎盛宣怀副之,并命刘坤一、张之洞皆与议。研商数月,海寰等乃会奏:"臣等奉命会办商约,英使马凯开送约稿二十四款,聚议六十余次。加税免厘一款,业经奏明,允如所请。此外各款,均经臣等随时会奏。惟第十款内港行轮,续经妥定章程,第十一款通商口岸权利,共议列三条,马凯自请删除。统核所索二十四款,驳拒未允者七:曰洋盐进口,曰内地侨居贸易,曰邮政电报,曰设海上律例,曰整顿上海会审衙门,曰口岸免厘界限,曰货物同在一河免复进口税。议定后而又删除者一:曰通商口岸利权归入加税免厘款内并议。藉为抵制者五:曰新开口岸,曰减出口税,曰三联单,曰子口单,曰常关归新关管理。商允改妥者十一:曰存票,曰国币,曰广东民船轮船税则一律,曰华洋合股,曰整顿珠江、川江、曰推广关栈,曰保护牌号,曰加税免厘,曰矿务章程,曰内港行轮,曰米谷禁令。此就马凯原议款目分别删改归并者也。臣之洞等复向马凯索议,彼允入约者三款:曰治外法权,曰筹议教案,曰禁止吗啡。皆我补救国计民生要图,幸就范围,实有裨益。马凯于定议后补请入约者二款:曰修改税则年限,曰约文以英文为凭。查系照旧约办理,为约中应有之义。共计十六款。臣等按马凯所请加税之款,意在不得抵原拨厘金五百万以外之洋债赔款及挪作别用,恐各省再将货物收捐,业已先后奏明。本定八月初二日画押,马凯又接英廷来电,必欲增叙详明,以慰加税洋商之意。驻英使臣张德彝亦称英外部谓拟加之税务须降旨归督抚提用,否则不能画押,似英廷用意总虑税加而厘不

能撤。臣等详细审度，彼虽请全数拨还各省，而内叙各省向解北京及应还洋债仍如数照拨。我复照会，声明应拨各项即留存海关，听候户部与各省商定抵解。将来户部如何商定派拨划抵，由我自主，彼亦无从过问。且现议偿款易金还银，正以我财力竭蹶为言，则加税声明祇抵裁厘，不涉赔款，可见毫无盈余，藉可杜列国之口实。画押已延多日，即于八月初四日亥刻，会同英使马凯在上海画押盖印。”疏入，报闻。

同时又续改《内港行轮章程》十款。自沪苏、沪杭、苏杭三线外，江苏则有海门线（自上海东北至海门）、苏镇线（自苏州至镇江）、镇宁线（自镇江至江宁）、镇清线（自镇江至清江）；浙江则有余姚线（自宁波至余姚）、舟山线（自宁波至舟山）、海门线（自宁波至台州之海门）；安徽则有庐州线（自芜湖至庐州）；江西则有南昌线（自九江至南昌）；湖北则有武穴线（自汉口至武穴）、襄河线（自汉口至仙桃镇）、岳州线（自汉口至湖南岳州）；湖南则有湘潭线（自岳州至湘潭）、常德线（自岳州至常德）；而福建亦有水口、梅花两线（皆发自福州）。又议湖南辰州府毙英教士案。是月，英交还关内外铁路。是年，英皇爱惠将加冕，特命贝子载振为专使往贺。先期递国书，向例须候各国专使齐集同见，英皇特定单班先见。届期行鞠躬礼，英主答礼，各述颂词、答词。

二十九年春二月，与英订《沪宁铁路借款合同》。初，英于光绪二十四年欲揽自沪至宁铁路，令英商怡和承办。已议草约，旋以拳匪乱延缓。久之，始定议以年息五厘，借英金三百二十五万镑。张之洞乃上奏，言：“借英金三百二十五万镑，虚数九扣，年息五厘，五十年为期，准其分次印售金镑小票。如中国国家有款拨给，或中国绅富集资愿购，借款总数便应照减，拨还淞沪铁路工价后，即将已成车路暨备造沪宁全路作为借款抵押，所获余利，银公司得五分之一，即照售票应分之数，另给余利凭票，十二年半后，每百镑加给二镑半，随时可将小票赎还，二十五年后，便照一百镑原价取赎，毋庸加给。至余利凭票年期届满，分给余利即时作废，毋庸取赎。造路

期内,就本付息,路成以后,赎票拨本,悉在铁路进款支给。全路订
定五年全竣。设无事故,逾此期限,银公司五年内应得余利全行扣
罚。上海设立总管理处一所,本省督抚与督办大臣会派总办两员,
会同英员专理工程,另由南洋大臣加派一员,职衔相当,随时查阅
帐目,禀报督抚稽核。洋工司只管工程,不能干预地方公事。凡所
建筑,悉应顺洽华人意见,尊敬中国官员。借款期内,不收专税。如
日后中国推设各项税捐,如印花税之类,别项商税一律征收,则沪
宁铁路亦应照准。全路双轨。地亩总公司自备,仍由银公司垫款,
另须购地于标界之外,预备日后推展商务所必需,一并加售小票,
综计不得逾英金二十五万镑,年息六厘,在中国应得余利项下支
给,不能仍由铁路进款支付。此项加售购地小票,并无年限,随时可
以取赎。造路购用中外材料,按照西例,每百给五,此外别无丝毫加
用。汉阳铁厂自造料件,订明尽先购用。凡遇调兵、运械、赈饥各事,
照核定车价减半给发,尽先载运。侵碍中国主权,概不得经由此路。
正约签定,草约作废。十二个月不兴工,即将正约注销。中国只认
英国银公司,不准转与他国及他国之人民。"报可。十月,又与英订
《沪宁路电交接办法合同》。

　　三十年四月,英新任水师提督率大小兵船十艘抵沪,欲进长
江。张之洞闻之,电阻,英提督仅以四艘入江,至江宁而止。是年与
英订《保工条约》。时英于南斐洲新属欲招华工开矿,政府援咸丰十
年约,与订专章。至是,约成,遣领事于华工驻在地善视之。三十一
年四月,与英续订《滇缅电线约款》。英派委印度电务司贝林登为议
约专员,电政大臣袁世凯委道员朱宝奎与议。贝林登又请添造江通
至思茅副线一条,不许。遂定议签押。

　　又与英订《道清铁路借款行车合同》。初,英使向总署索英商承
造铁路五条,不许。英复援矿务合同许有修筑铁路由矿山运送矿产
至河口以达长江,欲修泽襄铁路。嗣以襄阳至汉口水道不能通畅,
请改道泽铁路,欲在河南怀庆府与卢汉衔接;渡河后,折入安徽正
阳关以达江苏江浦县之浦口,改名怀浦铁路。总署以怀浦远跨豫、

皖,名为纬路,实已斜亘南北,隐然增一干路,以为有妨卢汉,仍不许。英使乃请修由泽州至道口铁路,许之。铁路大臣盛宣怀等与议借款,为目二十一,行车款十,英金七十万镑,五厘行息,九扣交付,折实六十三万镑。又同时订拟设山西熔化厂及合办矿务合同,并请修广州九龙铁路。英使复请借款合同须由外务部将上谕照会立案,方允画押,许之。

十二年四月,与英订《藏印条约》。初,中国于光绪十六、十九两年与英订《藏印条约》,然藏、哲界牌既未建立,英人入藏细则又久未定。二十九年,印督遣兵入藏。次年春,度大吉岭,据江孜;其夏,遂入拉萨。及达赖私与英订约,驻藏大臣有泰始入告,而英、藏约已成。政府命有泰与英议废约,无效。复命外务部左侍郎唐绍仪为议约全权大臣,赴印度,与英外部专使费利夏会议。费利夏欲我认《印藏新约》,方允改订,绍仪不可,英遂欲停议。绍仪不得已,与商订约稿六条。外务部王大臣以约内第一款有"英国国家允认中国为西藏之上国"一语最有关系,电绍仪使改"上国"为"主国",费利夏持不可。约久未定。九月,召绍仪回京,而以参赞张荫棠为大臣,接办约事。外务部商诸英使萨道义,删约稿第一条,英政府允诺,而其他条款则不容再改。然费利夏仍坚持初议,数促荫棠画诺,即第一条亦不能增减一字,荫棠力拒之。会英廷新易政府,继任者乃饬萨道义在京续商。久之始议订正约五条。

未几,片马交涉又起。片马处滇、缅交界之间,属于腾越。英并缅甸,至是两国会勘境界。至片马附近,各执为本国土地,久不决。时英又欲遣工程师勘腾越至大理中间道路,请中国保护。滇督丁振铎照会英领事,以滇现奏设公司自行修造,与前会勘时情形不同,请勿派往。英使朱尔典旋照会外务部,云:"据光绪二十八年二月初七日照会,英得不承造新街至腾越铁路之权,而承办此段较短之铁路,英政府不能视为足抵光绪二十四年三月准法政府或法政所指之法商修造劳开至云南府铁路之利益。"外务部覆,引《中缅附约》,谓:"第十二条载明中国答允将来审量在云南修建铁路与贸易有无

裨益,如果修建,即允与缅甸铁路相接。是该处中国境内铁路应由中国自行审量。迨光绪二十七年九月十九、十月十六等日,本部先后复萨前大臣照会,均一再守此旨,并声明法国铁路由云南边界修至云南,本为条约所准,与《滇缅约》意不同。缘两国交涉各有约章可据,固不能相提并论也。逮二十八年二月初三日准萨前大臣照称本国署理腾越烈领事不日将往云南府,与滇督面商铁路边界各事宜,滇缅铁路相接为振兴商务之举,凡在滇省,允给法商之利益,应一体允给英商。本部当以原照所称面商铁路边界各事宜,又称滇缅铁路相接,曰边界,曰相接,均系按照原约立论,故于是月初七日以据咨滇督也。嗣于本年正月准滇督文,称准英务领事照会,接烈领事来电,奉缅政府电,拟由新街达腾越修造一铁路,以便商人运货,先派公司勘明可否能修,再议商办。当复以派员会勘,各修各路、各出各费等语,是滇与英领事所迭次议商者,亦均扼定约章铁路相接之一语,毫无刺谬。本年五月,滇督奏请修理腾越小铁路,筹款自办,奉旨允准,原期中国云南境内次第修建,以符与缅路相接之权。乃贵大臣来照,以为英政府得有承造新街至腾越铁路之权,并引二十八年二月初七日之文为据,而以允给法商之利益相比例,实与《中缅附约》暨本部迭次照会之意不符。"盖不认英有造腾越铁路之权也。

三十三年正月,与英订《九广铁路借款正合同》。初,英既得九龙,即请承修由广州至九龙铁路。总署令督办铁路大臣盛宣怀与英商怡和洋行议办,已签草合同五条,旋因事未行。至是,又以为请。外务部电知粤督岑春煊,以此项草约虽云仿照沪宁办法,而沪宁路长费巨,九广路短费少,情形不同,应查酌第二款,熟权利弊,派员与中英公司研商,以符原议。四月,与英公司代理人罗士、濮兰德议,岑春煊欲照津榆铁路办法。濮兰德以成议在先,不允,由粤到京,与唐绍仪等接议。久之约成,议借英金一百五十万镑,照虚九四折纳,年息五厘,以本路作抵押,三十年为期满,十二年半后按照列表分期还本。二十五年以前,如欲于表额外多还股本,每英金一百

镑加还两镑半。中英公司代售此项股票。其股票填明价值若干镑，由中国驻英大臣与英公司商定，所有建路及一切工需，均由粤督督办。其重要职司，应用中国人，允当开工时，即于广州设立总局一所，总理造路行车各事，由总督派中国总办一人管理，佐以英国总工程司及总管帐各一人，均由总督核准。英公司办事出力，给予酬金三万五千镑，两期交付，其一切用钱暨酬劳费均在内。并声明此路确系中国产业。倘自本合同签定之日起，八个月并未兴工，即作废纸。所载权利，均不得让给他国，中国亦不得另建一路以夺本路利益。旋签押。

六月，政府命湖南巡抚岑春蓂查办云南与英画界失地案。先是云贵总督丁振铎委候补知府石鸿韶与英领事烈敦会勘腾越北段尖高山以北界，从尖高山起向北勘，越高黎共雪山直抵丽江府所管地。烈敦执定以大哑口为界，石鸿韶执定以小江边为界。贵州提学使陈荣昌奏参石鸿韶定界有失地事，政府命岑春蓂查办。春蓂派候补道沈祖燕往勘，旋覆禀云："卷查烈领事此次所勘之界，系从尖高山起，东至胆札山，过狼牙山、磨石河头、搬瓦丫口、姊妹山、大哑口、茨竹丫口、片马丫口直上高黎共雪山北往西藏。所云大哑口，即为恩买卡河与潞江中间之分水岭。其照会石道有云，由明光河头直上高黎共雪山顶，由山顶北往西藏，凡水入金沙江者，概归缅甸管理等语。若不幸照此定界，则是由滇而蜀而藏，边界之地所被其割去者，当以数千里计。外务部所谓'直是分割华境，是断不能允从，可无庸置议'者也。若石道所拟以小江边为界，系从尖高山起，由磨石河头直上歪头山，过之非河，经张家坡，登高良共山，又抵九角塘河，顺小江边，复另行横出，上至小江源，又至板厂山为止。查其所勘之界，于腾越、保山、云龙、龙陵各属土司素所管辖之地，数百年来向化中国者，一旦弃去不少。又言北段界务，自以外务部所言之界线，由尖高山起至石我、独木二河之间，循恩买卡河至小江西恩买卡河之东之分水岭为界。按此岭当是他戛甲大山，最为持平。且英使本有以小江即恩买卡河以东之分水岭作为定界，又云开然界

线系自东流入恩买卡河即小江诸江之分水岭等语，与此正合。则此次勘界，即于恩买卡河循流而行，至小江止，已足满意。且所勘滇、缅北段，本只为腾越与野人山之界，则必执定腾越诸土司之属地及野人山之分界处以画界，自是一定不易之理。而与小江即恩买卡河以东之分水岭，又自东流入恩买卡河，即小江诸江之分水岭，并与译出薛星使福成二十年签押英文图内之恩买卡分水岭，其部位亦均相符合。石道并不先自详审界限，而惟处处曲徇，以致失误，此真为人意料所不及者也。查此次勘界，英使既言以小江即恩买卡河以东之分水岭为界，又言自东流入恩买卡河即小江诸河之分水岭，既明曰以东，又明曰自东流入，何以任烈领事之混为西流，竟勘至狼牙山移北至大哑口而止？此其误者一。又外务部覆称明有'各守边界'之文，此为甘稗地、茨竹、派赖烧杀之役而起，各守之地，自即在此。何以不实守此小江边界之说，至小江顺流而下，而反另向东行，指鹿为马，再直上别寻一小江源至板厂山为界？此其误者二。又英使所言天然界线，乃自东流入恩买卡河即小江诸水之分水岭，而烈领事所勘，乃指恩买卡河与龙江之分水岭，谓岭之东所有溪河均入明光龙江，岭之西所有溪河均入恩买卡、金沙江，以此岭之东西为中、缅之分界。石道不能明据小江东流，力为驳斥，而乃以山形水势则然一语，含混答覆，而竟任烈领事之随意所指，东西自便。此其误者三。且即如英使照会恩买卡河与潞江之分水岭之说，此岭即为大哑口，亦只西勘至片马丫口为止，何以任烈领事直上高黎共雪山，竟偕测绘王生，勘至丽江府属兰州边界始回也？此其误者四。又小江外如噬戛等寨，系腾越属之茨竹、大塘土司所辖，笼榜系保山属之登埂土司所辖，确凿可据。乃烈领事照会言'贵道来示，谓已摒诸化外'，而石道覆称又言'业经声明久在化外'。石道责在勘界，并不援据力争，而反先自认'久在化外'，实所不解。此其误者五。又茅贡等寨原系滇滩属土司所辖，本中国旧有之地，不过英兵曾经至此，并强收门户税而已，并非英人实已占为属地，而中国有允认之明文也。乃石道照会谓'早经贵国办过案件，不复管理'，竟绝不置

辨。此其误者六。至于大哑口外，如甘稗地等各处，烈领事欲仿三角地成案，作为永租。既欲议租，则已明认为中国之地，正可趁此办驳，使之无辞可遁。计大哑口外共有一十八寨，其地甚广，岂可轻弃？且既认租，则茨竹、派赖烧杀一百十四命之案，明是入我中国之界，正可提议，使之不能诿卸，何以绝不辨论？此其误者七。又狼速之地，甚为辽阔，一名狼宋。《大理府志》：'莪昌散处于狼宋、曹涧、赶马撒之间，道光十八年准兵部议，以赶马撒、曹涧等寨归云龙州管辖'，则狼速乃大理府属境。若如石道所勘，另寻一小江源至板厂山为界，则不特噬戛等一十八寨摒诸化外，且并将狼速地一带地方亦概弃之不问矣。此其误者八。然此八者，其害尚只在滇省也。更有大误足以为将来之后患者：一则小江外之狼速地一旦弃去，再北而为怒夷，其地踞龙、潞两江之上流，东接维西、中甸，直通丽江，北与四川之巴塘、裹塘诸土司相接，西北即可以通至西藏；一则高黎共雪山之地任其节外生枝，自往履勘，将来若果曲从，则即可从此高黎共雪山之顶，沿潞江、金沙江之上流由北直进，不特球夷、怒夷之地去其大半，即维西属之铺拉笼、西藏属之擦瓦龙一带皆将被其所侵占，所失之土地岂尚可以数计？"岑春蓂得覆，即据以入奏。上谕革石鸿韶等职，仍不允。

时因津镇铁路借款，直隶、山东、江苏三省商民欲废约，英不允，允改章。德与英同。英又因鄂境修造粤汉、川汉两路需款，欲借款于中国，却之。是年，山西商务局与英福公司议定赎回开矿制铁转运合同。初，晋省矿由晋商与福公司商人罗沙第订立合同。旋于光绪二十四年复由商务局绅商与福公司改订借款章程二十条。三十一年，又经盛宣怀续立合同四条。案久未结。至是商务局员绅并全省代表各员在京开议，订定赎回自办合同十二条，赎款行平化宝银二百七十五万两，由山西商务局担任，按期交清。

三十四年二月，与英订《沪杭甬铁路借款合同》。先是沪杭甬铁路已立有草合同四条：一，订草约章程，与《沪宁铁路章程》一样；二，将来订正约，仍与嗣后商定核准之《沪宁正约》一样；三，从速沿

勘;四,如有地方窒碍之处,即行更正,俟订正约,即会同入奏。至是浙江绅士筹办全省铁路,欲废前约,收回自办。英使不允,因命侍郎汪大燮等与英公司改商借款办法,久未决。于是政府再命侍郎梁敦彦接议,分办路、借款为两事,路由中国自造,除华商原有股本尽数备用外,约仍需英金一百五十万镑,即向英公司筹借,按九三折扣交纳,年五厘息,以三十年为期;并声明如所收此路进项不足,由关内外铁路余利拨付;凡提用款项,均由邮传部或其所派之人经理;此铁路建造工程,以及管理一切之权,全归中国国家;英公司代购外洋材料机器,以三万五千镑作为酬劳,一切用银均在内;选用英总工程司一人,仍须听命于总办等语。遂定议。九月,与英订《藏印通商章程》。是年,借英汇丰及法汇理银行款,收回京汉铁路。

宣统元年四月,督办铁道大臣张之洞与英及德、法、美四国银行订《粤汉川汉铁道借款草约》,豫定六百万镑。会之洞卒,复与盛宣怀立约续成之。又与英及德两公司续订《津浦铁路借款合同》,共二十四款,借黄金五百万镑,年息五厘,路工四年造竣。二年,英人以兵力据片马,设炮台于高黎贡山,侵踞小江以北荣山土司地。滇人大愤,各省人亦起应之,遂电政府请力争。滇督李经义亦请外务部与英使交涉,英卒不退兵。三年,复派员与英划境,不省。是年度支部尚书载泽与英及德、法、美缔结一千万镑借款契约,以改革币制及东三省兴业为词,是为《四国借款契约》。又与英订禁烟条件。原议十年递减,至是中国以为国内栽种吸食渐已减少,欲缩短年限禁绝,与英特订专条,期印药不入中国。而第三条又言广州、上海二口为最后之结束,不能骤禁,于是烟卒不能禁矣。

清史稿卷一五五
志第一三〇

邦交三

法兰西

　　法兰西一名佛郎机，在欧罗巴之西。清顺治四年来广东互市，广东总督佟养甲疏言："佛郎机国人寓居濠境澳门，与粤商互市，仍禁深入省会。"法人素崇天主教，康熙以来，屡禁汉人入教。

　　道光二十五年，法商赴粤，诣总督署，请弛汉人习教之禁。总督耆英据以入告，许之开堂传教，仍限于海口，禁入内地。咸丰三年十二月，有法轮船一驶入长江，未几解缆去。而法与英、美又欲变通成约，广东总督叶名琛以换约未届期，拒之。遂偕英、美迳赴天津，要求如英、美，并请释陕西传教人，长芦盐政崇纶等以闻。上以定例五口通商外，不许外人擅入内地，何以陕西周至县有法人传教？饬令详查，并严词拒之，乃去。时粤贼踞上海，筑炮堤防御，吉尔杭阿因向法提督辣厄尔告以"贼筑炮堤，尔国领事署首当其冲，应速迁以免受伤。"辣厄尔立毁其堤，并炮击贼。事闻，奖之。六年六月，英、美各国求换约，法公使顾思照会两广总督叶名琛，援约与英、美一体，力阻不从。七年十二月二十一日，英人结法公使噶历为援，袭入广东省城，掳名琛以去。先是法人谓有人杀其说书老人，向名琛索犯，限三日交出，并要求五事：一，入城；二，索河南地；三，求改章程；四，索补兵费；五，求通商。限日答覆。名琛回牒许通商，余皆不

许,而又不设备,遂至被掳。英、法连樯赴天津,美、俄亦相继至,各有所求。法人又欲推广商埠,任意传教,遣公使驻京,入内地买丝茶,并请查办广西西林县杀马神父案,皆不许。八年三月,法与英人攻踞海口炮台,进逼天津。于是命大学士桂良、吏部尚书花沙纳往议,徇所请。遂于五月定约,法得通商、传教及兵费,几与英等。

　　九年五月,法公使布尔布隆以进京换约为名,随英公使普鲁斯赴天津,拒不纳,致伤败数百人,折回上海,声言调兵复仇。未几,法人复北驶,分扰登、青等处。十年六月,随英来攻,连陷新河、唐儿沽北岸炮台,遂入天津。先是遣西宁办事大臣文俊、武备院卿恒祺往议,不报。至是,又遣桂良、恒福为钦差大臣,往津会议,冀缓师,而法与英益恣要求。初,津约原许补法军费二百万,英四百万。至是,英索倍加,法欲照英数,复要求天津通商、京师长驻。朝旨不许。乃随英督兵北上,进逼通州,京师戒严。怡亲王载垣等再议和,不就。进薄京师。八月,恭亲王奕䜣留守,再议和。九月。和议成,所得通商、军费、权利与英等,而传教、建堂初无限制。十月,始定传传之人须薙须,服中国衣冠,其入内地,预领中、法合同护照,向所过地方官钤印,以为信据。法人以江南为新许商埠,欲早通商,请助剿粤贼,不许。十一年二月,法公使布尔布隆偕英使普鲁斯由津如京,此为各国公使驻京之始。先是条约有还清军费始行退出广东省城之议。至是,法人哥士耆来言,愿先撤兵退出粤城,并求广东藩署凭作领事署,又索还京城及各省天主堂旧基,均许之。九月,交还广东省城。

　　同治元年正月,粤贼陷苏、松、常、太等郡,朝议募洋将助剿,法人与焉。是年,贵州提督田兴恕杀教民,毁天主堂,法使哥士耆以为言,朝廷命崇实、骆秉章、劳崇光及张亮基入黔查办,久不决。会哥士耆回国,新公使柏尔德密至,始允照中律拟结。同治四年,法请开江宁商埠。五年,议《招工章程》。七年冬,四川酉阳州有杀伤教士案,又有贵州遵义民教仇杀事。法使罗淑亚上书称远臣,归咎于中国官吏,且言当离京往津,候本国水师提督到后偕行,以为要挟。命

湖广总督李鸿章查办，久之始结。十二月，始遣钦使总理各国事务衙门章京志刚、孙家谷偕美前使蒲安臣至法递国书，见其国主那波仑第三，复见其后，各致颂词，成礼而退。

九年夏五月，天津民击杀法领事丰大业。初，天津喧传天主教堂迷拐幼孩，抉眼割心为药料，人情汹汹。三口通商大臣崇厚等诣法领事丰大业赴堂同讯，观者麕集。偶与教堂人违言，砖石相抛击，丰大业怒，径至崇厚詈忿詈，至拟以洋枪。出遇刘杰，复以枪击伤某仆，遂群起殴毙丰大业，鸣锣集众，焚毁教堂、洋房数处，教民及洋人死者数十人。事闻，命大学士直隶总督曾国藩赴津查办。国藩至津，示谕士民，宣布怀柔外国、息事安民之意。法公使罗淑亚来见，以四事相要：曰赔修教堂；曰埋葬丰大业；曰查办地方官；曰惩究凶手。寻牒请将府、县官及提督陈国瑞抵罪，国藩拒之。与崇厚会奏，称："仁慈堂查出男女，讯无被拐情事，恳降谕各省，俾士民咸知谣传多系虚诬，请将道、府、县三员均撤任查办。"奏入，报可。遂于八月拟结，办为首十数人，天津府、县减戍黑龙江。

十一年，法遣全权大臣热福里如京换约，并进书籍。十二年，穆宗亲政，各国请觐见，法与焉。是年法人侵越南，入河内省城。光绪四年，始遣兵部左侍郎郭嵩焘以英使兼法使。明年，代以太常寺少卿曾纪泽。

越南向隶藩属，自法据西贡，胁越人订约，许于红江通舟。曾纪泽与法外部言："法、越私立之约，中国不能认。"不省。八年二月，法兵船由西贡驶至海防进口。三月，陷河内省。朝议始遣提督黄桂兰等军出关。既而法公使宝海向北洋大臣李鸿章要求中国退兵，及通商保胜，驱逐盗贼，画红江南北为界。朝廷下各督抚议。法人见不允所求，遂欲增军撤使以相恫喝。

九年三月，战事起。法据南定，旋为刘永传所败。会越王薨，法以兵胁嗣王立新约二十七条，尽攘其兵权、利权、政权，并申明越境全归保护，中国不得干预。中国闻之，乃命唐炯、徐元旭出关，彭玉麟办粤防，张佩纶会办军务。会山西、北宁连陷，官军退守太原，法

乘势扰浙、闽，陷基隆、澎湖，至是始宣战。十年二月，谅山大捷，法忽请和，帝命吴大澂、陈宝琛、张佩纶会办海防，以议和全权任李鸿章。先是福禄诺所拟五条，仅允不索兵费，不入滇境，而要挟中国不再与闻越事。议久不决。五月，法兵以巡防为名，忽攻谅山，败走。藉口中国不能如约退师，责赔费，不允。法使巴德诺出京。六月，攻台北基隆，为刘铭传所败。秋七月，法水师提督孤拔等率兵船入闽，泊马尾等处，迫交船厂，欲据为质。时张佩纶以会办海防兼船政大臣，漫不设备，法遂开炮毁船厂。复分兵扰东京、台湾，陷基隆，窥谅山。十一年春正月，犯镇南关，杨玉科战没。旋收复，大创之，并炮毙孤拔于南洋。法人乃请和，愿照天津原约，不索偿款。李鸿章与议新约十条：一，法自行弭乱，华不派兵赴北圻；二，法与越自立约，或已定或续立，中、越往来，不碍中国威望体面，亦不违此次约；三，六个月会勘界，北圻界处或稍改正，以期两益；四，法保护人民欲过界入中国，边员给照，华人入越，请法给照；五，保胜以西、谅山以北通商，华设关，法设领事，北圻亦可驻华领事；六，三个月内会定商款，法运越货税照他处较减；七，法在北圻造铁路，中国若造铁路，雇法工；八，此约十年再修；九，法即退基隆；二月内台湾、澎湖全退，中、法前约照旧等语。旋法派戈可当代为驻华公使，欲改前约，出所拟二十四条。鸿章以与原约不符，不许。戈使又欲办滇、粤矿务，及制造土货，运越南食盐，复拒之。又欲于云南省城及广西内地设领事。时正遣邓承修、周德润与法勘界，鸿章谓宜俟边界勘明，方能指定通商码头。戈使又要求税则减半，鸿章只允五分减一。又另拟通商章程十八款，并将互交逃犯、洋药进出口各条亦拟在内。法使复援咸丰八年约内第七款有“工作”二字，仍要求增入在口制造，许之。

　　时云南界务，周德润会商岑毓英后，出关与法使狄隆晤商，拟先勘保胜上游一二段，并同拟全局办法八条：一，中、法两国勘界大臣等说明所应勘之界，俱是现在之界；一，勘现界后，或有改正之处，两国勘界大臣公同商酌，如彼此意见不合，各请旨商办；一，续

开勘云、越交界,中国大臣等意欲一律勘完,所以照会法国请旨;一,各大臣等商议先由老街勘到龙膊河,及龙膊河邻近地方,复回老街,再勘老街邻近地方,一,勘老街至龙膊河之界,中、法绘图各官从红江南岸归,一路同走,中国绘图官归法国保护,自老街起至龙膊河止,两国勘界大臣等各走云、越边界;一,红河自北河岸之老鳌至南岸之龙膊,以河中为界;一,云、越之界,遇有以河为界,均以河中为界,如有全河现在归中国界者,仍归中国,现在归越南界者,仍归越南;一,勘界时随处开节略图说,均由两国大臣等画押。以上节略,彼此画押遵守。德润与狄隆各按地图校改,互有争执,而于大小赌呪河、猛援、猛赖两段,争执尤力。会法勘路弁兵在者兰被越游勇所戕,法指为云南提督散勇,中国不承,狄隆欲缓勘,但就图定界。粤东、粤西界务,邓承修与张之洞、李秉衡等会商,其与法使浦理燮在关门文渊会议。承修执约内“北圻边界必要更正,以期两国有益”之语,欲以谅山迤西自尤葑、高平省至保乐州,东自禄平、那阳、先妥州至海宁府划归中界。浦使以据约不过于两边界址略为更改,不能及谅山及东西地。旋允请示本国,卒不行。十二年复议界,会浦理燮病,仅由镇南起勘至平关而止,东西不过三百余里,余未履勘。浦理燮旋回国,法改派狄隆由滇赴粤,与邓承修等议界。

先是鸿章欲先议界,后议商约,法使不从,乃复议商约。至是议成十九款:一,保胜以上某处、谅山以北某处,中国设关通商,许法设立领事;二,中国可在河内、海防二处设立领事,并可商酌在北圻他处设领事,惟须后日;三,两国领事驻扎及商民通商,均须优待;四,中国人在越置地建屋,及官商往来公文、书信、电报,法允保护递送;五,两国游历人过界,各发给护照;六、七,出口货照税则三分减一,进口货照税则五分减一,估价之货为税则所未载者,进出口仍照值百抽五征收,至洋土各货赴内地买卖,应完子口税,不在减征之列;八、九,载明洋、土各货在边关已完税,复转运通商各海关者,均照海关税则另收正税,不能边关单作抵,其在边关所领存票,亦只准在边关抵税,概不发还现银;十至十二,严防诈伪偷漏之法;

十三,定洋人自用杂物免税之法;十四,定洋、土各药不准贩运买卖;十五,米谷等粮不准贩运出中国边关,进关准免税,违禁物各禁;十六,中国商民侨居越南,所有命案、赋税、词讼等件,法国应优待;十七,中国人犯罪,照中律,法领事宜拘送,不得庇匿;十八、十九,定条约续修期限及互换遵守各事。是为《滇粤边界通商约》。

商约既定,邓承修即赴钦州之东兴与狄隆议勘东界。狄隆以中国所属江平、黄竹、白龙尾为越境。邓承修以数地皆内地,有图可据,不许。辩论不洽。狄隆又约履勘,承修欲照云南分途履勘办法,并请先撤江平法兵。越日,复议请旨立约三条:一,大段相合;二,较图不合,作为未定,各请示本国;三,勒其去江平之兵及办事官员。又令以后未定界内,不得再派兵及官员前往。狄隆不允,转要承修不得于未定界内驻兵。时张之洞所派道员王之春、李兴锐亦与会议。议界将及一年,中国屡请撤兵,法兵分屯江平、黄竹、石角、句冬、白龙尾等处如故。会总署允承修所定三条,承修命王之春往议,狄隆执不允,而法人突以兵踞白龙尾,驱害汛兵。华民筑营垒,承修诘令撤退,狄隆诿之。时桂界已校竣,钦界南自嘉隆河、北抵北仑十万山分茅岭、西至峒中墟北,亦允归中国,而白龙、江平,狄隆谓须以商务抵换。又以九头山未议,及之春与议,亦无效。狄隆又欲议海界,以津约所无,未奉旨议海界,却之。法又欲以白龙、江平抵换龙州通商。初恭思当来华也,即有求改商约之请,总署以界务方殷,且商约既经画押,何能议改?拒之。至是复以为请,并以商务苟可通融,界务亦可稍让。称已奉本国训,准令在京商办。总署以狄隆与邓承修议界久不决,允与商办。恭思当始允中国广东边界除现在勘界大臣划定外,所有白龙尾及江平、黄竹一带地方,并云南边界前归另议之南丹山以北、西至狗头寨、东至清水河一带地方,均归中国管辖。又议减税,总署以《俄国通商章程》办有成案,滇、桂边界皆为陆路,不得不酌议减税,以归平允。于是议进口税减十分之三,出口税减十分之四,滇土药每百斤定税厘各二十两,必完厘者,方准法商完税接买,并不准法、越商人往入内地贩运,高平、谅山往来

之船支免征税,仍纳船钱,惟运贩食盐、接办铁路及越南与滇、粤通商进出口税则,均请减半,运中国土货往中国各海口,税则减三分之一各节,均拒绝删节。计订《商务续约》十条,《界务续约》四条。又照会缓设领事,及法在龙、蒙等处之领事等官,不得设立租界二端。是为与法《勘界通商续约》。

十四年,法领事藉口华船常到海防,向廉州请示谕船户须向领事领照,无照即将船扣留。张之洞以条约向章所无,海防各国船支均可往,何独华船不许?嗣闻法领事张贴告白,收取船规,每船输银自数元至数十元不等,云系法使所定。之洞致总署请其停止收规。是年,法人请接中国两粤电线,许之。又芒街法兵越界焚劫那沙,之洞致总署,请向法使责赔偿。十五年,法船驶进琼州所属崖州东百里之榆林港测探水道,上岸钉桩插标,阻之。法领事又在北海征收渔船照费,政府以有侵中国主权,不许。十月,定界委员李受彤与法官勘东兴一带河界,定议此后河中淤有沙洲,近华者归华,近越者归越,河道即有更改,无论河在何境,两国均许行船。是年,法使以华兵驻越南之板帮为言。又称那沙墟不在中国界内,实在北圻横模社对面先安河北岸,与板邦相近。又称去冬官兵迎收被剿败匪,系指离芒街八里之宁阳大庙对面大河北岸而言。并命查复。嗣李受彤复电,谓:“州西分界,自八庄历板兴、板山、冷峒止,前有沟离越南峒中三里,即以此沟为界,冷峒系丑艮寅向,峒中系未坤申向,那沙在西北,戌乾亥向,峒中墟居中,两旁有沟,水向西合流入先安河。以方向论,沟西南概为越地,沟西北概为华地。以社论,那沙与板峒为建延社地,与峒中为横模社地无涉。以交界论,那沙北历那怀,约二十五里即北岩,系广西上思州地。以钦差所定界图论,那怀属我,那沙即附连那怀,相离仅三里,前并无墟。去年正月,峒中墟华民始同峒中迁此。去年十一月以前,法未逾沟到此,十二月始有焚杀那沙墟事,掳去妇女,随即给银放回。其法官自向妇女言系逾界误拏。再查界图,西北有板邦隘,系广西地。又土人言横模西南离六十里有板邦,属越地。峒中之东并无板邦,只有板奔,离峒中约

九里，系内地。去年秋，萃军防营驻此，因疫退驻板兴，今板奔并无防勇。又查宁阳离芒街十余里，在东兴西南，中隔河，必船乃渡，即有勇亦难迎庇，且并无勇。"等语。又冯子材电亦云然。张之洞以两说歧异，由于华民以沟水为界，法以先安河北岸为界。沟即河也，原图均未指明。那沙系去年正月新立之墟，距界甚近，故致彼此争执。既悉板邦隘另是一地，实属广西。

十六年九月，归逃人魏名高等十八人。十七年八月，法使林椿改拟新《咖雷多尼招工合同》第十四条。缘第十四条中国原拟派员作"理事官"，林使不允，改作为"华工统领"，所得权利仅止赴诉公堂及请状师理论。李鸿章以所改仍与工头无异，焉得有权保护？不许。时湖南民攻诋洋教，法领事欲赴长沙开马头、设教堂，阻之。十九年四月，请东兴、芒街接修电线。粤督以前办界案，尚有数十里至今未定，遽与接线，界未划定之处归何人保护？必致多生膠轕。仍促先速定界。二十年，法使日海递国书。又议寓越华人减身税事，并论暹罗边界。李鸿章据英与法议暹罗交界有瓯脱地，应归中国，日海不允。三月，与法会勘钦、越界。初，法派巴拉第、法兰亭均以约内载明属我之板兴、岭怀等处争为己有，政府不允。至是法改派柯麻暨其总办约厘衣接办。粤督李瀚章派李受彤与会勘，始知巴拉第、法兰亭所争险要，与越南皆隔深沟峻岭，而沟尤多。因与约定，按界线有水处以水为界，有山处以山为界，计长四百里。陆界仅五十里，皆峻岭，余悉沟界，惟披劳纵横约三里，各分一半。余如原勘图约所载，分茅岭、板兴、板典、岭怀等处，及峒中十里，均归中国。时滇、越亦议界。滇督王文韶不允争已定界，只就黄树皮、箐门及猛冈各处向驻有华兵处，缓撤兵以待法防之至。界约遂定。二十一年，中、日约成，法求换《商约》《界约》，遂许开龙州、蒙自等埠，并与越界线内猛乌、乌得二地。初，中国认此二地为宁洱县属车里土司之地，法使谓旧属越，遂归法有。

二十三年，法要求琼州不割让租借于他国，许之。二十四年，法乘广东雷州人杀其士民二人，以兵舰据广州湾，来商租借，言为停

船屯煤之所，无损中国主权，而所租借跨高、雷二府之间，由海岸以
入内地，所得东海、硇洲各岛，及赤坎、志满、新墟等处，均归入租
界。又得吴川之半岛及通明港。是年，又以兵强占上海、宁波四明
公所义地，宁人罢市，几激变。久之始定。时广西永安有杀毙法教
民之事，方议办犯、劾官赔偿、建堂四条，适值北海铁路造至南宁，
援龙州铁路案，中、法合办，法使遂要求将铁路归并教案。议久始允
就案议结，不及他事。又施南、宜昌、长沙均因教堂、教民启衅未结。
二十六年春，拳匪乱，法人调兵与德、英、俄、美、日本联军入京，复
督兵西进至广昌，屡阻之。二十七年，展汉口租界。是年法遣鲍渥
为驻华公使。二十八年，外务部与法隆兴公司总办弥乐石订《云南
矿务章程》。先是弥乐石到滇，与矿务大臣唐炯议欲设中西矿务公
司，唐炯入告，奉旨交云贵总督魏光焘等与弥乐石议，历七阅月始
竣。乃入奏，略谓：一，初议限制中国公司延聘矿师，贷用洋款，后亦
不入别国洋股，专用英、法矿师，定议；一，运矿自修铁路，接通滇越
干路，订明俟干路成时再议，并禁售票搭载客货，预存限制；一，公
司收买山地，按民间租价，公平租凭，地由滇官指交，价由公司照
给，逾限三年不办，原地归还业主；一，完纳矿税，议定按出井出炉
矿质，每百抽五，抵纳税课，并派员分矿监收。适弥乐石由滇入京，
向外务部催订合同，外务部告以矿地未定，未便先议章程，并不准
揽办全省。弥乐石允指澄江、临安、开化、云南、楚雄等府及元江州、
永北厅凡七处，载入章程第一款内，将原议"嗣后别国公司概不准
来滇办矿"，改为"嗣后别国公司概不准在公司所指之地勘采"，以
清界限。弥乐石以原议包办全省矿利，故愿岁给京铜一百五十万
斤，并津贴员弁兵勇护厂银二万两。今既改为七处，应请减议定缴
京铜一百万斤。护厂费由公司给发，不拘定数。招募土勇，改为禀
请地方官招募，遴选武官一员管带。遂定议。惟第一款内载有"公
司寻出之金、银、煤、铁、五金、白铜、锡及火油、宝石、硃沙矿，允给
公司承办"等语，滇督魏光焘以矿类白金、白铜、锡三项为原章所
无，因咨外务部，请照滇中前定原章，照会英、法公使，转令弥乐石

仍将三项删除。

二十九年,总理外务部庆亲王奕劻与法使吕班订《滇越铁路条约》三十四条:一,铁路自河口抵蒙自,或由蒙自附近至云南省城,日后拟改,须彼此商准;二至四,勘路绘图及交地购地各事;五,各项厂栈同时开工;六,铁轨宽一迈当;七,铁路经过地方,不得损坏城垣公署;八、九,购料及挖取沙石、采伐林木各事;十,运路及暂时兴工各地,用竣后即交还;十一,干路造成,商接支路;十二,各执事凡须专门学者,可用外国人;十三、四,工匠之招募管理及赏恤伤亡、惩办犯罪各办法;十五,巡丁可募土民,不得请派西兵;十六,洋员请给护照事;十八,租赁房屋事;十九,不得损及民人产业,有则赔偿;二十,火药炸药之运制及防险;二十一、二,运货纳税、免税各例;二十三,收费、减费、免费各例;二十四,铁路不准载运交盐及西国兵械,如中国有战事,悉听调度;二十八,设专门学堂;二十九,设电线、电话;三十一,滇省派员襄助公司;三十二,定公司补偿中国查看费,各员来往照料费;三十四,此路十八年期满,中国可与法国商议收回。是年,法人因吉林教案索赔偿。三十年秋七月,法使馆交还钦天监观象台仪器二十八件。三十一年春,法商欲自上海至绍兴行轮,阻之。是年与各国定值百抽五税则,法有违言,久之始允。三十二年春正月二十九日,南昌县知县江召棠被杀于天主堂。先是召棠办教案颇持正。法教士王安之因上年茬港教案,有二教民邓贵和、葛洪泰在南昌县监禁,强请释放,召棠向索纵囚,其一匿法教堂中,王安之不交,函约召棠会饮,被杀。民情大愤,集众毁法教堂,伤毙王安之及教习等数名,并波及英教堂,久之始定。法人欲坐召棠自刎,及派兵船来赣责偿。命鄂督张之洞查办,屡执忤伤单及医凭单与争,终徇其请,赔以法银二十余万。三十三年,法遣领事入滇商办事。六月,蒙自法邮局设代收递人役,诘之。九月,索还法人所占塘沽码头。宣统三年,与四国银行定《粤汉川汉铁路借款合同》。原借五百五十万金镑,五厘行息,专为筑造粤汉、川汉两路,法与英、德、美均与焉。

清史稿卷一五六

志第一三一

邦交四

美利坚

美利坚在亚美利加洲。初来华,货船常至粤东。道光二十一年,英因鸦片之役,诏停贸易,美为英人请准货船入口,不许。二十二年,与英和,许宁波互市。美商船由定海驶至宁波,请报税通商,浙抚刘韵珂以闻。朝旨以美通商向在粤东,不许。已,复请增商埠,将军伊里布以闻,许之。命与英并议税则。明年三月,美商船驶至上海求通商,拒以税则未定。既闻英《通商章程》已议定,复请援英例开市;又称进口洋参、铅斤二项税则繁重,请减轻,以百斤取五为率。江督耆英等以洋参、铅斤岁来无多,允酌改。美人福士又请入觐,不许。冬十月,福士忽称有使臣顾盛来粤,仍求觐见,并递国书,欲与中国商议定约,并称没兰的弯兵船欲赴天津。谕令折回,不省。二十四年四月,美兵船进黄浦,阻之,答以进口专为约束商民,防范海盗,无他意。又责中国款待,要求甚坚者十款。耆英等屡与驳诘。于是酌定条款:如商船纳钞已毕,因货未全销,改往别口转售,免重征;又商船进口,并未开舱即欲他往,限二日出口,不征税钞;又商船进口,纳清税饷,欲将已卸之货运往别口售卖,免重纳税钞;此外又许其于贸易港口租地建礼拜堂及殡葬处所;又许延请中国士人教习方言、佐理笔墨,及采买中国各项书籍。又增入商人擅赴五口

外私行交易、及走私漏税、携带鸦片及违禁货物,听中国官自行办理治罪一款。遂定议。寻进国书,耆英请赐诏书褒美,许之。

二十六年,谕通商、传教只许在五口,不得羁留别地。缘美人在定海传教非条约所许故也。十一月,美使义华业来粤呈递国书,初欲入觐面呈,耆英等以条约折之,乃已。咸丰三年七月,美酋马沙利来粤接办本国公使事务,赍有国书,仍欲进京投递。中国持定约不许。时贼氛未靖,美兵船忽至沪,扬言往镇江等处察看贼情,并整顿海口商务,如督抚不与会晤,当缮奏赍往天津投递。苏抚许乃钞以闻。命赴粤听钦差大臣察办。同时美兵船又入琉球,琉球王世子咨闽浙总督王懿德,懿德以闻。命粤督叶名琛晓谕,使撤回兵船。四年六月,美人麦莲至上海,要求赴扬子江一带贸易,请代奏。江督怡良谕令回粤,候叶名琛察办。麦莲返粤,名琛不予接见,乃复回上海,与英、法人往见苏抚吉尔杭阿,要求赴天津变通成约。吉尔杭阿拒之,不听。既而船至天津,命长芦盐政文谦等复阻之。仍以进京求觐为词,递清摺要求十一款,驳之。惟华洋诉讼、豁免积欠及广东茶税每担加抽二钱,允与商办。麦莲等遂去。

六年,美人伯驾来粤请换约。时英人包令、法人顾思同至,亦请换约,与伯驾同赴天津。朝命叶名琛阻之。旋驶至福建递国书,要求公使驻京、中国遣大臣驻美京华盛顿。朝命闽浙总督王懿德约回广东,严词驳之,伯驾不省。八月,偕本国水师提督奄师大郎乘火轮至上海,云奉国主命,必须入京觐见,屡谕不从。是年减免美在沪未缴关税,因粤贼滋扰,美商受损失故也。七年十月,美遣新公使列卫廉来粤代伯驾,会英人虏叶名琛,省城被据,美人来沪投递牒大学士裕诚文,愿劝和。裕诚覆以已命黄宗汉赴广办理外国事务,可速赴广东会晤。八年二月,美随英、法调兵船来津,命直隶总督谭廷襄等接晤。美使与俄使普提雅廷同见廷襄,欲变通旧约,未允。五月,命大学士桂良、吏部尚书花沙纳为钦差大臣,与美使列卫廉定约。初,美条款要求添商埠、保教民、立塔表、铸银元、赔损失、防凌害、船支驶扬子江及粤东珠江并各支流、文移达内阁、使臣驻北京、丈

量船身计吨纳钞法、以各用法律治本国人民、特援最惠国利益均沾之例载入约中，迄未行。至是，复请。

冬十月，定《通商税则》，桂良致书美与英、法使臣议通商善后事，极陈领事之弊。美列卫廉覆书，略谓："美国商民进内地，按天津条约，利益均沾，是则美进内地所有请执照等情，应同英、法一例。俟国主及国会议允批准和约后，必明立律例交领事，禁止不请执照或强请执照等事，致免国民违犯中国宪典。又整理有约、无约各国之法，本大臣向知此事应变通，今请将中国所能行者略为陈列。按泰西各国公使，凡此国领事奉遣至别国者，若不得所往之国准信延接，即不得赴任。今凡有称领事，而中华国家或省宪地方官不肯明作准信延接者，彼即无权办事，是则中国于此等兼摄领事即可推辞不接，已延接者亦可声明不与交往。设有美国人兼摄无约领事，藉作护身符以图己益者，地方官可却不与延款，遇有事故，令彼投明美国领事，自应随时办理。间或美国人兼摄领事，而代无约商民讨求地方官协助申理，地方碍情代为办理者，亦可对彼说明，并非职守当然，只由于情面而已。又若此等自称领事，有与海关办理船支饷项事宜者，地方官可却以必须按照条约遵行。倘彼固执己见干犯则例者，中国地方官应用强禁阻。前在天津时，本大臣照会桂中堂、花冢宰，以中国必须购造外国战舰火轮船者，特为此故，足征所言非谬也。又领事不得干预贸易，现美国定制，凡干涉卖买者，不得派作领事官。又领事与地方官争论，前此动多牴牾，本大臣深为恨愤，业经设法将一切事宜妥为办正。嗣后果有仍前事款，请照知本大臣，定当修正。若领事官不合之处，地方官按理据实，直斥其非，不与共事。此最善之法也。总领事之设，美国奉使驻扎中华者，从无此制，领事官亦无发给旗号之事。本大臣复严谕领事，嗣后不得有此。以上据问直达。犹有管见须照知者，中国宜立国家旗号，俾中国公私船尽行升用。盖美国制度，凡本国人必用本国旗号，泰西各国莫不皆然。今中华贸易之盛，而无旗号以保护，何不亦仿他国之法，使商船与盗贼有所区别，而免商民之借用与假冒外国旗号哉？"

桂良据奏。厥后中国造轮船、购战舰、用龙旗，多采其议。

九年夏五月，美使华若翰遵沪约，改道北塘呈递国书，谕旨嘉奖。七月换约，还所掳前附和英人之蒋什坡。美使回沪，请照新章完纳船钞，及在潮州、台湾先行开市。钦差大臣两江总督何桂清以前大学士桂良等给与照会，言明各口通商，俟英、法条约议定，再照新章办理，不服。乃允先开潮州、台湾两口市，及照新章纳船钞，余仍从缓。十年，美船随英法联军北驶。是年美国书及原本《条约》、《税则》遗失，特命苏抚薛焕先与说明，照俄国一律，以通行刊本为凭，美人许诺。

十一年四月，始至汉口通商。旋立九江市埠。先是三月，美水师总领施碟烈伦以火轮船至九江，寻去。至是，美商择地，勘定九江城西琵琶亭空地三十亩，以地势低洼，兴工建筑，居民以未给价，阻之。领事别列子始赴道署，许照英国价例给发。九江关监督以此地在大街繁盛之区，与龙开河偏僻有水者不同，驳诘之，别列子去。监督因牒驻汉口总领事，始许依民间卖买，又增索至五十亩。是为美立九江市埠之始。秋七月，美设领事于汉阳，并代理俄国汉口通商事务。又为美人在汉设领事之始。

同治元年，粤贼陷苏、太各城，上海为各国通商之地，苏松太道吴煦招募壮勇，雇洋人领队。有美人华尔者，煦令管带印度兵。既印度兵遣撤，煦令华尔管带常胜军，协守松江，屡出讨贼有功，奏给翎顶。又白齐文者，亦美人，因华尔进，命并在松江教习兵勇，协同官军剿贼，屡立功。华尔旋攻慈溪阵亡。秋七月，美伯理玺天德林肯亚伯刺罕遣使蒲玲塔安臣致皇帝书。二年，白齐文不遵调遣，殴伤道员杨坊，并劫饷四万余元。事闻，褫白齐文职，命苏抚李鸿章拿办。白齐文匿英兵舰，美使蒲安臣以白齐文为美国人，覆牒为代办无罪。总署以白齐文受中国官职，应照中国法律惩办。辩驳久之，美使始代白齐文认罪。白齐文寻投贼被获，牒美使卫廉士述其罪状，请照前议亟予正法。美使覆以请示本国，白齐文寻溺死。

六年十月，以美卸任使臣蒲安臣权充办理中外交涉事务使臣。

时外洋诸国公使、领事等先后来华,于是特派蒲安臣,以英人柏卓、法人德善为左右,协理志刚、孙家谷二员同往会办。缘蒲安臣充美公使最久,中外交涉,总署深相倚任,故特派往。特与议定条款,凡事须咨总署核定,准驳试办,以一年为期。又以中外仪节不同,呈递国书,须存国体。又虑各国因蒲安臣系西人,以西例优待,当告以中国体制,使各国了解,不致疑中国将来无报施之礼。迭咨蒲安臣,蒲安臣遂西。

是年,美罗妹商船至台湾之琅峤洋面,遭风船破,被生番戕害。又前有美商船罗发遭风飘至台湾极南海岛,亦被害。至是,美住厦门领事李让礼欲坐兵船赴台住泊。八月到琅峤,会台湾镇总兵刘明灯究诘此案,而龟仔角生番纠集十七番社谋抗拒,刘明灯招番目卓杞笃往谕,始知五十年前,龟仔角一社之番,悉被洋人杀害,仅存樵者二人,以致世世挟仇图报。因谕番人解散,劝李让礼无深究,免再结仇。李让礼许诺,遂议结。既而让礼请在象鼻山设立炮台,未允。

七年春二月,美使来言,前年九月有本国商船两支在高丽搁浅被害,尚余四人,请转知高丽,设法救护。政府请高丽自行查明酌核。六月,美人派兵船入高丽,国王李熙奏闻。中国查明并无羁留贸美人情事,函致美使代为解释。美使乃无言,其兵船亦启碇去。

是月,蒲安臣等至美递国书,并增定条约,其要目有八:一,美国与他国失和,不得在中国洋面夺货劫人;二,除原定贸易章程外,与美商另开贸易之路,皆由中国作主;三,中国派领事驻美通商各口;四,中、美奉教各异,两国不得稍有屈抑;五,两国人民互相往来游历,不得用法勉强招致;六,两国人民互相居住,照相待最优之国利益均沾;七,两国人民往来游学,照最优之国优待,并指定外国所居之地,互设学堂;八,美国声明并无干预中国内治之权。其时曾国藩等鉴别于道、咸间条约失利,特建议遣使往订此约,于领海申明公法,于租界争管理权,于出洋华工谋保护,且预防干涉内治云。九月,美使劳文罗斯来华递国书,并呈书籍及五谷各种,请换中国书籍、谷种,许之。

九年三月,美遣镂斐迪充出使中国大臣,递国书,前使劳文罗斯回国。四月,中国出使大臣蒲安臣在俄病卒,特予一品衔,给恤银万两。

十年正月,美致朝鲜函,请中国代达,谓将以兵船前往商办事务。中政府以权宜许为转达。旋接朝鲜咨,谓美使所投封函,专为曩年美商船来韩,一遭风遇救,一人没货无,以为一救一害,相悬太甚,欲请究治。朝鲜以己国无残害美船之事,不允所请,并请中国降旨开谕美使。美使以降旨开谕,是以属国相待,不受。乃以兵船抵朝鲜胁之。朝鲜人不服,与力争,并报中国牒美使解之。十二月,美请援例开琼州商埠。

十一年春二月,许美国领事官代办瑞士国商务。瑞士国一名苏益萨,又称绥沙兰,其商船至中国,向以无约小国不设领事官,至是请美领事官代办商务。美使牒称遂次兰国,总署覆美使,以瑞士事务只可照料,不能兼摄,至通商纳税等事,仍照向来无约各国只许在海口通商,其内地口岸及内地游历设局招工等事,均不得一律均沾。美命名照覆更正遂次兰为瑞士。美领事虽得照料瑞士国商务,不得称瑞士国领事官。十二年春,穆宗亲政,美随英、法、俄、德请觐见。十三年,美使镂斐迪回国,以艾忭敏为驻华全权大臣,觐见面递国书。

光绪二年十一月,美旗昌公司归并中国招商局,南洋大臣沈葆桢奏请给价银二百二十万两,报可。四年,出使大臣陈兰彬等莅美呈递国书,旋请设领事,言华人侨美各邦约二十余万,不设领事,无以保护华民。奏入,许之。五年,美前统领格兰忒来华。值日本灭琉球,政府因格兰忒将游日本,托其转圜。格兰忒至日本,函劝中国与日本各设领事,保护琉球中部,其南部近台湾,为中国属地,割隶中国,北部近萨摩岛,为日本属地,割隶日本。两国均不允。又请派员会议,卒不得要领。

六年七月,美遣使臣安吉立及修约使臣帅腓德、笛锐克来华,请与中国大臣议事,总署以闻。并言:"同治七年中国与美《续增条

约》，其第五款内有“两国人民任便往来得以自由”等语。近来金山
土人深嫉华人夺其工作，不能相容，上年美议院曾有限制华人之
议，经其总统据约批驳。去年彼国开议，又欲苛待华人，经副使臣容
闳牒外部，言与约不符，始将此例停止。是华人在彼得有保护者，惟
恃《续增条约》之力居多。今遣使来华，恐有删改《续增条约》之意，
请派员商议。”奏入，命总署大臣宝鋆、李鸿藻为全权大臣，与美使
议约。初，美续约第五款只言两国人民往来及游历贸易久居等人，
无“华工”字样。至是，美使安吉立等递修约节略，内称华工分住各
口不下十万人，于本国平安有损，请整理限制禁止。总署以禁止一
层与旧约不符，惟限制一层尚可酌拟章程。安吉立等以章程须由本
国议院酌定，此次来华，只求中国一言，许其自行定限。总署遂入
奏，与安吉立等议定四款：凡传教、学习、贸易、游历人等仍往来自
由，其已在美华工亦仍旧保护，惟续往承工之人，定人数年数限制，
不得凌虐。遂画押盖印，期一年两国御笔批准互换。既而美金山于
中国招商局和众轮船进口有额外加征船钞货税之事。出使美国大
臣陈兰彬等请乘美派人来华议约之际与交涉。时美使安吉立亦牒
总署，询中国徵收美国各船税钞与征收中国及别国船税钞是否相
同，又中国在常关纳税钞之船是否均与新关纳税钞之船相同各等
语。又欲将两国商民贸易有益之事，及两国商民争讼申明观审办
法，加入约款。总署以商民贸易一款，原可随时商办，观审一款，本
《烟台条约》所载，此次申明与原议亦无出入。因与定议，仍候两国
御笔批准互换。明年六月钤印。

　　八年三月，美欲与朝鲜结约通商，遣总兵萧孚尔为全权大臣，
乘兵船往议约。朝鲜遣余允植赴保定谒见李鸿章，请代为主持，与
美使商议。美使旋出所拟约稿，其约稿未提明朝鲜为中国属邦。鸿
章请删改，萧孚尔执不允。会美署使何天爵在京，与总署议，允增
“属邦”字样，而内治外交仍许朝鲜自主。

　　九年，出使美国大臣郑藻如请于美纽约设领事官，略言：“美国
西通太平洋，以金山埠为首站，东通大西洋，以纽约埠为首站，两埠

为往来必经之路。金山业设领事。近纽约华民往者日见增多,土人不无嫉忌。兼以古巴一岛与纽约水路相通,华民由古巴回籍者必假道纽约,实为通行要路。请仿金山例设领事以资保护。"报可。是年美与朝鲜换约,遣使驻朝鲜汉城,朝鲜遣使报之,仍咨中国,礼部仅报闻而已。十年,中、法因越南启衅,招商局轮船商人筹照西国通例,暂售与美国旗昌洋商保管,旋事定,仍收回。

　　十二年春,美旧金山华民被美西人虐害,中国索赔,总统却之。粤人闻之,大愤,争欲起抗。粤督张之洞恐其滋事,一面晓谕粤民,一面致总署及驻美使臣与美交涉,请其赔偿惩办,因疏言:"出洋粤民所诉焚劫杀逐,种种遭害,胪列各案内,如光绪十年十二月,夭李架埠一案,焚铺逐商,劫财七万余元;十年七月二十五日,洛市丙冷埠一案,惨杀廖臣颂等二十八命,伤十五人,焚毁铺屋财物值十四万余元;七月二十八日,舍路埠一案,惨杀莫月英等三命,焚烧煤厂,约值数万,旋将华人尽逐;八月十一日,倒路粉坑一案,枉杀李驹南等五命;九月二十八日,喊罢埠一案,焚逐失财数万;十二月初四日尾矢近地一案,惨杀伍厚德等二命:皆为无辜被害。其余密谋杀害,不可胜纪。以致卓忌埠、礼静埠则有被逐之事,兴当埠、拓市埠、喜路卜埠、铃近埠、匿架市埠、洒市埠、钵伦埠、云乃埠、坎下埠、古鲁姐埠、粒卜绿埠亦皆有定期议逐之事。其金山大埠,华民住房则有十苦之诉,洗衣裳馆则有六不近情之诉,统大小各埠工商人等则有七难之诉。所谓十苦者:金山大埠住房,每人限地八尺,不足八尺者查挐监禁,谓之挐房。挐房之苦,计地少绌,同居概捉。一也。监后寓财,尽窃无追。二也。回华有期,暂寓被禁。三也。到埠资乏,借寓亦挐。四也。畏捉夜行,卧街被打。五也。工艺出监,无处佣食。六也。监房地狭,疾疫益增。七也,入监勒银,始任赎出。八也。监郁鬓乱,被剪违制。九也。昏夜巡查,破窗越屋。十也。所谓六不近情者:洗衣馆八九百间,木楼木屋,历数十年,乃借防火私擅,勒令改建砖楼铁门,既非美廷所命,别处又不一律。一也。拆改不独劳费,工众无处容身。二也。砖铁本重租贵,主客两受其害。三

也。晒棚谬谓惹火，别处楼棚更多。四也。任意拿人罚银，被扰至百间。五也。洋馆木楼晒棚，何以不用此律？六也。所谓七难者：一为欲守业之难，二为欲拒匪之难，三为求保护之难，四为居散埠之难，五为居大埠之难，六为业工者之难，七为业商者之难，等语。又言金山各埠，始则利华民之工勤价省，多方招徕开矿修路诸工，美商藉华工以获利者，不知其几千亿万。乃因埃利士党人嫉妒把持，合谋驱逐，残毒焚掠，以夺其资财，勒逼行主辞用华工，以断其生路。华工既无生计，华商亦遂赔折穷蹙，留不能留，归不能归，保护亦无从保护，情形实为危惨。假如将此十余万华民尽行驱归中国，沿海各省何处容之？既属可怜，亦多隐忧。此外南洋诸埠，设皆踵事效尤，何堪设想？美与中国虽无嫌隙，但此事系由美境土人专利而起，其视华工究不免稍分畛域。且美车官员，近亦多有埃利士党人在内，多设苛政，实有此情。应请敕催美国严惩速办。"初，沙面烧洋房十四间，偿款至钜。至是，出使美国大臣郑藻如电张之洞，请查案援例。之洞以金山杀掠重情，过之十倍，应照本案华民所失之数赔足，并须财命两究，电覆令与交涉。先是美使田贝允电本国速办。时新任张荫醒为美使，仍留郑藻如会同经理。既而美调兵缉匪，毙匪一名，伤数名，美总统及议院亦渐议护禁，久之始允赔。

寻议寓美华工约，定约六款：首言中国以华工在美受虐，申明续约禁止华工赴美；次言华工在美有眷属财产者，仍准往来；三言华工以外，诸华人不在限禁之例，并准假道美境；四言华人在美，除不入美籍外，美国仍照约尽力保护；五言华工人被害各案，美国一律清偿；六言此约定期二十年互换。议定画押，复命张荫醒再与筹议。荫醒以三端要美；一，请酌减年限；二，请订约以前回华之工，如有眷产，亦可禀报中国领事，补给凭批回美；三，回华工人在美财产不及千元者，作何办法，亦应商及。议久不决。

十四年四月，广西桂平县美教士富利淳医馆被毁，领事索赔五千余元，拒之。时粤民愤华工见拒，群起抵制，且归咎张荫醒。会命翰林院侍讲崔国因代为美日秘国出使大臣。十六年，国因到美，美

户部忽订新例,于假道华民入境,索质银二百元,出境发还。下议院又议立限清查寓美华民户口给照。国因力与辩,例旋废。初,金山新例,拘执华人令徙迁者限地界,以华工居处不洁酿疾为言,至是始废例销案。时换约期将届,适杨儒出使,总署又以商改新例事委之。儒莅美,值美迫行华工注册新例,当援条约驳诘。美外部始商允议院展限半年,被拘工人释放,而于注册之例坚不改移。华工以例专分别新旧工人,旧工固有安居乐业之便,而新工因限禁,不能到美,屡倩律师控诉察院,欲除此例。美外部以例经议院议定,不能废,仍限华人注册。而总署电儒,以先修约、后注册为关键。儒当牒外部,并就十四年约稿删去赔偿一款,易为互交罪犯;原约二十年之期改为十年。旋又接总署电,言美必欲先行注册,拟令寓华美民亦注册以相抵制,屡议不决。既美外部谓交犯一款,与限禁华工保护华民不相涉,应另订专约,不列款内;十年之期,可以允从,寓华美工,亦听中国注册。杨儒力争寓华之美国教士亦须注册。遂拟除工人外,寓华别项美民,自换约日起,美政府允每年造册一次,报知中国政府。乃定议,并于第五款中寓华别项美民下,注包括教士在内。二十年二月,画押盖印,是为《重订限禁华工保护华民约款》。又立《互交罪犯约》。

约既成,杨儒复筹寓美华民善后事宜,因上言:“华工在美,始自咸丰年间。光绪六年,始有限制工人之约。华人寓美,洋人指为风俗之害者,约有三端:一曰鸦片,一曰赌博,一曰械斗。今惟有将此诸弊力图革除。一在申明律例,治以各项应得之罪,中国不为祖庇;一在详示教条,使知目前限制之故,皆与烟赌械斗各弊有涉。俾各愧奋改图,庶不至为人厌薄,此治本之法也。至于治标之法,一在严禁冒商,俾真商不至受累;一在疏通工路,使新来之工得以谋生海外。如此,不独华民生计可纾,即中外邦交,从此愈固矣。”是年,中、日启衅,美代中国保护在日本华商。明年,四川、福建教案相继起,而古田案尤剧。美与英、法均请中国偿款办犯,议久不决。既而美使田贝函总署,称有各国耶稣教人公举在华办理教务教士李提

摩太惠志,缮册摺拟呈查阅,请谒见,允之。

二十三年,美人在上海侵占租界外地。初,美所租同治初年止九百余亩,后美领事西华自画界,圈入未租民地万余亩。光绪十九年十月,两江总督刘坤一饬将界线内东北未租地收回二千六百亩,而于西北界外所占之地未及清厘。至是,美领事在苏州河边自立界石,而河内地起建楼房。署两江总督张之洞请与英、法界外侵占同严禁,疏入,交议。

二十四年,出使大臣伍廷芳见德与中国因胶州失和,请联美,略谓:"美合众国,其保邦制治,国律以兼并他洲土地为戒。溯自海上用兵以来,美兵船皆由英军牵率而至。道光二十一年,粤东议款,美实居间排解,遂得定盟。咸丰九年,英、法兰入大沽,毁我防具,美守前约,船由北塘驶入,呈递国书,情词谦逊,先换约而归。是通商以来,美视诸国最为恭顺。此次守约惟谨,不肯附和。虽因古巴议自主,檀岛议兼隶,近在同洲,大局未定,不遑远略,亦因与我交谊素笃,故不从合从之谋。若能联络邦交,深相结纳,似与大局不无裨益。"又因檀香山归并于美,请设领事,保护华民,略谓:檀香山居太平洋之冲,前本君主,后改民主。近因弱小,求庇美邦,设为行省,美议院业经议行。此岛华民不下三万人,向由商董立中华会馆,排难解纷。光绪七年,曾令商董陈国万为领事。后美禁华工抵埠,华民出洋,皆趋檀岛,请设领事。"报可。

是年中国议修卢汉、粤汉、宁沪、宁汉四路,借款各国,美国愿贷四百万镑于粤汉路,旋聘美工师勘路。二十六年,拳匪作乱,各国联军入京,既各国会议条款,美惟增教案、被议人员不准复用之条,余未与附和。会俄与中国订退还东三省约,中国复请美政府排解。明年,和议成,议偿款四百五十兆,美所得偿金三十二兆九十三万有奇,合美金二十四兆四十四万余元。除给商人损失及海陆军费外,尚有溢出数十二兆七十余万元。美总统罗斯福向议院提议,溢出金仍还中国,助中国教育,即以此款为格致学生留美之用。议行牒中国,中国特遣专使唐绍仪赴美申谢。既而各国赔款欲改银为

金,以金价算。美为商劝各国,并谓众议合索四百五十兆两,由各国自行均派,中国不管其易作何项金钱,是此项赔款,照约载金价核算,即四百五十兆海关银数,照约银数付还,亦即与用金付给无异。美旋允照约还银。

二十八年春三月,议各国商约,美使不愿加税至十五,免厘与否,听中国自便。是年,命吕海寰、盛宣怀议美约,与美使迭次磋商,张之洞、刘坤一通电参酌,始定议。因上言厘定约款十七条,大致与英约相同,而其中得失损益,稍有区别。第一款曰驻使体制。美使原送约文,声明驻使可以行文各省将军、督抚、驻扎大臣;驳以美国向由外部转行,中国亦系由外务部咨转,不能两歧,驳令删去,改为中国驻使为美国优待,是以美使驻京,中国亦一律优待,以昭平允。第二款曰领事权限。报施一如驻使,而声明美国领事按例妥派,外务部按照公例认许,如所派不妥,或与公例不合,我即可不认,冀以挽回主权。第三款曰口岸利益。此系查照日本旧约,不能不许,因即比照日约核改妥协。第四款曰加税免厘。此为全约主脑,美使初只允加至值百抽十,并请我裁内地常关,又不提明销场出厂等税,以为中国主权所系,不欲有所干碍,屡费磋商,动至决裂。臣等往复电酌,彼始允加至十二五,其所裁内地常关之税,任我改抽出产税以为抵补。窃思内地常关不过十余处,各省土货未必悉所经由。按照英约载明进出口货加税后,均得全免重征,则内地常关亦只能征土货运出第一道之二五半税。若非第一常关,则并无税可收。至土货未经第一常关征过二五半税者,出口时仍须征足七五之数,是常关虽裁,亦无大碍。今既任我改抽出产税,则从源头处抽收,较无遗漏,似更合算。当时尚以与英约两歧为虑,美使自认将来劝英照办,只得允裁。至于销场税、出厂税及议增之出产税,美使虽不愿详载名目,而于专条中声叙本款所载各节,毫无干碍中国主权征抽他等税项之意,以浑括销场等税,保我主权。第五款曰税则附表。彼请美国人在中国输纳税项,较最优待之国,不得加重另征。臣等索其增入中国人民在美国纳税亦如之一节。第六款曰准设关栈。系照

英约酌办。第七款曰振兴矿务。前半悉照英约，彼请准美国人遵章开办矿务。此本路矿衙门定章所许，因订明美国人民办理矿务居住之事，应彼此会定章程，以资钤束。第八款曰存票抵税。第九款曰保护商标。均与英约意义相等，而于存票款中声明除去船钞一项，以补英约所未及。第十款曰创制专照。此款深虑有碍中国工艺仿造，驳论再三，改为俟中国设立专管衙门，定有创制专律后，再予保护，其权仍自我操。第十一款曰保护版权。即中国书籍翻刻必究之意。与之订明，若系美文由中国自翻华文，可听刊印售卖；并中、美人民所著书籍报纸等件，有碍中国治安者，应各按律例惩办，为杜渐防微之计。第十二款曰内港行轮。前两节照英约大意，声明嗣后无论何地修改，应由我查看酌办；末节如奉天府安东县开埠事，扼定自开，而办法略有变通。第十三款曰改定国币。将英约所附照会纳税仍照关平一节，增入款末。第十四款曰辑睦民教。教民犯法，不得因入教免究，并应遵纳例定捐税；教士不得干预中国官员治理华民之权，详晰列明，冀资补救。第十五款曰治外法权。第十六款曰禁止吗啡鸦片。皆我索其增添，与英约一律。第十七款曰修约换约期限。系照立约通例。复于约款之外，另行订附件三端：一为内地征抽鸦片、盐斤税捐之事，及保全税捐防范走漏之法，均任由中国政府自行办理；二为所留通商口岸之常关，设立分关，保持税饷；三为申明第五款所载税则附表，即前定切实值百抽五之税则，至内地常关虽裁，并不藉此以裁北京崇文门并各城门及左右翼等处之税，由美使备一照会存案。又第四款不碍征抽他等税项一语，尚涉笼统，由我备一照会，声明他等税项，即系包括销场、出厂及改抽之出产各税，应仍听中国自行办理。彼亦复一照会，言明彼此意见相同，分别签押盖印。是为《中美商约》，一名《通商行船条约》。

三十年春，美公司背约私售粤汉股票于比利时，允比在湘造湘阴过常德至辰州一路。张之洞致湖南巡抚赵尔巽请力阻，并援合同第十七条专讬美公司，不得转与他国人为主旨。湘人议自承办，禀请废约，赵尔巽力主之。时张之洞已奉廷寄废约，遂以三省绅民力

持废约电致盛宣怀。宣怀旋电出使大臣梁诚牒美外部,略谓:"美公司显背合同,必应作废。续约十七款不得转售他国。现查底股,比、法居多,事权他属。正约四十款禁别人侵坏合同,现派非美公司之锡度来华干预。全路工程逾限,广州一节,逾估甚巨,请牒外务部注销正续合同。"美政府覆牒允注销合同,仍不允废约。既而美公司举前兵部路提等代议路事,中国亦延美前外部大臣福士达、铁路律师良信等与之辩,始允再集股东议售股本购价,及合同特权等费,必须付现,又索赔给工程司执事人等合同未满撤退,及注销订购物料合同之用二十五万。久不决。至三十一年夏,始签字。久之,始以美金六百七十五万元还美,再加利息,定议签押。押时粤民因美禁华工,并苛待留美商民,私议抵拒美货,不果。三十二年,遣学生赴美留学。三十三年,美教士在河南信阳州所属鸡公山购地造房,豫抚张人骏执条约公法教规与争,始允撤房退地停工,卒延未撤销。

三十四年八月,与美订立公断专约。初,美使康格曾奉其总统命,向中国提议,与英、法一律订立公断专约。嗣以美总统与议院院意见不合,英、法约作废,因罢议。至是第二次和会和解纷争之约,又已画押,各国多互订公断专约,美亦与英、法、日本订约,中国即电致出使美国大臣伍廷芳,向美廷提议,遂订条约四款,凡关于法律意义或条约解释,为外交法不能议结者,皆属之。换约以五年为限。是年美约请各国在沪会议禁鸦片事宜,中国命南洋大臣端方等莅会。

宣统元年春正月,美使牒外务部,请免收东三省新开各埠一切杂税。旋由外务部咨东三省,复称不能免收。因复美使,谓:"现所收各税,于各埠试办章程并无妨碍。若必欲使洋货于抽厘一事毫无缪辖,自非实行加税免厘不可,中国固甚愿各国赞成斯举也。"五月,定留学生赴美名额,因美退还庚子赔款,为中国学生赴美游学费,议自退还之年起,初四年每年遣一百名,以后每年至少须遣五十名,遂订办法大纲。是年美工商部新颁华人入美保护例凡十条,大旨仍重在禁止限制华工影射赴美,而于商贾、教习、学生等游历

则从宽。牒外部立案,并同时通咨南北洋施行。二年九月,度支部大臣载泽与美使喀尔霍商定借款一千万镑,利息五厘,美招英、法、德、日结为借款团体,是为四国借款。

清史稿卷一五七
志第一三二

邦交五

德意志

　　德意志者,日耳曼列国总部名也,旧名邪马尼,居欧洲中原,同盟三十六国,而中惟布路斯最强。

　　咸丰十一年,布路斯及德意志诸国请照英、法等国换约,江苏巡抚薛焕不可。其使臣艾林波赴天津,呈三口通商大臣,请立条约。王大臣以闻,命总理各国事务、仓场总督崇纶充全权大臣,赴天津会崇厚酌办。布使呈《条约》四十二款,《附款》一条,《通商章程》十款,《另款》一条,《税则》一册,其代呈德意志公会各国部名,均照《布国条约》办理。既又称,日耳曼通商诸国欲在台湾之鸡笼、浙江之温州通商,并照各国驻京办事。"崇纶覆以日耳曼各国通商,均归布路斯统辖约束,只办通商,不得涉别事;并谕以京师非贸易之区,不能派员常驻;至鸡笼、温州二处,为英、法两国条约所无,不能增益。时当四国换约,法使哥士耆言:"日耳曼各国,其最大者为布路斯,此外尚有邦晏等二十余国,一切章程归布国议定。"崇纶等以所言告总署,总署令哥士耆代阻之。忽有布国人入京,直入辅国将军奕权宅强住。总理各国事务、户部左侍郎文祥赴英馆晤英使普鲁斯,言:"布国既不以礼来,我国即不能以礼往。"并告以"艾林波如或来京,亦当拒之,不得谓中国无礼也。"普鲁斯请牒知艾林波,令

迅速调回。未几，布人相率回津，而艾林波牒总署，犹要求如故。遂定议以五年后许派秉权大臣一员驻京，兼办各国事，余与《法国条约》略同。是为德意志与中国立约之始。约既定，总署又恐五年后布国派员来京，仿照英、法国住居府第，复函属崇纶等令其将不住府第一层载明约内。艾林波允递牒声明将来不住府第，由中国给一空间地基，听其自行修盖，许之。艾林波随来京诣总署谒见，未几回津。

同治元年冬，布使列斐士牒办理通商事务大臣薛焕、江苏巡抚李鸿章，谓换约一事，德意志公会内，除本国外，尚有二十二国，曰拜晏，曰撒逊，曰汉诺威，曰威而颠白而额，曰巴敦，曰黑辛加习利，曰黑星达而未司大，曰布伦帅额，曰阿尔敦布尔额，曰鲁生布而额，曰撒逊外抹艾生纳，曰撒逊麦宁恩，曰撒逊阿里廷部而额，曰撒逊各部而额大，曰拿扫，曰宜得克比而孟地，曰安阿而得叠扫郭定，曰安阿而得比尔你布而额，曰立贝，曰实瓦字部而鲁德司答，曰实瓦字部而孙德而士好逊，曰大支派之各洛以斯，曰小支派之各洛以斯，曰郎格缶而德，曰昂布而士，曰模令布而额水林，曰模令布而额锡特利子，曰律百克，曰伯磊门昂布尔。请将《和约》照录二十二册，钤印分送各国，薛焕等不许。久之，始议会同互换《和约》，列举德意志拜晏以下各国，不再分送。明年，列斐士复遣随员韦根思敦来京，要求分送各国《条约》，钤用江苏藩司印，并请收各国国书，许之。

三年春三月，布国遣使臣李福斯来京，欲见总署王大臣呈递国书。三口通商大臣崇厚以闻，并称布国坐来兵船，在大沽拦江沙外扣留丹国商船三艘。总署以布使不应在中国洋面扣留敌船，诘之。李福斯接牒，即将丹船放回二艘，并遣译官谢罪，总署始允会晤。

七年夏四月，布路斯君主维利恩复以李福斯为秉权大臣，来华呈递国书。八年，咸伯国商人美利士私在台湾大南澳境伐木垦荒，闽浙总督以闻。总署以美利士违约妄为，牒布使诘问，请其查办。十年春，李福斯递国书，言德意志各国共推戴布国君主为德意志国大皇帝，中国覆书致贺。是年李福斯回国，以领事安讷克为署使。十

一年,安讷克以条约十年期满,牒中国请换约,未果。李福斯复来,十二月,复递国书。明年正月,穆宗亲政,请觐见,许之。届时李福斯因病回国,署使和立本特备文庆贺,因声明将来本国命名臣朝觐,应按此次所定节略办理,许之。光绪元年九月,德国安讷船在福建洋面遭水贼杀毙船主、大夥,并毁其船,闽抚丁日昌当将犯拿获斩枭,并追赃一万三千余元。德使责中国赔偿,总署以《德约》三十三款明言不能赔偿赃物,不许。

二年,德以巴兰德为驻华公使。春三月,直隶总督李鸿章始遣游击卞长胜等五弁,赴德武学院学习陆军枪炮操法。巴兰德牒总署,催请换约。十月,巴兰德复牒总署索三事:一,洋商在租界内售卖洋货,不再抽厘金;二,发给存票,不立期限,并准其以存票支取现银;三,德商入内地采买土货,准携现银。又请于年内开办上海一口;又求在大孤山添开口岸,鄱阳湖拖带轮船,吴淞口上下货物三端。总署拒之,屡辩驳,不省。明年五月,遂偕翻译官阿恩德出京。既抵天津,往晤李鸿章,鸿章晓以两国意见即有不合,应往返商办,力劝之,巴使乃回京。总署促与开议,忽言俟十月间再议。是年德使馆定居东交民巷,仍纳租价。四年,以光禄寺少卿刘锡鸿为出使德国大臣,并递国书。刘锡鸿寻奏,闻德外务大臣促巴兰德速立新约,而巴兰德于吴淞起卸货物、鄱阳拖带轮船、内地租住店房三条仍力争,至是竟回国。明年闰三月,巴使复来华议约,仍著重前三条。时德丕里约夹板船至山东荣成县所属海面触礁,巴使要求赔偿,拒之。巴使又以天津紫竹林无德国租界,要求在法界以上另添租界,不许。是年闰五月,以候选道李凤苞为出使德国大臣。

六年春二月,朝廷因德约议久未成,特派总理各国事务、协办大学士、兵部尚书沈桂芬,户部尚书景廉为全权大臣,复与巴使开议。久之,巴使始允将"大孤山、翻阳湖及洋商入内地"删去,并照《英国新约》办法,彼此条款略相抵;惟江苏吴淞口一处,允德船支暂停泊,上下客商货物,章程仍由中国江海关道自订。遂于二月二十一日画押,并声明二:一,德国夹板在中国口岸停泊十四日以外

者,则自第十五日起,即于应交正数船钞减半,先行试办;一,第六款内"德国允,德国人等"条内有"游历"二字,德译与华文不符,应将德文字意更正。遂约自画押之日起,限一年内互换。已,巴使于六月三十日又来牒,称德国国法,凡议立条约,必须先问国会,国会允许,方能批准;本国国会约在明年,所议光绪七年三月初二日互换约章一款,请将期限改为光绪七年十月初十日。七年秋七月,巴使请定期互换条约,政府命景廉与巴使在北京总署画押互换,是为《中德续约》十款,并《善后章程》九条。

八年夏六月,德始与朝鲜议约,中国派员莅盟,声明为中国属邦。九年冬十月,议结德鲁麟洋行地亩案。初,广东汕头新开附地有海坪官地,中国欲填筑作为商埠,忽有德鲁麟洋行买办华民郭继宗谓系伊地,阴结德驻汕头领事沙博哈,及德水师兵船,竖旗强占。中国闻之,牒向德使诘问,并命出使大臣李凤苞与德外部辩论。时德相为毕士马克,电致巴使,命速令师船退出,并撤领事任。已,德使归咎中国地方官,屡请派员查办,议久不决。至是,总署从李鸿章议,令赫德派洋员会同粤员议办,遂办结。

十年,赠德皇景泰窑器,答历次派员监造铁舰、拨借鱼雷及兵船教习等事,修好也。十二年春二月,出使英国大臣曾纪泽将回华,德驻英公使伯爵哈子斐尔德遣参赞官伯爵美塔尼克来言,德皇暨德相毕斯马克欲与晤谈,邀临其国,遂游各制造局厂。十四年秋七月,德皇薨,命出使大臣洪钧吊唁,德命驻华公使巴兰德致谢。

二十年夏四月,德人阿尔和欲在汉口建火油池。初,德商在上海创设火油池栈,许之。既又欲于汉口购地踵建,不许。德使争辩,旋议将火油照市价收买,及偿造油制器各费,德使仍不从。明年,又请增开天津、汉口租界,许之。二十二年春正月,德外部马沙尔求在中国借地泊船,出使大臣许景澄以告。时李鸿章使德将还,留税务司德璀琳与德外部商办加税事,德廷谓须中国让给兵船埠地始允加税,德璀琳阻之,不省。

二十三年十月,山东曹州府巨野县有暴徒杀德教士二人,德以

兵舰入胶州湾,逼守将章高元退出炮台,占领之。德使海靖向总署要求六款:一,革巡抚李秉衡职,永不叙用;二,给天主堂建筑费六万六千两,赔偿盗窃物品银三千两;三,巨野、菏泽、郓城、单县、曹县、鱼台、武涉七处,各建教师住房,共给工费二万四千两;四,保以后永无此等事件;五,以两国人资本设立德华公司,筑造山东全省铁道,并许开采铁道附近之矿山;六,德国办理此案费用,均由中国赔偿。总署屡与折冲,始将第一款"永不叙用"四字删去;二、三两款全允;四、六两款一削除;五款许以胶州湾至济南府一段铁道由德筑造。议渐就绪,忽曹州有驱逐教师、杀害洋人之说,德使复要求租借胶州湾。二十四年二月,总署与德使海靖另订专条三章。一章,胶州湾租界:一,湾内各岛屿及湾口与口外海面之群岛,又湾东北岸自阴岛东北角起划一线东南行至劳山湾止,湾西南岸自齐伯山岛对岸划一线西南行至笛罗山岛止,又湾内全水面以最高潮为标之地,皆为租借区域;二,租借区域,德国得行使主权、建筑炮台等事,但不得转租与他国;中国军舰商船来往,均照德国所定各国往为船舶章程一例待遇;三,租借期限以九十九年为期,如限内还中国,则德国在胶州湾所用款项由中国偿还,另以相当地域让与德国;四,自胶州湾水面潮平点起,周围中里一百里之陆地为中立地,主权虽归中国,然中国若备屯军队,须先得德国许可,但德国军队有自由通过之权。二章,铁道矿务办法:一,中国准德国在山东筑造自胶州湾经潍县、青州等处至济南及山东界,又自胶州湾至沂州经莱芜至济南之二铁道;二,铁道附近左右各三十里(中国里)内之矿产,德商有开采之权。三章,山东全省开办各项事务:一,以后山东省内开办何项事务,或须外资,或须外料,或聘外人,德国有尽先承办之权。是为《中德胶澳租界条约》。

二十四年,山东日照教案起,德人进兵据城,案结仍不退。又中国拟修天津至镇江铁路,德人阻之,并欲自修济南至沂州一段,总署不许。又要求中国借德款,用德工程师。二十五年,山东高密民人阻德人修铁路,山东巡抚袁世凯谕解之,因立铁路章程,设华商

德商胶济铁路公司,立交涉局,招股购地丈量建筑。又立《胶澳交涉章程》十一款:一,两国交涉案件,须两国会办;二,德人游历,须发护照;三,两国交涉事,统由交涉官商办;四,青岛租界内华洋案件,归交涉官提讯审断;五,租界内华人牵涉德人案件,须德官会同山东交涉官审问;六,德雇用华民之案,须由德官审讯;七,华人案件,仍由华审断;八,租界外罪犯逃入青岛华民及德人住处者,分别由华官、德官提拿解交;九,华、德人在租界内外行凶,华德兵均可拿禁解交;十,华德官商办案件,须和衷;十一,重大案件,本省不能结者,由总署及驻京德使商办。

又与德议立《矿务章程》,未定,二十六年五月,驻京德使克林德为拳匪所戕。七月,德与英、法、俄、美、日本、荷兰、意、比、奥、瑞十一国联军入北京,推德将瓦德西为总司令。瓦德西入居禁城仪銮殿。时命李鸿章为全权大臣,入京议和。各国提出条款:一,中国政府为被戕德公使克林德置立石碑;一,中国政府应派亲王前往德国谢罪;一,将总理衙门撤去;一,严办祸首;一,废去大沽口及直隶各处炮台;一,禁止军装炮火入口;一,各省有曾经杀戮西人,停止乡试小考五年;一,有事直达中国皇上;一,驻华各使馆永远设兵保护;一,由京至海电报邮政设兵保护;一,国家公司以及私产均照赔。久之始定议,共十二款,而为克林德立碑京城,及遣醇亲王载沣入德谢罪,均如所请行。十月,获戕德使克林德犯恩海,交德驻京提督诛之。明年,醇亲王载沣至德,见德皇递书,时带荫昌一人,俱行鞠躬礼。

二十八年秋七月,德商在汉口华界逼近襄河口请设立趸船,驳之。时政府要求德及英、法、日本撤兵,德使闻他国有在扬子江独享中国特予权利者,请定明长江上下游进兵要隘不得让与他国,以定撤兵日期,拒之。三十年,与德会订小清河岔路合同。初,胶济铁路章程原不许擅行另造枝路,今为商务便利计,特委胶济铁路公司代办。是年,德水舰队拟入长江及各内河游巡演炮,阻之。

三十一年,德撤退胶州、高密两处兵队。初,德人在山东修造胶

济铁路,因高密民聚众阻工,先后由青岛派兵赴胶、高保护铁路。山东巡抚袁世凯派员查办议结,驻胶德兵旋即撤回青岛。既,拳匪滋事,德人又派兵分驻胶州,并于城北车站旁价购民地十四亩,修造兵房。二十九年秋,又于附近沈家河续租民地七亩,安设水管,以便取汲。高密兵队先驻城内,后又在城外古城地方议租民地九十余亩,修造兵房,议定以六个月为限。寻又修筑由古城至小王庄火车站马路一道。时六个月限期已满,东抚商令退兵,屡延展,至是始订《撤兵善后事宜》五款,遂议结。

又议商约,朝廷派吕海寰、盛宣怀为商约大臣。德人提出十四款,袁世凯、张之洞往返电商,海寰等与德使穆默、总领事克纳俱迭次会议,彼此坚持。至三十三年,始议定条约十三款,在北京互换。第一款,厘金:中国政府与诸国立约裁撤现有之厘金,加增进出口之关税以抵裁厘。此约须立约各国派员议决,德国政府亦允派员议结此事,惟中国须当担保厘金定必全行裁撤方可。第二款,住居:德国人民及德国保护之人民,准在中国已开及日后所开为外国人民通商各口岸或通商地方,往来居住,办理商工各业制造等事,以及他项合例事业;且准租买房屋、地基、经商之地及他项实产,并可在租买之地内建造房屋。第三款,关栈:中国政府允准在通商口岸设法屯积洋货及拆包改装等事。中国政府一经由德领事请将某德商或德国保护人民之栈得享关栈之利益,则中国政府须准如所请,惟须遵照海关所订之专章办理,以保饷源。海关官员又须与各国领事议定关栈专章,以及规费若干,须按照该栈离关远近,屯何货物,并工作早晚,酌量核定。凡在通商地方所设之关栈,德国人民及德国保护人民均准用之。第四款,矿务:中国政府振兴矿务,并招徕外洋资本兴办矿业,故允自签押此约之日起,于一年内,仿照德国及他国现行矿务章程,颁发矿务新章,以期一面振兴中国人民之利益,于中国主权毫无妨碍,一面于招致外洋资财无碍,且比较诸国通行章程,于矿商亦不致有亏。是以中国政府须准德国人民及德国保护人民在中国地方开办矿务及矿务内所应办之事。凡所办矿业,不得

因税项之故致其财源有所亏损，除征抽净利之税及矿产之地税外，不得另抽他项之税。第五款，货税：还税之存票，须自商人禀请之日起，如查系应领者，限于二十一日内由海关发给。此等存票，可用在各处海关，按所载银数，除子口税一项外，以抵各项出入口货税。至洋货入口后三年之内，转运外洋，凡执持此等存票者，即准任便在发给之港向海关银号按全数领取现银。倘请发存票之人意图走漏关税，一经查出，则须罚银，照其所图骗之数不得逾五倍，或将其货入官。第六款，保护商标：凡中国商标，一经呈出在中国各领事所给之据，证明此项商标已在中国认可，且实属于禀请之人者，均可在德国享保护之利益，与德国之商标相同。华商之姓名牌号，必须在德国保护，以免仿冒。德国商标亦须在中国保护，以防假冒，惟须呈出德国官员并领事所给之据，证明该商标实已在德国注册，德商之姓名商标以及中国行名均须保护。凡德商包裹货物之特法，在中国之同业曾已认为某行用以区别某项货物者，亦须一律保护。德国保护之人民亦能享以上所言之利益。商标注册局一经成立，保护商标章程亦已刊布，则中、德两国必须开议特约，以便彼此保护商档。至此约未议之前，以上之款必须施行。第七款，营业：中国人民购买他国营业及公司之股票，是否合例，尚未明定。又因华民如此购买，为数颇巨，故中国现将华民或已购买或将来购买他国公司股票，均认为合例。凡同一合资公司，愿入股购票者，彼此一律，不得稍有歧异。遇有华民购买德公司股份者，应将该人民购买股份之举，即作为已允遵守该公司订定法律章程，并愿按德国公堂解释该法律章程办法之据。倘不遵办，致被公司控告，中国公堂应即饬令买股份之华民遵守该章程，当与德国公堂饬令买股份之德国人民相等无异，不得另有苛求。德国人民如购中国公司股票，其当守本分，与华民之有股份者相同。凡寻常合资股东，及一人或数人有无限之责任，与一人或数人有有限之责任，为合资股东，在德属经商之有限合资公司注册，合办会社有限公司，及各项商业公司等，均须按照以上二节办理。兹并订明，本约告成之时，凡曾经呈控公堂而由公

堂判定，及不予准理之案，均与是款无涉。第八款，开埠：凡各国代其本国人民船舶索开之口岸地方，德国商人与德国保护之人民，及德国船舶，均可共享此益。第九款，行船：中国本知宜昌至重庆一带水道宜加整顿，以便轮船行驶，所以彼此订定，未能整顿以前，应准轮船业主听候海关核准，自行出资安设拖拉过滩利便之件。其所安设利便之件，无论民船、轮船，均须遵照海关与创办利便之人商议后所定章程办理。其标示记号之台塔及指示水槽之标记，由海关酌度何地相宜备设。将来整顿水道，及利于行船而无害于地方百姓，且不费中国国家之款，中国不宜拒阻。第十款，内港行船章程：前已特准在通商口岸行驶贸易，因是年七月二十八号及九月先后所订此项章程间有未便，是以彼此订明，从新修改。第十一款，圜法：中国允愿设法定为合例之国币，将来德国商人及德国保护人民并中国人民，应遵照以完纳各项税课及付一切用款。第十二款，禁令：一千八百八十一年九月二号中德条约附载之通商章程第五款第三节内开，“凡米谷等粮，德商欲运往中国通商别口，照铜钱一律办理”等因，兹彼此应允，若在某处，无论因何事故，如有饥荒之虞，中国政府先于二十一日前出示禁止米谷等粮由该处出口，各商自当遵办。倘船支为专租载运谷米，若在奉禁期前，或甫届禁期到埠尚未装完已买定之米谷者，仍可准于禁期七日内一律装完出口。惟米谷禁期之内，应于示内声明漕米、军米有无出口。如运出口者，应于海关册簿详细登记进出若干，其余他项米谷，中国政府必须设法一概不准转运出口。其禁止米谷以及禁期内应运之漕米、军米数目，各告示均须由中国政府颁发，以期共见。二十一日之期限，必须自京报登刊之日起计。限满弛禁之告示，亦须载于京报，使众得闻。至米谷等粮，仍不准运出外国。第十三款，中、德两国于本约以前所立各条约，除因立本约有所更改外，均仍旧施行。嗣后如有文词辩论之处，应以德文作为正义。

是年与德订《互寄邮件暂行章程》。订后，德使穆默牒总税务司声明三事：一，高密所设之德国邮局，应俟德军撤屯方能裁撤；二，

山东一带涉及德人之处，所有华局酌用德文人员；三，山东铁路允中国邮政得有任藉此路运送邮袋之权。总税务司得牒，均照允，惟酌用德文人员，谓须视有无人才，方能照办。会德人收中国商报，电政大臣袁世凯请外务部严禁。既而德允停收商报，并允中国电报局设在山东铁路车站。已，复又请由烟台至上海线及北京至大沽行军陆线求借用，拒之。又拒德商礼和洋行私购湖南矿产。

又德定济南、汉口、江宁等处领事兼管各处交涉事宜，照会外务部，略谓"山东省除登州府仍归烟台本国领事办理本国交涉事宜，并胶澳租地归驻青岛德国总督外，其余所有东省本国交涉事，统归驻济南商办事件委员经理。其烟台本国领事官，仅有登州府本国交涉事归其经理。又定明汉口本国领事应办本国交涉事宜，系湖南、陕西、甘肃三省。湖北除归宜昌领事办理各府外，并江西省之袁州府等处，悉归汉口本国领事经理。至驻江宁府领事应办本国交涉事宜，系安徽、江西二省。除归汉口领事之袁州府外，又江苏省之江宁府等处"云云。

是年德福亲王来京觐见。德皇子婚礼，命出使德国大臣荫昌往贺，并派学生往柏林留学。三十二年二月，德人始在津关请领联单，赴新疆采买土货。三月，德使穆默牒中国，请派员往柏林商议无线电会约章，政府约二次开会再行核办。闰四月，德交还天津马队营盘等处房地，并炮队、机器枪队、屠牲场、养病院各房屋。是月，德在营口改设正领事。德使穆默回国，署使葛尔士牒中国，复以通商口岸限制洋人置地办法与条约不符，请除限制，并谓德人地产收回公用，可会商。六月，德人李卜克在北京设立学堂，德使请中国摊出经费，不许。三十三年四月，以孙宝琦为出使德国大臣，递国书。是月，外务部咨《改订青岛租界制成货物征税新章》。初，青岛设关征税一事，已于光绪二十五年与德使海靖议定办法，嗣于三十一年又与德使穆默修改，其大意即系德国允在海边划一地界，作为停泊船支、起下货物之定所，凡出口货在未下船以前，即完出口税，进口货除军用各物暨租地内所用机器并建修物料免税外，其余百货，于起岸

后未出新定之界以前，即完进口税，关员在彼办理，德国相助无阻。又由中国允每于结底，将本结所收进口税提出二成，拨交青岛德国官宪应用。既因续订章程，德租界内制成货物征税一条，语义未尽，因与德使葛尔士再订《征税新章》。

初，中国欲修天津至镇江铁路，与德、英借款，已立合同。至是，直隶、江苏、山东三省京官请揽归自修，命张之洞、袁世凯商办，议改合同，德、英执不允。乃又增派外务部右侍郎梁敦彦会同张之洞等筹议。初，津镇铁路借款之开议也，德使增索接造支路二道，一由德州至正定，一由衮州至开封，为原议所无，不允。德使乃始变计：一，允由胶澳至沂州府一段，仍作为津镇支路，归入官路；二，允由济南府往山东界之一道，包入津镇官路。中国亦允由德州至正定府及由衮州府或干路中之他处过济宁州至开封府两支路，于十五年内由中国自行筹办，并声明倘用洋款，须向德华公司商借。至是遂由梁敦彦与德、英银行等改订借款合同二十四款，名为《中国国家天津浦口铁路五厘利息借款》。既定议，即由外务部牒德使，声明胶沂、济东路线应作为津镇支路，其由德州至正定、衮州至开封支路，均由中国自造。已，复与德议订电政合同，即青、烟、沪水线交接办法，并购回京沽军线条款，及《山东铁路附设电线办法章程》共十四款。是年，德柏林赛卫生民学会及万国玩要排列馆请中国派员入会，许之。

宣统元年，山东巡抚孙宝琦与德立《山东收回五矿合同》。先是光绪三十三年，山东巡抚杨士骧与德商采矿公司议定合同八条，所指之沂州、沂水、诸城、潍县四处，已次第查勘，惟第五处矿界内宁海州属之茅山金矿，查勘未竟。会山东士民倡立保矿会，德公司遂欲将茅山转售，向中国索价二百二十五万马克，并声言此外四处一并归还。中国官绅亦以收回为然。筹议久之，始以库平银三十四万两，分四年清还作结。

三年，山东巡抚孙宝琦与德订《收回各路矿权合同》。初，德商矿务公司照约在坊子、马庄开矿，屡禁华人在附近开矿，争执有年。

迨津浦借款合同签定,又要索胶沂、津浦路内矿权,并请封禁大汶口华矿,政府不许。于是德使照会始有划清矿权之语。孙宝琦即派道员萧应椿等与德公司总办毕象贤、领事贝斯商议收回,而毕象贤等则以中国欲收回三路矿权,须以相当之利益互换,否则不允。初议淄、博矿界,公司第一次绘送矿界图,系淄川全境,并毗连博山,萧应椿等以淄、博穷黎向以采煤为衣食,若两境全为公司所有,势必至华民无以为生,因议博境全留,淄境各半,以天台、昆仑两山为界,山北归公司,山南归华人,公司未允。萧应椿因亲赴淄川会毕象贤查勘,并邀集绅董矿商,旋议定淄川东南境由大奎山起斜经龙口镇西北至淄川东境为界,界南矿产归华商办理,博山亦全让还,次议淄川华矿,次议潍县矿界,次议金岭镇铁矿,次议偿给勘矿购地费。自是公司已成之胶济铁路,未成之津浦铁路,甫勘之胶沂路,及曹州教案条约许与公司之三十里矿权,均允取消。

清史稿卷一五八
志第一三三

邦交六

日　本

　　日本久通中国。明季以寇边禁互市,清兴始复故。康熙十二年,平南王尚可喜致书于长崎奉行,请通商舶。闽、粤商人往者益众,杂居长崎市。初有船百八十艘,后由七十艘迭减至二十余艘。货运中国岁限八千贯,置奉行三人讥察之,榷其税。然日本方严通海之禁,其国人或潜来台湾及各口贸易,事发辄罪之。三十二年,广东广西总督石琳奏,日本船避风至阳江县。诏资以衣食,送浙江,具舟遣归。

　　雍正六年,浙江总督李卫以日本招集内地人,教习弓矢技艺,制造战船,虑为边患,奏明:"密饬沿海文武营县,及各口税关员役,严行稽查,水师兵船不时哨巡,以为有备无患之计。"上览奏,谕曰:"昔圣祖遣织造乌林达麦尔森阳为商人,往觇其国。比复命,盛言国小民異,开洋之举继此而起。朕数谕闽、广督抚留意考察。闻日本近与朝鲜交亲,往来无间。夫安内攘外之策,以固本防患为先。其体朕前谕无息。"并颁谕沿海诸省防海。两广总督孔毓疏请沿海练舟师、置火器、增炮台,并自赴厦门、虎门诸口巡察。上不欲启外人疑惧,但令饬备而已。李卫复奏称:"日本贸易不能遽绝,请于洋商中择殷富老成者,立八人为商总,责其分处稽察,互相绳举,庶免日

久弊生之虑。"报可。乾隆四十六年,户部奏请颁江海关则例,定东洋商船出口货税律。嘉庆元年,上谕:"日本商人每遇风暴,漂至沿海,情殊可悯。其令有司送乍浦,附商船归国。"著为令。

初,日本专主锁港,通华商而禁西洋诸国。及明治维新,始与各国开港通商。后以各国咸在中华互市,同治元年,长崎奉行乃遣人至上海,请设领事,理其国商税事。通商大臣薛焕不许。三年,日本商船介英领事巴夏礼以求通。七年,长崎奉行河律又致书江海关道应宝时,言其国人往来欧洲,时附西舶经行海上,或赴内地传习学术,经营商业,皆有本国符信,乞念邻谊保护。许之。

九年,日本遣外务权大丞柳原前光赍外务卿书致总理各国事务署,略曰:"方今文化大开,交际日盛。我近与泰西十四国订盟。邻如贵国,宜先通情好、结和亲;而内国多故,迁延至今,信谊未修,深以为憾。兹令前光等诣台下,豫商通信,以为他日遣使修约之地,幸取裁焉。"前光至天津,三口通商大臣成林、直隶总督李鸿章达其书总署,议允通商而拒其立约。前光谒鸿章曰:"西人胁我立约,彼此相距十万里,尚遣公使、领事远来保其侨民。中、日唇齿相依,商贾往还,以无约故,反托外人代理,听其约束,丧失国权,莫此为甚。今特使人远输诚意,而其来也,西人或交尼之;若不得请,是重吾耻也,前光虽死,不敢奉命。"鸿章复为请于朝,下廷议。两江总督曾国藩等疏言:"日本二百年来,与我无嫌。今援西国之例,诣阙陈辞,其理甚顺。自宜一视同仁,请与明定规约,分条详列,不载比照泰西总例一语,致启利益均沾之心。"上韪其议,允前光请,命总署答书,诏鸿章豫筹通商事。

十年,日本以大藏卿藤原宗臣为专使来聘,命授李鸿章钦差大臣,应宝时、陈钦副之,与议条款。日使初请照西约办理。久之,始订《条约》十八款,《通商章程》三十三款,互遣使臣,设领事,以上海等十五口与日本横滨等八口通商,而禁其私入内地,微异西国。诸约既成,宗臣来献仪物,期来年换约。十一年,日本罢宗臣官,遣柳原前光诣北洋大臣李鸿章交日本外务卿副岛照会,谓来岁与欧西

诸国改修条约,欲酌改所议事件,与欧西一律,豫拟条款请商。鸿章答以去秋甫经立约,尚未互换,此时遽行改议,殊非信守。特令津海关道陈钦等与商,均俟换约后照约商办。

十二年四月,日本使臣副岛种臣来京换约,遣其随员柳原前光、翻译官郑永宁诣总署询三事:一询澳门是否中国管辖,抑由大西洋主张?一询朝鲜诸凡政令,是否由朝鲜自主,中国向不过问?一询台湾生番戕害琉球人民,拟遣人赴生番处诘问等语。王大臣等当与辩正。寻命李鸿章为换约大臣,与之互换。副岛种臣并致国书,庆贺大婚及亲政大典。时各国因请觐报可,副岛种臣亦请面递国书,许之。寻进贺仪方物,答以礼,并给玺书。副岛种臣照会,使事毕回国。李鸿章以日本换约时,其上谕内仅盖用太政官印,未用国玺,驳令换用。翻译官郑永宁谓:“本国向与西洋各邦换约,均钤用太政官印。”鸿章谓:“见尔国副本,声明钤用国玺,又上海道抄送总领事井田让等敕书,亦用国玺。”郑永宁允回国换寄。时日本未设驻京公使,交涉事托俄使倭良嘎哩代办。

十三年三月,日本兵船至厦门,声称赴台湾查办生番。李鸿章致书总署,谓:“各国兴兵,秘先有文函知会,因何起衅。台湾生番一节,并未先行商办,岂得遽尔称兵?”既闻美人李让礼带领陆军,又雇美国水师官领兵船,欲图台湾。李鸿章复致总署,谓:“此事如果属实,不独日本悖义失好,即美人帮助带兵,雇商船装载弁兵军械,均属违背万国公法,且与美约相助调处之意不符。应请美使遵照公法,撤回李让礼等,严禁商船应雇装载弁兵。日本既无文函知会,仅将电信抄送上海道。云派员往台湾查问,难保不乘我不备,闯然直入闽省,应先派兵轮水师,往台湾各港口盘查了望,另调得力陆军数千,即用轮船载往凤山、琅𤩍附近一带,择要屯扎,为先发计。”乃日本兵船忽犯台湾番社,以兵船三路进攻,路各五六百人。生番惊窜,牡丹、高士佛、加芝来、竹仔各社咸被焚。其时尚有兵轮船泊厦门。于是台湾戒严,命船政大臣沈葆桢渡台设防。葆桢密疏联外交、储利器、储人才、通消息四事。闽浙总督李鹤年亦陈台湾地利,并遣

水路各营分往凤山、澎湖等处屯扎。

是月日本攻生番纲索、加芝来等社,移兵胁龟仔角社,社番誓不降。帝命福建布政使潘尉赴台湾会商设防。五月,沈葆桢、潘尉率洋将日意格、斯恭塞格至台湾,奏陈理谕、设防、开禁等事,皆报可。初八日,潘尉偕台湾兵备道夏献纶及洋将日意格、斯恭塞格等,乘轮船由安平山海抵琅峤。诣日营,晤中将西乡从道,示以葆桢照会,略云:"生番土地隶中国者二百余年,杀人者死,律有明条,虽生番岂能轻纵。然此中国分内应办之事,不当转烦他国劳师縻饷。闻贵中将忽然以船载兵,由不通商之琅峤登岸。台民惶恐,谓不知开罪何端,使贵国置和约于不顾?及观贵中将照会闽浙总督公文,方知为牡丹社生番戕害琉球难民而起。无论琉球虽弱,尽可自鸣不平。即贵国专意恤邻,亦何妨照会总理衙门商办。乃积累年之旧案,而不能候数日之回文,此中曲直是非,想亦难逃洞鉴。今牡丹社已残毁矣,而又波及于无辜之高士佛等社。来文所称殛其凶首者,谓何也?所称往攻其心者,谓何也?帮办潘布政使自上海面晤贵国柳原公使,已商允退兵,以为必非虚语。乃闻贵中将仍扎营牡丹社,且有将攻卑南社之谣。夫牡丹社戕琉球难民者也。卑南社救贵国难民者也。以德为怨,想贵中将必不其然。第贵中将知会闽浙总督公文,有佐藤利八至卑南番地亦被劫掠之语,诚恐谣传未必无因。夫凫水逃生者,有余资可劫,天下有劫人之财,肯养其人数月不受值者耶?即谓地方官所报难民与口供不足据,贵国谢函俱在,并未涉及劫掠一言。贵国所赏之陈安生,即卑南社生番头目也。所赏之人即所诛之人,贵国未必有此政体。两国和谊,载在盟府,永矢弗谖。本大臣敢不开诚布公,以效愚者之一得,惟高明裁察见覆。"尉复造其营,从道辞以病。尉及献纶遂遣人傅各社番目,至者凡十五社,译传大意,皆求保护。因谕令具状,愿遵约束,不敢劫杀。尉等宣示国家德意,加以犒赏。番目等咸求设官经理,永隶编氓。尉等因从道不出,将还。从道复来谒,坚以生番非中国版图为词。及示以台湾府志所载生番岁输番饷之数,与各社所具结状,日将始婉谢。请遣

人附我轮船，一至上海，致书柳原前光，一请厦门电报本国，暂止添兵。尉等遂返。

初，日本逐牡丹社番踞其地。旋有轮船二先后至，一迳往后山射港，一载兵二百、妇人十余泊射港，携食物什具农器，及花果草木各种，分植龟潭、后湾，为久居计。窥我兵力不厚，仍肆要求。沈葆桢请派水师提督彭楚汉率师来台湾。日旋增兵驻风港。沈葆桢急饬营将王开俊由东港进驻枋蓼，以戴德一营由凤山驻东港为后应。日人水野遵入猪劳索、高士佛诸社，又自后湾开道达龟山巅，其凤港之营将分驻平埔为援应。因遣其通事彭城中平至琅琇，谒季员周有基，讯中国四处布兵何意。有基以巡察应之。葆桢照会日将，劝令回兵。时李鸿章亦深虑台地兵单。及沈葆桢请借拨洋枪队，即奏以提督唐定奎统军赴台湾助防。葆桢亦奏称："澎湖为台、厦命脉所关，守备单弱，非大枝劲旅，仍无以壮民气而戢戎心。请催迅速前来，庶台、澎气脉藉以灵通，金、厦诸防亦资巩固。"奉旨俞允。潘尉又偕前署镇曾元福等赴凤山旧城募土勇，并励乡团。因亲履海口之打鼓山等处，踏勘要隘，建立兵栅，以待淮军分驻。

是月柳原前光入京先谒李鸿章，鸿章遣道员孙士达往答拜，属以到京后勿言兵费及请觐两事。日本又遣大久保利通入京。美领事毕德格复出任调停，说鸿章仍允照柳原原议三条，并加抚恤赔命。

初，日人刘穆斋在花莲港遭风，破船失银，称社番盗劫。沈葆桢命夏献纶集讯其地居人及船户，查无劫掠失银之事。惟日人欲从生番租地，给有洋银，番目来益不受而止，并缴出日本前给旗物。葆桢因奏言："日本和约第三条，禁商民不准诱惑土人，第十四条，约沿海未经指定口岸，不准驶入；第二十七条，船支如到不准通商口岸私作买卖，准地方官查拿。今台后歧莱地方，中国所辖，并非通商口岸。此次前赴歧莱之成富清风等，携游历执照，钩引土番，均违和约。现已确查歧莱各社并无窃盗银物。其缴出旗、扇各件，当即发交苏松太道，转给驻沪日本领事收回，将游历执照追销。其违约妄

为之处,应由彼国自行查办。并录民、番供结,咨呈总署,牒其外务省,转饬日本领事照章办理,以弭衅端。"从之。命速修安平炮台,及筹办铁甲船。续谕:"日本虽未启兵端,然日久相持,终非了局。现淮军续抵凤山,罗大春业抵苏澳、沪尾、鸡笼等口,调兵扼扎。"葆桢于是设防益严,日人乃谋撤兵。而西乡从道仍迁延不即退,欲牡丹社赔给兵费。

柳原前光既至京,先递照会有"台湾生番为无主野蛮,本不必问之中国"之语。先请觐见。总署责以:"台湾生番系中国地,不应称为'无主野蛮'。迭次来京,并未与中国商明,何以捏称中国允许日本自行办理?"柳原前光答辩。久之,始议定三条,给抚恤银十万,再给修道建房费四十万两,定期撤兵付银,互换条约。于是大久保往琅𤩅,命领事福岛九成谒沈葆桢陈五事:一,请派人受代;一,请撤销两国大臣来往公文;一,请被害遗骸于收埋处建碑表墓,并许日人以后登岸扫祭;一,请以后台湾交涉事件,由中国官交厦门领事。葆桢以抚局已成,允之。惟于登岸扫祭一节,覆以须有领事官钤印执照,祭毕即归。遂各遣员交代。事讫,西乡从道率兵去。

光绪元年八月,日本署公使郑永宁牒中国,请补正前约。李鸿章令津、沪两道详议,复将各条逐加查核,因致总署云:"《通商章程》第二十八款,进出口税未便一例,及日本进口税则第八十三条布类,又日入至日出不准开封锁舱,应行更正补载等事,可以照准。但换定之约,不便改写,只可由总署另给照覆,附刊章程之后。至鸦片严定罚款一条,彼国既有各国贸易通例,或可权宜照办,无须补列。查曾国藩予筹日本议约奏内亦云,彼国严禁传教与鸦片,中国犯者即由中国驻员惩办,或解回本省审办,而郑署使照会末段,华民归彼地方官照料,是中国遣理事官一端,实有难再从缓之势。查横滨、长崎、神户三处华民最多,总理事官驻最要之口,各口即选各帮公正司事,俾为副理事官,遇事妥商办理,实与中外大局有裨,应主持早办。"总署亦以为然。会日使议改章,欲于鸦片进口照西例加倍严罚,李鸿章亦援西例与争。议久不决。

是秋,日本派使臣带兵船往朝鲜攻毁炮台,以朝鲜炮击日船,特遣森有礼为驻华公使,要求总署发给护照,派人前往,又欲代递文信。总署坚拒。李鸿章谓宜由总署致书朝鲜政府,劝其以礼接待,或更遣使赴日本报聘,辨明开炮轰船原委,以释疑怨,为息事宁人之计。总署即派办理大臣往问朝鲜政府。朝鲜政府不颇不愿与日本通商往来,而日使森有礼往谒李鸿章,则以高丽非中国属邦为词。因提出条件三:一,高丽以后接待日本使臣;一,日本或有被风船支,代为照料;一,商船测量海礁,不要计较。鸿章答以高丽系中国属国。事既显违条约,中国岂能不问,森使急求与高丽通好,鸿章请徐之。

二年八月,始命直隶候补道许钤身出使日本,拟设理事、副理事各员。日使森有礼诣李鸿章,谓中国商民向由日本地方官管理。中国若派领事官前往,恐日本不肯承认。鸿章答以同治十年修好条规第八条云,两国指定各口,彼此均可设理事官。兹照约选派理事,日本何能不认?日本自订约后,在上海、厦门、天津设立领事,中国无不照约招待。彼此一例,何能稍有区别?森使乃不复言。

是年,日本屯兵琉球。福建巡抚丁日昌以琉球距台北鸡笼,水程不过千里,请统筹全局以防窥伺,报可。三年三月,日本因内乱,来借士乃得枪子百万,政府以十万应之。五月,琉球国王密遣陪臣赍咨赴闽,诉日本阻贡物。闽浙总督何璟等以闻,并出使日本大臣何如璋。如璋乃往日本外务寺岛宗则商议,并照会其外务卿,延不答覆。五年正月,日人驱遣琉球官员之在日本者,令回琉球,并派内务大丞松田往琉球,废琉球为郡县,并令改用纪元。如璋函报总署,复亲往见其内务卿伊藤博文及外务卿,皆不得要领。时有美前总统格兰忒者,游历来华,又将有日本之行。鸿章因以琉球事相托,格兰忒慨然以调处自任。及至日本,以琉球各岛本分三部,商拟将中部归球立君复国,中、东两国各设领事保护,其南部近台湾,为中国属地,割隶中国,北部近萨摩岛,为日本属地,割隶日本,冀可息事。而日本总称琉球为己属国,改球为县,系其内政。格兰忒请另派大员

会商。李鸿章因达总署,请照会日本外务省,请其另派大员来华会商。而日本则欲中国另派大员前往东京,或如光绪二年在烟台会议。李鸿章执不许。

会俄因废约事,与中国肇衅。詹事府左庶子张之洞奏:“俄人恃日本为后路,宜速联络日本。所议商务,可允者早允,但得彼国两不相助,俄事自沮。”政府得奏,因徇日使宍户玑之请,以南部宫古、八重山二岛归中国,而加入内地通商照各国利益均沾之条。宍户玑又以本国见与西洋各国商议增加关税、管辖商民两事,美国已允,请一并加入条约。总署以日本既与各国商议,俟日本与各国订定后,再彼此酌议,暂不并加入约。已定议矣,而右庶子陈宝琛以俄事垂定,球案不宜遽结,日约不可轻许上言。两江总督刘坤一、出使日本大臣黎庶昌、内阁学士黄体芳各有建议,皆不果行。八年十二月,李鸿章复与总署议球案,欲就前议中国封贡议结,仍不决。

十年九月,日本公使榎本武扬请于登州、牛庄二口运豆饼。政府以非条约所有。李鸿章谓:“同治元年总署徇英使之请,暂弛豆禁,而已开竟难禁止。同治八年,沪上洋商雇用轮船径从牛庄装豆运往长崎,当经总署饬总税司查禁议罚,不果。以后豆石渐多流入东洋,旋值中、日订约,其时豆禁开已十年。日使援例为请,但允以通商别买运,至登、牛两处,仍坚持不许。榎使所请,仅豆饼一项。《中日通商章程》载明年限届满,两国方可会商酌改。今尚未订改期,若婉辞以缓,至重修商办,似无不可。如仍晓渎,应予通融,声明原约其余各款照旧信守,庶于羁縻之中,仍寓限制之义。”

会朝鲜乱,日本进兵,以保护使馆为名,又以中国兵枪伤日本兵为口实,十一年正月,派参议伊藤博文为全权大臣,来华议事,并递国书,进谒李鸿章。初日本敕书内有“议办前日案件,妥商善后方法”之语,李鸿章以为隐括朝案宗旨。伊藤开议要求三事:一,撤回华军;二,议处统将;三,偿恤难民。鸿章以撤兵一节尚要商议,议处统将、偿恤难民,力争不许。函致总署,谓议处、偿恤两层,纵不能悉如所请,须求酌允其一。但我军入宫保护,名正言顺,交战亦非得

已,断无再加惩处之理。伊藤强请三事皆允,鸿章只允撤兵,并要同撤,伊藤亦允。吴大澄拟四条,送交伊藤:一,一同撤兵;二,练兵各营,须有中国教习武弁若干人,定立年限,年满再行撤回;三,以后朝鲜与日本商民争端,日本派员查办,不得带兵,中国亦然;四,朝鲜如有内乱,朝王若请中国派兵,自与日本无涉,事定亦即撤兵,不再留防。伊藤不以为然,自出所拟条款:一,议定将来中、日两国永不派兵驻朝;二,前约款仍与中、日两国战时之权无干,若他国与朝鲜或有战争,或朝鲜有叛乱,亦不在前条之例;三,将来在朝鲜如有中、日两国交涉,或一国与朝鲜交涉,两国各派员商办;四,朝鲜教练兵士,宜由朝鲜选他国武弁一员或数员教练;五,两国驻朝兵,于画押盖印后四个月限尽撤。鸿章以伊藤所拟五条,意在将来彼此永不派兵驻朝,辨驳不允。旋奉旨:"撤兵可允,永不派兵不可允;至教练兵士一节,亦须言定两国均不派员为要。"鸿章奉旨后,与伊藤会议,因议将前五条改为三条:一,议定两国撤兵日期;二,中、日均勿派员在朝教练;三,朝鲜若有变乱重大事件,两国或一国要派兵,应先互行文知照。遂定义,而于议处、偿恤仍不许。惟因当时日兵实被我军击败伤亡,鸿章因牒日本致惋惜,并自行文若饬官兵,以明出自己意,与国家不相干涉。三月初四日,立约画押,是为《中日天津会议专条》。

　　十二年五月,日本公使盐田议修约,李鸿章以为宜缓,因致总署,谓:"日廷现与欧、美各国改约,应俟彼商定后,我再与议,庶可将西国所订各款参酌办理。又球案亦当并商妥结,免致彼此久存芥蒂。请总署酌夺。"旋因长崎兵捕互斗案出,暂置未议,而琉球遂属于日,不复议及矣。

　　十三年正正,盐田因崎案已结,请催修约,总署仍令李鸿章核覆。鸿章谓:"原约分《修好条规》、《通商章程》为二。《条规》首段声明彼此信守,历久弗渝。《通商章程》第三十二款则声明现定章程十年重修。是《章程》可会商酌改,《条规》并无可改之说。至《通商章程》,大致本与西约无甚悬殊。惟第十四、五款,不准日人运洋货入

内地、赴内地买土货，为最要关键。当时伊藤与柳原前光为此两款力争，鸿章坚持不改。今日稿第一款内，一曰遵守彼国《通商章程》，再曰遵守清国与各与国所缔《通商章程》，固寓一体均沾之意，实欲将十四、五款删除，关系甚大，请缓议。"时日本伊藤博文新秉政，仍欲中国派全权商议，卒不果。

二十年三月，朝鲜东学党乱作，乞援于中国，中国派兵前往，日本旋亦以兵往。李鸿章电驻日公使汪凤藻，与日本政府抗议，日仍陆续出兵。及事平，驻韩道员袁世凯牒日本驻韩公使大鸟圭介，援约同时撤兵。日本外务省提出三项：一，中、日两国兵协同平定韩国内乱；二，乱定后，两国各设委员于京城，监督财政及吏治；三，募集公债，以为朝鲜改革经费。总署电令汪凤藻答覆，略谓朝鲜内政，应由朝鲜自由改革，不应干预。日本政府覆凤藻，谓朝鲜缺独立资格，日本为邻邦交谊，不能不代谋救济。既又提出二条件，谓无论中国政府赞成提案与否，日本军队决不撤回。中国主撤兵再议，日本则要求议定再撤兵，持久不下。

七月，日本遂宣战，误击沈高升英船。时日本寓华商民，属美领事保护，中国寓日商民，亦托美保护，美使调停无效。及战事起，提督叶志超、卫汝贵守平壤牙山，先溃，左宝贵阵亡，海军继败。于是日军渡鸭绿江，九连城、凤凰城、金州、海城、大连、旅顺、盖平、营口、登州次第失守，又破威海卫，袭刘公岛，降提督丁汝昌，海军舰尽燔。

初，日人志在朝鲜，至是并欲中国割地赔费，指索台湾，又提出四条件：一，派大员往东洋议约；二，赔兵费五万万；三，割旅顺及凤凰城以东地；四，韩为自主之邦。二十一年正月，命张荫桓、邵友濂赴日本议和，拒不纳，乃再以李鸿章为全权。鸿章至日本，日本派伊藤博文、陆奥宗光为全权大臣，与鸿章会议于马关，月余不决。鸿章旋为日本刺客所伤，又命其子李经芳为全权帮办，卒订约十一款：认朝鲜独立，割辽南及台湾，赔款二万万，且许以内地通商、内河行轮、制造土货等事，暂行停战。

张之洞、刘坤一等闻之，亟电力争。俄国亦约法、德劝日让还辽南。日索交台湾益亟，朝旨命台湾巡抚唐景崧交台，台民汹汹欲变，并引公法力争。政府不得已，又因王文韶、刘坤一电阻，乃谕之曰："新定和约，让地两处，赔款二万万，日人坚执非此不能罢兵。连日廷臣来奏，皆以和约为必不可准。目前事机至迫，和战两事，利害攸关，即应主断。"命直陈。又命李鸿章覆电伊藤展期。鸿章以原议批准电知，若改约另议，适速其决裂，请暂行批换。乃派道员伍廷芳、联元等往烟台换约。初限期四月十四日。及伍廷芳等至烟台，日使伊东美久治请速换约，限十四日申刻。廷芳驳以停战至十四夜子刻为止，乃听稍缓。亥刻换讫，伊东美久治即行。会台湾民变，将劫唐景崧、刘永福守台，别求各国查照公法，从公剖断。于是日派水师提督桦山资纪赴台，限日交割。政府乃派李经芳为交付台湾大臣。经芳之澎湖，与桦山指交于舟次。自是台湾属日矣。

寻议还辽，日派林董为全权，与李鸿章议商，辩论久不决。嗣定议分为六款：一，还辽南地；二，偿兵费三千万；三，交款三个月以内撤兵；四，宽贷日本军队占踞之间所有关涉日本之中国臣民；五，汉文、日本文遇有解译不同之处，以英文为凭；六，国批准自署名盖印之日起，遂在北京互换。复订专条，于定议五日内互相达知，以期迅速。是为《中日辽南条约》。

先是《中日新约》第六款所列各条，如苏州、杭州、重庆、沙市等处添设口岸，听其任便往来；第二条，日本轮船得驶入各口搭客运货；第三条，日本臣民得在中国内地购买经工货件若自生之物；第四条，日本臣民得在中国制造各项工艺，又得将各项机器装运进口，只交进口税，日本在中国制造一切货物，即照日本运入中国货物一体办理等节：朝廷因损失利权，欲挽救之。又值《通商行船章程》将开议，乃命中外臣工筹议。廖寿丰、谭继洵、鹿傅霖均有论奏，而张之洞言尤切直，并拟办法十九条，电总署代奏："一，宁波口岸并无租界名目，洋商所居地在江北岸，好名曰洋人寄居之地，其巡捕一切，由浙海关道出费雇募洋人充当。今日本新开苏、杭、沙市三

处口岸，系在内地，与海口不同，应照宁波章程，不设租界名目，但指定地段纵横四至，名为通商场。基地方人民管辖之权，仍归中国，其巡捕、缉匪、修路一切，俱由地方官出资募人办理，不准日人自设巡捕，以免侵我辖地之权。二，制造货物，自系单指通商口岸而言，华文有含混内地之意，须更正。‘任便’两字太宽，宜议定限制。三，出示晓谕产货地方，须先完坐贾厘捐，方准售卖。无论洋商、华商，一律办理。日本人在内地购买土货，只可暂行租栈存放，不准自行开行，及自向散户收买，以免夺我产货地方坐贾厘税，且杜华商影射洋票漏厘。四，内地收买土货，准其租栈暂存，不准购买房地、悬挂招牌。所买土货，务须运载出口，不得在内地转售。洋货运入内地，须大宗贩卖，不准零售。租栈应给地方公举费用，须照华民房屋一律摊派。五，日本人在内地制造土货，出厂后即完正税一道，运出通商地界，无论行销内地及运出外洋均须再完半税一道。六，《通商章程善后条约》第二款所载各项器用食物进口，通商各口皆准免税，原为洋商在各口岸自用。若作货物转售应照值百抽五纳税不得藉口家用杂物蒙混免税。七，日本轮船不准贩运食盐。八，料谷、铜钱不准贩运出洋。九，军火禁贩，非有官买执照，不准进口。十，日本轮船不准拖带民船，免致影射漏厘。十一，日本行内河轮船，尺寸大小、时刻早晚，须有限制，以免伤碍民船。十二，日本轮船只准到指定口岸装卸人货，不准沿途起卸搭载。十三，内河轮船应收船钞，须较长江加多，以备修理河道之费。十四，日本人入内地办货卖货，不准薙发改为华装，违者查出即作华人照奸细治罪。十五，雇用华民工作，须按日给值，听其自愿，不得立约限期，抑勒作工，鞭挞虐待。十六，装运机器，制造各物，须无伤民命，方能照准，不得以‘任便’两字藉口。十七，船支非日本商人购置，行户藉日本商资本不得悬挂日本旗，若有冒名包庇，查出即行充公。十八，制造各厂，如有藏匿犯法华人，一面由地方官知照领事，一面即派人到厂缉拿，厂主不得祖庇。如厂主确知为好人，须照洋例存银徐保，到审讯日交出候审。十九，厂内如有华工滋闹，毁伤机器厂屋，地方官只能办

犯,不能赔偿。若仅罢工细故,应由厂主自行调停,官不与闻。"于是派张荫桓为全权大臣,与日本使臣林董议商约。林董交约稿四十款,之洞致总署请驳辩,即由全权另拟约本与林董议,屡延不决。是年开苏州商埠,日人欲即行船,总署以租界未定,税关未设,行船不便。日本又欲于租界设巡捕、立工程等局,总署援宁波章程,复不允。

二十二年正月,商约开议,张荫桓将日使原稿驳删九款,驳改七款。惟第三十四款,日本官商财产,遇有办理案件,均照相待最优之国一律;第三十五款,日本商民所有事件,均照中国臣民、中国船、中国货并相待最优之国臣民、船货一律相待;第三十六款,他国国家官员、船货、人民得有利益,日本一律同获其美;此三款日本旧约皆不得与各国均沾,不能过拒,乃照英约第二十四款,改作一条,删此三款。遂定议。初,《马关约》准开四口,本有均照向开海口及内地镇市章程办理之言。中国欲以宁波办法为程,日本欲取法上海章程专管租界之条,乃不得不允矣。

是年开四口租界。初开沙市租界,因地洼下,要中国筑堤,中国以与各国通例不符,却之。又索汉口城外德国租界起沿江之地长三百丈作租界,中国以所索地在中国兴办铁路应用限内,不许,惟许正德界千丈以外,逼近铁路,让给租界三百丈。因声明两条入条款:"一,逼近铁路江岸,日本一年须自筑堤岸,以资保障;二,所给界内轨道穿过之处,已为铁路购用,若干方数内,应仍归铁路总公司管业,两不相碍"等语。二十四年三月,日使至总署,请沙市租界未定以前,日商运货暂免厘金,许之。

是月侨寓沙市湘人,因与招商局起衅,延烧日本领事馆,驻沙日领事永泷诉于日本公使矢野,要求五事;已,复提四条:一,索赔一万八千两;二,以八万六千余两作沿江堤费,两国各半;三,专界内道路免价豁租;四,界内租地价酌行核减。张之洞即电总署,谓:"一条索赔一万八千两一节,拟允给一万两。第二条以八万六千余两作沿江堤费两国各半一节,彼此两益,事属可行,当照允。第三条

专界内道路免价豁租一节,其租可免,地价未便不给。第四条界内租地价酌行核减一节,可行,当照允。"案旋结。五月,准中国商民居住日本专界,援德界例也。六月,驻沙日领事请地价减一半,道路沟渠地价认十分之一,许之。七月,命派学生游学日本。十月,日使矢野又请中国南北洋、湖北三处各派武备学生前往肄业。

二十六年春,拳匪起,连戕日本使馆书记生杉山彬、德使克林德,各国皆出兵。日本福岛正安统兵赴津。六月,与各国联军攻天津城。七月二十日入京师。时政府已特召李鸿章,未至而京师陷,两宫出狩。日本外部电告李鸿章等维持中国善后。福岛正安请速奕劻返京,奕劻遂有全权大臣之命,与李鸿章同议和。适盛京将军增祺与俄擅定暂约,日本外部谓公约未定,不应立私约,俄约应归公议,与英、德同。然劝俄讫不应。时祸首已惩办,公约亦定,朝廷因日本使馆书记生杉山彬被害,特简户部侍郎那桐为专使,赴日本道歉,所得偿款四百五十兆,日本应得三千七百九十三万一千两,惟以俄不退东三省、俄约不归公议为言。

二十八年三月,日本领事小田切奉其政府命诣张之洞:一,告阻止俄约情形;二,劝中国收买洋药;三,劝江、鄂会奏改东三省官制章程;四,欲与中国商人合开银行;五,欲与招商局合办推广江海轮船。既又谈商约三条:一曰美使不愿加税,日本意与美同;二曰长沙、常德开口岸;三曰米谷出洋。张之洞分别答辨并将所言致书商约大臣吕海寰等核议。未几日本商税使日置益、小田切又送新约十款,大抵皆抽税、免厘、行轮、开埠、居住、合股等特殊利益。时方议英约,中国只欲于英约已允者照办,未允者不允。屡议不行。九月,改派伍廷芳充商约大臣,并派袁世凯会议。日本于加税免厘,仍不允如英约加至十二五,仅允值百抽十,并欲将由日本运进中国之煤炭、棉纱及一切棉货概不加税,尤与英约相背。中国不允。惟第三款川江设施拖揽,第四款内港行轮及修补章程,第七款中、日商民合股经营,第八款保护商牌,第九款改定国币,均为英约所有,允之。又于商牌款内议增保护版权一事,内港行轮款后议增照会声

明,往来东三省轮船亦系照内港章程办理,不能驳拒。此外第五款索开各处口岸,第六款口岸城镇任便居住,第九款第二节厘饬度量权衡,第十款请运米谷出口,均驳拒不允。日使内田康哉赴部晤商,又提出北京开埠、加税免厘、米谷出口三条,欲在京与张之洞议,余仍归沪定。时之洞在京,外务部答以不能两处分议遂暂停。

十月,汉口因议给比利时界增日本租界。初,日本索租界三百方丈,止允给一百方丈,留二百方丈备中国公司之用。当时日使言明,日界外地如别有余地让给他国,日本仍须照原议添索二百方丈。兹议给比界中仅余地约三百丈,拟添给日本租界一百五十丈,仍画留约一百五十丈立作华业公司地界,以备中国官商自用。日本犹争不许。日本议设两湖轮船公司,欲华洋合股,不果。是月,撤驻沪日兵。

寻复议约。日使内田康哉与张之洞在京会议;研商数月,始渐就绪。即致总署谓我所索允者三事:一照各国一律加税;一查禁违碍书报;一,中国人民在日本者,极力优待。驳辩删去者三事:一请运米谷出口;一口岸城镇任便居住;一,常德府等九处口岸。以要索为抵制者一事:各国护路护馆兵队全撤后,北京方能开埠。因有益于中国商民,可除积弊,而许其入约者,度量权衡一款;照沪议原文增改字句者,改定国币一款,内港行轮一款,川江设施拖揽一款;因英已有而许其入约定议者,长沙通商一款。余皆仍照沪议原文。又致外务部及吕海寰等,谓日约东三省开埠言明悉照美约文法,惟安东县改大东沟,缘大东沟系日本原议所索。嗣增索安东县,再三商驳,内田始允仍将安东县删去。遂定议,于二十九年八月十八日在沪画押,是为《日本商约》。是年与日使议索还前借汉口大阪马头,仍未还。又盛宣怀与日本立《汉冶矿石借款合同》,数三百万元,息六厘,预定三十年还清,不还现银,以矿价扣还。

三十年,日商三井在汉厂购生铁一万六千吨,值日俄战起,中国虑于局外中立有碍,拟阻止。会日本领事永泷来函,谓订运生铁,不在战时禁货之列,日使亦来函声明,作为商工制造之用,不得以

禁货论,遂许运。三十一年,日战胜俄,两国议和,政府令外务部照会日、俄,谓关涉中国之事,若中国不与闻者,中国将来断不承认。是年十一月二十六日,外务部庆亲王奕劻与日木大使小村寿太郎、公使内田康或订新约。正约三款:一,凡俄国允让之利益,中政府悉承诺之;二,凡中、俄所订借地造路等项,日本悉照约履行;三,此约签字即便施行。附约十二款:一,中国将东三省自行开辟商埠;二、三,撤兵事宜;四,日本允将所占公私产业,在撤兵前后交还;六、七、八,安奉、南满铁道建筑事宜;九,另订奉天日本租界办法;十,鸭绿江右岸设中日木植公司;十一、十二,中、日彼此以最优国相待遇。

三十二年,日人设立南满洲铁道株式会社,并于关东州置都督府,另设领事五人,总领事驻奉天。安奉铁道外有间岛领土权,抚顺炭坑、新法铁道、营口支线、新奉、吉长两铁道借款诸事,经东三省总督赵尔巽、徐世昌及外务部尚书袁世凯先后与日使争议,久不决。

三十三年三月,外务部大臣那桐与日本驻京公使林权助订《中日新奉吉长铁路协约》七条:一、二,中国以日金一百六十六万元收买日本所已造之新奉铁路,其续造辽河以东一段及自造吉长铁路需款,均向南满洲公司筹借半款。三,除还清期限外,均照山海关内外铁路借款合同办理。其主要事务,又开列六条:甲,借款还清期限,辽河以东十六年,吉长二十五年,限前不得还清;乙,借款以铁路产业及进款作保,未还清以前,不得以此作他项借款之抵保物,中国自行筹款建筑他路与南满洲公司无涉;丙,借款本息由中国政府作保,到期爽约,应由政府代还,或将产业交公司暂管;丁,在借款期内,总工程师应用日本人,并添派铁路日帐房一员;戊,如遇军务、赈务,政府在各路运送兵食,均不给价;已,各路进款,应存日本国银行。四,与南满洲铁路公司订立关于辽河以东之借款合同,及吉长铁路借款合同。五,中国奉新、吉长铁路,均应与南满洲铁路联络,派员会订章程。六,借款实收价值,照中国最近与他国借款酌

定。此约结后,日人又要求吉长铁路延长至延吉厅南境,以与韩国会宁铁道相联,且照吉长铁道例,于南满铁道会社借资本之半数筑之。政府不允,遂成悬案。

三十四年,日使忽提出安奉铁道案,要求解决。先是满洲善后协约之附约,允安奉铁道仍归日本经营,改为工商业铁道,规定自此路竣工日起,以十五年为限。至是复提议。邮传部乃派委员与日本委员会勘改良之新路线。日政府又要求勘定路线即行收买地基。东三省总督锡良只许按旧线改筑,要求日本撤退铁道守备兵与警察等事,日本不允,令铁道会社自由起工,海陆皆作警备。乃命锡良会同奉天巡抚程德全与日本奉天总领事缔结《安奉铁道协约》,此宣统元年七月事也。《协约》要目如左:一,中国确认前次两国委员勘定之路线,陈相屯至奉天一段,由两国再协议决定;二,轨道与京奉铁道同样;三,此约调印之当日,即协议购买土地及一切细目;四,此约调印之翌日,即行急进工事;五,沿铁道之中国地方官,关于施行工事,应妥为照料。

未几,间岛之争议又起。先是,康熙年间,政府与朝鲜划定国境,于鸭绿江、图们江水源之长白山上树立界碑,规定西以鸭绿江、东以图们江为两国国境。因图们江中有江通滩,地面不及二千亩,因地居江间,四面环水,故以“间岛”呼之。此岛向属吉林,惟皇室以长白山一带为发祥之地,不许人民移居,因之吉林东部所在人烟稀少,间岛愈形荒僻。同治间,朝鲜钟城岁饥,其民多渡图们江移居间岛,按年纳地租于我国光霁峪经历署。光绪初年,朝鲜人忽请免纳地租,政府以主权攸关,令朝鲜人退出间岛,不果,乃置延吉厅以治之,间岛仍准朝鲜人民居住,按纳地租。

日俄战后,日本伊藤统监命斋藤中佐率兵据之。政府与日使交涉,日使谓光霁峪以东为东间岛,和龙峪一带为西间岛,系两国未定之界。且谓长白山上界碑载土门江为界,朝鲜人称海兰河为“土门河”,图们江系豆满江非“土门江”,中、韩国境实为海兰河。中国以“土门”、“豆满”、“图们”均系一音之转,图们江北岸界碑屹立,凿

凿可据。且光绪十三年，朝鲜王致北洋大臣书，声明鸭绿江、豆满江为两国境界，是豆满江即土门江无疑，执不许。至是，日使伊集院彦吉与外务部尚书梁敦彦重提旧案，缔《间岛条约》：一，中、日两国协约以图们江为中、韩两国国境，其江源地方以界碑为起点，依石乙水为界；二，中国准外国人居住龙井村、局子街、头道沟、百草沟等处贸易，日本于此等地方得设置领事馆；三，中国准韩国人民在图们江北之垦地居住；四，图们江垦地之韩人，服从中国法权，归中国地方官管辖及裁判，中国官吏于此等韩人与中国人一律待遇，所有纳税及其他一切行政上处分，亦同于中国人；五，韩人诉讼事件，由中国官吏按中国法律秉公办理，日本领事或委员可任便到堂听审，惟人命重案，则须先行知日领事到堂，如中国有不按法律判断之处，日领事可请覆审；六，图们江杂居区域内韩人之财产，中国地方官视同中国人民财产，一律保护，该江沿岸，彼此人民得任便往来，惟无护照公文，不得持械过境；七，中国将吉长铁道延长至延吉南边界，与朝鲜会宁铁道联络，一切办理与吉长铁道同；八，本协约调印后，日本统监府派出所及文武人员于两月内完全撤退。是约既成，政府以吴禄贞为延吉边务大臣。

嗣议五案协约，即新法铁道，营口支线，抚顺、烟台炭矿，安奉铁道沿线及南满铁道干路沿线之矿务是也。新法铁道者，新民屯至法库门之铁道，政府欲借英款筑造此路，以分南满铁道之势力，日本谓系南满铁道竞争线，极力抗议。营口支线者，光绪二十五年东清铁道会社规定筑造旅顺、哈尔滨间之铁道，得设营口支线，以运送材料，俟铁道落成后拆去。日俄战争后，南满铁道归日本，政府要求日本拆此支线，日本不允。抚顺炭矿，距奉天城东六十里，日公使以此地炭矿为东清铁道附属品，利权应归日本。政府以炭山在东清铁道三十里外，不认为附属财产，日使不允；并烟台炭矿均成悬案。因安奉铁道交涉，定约如下：一，中国如筑新法铁道时，当先与日本商议；二，中国允日本营口支路，俟南满铁道期限满，同时交还，并允将该支线延长至营口新市街；三，中国承认日本有开采抚顺、烟

台两处炭矿之权,日本承认该两处开采之煤斤纳税与中国,惟税率应按照中国他处最轻煤税之例,另行协定,其矿界及一切章程,亦另委员定之;四,安奉铁道沿线及南满洲铁道干路沿线之矿务,除抚顺、烟台外,应按照光绪三十三年东三省督抚与奉天日本总领事议定之大纲,归中、日合办;五,京奉铁道沿长至奉天城根一节,日本无异议。自此南满洲大势遂一变矣。

吉长、新奉两路借款细目,旋亦议定。其后锦齐铁道、渤海渔权与领海、鸭绿江架桥、南满铁道附属电线、收买日本辽东方面军用电线及旅顺芝罘间海底电线诸交涉,次第起焉。锦齐铁道者,即自锦州经洮南至齐齐哈尔之铁道也。日本原允中国自修,惟要求昌图洮南间之铁道归日本筑造。及满洲诸协约成,英、美争锦齐铁道借款,迭与中国交涉,事皆中阻。渤海渔业与领海交涉,自光绪三十二年,中国课关东渔业团渔税,迭经日本领事要求住关东之日本人有满洲沿岸渔业权,日本渔团因避税,全出距海岸三海里外海面。东督锡良通告日本领事,谓三海里外之海面系中国领海,应准中国渔业规则课税。日本领事以三海里外为公海,反抗之。鸭绿江驾桥,联络满、韩,议定依安奉铁道契约,十五年后卖还中国。南满铁道附属电线,原中国所设,日本占有之,后取供公用,中国抗争无效。又日俄战争时,日本在南满洲所设军用电线,战局终,应归中国收买,日本初起反抗,后始归中国收买。旅顺芝罘之海底电线,系俄国布设,战时皆断绝。至此,日本要求依该海底电线直通芝罘之日本电线局,为中国所拒。卒以距芝罘海岸七里半以内之一部归中国,余尽属诸日本。其后复有《日俄协约》之议,于是东三省大势又一变矣。

清史稿卷一五九
志第一三四

邦交七

瑞典　那威　丹墨　和兰
日斯巴尼亚　比利时　意大利

　　瑞典即瑞丁，在欧罗巴西北境，与那威同一区。雍正十年始来华互市。道光二十七年春二月，与瑞典及那威国订《通商约》。时法、美诸国通商，俱仿英和约条款。瑞本小国，亦求照英、法、美三国成案议《通商条约》。时瑞钢铁等项价甚贱，并求酌减税则。两广总督兼五口通商善后事宜耆英以各项税钞甫经议定通行，未便因瑞钢铁率议轻减，不许；惟《通商条约》奏请许之。遂与瑞公使李利华订约三十三条。同治六年，政府派出使大臣志刚等游历各国，至瑞递国书。光绪三年八月，瑞典开整理万国刑罚监牢会，使臣爱达华达摆柏照会驻英使臣郭嵩焘，请中国派员入会。嵩焘以闻，许之。

　　十八年五月，瑞典国教士梅宝善、乐传道二人往麻城县宋埠传教，被殴致毙，上海瑞典总领事柏固闻，赴鄂见张之洞，要求四事：一，办犯；一，抚恤；一，参麻城县知县；一，宋埠设教堂。时犯已缉获，张之洞允办犯、抚恤，而参麻城县则不许，谓麻城县事前力阻，事后即获正犯，未便参劾。至开教堂，宋埠民情正愤，改在汉口武穴觅一地建堂，柏固亦不允。久之，始议定绞犯二名，给两教士各一万五千元，失物诸项一万五千元，期二十月后再往传教。

三十四年六月，与瑞修改《通商条约》。先是瑞使倭伦白来京，请觐见呈递国书，并照称奉本国君主谕，请修改《通商条约》，并录其君主所给议约全权文凭送外务部。外务部以道光二十七年所订《瑞典那威条约》系两国联合所立，近两国已各独立，前订之约距今六十年，通商情形今昔不同，当重订约，以资遵守，许之。于是瑞使拟具约稿三十九款，大致多采各国与中国所订约款。外务部以所拟款目繁多，另拟约稿，并为十七款。研商久之始定议。外务部因上奏，言："臣部另拟约稿，归并为十七款。查向来与各国所订条约，我多允许与各国利益，而各国鲜允许与我利益，按诸彼此优待之例，实非平允。惟光绪七年《巴西条约》暨二十五年《墨西哥条约》，多持平之处。此次拟议约稿，注重此意，不使各项利益偏归一面，更于各约中采用较为优胜之条，取益防损。如第三款领事官应照公例发给认许文凭，第十款订明俟各国允弃其治外法权，瑞典亦必照办，第十三款声明给与他国利益，立有专条者，须一体遵守，方准同沾，俱系参照巴西、墨西哥二约。第十二款入教者犯法不得免究，捐税不得免纳，教士不得干预华官治理华民之权，俱系参照《中美商约》。又瑞使原拟约稿有数款照录英、美、日各商约，今皆删去。如商标、矿务之类，则以第十三款内载所有商业、工艺应享各利益均一体享受等语括之，如加税、免厘之类，则以第十四款内载中国与各国商允通行照办遵守等语括之，以免挂一漏万。于第五款内又载进出口税悉照中国与各国现在及将来所订之各税则办理等语，亦可为将来加税不得异议之根据。此外各款，如派驻使、设领事，及通商、行船一切事宜，始终不离彼此均照最优待国相待之意，以扼要领而示持平。虽瑞典远在欧洲北境，现尚无前往贸易之华商，其所许我利益，未能遽沾实惠，然际此中外交通，风气日开，不可不预为地步。数旬以来，与瑞使往返磋磨，间有字句删改无关出入之处，亦辄允其请，而大旨已臻妥协。谨录全约款文，恭呈御览。如蒙俞允，应请简派全权大臣一员，会同瑞使署名画押，仍候批准互换。"疏入，报可。宣统元年四月，在北京互换。

丹墨即嗹马,在欧罗巴洲西北。其来市粤东也,以雍正时,粤人称为"黄旗国"。同治二年三月,丹马遣其使臣拉斯勒福来华,抵天津,径赴京师。署三口通商大臣董恂以丹使并未知照,无故来京,亟函知总署,饬城门阻之。而英使言:"丹国来人乃本馆宾客,请勿阻。"总署遂置不问。"英威妥玛复代请立约,恭亲王告以丹使擅越天津来京议约,万难允其立约。威妥玛乃言丹与英为姻娅之国,并援法使为布路斯、葡萄牙代请换约之例固请。王大臣等因语以丹从事如欲中国允行,宜循中国定章,仍回天津照会三口通商大臣、方可立约,威妥玛乃清嗣后外国使臣到津,应令天津领事告知中国常例,又为函致三口大臣代为之谢,大臣等以闻,朝旨交总署核议,旋派工部左侍郎恒祺会同三口通商大臣,兵部左侍郎崇厚办理。

五月,约成,大致以英约为本。初,恒祺等议约拟仿照大西洋成案,威妥玛谓丹系英国姻娅,应从英文义。辩论久之,各有增减,定《和约》五十五款,《通商条约》九款,《税则》一册。明年五月,丹遣水师副提督璧勒来沪,派提督衔李恒嵩及江苏布政使刘郇膏与换约。届时李恒嵩等向璧勒索观应换条约,而原定印约未携,只另书英字条约。璧勒谓此约系照英文原定条约缮写工整,以示尊崇中国之意,并无别故;又以本国军务方殷,不能久待。遂将条约核对,与英文相符,允互换。属将原定用印《和约》补订照缮《和约》之内,补钤丹副提督印信,并签押,遂互换收执。九年十月,丹遣使来华呈递国书,报中国简派使臣蒲安臣、志刚、孙家谷使丹之聘也。十年,复呈递国书。

光绪七年十月,督办中国电报事宜盛宣怀与丹总办大北电报公司恒宁生会订《收递电报合同》。先是同治十年,丹国大北公司海线,由香港、厦门迤逦至上海,一通新嘉坡,槟榔屿以达欧洲,名为南线,一通海参威,由俄国亚洲旱线以达欧洲,名为北线,此皆水线也。至同治十二年,又擅在上海至吴淞设有旱线。至是中国甫设电局,因先与订合同十四条:一,中国电报寄往外国之线路;二,电局

与大北互定通电之价;三、四,由中国寄外国、外国寄中国内地之报,其报价应先行收清,后再划还,并在上海立册,每月互对;六,电价概由自定,惟寄外国报须按照万国电报定章,又传报可自编新码;七,电局与大北往来用英文,惟合同以华文为主;八,大北愿竭力帮助中国设电,惟中国自主之事不得干预;十,大北海线、中国旱线如有断绝停滞,互相通知;十一,中国电政归北洋大臣主持,有向大北购料者,应禀明北洋核夺;十二,大北应缴回中国电报之费,每三月一结。时法、英、美、德四国以大北公司仅有单股海线,又沿途只通厦门口岸,其余如汕头、福州、温州、宁波各口皆距较远,请添设海线,就便通至各口。拒之,仍专与大北公司合办。方议立合同,大北公司恒宁生欲载明中国不再租陆线与他人,且须永租大北,议遂中止。

九年,李鸿章致总署及盛宣怀,拟中、英、丹三公司合约,英、丹海线均至吴淞为止,将丹自淞至沪旱线购回,由我代递。议久之始收回。初,大北公司原禀六条内,有“不准他国及他处公司于中国地界另立海线,又中国欲造海线、旱线与大北有碍者,不便设立”二条,为大北公司独得之利益。因之中国亦取得总署、南北洋及出使大臣往为电报,“凡从大北电线寄发者,不取报费”,为中国独得之利益。当时鸿章已批准咨行。英、美、法、德各使闻之,合词照会总署。威妥玛复援同治九年允英人设海线之案,必欲大东公司添设,政府不能阻。因之大北公司恒宁生请将中国官报照常给费。旋复来电,谓“自十月初三日为始,所有中国头等官报由大北电线寄发者,须照章付足电资,方为发报”等语。

十六年,薛福成议与大北及大东公司订立合同。初,大北与大东虑我与俄接陆线夺其水线之利,故愿订明沪、福、厦有水线处,贴中国十分之一,其余各口出洋报费,悉归华局续议,并允报效海线官电之费。嗣因各国并俄使牵制,以致久搁。至是,由福成另议,衹让官电费,不要贴价,岁银十万圆。

　　和兰,《明史》作"荷兰",欧罗巴滨海之国。清顺治十年,因广东巡抚请于朝,愿备外藩、修职贡。十三年,赍表请朝贡,部议五年一贡,诏改八年一贡,以示柔远。十八年,郑成功攻台湾,逐和兰而取其地,诏徙沿海居民,严海禁。康熙二年夏六月,和人始由广东入贡:刀剑八,皆可屈伸;马四,凤膺鹤胫,能迅走。二十二年,和兰以助剿郑氏功,首请开海禁通市,许之。乾隆元年冬十月,裁减和兰税额。初,和兰通商粤省,纳税甚轻,后另抽加一税。至是,谕曰:"朕闻外洋红毛夹板船到广,泊于黄埔,起所带炮位,然后交易,俟交易事竣,再行给还。至输税之法,每船按梁头征银二千两左右,再照则抽货物之税,此向例也。近来炮位听其安置船中,而于额税之外,将伊所带置货觅银另抽加一之税,名曰缴送,殊与旧例不符。朕思从前洋船到广,既有起炮之例,仍当遵守。至加添缴送银两,尤非嘉惠远人之意。"命照旧例裁减,并谕各洋人知之。

　　同治二年秋八月,与和兰立约。和兰与中国通商最早,至是见西洋诸国踵至,亦来天津援请立约。三口通商大臣崇厚以闻,朝议许之,即命崇厚在津与其使臣订《和约》十六款。初和兰使送来约稿,皆照英、法各国及参用续立之布、西、丹国等条约、章程,分别和款请议。三口通商大臣崇厚答以现在各口通商,均有定章,不必多列条款。和使亦允删减,惟前往京师、南京通商,并内地传教、减税,暨在京互换条约各节,以和文为正义。争论久之,始允删去。而于税则一层,许另立一款,议明各国税则届重修之年,和国亦许重修。并与照会,言将来重修税则时,亦应按照价值秉公增减。遂定议:一,通使;二,海舶通商;三,游历;四,传教;六、八至十二,关税;六、七,交涉案件;十三,交际议文;十四,行移文书各用本国文字;十五,利益匀沾;十六,批准一年内换约。此与和兰立约之始。三年五月,和公使矾大何文以换约期将届,遣员伯飞鲤诣天津三口通商大臣,请在广东省城换约。崇厚以所请符原议,奏请简员往。朝廷命广东巡抚郭嵩焘为换约大臣。届期,和使仅以钞录副本上。嵩焘驳令取原本再定换约期。逾年始换。

十年四月，出使各国大臣志刚、孙家谷诣和兰呈递国书。十二年四月，和兰公使费果荪来华呈递国书，总署允与各国使臣同觐见，礼节亦如之。光绪七年，和使牒中国，称本国将于光绪九年夏在都城亚摩斯德尔登等处设立衔奇公会，请中国与各国同入会，许之。是年，以候补道三品卿衔李凤苞充德义和奥四国出使大臣，此为和兰遣使之始。八年二月，和使费果荪复将衔奇会章程，及增拟华商赴会章程，并开中国物产及工艺奇巧制造等件，请其会集运往。总署饬各海关照办。十一年，出使大臣许景澄如和兰递国书。十三年，许景澄出使期满，以内阁学士洪钧代之。

是年，两广总督张之洞特派副将王荣和、知府余璂先往和兰所属南洋各岛调查，和兰不允。前出使大臣许景澄与和外部辩论，以游历为名，和始允行。既返，张之洞上疏请设领事，略谓："日里有华工万余众，噶罗巴华民七万余众，其附近之波哥内埠、文丁内埠、以及三宝垅、与疏罗、及麦里芬、及泗里末、及惹加，皆和属地，华人二十余万众，宜设总副领事以资保护。"旋议从缓。

二十年，出使大臣许景澄请禁机器进口，牒和兰外部，略谓："外洋各项机器，除中国自购并托洋商代购外，其洋商自行贩运机器，查系无碍华民生计性命之物，酌照税则不载之货估价值百抽五，准其进口。若洋商贩运机器有碍华民生计性命者，皆不准进口。"二十一年，命许景澄递万寿致谢国书。二十四年，以候补四品京堂吕海寰充出使德国大臣，兼充和、奥两国公使。二十五年，各国在和都海牙设保和公会，和使牒中国请入会，许之。旋派前驻俄使臣杨儒赴会。又推广红十字会、《水战条约》，请用御宝，由驻俄使臣胡惟德转送和政府。

二十七年，吕海寰以和属南洋各岛虐待华民，乃上言："和属南洋各岛开埠最早，华民往彼谋生者亦最多。噶罗巴一岛尤为荟萃之区，寄居华民不下六十万人。初尚优待，后因迫令入籍，率多残虐，其故以中国未经设立领事保卫之也。各岛有所谓玛腰、甲必丹、雷珍兰者，管理华人，以生长其岛者充之，擅作威福。华人初到，概入

供堂问供注册;赴各乡营生,须经批准,方许前往。嗣下不准华民居乡之例,限二十四点钟立将生意产业贱售而去,逾限罚银逐出,产业消归无有。此其一。又华人到和属地,向须凭照方准登岸。嗣又变立新例,无论有无凭照,登岸后带至官衙,绳圈一处,俟查老客有原日出口凭照放行,新客则驰入绳圈之内,候带入玛腰公馆照像,俟有人担保始放,否则辄上镣刑具,遇有轮船,驱逐出境。此其二。又华人来往来岛贸易,必领路票,使费外仍缴印花银若干,到一处又须挂号,再缴银若干。如一日到三五处,则两处缴费亦须三五次。挂漏查出重罚。此其三。又华人词讼,审费照西人最多之例,科罚则照土番最重之例。纵令理直,追回银数,已不敷状师之费,以至沉冤莫诉。此其四。再如华人家资产业,身故后权归和官。虽妻子儿女执遗嘱照章领取,亦必多方挑剔,反复延宕;若无遗嘱,则产业概没入官。此其五。华人在日里承种菸叶者,往往系由奸贩诱惑拐骗出洋,身价五六十元、八九十元、三四十元不等。立据三年为期,入园后不准自由出入,虽父兄子第不能晤面。加以扣工资,盘剥重利,华人吞声忍气,呼吁无门。且各国人民皆得购地自业种菸,华人独否。此其六。以上苛虐各节,惨不忍闻。正拟设法向和廷理论,忽英文报纸载有班喀地方,华人在锡矿各厂作工,突遇水患,饥寒潮湿,病死相仍。又经厂主勒购厂物,物劣价昂,支借工资,则一两纳息五钱,以致积愤肇事,为厂主枪击,死伤无算。和官拿获逃散华民,穷诘再三,始知为厂主苛刻所致。按华工素循规矩,若非相待太苛,必不至于启衅等语。窃思华民作工各岛,受此任意凌虐,与古巴之夏湾拿同一残忍。领事之设,断难再缓。迭与和外部大臣朴福尔再三争论,并译录商禀及报纸所载苛待情形,详为申述。复备文照会,请其允设领事,保我侨民生计。彼外部以事属藩部为词,支梧未决。臣复照会彼外部,以新嘉坡、小吕宋等处,中国早设有领事。即以荷属之噶罗巴而论,欧、美各国无不设有领事,何独于中国而靳之?反覆辩论,稍有转机。查和属岛屿林立,应设领事之处有七:即如噶罗巴、三宝垄、泗里歪、望加锡、勿里洞、日里、文岛等处,均关

紧要。今一时万难偏设,惟噶罗巴一岛,设立总领事一员,万不可缓。"奏入,交外务部议。二十八年,外部议准在噶罗巴等处设立领事,未实行。

三十年,各国议免红十字会施医船税钞,请中国派员赴和兰会议,许之。是年,热河都统松寿奏称:"蒙古喀拉沁王贡桑诺尔布拟与和商白克耳合办本旗右翼地方巴达尔胡川金矿,作为华洋合办,股本各居其半,一切遵章办理。"外务部以"喀拉沁王原将右翼全旗指给逸信公司开办五金各矿业,经饬令画清界限,不得包占全旗。若今又遽允和兰商人,难保不滋缪辐,应请暂缓。"报可。三十一年,和使照称本国南洋属地苏门答腊以北名撒般者,遇有外国兵船进口,施放敬炮,请外务部知照南北洋大臣。三月,外务部奏:"《万国保和会和解公断条约》业经批准。各国欲在和兰都城设立万国公所,作为公断衙门,请中国派员入会作为议员。"许之,寻以伍廷芳充选。保和会即弭兵会也。是月和使照称本国属地茫咖、萨巴东二处,遇有外国兵船进口,不再施放敬炮,仍请外部知照南北洋大臣。八月,万国弭兵会举和人男爵米何离斯为判断公堂总办。十月,简知府陆征祥充出使荷国大臣,并兼办保和公会事宜。三十二年,派驻美使署顾问洋员福士达充和兰保和会公断议员。

宣统二年,和京设万国禁烟会,请中国派员入会。寻遣外务部右丞刘玉麟往。嗣因禁烟会展期,刘玉麟简充英使,别遣出使德国大臣梁诚赴会。三年四月,与和定设立领事约。初,和送交领约全稿十七条,政府命陆征祥与议。顾约文外另有附则一条。谓施行本约,不得以所称和兰臣民之人视为中国臣民,征祥议加以"亦不得以中国臣民视为和兰臣民"一句,和外部不允,乃命征祥回京,由外务部照请和使来署接议。和使初仍持前议,继允将附则改为公文,不入约。又久之,始允将"生长和属之人,遇有国籍纷争,在彼属地可照和律解决"。等语,备文互换。又一面将"此项人民回至中国,如归中国籍,亦无不可"等语,由彼备文叙明存案。议遂定。外务部于是上言:"臣部查和属设领,系积年悬案,屡议屡搁,垂二十年。此

次重提前议以来，一年有奇，始克开议。旋因附则一条，致生枝节，彼此研商，又更两稔。盖近世各国国籍法，多偏重出生地主义。生长其地之人，大率隶属其籍。而我国新定之国籍法，则采用血脉主义。根本解释，迥然不同。彼之欲加附则者以此，我之坚持删去亦以此。至回国侨民沿用外籍，诚多流弊。兹定明和属人民回至中国可归华籍，藉资补救。其非出生说和属之侨民，仍可认为华籍，与我国国籍法亦不致相背。就此结束，俾可迅派领事，以慰侨民喁喁之望。”又奏和属苛例修改情形，略谓：“华人流寓和属所最难堪者，如种种苛例，臣部迭据华商来禀，电驻和使陆征祥向和政府交涉。彼初以为治理属地数百年，成例未易更张，强词拒驳。经我大臣极力磋商，据称警察裁判，只允将改良之法从事调查，未能即时遽改。其入境、居留、旅行三项，允先修改。现入境新章虽尚未见颁布，而居留及旅行二者，先已从爪哇、马渡拉尔岛改有新章，较之旧例已多宽大。”奏入，派陆征祥为全权大臣，与和使贝拉斯署名画押。条约用法文。

日斯巴尼亚，一名西班牙，即大吕宋也。明嘉靖初，据南洋之蛮里喇，是为小吕宋，樯帆遂达粤东。及清咸丰八年，见英、法、俄、美立五口通商之约，遂与葡萄牙同请立约，不许。同治三年五月，西班牙使臣玛斯复来请，并呈所奉全权凭据。三口通商大臣崇厚令玛斯在天津候旨。朝廷复命候补京堂薛焕莅津，会同崇厚与玛斯议约。玛斯援丹马、西洋各国进京议约之案。薛焕等以丹马等国虽在京议约，仍赴天津填写定约日期，不得谓之在京立约。玛使始允在津商办。久之，出所拟条款，有为各国条约所无者，而于驻京一节，立意尤坚。久之始议定，共定条约五十二款，专条一款。六年四月，崇厚与玛斯始公立文凭互换。十年，穆宗亲政，各国请觐见呈递国书，日使与焉。自是岁沿为例。

光绪三年，日国因索伯拉那船遭风案，声称欲派兵船来台湾。福建巡抚丁日昌上奏，言：“西班牙属岛小吕宋之北，即连台湾之

南,海中山势,断续相接,较之日本尤为迫近。本年五六月间,用兵苏禄,攻破其城,故有狁焉思逞之意。非亟加整备,速办矿务、垦务、水雷、铁甲船、轮路、电线诸举,无以图自强。"已而兵船不果来。

是年日属地古巴因招华工,请订专约。时日使为伊巴理,政府派总理各国事务大臣沈桂芬、毛昶熙、董恂、夏家镐、成林为全权大臣,与议约。先是光绪元年,总署奏派陈兰彬出使美国及日斯巴尼亚、秘鲁三国,办理交涉事件。日与秘鲁均有应议华人出洋承工事宜。秘鲁已经李鸿章议有条款。日则自陈兰彬查复后,复由总署议定保护华工条款,与各国使臣定期晤论。日使丁美霞及各国使臣亦议具条款,复将此条款参酌合而为一。正在会议,适滇省有戕毙英国翻译官马加理事,英使威妥玛来言,事遂中止。自滇案议结,伊巴理时已来京晤议,迄未就绪。至是始议出章程凡十六款:一,维持同治三年《天津条约》,不得收留中国逃人;二,既除去前约承工出洋未能尽善之情,所有赔偿一层作罢论;三,华人出洋须出情愿,不得勉强及施诡谲之计;四,听华民前往,不得禁阻;五,出洋报名领盖印执照;六,派遣领事;七,予华人随便往为准单,须与各国人一律;八,诉令事件;九,查验华民多寡之数;十,载华民出洋应守之船规;十一、十二,资送华工回国事件;十三,限制华人前往居住事件;十四,执照准单一切事宜,新到之华人与期满之华人享同等利益;十五,此次条约未载之利益,中国若与他国,则日国应一体均沾;十六,换约事件及期限。是为重订华工条款,画押盖印,明年换约,复公立文凭。六年,小吕宋华民请设领事,不果。

十三年四月,张荫桓由美赴日都马得利呈递国书,届期君后临朝,张荫桓恭捧国书敬递,君后亲接后,即付外部谟烈,起立与荫桓为英语,翻译代答。礼成,君后回宫,荫桓立送,君后回顾,三曲膝为礼。时中国议在小吕宋设领事,日外部已允发准照,而商务总办米阿斯以条约未载为言。张荫桓商之律师科士达,谓若必挟条约为言,约内第四十七款"中国商民至小吕宋贸易,应与最优之国一律相待",此明文也。而日官所收身税、路税,自丁卯换约起,至甲申,

共十八年，小吕宋刊发新例止，共征华人银七百七万八千一百六十一元二角四仙。专征华人每人岁纳九元六仙，甲申后乃兼征西人，每人一元五角，华人则四元五角。计至丁亥共四年，又长征银五十二万八百三十六元。又路照一项，西人每征四角五，华人每征则一元二五，又须预纳一年身路税，无理之甚。即与西人比较，将四角五除去，实长华人八角。自丁卯至丁亥，廿一年，共银七十二万九千一百七十元四角，预纳之身路税犹在外也。又每华人岁征医院费二角五仙，甚微，自丁卯换约至本年，廿一年，共征银二十二万七千八百六十五元七角五仙。此项与甲申以前之身路税，均系独征华商，甚违一律优待之约。此中人数，就去年正月至九月数目，共计华人四万三千四百零三人，逐年清计，尚不止此数也。苛待华人如此，应索偿已往，禁遏将来，方合办法。旋得外部文，言日后将议新例，为各领事而设，而于小吕宋设官一事仍不能决。寻见日后，并见两公主及君姊，问答如礼。荫桓旋去日赴美，议久无效。

十五年，张荫桓受代，以崔国因出使美日秘大臣，驻美，别遣杨慕璘为驻日参赞。十六年四月，崔国因自美赴日递国书。届期，日接引大臣以宫车来迎是日大君主未御殿，后著公服南面坐，国因奉国书，入门行三鞠躬礼，各问君主起居，退。十九年，崔国因受代，以四品京堂杨儒为出使美日秘大臣。

二十六年七月，联军入京。八月二日，日使葛络干函留京办事大臣，称各国统兵各员及公使人等，定于四日辰刻入大内瞻仰，许之。二十七年，各国要求使臣会同觐见必在太和殿，一国使臣单行入觐必在乾清宫，及递国书用御舆入中门，皇帝亲陪宴等。以日使葛络干领衔，政府准驳有差。明年，日君主阿肃丰第十三行加冕礼，驻京日使贾思理照会总署，欲中国遣专使往贺。出使美日秘大臣伍廷芳亦以为请。政府乃以张德彝为贺日加冕专使。

比利时旧名弥尔尼壬。清初，其国商船曾来粤东。道光季年，法人复为请通市，而货舟不至。及五口通商，比遣使臣包礼士赴上

海,呈请照各国立约通商。时薛焕抚江苏,答以应与无约诸邦同一通市,无须另立条约。包礼士谓须入都定议,阻之,允暂留上海。先是咸丰九年,比遣使臣怡性要求苏抚何桂清三条:一,比官商眷属、船支、货物,与中国相待最优国同视;二,定约后以十二年为度;三,和约议定,须请用宝。至是复以为请。薛焕亦开三条:一,各口均设领事;二,禁商民赴内地游历、通商;三,使臣不得赴京。比使坚不允更易。辩论久之,始议定。初,比使称本国主为"大皇帝",焕援英称君主例称"君主",遂定约四条。时同治元年六月也。

四年七月,比遣使臣金德来华,牒三口通商大臣、兵部左侍郎崇厚,谓前包礼士与薛焕所订约,未将两国通商章程并各等事宜详叙,请再议,不允。迭牒要求,于是派董恂、崇厚为全权大臣,办理比通商事务。金德旋拟约五十款,大致皆采各国条约。董恂并去三款,共存四十七款。旋画押钤印。五年九月,在沪与苏抚郭柏荫换约,并致君主第二礼波勒德国书。郭柏荫以西洋通商各国从无恭进国书之事,金德称系新君嗣立,应当入告,乃许呈进。九年六月,比得进国书,请使臣驻京,许之。

十一年冬,使臣许景澄如比都伯鲁色递国书,君主及其妃并邀宴宫内,参赞随员均预焉。又是年刚果国立为自主之邦,奉比国君主为君,比侍从大臣伯施葛辣照会中国,比主复致国书,自称"大比利时国主留波德第二谨上书大清国仁圣威武大皇帝陛下:窃查刚果地方设有商会,开辟疆土,曾与各国订约,立为自主之邦,又推不佞为该处之主。现经议院核准,自应统驭此邦,理合报明大皇帝陛下。惟此新国,乃专归不佞兼辖,并非比国统属。辟地之始,允宜宣教布化,治政养民,联与国之谊以敦和睦,与通商之利以固邦基,尽心图维,升平同庆,仰副各国期望之意。尚祈大皇帝眷顾优隆,俾免陨越"云云。十三年正月,比使以本国汇印各国税则,请中国入会,许景澄以闻。政府旋致比外部,谓:"中国现行税则即各国议定通行税则,各国条约均经载明,此外别无通商税则,与西洋诸国各约各订者情形不同,未便入会。"五月,比遣谢惠施为驻京公使,呈递国

书,并觐见。

光绪十五年三月,以江苏按察使陈钦明为英法义比大臣。十七年八月,请中国派员入第四次铁路公会,考求铁路新法,许之。十八年正月,湖广总督张之洞遣翻译俞忠沅,带工匠十人,赴比国工厂学炼钢铁。二十三年,议借外债修卢汉铁路,比领事法兰吉诣张之洞言其国家愿借,比他国尤为公道。寻与比商定议,共十七款:二,借四百五十万金镑,九扣,实付银四百零五万镑,分四期交到;三,按周年四厘起息;四,前十年还利不还本,十年后,分二十年还清;五,以路业作保;六,五年工竣;八,由比派工程师,名曰监察,但督办大臣一人节制;九,外国路员由监察遴荐,督办定派,公司所用工路人员,除监察外,均归督办所派之大员节制,中西员如有意见,听督办核定,但准监察在旁听断;十,比员如有不职,由督办勒退;十一,材料尽中国本有者购买,如购外料,将一半投标,其余由比公司照办;十二,所购外料,比公司应扣五厘之用;十四,此合同期内,比公司无论何事,均不得托他国商民管理,并不能将此合同转与他国及他国之人;十五,如中国未到合同之限,愿将此款一概还清,利息即以清还之日停止。已又增订合同,又续订详细合同,于原利四厘之外,加收四毫。又办事银行按所付照酬以二毫半,各股票提前还本者,亦酬以二毫半。

二十五年,比使请增汉口租界,谓沿江日本租界旁地,除设铁路站外,中国尚余一万尺,本国请用一千尺,不允。已而驻汉比国总领事复见张之洞,援同治四年《中比条约》第十二款,仍请在汉口日本界下给比租界百丈。张之洞告以各国专界皆须有专约。同治四年之约,只言比人在通商各口宜居住、宜建造之处,可听其租地建造,并无圈画租界归比国管辖之语。因与约三条:比人在汉口如欲租地居住,上有英、俄、法、德、日本各界,下有自日本界至铁路中国之地,均宜居住,可听各与业主议租。在他国租界,则遵守各界巡捕纳捐各章程。在租界外中国之地,则遵守中国巡捕纳捐章程,不准自修道路、自设巡捕,亦不准抗违拿犯。一也。比商欲买何处,可向

业主商议,彼此情愿,公平议价,照条约不得强压迫受租值。二也。有比商一家,即议地一段,不能预圈空地一片归比管辖,比致暗中作成租界。三也。

二十八年四月,比使诣外务部,谓汉口租界早经购妥地亩,即将圈筑围墙。外务部命张之洞查复。之洞致外务部,谓:"比人在汉口铁路总站附近夹铁路两旁,购地一大片,请划为租界。当告以铁路为中国之路,总站处不能为他国所占,万难照办。嘱其沿江一段,后至距铁路三十丈,左至距铁路总站六十丈止,作为租界,其余路线以后沿路之三十丈、六十丈各地段,必须全数让还中国。此系格外通融办法。比使来鄂时,亦已当面切实辩论。迨饬关道备文照会比领事,比领事照复,将给与租界照收,而未提及其余应还中国地段。务望嘱其早日照鄂定界址定界,将余地归还。若再延宕,即已准之界亦不能作为租界。请坚持驳之。"久不决。是年八月,比商赴信阳办货,运至汉口,并未请领联单,又抗不完厘。张之洞饬关道暨税司诘之。

二十九年八月,与比公司订《汴洛铁路借款合同》暨《行车合同》,附《铁路管理材料厂章程》、《土木合同》、《购地章程》。先是光绪二十五年,铁路大臣盛宣怀奏请将开封、河南两府枝路统归总公司筹款接造,奉旨报可。旋因拳匪事起,停议。至是,比公司代理人卢法尔重申前议,于是盛宣怀乃与卢法尔商议借款。因上奏言:"卢汉干路在荥泽左近渡河,东至开封,约一百七十里,西至河南府,约二百五十里,现由卢法尔估计,应借工款一百万镑,约合法金二千五百万佛郎克,议明利息期限悉照卢汉章程,俟合同签定后九个月内开办。所有议订合同各条,饬由总公司法文参赞候选道柯鸿年等与卢法尔数月研商,并经臣盛宣怀与河南巡抚陈夔龙逐条斟审,删汰商榷,并经外部增改,定细目二十九条,又《行车合同》十条。"奉旨:交外务部核议具奏。外务部奏言:"臣等查卢汉分枝开封、河南两府,既经奏蒙俞允,自应准其展造。本年六月,盛宣怀函造合同到部。臣详加复核,其还本、付息、用人、购器一切办法,均与卢汉合同

相符,而意义较为周密。惟合同第二十三款内载'倘日后中国国家准由河南府接长至西安府,督办大臣可以应允先仅比公司按照本合同章程妥商议办'等语。查二十五年十月盛宣怀原奏,虽经申明自洛以通秦陇,应归总公司筹款接造,而此段枝路地势绵长,将来如议用华款自办,亦不可不预留地步。当令添叙'倘中国国家自行筹款,或招集华商股本,接展此路,比国公司不能争执'。又令于行车合同第九款内添叙"中国邮政局由此铁路寄送各邮件,应特备专车;沿途各站,皆须备给房屋,以设邮局,均照中国各铁路通行章程办理。沿途并不得由承办之国另设邮局"等语,以保权利。"硃批:依议。宣怀遂与卢法尔定议,借金款二千五百万佛郎克,合英金一百万镑,年息五厘;归还之期,由卖票之第十年起,分二十年均还。

三十年二月,张之洞闻比国欲在湘造湘阴过常德至辰州一路,特电致湘抚赵尔巽,以绅商禀请承办拒之。

三十四年,始议收回汉口比国租界。张之洞上奏,言:"比国乘铁路购地之际,在汉口私购民地三万六千余方,以预备铁路比国工人凭住为辞。自光绪二十四年向总署索订比国路界,经臣力拒,自光绪二十四年起议,相持至二十八年。比使复送向外务部催咨。臣思比国原购地段,紧倚京汉铁路南端江边马头之刘家庙火车站,包过铁路,实扼南北铁路咽喉,于中国管理铁路主权,及京汉、粤汉两路交接之马头,大有妨碍,坚不允许。仅就滨江一边划地一万六千余方,拟作比界,东北两面,皆与铁路相离数十丈。比使复求加宽,驳以查明窒碍,咨复外务部酌复。自是又相持数年。比驻汉领事将所买地契送交关道税印,要挟甚力。臣思此地跨越铁路,横当要冲,虽一再驳令减让,究于附近锁路地权地利有损,不如议价收回,留作扩充华商贸易,以永保权利。惟自铁路告成后,地价数十倍于前。经臣磋议经年,始将全数基地议定价银八十一万八千余两,暂行息借华洋商款垫付。"奏入,报可。

意大利即意大利亚,《后汉书》所称大秦国也,在欧罗巴洲南

境。康熙九年夏六月，义国王遣使奉表，贡金刚石、饰金剑、金珀书箱、珊瑚树、琥珀珠、伽南香、哆罗绒、象牙、犀角、乳香、苏合香、丁香、金银花露、花幔、花毯、大玻璃镜等物。使臣留京九年，始遣归国。召见于太和殿，赐宴。圣祖以其远泛重洋，倾诚慕义，锡赉之典，视他国有加。

同治五年秋八月，义国使臣阿尔明雍介驻京法国领事德微亚诣三口通商大臣、兵部左侍郎崇厚请立《通商条约》，许之。旋派户部左侍郎谭廷襄为全权大臣，会同崇厚办理《通商条约》。九月，阿尔明雍偕法国翻译官李梅亲赍所拟条约五十五款请核，并递国书。其约大致本丹国和约而参用法、布等国条约，独禁用"夷"字一条，本之英约。而中国于义向未称"夷"，与英事实不同，政府以无关紧要，亦不予驳。遂定议。其目之要者为二，附税则一，与法、布二国同，与英、美、丹、奥、日本各国权度名略异。《通商章程善后》九款，与丹、奥、比等国大致同。约定后，阿使回国。旋由法使伯洛内致送我国订约大臣圆形金牌，上印本国君主容仪，以为纪念，受之。

六年九月，义使骆通恩抵沪请换约，朝命江苏布政使丁日昌与互换。法领事狄隆赴日昌行馆，声称此次义国换约，派伊为翻译官，请日昌先往骆通恩处致候。日昌告以义国公使奉其国差遣出使中华，应先见中国使臣，致其君命，方为尽礼。狄隆又言前在天津照会，声明于九月在沪换约。今已十月。日昌告以上年比利时国订于九月换约，先于五月通知。今义国订于九月换约，迟至九月中旬始行通知。由三口通商大臣咨呈总署王大臣，奏请派使用宝，委员赍送来苏。现于十月换约，已极迅速。其迟延不在中国也。届期，骆通恩偕法总领事白来尼、副领事狄隆等齐集日昌行馆，公服带剑，恭请圣安。日昌偕苏松太道应宝时等按章礼待。骆通恩索观凭据，日昌恭捧谕旨，给与开读，并将条约公同展对。骆通恩出视条约一匣，缀有义国君主用印之银盒蜡饼，装饰整齐，惟系用洋字另书，并地上年在京所定原本。日昌不允互换。骆通恩免冠恳求，自认错误，谓值新旧使臣交换之际，误以为有其国群主用印之条约即可为凭，

致将原约漏未携带。此次蒙恩准予换约,各国皆知。今届期不换,实觉无颜对人等语。白来尼等亦为之代求,愿代为翻译,并谓见带用洋字条约,悗与汉文原约文义不符,惟法国领事是间,恳为通融办理。日昌与应宝时商明,先饬洋务委员督同熟谙意大里亚国文义之监生沈鼎钟,并白来尼等,将骆通恩所赍洋字条约与奉颁条约详校与讹,仍不允与换。骆通恩一再情恳,日昌乃与变通,告以贵使祇赍有君主用印之洋字条约一分,则中国使臣亦只能先将我皇上用宝之汉文条约一分与之互换,所附洋文条约,暂为拆下,留在上海道署,限骆使于四个月内取上年原定条约来换此约,并声明彼时祇能由苏松太道就近与换,不再遣使。骆使允照办,惟四个月限期改为六个月。十年三月,义遣使臣费三多来华,并递国书,兼考求浙江养蚕事。

光绪十一年夏,义国拟开养生会,请中国入会。十五年,命江苏按察使陈钦铭为出使英法义比大臣,旋代以大理寺卿薛福成。十七年春二月,薛福成呈递国书,义王出见,慰劳备至,立谈甚久,大旨谓“义与中国数百年来交谊最先,极为企慕。我观地图,始知中国之大,义国之地不及中国十分之一”云云。旋辞退,礼三鞠躬,复握手。次日谒见王后,亦鞠躬,遵西例也。二十二年,以四品卿衔罗丰禄为出使英法义比国钦差大臣。二十五年,义国索三门湾,不许。先是各国皆于中国索有海军根据地,至是义命驻京公使玛尔七诺向总署要求租借三门湾,向总署发最后通牒,要求四日内答复。未几,义政府命取消最后通牒,调马尔七诺回国。

二十八年,义请派专使驻京,许之。政府亦以许珏为出使义国专使。十一月,呈递国书,义主躬亲接授。向例公使见义主无座,至是赐坐。逾月,又见义后及义太后。义主设宴宫中,请各国公使,义主义后均入座。席散,义后详询中华文字书籍。二十九年三月,义国开农学会,请中国入会,珏派员往。四月,许珏译送《义国财政考》于外务部,谓义国幅员广袤不及中国十分之一,而岁入之款较中国多至五倍,岁出之款较中国亦多四倍有余。十月,又译送《义国

关卡税则》于外务部,谓征税章程二十条,应税之物分十七类,共三百六十八种,又《包皮税及去包皮章程》十六条,《注册费章程》十一条,其中综核至悉,分析至精,较之中国通商税则,疏密悬殊,冀中国取则。是月许珏请商部派员赴义考察商务,谓"义国在华商务无多,间有他国商人运华货来义者,除蚕、茶叶二宗外,他物绝鲜。至华商从未到义国及其属地贸易,应即派员考察"云云。二十九年,日、俄开战。十二月,义与英、美、德、法公同照会俄、日,云:"除满洲外,不得在北洋水陆境内开战。"三十年,许珏又译《义国榷烟志》及《银行章程》。三十一年,许珏译送《义国国债册律章程汇编》及《官售烟价表》。

三十二年夏,驻沪义领事面递约稿十一条于商约大臣吕海寰、盛宣怀,海寰等即将历次与外务部电商之加税、传教、吗啡鸦片、国币、治外法权等五款照交,因致外务部及鄂督张之洞、直督袁世凯,谓:"查义约前四条系新款:一,欲丝货出口兴旺,索开绍兴、无锡两处口岸;一,愿襄助中国详细考求养蚕学堂,及设立局所,代为经理;一,于未加税以前,改订苏杭铁路运货厘金,推广义商办茧税单期限。后七条为英、美各约所有,均略变其词:一,内地行轮;一,治外法权;一,华洋合股;一,矿务;一,国币;一,优待利益;一,条约期限及以义文为正义等。"外部得电,即逐款指驳。海寰等因告义领,义领一再争辨。遂议口岸援日约长沙例照办,蚕学用兼聘教员字样。大致已就,已忽翻异,欲废议约。海寰等恐于加税有碍,欲照所拟允准,令税司为转圜焉。

是年,义国密拉诺赛会,牒请中国派员入会,并送到章程各册及会场总图。许珏得牒,当将总章全译,分章九门,只译子目。因致外务部,谓:"此会原起,系为庆贺义大利、瑞士两国交界地方所凿新泼龙山洞铁道告成而设。欧洲山洞铁道,向以法、义交界之蒙斯尼山洞工程为最钜,计长一万二千二百三十三迈当。现开之新泼龙山洞,计长一万八千七百四十三迈当,实为欧洲山洞第一深长铁道。从前轮船商货运往北欧者,必由法国马赛起岸陆运。今此路告

成，以后可改由义境之折努阿起程陆运。此为义国新得商利之大端，故会中章程以陆运、海运、河运三项居首。中国各省现议开铁道，如派员前来考察，似于讲求路政有裨。"政府得电，许之。义又设农业会，意在联络地球诸国崇本劝农，请中国入会。计此次入会者四十四，会员共一百十人，前后会议者十，分议者五。许珏仅于开会及签押日一到而已。

清史稿卷一六〇
志第一三五

邦交八

奥斯马加　秘鲁　巴西　葡萄牙
墨西哥　刚果

　　奥斯马加即奥地利亚,久互市广东,粤人以其旗识之,称双鹰国。同治八年,遣使臣毕慈来华,介英使阿礼国请立约,并呈其君主敕谕,欲在京议约。总署以在京议约与历来各国成案不符,应先照会三口通商大臣,由三口通商大臣请旨。奥使递照会三口通商大臣崇厚以闻。朝议许之,命总理各国事务衙门大臣、兵部尚书董恂会同崇厚办理。奥使呈所递条约四十九款,大致均从各国内采集而成。董恂等于应删应添各节,逐一改定,而奥使于恂所添“商人不准充领事官”一语,不愿列入约,于恂所删传教一条仍列入约。迭议不决。久之,奥使始允删传教一条,而于“商人不准充领事官”一节,仍欲另备照会,于画押日一同呈递,许之。遂订定《和约》四十五款,《通商章程》九款,《税则》一册。是年奥夹板船名伊来撒各利亚,用英国旗号,私运外国盐一百余包,计重二万余斤,进口。天津税务司函致总署。总署以奥船运盐进口,显违条约,应查拿,并知照英领事前往查起。十年九月,奥换约届期,使臣嘉理治照理会总署请换约,特旨派江苏布政使恩锡赴上海互换。嗣因约本内汉文所载《善后章程》。第五、第八两款,均有引用《条约》“第八条”字样,其奥文内皆

误写作"第一条";又《税则》进口项下呀吂治木,汉文载明长不过"三十五幅地",奥文误写作"五十五幅地";又羽绫、羽纱、羽绸、小呢等类,汉文载明"每丈",奥文误写作"每匹",须更改。至十一年六月始竣事。十一年,奥使照会总署,以接奉本国文,称去岁本国出有政令,自同治十年七月十七日起,凡量奥斯马加各样海船吨数之法,皆与英国丈量吨数之法相同,请札知总税务司转知各口海关遵行。十二年,穆宗亲政,奥随各国公使觐见。

光绪六年,使臣李凤苞函致李鸿章,称:"奥君长子明年正月十六日婚期,中国虽未派驻使,宜令邻邦驻使往贺,以尽友谊。"总署即电饬李凤苞届期往贺。十年夏四月,以翰林院侍讲许景澄充出使德美和奥大臣,驻德。十三年,代以内阁学士洪钧。十四年四月,洪钧赴奥呈递国书,见奥主于马加行宫,颂答如礼。冬十月,奥尔而伯纳亲王来京,欲瞻仰天坛,许之。十六年秋七月,复以许景澄充出使俄德奥和大臣。十七年夏四月,景澄赴奥通问,觐见奥主,奥主为述前岁有兵舰抵华,承中国官员以礼相待,属为陈谢。九月,奥使毕格哩本觐见上于承光殿。十八年,奥主以西历年即马加王位,距今满二十五年,西俗以为庆事,先期由奥外部通知各国公使诣马加都城申贺。许景澄备文传贺,旋即亲赴伯达彼斯马加都城。觐见奥主申谢悃,奥亦发电至京答谢。

二十年四月,许景澄照会奥与俄、德、和等外部,申明总署现章,酌定洋机进口税文。十月,皇太后六旬寿,奥使随各使呈递国书致贺,上见之于文华殿。二十一年,奥主叔父病故,许景澄请旨致唁,许之。二十二年十月,以都察院左都御史杨儒充出使俄奥和大臣。十一月,驻德奥使送节略称奥廷拟派瓦耳布伦为驻京专使中国国家允认,中国派使驻奥亦如之。二十三年四月,奥使齐干觐见上于文华殿。二十六年春三月,命内阁学士桂春使俄兼使奥。七月,拳匪之变,奥兵随德、美、法、英、意、日、俄联军入京师。二十八年四月,三品卿吴德章充出使奥国大臣。二十九年,代以山东道员杨晟。三十年十月,奥使齐干觐见上于皇极殿。三十一年八月,以三品京

堂李经迈充出使驻奥大臣。三十二年三月，奥使顾新斯基觐见上于
乾清宫。三十三年七月，以外务部参议雷补同充出使驻奥大臣。

秘鲁在南亚美利加洲。同治十一年，秘鲁国玛也西船私在澳门
拐华民二百余人，行抵日本横滨，经日本截留讯办，知会中国派员
前往。时通商大臣何景派补用同知知县陈福勋偕英、美两领事派员
前往，旋各运回，并谢日本。

十二年，秘鲁遣使来华议立约。已而秘使葛尔西耶到津谒李鸿
章，鸿章诘以虐待华工等事，不允相商。秘使旋以本国新立雇工章
程，实无凌虐情事，牒鸿章。鸿章覆牒，谓："贵国新立雇工章程虽尚
公道，但查同治八年、十年间，华民公禀内所称'苛求、打骂、枷锁、
饥寒，虽立合同，而章程虚设，虽曰送回，而限满无归'等语，是即保
护华工未能照办之证据也。又来文所载一千八百五十五年八月十
四日议立搭客船规，不准载大帮之人。查同治十一年，日本国扣留
秘鲁玛也西船，载有拐买华民二百三十人之多，据各国领事公同讯
问，船主苛酷相待，饮食不继，并有割去辫发、鞭打囚禁等事。又据
粤海关税务司报称，"同治九年，秘鲁船一支在澳门贩载华工三百
十三人，同治十年，秘鲁船十三支在澳门贩载华工五千九百八十七
人，同治十一年，秘鲁船十九支在澳门贩载华工九千三百八十一
人"。此皆系大帮，秘国并不查禁。近又据粤海关税务司报称，'本
年七月间，广东省城黄埔河面有秘鲁船七支前来招工，因其违背通
行章程，谕令驱逐出口'。以上各节，是又帆船禁载大帮华人未能照
办之证据也。查上年中国通行各国照会内载，凡系无约各国，一概
不准设局招工，其船支不准搭载华工出洋。即有约各国，亦不准在
澳门招工。均经各国知照在案。秘国向系无约之国，照章不准装载
华人出口。乃昨据贵大臣面称，现载往秘鲁华人已有十万余人，明
系违背公法。况华民在秘鲁重受凌虐，曾两次公禀美国钦差转达总
理衙门，是以日前叠据英、美、法各大臣述知贵大臣欲来华议约，即
经总理衙门王大臣照覆各国，以'秘鲁向来专以拐贩华工为事，华

工受尽痛苦,其相待中国情形与别国不同,必须与伊国说明,先将所招华工全数送回中国,并声明不准招工,方能商议立约,否则实难办理'等语。想贵大臣必已与闻,无烦赘述。"

旋据函称遵照总署原议,先将所招华工全数送回中国,自可妥商。鸿章订期会议,届时不至,鸿章责之。复请期,鸿章因再约期,至日,秘使偕爱勒谟尔秘妥士来。适同知容闳由美国回津,鸿章令闳与议。秘使将鸿章原函取出,逐条剖辨,谓无苛待情事;又谓中国既令无约之国不准招工,是以本国亟派使前来议约,以后自必照约互相稽查保护。并称华工送回,可于约内声明,除华人在秘鲁设肆寓居,自不愿归,无庸送回,其余工人等合同限满,即令原主送回,分别办理。容闳因言美国向例,无立合同年限雇工之事。华民在金山等处佣工,去留自便,美官不能勉强勒掯。即有先立合同者,若不愿当,随时将合同缴销,作为废纸。秘国亦应照办。秘使允商办。鸿章仍以拐去华民为言。秘使怫然,谓即回国。屡议不决。

十三年三月,复与秘使接议,秘使自交所拟条约,鸿章不受。久之,始定《查办华工专条》,其文曰"现因秘国地方有华民多名,且有称华民有受委屈之处。兹会同商订,先立通商条款,和好往来,庶几彼此同心。由中国派员往秘,将华民情形澈查,并示谕华工,以便周知一切,秘国无不力助,以礼接待。如查得实有受苦华工,合同年限未满,不拘人数多寡,均议由委员知照地方官。雇主倘不承认,即由地方官传案讯断。若华工仍抱不平,立许上告秘国各大员,再为覆查。凡侨寓秘国,无论何国人民,呈禀式样最优者,华工应一体均沾其益。自秘国核定此项章程之日起,凡华工合同已经期满,若合同内有雇主应出回国船脚之议,该工人有愿回国者,即当严令雇主出资送回。又各华工合同若无送回字样,合同已满期,该工人无力自出船资,有愿回国者,秘国应将该工人等附华船送回,船资无须工人自备,秘国自行料理"云云。

复将《通商条约》十九款及已订查办专条改定,因致总署,谓:"在秘使之意及各国公论,彼既允定《查办资遣华工专条》,是秘鲁

已予中国以便宜,我亦当照各国和约,允以一律。现订《通商》十九款,大致亦与西约词意略同。然均经鸿章逐条酌改,如各约篇首所称'互相较阅,俱属妥当'或'妥善'字样,转觉不妥,兹将'俱属妥协'四字删去。各约钦差驻京往来,有彼国而无我国,兹先载明中国钦差。各约领事官无商人不准兼充明文,兹添'不得委商人代理'。各约游历通商执照,秘使不肯删通商货物字样,兹特添入'货物应照报单章程办理'。各约多以英、法文为凭,兹改'彼此各用本国文字,亦可兼看英文'。其余凡通商、纳税、兵船、商船、控告、词讼各节,均将中国一面叙入。所最要者,招工流弊无穷。澳门贩运已久,华工既在秘国受苦,以前虽允查办,以后若仍开招,害将何所底止?兹会订第六款,上半节照美国续约,云:'别有招致之法,均非所准',下复添叙'不准在澳门及各口岸勉强诱骗中国人运载出洋,违者其人严惩,船支罚办'等语。嗣后中国但能照约严禁,不独秘鲁不敢违犯,即各国招工之举,亦得援引辨证。又前订《查办华工专条》,商令派员前往,秘使允即遵照。"

旋派容闳往查办。容闳查办讫,报告华工到彼,被卖开山、种蔗,及糖寮、鸟粪岛等处虐待情形,合同限内打死及自尽、投火炉糖锅死者甚多,实可惨恻。会届换约之期,秘鲁遣使臣爱勒谟尔来华求换约。光绪元年,派巡抚丁日昌为换约大臣。日昌谓:"去年中国所以与秘国立约者,因秘国葛使照会内言秘国设有新章新例,保护华民,尽除弊端。乃立约之后,派员前往秘国确查,始知华工受屈,显与条约内保护优待之例相背。甫经立约,而秘国即种种违约,是不能不加一照会,声明换约后即当遵约办理,再不能仍照从前之凌虐。"秘使闻之,不待辞毕,即怫然去。日昌以秘使无礼,因致总署,请暂缓换约。

四年,秘鲁因澳门停止招工,香港英总督又申严禁,秘鲁乃赴广东省城与美商同孚洋行私立运载华工合同,五年为期,每年得船旨洋银十六万圆,设局招诱。粤督闻之,即予查禁。秘使诣天津谒鸿章,拒之。时出使大臣为陈兰彬,虽由美使兼日秘,并未赴秘。七

年,以津海关道郑藻如为出使美日秘大臣。十年五月,始由美赴秘,谒总统递国书,开办使署于利马都城,奏派参赞一员代办使事。又于嘉理约海口设领事一员,管理华民事宜,仍禁绝招工,并咨请查拿广州城外私设招工行栈。十二年,郑藻如归,迭以傅云龙、张荫桓、崔国因、杨儒充公使。又增设代理领事十,就秘籍中之廉正者充之,遇事报使署,由参赞区处,公使仍不驻秘。二十一年,秘总统即位,各国均有国书致贺,介由美使请总署代达。二十二年,始颁国书。二十三年六月,驻秘代办李经叙行抵嘉理约,因疫疾盛行恐传染,阻止入口,从秘制也。久之始听入。时公使杨儒赴秘递国书,秘外部先派护卫大臣一员在嘉理约迎伺,随派火车接至利马,又派副外部在车站迎伺。递书日又用宫车迎接。公使递国书,他国均用军装佩剑。中国以秘系民主,沿例用行装,行鞠躬礼,致颂词,秘主答颂如礼。

二十四年,利马华人在香港办货,秘驻港领事照验加戳。向例戳费值百抽一,至是增加,又改用金镑,比前增逾倍。华商以秘违例,请秘外部饬知港领事照向例核收,又吁请于驻秘代办谢希傅。于是照会秘外部,谓:“货单戳费向有定章,值百抽一,又为万国通例。货本用金用银,各国不一,而抽费皆按此为衡。即就利马论,麦面一项由智利贩运者,抽费俱按智洋,洋货各项由英伦贩运者,抽费俱按金钱,载在秘国税则,众所共知。乃同一抽费,于智于英皆就地照抽,独至香港一处忽示歧异,于理不解。或谓香港为英属口岸,应改金镑,则粤商货本亦应升算金钱,方与通商各国一律,应请批示。”秘外部不允批示。旋称港银成色太低,换兑金镑亏损过多。谢希傅告以一律改从金镑,华商亦所甚愿。秘外部始允收费按照货本,一律改从金镑。

宣统元年五月,秘工党仇视驻秘利马华人暴动,秘政府特颁苛例,令进口华人每名须有英金五百镑呈验,始得入口。时出使美日秘大臣伍廷芳赴秘与交涉,先谒总统递国书,即照会秘外部,谓秘所设苛例,违反两国所立条约。旋复见秘总统辨论,请废止饬谕。总

统不允。已复由秘外部覆文。秘外部大臣玻立士谓廷芳,请先妥议限制中国工人出口来秘善法,附入条约。廷芳答以章程不应附入条约。玻立士又欲使秘领事有察验华官所给护照是否合例之权,及到秘时,仍由地方官查验,方准登岸。廷芳驳之,执不允。廷芳阅草案,又请加"寓智利、厄瓜多、巴拿马等处华商欲来秘者,可由代理中国领事等官发给护照,以为入境凭据"等语,玻立士允诺。时留秘华人多吸食鸦片,廷芳请秘赞助设法限制,秘总统许之。旋复定议,廷芳与秘外部立废除苛例证明书九条:一,中国允自限工人来秘;二至六,定非作工之华人往秘护照办法;七,定非作工者概不限制;八,定免请护照者之资格;九,发照验照只须缴费五圆。并停止秘国五月十四号颁发饬谕之效力。时宣统元年七月十三日,即西历一千九百零九年八月二十号。署押盖印。

巴西国,南亚美利加洲共和民主新国也。光绪六年,始遣使臣喀拉多来天津,请议立和约。总署请饬南北洋大臣就近商办。旋派李鸿章为全权大臣与议约。六月一日,喀使抵天津,照会鸿章请立约,并拟先送约稿呈阅。遂订期接议,研商至再始定约。鸿章因上奏,言:"此次巴西议约,数易其稿。嗣以秘鲁条约为底本,删去招工各条,并参用别国条约,定为十六款。其关系中国权利者,皆力为辩论,变通酌定。如第一款'两国人彼此皆可前往侨居'句下,添入'须由本人自愿'一语,即寓禁阻设法招致之弊。第三款'设立领事官,必须奉到驻扎之国批准文凭,方得视事,如办事不合,可将批准文凭追回',本系西国通例。其立法之善有二:一则其人或非平素公正,或与我国向不浃洽,我皆可以不准;一则通商口岸或系新设,人情未安,不欲领事骤至,我亦可以不准。至办事不合,追回文凭,是予夺之权我亦得而操之。第四款游历执照一节,洋人游历各处,多有由领事自填执照,送请关道用印,几若内地往来,全凭领事作主。今改为'领事照会关道,请领印照',可稍助地方官之权。第五款遵守专章一节,即是德国新约第一款之义。查'均沾'二字,利在洋人,

害在中土,设法防弊,实为要图。特声明嗣后如有优待他国利益,彼此须将互相酬报之条或互订之专章,一体遵守,方准同沾优待他国之利益,似较周妥。第六款本拟照德国新约,酌用漏报捏报办法。惟巴约系仿秘鲁约本,并无通商详细章程。若仅添漏报捏报一层,转恐挂一漏万。今定为'两国商人商船,凡在此国通商口岸,即应遵从此国与各国原议续议通行商务章程办理'。第九、第十、第十一、第十二等款,皆指问案之事。查西国案件,俱由地方官讯断,领事不得干预。惟中西法律悬殊,各国不能听地方官审办,于是领事遂有其权。此次定为'被告所属之官员专司讯断,各依本国律例定罪'。盖被告多系华民,前因会审掣肘,受亏不少。兹由被告所属之官讯断,当可持平办理。又第十一款内'将来另议中西交涉公律,巴西亦应照办'一节,虽公律骤难定议,究为洋务紧要关键,特倡其说,以作权舆。以上各节,皆按照各国约章酌议变通,期归妥善。至洋药一项,虽非巴西出产,惟中土受害滋深。今方令巴使知会巴国外部查酌,禁止巴商贩卖,先由巴使另备照会存案,臣亦给予照覆。"约既订,遂于八月初一日会同画押钤印。明年三月,喀拉多忽诣李鸿章,谓接本国电报,复请商改。于是增删巴西原约共十七款,前约正副本作废。八年四月,换约于上海。八月,巴西赠鸿章宝星,旋答之。

宣统元年,巴西使臣贝雷拉请与中国立公断专约。先是巴使诣外务部,援照保和会公约,请与中国商订一《公断条约》,并呈所拟洋文约稿。遂派外务部左侍郎联芳为全权大臣,与贝雷拉议约四条:一,两国外交官不能和平了结之案,可向海牙所设之常川公断衙门投控,并请审断,但须无碍两国利益及国权荣誉,亦不得干涉第三国之利益;二,公断员之权限及细则,须临时由中国皇帝及巴西总统斟酌合宜办法;三,次约以五年为限,限满六阅月未声明作废者,作为续订五年,嗣后期限照此计算;四,本约批准后,在巴西京城换约,用华文、葡文、法文三体,而遇碍难解释之处,则以法文为凭。此约画押后,因事羁延,未及互换。三年十月,驻法代办使事戴陈霖与巴西驻法代办达旒格芬始在巴黎互换。

葡萄牙在欧罗巴极西。明正德年初至中国舟山、宁波、泉州。隆庆初，至广东香山县濠镜请隙地建屋，岁纳租银五百两，实为欧罗巴通市粤东之始。

清雍正五年夏四月，葡国遣使臣麦德乐表贡方物。抵粤，巡抚杨文乾遣员伴送至京，召见赐宴。于赏赍外，特赐人参、缎匹、瓷漆器、纸墨、字画、绢、扇、香囊诸珍，吕赏使臣，命御史常保住伴送至澳，遣归国。麦德乐在澳天主堂，率洋商诵经行礼恭祝圣寿。乾隆十八年夏四月，葡国遣使巴哲格、伯里多玛诸入贡奉表，言："臣父昔年仰奉圣主圣祖皇帝、世宗皇帝备极诚敬。臣父即世，臣嗣服以来，缵承父志，敬效虔恭。臣闻寓居中国西洋人等，仰蒙圣主施恩优眷，积有年所，臣不胜感激欢忭，谨遣一介使臣以申诚敬，因遣使巴哲格等代臣恭请圣主万安，并行庆贺。伏乞圣主自天施降诸福，以惠小邦。至寓居中国西洋人等，更乞鸿慈优待。再所遣使臣明白自爱，臣国诸务俱令料理，臣遣其至京，必能慰悦圣怀。凡所陈奏，伏祈采纳。"

道光二十九年，其酋哑吗嘞为澳民所杀，藉端寻衅，钉关逐役，抗不交租，又屯兵建台，编牒勒税。于是澳地关闸以内，悉被侵占，粤省大吏置之不问。

咸丰八年冬十月，葡萄牙遣人来上海请立约。时钦差大臣大学士桂良驻沪，初拒之。旋为奏闻，未许。光绪七年，葡人欲在澳门设领事，粤督张树森不允，欲令驻香港领事兼办。出使大臣曾纪泽谓："葡人之于澳门，俨然据为己有，唯租住之名尚存。若忽令香港领事兼理，将借香港领事之名，引为澳门领事之据。查澳门本有县丞等官，似宜放上海租界之例，设立官职较崇委员，并令督同县丞办理交涉事件，庶几可图补救。"

十二年，政府因开办洋药税厘并征新章，总署奏请饬派邵友濂，会同总税务司赫德，前往香港会商办法。查知洋药自印度来华，香港为总汇之区，必须英、葡两国一律会办，始能得力。因与澳门总

督商缉私办法。又恐葡为无约之国，遽与商办，或多要求。于是遣赫德与之电商，拟设税务司，澳督亦允。乃订《草约》四条：一，两国在京互换《通商条约》；一，中国准葡国永驻管理澳门；一，葡国允非中国则澳地不让与他国；一，洋药税征香港如何，会同澳门即类推办理。当派税务司金登干在葡国画押，并允其派使来华，拟议详细条约。

粤督张之洞上疏，言："澳门为香山县管辖，距省城二百余里，陆路可通，实为广东滨海门户，非如琼州之孤悬海外，亦非如香港之矗立海中。葡人今因事要求，曲徇其请，迁就立约，实多可虑。挽回补救之策，约有五条：一曰细订详约。查简约虽经金登干画押，而详细条约应删应增，仍须俟葡使到华，会同总署核议，请旨办理。其永驻澳门一条，原因协办药征，格外见让租银，非画地归葡者可比。且约有'不得转让他国'之文，可见澳门系中国疆土，让与葡国居住，应声明葡国居住免其租银，不得视为葡国属地。其不让于他国一条，应声明澳门系中国疆土，葡国不得让于他国。如此，则我有让地之名，而无损权之实，仍与原约之义毫不相背。一曰画清界限。有陆界，有水界。何谓陆界？东北枕山，西南滨海，是为澳门。其原立之三巴门、水坑门、新开门旧址，具在志乘可征，所筑炮台、马路、兵房，均属格外侵占。应于立约时坚持围墙为界，不使尺寸有逾。何谓水界？公法载地主有管辖水界之权，以炮子能及之处为止。两国土地毗连，中隔小河，则以中流为界。此系指各国自有之地，及征伐所得者而言。澳门本系中国之地，不过准其永远居住，葡人只能管辖所住之地。宜明立条款，所有水道，准其船支往来，不得援引公法，兼管水界。一曰界由外定。准葡住澳，免其租银，水界仍是中国所有，自无水界之可分，陆界至旧有围墙为止。葡人于同治初年将围墙拆卸，希图灭迹。然墙可拆，而旧址终不可没。将来约有成议，似应由粤省督抚臣就近派员会同葡使亲往勘验，详查旧址，公同立界，俾免影射逾越。一曰核对洋文。查赫德申称所订《草约》四条，与澳门洋报所载者，文义迥重悬殊。第一条派使来华拟议《通商条

约》,洋文内加'须有利益均沾'字样。第二条葡国永驻澳门管理一切,洋文加'悉与葡国别处属地无异'字样。草约内澳门字样凡三见,洋文皆作'澳门及澳门附地'。查'附地'二字,意极含糊,不惟将围墙外至望厦村阴括在内,即附近小岛毗连村落,皆可作附地观。至谓'与葡国别处属地无异'一语,措词亦谬。虽洋报所载未尽可信,传说必非无因。既与总署奏案不符,亦非奉旨准其永驻之本意。应请饬下总署,先将草约汉、洋文详细核对,以防侵越。一曰暂缓批准。立约虽有成议,批准权在朝廷,此各国之通例。美国《烟台条约》,光绪二年所立,有未经批准三条,直至上年始行议定,成案可据。自应明与之约,定约后,须俟税厘款项大增、拐骗逃亡随捉随解诸事皆有明效可征,两国始行批准互换,庶彼不得终售其欺。"疏入,报可。

葡使罗沙旋来华诣总署呈节略及地图。总署王大臣阅图,与现在葡人所居之地界址不清,多所辩驳。复致北洋大臣李鸿章,派员赴澳确查。张之洞复上疏,请先清界址,缓议条约。略谓:"澳门水陆一带,大抵有葡人原租之界,有久占之界,有新占之界,有图占未得之界。除原租之围墙以内,仍旧听其居住外,已占者明示限制,未占者力为划清。"又谓:"洋药来华,皆径到香港,分运各口,从无径运澳门之船。是稽察之关键,在香港不在澳门"等语。总署因界址一时难清,仍主先议约、后划界,久之始定。

于是总署上言曰:"向者总署两次商办此事,一议通商订约,一议给价收回,迄无成说。今因洋药缉私一事,允其重申前议。并以澳门地方界址一层,从先久经含混,因与葡使罗沙迭商,于约内言明澳门界址俟勘明再定,并声明示经定界以前,不得有增减改变之事。仍将不得让与他国一层专立一条,永昭信守。葡使允即电达本国,照此定议。正筹办间,续接李鸿章函,称粤省督抚臣分别原租、久占、新占、未占四层办法。所谓久占者,不知何年。新占者,亦在咸丰、同治以后。委员程佐衡回津面与讨论,查围墙以内为原租,关闸以内皆所久占,谭仔、过路环则为新占。此皆已占者也。关闸以

北,直达前山澳西对岸湾子、银坑各处,远及东南各岛,皆欲占而未占者也。应俟将来派员勘界时随时斟酌办理。"寻报可。

嗣因交犯一条,葡使欲照英约载明华人犯罪逃至澳门者,查明实系罪犯交出。总署不允。磋商久之,始允添改华民犯案逃往澳门,官员仍照向来办法,查获交出。又稽查洋药一事,复于专约内添写"所有澳门出口前往中国各海口之洋药,必须由督理洋药之洋员给发准照,一面由该洋员立将转运出口之准照,转致拱北关税务司办理"。遂定议。共计《条约》五十四款,及《缉私专约》三款,当即划押。是年葡人散钞单于望厦,不纳。明年三月,命李鸿章与葡使在天津换约,复公立换约文凭,华、洋文各一,画押盖印藏事。

是月葡人出关闸外设一路灯,又修复前山营厂卡,张之洞责令撤去。旋据澳酋照称:"关闸外至北山岭中间一带,向为局外之区。建厂须两国会商,非一国所能擅主,已照会钧署"云云。张之洞即致总署,谓:"条约载未定界以前,俱照依现时情形勿动,自系指澳境关闸以内彼所已占者而言。同治元年,葡使来京议约,亦言关闸以外系华官把守,未敢侵及,从无'局外'之说。此次来文,实堪诧异。请折辩。"五月,葡人又欲争执舵尾山管辖权。张之洞致总署,谓:"舵尾山在十字门小横琴岛上,为香山县属,向无葡人居此。此处疯人得葡人养济,不过寻常善举,何得视为管治证据?如各省常有洋人施医院,岂能即为洋界乎?请严切驳复。"

二十七年,与各国修改税则,各国皆会同签押,葡不派员。特与照会,葡使仍不至。久之,始派参赞阿梅达来,仍不主改税则。既又请求澳门对面各岛开商埠,复拒绝之。二十八年正月,葡使白朗谷来言:"本国商民愿在澳门振兴商务,修浚河道。前定和约,已认澳门附近属地为葡国永居管理,应将此地之界址广阔等项丈量妥订。按对面山一岛居澳门之西,小横琴、大横琴二岛居澳门西南,各岛系澳门生成属地,又经和约认明,请会商妥定。"外务部王大臣等复以:"中国边海岛屿向隶府厅州县,从无此岛属于彼岛之事,只能就澳门现管界址照约勘定,不得于界之外另有属地。"二月初,葡使复

来照会,以上年各国公约第六款所载进出口税则改为切实值百抽五,葡未与议,表明本国人民所运各项货物,应仍照光绪十三年两国条约所订税则办理。王大臣等严词驳拒,葡仍请求不已。

初,葡使面称愿将界务暂置不提,但求扩充商务,开具条款,大要照分两端。如应允改定税则,稽征洋药税饷,在澳门设立分关,为有益中国之款。在澳门附近任便工程,由澳至广东省城修造铁路,为有益葡国之款。王大臣等以澳门附近任便修造工程,仍虑暗侵界址,驳令先行删除。设关一款,札饬总税务司赫德核办。铁路一款,电咨前两广总督陶模、督办铁路大臣盛宣怀分别核复。旋据赫德复称,澳门设关,有裨税收,但章程必须妥定。陶模复称由至省修造的铁路,于地方情形尚无妨碍。盛宣怀复称,造路于税务有益,必须由总公司与之定立合同,不必列入约款。王大臣等得复,复与葡使一再研商,将允造铁路另用照会声明,不入约内。葡使亦允从,遂与定议。乃上言曰:“此次葡使来京,意在展拓澳界。磋商十余次,始将勘界之议,商允停办。现与议订条款:第一款声明旧约照旧遵守。第二款声明上年各国公约加增税则,大西洋国均允遵照,并与订明该国人民所纳税项,不得较别国稍有增减,以预留日后加税地步。第三、第四款,在澳门设分关一道,以稽查出入澳门洋药,并征收各项税项。该关须在澳门界内。但使税司稽征得力,似于饷项不无裨益。第五、第六两款,均申论设关事宜,章程由两国酌定。第七款订约文字。第八、第九款,批准互换各节,皆向来订约应叙之款。应请简派大臣,与葡使定期画押,再将约本进呈,请用御宝,以凭互换。至设立中葡公司,修造由澳门至广东省城铁路,地仅二百余。现办粤汉、九广两路,已议定通至省城,再添一路,亦藉以扩充商务。既与葡使订明另用照会为凭,拟俟命下,即将照会互换,仍咨行督办铁路大臣盛宣怀与葡详定合同,以期周妥。”报可。庆亲王奕劻旋画押。

三十年二月,葡驻京使臣白朗谷照称奉本国谕,改修税则一事,派使前赴上海画押,并将光绪二十八年九月新订增改条款暨是年十二月《会订分关章程》条款内之意同语异之处,改为一律。其修

改税则及新定增改条款，并《会订分关章程》条款，合订一本，以归画一。葡使赴沪，与商约大臣吕海寰等会晤。海寰等面询照会内所称各节，将何者为意同语异，及如何改归一律之处，详为解明，以便会同办理。葡使答以光绪二十八年新定增改条款及《会订分关章程》条款，本国议院未经核准，不克互换。是以此次修改商约，另行拟送条款，即将前此条款章程意同语异之处，包括在内。海寰等以葡使晤对之词与照会外务部文意不符，驳之。并照会诘问葡使，令其明晰照复。葡使旋复，以"本国训谕，业在外务部声明：一，本政府准议院所议，给权于驻华公使，新立商约，即照近日各国与中国所立之商约无异。二，现欲请立新约，包括光绪二十八年九月所立之条款，暨是年十二月会订之专条，但内有更改者，俾中、葡两国主权免有视为关碍之处。三，至于葡国协助中国防缉走私洋药一事，奉本国政府训谕，可将此项缉私之法整顿，以便全免走私。四，因今欲立之新约，应包括光绪二十八年九月所立条款，并十二月所订专条内之宗旨，或系更改，或系推广，悉行包括在内。所以本国之意，毋庸将前约核准。"海寰等电询外务部，复云："葡使并未向部声明前约作废。当日议约，原以分关、铁路为彼此互换利益。倘不将光绪二十八年之约核准，藉包括为词，以废分关之议，则中国亦必将铁路互换之照会声明作废。"海寰等即照部电直告葡使，拒不与议。葡使迻来商恳，以"澳门设立分关，实有碍于本国主权，故议院未能核准。欲明言前约作废，又有碍于本国体制，故以包括宗旨毋庸核准为词"。海寰等遂与议订新约。

初，葡使送来商约款文二十条，海寰等就中摘其不能允者，往返磋商。葡使又请为寓澳华民每年准运米六百万石，免纳税课，以资食用。海寰等以澳门华民不过十万人，何至岁需六百万石？拒之。旋外务部据粤督调查，每年只准运三十万石。又购米地方，限以广东一省。葡使不允。久之，始将各款议定。海寰乃入奏曰："综计厘订条约二十款。第一款，声明旧约照旧遵守。第二款，声明和议所定加增税则，葡国允遵照办。第三款，声明入澳门洋药均囤于官栈。

每年澳门食用洋药,定数以外,不得再有搬出。凡报运中国各处,亦应设法以防私行运往。所有应定各项章程,应由彼此两国商订。又葡国迅定律例,如有犯此约章,应分别惩处。第四款,澳门水陆地方如何防缉走私,彼此派员会订查缉之地位,并可行之办法。第五款,照英约推广西江各口及广州府属各埠行轮,惟须遵守现行一切章程。如不遵守,仍不准照办。葡国并定律例,分别惩办。第六款,葡萄牙酒无葡国执照,不得照本约所附税则纳税。第七款,通商口岸地方居住贸易。第八款,华人入葡国版籍,须专定律例,杜其在内地所享利益,及藉葡国籍以脱卸在华所立有合同责任。第九款,加税免厘。第十款,发还海关存票。第十一款,厘定国币。第十二款,禁止吗啡鸦片。第十三款,振兴矿务。第十四款,合股经营。第十五款,保护货牌及创艺执照。第十六款,整顿律例。第十七款,筹安民教。第十八款,条约年限。第十九款,本约以英文为准。第二十款,在北京互换。以上各款,为我所侧重者,在洋药缉私一事。葡使立意,约文以浑括为准,免致议院再有疑阻。商酌至再,将详细办法另立专章。计厘定第三款专章五条,大旨在洋药运至澳门,必须囤入官栈。其由栈报运中国,则由彼此会同稽查,必须完清海关税厘,始准搬出。如不进官栈,私自登岸,按葡律核办。其由原船私运中国,由拱北关缉办。并嗣后有应行商酌加添,由澳官与税务司商订。第五款专章十五条,在澳门专设趸船,以便由拱北关查验由澳门来往各处货物为要义。其一切限制办法,悉照英约内港行轮章程核议。迭经臣世凯、臣之洞往复筹度,公同斟酌妥善,电请外务部核准,然后与之定议。至陆路稽征税项,订明设在总车站,载入铁路合同之内。又第三款,澳门食用洋药定数,恐将来澳督与税司多少争执,意见不同,特用照会声明,可由彼此在北京之代表人细查会定。又筹安民教一款,葡使奉其政府训条,另备照会声明,凡有天主教堂在华之他国已经允许者,葡国始可照办。此会订约款章程及另备照会之情形也。伏念葡萄牙国以和约未经与议,不认各国修改税则,而要索澳门分设铁路与粤汉铁路相接,是以外务部原议在澳门设关,

以为互换利益。今葡国以议院未能核准，前约已不废而废，故此次详订中国海关在澳门水陆地方查缉洋药走私办法权限，以为补救。葡使欲以新约包括前约，诚心相助，妥订条款章程，虽无设关之名，可收缉私之实。并由臣宣怀与葡使将粤澳铁路合同，同两国商董妥议，已将车站征税一条列入合同之内，已请外务部核准。忽接来电，谓广东绅商不允葡运粤米，不能不俯顺舆情，令再研商。适葡使急于返国，不能再候，拟将米事留后再议，行将商约暨章程先行画押。"报可。

三十四年正月，日本船辰丸号密运枪炮弹药向中国输入，假泊澳门附近之过路环岛东方二海里地，为中国炮舰所捕获。日本政府以系葡萄牙领海为词，葡国政府亦言辰丸碇泊地系葡国领海。于是复议中、葡画境一事。宣统二年，葡政府派海军提督玛喀多，中政府派云南交涉使高而谦，为画境全权大臣，会议于香港。葡使初要求澳门半岛及拱北、小横琴、大横琴、谭仔、过路环诸岛，与附近海面，均为葡领，谦不允。又要求谭仔、过路环二岛，澳门半岛，及拱北、大小横琴诸岛之一部，及附近海面为葡领，谦仍不允，只允谭仔、过路环二岛承认为葡领，余皆不承认。相持四阅月不决。葡使请付万国和平会议解决，谦又拒之。旋停止会议，移议于北京。甫开议，会葡萄牙革命起遂辍议，成为悬案。

墨西哥在北亚美利加洲。光绪甲申、乙酉年间，墨以立约招工，来请中国驻美公使杨儒派员赴墨察看情形，拟定约款，电请总署筹办。久未定。二十三年，驻美公使伍廷芳与墨驻美使臣卢美路重提前议。会卢美路卒，继使臣阿斯芘罗斯复议此事。久之，始定为二十款。初，廷芳与卢美路议也，已允将前议永行墨圆一节删除，交犯一款，允照总署来函办法。至是定议。廷芳乃上奏，言："查泰西通例，领事初到，须驻扎之国认准文凭，方得视事。大小各国，无不皆然。中国除巴西约外，各国约内皆无此款。今于第三款内订明，'领事得有认准文凭，方能视事'；'如办事不合，违背地方条约，可

将认准文凭收回'。将来各国修订条约,亦可视此为衡。第五款,不准诱拐华人出洋一节,是查照日斯巴尼亚约办理。墨约之订,实前任使臣郑藻如首倡其议。盖谓'出洋不必禁,诱拐则不可不防,与其受凌虐之后始行设官,不若乘未往之先妥为设法'。现定必须本人情愿,不准诱令出洋,则包揽诱拐之风不禁自绝。第六款,中国人民与列国人民一律同沾利益一节,我国人民往来贸易,与别国一律无异,将来开荒种植之事,均可援照各国章程办理。第八款,原稿'彼此土产税则未载者,暂时免税。'承准总理衙门电示,遵即改为"彼此进出口税均照相待最优之国一律办理"。此是仿照法、墨商约改订。第十款,遇有军务,不准勒令侨民充当兵勇,不得强令捐输一节,此是仿照英、墨约办理。第十五款,中国将来议立交涉公律一节,欧、美通例,凡侨居他国人民,遇有控告案件,均归地方官讯断。惟中国与各国定约,各归本国领事讯断。墨国以利益均沾为词,不得不暂行照办。惟于约内声明,'若中国将来与各国议立交涉公律,以治侨居中国之外国人民,墨民亦应照办'。第十六款,'凡船到口岸,船上诸色人等如有上岸在二十四点钟内滋事者,准由地方官讯断,罚锾监禁'。此是创给中国官讯问外国人之权。如地方官办理得宜,他日各国修约,即可循此而推。第十七款,'中国人民有事,在墨国控告,得享权利与墨国或相待最优之国人民无异'一节,查本年五月间,墨国覃壁古埠华民数百人,被工头凌虐,剋扣工资,具词呈诉,经臣备文由墨使转达彼国政府,派员严切查办。惟条约未立,保护莫及。今约内声明控告事件得享权利,则遇有不平,随时赴官剖白,于侨居商民不无裨益。以上各款,均经悉心酌定,并将汉文与英、墨文字句一一校对,皆相符合。查墨西哥国地分二十九部。其南部一岁三,尤为沃壤。民惰耕作,地利未兴。近年新定招人开荒章程,一经开垦,即为永业。内地人稠,时虞艰食,托足海外,谋生日难,有此邦为消纳之区,既可广开利源,又可隐消患气。历任使臣均以订墨约为要务,职此之由。向例草约定后,议约之员,即须会同签押。臣随将约本缮就,订期十一月十二日,率同参赞随员,将会订条

约汉文、墨文、英文各二分，覆校无讹，与墨国全权大臣阿斯毕罗斯互相画押盖印，咨送总理衙门，请旨批行。"报可。

二十八年，伍廷芳据粤商禀，咨外务部，谓："自上年中墨订约后，华人由香港搭船赴墨者日多。惟华人由香港附轮，先须假道美国旧金山埠，方能赴墨，殊非便商之道，因美正禁止华工入境故也。拟商明轮船公司，特派数艘由香港迳赴墨国口岸，俾侨民任便往来。现在中国业已换约，华人附搭轮船来往，庶不致有所窒碍。"外务部照会英公使，转行香港总督，饬知英轮公司照办。二十九年，出使美日秘古国大臣梁诚咨外务部，请援古巴成案，设总领事官一，兼充参赞，驻墨国萨理那古卢司海口，遇有与外部商办事件，即可驰赴墨都，并以美使兼摄日、秘、古三国使事。外务部奏请允行。是年，墨派员充驻广州等处领事官。寻又派领事分驻上海、福州、厦门。是年墨因防疫，禁止华人前往。梁诚与交涉，旋弛禁。墨订立《中国及东方诸国移民入境章程》六条，俾共遵守。三十年，梁诚赴墨都递国书，开办使署分馆。墨亦派使臣郦华来华递国书，并邀觐见，请颁给墨总统暨其国各执政大臣宝星，许之。三十一年，墨前总统由国民公举续任六年，墨致国书，由其国驻京公使乌海慕呈递。寻由外务部拟覆国书。是年，墨开万国地理会，请中国派员入会，许之。

刚果在亚非利加洲刚果河左右。光绪二十四年六月，遣其使臣余式尔来华，请订和好通商之约，许之。先是光绪十一年十一月，刚果国外部大臣伊特倭照会中国，谓："奉命充外部大臣，愿与中国开通往来，遇有交涉事件，必当妥善办理。尚望贵王大臣推诚相待，以敦睦谊。"至是乃订简明条约二条：一，中国与各国所立约内，凡载身家、财产与审案之权，其如何待遇各国者，今亦可施诸刚果自主之国。二，议定中国民人可随意迁往刚果自主之国境内侨寓居住，凡一切动产不动产，皆可购买执业，并可更易业主。至行船、经商、工艺各事，其待华民与待最优国之民人相同。各大臣先为亲笔画

押,盖用关防,以昭信守。

清史稿卷一六一

表第一

皇子世表一

自周室众建同姓，穆属维城；炎汉以降，帝王之子，靡不锡以王爵。考帝系者，于以见亲亲之谊焉。清初封爵之制，未尝厘定，未尝献诸王，宣哲、慧哲，皆以功绩而获崇封。崇德元年，定九等爵。顺治六年，复定为亲王、郡王至奉恩将军凡十二等。其他亲、郡王，则世降一等。有至镇国公、辅国公而仍延世赏者。有至奉恩将军，迨世次已尽，不复承袭。盖自景祖以上子孙谓之"觉罗"，与显祖以下子孙谓之"宗室"者，亲疏攸别，爵秩亦殊，数传而后，仅得子、男。原夫锡爵之本意，酬庸为上，展亲次之，故有皇子而仅封贝勒、贝子、公者。揆诸前谟，至谨极严。雍正后，惟怡贤亲王以公忠体国，恭忠亲王以赞襄大政，醇贤亲王以德宗本生考，皆世袭罔替。至末年，而庆亲王奕劻乃亦膺兹懋赏矣。自奈忠诚繁衍，非国有大庆，不得恩封；

为亲，以佐命殊勋，世袭罔替。其他亲、郡王，则世降一等。有至镇国公、辅国公而仍延世赏者。有至奉恩将军，迨世次已尽，不复承袭。

非娴习骑射，不得考封。而入关二百余年，习尚文胜，无复开国勇健之风，每届岁终，与于选者益鲜。此盛衰强弱之原欤？今自肇祖以下子孙，列为世表，支别派分，本诸谱牒。其不列于十二等之封者，谓之"闲散宗室"，则从略焉。作《皇子世表》。

肇祖系

充善 肇祖第一子。	妥善 充善第一子。	罗 第一子。无嗣。
妥义 充善第二子。	谟 第一子。无嗣。	锡宝齐篇

	古 充善第三子。												
褚晏 肇祖第二子。早卒。													

兴祖系

德世库 兴祖第一子。	尼扬古 德世库子。	库尔喀 尼扬古子。	布三 库尔喀子。	布祜 布三子。封三等男。	额讷布 布祜子。封三等男。								
刘阐 兴祖第													

泰索阿，兴祖第三子。

长务阿，泰索阿长子。

务泰索，长务阿子。

僧额务，务泰子。

翁岱阿，僧额子。

阿善阿，翁岱阿子。

塞森，阿善阿子。阿克塞善子。封二等男。

阿克，塞森子。封二等男。

克德，阿克子。封二等男。

彦巴德，克德子。

包朗阿，兴祖第五子。

郎腾，即朗阿包朗子。

伯林，郎腾包子。

拜三，伯林拜子。封三等男。

顾纳岱，拜三顾子。封三等男。

漠洋，顾纳岱漠子。封一等男。

顾巴岱，漠洋顾子。封三等男。

舒席库，顾巴岱舒子。封一等子。

舒禄，舒席库舒子。封一等子。

伊灵阿，舒禄伊子。封一等子。封二等子。

崇安，伊灵阿崇子。

玛尔宝，崇安四子。

阿崇安　玛尔泰子。封二等子。			
阿泰　舒禄子。			
		泰浑　德勒浑子。封二等男。	
成格　机达席库腾子。封一等男。		德勒浑　机达席库子。封二等男。	
穆库席　郎达席机达子。			
			宝实　兴祖第六子。

景祖系

礼敦巴图鲁：景祖第一子，崇德元年，追封武功郡王。

博图：礼敦第一子，天聪七年卒。

伊和齐：博图第一子。顺治四年，封一等子。

塞勒：博和齐巴第一子，顺治四年，封三等子。

额尔德勒：塞勒第一子，康熙八年，袭二等子。康熙十三年，卒，谥勤愿。

喇尔汉：额尔德勒第一子。康熙二十三年，革爵，袭二等子。康熙十四年，卒。

枯塔：喇尔汉第一子。康熙二十四年，卒。

额尔汉：喇尔汉第二子。康熙

年，袭二等子。三十四年，革爵。	赛 第六子。封阿赉三等男。顺治十六年，卒。 赛萨 和伊博	阿赉 博伊和 赛萨 第一子。顺治十六年，顺治十卒。七年，卒。	
			额尔衮 景祖第二子。顺治十年，追封慧哲郡王。

唐苏尔玛　康熙二十二年，袭一等男。事革爵。

苏尔玛　瓦尔玛第二子。顺治十年，袭三等男，封一等男，九等男。晋二等。康熙二十七年，卒。

英额佛　康熙二十二年，袭一等男，事革爵。晋二等。康熙二十七年，额。

瓦尔玛　叶穆济布世第一子。顺治无年，卒。

叶穆济布世　阿尔布第二子。顺治七年，以罪赐自尽。

阿尔布　齐塔特布篇第一子。顺治十年，子，早卒。

祜世布

塔察古篇　景祖第五子。顺治十年，追封恪恭贝勒。

塙　景祖第三子。顺治十年，追封宣献郡王。无嗣。

无嗣。

玛尔苏

尔苏第三子。康熙三十一年，袭玛克苏之一等男。乾隆元年，卒。

革爵。十七年，卒。

年，卒。

克苏　玛克苏

莽嘉布阿世子。康熙二十二年，袭朗唐之一等男。

莽嘉第五子。康熙二十一年，熙二十二年，袭朗唐之一等男。

康熙二十五年，卒。

熙二年，袭二等男。四十年，卒。

熙十三子，阵亡。三十二年，袭二等男。四十四年，卒。

嗣图克。康熙

萨图克。康熙

淑嘉第三子。康熙

舒朗图第二子萨克图。康熙

克图

三十七年，卒。无嗣。

嘉朗图第五子。顺治十八

显祖系

穆尔哈齐
显祖第二子。天命初，号青巴图鲁。天命九年，卒。顺治十年，追封多罗贝勒。

达尔察
穆尔哈齐第四子。顺治二年，封奉国将军。康熙六年，以罪革退。

青
达尔察第二子。顺治八年，封奉国将军，晋辅国公。康熙六年，以罪革退。昭西路，晋封多罗贝勒。

勒塞礼
青第...子。天命九年，卒。顺治十六年，晋辅国将军，晋辅国公，追封。

巴布达里祐
塞礼第一子。康熙三十一年，封奉国将军，晋三等奉恩将军。三十年，卒。

延布
达里祐第一子。雍正四年，封奉恩将军。乾隆十四年，卒。

海存
延布第二子。乾隆十一年，袭奉恩将军。三十年，卒。

永登额
第一子。乾隆五十年，袭奉恩将军。道光十七年，卒。

国祥润寿
第一子。道光八年，袭奉恩将军。二十八年，卒。

阿
嗣国祥

札朗
连华
国祥嗣

年，袭三等男。康熙三十二年，卒。

子。道光二十八年，袭奉恩将军。光绪十一年，卒。

连华嗣子。光绪十六年，袭奉恩将军。

桓额
第六子。乾隆三十年，袭奉恩将军。乾隆三十七年，卒。

特诚
第二子。雍正四年，袭奉恩将军。雍正十三年，卒。因病告退。五十

海诚
达里伯第二子。雍正四年，袭奉将军。雍正十六年，卒。

达里伯
勒塞礼第七子。康熙十年，封奉恩将军。雍正十六年，卒。

三等镇国将军，寻晋辅国公。康熙十二年，卒，谥曰悫厚。

莫多军功，晋二等。

谥曰勇壮。

					四年，卒。	杭阿 海诚第七子。乾隆三十七年，袭奉恩将军，寻卒。							
				赫勒布 勒塞礼第九子。康熙四十七年，封奉恩将军。乾隆十八年，卒。	巴启纳 赫勒布第二子。乾隆十八年，袭奉恩将军。二十四年，卒。	天师保 巴启纳第一子。乾隆二十四年，袭奉恩将军。五十一年，卒。	永长 天师保第二子。乾隆五十一年，袭奉恩将军。嘉庆三年，卒。无嗣。						

第岱，乾隆二十二年，奉恩将军。五十二年，卒。

岱成二子。

清珠

成里第一子。雍正十三年，封奉恩将军。乾隆二十二年，卒。

达珠　勒塞礼第十子。康熙四十九年，封奉恩将军。乾隆六年，因病告退。

阿勒充喀　成岱第四子。乾隆五十二年，奉恩将军。嘉庆六年，因

平阿	哈格	
安奇屯	博奇屯	

哈格　博奇屯第四子。道光二年，袭奉恩将军。光绪十

平阿　安奇屯　博奇屯成岱第六子。嘉庆七年，袭奉恩将军。十三年，因病告退。道光元年，卒。

病告退。

桂国：色克图恩第一子。乾隆五十一年，袭奉恩将军。嘉庆十一年，袭奉恩将军。嘉庆

色善志：巴延德第二子。乾隆五年，袭奉恩将军。

色克图恩：色善志第一子。乾隆五年，袭奉恩将军。

巴延德：崇赫第一子。雍正三年，封奉恩将军。乾隆五年，卒，封奉恩将军，五十年，袭奉恩将军。

崇赫：德赛礼第一子。康熙五十二年，袭奉国将军，卒。

德赛礼：穆青第八子。康熙十二年，袭奉国将军，五十年，袭奉国将军。五十年，袭奉国将军等。

松桂：……五年，卒。

仙聪：松桂第十六子。嘉庆四年，袭奉恩将军。道光二十一年，卒。无嗣。

长山：仙聪第三子。乾隆五年，袭奉恩将军。乾隆十三年，卒。

八十六勒：长山第十一子。雍正三年，封奉恩将军。乾隆四年，卒。

二年，卒。无嗣。		
将军。二将军。乾隆四卒。十五年，隆元年，因病卒。卒。告退。		第善卓，随托克卓、善普卓
务达海　克托　阿当慧　赖托		善卓　月宝　善普卓
穆尔哈齐第四子。崇德四年，封三等奉国将军。顺治二年，晋镇国公。康熙四年，卒。晋三等镇国将军。		卓随托克卓善普卓，月宝善卓，随托克卓善普卓。
多达海第六子。顺治八年，封辅国将军。八年，晋三等镇国将军。顺治二十七年，晋镇国公。康熙十二年，告退。晋三等镇国将军，谥曰纯和。		镇国将军。五年，卓善随托克卓随善卓。
海达第三子。康熙三年，封三等辅国将军。		
托克第三慧。		

慧第七子。康熙四十二年，封三等奉国将军。四十九年，卒。晋贝子。十二年，卒。谥曰襄敏。

四子。康熙四十一年，封三等奉恩将军。雍正十二年，因病革卒。不准承袭。

四子。雍正十二年，奉恩将军。乾隆三年，十一年，卒。承袭。退。

官

保三

托克扬福

扬福

慧第八子。康熙五十八年，封三等奉国将军。五十年，表五年，表四年，表五年。

十年，封奉国将军。五年，表五年，表四年，表五年。

噶尔德尔	新德 爱尔 素尔登 额登 礼阿嵩	

爱新
素尔登
额登

扬福，嵩阿礼第二子。雍正九年，封三等奉国将军。乾隆二年，封辅国将军。乾隆二十一年，袭镇国将军。乾隆二十一年，卒。续事革退。

额登，第二子。乾隆二十三年，卒。无嗣。

噶尔德尔

不入八分镇国公。
八分镇国公。
不入八分镇国公。
八分镇国公，六十八年，卒。
国　谥曰襄毅。

额登玛 玛，扬福第十一子。雍正二年，袭镇国将军。乾隆四十年，卒。缘事革退。	文魁 富尔阿嵩第三子。雍正七年，封一等镇国将军。乾隆十一年，袭三等奉国将军。

						祜阿
十八年，缘事革退。	十二年，缘事革退。	义泰	和礼泰	宗富尔嵩阿	英善	锡昌
		宗富尔嵩阿，第四宗乾隆第一子，乾隆二十一年，封奉恩将军。嘉庆二十五年，卒。		将军。三十五年，卒。二十四年，卒。无嗣。	英善，富尔善英第五善第一子。	伊昌阿
						阿昌第一子。

子。乾隆二十一年，封三等奉国将军。嘉庆三年，卒。

乾隆六十年，封三等奉恩将军。嘉庆二年，缘事革退。

咸丰三年，袭奉恩将军。同治二年，缘事革退。

莽顺　费扬福　扬福第十七子。乾隆四十年，袭三等奉国将军。五十年，卒。

来龄　费顾　第六子。乾隆五十七年，袭奉恩将军。嘉庆十一年，缘事革退。

新龄　赛顾　末龄之子。乾隆五十一年，袭奉恩将军。嘉庆十五年，缘事革退。

瑞　胞　义子。嘉庆十一年，袭奉恩将军。嘉庆十五年，因病告退。

延庆	瑞和	福芬	恭耀
瑞和第二子。光绪四年,封奉恩将军。光绪三年,卒。	福芬第一子。咸丰元年,封奉恩将军。咸丰元年,卒。	恭耀嗣子。道光十六年,封奉恩将军。光绪三年,卒。	未龄堂姪。嘉庆二十二年,封奉恩将军。

瑄　斌　盛	崇龄	伊里布
盛斌第一子。咸丰二年,袭奉恩将军。光绪三年,袭奉恩将军。光绪十五年,卒。	伊里布第二子。道光十二年,封奉恩将军。道光二十二年,卒。	和齐第一子。道光二年,封奉恩将军。道光二十九年,缘事革

和齐	阿朗阿	喀林阿	白努机
阿朗阿第一子。乾隆三年,袭奉恩将军。乾隆三十二年,卒。	喀林阿嗣子。雍正九年,袭三等奉国将军,卒。	白努机第八子。康熙二十四年,封三等奉国将军。雍正二年,卒。	托克托慧

退。

明端，第二子。嘉庆七年，袭奉恩将军。咸丰七年，卒。无嗣。

明俊，诺科栋第二子。乾隆二十三年，袭奉恩将军。嘉庆七年，卒。

卒。

栋科诺

德精克额，占泰第九子。雍正四年，封奉恩将军。乾隆三年，卒。

正二年，卒。

占泰，萨尔哈第二子。顺治十九年，封奉恩将军。康熙十二年，卒。

萨尔哈，海岔第五子。顺治二年，一子，顺治二年，封镇国将军，晋三等奉国将军。晋辅国公，晋镇国公。康熙八年，卒。

海岔，穆尔哈齐第一子。顺治元年，封奉恩将军。八年，晋镇国将军，晋辅国公，晋镇国公。十一年，晋镇国公。二年，卒。罪革爵。十二年，封镇国将军，谥曰愍厚。

汉岔穆尔哈齐第一子。顺治五年，封镇国将军，六年，晋三等奉国将军。十年，晋二等奉国将军，晋辅国公。十一年，晋镇国公。二年，卒。

图苏利，武康熙第一子。康熙恩封奉恩将军。三年，卒。无嗣。

康熙苏尔图第四子。康熙十五年，封奉恩将军。国将军。康熙十四年，卒。

纳德宜，苏尔图第三子，封三等辅国将军。八年，晋辅国将军。康熙七年卒。

苏尔德，席布锡第二子。顺治十年，封三等辅国将军。寻卒。

席布锡，汉岱第一子。顺治六年，封三等辅国将军。

国将军品级。十三年，以罪革爵。

纳拉泰，苏尔宜第六子。康熙……谥曰悼敏。

十七年，袭奉恩将军。十九年，卒。无嗣。

嵩布图　汉岱第三子。顺治六年，封三等辅国公。晋康熙九年，晋奉国将军。十七年，袭奉恩将军。十九年，卒。无嗣。

锡图　嵩布图第一子。顺治九年，封三等奉国将军。康熙八年，晋辅国公。十八年，晋康熙九年，晋奉国将军。晋康熙二年，谥曰怀恩。

立泽　锡图第一子。康熙八年，袭封奉恩将军。五年，卒。谥曰怀恩。

天祥　立泽第二子。康熙二年，封奉恩将军。九年，卒。

格庆　天祥第二子。康熙十五年，袭恩封奉恩将军。乾隆四年，卒。

善庆　格庆第一子。康熙四十一年，袭奉恩将军。乾隆四十三年，卒。

显龄　善庆第一子。乾隆十一年，袭奉恩将军。嘉庆二十一年，因病告退。

梦麟　显龄第二子。乾隆二十四年，袭奉恩将军。道光二十一年，缘事革退。

							丰崇尔谟额松素达 道光二十二年，袭率		
							尔额松耕额达 谟尔额松素 耕额松素达穆萨第		
							额松素达穆萨海善锡珠满		
因病告退。	务立泽	嵩布图第二子。康熙三年，封三等奉国将军。十二年，卒。无嗣。					善珠满 满锡礼 锡礼满海第 珠善海锡珠满 善海锡珠满		
							台禄布哈 穆布哈尔第海塔第三子。顺治十二子。		塔海穆尔齐第七子。顺治二年，封十五年，卒。康熙十二子。

恩将军。咸丰五年，卒。

奉恩将军，封二十五年，封十八年，封十八年，奉恩袭奉恩将军。道军。八年，等辅国晋辅国将军。康熙二十将军。乾隆八年，卒。八年，卒。十一年，卒。

塞尔赫

鄂洛顺　塞尔赫第四子。康熙三十六年，封奉恩将军。乾隆十三年，卒。

德音　鄂洛顺第二子。雍正十二年，封奉恩将军。乾隆十三年，卒。

保泰　德音第一子。乾隆三十八年，袭奉恩将军。五十九年，卒。

兴泰　德音第五子。乾隆五年，袭奉恩将军。五十九年，卒，无嗣。

德楞尔

德额尔

名	说明
勇玛（玛勇）	德楞第二子。康熙二十四年，封辅国将军。恩将军。
山常（常山保）	玛勇第二子。康熙二十四年，封正十二年，封三等奉恩将军。袭奉恩将军。恩将军。嘉
实诚（诚实）	常山保第一子。雍正十五年，封三等奉恩将军。恩将军。嘉
昇福（福昇）	诚实子。
英邦	福升子。嘉庆二十五年，袭奉恩将军。道光二十
布赫	第四子。康熙四十年，封三等辅国将军。四十三年，卒。
赫舒布	德楞第一子。康熙二十一年，封二等辅国将军。五十二年，卒。无嗣。
塔格海	第四子。

枯世达
第三子。
枯世布

枯世布
第二子。
枯世塔

满达
第九子。
枯尔哈齐

康熙
第四子。
枯世穆尔
齐第九子。康熙

八十
三
达第

满达
世
布

宣德第
五子。康熙
三十
三年,封
奉恩将
军。五十
六年,卒。
无嗣。

宜楞格第
宣

特黑

讷尔

雍正十
二年,卒。
十六年,
卒。

乾隆三
年,庆二
十五年,告
退。

四年,卒。
袭次已
尽,不袭。

子。顺治二年,封奉恩将军。八年,晋辅国公。康熙二年,卒。

三年,袭三等奉国将军,晋辅国将军,卒。康熙九年,卒。

六年,袭辅国将军。八年,将晋镇国等将军,卒。康熙

晋三卒。国辅国等镇国将军,卒。

四年,袭国将军。八十六年,卒。晋辅国四年,缘事革退。

十四年,裁奉恩将军。雍正四年,缘事革退。

苏赫

祜世塔第二子。顺治八年,封镇国等将军。十二年,卒。

谥曰怀恩。无嗣。

伊尚阿　**锡阿**
伊尚阿第二子。锡布阿第九十子。康熙……顺治十八年，封三等辅国将军。十三年，卒。无嗣。

锡布
祜世塔第四子。康熙九十子。顺治十八年，封三等奉恩将军。雍正国将军。十三年，卒。无嗣。

通额
……

庆扬阿
伊尚阿之曾孙。锡布阿第十二子。同泰之子。乾隆四十三年，袭奉恩将军，袭三十七年，卒。

定禄
锡布阿第四子。乾隆十二年，袭奉恩将军。

扬庆
定禄第二子。乾隆四十年，袭奉恩将军。

续文
扬庆第二子。乾隆五十年，袭奉恩将军。

诚敬
续文第二子。道光十七年，袭奉恩将军。光绪

煜勋
诚敬第子。光绪

恩铭
煜勋第一子。光绪二十二年，袭奉恩将军。

崇铭　**俊铭**
恩铭第一子。光绪三十二年，袭奉恩将军。三年，袭奉恩将军。

誉

隆

第煦明恩子。
春

明恩

十一年，卒。

军。

奉恩将军，袭庆车，五

军。三十泰恩阿之

七年，缘事革将

军。四十一年，卒。

桂芳
英山额第三子。光

英山额
和色洪第三子。同治

色和
连禄阿第一子。道光

德良阿
增诚第二子。乾隆五

增诚班进泰
班进泰第二子。雍正

敬德喇克达
喇克塔第一子。康熙

喇世塔
哈尔齐第一子。顺治十

洪额
第三子。道光二十年，
九年，袭奉恩将军。光绪
十三年，卒。

禄阿
第一子。乾隆
二十年，袭奉恩将军。
一年，封奉恩将军。乾隆
三年，卒。

德阿
增诚第一子。
年，袭奉恩将军。乾隆
十一年，卒，因
病告退。

进泰
敬德第一子。
十二年，康熙二十三年，
封三等奉恩将军。
四十七年，卒。

喇克达
世塔第一子。顺治
十一年，封三等
二年，封三等奉恩将
军。八年，封辅国将
军。国辅康熙三年，卒。
公。十七十二年，
年，卒。谥曰悫僖。

武兴康

雍占琳
喇克达第一子。雍占
达第

果尔禄哈

明阿

色炳额

明景年

恩春隆誉
明恩子。第煦明
第照景年
色炳额

光。十一子，同治二年，袭恩将军。光绪三年，袭三等奉恩将军。光绪二十六年，卒。

第四子。同治五年，袭奉恩将军。同治十一年，卒。

布哈尔 第二子。嘉庆十二年，袭奉恩将军。嘉庆二十四年，因病告退。

果尔明禄 第一子。乾隆二十年，袭奉恩将军。乾隆四十年，因病告退。

武兴 第一子。雍正十三年，袭三等奉国将军。乾隆三十二年，卒。

第二子。康熙二十二年，封三等奉国将军。乾隆三年，卒。

琳安 第六子。雍正三年，封奉恩将军。乾隆十一年，卒。

禄安 硕安 第一子。乾隆二十五年，袭奉恩将军。乾隆五十二年，卒。

聪增 第二子。乾隆二十一年，袭奉恩将军。嘉庆八年，卒。

廉聪 聪禄 第一子。嘉庆五年，袭奉恩将军。道光七年，缘事革退。

福成 第二子。嘉庆二十年，袭奉恩将军。道光元年，卒。

廉硕 第一子。光绪八年，袭奉恩将军。

舒尔哈齐	阿敏	宏科泰	塞克图		塞勒伯 舒勒	特

舒尔哈齐　显祖第三子。初,天命元年,封贝勒,元年,封。以军功和硕贝勒,赐号达尔汉巴图鲁,以图鲁罪削爵。顺治十年,薨。追赠亲王,谥曰庄。

阿敏　舒尔哈齐第二子。

宏科泰　阿敏第二子。

塞克图　宏科泰第一子。顺治八年,封三等辅国将军。十一年,卒,谥曰怀悫。无嗣。

塞勒伯　宏科泰第二子。顺治八年,封国将军。

舒勒　塞勒伯第一子。顺治十二年,袭三奉国将军。

特　塞勒伯第二子。

	德茂
	色克
等辅国军。十八将军。十年,卒。一年,卒。无嗣。谥曰怀仪。	恩特
都尔伯 发科泰 第三子。顺治八年,封三等辅国将军。十五年,卒。谥曰惠厚。无嗣。	素斐
固尔	尔玛

色克　默奈第一子。雍正三年，袭三等奉国将军。乾隆三十年，袭奉恩将军。四十九年，卒，因病告退。	富清　清富第三子。康熙五十七年，封贝勒。康熙二十年，卒，谥温简。
特赫默　第五子。康熙四十二年，封三等奉国将军。三十四年，袭镇国公。寻因获罪革爵。	福清　富清第二子。康熙四十六年，封奉恩将军。雍正六年，封奉恩将军。雍正八年，卒，无嗣。
恩特赫默　玛尔图第一子。康熙三十七年，封奉恩将军，袭奉恩将军。乾隆十三年，卒，谥温简。雍正正六年，封奉恩将军。乾隆十三年，卒，无嗣。	
赫索　玛尔图第一子。顺治六年，封镇国公。寻因获罪革爵。顺治五年，复封辅国公。晋贝子。康熙二十年，卒，谥温简。	
默奈　玛尔图第三子。顺治四年，封镇国将军。十六年，卒。多罗贝勒，诏以西路军功，晋封辅国公。	
玛尔图　阿敏第三子。崇德四年，封辅国公。因获罪革爵。顺治五年，复封辅国公，谥曰怀恩。	
玛泽图	

礼璠　额龄　阿龄　多龄阿

阿龄第四子。乾隆十六年，封奉恩将军。嘉庆元年，袭奉恩将军。

多龄第三子。乾隆八年，袭奉国将军。嘉庆元年，袭奉恩将军。

额龄多龄第二子。乾隆八年，嘉庆元年，袭奉国将军。

德　寿海　德绥海斐索

绥海第七子。康熙五十年，封奉恩将军。乾隆八年，卒。

寿海第一子。乾隆三年，封奉恩将军。乾隆八年，卒，无嗣。

卒。

次袭已尽，不袭。

卒。

卒。

齐

鄂斐图

鄂斐玛尔图

鄂斐

第五子。康熙三十六年，封三等奉国将军。四十六年，袭堂兄齐克新齐之。

康熙八年，奉恩将军。四十八年，事革退。

封国将军。

袭辅国公。雍正四年，袭辅国公。五年，卒。晋镇国公。六年，袭镇国公。

年，缘事革退。

僧额　额赫　额赫僧

固尔玛浑第二子。顺治十五年，封镇国公。恩袭将军。十五年，康熙四年，卒。溢曰怀愍，卒。无嗣。

玛三
固尔玛浑第三子。顺治六年，封镇国公。

	齐克塔哈	伊克塔哈 双麟 亨兴
十四年，卒。谥曰怀僖。无嗣。	瓦三 固尔玛浑第四子。康熙二十四年，封三等辅国将军。封五年，封辅国公。二十年，袭辅国公。四十六年，缘事革退。二十年革退。公。	伊克塔哈 瓦三第一子。乾 双麟 伊克塔哈第三子。 亨兴 双麟第四子。 四年，卒。谥曰襄敏。

		奎朗	喀尔崇义		
		崇义第一子。嘉庆二十年，袭义。同治元年，道第二十二年，二十二缘事革二年，卒。退。	和中额第一子。乾隆五十年，封奉恩将军。道光十三年，卒。		
三子。康熙三十二年，封奉国将军。隆正十五年，卒。	雍正十六年，奏奉辅将军。乾隆十四年，卒。无嗣。	宝麟	和中额	朗奎	英秀
	九年，封三等镇国将军。雍正十二年，卒。	伊克塔哈第五子。乾隆十七年，封三等镇国将军。乾隆四十七年，卒。	宝麟第一子。乾隆五十三年，封奉恩将军。奏恩将军。乾隆五十七年，卒。	凤景	
		平麟	果明		

凤颍果　景明　平麟　额　第

第一子。道光九年，袭奉恩将军。同治无年，缘事革退。

第一子。嘉庆二十二年，封国将军。二十年，卒。

第一子。乾隆十二年，袭恩将军。道光二年，卒。

平麟　第六子。乾隆二年，封国将军。二十二年，卒。嘉庆九年，卒。

伊克塔哈

杭麟

伊克塔哈　第十子。乾隆十一年，封奉国将军。二十二年，卒，无嗣。

扎三 固尔玛 浑第五 子。康熙 十四年, 封三等 辅国将 军。三十 三年,卒。 谥曰敏 恪。无嗣。	萨三 固尔玛 浑第七 子。康熙 二十一 年,封三

赫讷

勤　塞鑨
康熙五十八年，袭奉恩将军。雍正二年，卒。无嗣。

苏　德

裕阿尔　第阿裕尔子。康熙二十三年，封辅国将军。四十九年，改袭三等奉国将军。五等辅国将军。五十四年，缘事革退。

塞勒　塞鑨　恭阿敏第四子。顺治六年，袭封镇国公。寻卒。

阿裕阿　法塞阿子。顺治八年，袭辅国公。康熙四十年，卒。镇国公。康熙二十

恭

十八年，卒。

鄂岳

多福　鄂岳第三子。康熙二十三年，封三等奉国将军。乾隆二年革事退。

法塞　鄂岳第四子。康熙四十九年，封三等奉恩将军。五十五年，缘事革退。乾隆二年，袭奉恩将军。十一年，卒。无嗣。

和隆

阿哈　五十

武

九十五　阿哈尼堪第三子。

尼九　法塞第四子。康熙二十四年，封奉恩将军。雍正二年，袭奉恩将军。乾隆十四年，奉恩将军。乾隆五年，雍正二十三年，十七年，乾隆二十三年卒。因病告退。卒。无嗣。

善

荣霖　阿尔金安图第一子。

亨霖　阿尔金安图第一子。第四子。乾隆十二年，康熙四十一年，雍正六年，封奉恩将军。袭恩将军。奉恩将军。雍正将军。乾隆五十年，乾隆嘉庆……

明凯　翰成第一子。乾隆四十二年，袭奉恩将军。乾隆五十二年，卒。无嗣。

翰成　熙成第一子。乾隆四年，袭奉恩将军。乾隆四十一年，因病告退。

熙成　塞赫礼第一子。雍正十年，袭奉恩将军。乾隆十一年，因病告退。

塞赫礼　塞祜德第一子。康熙二十二年，袭奉恩将军。雍正六年，卒。

塞祜德　果盖阿敏第五子。顺治十八年，封奉恩将军。康熙十四年，封辅国将军。康熙四十一年，卒。

果盖阿敏　第五子。顺治六年，封三等镇国将军。康熙八年，晋镇国将军。康熙三十七年，卒，谥端纯。

雅彌　塞祜德第三子。

隆四年，卒。

二十三年，卒，事缘革退。

隆十七年，卒。

康熙二十六年，封三等奉国将军。三十七年，因病告退。无嗣。

翁武　　果赖

翁武，阿敏第一子。顺治九年，封三等辅国将军。十四年卒。谥曰怀思。无嗣。

果赖，阿敏第六子。顺治六年，封三等辅国将军。八年，晋镇国公。十年卒。谥曰镇国公。无嗣。

英连彦
连彦祥阿　第一子。乾隆五十一年，袭奉恩将军。嘉庆十七年，缘事革退。
彦祥阿
章阿　汉章阿第一子。乾隆十九年，袭奉恩将军。嘉庆元年，因病告退。
汉章阿
克汉章
萨克汉　新萨克果嗣子。康熙第九子。雍正十一年，袭三等奉国将军。雍正十二年，因病告退。
新萨克

卒。

禄英
英玛尚阿　阿第二子。乾隆十四年，袭奉国将军。
玛尚阿
尚阿玛　尚阿玛稷第二子。雍正十一年，袭一年，袭国将军。
玛稷玛　玛稷子。
玛喀纳　玛喀纳扎克纳第五子。康熙四十年，袭三
扎克图
扎萨克图　扎克图舒尔哈齐第三子。

军。乾隆四十

四年，子卒。子

卒。福亨额，

降袭云

骑尉。

国镇国等镇国

公。子缘将军品

事。降辅级。四十

国公。七三年，缘

年，以罪事革退。

黜宗室。五十七

顺治二年，卒。

年，复入

宗室，封

辅国公。晋

六年，封

贝子。九

年，以罪

革爵。十

四年，以

军功授

辅国公

品级。十六年，卒。于军。	
图伦　舒尔哈齐第四子图伦，甲寅年，卒。子罗多封多罗贝勒。溢曰惰睿。	
屯齐　图伦第一子。崇德四年，封辅国公。顺治国公。顺治七年，卒。溢曰怀思。	
温齐　屯齐第一子。顺治九年，封镇国公。十七年，卒。溢曰怀思。无嗣。	
满度　温齐第一子。顺治五年，封辅国公。元年，封贝子。五年，缘事，降镇国公。六年，复封贝子。十四	
哈　哈齐第一子。	

齐屯图
屯齐第二子。崇德四年，封辅国公。顺治元年，晋贝子。六年，晋贝勒。九年，缘事革退。

年，缘事革爵。无袭。

温齐
齐屯图第一子。顺治六年，封镇国公。七年，缘事革退。

额尔图
温齐第一子。康熙七年，封辅国公。五十年，卒。

爱音图
额尔图第二子。康熙十六年，封镇国公。十八年，缘事革退。

昔存图
爱音图第七子。雍正六年，封辅国公。乾隆十二年，授镇国公。十四年，缘事革退。

特额通
昔存图第一子。乾隆三年，封三等将军。十四年，袭辅国公。十六年，卒。

英额
特额通第一子。乾隆三年，封辅国公。十五年，袭辅国公。三等将军。四十年，降辅国公。四十六年，卒，谥曰勤僖。

盛额
英额第一子。乾隆十五年，卒。无爵。降公。九年，降。八下入分辅国公。五十七年，卒。

崇芳	英隆阿	英章阿	达明阿			当阿贵伯	廷伯森杨	东海图音赛	赛音图额尔图

崇芳　英隆阿第一子。咸丰十年，卒。谥曰敦勤。

英隆阿　英章阿第一子。嘉庆十年，袭奉恩将军。咸丰八年，致仕。咸丰十年，因事革退。

英章阿　达明阿第一子。乾隆五十四年，袭奉国将军。嘉庆五年，封奉恩将军。嘉庆十五年，卒。

达明阿　辅吉第二子。乾隆三十年，封三等奉国将军。嘉庆五年，袭奉恩将军。

当阿贵伯　廷伯森杨第一子。嘉庆二十年，袭奉恩将军。

廷伯森杨　东海图音赛第一子。乾隆十一年，袭奉恩将军。嘉庆二十年，卒。

东海图音赛　赛音图额尔图第二子。康熙九年，袭奉恩将军。康熙三十年，卒。

赛音图额尔图　额尔图第二子。康熙五年，卒。……级。寻封镇国公。康熙二年，卒。

十四年，封三等将军。辅国将军。五十年，卒。奉国将军。乾隆九年，卒，休致。嘉恩将军。嘉庆十一年，卒。奉恩将军。道光二十二年，卒。襲将军。二年，卒。无嗣。

讷音图

额尔图第三子。康熙三十八年，封辅国将军。五十五年，缘事革退。

威范　岱扬岱子。扬岱第三子。康熙十年，袭奉恩将军。四十三年，缘事革退。	
岱扬　譻帕第十子。顺治十年，袭三等奉国将军。康熙七年，卒。	伯尔图　岱扬洛托第二子。顺治九年，卒。顺治十四年，封三等辅国将军。十五年，卒。
譻帕　武洛托第一子。顺治九年，封三等辅国将军。顺治十五年，卒，溢曰怀愍。	巴克均　均伯尔图镇国将军。十六年，晋一等。康熙第二子。顺治九年，卒。
塞桑洛托　塞桑武崇德元年，封贝子。七年，缘事革爵。顺治八年，追封多罗贝勒罗日和，溢曰怀愍。	
塞桑武　舒尔哈齐第五子。天命十年，卒。	

年，卒。谥康熙十日怀思。六年，卒。无嗣。	富达礼　洛托第七子。康熙四年，袭奉国将军。八年，晋辅国将军。二十五年，缘事革退。					
	济哈尔敦	富朗		尔富	尔敦	

富塔 第五子。顺治十一年,封二等辅国将军。二十二年,卒。	玛塔 第一子。康熙二十一年,封三等辅国将军。二十三年,卒。	拜鑒 第一子。康熙十年,封三等奉恩将军。二十二年,缘事革退。卒,无嗣。	美 第二子。康熙五年,封三等辅国将军。二十年,卒。	墨尔度 济度第一子。顺治八年,封三等辅国将军。缘事降辅国将军。二十二年,缘事革退。	度庆 济度第二子,康熙九年,袭和硕郑亲王。九年,卒。加封亲王,	济度 加济尔哈朗第二子。顺治八年,封简郡王。缘事降郡王。旋寻封世子。复亲王。十四年,卒。袭和硕郑亲王。	舒尔齐 哈尔朗第六子,初封世子。封贝勒。崇德元年,卒。以军功谥曰恪厚。顺治八年,卒。晋郑亲

郑亲王。仍号曰

十二年，薨。简。十七年，薨。喇布，

济度第二子。康熙七年，封三等辅国将军，以佐命殊功，配享大庙。康熙十三年，薨。乾隆四十年，谥曰纯。献。谥曰惠。

辅国将军，九年，袭简国将军。二十年，薨。二十一年，薨。二十年，十二年，薨。十二年，缘事追削王爵。

德塞，济度第三子。塞鼐。

顺治第三子。济度第三子。

福，乾隆第一子。

金辉，林辉第一子。乾隆二子。

林辉，启仪第一子。乾隆一子。

启仪，焕永第一子。乾隆二子。

焕，永尔江雍正第五子。康熙十一子。雍正年，封辅国将军。缘四年，事革退。

永，袭简亲王。雍正四十年，薨，谥曰惠。

谦，雅尔阿第三子。康熙三十三年，封辅国将军。二世子。缘十二年，十一年，事革退。

尔江，雅尔阿第三子。封镇国公。缘四年，封国公。世子。

雅布，济度第五子。康熙五子。封辅国公。雍正三年，封国公。

治十八年，袭简亲王。康熙九年，薨，谥曰惠。无嗣。

庆　瑞　罗　多　伊　讷　常　仪　叙　永

连辉
第二子。乾隆三十五年，封奉恩将军。三十六年，卒。无嗣。

十隆四十九年，袭一等辅国将军。四十八年，卒。

十年，隆十年，袭奉恩将军。十四年，卒。

将军，嘉庆十七年，缘事革退。

事革爵。子。雍正三年，封一等镇国将军。乾隆六年，卒。

曰修。

桂林

福禄塔　福禄堪　讷伊格

讷伊格　仪第一子。乾隆五十年，封三等奉国将军。嘉庆十三年，袭奉恩将军。道光十三年，卒。

福禄堪　格第一子。乾隆五十三年，封三等奉恩将军。嘉庆十三年，袭奉恩将军。道光十三年，卒。

福禄塔　堪第一子。道光二十三年，袭奉恩将军。光绪元年，二十三年，卒，无嗣。

多罗鋆

鋆　勒　敛　永　江　尔　雅

雅尔江阿

敛　第四子。雍正十三年，封三等辅国将军。乾隆二年，卒。

勒　讷伊勒　常仪第一子。乾隆十二年，袭奉国将军。嘉庆二年，卒。

鋆　常仪第一子。乾隆四十年，封二等辅国将军。嘉庆二年，卒。

多罗鋆　第一子。道光十三年，袭奉恩将军。嘉庆二十年，卒。七年，卒，无嗣。

卒。	年，卒。		阿扎兰	雅布第三子。康熙四十一年，封三等辅国将军。四十六年，因病退告。	实格 雅布第五子。康熙四十三年，封

信继　瑞第二子。乾隆三十二年，奉恩将军。道光十一年，袭奉恩将军。同治二年，缘事革退。因病告退。

嘉瑞　厚第二子。乾隆三十六年，奉恩将军。嘉庆十三年，卒。

重厚　贤第一子。乾隆二十三年，袭恩将军。三十五年，卒。

舒贤　兴第三子。乾隆九年，封辅国公。二十五年，缘事降一等镇国将军。乾隆九年，卒。

长兴　顺第长子。康熙四十五年，封奉恩将军。缘事告退。

敬顺　雅布第三子。康熙四十六年，封镇国公。

三等奉国将军。四十五年，卒。无嗣。

盛额
雅布第八子。康熙四十七年，封奉恩将军。

理额
盛额第八子。康熙四十一年，袭奉恩将军。三等恩将军。

纪德泰

巴禄
雅布第七子。康熙四十六年，封三等国将军。四十五年，卒。

萧绶
巴禄第七子。康熙四十九年，袭奉国将军。四十八年，卒。无嗣。

国将军。雍正六
五十一年，卒。
年，卒。无嗣。
扬桑
阿
雍布第九子。康熙四十九年，封镇国公。五十五年，缘事降一等镇国将军。乾隆四年，缘事革退。

武雅布　第九子。康熙五十四年，封三等镇国将军。雍正九年，卒。

牟格尼　雍正九年，袭奉将军。道光十八年，卒。无嗣。

保格　第一子。乾隆八年，袭奉恩将军。道光二十年，卒。

舒尔保　第一子。乾隆十七年，袭奉恩将军。咸丰七年，卒。

金　乾隆三十七年，袭奉恩将军。

廉桂　第二子。乾隆三五年，

瑞桂　第一子。道光五年，袭奉恩将军。咸丰五年，卒。无嗣。

忠保　第十一子。康熙五十三年，封三等辅国将军。乾隆

十九年，卒。无嗣。	敬俨	雅布第十三子。康熙五十三年，封一等镇国将军。雍正四年，缘事革退。	神	保住	雅布第十四子。康熙五

十五年，封一等镇国将军。雍正四年，袭简亲王。乾隆十三年，缘事革退。

勒度 济尔哈朗第三子。顺治八年，封郡王。十二年，薨。谥曰敏

吉麟

长素

素博麟奉恩将军。咸丰八年，缘事革退。

素麟博

福珠阿闵拉第五子。嘉庆十二年，袭将军。道光二十七年，卒。

福珠龄阿

积拉闵丰讷亨第一子。乾隆四十二年，袭三等奉国将军。五十一年，卒。

积闵拉亨

丰讷亨奇通阿第一子。乾隆八年，封三等辅国将军。二十九年，袭简亲王。四十年告退。

奇通阿巴尔塔哈第一子。雍正四年，封二等奉国将军。

巴尔塔哈济尔哈朗第四子。顺治十二年，封三等奉国将军。康熙元年，袭辅国将军。九年，缘不入八分辅国公。十七年，复封不入八分辅国公。康熙……等辅国公。九年，薨。谥曰襄敏。……三等辅国将军。乾隆七年，追封二十八……

简。无嗣。

肃和

乌尔恭阿尔恭

哈纳积

丰讷亨第二子。乾隆……

辅国将军。三等袭郑亲王。四十三年，以

十一年，袭简亲王。缘事革退。十九年，卒。

端华

乌尔恭阿第三子。道光六年，封三等辅国将军。咸丰十一年，以罪革爵，赐

济尔哈朗茂壮朗茂著，仍复号郑

第三子。道光亲王。十九年，薨，谥曰恭。

二十六年，无嗣。雍正元年，追封

谥曰慎。

阿第三子。道光

六年，封三等辅国将军。二十六年，袭郑亲王。

军。十六年封简亲王。缘事革退。十九年，卒。

四十九年，追封三等辅国将军。

雍正元年，追封三等辅国将军。

不入八分辅国公。谥曰武襄。巴尔塔碑阴刻有乾隆

麟杰　增善第一子。光

庆杰　增善第二子。同

增禄　寿华第五子。道光三十年,封辅国将军。同治七年,封奉恩将军。光绪十七年,卒。无嗣。

恩华　乌尔恭阿第一子。道光五年,封奉恩将军。道光十三年,封辅国将军。咸丰三年,以罪革退。同治二年,卒。

自尽,降为不入八分辅国公。

十七年追封简王之荣号。

	续 麟 慧 第	第 慧 增 善 嘉	十 三 绪 光
	增善嘉善恩 华第善嘉 二子。道光三十 光三十 十一年，封 奉恩将军。 国将军。恩将奉 光绪二光绪三年 十年，缘十一年， 事革退。卒。	同一子。 治十一 年，封 恩将军。光绪 三年，袭奉恩将 十一年， 卒。	治十一 年，封奉 恩将军。光绪 十一年， 卒。
			肃　顺 乌尔恭

宝善　恭略
乌尔恭阿第二子。道光七年，袭奉国将军。同治三年，卒。

惠略
阿第二子。道光十八年，封三等辅国将军。光绪二十年，卒。

阿第六子。道光十六年，封三等辅国将军。咸丰十一年，以罪革职处死。

七年卒，无嗣。

觅略　乌尔恭阿第八子。道光二十四年，封三等辅国将军。同治三年，卒。无嗣。

戬谷　至瑞第二子。道光二……

至瑞　爱仁第二子。道光十五年，封三等奉恩将军。光……

爱仁　纳哈喇第二子。嘉庆七年，封三等辅国将军。光……

恩

退昌

第二子。道光三十年，封奉恩将军。

恩

退龄

爱仁第一子。道光六年，封三等奉国将军。咸丰七年，卒。无嗣。

封三等奉国将军。咸丰十年，卒。无嗣。

三等奉国将军。道光二十五年，卒。光绪四年，卒。光绪七年，卒。无嗣。

咸丰十一年，阵亡。无嗣。

退。康熙第三子。同治元年，封奉恩将军。光绪十二年，卒。无嗣。

退。亨第四子。同治三年，封奉恩

		昭　熙
		凯　泰
将军。光	睿　徽	凯　泰
绪十六	廉至睿　第廉第	庆至凯泰　第庆仁第
年，卒。	爱仁第三子。同	四子。同治二子。光绪二
无嗣。	三子。遵一子。治三年，	治十年，绪四年，十八年，
	光十二治三年，年，封三	
	封三奉恩等奉国	
	将军。宣将军。同	
	统三年，治五年，卒。	
	卒。	

襲郑亲王。光绪四年，薨。谥曰顺。	襲郑亲王。二十六年，薨。谥曰修。	乐泰第三子。光绪二十三年，封镇国将军。
		伊铿额丰纳亨第三子。乾隆四十九年，

		第林奎英 兴颖镒 叶镒
封三等镇 国将军。嘉庆 十六年， 革退。	增额 镒额 叶 纳亨。第四子。第一子。乾隆五十四年，袭封一等奉恩将军。嘉庆二十年革。嘉庆十七年，卒，无嗣。	兴额 镒额 叶

第二子。嘉庆十七年,封奉恩将军。道光十九年,卒。

一子。道光二十二年,袭将军。同治二年,卒。无嗣。

伊扬阿　丰纳亭第七子。乾隆六十一年,封奉国将军。嘉庆二十三年,卒。

弥松阿　伊扬阿第三子。嘉庆二十四年,袭奉国恩将军。道光二十三年,卒。

德

	咸林
	额勒冲额
	额勒冲额
经拉亨 积拉 纳堪	经纳亨 积纳忠额 纳忠额
奇通阿第四子。乾隆三十年，袭十一年，不入八分辅国公。四十二年，卒。同治十三年，缘事追封郑亲王。经纳亨第一子。	经纳亨第一子。嘉庆第二子。嘉庆元年，袭十六年，乾隆四十六年，

十九年，封奉恩将军。

奉恩将军。

奉恩将军。十五年，卒。

道光九年，卒。

军。六十年，卒。无嗣。

哈尔济　保之孙，二世孙，道光五年，袭不入八分辅国公。咸丰三年，封郑亲王。十年，承志卒，以罪革。袭不入八分辅

岳志承　阿朗西朗第三子。道光元年，袭不入八分辅国公。同治二年，袭郑亲王，承志卒，以罪革。袭不入八分辅国公。同治三年，封郑亲王。

朗西阿　岳志第三子。道光五年，袭不入八分辅国公。同治

伊丰额　经纳亨第五子。乾隆五十四年，封二等奉国将军。嘉庆十二年，袭不入八分辅国公。道光十四年，袭不入八分辅国公。同治元年

崇贲 聪吉

嗣崇吉子。光绪元年，袭不入八分辅国公。

阿通之五世孙，素通额之不入

颜额之通……子。同治十一年，袭岳龄之不入八分辅国公。国公。光

承之不入八分辅国公。五年，卒。

志改袭。

爵。

国公。道光元年，卒。同治三年，追封郑亲王。

阿尔苏	德有	灵通	恒课	扎伦布
阿尔苏 巴尔堪第四子。康熙二十五年，封奉国将军。雍正十一年，卒。	德有 阿尔苏第九子。雍正四年，袭奉恩将军。乾隆十二年，卒。	灵通 德有第一子。乾隆十五年，袭奉恩将军。乾隆四十五年，卒。	恒课 灵通第一子。乾隆四十一年，袭奉恩将军。嘉庆十二年，卒。	扎伦布 恒课第一子。嘉庆十六年，袭奉恩将军。同治九年，卒。次已尽，不袭。

绪元年，卒。

辉兰 济尔哈朗第五子。顺治

十一年，封三等辅国将军。康熙二十四年，缘事革退。	固美。济尔哈朗第七子。顺治十六年，封辅国将军。康熙三十二年，卒。无嗣。

武济尔朗 西锡 克特哈 恩特恩 第九子。康熙二十六年,封三等辅国将军。三十七年,因病四十一年,卒。无嗣。	西荣 武锡第三子。康熙二十五年,封三等奉

费扬武
舒尔哈齐第八子。崇德元年，封镇国公。顺治八年，卒。

尚善
费扬武第二子。崇德元年，封辅国公。顺治四年，晋贝子。七年，缘事革退。八年，复封辅国公，寻晋贝勒。缘事，革爵。寻复贝勒。十年，缘事，革爵。复封辅国公。缘事，革国公。八年，卒。

门度
尚善第二子。顺治八年，封辅国公。康熙七年，封辅国将军。五年，卒。无嗣。

准度
门度第二子。康熙七年，封辅国将军。三等镇国将军。三十年，封三等辅国将军。乾隆十三年，缘事革退。寻封辅国将军。雍正六年，封辅国公。缘事，革国公。复封国公。缘事，革国公。

都祥
准度第二子。雍正元年，封三等镇国将军。康熙三十年，封镇国将军。乾隆十一年，因病告退。

向顺
都祥子。

德海
向顺子。乾隆五十一年，袭奉恩将军。五十四年，卒。无嗣。

都俞
准度第二子。雍正二年，封辅国公。顺治十一年，卒。

裕喜
都俞第二子。雍正三子。乾隆十一年，革爵。

鲁舒泽
古禄固

第
六子。康
熙四十
四年，封
三等辅
国将军。
雍正二
年，缘事
革退。

保
难

门度

正三年，
封三等
辅国将军。三
军。乾隆
元年，卒。

隆元年，
袭奉国
将军。三
年。乾隆
元年，卒。无嗣。

追封贝
勒。谥曰
靖。乾
隆十五
年，因曾

复封贝
勒。十七
年，卒。于
军十九
年，追革。

孙德沛
袭简亲
王，复追
封简亲
王。

延都　　　　登都　柱

古禄固第三子。康熙十九年，封奉恩将军，十七年，卒。　　第三子。康熙五十七年，袭奉恩将军。五十六年，卒。　　第一子。康熙五十一年，奉恩将军。雍正十二年，卒。

尚善

古禄固第五子。康熙八年，封奉恩将军。三十六年，晋奉国将军，五年，卒。无嗣。

第一子。康熙二十六年，封奉恩将军，三将军，十二年，卒。无嗣。十年，卒。

布禄 履顺第一子。雍正六年,封奉恩将军。乾隆二年,缘事革退。	英阿 第九子。乾隆二十一年,袭奉恩将军。八年,卒。道光
固禄 履顺第五子。康熙三十九年,封奉恩将军。十七年,卒。	履顺第九子。乾隆十七年,袭奉恩将军。二十八年,卒。
登顺 无嗣。	登海 登九子。乾隆七年。

二年,卒。无嗣。		杭惠　五讷锡第一子。乾隆五十六年,表奉恩
		五讷锡　德忒赫第一子。乾隆四十一年,袭奉恩
七九　古禄固第十一子。雍正六年,封奉恩将军。八年,卒。无嗣。		德忒赫　履德固第一子。乾隆十三年,封奉恩将军,表奉恩
		履德固禄第十二子。雍正七年,封奉恩将军,奉恩将军。

恩将军。乾隆十三年，卒。

袭恩将军。四十六年，卒。

奉恩将军。五十六年，卒。

道光二十六年，卒。袭次已尽不袭。

根度　尚善第六子。康熙十一年，封镇国将军。三十七年，缘事革退。

绥椿　裕根第四子。雍正四年，袭镇国公之辅国公。乾隆五年，卒。谥曰敏恪。

椿　绥度第六子。乾隆六年，袭门度辅国公。三十七年，缘事革退。

景椿　尚第一子。乾隆三十六年，袭辅国公。十七年，谥曰勤僖。缘事革退。

煴　第一子。乾隆三十二年，封二等将军。袭辅国公。嘉庆五年，缘事革退。

景焕　景椿第二子。嘉庆六年，袭辅国公。

禄义　景焕子。嘉庆六年，袭辅国公。咸丰九年，卒。

恩弼　禄义嗣子。咸丰十年，袭辅国公。

荣頤　恩弼子。同治四年，袭辅国公。同治四年，袭辅国将军。二十年，缘事革退。

寿全　荣頤一子。光绪六年，封二等辅国将军。二十三年，卒。

第　公爵。光绪四年，袭辅国公。光绪二十三年，卒。

钟善　尚善第九子。康熙十八年，封三等奉恩将军。康熙三十年，卒。

奇尤　钟善三子。康熙三十年，袭封奉恩将军。雍正三年，卒。

奇祜　雍正六年，封一等奉恩将军。雍正十四年，缘事……

绥枯　奇尤第一子。雍正六年，袭封奉恩将军。雍正十四年，缘事……

绥全 第六奇子。乾隆十一年，袭奉恩将军。二十三年，卒。

绥克 第五奇子。雍正十年，袭奉恩将军。乾隆十一年，卒。

年，卒。

事革退。十年，卒。

珠兰泰　嵩灵第一子。乾隆二十三年，袭奉恩将军。三十四年，卒。

兴达　珠兰泰第一子。乾隆五十三年，袭奉恩将军。

嵩灵

达　第乾隆三年，袭奉恩将军。五十一年，将恩将军。道光十二年，缘事革退。

德善　福善第一子。康熙二十年，

瞻善

福善　塔喇第二子。康熙六年，封镇国公。十年，封辅国公。三十年，袭国公。

傅喇塔　扬武费扬第四子。顺治二年，封镇国公。六年，封辅国公。七年，封辅国公。

瑛　续铭嗣。

奎　续铭第一子。咸丰忠子。续铭续嗣。

续铭　继昆第一子。

续昆

继昆　成秀第一子。

成秀　兴兆第三子。乾隆三子。嘉庆四年，缘事革退。

宽　第一子。乾隆四十年，封辅国将军，嘉庆四年，袭辅国公。十二年，卒。谥曰恭恪。

成　兴兆第二子。乾隆二十九年，封辅国公。嘉庆十七年，缘事革退。

兴兆　恒普第一子。雍正十一年，封辅国公。乾隆三十年，将军。三十七年，卒。谥曰恭恪。

鲁　恒存第一子。康熙三十七年，封镇国公。乾隆二十年，卒。谥曰惠献。

普　德福第五子。康熙三十二年，封镇国公。雍正七年，卒。乾隆三十九年，因孙袭隆沛袭。

德存　福存喇嘛第五子。康熙十七年，复封贝子。康熙五十年，卒于镇国公。谥曰恭恪。

福存　辅国公。十八年，降辅国贝子。晋贝勒。乾隆三十五年，卒。谥曰简。追封为简亲王。

年，晋贝勒贝子。十九年，缘事革退。子。二十六年，缘退。年，缘事革退。

隆五十庆十丰二年，子。光绪 五年，封丰二年，袭辅国元年，袭 一等国公。同治辅国公。 国奉年，十三年， 国将军。丰二年，卒。 嘉庆十卒。 二年，袭 辅国公。 十九年， 卒。	续　忠 继昆　第 二子。咸 丰十年， 封奉恩 将军。光 绪三十 四年，卒。	
		继峰　第 成秀　二子。道 光九年，

昭纯　成英第二子。道光十八

纯龄　成英第一子。乾隆五十七年，封二等辅国将军。道光二十八年，卒。无嗣。

光九年，封奉恩将军。十八年，卒。

封二等辅国将军。咸丰元年，卒。

成英　恒鲁兴郡第三子。乾隆三十七年，封奉国将军。道光二十八年，卒。

隆五年，封辅国将军。道光二十八年，卒。

年，袭奉 恩将军。 咸丰三 年，卒。 无嗣。		隆恩　第成章　瑞 成章　瑞兴第五子。道 兴第三子。嘉庆五年，道 三子。嘉庆四年，光二年， 庆四年，光二年，
	兴瑞　成谨　第瑞 恒鲁第　乾兴一子。 四子。隆四十年，封 隆四年，封一 年，封一等奉恩 等奉恩将军。嘉 将军。嘉庆九年，卒。 庆十九年，无嗣。 年，卒。	

			文綦 阿克布色布库嗣。道光十五年，库嗣。
			克布色 阿克布库嗣。
			阿克布库 布库嗣。
封奉恩将军。道光二年，卒。			精穆阿 阿克布库嗣。道光
袭奉恩将军。八年，卒。无嗣。	成钧 兴瑞第四子。嘉庆十年，封奉恩将军。十六年，卒。无嗣。	精穆阿 阿克布色库第一子。乾隆十九年，封精穆阿第一子。道光	色库布 第一子，袭奉
		恒質 德普第二子。乾隆二子。乾隆十七年，封辅年，袭奉	诚兴 恒質第二子。乾隆十六年，卒。无嗣。

固将军。固将军。奉恩将军。奉恩将军。恩奉将军。同奉将军。
十九年，四十三年，乾隆五年，五十二年，隆将军，治八年，袭次
因病告退。因病告退。卒。将军。十一奉恩将军。庆二十已尽，不
　　　　　　　　　　　　年，卒。嘉庆二十四年，卒。四年，卒。袭。

德沛，福存第八子。雍正十三年，封镇国将军。乾隆十二年，袭神保住之简亲王爵。十

七年，薨。 諡曰仪。 无嗣。	德全 福存第 九子。康 熙四十 七年，封 奉恩将 军。五十 二年，卒。 无嗣。	德延 福存第 十子。康 熙四十 九年，封

奉恩将军。十三年,卒。无嗣。		
笃祜　武扬第六子。初封辅国公。顺治八年,晋贝子。十七年,卒。谥曰端纯。无嗣。　赉扬　努赛第一子。顺治六年,袭镇国公。七年,卒。谥曰悼。　拉拉　努赛第二子。顺治六年,卒。谥曰端纯。衰。无嗣。		
		雅尔哈齐　显祖第...齐

四子。无嗣。顺治十年，追封通达郡王。十一年，以开创功配享大庙。

巴雅喇
显祖第五子。以军功赐号笃义。天命八年，卒。顺

拜音图
巴雅喇第二子。顺治二年，封一等镇国将军。四

治十年，晋镇 追封贝国公。五 勒。谥曰年，晋贝 刚果。子。六年， 晋贝勒。 九年，以 罪削爵， 黜宗室。 嘉 四 年，复入 宗室。									

清史稿卷一六二

表第二

皇子世表二

太祖系

褚英	杜度	杜尔祜	敦达	普贵	保
太祖第一子。以军功赐号洪巴图鲁。寻以功，图鲁。	褚英第一子。初封贝勒。崇德元年，封辅国公。崇德	杜度第五子。初封贝子。顺治十二年，袭贝子。康熙三	杜尔祜第一子。顺治十二年，袭镇国公。康熙	敦达第三子。康熙十三年，袭镇国公。雍	普贵第三子。康熙四十三年，封三等镇国公。雍

名	事　迹
（承前）	封广略贝勒。乙卯年，以罪赐死。
（承前）	封安平贝勒。七年，以病告退。
（承前）	袭熙十三年，卒。谥曰悫恭。
（承前）	正元年，因罪革爵，勘宗室。顺治二年，以功复宗室，封辅国公。八年，晋贝勒。十二年，卒。谥曰悫厚。
（承前）	国将军。年，缘事革退。
（承前）	雍正二年，缘事革退。
诚	普贵第七子。雍正五年，封辅国公。乾隆十九年卒。谥曰温僖。
保	诚第二子。
庆	庆春第二子。乾隆二十三年，封辅国公。嘉庆八年，袭辅国公。道光元年，卒。
颖	恒颖第二子。乾隆三十年，卒。
纯	纯颖第二子。道光元年，卒。
福	纯福第一子。道光二年，封辅国公。
崇	崇福第一子。咸丰四年，裘辅国公。
锡	崇锡第一子。咸丰四年，裘辅国公。咸丰二年，卒。
端	锡端第一子。
秀	端秀第一子。咸丰四年，封辅国公。光绪二年卒。
德	端秀第一子。
光裕	端秀第四子。光绪二年卒。
广寿	光裕第二子。光绪二年，光绪十八年。

袭辅国

袭辅国公。二十六年，殉难。赠贝子衔，入祀昭忠祠，谥曰勤愍。

禄

秀常　荣善子。宣统三年，袭奉恩辅国将军。

荣

善荣　崇纯第四子。咸丰元年，袭奉恩将军。光绪二年，卒。

崇惠

纯惠　恒颖第四子。道光元年，袭奉国将军。封奉国将军。同治七年，卒。同治二年，卒。光绪三十四年，卒。

泰　秀常

斌　益　崇

泰　秀常

纯惠第五子。咸丰七年，封奉恩将军。光绪十五年，卒。 崇斌第一子。光绪十五年，袭奉恩将军。光绪十五年，卒。 益秀子。宣统三年，袭奉恩将军。	崇谦，纯惠第七子。道光二十四年，封奉恩将军。咸丰八年，卒。	保智，普贵第

十一子。雍正元年，袭辅国公。三年，卒。	苏保 普贵第十三子。雍正三年，袭辅国公。四年，卒。	普奇 敦达第四子。康熙二十四年，封

镇国公。十七年，缘事革退。五十一年，复封镇国公。五十四年，又缘事革爵职。	普 昌 敦达第六子。康熙三十三年，封辅国公。五十三年...

年，卒。无嗣。

善

达

准达第八子。康熙五十五年，封贝子，二十年，缘事降镇国公。雍正元年，追封辅国公。雍正品级。

绥

康熙六十一年，卒。

永　四年，卒。谥曰温悫。

齐　准达第七子。康熙四十二年，封三等镇

苏尔禅	广龄	博壮	尔武	崇明	泰瑞	德	本联	际联森	符
准达第十二子。雍正六年，封三等奉恩将军，封辅国公。乾隆五年，袭辅国公。十四年，袭辅国公。卒。乾隆四年，谥曰敦。	苏尔禅第二子。乾隆十一年，分辅国公。十四年，袭辅国公。卒。	尔武第十三子。乾隆十一年，封镇国将军，封辅国公。五十二年，袭辅国公。卒。	博壮第二子。乾隆四十四年，封奉恩将军，封辅国公。乾隆五十三年，袭辅国公。卒。	尔武之子。嘉庆二年，袭镇国将军，一等镇国将军，缘事革退。同治十三年，袭不入八分辅国公。	明崇第二子。之子。嘉庆二年，袭镇国将军。道光八年，卒。	瑞泰族瑞泰之子。道光八年，光绪十年，袭镇国将军。光绪泰之七年，缘事革退。将军退。同治八年，卒。	德本第二子。道光八年，袭镇国将军。光绪二十七年，卒。	联森第二子。同治八年，袭镇国将军。光绪十八年，同治军，卒。	际森第联森

国将军。雍正四年，袭辅国公。十一年，缘事革退。

曜
联　光三子。　同四子。

三子。光
绪十四
年,封辅
国将军。
二十八
年,袭镇
国将军。

昌
际
联森　第
德本　第
绪十四
年,封辅
国将军。
卒。无嗣。

嘉庆十
年,卒。

年,卒。谥僖。
曰简恪

联魁　德本第四子。同治七年，封辅国将军。光绪十六年，卒。无嗣。

治三年，封辅国将军。光绪十六年，卒。无嗣。

文　讷尔博

尔凤　博

尔讷　岱

蔡源　尔祜

尔长　穆尔祜

穆枯

杜度第二子。天聪九年，以功封辅国公。崇德七年，因罪革爵，黜宗室。顺治元年，复因功入宗室，封三等镇国将军。三年，晋一等。四年，晋

第三子。顺治十年，袭镇国将军品级。

长源第四子。康熙六年，袭辅国将军品级。康熙七年，因罪革爵，黜宗室。

蔡尔岱第三子。雍正十一年，卒。缘事革爵，退。六十

第四子。雍正二年，袭奉国将军品级。雍正十四年，卒。

乾隆二十三年，袭奉恩将军品级。乾隆二十九年，卒。

第四子。乾隆二十五年，袭奉恩将军品级。嘉庆九年，卒。

荣光降袭云骑尉品级。

第一子，十五年，卒，因病告退。

恒广阐
宽

瑞华第
广福

瑞福第
华恒

秀福子。德尊
端

德尊子。
秀

德明阿
朗

德
尔

鉴臣
瑟

登室。顺治二年,以特尔祜

喀尔哈
尔图

尔图
特尔祜

杜度第
三子。崇
德四年,
封辅国
公。七年,
因罪革
爵,顺治

特尔祜
第二子。
顺治十
年,袭
镇国公。
康熙二
年,卒。

辅国公。晋
六年,贝子。九
年,缘事
革爵。十
一年,卒。

功复入宗，封辅国公。

第三子。康熙三十六年，袭辅国公，晋贝子。十五年，卒。谥曰恪僖。

容塞第十一子。乾隆五年，袭辅国公。十二年，晋镇国公。镇国将军雍正二年，卒。谥曰恪僖。

聂尔臣第二子。乾隆二十三年，袭三等镇国将军。道光四年，卒。

第二子。嘉庆七年，封三等镇国将军，十四年，袭镇国将军。嘉庆二十年，缘事革退。

雍正二年，袭辅国公。十三年，卒。谥曰恪僖。

辅国公。乾隆十五年，卒。谥曰温僖。

二子。光绪十七年，袭奉恩将军。二十三年，卒。

一子。道光二十年，封奉国将军。光绪七年，卒。

玉通 恒隆之子。光绪二十四年，袭福宽之奉恩将军。

玛尔图 噶尔祜特尔祜第五子。

杜文	
苏努	
杜度第六子。顺治二年，以功封辅国公。康熙五年，康熙三十七年，追封贝勒。	杜文，苏努子。顺治十四年，封镇国公。康熙三十七年，卒。康熙三十七年，晋贝子。一年，晋贝勒。雍正六十晋贝勒。
康熙八年，封奉恩将军。三十七年，因病革退。	

常
恩
明安
第明安阿当那

明安
海那
明定富英
额富明阿
额明阿
旭
福尔善
旭英富明定

康
德祝
德郡第书伯
升书伯
旭升书
福尔旭
布善福
阿兰布
弭巴阿
萨弭巴

福尔善第一子。乾隆十三年，袭镇国公。乾隆二十年，袭奉恩将军。

明安，那当，海那，明定，富英，额富明，明阿，额明阿。

康熙第一子。乾隆五年，袭恩将军。三年，袭奉恩将军。三年，袭奉恩将军。五年，军，道光十七年，卒。次袭，已尽，不袭。

郡德第书伯，升书旭第一子。乾隆五年，袭三等将军。五年，军，五年，卒。道光八年，卒，因病告退。

书升旭第一子。乾隆二十年，袭奉恩将军。十三年，军，因病告退。

旭福尔善第二子。乾隆三年，封奉恩将军。袭三等将军。九年，因病告退。乾隆十年，卒，谥曰温僖。

福布善第一子。乾隆十年，封镇国将军。三等辅国将军。三年，封贝子，乾隆十年，卒。谥曰温僖。

阿布兰第二子。康熙二十年，袭辅国公。康熙二十六年，晋辅国公。雍正元年，十三年，卒。封贝子，乾隆二年，卒。谥曰温僖。

萨弭巴，杜度第七子。顺治二年，以功封辅国公。晋康熙二十六年，袭贝子。康熙二十三年，二年，卒。谥曰怀愍。缘事革爵，仍授辅国公。

子。谥曰正二年，怀愍。以罪革爵，勳宗室。

第二子。同治十三年,袭奉恩将军。

第二子。咸丰八年,袭奉恩将军。同治十一年,卒。

定海第一子。嘉庆十八年,袭奉恩将军。嘉恩将军。咸丰五年,卒。

第一子。乾隆五十八年,袭奉恩将军。嘉庆十七年,因病告退。

旭英第三子。乾隆三十年,封奉恩将军。嘉庆十年,袭奉恩将军。五等奉国将军。乾隆三十三年,卒。

哲庆

尔庆

额旭英第六子。乾隆三十五年,封奉恩将军。五年,卒。

十一年,卒。

广
清颍第一子。乾隆六年，袭奉恩将军。十三年，嘉庆卒。

西额
旭英第七子。乾隆四十九年，封奉恩将军。嘉庆五年，卒。

清西
清

无嗣。

成
法尔禄庆第二子。乾隆十七年，袭三等镇国将军。十三年，五十

伦
法尔禄庆第二子。乾隆五年，袭三等阿国公。二十三年，布兰之三

善
法布兰第一子。雍正五年，封三等辅国将

布
法布兰第三子。康熙三十三年，袭三等辅

法兰
巴鼐第四子。康熙三十三年，袭三等辅

				国将军。雍正九年,卒。乾隆十五年,追封辅国公。	辅国公。乾隆五年,卒。谥曰和悫。	缘事降三等镇国将军。二十七年,卒。	七年,卒。						
							定明 炳康子。乾隆五十八年,袭伦成之镇国将军。嘉庆五年,卒。	硕寿 定明第一子。嘉庆五年,袭镇国将军。道光九年,卒。	保英 硕寿子。道光十年,袭镇国将军。光绪十年,卒。	景勋 保英子。光绪十四年,袭镇国将军。二十五年,卒。	安龄 景勋第一子。光绪二十八年,袭镇国将军。		
			固鼐 萨弼第二子。顺治十二年,袭镇国公。十五年,卒。										

池

乐桂

有凤顺。……年，缘事革退。

麟有。道光八年，封二等辅国将军，八年，将军。同治十三年，卒。

果阿尔。斌第二子。道光十八年，封二等辅国将军。

丰果。英第一子。乾隆四十九年，封二等辅国将军。嘉庆五年，袭辅国公。四十年，袭镇国公。晋镇国公。光九年，公。道光七年，卒。

英斌。富第三子。乾隆二十年，封二等辅国将军。嘉庆十二年，袭镇国将军，十三年，卒。嘉庆四年，卒。

春富。敦第七子。雍正四年，封辅国公。乾隆十二年，袭辅国公。四十二年，缘事革退。

敦尔伊。土第四子。康熙十三年，封辅国公。五十年，袭辅国公。乾隆十三年，袭辅国将军。晋贝勒，康熙……雍正八年，授简悫。

土布兰。尼第三子。顺治四年，封辅国公……

尼塔兰褚。英第三子。天聪九年，以军功封贝子。顺治元年，袭辅国公……晋贝勒，将军。十三年，卒。五年，晋贝勒，贝勒……敬谨郡王，康熙……雍正……康熙，降……公。八年，授敬谨郡王。六年，袭敬谨郡王。晋敬谨郡王。辅国公七品级。十年，卒，谥……晋敬谨郡王。谥曰悼愍。以父……早卒，尼塔降功，封……缘事降郡王。八年，袭亲王。

褚英。谥曰悼愍。无嗣。

荣全

桂丰

福全

顺乐子。同治元年，袭有凤之镇国公。五年，缘事革退。

有凤族侄。

果尔丰阿第四子。道光四年，封辅国将军。十九年，袭镇国公。咸丰十年，卒。

桂丰子。同治六年，袭镇国公。光绪十八年，缘事革退。

第丰第一子。光绪十四年，封一等辅国将军。十八年，卒。

八年，袭镇国公。

年，复封荣王。八年，缘事降镇国公。九年，薨，谥曰正。七年，卒。十九年，缘事追削。

桂丰第三子。光绪二十年，封一等辅国将军。二十五年，卒，无嗣。

镇

玉　有兴第三子。道光七年，封奉国将军。咸丰元年，缘事革退。

兴　有三子。咸丰四年，封辅国将军。同治元年，卒。

有　果尔阿第五子。道光七年，封辅国将军。咸治元年，六年，卒。

致祥

德彌阿第子。道光二十一年，袭奉恩将军。咸

彌德

伊忠阿第一子。嘉庆二十一年，袭奉恩

忠阿　伊

斌泰第一子。乾庆嘉二十一年，袭奉恩

斌泰

富春第五子。乾隆三十五年，封二等辅国。隆四十一年，封二等辅国将军

博尔庆阿

斌英第二子。乾隆四十九年，封一等辅国将军。五十七年，卒。无嗣。

		静	国将军。奉国将军。道光八年，
增友		斌	四十二年，卒。道光二十年，卒。无嗣。
务友第五子。康		富春第七子。乾隆四十年，封三等辅国将军。嘉庆二十三年，缘事革退。	年，卒。 卒。
富友			
务友第六子。康			

光

濯麟第一子。道光十九年，袭奉恩将军。咸丰十一年，袭奉恩将军。

近

濯麟　尔春讷和……

尔春

讷和　讷和魁英子。道光……乾隆……

魁英　英焕惠英第八子。乾隆五十年，二子。

英焕　阿敏惠英图第八子。乾隆二年，袭三等镇国将军。乾隆五十年，二子。正四年，袭二等镇国将军。

魁　和讷子。乾隆五十一年，袭三等镇国将军。

阿敏　富宏图第八子。雍正十三年，袭三等镇国将军。

敏图　雍正十三年，袭三等镇国将军。

富　宏友第七子。雍正四年，袭三等镇国将军。

康熙十八年，封辅国公。四十八年卒。

康熙四十年，封辅国公。四十八年卒。

八年，袭镇国将军。

十三年，袭镇国将军。

五年，袭辅国公。

土之辅国公。雍正四年，缘事革退。

光緒九年，緣事革退。舒錦子。

咸豐十年，卒。

御緝
道光十二年，襲奉恩將軍。同治元年，緣事革退。

錦舒
煥明子。

明舒
惠英第二子。乾隆五十五年，封奉恩將軍。道光十一年，卒。

道光十八年，卒。

奉國將軍。乾隆二十七年，因病告退。

道光軍。道光四年，卒。

軍。十三年，卒。等輔國將軍，隆二十

雅圖
拜音布
多友子。拜音布子。雍正四年，封

							瑞	兴松	惠	和硕	春节	朗恒	清雅阿	尔讷额	科讷图	罗洛浑
							光第三子。道	惠兴第	硕景第二子。道	春和第	恒节图第二子。一子。嘉	雅尔图第二子。一子。嘉	讷清额	讷尔额	罗科铎	罗洛浑

奉恩将军。十三年，卒。无嗣。

尼哈
尼塔第二子。顺治十年，袭敬谨亲王。十七年，薨。谥曰悼。无嗣。

代善	岳托	罗洛浑	科讷图	尔讷额	清雅阿
大祖第二子。以一子。	代善第一子。天	罗洛浑	罗科铎	讷尔图	讷清额

升

瑞祺　崇瑞子，光绪十二年，袭奉恩将军。

崇瑞　惠云子，光绪十八年，袭奉恩将军。光绪二十七年，卒。

云崇惠　颀第三子，同治二年，封奉恩将军。光绪二十年，卒。

光二十　光绪十四年，袭奉恩将军，袭奉恩将军。光绪十三年，卒。

惠颀　衮宾国子，光绪四年，袭二等镇国将军。光绪五年，卒。

庆十七年，封奉国将军，袭辅国将军。道光五年，卒。

衮宾国　镇国将军。嘉庆二十五年，袭镇国将军。嘉庆二十五年，薨，谥曰庄。嘉庆二十四年，卒。

乾隆五十五年，封镇国将军。嘉庆五年，薨，谥曰庄。

康熙十年，封贝勒，袭衍禧郡王，封平郡王。第二十六年，以功，谥曰比。

顺治五年，封贝子，缘事革爵。康熙八年，封贝勒，晋贝子，改号平郡王，复号平郡王。康熙二十一年，薨，谥曰惠。

第四子。追封克勤郡王。世子。第十二年，晋衍禧郡王。复号平郡王。晋封平郡王。康熙二十年，薨，谥曰比。

颀成　硕第三子，道光五年，卒。

硕成　春和第三子，道。

军功赐号古图鲁巴图鲁。天命十一年，封贝勒。崇德元年，封贝勒。崇德八年，晋成亲王。顺治元年，薨，谥曰礼。乾隆四十三年，配享太庙。功佐命配享太庙。乾隆四十三年，追封克勤郡王。乾隆四十三年，追封勤郡王。

光二十五年，封奉国将军。二十九年，卒。无嗣。	庭恒节第二子。道光元年，封三等辅国将军。六年，缘事革退。 春	恩龄庆春龄第恒谨第	
		恒雍明阿	
年，以佐命殊功配享太庙。			

第三子。乾隆四十九年，封三等镇国将军。六十年，袭克勤郡王。

一子。嘉庆七年，封辅国将军。八年，袭镇国将军。十六年，卒。

一子。嘉庆十七年，袭辅国将军。十九年，卒。无嗣。

林春

嘉庆四年，以罪革爵。

恒谨　第二子。嘉庆十年，封奉国将军。十三年，卒。无嗣。

森　晏　杰　崧　晋　惠　庆　承　格　尚　元

恒

松杰子。

晋棋第二子。光绪二十年，袭克勤郡王。宣统元年，薨。谥曰顺。

庆惠第一子。道光二十一年，袭克勤郡王。光绪十一年，加亲王衔。二十六年，薨。谥曰诚。

承颀第一子。道光二十二年，袭克勤郡王。咸丰十一年，薨。谥曰敬。

尚格第二子。道光元年，袭克勤郡王。九年，因两罪革退。十三年，薨。谥曰简。

恒元子。嘉庆四年，袭克勤郡王。

雅朗阿第四子。嘉庆四年，袭克勤郡王。

延棋　庆惠第二子。同治七年，封三等镇国将军。……三年，袭克勤郡王。十九年，薨。谥曰恪。

魁　延棋第二子。光绪二十年，封三等辅国将……等辅国

		耀　祺松　齡祺
军。光绪二 十三 年，卒。	佑　祺 庆惠第 三子。同 治七年， 封三等 镇国将 军。光绪 二年，卒。 无嗣。	齡 庆惠第 四子。同治十一 年，封奉恩

		耀
		钧光　吉　钧光第二子。同治十八年，袭奉国将军。光绪二
		锡　景　锡景第二子。道光二十三年，袭奉国将军。
		承　顺　承顺第三子。道光二十四年，光绪三年，封三等镇国将军。同治二十年，袭镇国将军。
国将军。光绪二十六年，卒。	增　祺　庆惠第七子。光绪六年，封奉国将军。	

十六年，卒。	迈拉逊 吉瀛第十子。光绪五年，袭恩封将军。十六年，卒，无嗣。	康吉 庆焰第一子。光绪十四年，国封三等辅国将军。光绪
十二年，卒。	吉瀛 景锡第三子。光绪十三年，封奉国将军。十五年，卒。	庆焰 承顺第二子。顺治三年，国封三等辅国将军。光
三年，卒。		

祺

承智　尚格第五子。道光二十四年，封奉国将军，同治三年，袭奉恩将军。

禄惠　景智承　同治四年，袭奉恩

绪二十八年，卒。

将军。十五年，卒，无嗣。

十四年，卒。

贤宝

恩景　庆承　尚格第四子。道光二十四年，封镇国将军，光绪十九年，卒。

光九年，封镇国将军，二十年，袭辅国将军。

辅国将军。二十四年，卒。

二十四年，卒，封奉恩将军。二十辅国将军。光绪三十四年，卒。

景智承　尚格第五子。道光二十四年，同治三年，治四年，袭奉恩

惠景　承智　尚格第五子。道光二十四年，同治二年，同治四年，袭奉恩

奉国将军。同治二年,卒。将军。四将军。将军,光绪二十八年,卒。八年,卒。无嗣		
讷尔福		
尔福苏　讷尔苏第一子。康熙四十四年,袭平郡王。十年,封贝子。平郡王。	明第　彭庆　福彭　讷尔苏第一子。乾隆四年,袭平郡王。十五年,薨。谥曰僖。	恒　秀庆　福秀　讷尔苏福彭第四子。乾隆二王品级
福　讷尔苏第一子。康熙四十四年,袭平郡王。	讷尔苏第一子。雍正四年,袭平郡王,薨。二十六年,袭平郡王,薨。谥曰敏。	郡王。四革爵。乾隆五年,卒。谥曰悼。照郡第四子。乾隆二子。乾隆
罗科铎第六子。康熙二十四年,袭平郡王。		

祥

靖庆

福

十四年，薨。谥曰良。

四十王。

克勤郡

仍复号

岳托茂

著庄敏

三年，以

十三年，复

封平郡

十年，复

贝子。四

七年，降

王。二十

袭平郡

照贝子

十五年，卒，殡葬。

十年，卒。殡葬。

品级殡葬。

殡葬。

福清	

讷尔苏第六子。乾隆二十二年，袭奉恩将军。嘉庆二十四年，卒。嘉庆八年，缘事革退。

明福	阿

斗宝第五子。乾隆二十年，袭奉恩将军。四十年，缘事革退。

斗宝第一子。乾隆二十四年，袭辅国公。四十年，缘事革退。

诺尼	诺和恩托

诺恩第五子。康熙四年，封镇国将军。四十九年，缘事革退。

诺恩第三子。顺治三年，封贝勒。康熙十三年，因罪革爵。康熙四十年，封辅国将军。三十九年，缘事革退。

诺洛浑第三子。

革退。

……年，复封贝勒。四十四年，卒。

四年，袭辅国公。乾隆四年，卒，谥曰恪顺。

宾禄
第……康熙二十一年，封三等镇国公。雍正四年，缘事革退。复封辅国公。乾隆八年，卒，谥曰显荣。

齐克齐
尔浑第二子。顺治九年，袭贝勒。顺治十二年，封镇国公。康熙六年，以功晋贝勒。八年，卒，谥曰显荣。

喀尔楚浑
岳托第二子。

曰格思。

巴尔浑 岳托第四子。顺治六年，封贝勒。十二年，卒。谥曰和惠。

克浑 固度 巴思哈 岳托第五子。崇德四年，封镇国将军。顺治八年，袭辅国将军。顺治十年，袭

		治六年，晋贝勒。十一年，缘事革爵。十二年，封镇国将军。十八年，卒。	军。康熙四年，卒。										
			库普素浑 巴思哈第三子。康熙五年，袭三等奉国将军。十二年，封三等辅国将军。三十四年，因病革退。	兰鼐 库普素浑第一子。康熙三十四，袭封奉国将军。五十八年，卒。	宗智 兰鼐第四子。康熙五十八年，袭奉恩将军。乾隆九年，卒。	讷穆金 宗智子。乾隆九年，袭禄宾之奉恩将军。四十八年，因病告退。寻卒。	萨宾图 讷穆金第一子。乾隆四十九年，袭奉恩将军。嘉庆八年，缘事革退。						
							恒萃 讷穆金第二子。嘉庆八	崇庆 恒萃子。	兴瑞 崇庆子。道光十年，袭奉	恩钰 国启子，崇荣嗣子。光绪			

恩将军。二年，袭
光绪元
年，卒。
族叔兴
瑞之奉
恩将军。

年，袭奉
恩将军。
道光十
年，卒。

枯里
岳托第
六子。顺
治六年，
封贝勒。
九年，卒。
谥曰刚
毅。

硕托
代善第
二子。天
聪八年，
以功封

萨哈璘　代善第三子。天命十一年，以功封贝勒。崇德元年，袭郡王。达阿礼	贝子。崇德四年，缘事降辅国公。寻复封贝子。八年，以罪削爵，黜宗室。

名	注
奎	通松第一子。光绪十一年，袭奉恩将军。
恩松	通松第一子。同治六年，袭奉恩将军。光绪十年，卒。
通松	纯玉第一子。嘉庆二十一年，袭奉恩将军。同治六年，卒。
纯玉	盖伦第一子。嘉庆二十年，袭奉恩将军。嘉庆二十一年，卒。
盖伦	英斐第一子。乾隆八年，袭奉恩将军。嘉庆二十年，卒。
英斐	阿恒第一子。乾隆九年，袭封奉恩将军。二十年，卒。
斐阿	泰英第一子。康熙十一年，袭奉恩将军。以父革世袭罔替。十一年，卒。
泰英	锡保第一子。康熙三十六年，承袭。正九年，薨。以罪革王，子寻革世室，入宗室。封贝勒。五年，以罪黜。谥曰忠。
良	保第四子。雍正五年，袭封辅国公。十年，袭顺承郡王。以罪退晋顺承郡王。乾隆九年，薨，谥曰顺。
保	罗布第三子。康熙十六年，封辅国公。康熙五十五年，承袭郡王。雍正九年，薨。
锡	诺罗布第二子。康熙五十四年，以兄黜宗室。复晋顺承郡王。乾隆七年，薨，谥曰昭。
罗布	诺尼第一子。康熙十四年，袭顺承郡王。五十四年，薨。谥曰勤。
诺	德第二子。
克勒德浑	萨哈璘第二子。崇德八年，以兄阿达礼罪黜宗室。顺治元年，复宗室，封多罗贝勒。五年，以罪黜。谥曰忠。
勒	萨哈璘第二子。追封颖亲王。谥曰毅。
英	康顺第一子。嘉庆二十五年，封奉恩将军。
康顺	伦龄第一子。乾隆六十年，袭康郡王。嘉庆三年，封奉恩将军。
伦龄	恒泰第二子。乾隆六十年，袭康郡王。九年，薨。
恒	阿第二子。乾隆二十五年，照郡王。薨。谥曰顺。退晋顺承郡王。乾隆九年，薨，谥曰顺。
阿泰英	承郡王。乾隆九年，薨。
英	康顺第一子。嘉庆二十五年，封奉恩将军。

年，晋郡王，死，黜宗室。

年，封三等恩将军。将军。十 嘉庆四年，卒。将军。道光七年，卒，无嗣。 将军。道光十三年，卒。	禧福 顺庆第一子。道光十八年，袭将军。恩将军。同治元年，卒。无嗣。 庆顺 伦兴第一子。嘉庆十二年，袭奉恩将军。道光十年，卒。 伦兴 恒龄第二子。嘉庆七年，封奉恩将军。十二年，卒。	恭伦 恒龄第三子。嘉庆十一年，封奉
品级碌 葬。 恪。		
恭惠。		

恩将军。咸丰八年，缘事革退。

昌伦　恒昌第一子。乾隆四十年，袭顺承郡王。道光十三年，薨。谥曰简。

春柱　昌伦第一子。乾隆五十一年，袭顺承郡王。嘉庆七年，薨。谥曰慎。

山庆　春柱第五子。道光元年，袭顺承郡王。道光三年，薨。谥曰简。

恩讷　庆山第四子。道光四年，袭封镇国将军。咸丰四年，袭顺承郡王。光绪七年，薨。谥曰勤。

勒赫　恩讷第五子。咸丰四年，袭顺承郡王。光绪七年，薨。谥曰敏。

裴英阿

佑士　谦佑第一子。

谦佑　春佑第一子。

瑞
光兴
谦

福
铨
德
谦

谦德第二子。光绪二十一年，袭奉国将军。光绪二十一年，卒。

春佑第

第二子。咸丰六年，封三等辅国将军。光绪

捕国将军。光绪二十一年，卒。

道 一子。道光三十年，封辅国将军。同治二年，卒。无嗣。

五子。道光元年，封三等镇国将军。光绪二年，卒。

春佑 谦光第七子，咸丰七年，封三等辅国将军。	瑞麒 谦光第二子，光绪二十三年，封二等奉国将军。	
第一子。光绪二十五年，袭奉国将军。光绪	二十一年，晋二等，二十二年，晋二等。二十五年，卒。	
		春禄 伦廷第九子。道光十三

珊
文灏子。

铁
文灏第
一子。宣统
元年，袭奉
恩将军。

灏
光绪三十
年，袭奉
恩将军。

文
灵颢子。元
统元年，袭奉
恩将军。

熙
灵颢第
二子。光
绪三十
年，袭奉
恩将军，封
恩将军。
宣统
元年，卒。

灵
熙第
二子。光绪十六
年，袭奉恩将
军，封恩将
军。宣统
元年，卒。

禧
谦禧第
二子。咸
丰十七
年，封
三等
辅国将
军。同治
元年，卒。

谦
春英第
伦柱第
十子。道
光九年，
封三等
镇国将
军。同治
二年，袭
三等镇国
将军。同治
元年，卒。

英
春伦柱第
十子，晋
二等。

春
光绪十
六年，
卒。

文治
灵熙第
七子。光
绪三十

年，封三
等奉国
将军。同
治七年，
卒。无嗣。

二年，封奉恩将军。				
谦	华　春英第三子。同治十一年，封三等辅国将军。	谦定　春伦柱第十一子。道光九年，封三等镇国将军。同	升灵　谦升第一子。咸丰七年，封三等辅国将军。同治十六	魁

治六年，卒。	缘事革退。同治七年，袭辅国将军。光绪八年，卒。	静	春俒柱第十二子。道光九年，封三等镇国将军。二十五年，卒。无嗣。

寿谦 安春　安春子。同治 伦柱第　九年，袭奉 十三子。恩将军。 道光九　光绪三 年，封三　年，卒。 等镇国　无嗣。 将军。咸 丰十一 年，卒。	益春 伦柱第 十七子。 道光十 六年，封 镇国将 军。同治 九年，

卒。无嗣。	戴庆春 伦柱第十八子。光绪十九年，封奉国将军。光绪九年，卒。	恕 戴第二子。光绪十年，袭奉恩将军。	瑞春 伦柱第十九子。道光二十四年，封奉恩

将军。咸丰十一年,卒。无嗣。	伦成　恒昌第二子。乾隆六十年,封一等辅国将军。嘉庆三年,卒,无嗣。	伦正顺萃　恒昌第三子。伦正第一子。嘉

	隆朴厚
	扎隆阿第一子。
修扎	光绪二年修第
阿	一子。光绪十八年，
春	袭奉恩
伦正第	将军。
二子。道	光绪二十
庆四年，　庆二年，袭　三等奉　光二十　春	四年，封　一子。同治元年，
封二等　三等国将　国将军。　四年，封　扎隆阿第	国将军。　袭奉恩
辅国将　军。道光十　十年，　二等奉国将	军。同治　将军。光
军。二十　三年，　卒。　军。同治　伦正第	十二年，　绪二十
一年，　卒。　无　十二年，	卒。
卒。　　嗣。　卒。	

六年,殉难。	
柏恒 泰斐英阿第六子。乾隆四十四	庆恒 泰斐英阿第五子。乾隆四十年,封奉国将军。五十五年,因病告退。

俭｜第二子。道光四年，袭奉国将军，封一等镇国将军，嘉庆二十年，卒。

崇忠｜伦忠子。乾隆六十年，袭恩封将军。嘉庆二年，晋三年，将军，咸丰九年，卒。

忠伦｜文献第二子。乾隆六十年，袭镇国将军。嘉庆三年，晋辅国将军。晋丰二年，卒。

献文｜克明第一子。乾隆四十年，封一等奉国将军。咸丰六年，袭辅国将军，将军，咸丰九年，卒。

文克｜明第四子。乾隆四十一年，封镇国将军。嘉庆二十年，卒。

克明｜熙第四子。乾隆二十一年，封三等奉国将军。嘉庆六年，缘事革退。

弼　克明第二子。乾隆四十九年，封三等奉国将军。嘉庆十七年，缘事革退。

文

德　熙良第五子。乾隆二十一年，封奉恩将军。四十

										尔勒
										尔
九年，卒。	诵赫诺罗布第七子。雍正十三年，封奉恩将军。乾隆十一年，因病告退。三十年，卒。缘事追革。									尔勒勒
封										

奇延　锦尔勒第四子。康熙二十一年，袭顺承郡王。二十六年，薨。

缘事革爵。四十五年，卒。

贝　锦尔勒第三子。顺治二十……康熙二十一年，袭顺承郡王。二十六年，薨。

锦　勒克德浑第四子。顺治九年，袭顺承郡王。康熙十九年，薨。

勒克德

布穆巴　勒尔锦第五子。康熙三十八年，袭顺承郡王。五十四年，缘事革爵。	保充　勒尔锦第七子。康熙二十六年，袭顺承

保龄	桓勋	尚崇	英崇	图兴	默讷	杜兰讷	
第勋桓	第崇尚	第崇尚	第兴图	讷默	孙图默	萨哈	
一子。嘉庆二十三年，封辅国将军。二十六年，袭镇国将军。道光十三年，卒。	一子。嘉庆二十六年，袭镇国将军。二十六年，卒。	一子。嘉庆二十四年，袭不袭辅国公。嘉庆十二年，卒。	一子。乾隆十八年，袭辅国公。嘉庆镇国将军，卒。谥庆十二年，卒。五十日勤慎。	第四子。乾隆二年，袭镇国将军。乾隆五十三年，袭辅国公。五十乾隆二十三年，卒。谥曰敬敏。	第三子。康熙四年，封贝勒三年，康熙十七年，封镇国将军。缘事降十一年，卒。	第三子。顺治六年，封贝子。康熙四年，封贝勒。康熙十七年，降十一年，缘事革十四年，卒。	郡王。三十七年，薨。

厚	康恩	岳	端	藩承	苏	德文	洞福	忠端	浑台	留雍	瓦达	尔讷特	弼礼克
第一子，光绪二年，袭镇国将军。	斌昌第二子。同治七年，袭镇国将军。光绪十一年，袭镇国将军。	承泽子。康熙嗣。	苏芳第五子。嘉庆二十年，封一等奉国将军。道光六年，袭镇国将军。道光将军。	承瑞子。藩嗣子。道光十七年，封一等奉国将军，袭镇国将军。	德文第二子。乾隆五十年，封五等奉国将军。	洞福第二子。乾隆四十三年，封五等奉国将军。	忠端第二子。乾隆四十三年，封五等奉国将军，以瓦克达有功，命洞福袭镇国将军。	浑台子。雍正十三年，袭镇国将军。	雍留第二子。康熙三十年，封三等辅国将军，康熙将军。	瓦克达第二子。顺治十年，封三等镇国将军，以功封三等辅国将军，康熙镇国将军。	代善第四子。顺治十三年，封三等镇国将军。康熙三年，以功封三等镇国将军。	弼礼克第四子。康熙十年，袭镇国将军。四十三年，缘事退。	杜兰第二子。康熙九年，封辅国公。十六年，卒。

苏　芳　成　斌　昌　荣
德文第　苏芳第　成斌第　斌恩第　恩昌第　荣昌第

苏　敏
德文第
二子。嘉
庆二十
一年，封
三等辅
国将军。
道光三
年，卒。
无嗣。

袭一等
镇国将
军。五十
七年，卒。

光六年，
袭一等
镇国将
军。道光
十七年，
卒。

军，同治
六年，
卒。

二十四
年，卒。

将军。

国将军。
四年，晋
镇国公。
五年，晋
郡王，加
号曰谦
九年，
袭。谥曰
襄。

熙六年，
晋镇国
将军。八
年，缘事
革。奉国
将军国
级。二十
五年，袭
镇国公。
二十七
年，革
爵。停
袭。

五十九
年，缘事
革退。

德　恭达　英

哲

苏　德文第四子。道光九年，封三等辅国将军。同治元年，缘事革退。

三子。道光元年，封三等辅国将军。咸丰元年，卒。

一子。道光四年，袭三等辅国将军。咸丰九年，卒。

二子。咸丰九年，袭奉恩将军。光绪十年，卒。

一子。光绪十年，袭奉恩将军。光绪十年，卒。

光

泰

德泰

泰

洞福　第二子。

洞福　第三子。乾隆六十年，袭奉

光道无

年，封二等奉国将军。

等奉国将军。二十三

将军。嘉庆二十三

庆二十年，卒，无嗣。

五年，卒。

喝寨

尔海寨

清

喝尔寨　第一子。

瓦克达　第三子。顺治十

第三子。顺治十一年，

年，封三等辅国

等奉国辅国

公。二十

康熙二

	玛占 代善第六子。崇德元年，
将军。康熙五年，以父罪革	
熙六年，袭镇国	
奉镇国	
公。八年，	
续事降	
奉国将	
军品级。	
二十一	
年，复封	
镇国公。	
二十五	
年，以罪	
革爵。	

俊英 锡楞图第三子。雍正八年，袭奉恩将军，卒。康熙四年，勤。康熙八年，卒。谥曰怀。	锡楞图 阿锡楞图第二子。康熙十年，袭奉恩将军，封恩将军。乾隆八年，卒，缘无嗣。	阿锡楞图 常阿岱第二子。雍正十年，袭奉恩将军，封恩将军。乾隆八年，卒。	常岱 满达海第一子。顺治九年，袭奉恩将军。康熙十六年，以父恩将封恩将军。雍正八年，卒，缘无嗣。	满海 满达海　代善第七子。崇德六年，顺治九年，以功封辅国公。顺治二年，晋贝勒。六年，勤。康熙八年，袭奉恩将军。八年，赐谥曰怀。	英永 水英 英……第二子。
以功封辅国公。三年，卒。无嗣。					

乾隆八年,袭奉恩将军。三十九年,卒。无嗣。

善　成文第二子。乾隆元年,袭奉恩将军。十年,缘事革退。

积　文第二子。康熙五十年,封奉恩将军。雍正八年,缘事革退。

文　成第二子。康熙三十五年,袭奉恩将军。五十年,卒。

宪　世第三子。康熙十年,封奉恩将军。十三年,卒。

世　常阿岱第三子。康熙十八年,奉恩将军。八年,卒。

殂。号曰异。九年,薨。谥曰简。十六年,缘事追夺谥法及碑文。

广昌	德申	普尔巴萨	正阿	素清阿	达布	三德	德春	安禄
常阿岱第四子。康熙十七年，封奉国将军。三十六年，卒。	广昌第一子。康熙十七年，封奉恩将军。雍正三年，袭奉国将军。三十年，卒。	德申第二子。康熙三十七年，封奉国将军。雍正四年，袭奉恩将军。三年，卒。	巴尔萨第一子。雍正十三年，袭奉恩将军。乾隆二十二年，卒。	正阿第二子。乾隆二十年，袭奉恩将军。乾隆十四年，因缘事革退。告退。	素清阿第一子。嘉庆二十四年，袭恩将军。嘉庆二年，卒。	达布第一子。嘉庆三年，袭奉恩将军。道光七年，卒。	三德第一子。嘉庆七年，袭奉恩将军。道光十年，卒。	德春第二子。道光十一年，袭奉恩将军。同治五年，卒。表次已尽，不表。

常希
常阿岱第五子。康熙十七年，封奉恩将军。五十……

智

宪禄
明继
福色额第三子，道

嵩
明色额
福继
明色额福继第一子。乾隆十三年，封一等辅国将军。道光元年，卒。

平常
色额
福继
常平子。乾隆五十三年，封一等镇国将军。嘉庆十八年，卒。道光

海星
尼星
常
常阿岱第六子。康熙二十七年，袭贝子。二十七年，缘事革退。五十二年，复降袭辅国公。

星
尼星第二子。康熙四十七年，袭镇国公。五十五年，缘事革退。

二年，缘事革退。

铁绅山

绅禄

明先堂侄，明益第三子。同治元年，袭一等辅国将军。光绪二十一年，卒。

子。道光十四年，袭辅国将军。十三年，卒。

辅国将军。同治元年，缘事革退。

隆额

都

星尼第七子。雍正八年，封奉恩将军。乾隆十五年，缘事革退。

济　精　塞　枯

济：塞第八子。顺治二年，封镇国公。三年，卒。十年，追封郡王，谥曰怀愍。

精：塞第二子。顺治三年，袭镇国公。寻晋普公。三年，卒。郡王。六年，……

塞：祜第……

枯：代善第八子。

世次	姓名	事迹
	杰书	谥曰惠。顺治元年，追封祜塞第三子。康熙二年，封亲王。
	他哈	杰书第四子。顺治六年，一子。康熙二十年，封郡王。康熙二十年，赐号曰，封辅国将军。五年，改袭贝勒，改来王，十一年，缘事革，号曰康。康熙三退。
	尚扎尔图	杰书第三子。康熙十六年，谥曰良。
德	明德	尚扎尔图第三子。雍正三年，袭奉恩将军，康熙三十二年，封国将军。
云阿	富明德	明德第二子。乾隆五十二年，袭奉恩将军，道光二十七年，袭奉恩将军。
春昌	阿昌阿	阿昌阿第一子。乾隆十二年，袭奉恩将军，道光十七年，袭奉恩将军。
元		

三等辅国将军。乾隆十 五十六年，卒。道光 军。十七年，卒。光绪十 一年，卒。	
国将军。雍正 乾隆十四 年，缘事 革退。雍 正二年， 卒。	恩将军。 卒。

巴尔图	章善	存	广善
杰书第 四子。康 熙三十 二年，封 三等辅 国将军。 雍正十 二年，卒。	读图 第一子。乾 隆二十 年，封奉 恩将军。 乾隆二 十七年，卒。	章善第 乾隆二十 年，袭 奉恩将 军。三十 八年，卒。 无嗣。	本善 读

舒魁	哲丰第一子。道光四年，封奉恩将军。十年，卒。无嗣。
哲丰	敬崇第一子。乾隆七十年生，嘉庆七年，袭三等奉国将军。道光十年，卒。
敬崇	谋云第五子。乾隆二十年，封三等镇国将军。嘉庆六年，卒。
谋云	巴尔图第八子。乾隆七年，封三等辅国将军。二国将军。嘉庆十九年，卒。
谋巴尔图	康亲王。乾隆十八年薨。谥曰简。
第本	谋本图第四子。雍正十三年，封奉国将军。乾隆二十四年，卒。无嗣。
	谋本第一子。乾隆二十二年，封奉恩将军。五十年，卒。

魁乐 哲丰第二子。道光十一年，封奉恩将军。十六年，缘事革退。	
	崇林 谟云第六子。乾隆四十年，封一等奉国将军。嘉庆八年，

璧	奎	麟	英	崇		奎
哲麟第	英第	崇第	诚云第			福
	一子。乾	一子。乾	七子。乾			哲麟第
嘉	隆五十	隆四十	隆四十			二子。道
庆二十	八年，封	年，封辅	年，封辅			光元年，
二年，袭	奉国将	国将军。	国将军。			封奉恩
封将	军。道光	嘉庆	奉国将			将军。九
军。嘉庆	十八年，	十五	军。嘉庆			年，卒。
二十五	卒。无嗣。	年，卒。	二十五			
年，卒。			年，卒。			
				卒。无嗣。		

奎佶
安玉奎　第
哲麟　第安第
四子。道光
九年，光二十
封奉恩将
军。二奉恩将

昌　　清祺　　华玉　　奎
　　　玉清第　奎华第　哲麟第
第　　三子。道　一子。光　三子。道
光　　绪七年，　六年，　光六年，
年，　袭奉恩　袭奉恩　封奉恩
奉恩　将军。光绪十　将军。二　将军。二
已尽，不　年，卒。　光绪十二年，　十七年，
袭。　　　　　卒，袭次　卒。
　　　　　　　子

无嗣。

奎文　哲麟第六子。道光十八年，封奉恩将军。咸丰二

奎定　哲麟第五子。道光十三年，封奉恩将军。咸丰五年，卒。

刚祥　奎定第一子。道光十三年，袭奉恩将军。咸丰五年，卒。

厚刚　奎定第一子。咸丰六年，袭奉恩将军。同治十三年，卒。

十九年，卒。同治

年，缘事革退。

谟恭　巴尔图第十三子。乾隆二十一年，封三等奉国将军。嘉庆十五年，卒。

善富　恭第一子。乾隆四十二年，袭奉恩将军。道光十五年，卒。

仪善　第二子，袭奉恩将军。嘉庆十二年，卒。无嗣。

尔南　嘉庆十五年，袭奉恩将军。道光十年，卒。

谟经　巴尔图第十四子。乾隆二十二

水

善

广

谟

谟　典

巴尔图第十五子。乾隆二十一年，封二等辅国将军。二十四年，缘事革退。

年，封三等奉国将军。三十五年，卒。无嗣。

巴尔图　谟广子。 第十七　乾隆三 子。乾隆十一年， 二十二　袭一等 年，封一奉国将 等辅国军。五年，卒。 将军。三六年，卒。 十年，卒。无嗣。	显 谟 巴尔图 第二十 子。乾隆 二十二 年，封二 等辅国 将军。五 十三年，

沛　第一子。同治八年，袭奉恩将军。同治十年，卒。

钟　昆山第一子。咸丰六年，封奉恩将军。同治八年，卒。

山　福年第二子。道光元年，封三等奉国将军。道光六年，卒。

昆　凤良第一子。嘉庆二十三年，袭三等镇国将军。道光六十年，卒。

年

凤　谟第二子。乾隆二十六年，封辅国将军。道光六年，卒。

福

良

亮　巴尔图第二十三子。

谟　卒。无嗣。

彰　福良第二子。道光四年，封奉国将军。十三年，卒。无嗣。

椿	泰	崇	安	恩	昭	桩
椿书第五子。康熙三十六年，袭康亲王。四十八年，薨。谥曰悼。	泰第安泰子。康熙四十二年，正二年，袭康亲王。雍正十一年，薨。谥曰襄。修。	崇泰子。康熙四十八年，封贝勒。雍正八年，袭康亲王。乾隆四年，薨。谥曰修。	安泰子。雍正二年，封奉国公。乾隆辅国公。	永安第子。雍正七年，封不入八分辅国公。乾隆十八年，袭礼亲王。礼亲王。	永恩第子。嘉庆七年，以事缘事革爵。三年，以代善庄献，仍善庄献，号复为礼亲王。嘉庆十年，薨。谥曰襄。	

恭。

永，崇安第三子。

惡，崇安第三子。

麟趾，惡第一子。乾隆十四年，封二等镇国将军。五十五年，卒。

锡趾，麟趾第一子。乾隆五十四年，封二等辅国将军。嘉庆二十一年，追封礼亲王。道光元年，薨。谥曰安。

春锡，锡趾子。嘉庆十年，封不入八分辅国公。

全龄，春子。嘉庆十四年，封奉恩将军。二十四年，追封礼亲王。

世铎，全龄二子。道光三十年，袭礼亲王。光绪二十年，薨。谥曰和。

诚厚，世铎第一子。世袭第一……光绪十年，封不入八分辅国公。

额里

能库

席特库

阿拜，太祖第三子。崇……三子。崇……

福献

志鹏昭启第一子。乾隆三十一年，袭奉恩将军。嘉庆八年，缘事降。

志鹏

尔登第三子。康熙五十五年，袭奉恩将军。乾隆二十九年，卒。

昭启

务额第三子。康熙二十二年，袭奉恩将军。乾隆三十二年，袭三等奉国将军。乾隆二十九年，卒。

尔登

英里第三子。顺治六年，镇国将军。康熙十六年，卒。

务额

英颜里第一子。康熙七年，袭镇国公。顺治六年，袭辅国将军。康熙十六年，卒。

英里

镇国将军。康熙二十五年，封辅国将军。康熙十五年，袭奉恩将军，封三等辅国将军。康熙十六年，卒。八奉国将军。嘉庆二十九年，八奉国将军。缘...

席特库第一子。晋镇国将军。顺治四年，卒，五年，缘事革，康熙十年，卒，康熙二年，卒。

席特库第二子。初封第二子。

德四年，阿拜第三等镇国将军。顺治六年，封奉国将军。崇德四年，晋德六年，晋将军，崇德六年，恩将军。顺治二年，卒。顺治二年，封无嗣。

年，追封，封镇国将军。

年，卒，十退。顺治二年，封镇国公。

谥曰勤敏。

事革退。		秀
卒。		忠福 福俊第一子。道
年，晋辅军。五十六年， 国公。康熙五年，缘 熙二十一年，卒。	安扬尔德 多尔德第三 务尔德 宜里英额里 第四子。康熙 二十五年，袭奉 恩将军。 康熙五十九 年，封三等奉 恩将军。雍正十 三年，卒。五十 年，五十三年，因 病告退。	福俊 俊福第一子。 俊福 六十八第一子。 六十八 十六第一子。 十六 八第一子。

宣第六子。雍正十三年，袭奉恩将军。乾隆三十年，卒。	光十三年，袭奉恩将军恩将军。道光六年，袭奉恩将军。乾隆二十四年卒。	隆阿 富勒森第二子。乾隆三年，袭奉恩将军。乾隆十一年，袭奉恩将军。乾隆三十八年，缘事革	苏勒阿 岱富第二子。乾隆五十三年，袭奉恩将军。乾隆十一年，卒。	富勒森 新富尔图第一子。康熙五十三年，封三等奉国将军。乾隆十三年，卒。	岱富	新富尔图 英格宜第一子。康熙六年，封三等辅国将军。八年，晋辅国将军。十七年，卒。
					格业图	英格宜 席特库第四子。顺治六年，封三等辅国将军。八年，晋辅国公。康熙因病告

退。

退。

熙二十
四年,卒。

费
雅
三

阿拜第三子。顺治二年，封奉恩将军。三年，卒。无嗣。

干
图

阿拜第四子。崇德六年，封三等奉国将

	喀喇图法范图
	范图第一子。顺治九年，封三等辅国将军。十七年，卒。
	阿拜第五子。顺治二年，封奉恩将军。五年，卒。十年，追……缘事
军。顺治六年，晋三等镇国将军。八年，晋辅国公。十六年，卒。谥曰介直。	

	本色至	塞宜德	法礼	尔
		复塞礼		萨尔格塞
封辅国将军。谥曰怀仪。	降一等奉国将军。康熙四十七年，卒。	范图第二子。顺治九年，封三等辅国将军。康熙三十四年，因病告退。	宜德第五子。康熙四年，封三等辅国将军，三等奉恩将军。康熙五十五年，卒。袭奉恩将军。康熙五十一年，卒。六十一年，卒。无嗣。	巩安图

裴音　鏗尔都　都 阿拜第六子。顺治三年，封奉恩将军。五年，晋辅国公。康熙二十一年，卒。 巩安第二子。康熙七年，封一等奉国将军。五年，封辅国将军。五年，袭三等奉国将军。三十三年，奉恩镇国将军，因告退。雍正四年，晋辅国将军。六年，卒。	格尔宾　尔瑶　章 格尔宾第一子。乾隆十一年，袭奉恩将军。三十五年，卒。 鏗尔瑶第六子。雍正三年，封奉恩将军。恩将军。二十三年，乾隆十五年，

	瑙第宗第一子。嘉		
	宗承宗。嘉庆七年，袭奉恩将军。嘉庆十二年，因罪革爵，黜宗室。		
一年，卒。	承格尔布第五。乾隆三年，袭奉恩将军。二庆六年，卒。	托尔浑塞尔郁第七子。雍正三年，封奉	

				柱 景禄第二子。道光八年，
				景禄 灵珠阿第二子。嘉庆十
				灵珠阿 德尔珊第四子。
				德尔珊 巴哈穆第六子。
恩将军。乾隆五年，卒。	巴穆哈 巩安第三子。康熙九年，封三等奉国将军。五十年，卒。	务哈 巴哈穆第三子。	彌哈穆 康熙五十六年，袭三等辅国将军。雍正元年，卒。	

绪
文

卓承　玉岑第一子。光绪二十四年，袭奉恩将军。
承宣　宣统二年，袭奉恩将军。

岑承　玉岑第二子。光绪……现袭。
景禄子。光绪元年，袭奉恩将军。

一支安……一支

柱承　玉景禄第三子。道光十三年，袭奉恩将军。同治十二年，卒。
谦　　柱第一子。同治十四年，袭奉恩将军。光绪……二年，无嗣。卒。

玉承　景禄第三子。道光……子。同治十二年，卒。

乾隆五年，袭奉恩将军。乾隆十年，卒。
乾隆七年，袭恩将军。道光八年，卒。
奉恩将军。十六年，卒。
奉恩将军。嘉庆十年，卒。
恩……袭奉恩将军。十……将军。十三年，卒。

之奉恩将军。十四年，卒。	奉恩将军。宣统元年，卒。

颢	善	佛	格硼	连
阿拜第七子。顺治六年，封三等镇国将军。康熙四十五年，卒。	颢善第一子。康熙九年，封三等辅国将军。雍正二年，缘事革退。	佛善第一子。康熙二十六年，封三等辅国将军。三十年，缘事革退。	格硼第一子。康熙二十六年，封三等镇国将军。雍正二年，缘事革退。	连第一子。康熙二十年，封三等奉国将军。四十年，缘事革退。封镇国将军。晋辅国公。康熙四十年，缘事革退。

顺

普隆珠福善

德敏第六子，雍正十二年，隆嗣子。

珠福善濬第三子。康熙六十五年，封三等辅国将军。乾隆二年，封国将军。十六年，

年，袭奉恩将军。雍正二年袭奉恩将军。

嘉正十二年，将军。

格

保格源善第二子。雍正二年，封奉恩将军。十二年，卒。

革退。十年，卒。

秀昌

保昌

顺昌

敏德
佛格子

德
玛锡礼二子。乾隆

锡
二子。嘉

瑪

礼
瀬善　第
五子。康
熙嗣子。乾隆十八年，
弘嗣子。康
庆五年，
卒。

尚

禄
瀬善　第
六子。康
熙十七
年，封三
等辅国
将军。三
十四年，
因病革
退。乾隆
八年，卒。

年，卒。因病告
庆十五　退。
年，卒。

增荣祥　第荣，光绪元年，袭奉恩将军。光绪元年，休致。定鸾海　道光十一子。嘉

伦海鸾定　保伦子。海鸾子。道光十九年，袭奉恩将军。道光十年，卒。

保伦海　顺勇第勇敏第三子。嘉庆十一年，袭奉恩将军。十九年，因病告退。

顺勇保　德敏第三子。嘉庆六年，缘事革退。

熙十九年，隆六年，封三等捕国将军。乾隆六年，卒。

年，袭奉恩将军。袭奉国将军。乾隆十四年，卒。

恩奉恩将军。嘉庆五年，卒。

萨穆西林蔡庆云特祥

萨哈当　穆尔修第三子。康熙四十七子。

西林蔡　当善第七子。康熙五十

富蔡富第一子。乾隆八年，

庆云　云特第二子。乾隆

特祥　第一子。嘉庆

祥　庆七年，隆八年，雍正七年，

恩奉恩袭，奉恩将军。道光三十

熙二十六年，封奉恩年，封三等奉国等辅国将军。乾将军。雍正十年，因病告退。乾隆九年，卒。

恩奉封五年。奉恩将军。嘉庆七年，卒。七年，卒。无嗣。

勒　敬祥　苏保

富瑞　西林第五子。乾隆二十二年，封奉恩将军。五十年，因病告退。乾隆五十年，卒。

敬祥　富瑞第一子。乾隆五十二年，封奉恩将军。道光九年，因病告退。卒。

第一子。道光二年，封奉恩将军。十二年，一年，缘事革退。

尔衮

诚武　宽

伯祥　广宽伯祥第广宽

萨穆当

祥

第五子。雍正三年，封奉国将军。乾隆四年，因病告退。

乾隆三子。隆十年，封奉恩将军。乾隆二十年，卒。

宽诚第一子。乾隆二十八年，封奉恩将军。乾隆四十年，卒。

乾隆四十五年，袭奉恩将军。道光二十年，卒。无嗣。

升吉

祥柱第二子。乾隆四十二年，封奉恩将军。嘉庆十六年，卒。

明庆第三子。乾隆十三年，封奉恩将军。嘉庆十年，卒。无嗣。

克

德

敬　进
敬第二子。嘉庆十四年，道光七年，卒。无嗣。

双　敬
双普第二子。乾隆四十年，袭奉恩将军。嘉庆十五年，卒。

普　广
普伯祥第三子。乾隆十四年，封奉恩将军。嘉庆十六年，卒。

广

克　善
善克善第一子。乾隆三十一年，袭奉恩将军。

积　顺
伊

忠　顺
顺萨穆当第八子。雍正十三年，封奉恩将军。乾隆

三十一年。三十二年，因病告退。三十二年，卒。

和积

克善　忠顺第二子。乾隆三十二年，袭恩骑将军。嘉庆十六年，缘事革退。

克塞　聂古代

汤古代　大祖第代

古代　汤古代

四子。崇德四年，崇封三等镇国将军。顺治五年，将国军。二年，卒。谥曰冶克洁。以功封二等奉国将军。四年，晋一等。晋镇国公。缘事，年，降辅国公。寻又降三等

穆察

汤古代第二子。封三等奉国将军。崇德五年，袭三等镇国将军。顺治四年，晋二等，六年，辅国将军。康熙五年，卒。无嗣。

卒。谥曰恪恭。			奇额克泰
莽尔古泰 大祖第五子。天命元年，封贝勒。天聪六年，卒。以谋为大逆夺爵，子孙降为红带子。			克额莱 拜额莱 塔 大祖第

匈

尔巴
度贝巴尔

七年，晋贝

国公。寻
年，晋镇卒。

国公。六将军。寻

寻封辅国

晋一等。
等辅国
仍封三

等。四年，十五年，
事退。三

公。谥曰功晋二
无年，以功晋三

五年，追封辅国

顺治十
辅国将
军。康熙

四年，卒。
袭三等
辅国将

军。崇熙将军，晋
寻六年，晋

辅国将
封奉国
恩将军。

封三等
德四年，
年，封奉

聪八年，二子。崇顺治二

六子。天塔拜第
第一子。

紫

霸度爾　第一子。

顗克泰　第二子。

宗　顺治六年，封奉

康熙四年，封三等奉国将军。康熙二

十三年，缘事革

熙二十三年，缘事革退。

子。八年，因罪革爵，黜宗室。寻复入宗室。

爾

圖噶

度爾霸　第四子。

康熙十八年，封三等奉

国将军。三十六年，缘事革退。

伯奇　额克素第三子：伯奇。顺治六年，封三等辅国将军。康熙九年，卒。

阿巴尔　第二子。康熙十一年，袭三等奉国将军。三十七年，缘事革退。

等奉国将军。康熙九年，将军。三十七年，缘事革退。

阿图尔

伯奇 第六子。康熙十八年，封三等国将军。三十七年，缘事革退。

伯尔赫 伯尔宜 尔伯森

伯赫 亲王颖克克第二子。宜第四子。顺治六子。康熙第二

伯尔宜 第四子。康熙三十七年，封辅国三等将军。康熙国将

尔伯森

熙二十
八年，缘
事革退。

军。三十
七年，缘
事革退。

伯赫
额克来
第八子。
康熙八
年，封三
等辅国
将军。二
十一年，
缘事革
退。

尔
穆巴
布

尔岱

巴穆布

尔善拜第

顺

四子。崇德四年，封三等奉国将军。顺治元年，以功晋二等。四年，革爵。

四子。顺治十四年，封三等辅国将军。康熙八年，以父罪革爵。

图塞

晋一等。晋六年，晋三等镇国将军。

巴穆布，尔善第。

尔善第。顺治八年，晋辅国公。康熙五年，封三等辅国将军。康熙八年，以将军。

都尔席图

拔都海　巴拜第六子。顺治二年，封奉恩将军。六年，晋三等镇国将军。康熙八年，子孙黜宗室。以父罪革爵，罪处死。

都海　拜第一子。顺治十一年，封三等辅国将军。康熙元年，卒。八年，晋辅国公。十七年，卒。谥曰恪。

福通　拔都海第五子。

博尔都　福通第三子。乾……时……

					都喇海
僧。	第三子。顺治十七年，封三等辅国将军。康熙八年，以罪革退。十九年，复原封。三十六年，卒。寻追削封爵。	康熙五十二年，袭三等奉国将军。乾隆十六年，卒。	隆十七年，袭奉恩将军。五十五年，卒。		塔拜第七子。顺

费扬武	巴特玛	增盛	泰端	松长	晓佑	锡
费扬武，拜第八子。顺治二年，初封辅国将军。十九年，封国将军。九年，复封辅国……顺治二年，封奉恩将军。六年，卒。谥曰怀仪。	巴特玛，费扬武第一子。顺治十年，初封辅国将军。十九年，袭奉恩将军。封镇国将军。十九年，封国将军。康熙六年，卒。	增盛，巴尔善，巴特玛第四子。康熙八年，袭……将军。康熙……年，卒。	泰端，增盛第一子。乾隆……十九年，封镇国将军。乾隆元年，因病告退。卒。	松长，泰端第……康熙……嘉庆十九年，因病告退。	晓佑，松长嗣。嘉庆十九年，袭奉恩将军。嘉庆……卒。	锡，晓佑嗣。嘉庆……十九年，袭奉恩将军。道光二十一年，卒。无嗣。

庆 泰 增盛第六子。康熙五十一年，封奉恩将军。五十六年，卒。无嗣。	端昌 英静第……康熙三十年，雍正三年，奉恩……乾隆五年，缘事革 静英 永德第一子。康熙三十一年，袭奉恩将军。雍正五年，封国将军。三十二年， 永 德尔善 巴尔善第六子。康熙二十一年，封三等奉恩将军。雍正五年，奉国将军。三十二年，缘事革
将军。谥封三等曰悼殇。辅国将军。三十四年，卒。	

恒

都尔济

格色泰

永德第　格色泰第七子。雍正二年，封奉恩将军。乾隆十四年，卒。乾隆□□年，□奉恩将军。乾隆□□，袭奉恩

华如

瑞　英瑞第

华静第　乾第一子。乾隆五年，袭奉恩将军。四十九年，卒。

隆五年，袭奉恩将军。嘉庆八年，卒。无嗣。

退。卒。

六年，卒。

隆二十
四年卒。

将军。六
十年,以
罪革爵
处死。

德兴
巴尔善
第七子。
康熙二
十四年,
封三等
奉国将
军。四十
三年,因
病告退。

颜龄
苏布图
子。顺治

布图　苏布图
尚建第一子。顺治

建　尚建
阿巴泰第一子。尚建

阿巴泰
大祖第

七子。天聪四年，封命十一年，卒。封贝勒。崇德元年，封子。谥曰贤悫。

辅国公。顺治十年，追封贝子。功晋贝饶余贝勒。

镇国公。顺治康熙四

元年，封子。谥曰功晋贝饶余贝勒。顺治元年，晋饶余郡王。三年，薨。康熙元年，追封饶余亲王，谥曰敏。

强度。尚建第二子。顺治六年，封贝子。八年，卒。谥曰介洁。

博尼　和翁　古博

托

博和托
阿巴泰

翁古岱
第二子。初封辅
国公。顺治四年，
卒。谥曰怀愍。

第一子。顺治四年，
卒。无嗣。

和托
第二子。初封辅
国公。顺治四年，
卒。六年，无嗣。

以功晋贝子。八
年，卒。谥曰温良。

锦柱
八子。

初封辅国公。顺
治六年，卒。谥曰
怀仪。无嗣。

佛克

库

博和托第三子。顺治六年，封贝子。十四年，卒。谥曰介洁。无嗣。

齐

彰

博和托第四子。顺治八年，封镇国公。寻晋贝子。二十康熙二

彰泰第一子。康熙七年，封镇国公。二十五年，缘事降镇

彰泰

百

绥

屯珠安　彰泰第三子。康熙十一年，封镇国公。二十七年，缘事降镇国将军。二十九年，袭镇国公。五十七年，国将军。二十七年，缘事革退。卒。

詹逢　富尔都，安詹子。康熙五十年，袭辅国公。乾隆十二年，缘事革退。谥曰恭恪。

信昌盛　盛昌，逢信第一子。乾隆十二年，袭辅国公。二十二年，封镇国将军。寻晋辅国公。

庆　盛昌一子。乾隆四十九年，袭辅国公。嘉庆十八年，卒。

恰景　成绪子。嘉庆十八年，袭辅国公。道光十九年，缘事革退。

纯崇景　景崇，成绪子。道光十年，袭辅国公。

堪麟纯塔锡景　纯堪，景锡子。

嘉增　麟堪第一子。

培　增嘉子。光绪嗣

年，卒。追封贝子品级。谥曰恪敏。		五十二年，卒。	九年，袭辅国公。咸丰八年，缘事革退。	二十八年，袭辅
			咸丰九年，袭辅国公。光绪八年，卒。	绪九年，袭辅国公。光。二十
明瑞第彰泰			麟兴 纯塔第二子。光绪十五年，封二等辅国将军。光绪二十二年，卒。无嗣。	

五子。康熙十九年,封镇国公。三十七年,缘事革退。

博洛 阿巴泰第三子。崇德元年,封贝子。顺治元年,以功晋贝勒。四年,晋端重

塔尔纳 博洛第四子。顺治十四年,封郡王。寻薨。谥曰敏思。以父罪追削

岳乐	乐玛尔浑 玛尔浑	起华	锡尔浑	华玘	英岱	贵岱	布兰泰	恒明	善裕	普惠
阿巴泰第四子。 岳乐第四子。	岳乐第四子。 玛尔浑第四子。	玛尔浑第四子。 起华子。	起华子。 华玘嗣爵。	华斌造封辅 岱英子。	锡贵岱子。	英岱子。 锡贵岱子。	英岱子。 布兰泰子。	布兰泰子。 恒明第	恒明第四子。 裕善第	善裕第一子。道 一子。咸

郡王。六爵。

齐　年，晋端王。重来王。七年，缘博洛第

克勤　事降郡王，顺治九年，王。八年，复来王。袭端重九年，薨。来王。谥曰定。来王。十十六年，以以罪追削爵。父勒降削爵谥。八年，卒。谥曰怀思。

			普
			意格
			裕格格第二子。同
			恒明第三子。咸

裕　安
恒明第
二子。道
光三十
年，封奉
國將軍。
光緒元
年，卒。
無嗣。

豐十四年，
四年，襲奉恩
封奉國將
軍。咸豐
四年，卒。

光二十
四年，襲輔
國公。咸
豐十
年，卒。

道光無

嘉慶十
年，襲輔
國公。道
光元年，
卒。

第二子。
國公。

初封鎮國公。順治六
年，封世襲安郡
王，以功晋王。二十
五年，薨。八年，襲
貝勒。八年，襲安郡
王，薨。二十九
年，襲安郡王，薨。
諡曰節。
安，雍正元
號曰。十四
年，晋安親王。康
熙二十
八年，薨。
諡曰和。
三十九
年，緣事
追降郡
王。卒諡。

治十一年，袭辅国公。同治十二年，卒。	年，袭辅国公，同治十二年，卒。	
崇积	苛昆	
苛昆第，锡贵子。乾隆四十三年，以阿巴泰，岳乐功，命苛昆袭辅国公。四十七年，卒。	乾隆四十七年，袭辅国公。嘉庆九年，缘事革退。	
		毕斌
		华

玛尔浑 第三子。 康熙四 十四年， 封奉恩 将军。雍 正十一 年，缘事 革退。	文痕色图 熙色额图 楞色色额 色第二子。康熙五 色楞色额第一子。康熙 岳乐第八子。康熙 十一年，封三等国 一子。康熙五 十六年，封辅国 十年，封奉恩将 将军。雍正三 军，封三等 年，缘事革退。

乌希阿

色尔冲阿

松

阿

希阿

塞冲阿

尔冲阿

贝

色勒额

第四子。

康熙四

十二子。

乾隆十

四年，

封奉恩

阿塞冲阿

第二子。

乾隆十

封奉恩

六年，袭

乾隆五

六年，袭

辅

镇

十七年，事革退。

卒。

军。三十

八年，袭

二等。六

十一年，

缘事革

退。

彝色痕图

第三子。

康熙五

十一年，

缘事革

封奉恩

退。

将军。雍

正元年，

缘事革

退。

多尔图色楞额第六子。雍正十三年，封奉恩将军。乾隆十三年，封奉恩将军。乾隆三十六年，因病告退。

嵩龄第一子。雍正十一年，封奉恩将军。乾隆二十一年，封奉恩将军。乾隆二十三年，卒。

达尔图

庆阿

伊庆阿

崇额 达庆阿第一子。乾隆三十六年，袭奉恩将军。乾隆四十四年，缘事革退。

将军。乾隆十六年，卒。

隆十六年，卒。五十八年袭奉恩将军。八年，卒。

年，卒。八年，将军。嘉庆十九年，卒。

卒。无嗣。

赛布

礼	经
岳乐第	希 岳乐第
十六子。	十七子。
康熙十	康熙二
七年,封	十一年,
三等辅	封僖郡
国将军。	王。十九
四十七	
年,缘事	
革退。	

年，以父罪，降镇国公。五十六年，卒。

蕴端 岳乐第十八子。康熙二十三年，封勤郡王。二十九年，降贝子。三十七年，缘事革退。

	年 穆松　杜德 内　杜　德 辉　塞　德
巴 布 喀 喇	

巴布喀喇　太祖第九子。崇德六年，初封三等奉国将军。顺治二年，晋三等辅国将军。四年，晋三等镇国将军。八年，晋三等辅国将军。晋三等镇国将军。

塞布辉　巴布喀喇第一子。顺治八年，封三等奉国将军。康熙八年，晋三等镇国将军。

塞威　塞布辉第一子。顺治三年，封三等奉国将军。康熙二十五年，卒。无嗣。

杜德　内握塞辉第二子。康熙八年，一子。康熙五十三年，封奉国将军。二十年，晋辅国公。晋镇国公。康熙二十六年，卒。

穆松　年。杜德第四子。雍正十三年，封奉恩将军。二十年，奉恩将军。乾隆十九年，卒。乾隆九年，晋镇国公。晋辅国公。十六年，卒。二年，卒。

卒。	四年，卒。	缘事革退。寻复原封。二十八年，复革退。	齐辉塞第三子。康熙三十一年，封三等将军。康熙九年，封三等奉国将军。三十六年，封奉恩将军。四十年，缘事革退。四十五年，因病革退。四十三年，缘事革退。　甘塞　齐塞第	齐尔弼　辉塞第
谥曰悖僖。				

福

凱聯

吉清

爾松吉
那

佛

常

常

爾沙伸

善達塞

寶索達塞

齊穆布　第一子。康熙四十二年，封三等奉恩將軍。雍正三十年，三等輔國將軍。四十六年，緣事革退。

噶布喇　第二子。康熙二十一年，封奉恩將軍。四十四年，因病告退。

康熙五十一年，隆元年，封三等奉國將軍。正十三年，緣事革退。

康熙五十年，封三等奉國將軍。四十六年，緣事革退。

四子。康熙十一年，封奉國將軍。三十四年，卒。無嗣。

齊穆布
齊布

宝善子。

那尔慎　佛常子。第一子。乾隆四十一年，袭奉恩将军。嘉庆十一年，袭奉恩将军。嘉庆十三年，卒。

松吉子。第一子。咸丰五年，袭奉恩将军。光绪十三年，卒。

清凯子。光绪三年，袭奉恩将军。

革退。

退。

宝良　索达塞第二子。康熙四十九年，封奉恩将军。雍正十三年，卒。

金尚　金良第一子。乾隆元年，袭奉恩将军。乾隆十年，卒。

泰恩　金尚第二子。乾隆十年，袭奉恩将军。五十八年，卒。袭次已尽，不……

袭。

裕

　英

　　敬

　　　文

裕英第三子。乾隆十八年，袭奉恩将军。三十五年，卒。

雍正三年，封奉恩将军。十八年，卒。无嗣。

德

索达塞第四子。雍正七年，封奉恩将军。十二年，

索达塞第三子。雍正七年，封奉恩将军。十二年，

勒浑

特昂阿

阿经图

英经昂

嵩英阿

惠第英

卒。无嗣。

齐穆布第五子。乾隆三十

勒浑第一子。乾隆二

康熙五十四年，袭六年，奉恩将

十二年，封奉恩将军。三十四年，奉恩将

封三等奉恩将军。三十五年，卒。

奉国将军。乾隆四年，

军。六十一年，卒。

一年，卒。无嗣。

锡穆

德亨

亨德布第三子。雍正十三年，封奉

齐穆布第三子。康熙二十

十四年，封奉

	矩桓 庄额正泰子。庄泰嘉庆十四年袭奉恩将军。咸丰二年缘事革退。
	正额 和正铭全子。乾隆十三年封辅国将军。袭奉恩将军。嘉庆十四年卒。
封三等奉国将军。乾隆四年，卒。乾隆十年，缘事革退。奉恩将军。	全铭 发度第一子。康熙三十年，封辅国将军，乾隆十三年，封三等奉国将军。三十五年，以昭莫多军功，晋二等。嘉庆十四年，卒。
	发度 喀布喇第四子。康熙二十年，封辅国将军，乾隆二年卒。四年，缘事革退。五

				图肯 宝建		克勒善拉
十一年，卒。	德。	仪尚德喇布嘎	宝格建第五子。康熙十	德仪第五子。康熙十	建宝第建第一子。乾隆	善拉第一子。乾
			七年，袭三等辅	四子。乾隆二十一	七年，袭奉	德仪善第一子。雍
			国将军。乾隆	年，袭辅国将军。乾隆	国将军。乾隆	正五年，隆三年，
			四十一年，因病	二十一年，卒。	二十一年，卒。	封二等奉恩... 袭奉恩
			革退。	恩诏将军。乾隆	处死，黜宗室。	

林
阿富第一子。嘉庆十

西布
康额图第二子。乾隆二十

康阿
蒙额图第一子。乾

富图
双贵第三子。乾隆二十三年，奉恩将军。十三年，卒。

额恒
双贵第二子。乾隆八年，封奉恩将军。二十四年，袭奉恩将军。二十八年，卒。

尔佛
双贵第一子。乾隆二十

双
拉善第二子。乾隆八年，卒。

军。乾隆十六年，二年，卒。

奉国将军。四

八年，袭奉恩将军。嘉庆十六年，卒。

七子，袭奉恩将军。十八年，卒。

八年，袭奉恩将军。二十年，卒。无嗣。

安景拉善　第三子。乾隆九年，封奉恩将军。二十四年，缘事革退。

照雅尼翰　富良第四子。

翰富良锡良　锡良第一子。

祜禄巴布泰

锡

克額

舒圖托
富良舒圖第三子。雍正
三年，卒。

禪倭經
雍托禪第二子。雍正二年，袭恩将軍。

秀
翰額第一子。乾隆十二年，袭奉恩将軍。十七年，卒。

魁額
穆額第一子。乾隆四十年，袭奉恩将軍。嘉慶十一年，卒。

穆額
多義第五子。乾隆十三年，袭奉恩将軍。乾隆四十年，卒。

辗穆
尼雅翰第三子。雍正五年，卒。

義辗
多義第五子。雍正三年，卒。

多義
國將軍。康熙三十九年，卒。雍正五年，卒。康熙四十四年，緣事革退。

第三子。順治十三年，袭三等鎮國将軍。三十年，卒。

二子。康熙十六年，袭封三等輔國将軍。康熙三十九年，卒。

康熙二年，袭三等奉恩将軍。九年，卒。

德裕　連喜第一子。光緒三十一年，襲奉恩將軍。

喜慶　瑞慶第一子。同治十三年，襲奉恩將軍。光緒三年，卒。

慶連　福松阿第一子。道光九年，襲奉恩將軍。同治十二年，卒。

松瑞　倭興額第一子。嘉慶四年，襲奉恩將軍。道光十九年，卒。

升福阿　祿隆多第一子。乾隆五十一年，襲奉恩將軍。嘉慶十三年，卒。

倭興額　祿隆多第五子。雍正十三年，封三等奉恩將軍。乾隆六年，卒。

祿隆多　新多額第五子。雍正十三年，封三等奉國將軍。乾隆二十一年，卒。

新多額　斐富良第五子。雍正四年，封三等奉國將軍。乾隆六年，卒。

斐富良　……正三年，封三等奉國將軍。五年，卒。正五年，襲奉恩將軍。乾隆三年，卒。乾二十年，二子，嘉慶二十年，因病告退。二十五年，緣事革退。

哈塔喀	锡托富喀	和泰	伦素	兴秀	良
卒。	卒。	卒。	卒。	卒。	卒。
富良第八子。雍正九年,封三等奉国将军。八年,卒。	哈塔喀第一子。雍正九年,封三等奉国将军。乾隆五年,卒。	富喀第二子。乾隆五年,袭三等奉国将军。乾隆四十年,卒。	锡托第二子。乾隆四十年,袭奉恩将军。乾隆五十六年,卒。	和泰第一子。乾隆五十六年,袭奉恩将军。嘉庆四年,卒。	伦素第一子。嘉庆四年,袭奉恩将军。咸丰三年,袭次已尽,不袭。

格

德类　太祖第十子,天命十一年,封贝

勒。天聪九年,卒。以谋逆发觉夺贝勒,子孙降红带子。

巴布

大祖第十一子。初封镇国将军。崇德八年,以罪并子阿喇喇处

死。

阿济格

和度

太祖第十二子。
天命十一年,以功封
勒。崇德三年,卒。
元年,以无嗣。

阿济格第一子。初封辅
国公。顺治十
一年,以治元年,
功封贝子。崇
德元年,以无嗣。

博勒赫

勒构

孝构

延辇

功封英
武英郡王。
顺治元年,晋英
亲王。八年,以罪
处死,其死,康熙五
年,卒。

阿济格第二子。顺治
二年,封镇国
公。八年,封辅国公。
六年,卒。

博勒赫第二子。顺治十
年,封镇国公。
将军,卒。

第一子。康熙
五年,封镇国
公。八年,以罪

第二子。康熙
五年,封镇国公。
六年,卒。

康熙六
年,卒。

镇都　缉都

克塞　严素

严素　缉都

拜第　严素

子孙降为庶人。

年，以父罪黜宗室，卒。无嗣。

次子博勒赫无罪，仍入宗室。乾隆四十三年，将其后人伯尔逊等支子孙列入宗谱。

第一子。康熙二十年，封辅国公。三十四年，卒。

第二子。康熙十一年，封辅国公。复康熙四十一年，封辅国公。三十七年，追封镇国公。

第三子。康熙三十四年，卒。无嗣。

兴九　绥成

绥成　缉都

谦德

第九子。乾隆十四子。乾隆二十三年，追封辅国公。一年，袭镇国公。六年，袭三等镇国公。二十六年，袭三等镇

耀

存　昫第□子。宣统二年，袭奉

昫　隆第二子。光绪十六年，袭奉

隆　哲良第二子。咸丰六年，袭

哲　良平第二子。道光

良　平秀第二子

平　秀德第二子。道光十一年，袭　光绪二十

秀　德华第二子

德　华第二子。道光

华　硕臣子。道光十一年，袭奉恩将军。光绪二十一年，袭

英　顺德第九子。乾隆三十七年卒。无嗣。

华　顺德第七子。乾隆三十二年，袭恩骑尉。嘉庆三年，袭奉恩将军。道光元年，缘事革退。

德　国将军。二十二年，卒。无嗣。

顺　年，缘事革退。

华英之奉恩将军。二十七年，卒。

袭奉恩将军。咸丰五年，卒。

袭奉恩将军。光绪十六年，卒。

奉恩将军。宣统元年，卒。

普照都

绵克第八子。康熙三十七年袭辅国公。五十二年，缘事革退。雍正元年，以功复封辅国公。二

普亨照

普照子。雍正二年，袭辅国公，追论父罪革爵。

新

魁　麟达　照略　经	楼柰
第琉达第一子。乾隆六年，袭辅国公。十年，缘事革退。谥简。	阿济格第五子。原封亲王。以罪削爵赐自尽。
孙隆德第九子。康熙五十二年，袭辅国公。雍正十年，缘事革退。	
埠克都尉。雍正五年，袭镇国公。	
经略照都年，卒。	

努
齐浑
塞勤第
一子。雍

勤齐
尔发
第一子。康熙三

塞
苏尔发
多尔博第二子。顺

尔
多博
多尔衮第

发
尔衮
大祖第

多
多衮
十四子。雍

顺　慕　来　祜　度　扎　昆　武
布　慕　来　祜　布　泰　昆泰　扎昆泰
赖慕布，　慕尔祜，　来祜，　祜度，　度布，　扎泰，　康熙六年，袭珠　第一子。
大祖第　赖慕　来祜第　祜度第　奉恩将军，　奉恩　卫奏珠三等
十三子。　布第　二十来祜第　二十来祜之　乾隆元年，　将军，袭　子。乾隆二
顺治二　恩将军，　二年，卒。　将军。二　袭奉恩　奉恩将
年，封奉　封奉国将　国将军。　年，卒。　将军，　军，袭奉恩
恩将军，　军。寻封　寻封奉　晋封　十八年，　将军十二年，
封辅国　辅国将军。　恩将军。　辅国公。　卒。　卒。
公。谥曰　二十八年，
介直。　革退。

恩宝	颖淳	松淳	如功	宜布
淳颖第一子。嘉庆四年，封不入八分辅国公。六年，袭辅国公。二十七年，卒。谥曰恭慎。	如松第三子。乾隆十六年，袭辅国公。四十八年，袭睿亲王。嘉庆五年，薨。谥曰恭。	功宜布第二子。乾隆五年，追封信郡王。三年，袭辅国公。十一年，卒。谥曰勤。	功宜布。雍正七年，命为多尔衮后。乾隆十七年，追封信郡王。四十三年，复封睿亲王，谥曰忠，配享太庙。	以功封贝勒。崇德元年，晋睿亲王。顺治四年，薨。以罪追夺王爵，乾隆四十三年，追封睿亲王，谥曰忠，配享太庙。

康熙十八年，封贝勒。康熙二十年，卒。乾隆四十三年，晋镇国将军。四十九年，卒。乾隆四十三年，袭辅国公。四十三年，薨。谥曰简。

诚兄克。

淳颖　禧恩第二子。嘉庆七年，封镇国将军。道光十二年，晋不入八分辅国公。

寿荣禧恩第一子。同治四年，封辅国将军。道光六年，袭辅国将军。同治四年，卒。六年，卒。无嗣。

寿荣第二子。道光五年，袭辅国将军。

崇　禧恩第　辅国公。二十六年，缘事降镇国将军。咸丰二年，卒。二

寿　禧恩第　道光十八年，封三等辅国将军。二十九年，卒。

信郡王。恪。四十四年，追封睿亲王。
四十三年，追封睿亲王。

卒。无嗣。

徵禧　寿恩第五子。道光二十四年，封辅国将军。同治四年，卒。

琳徽　寿徽第二十子。光绪二年，袭奉国将军。光绪二十七年，卒。

诚　

文　

斌　第一子。光绪二十八年，袭奉恩将军。光绪二十年，卒。寿徽第二十一子。同治七年，卒。

兴德　寿恩第八子。咸丰六年，封辅国将军。同治八年，卒。

宽　兴德第五子。同治八年，袭奉国将军。光绪十年，卒。无嗣。

	斌　魁长第四子。光绪二年，袭镇国将军。
诚　惟寿第一子。同治十年，光绪九年，封三等奉国将军。光绪二年，卒。无嗣。	长　德长第二子。咸丰七年，袭二等镇国将军。同治四年，薨。谥曰勤。
惟　惠恩第一子。道光九年，封三等辅国将军。同治十年卒。	寿　仁寿第三子。道光六年，封二等奉国将军。同治三年，薨。谥曰僖。
安　惠恩第一子。同治十年，封三等辅国将军。十三年卒。	仁　端恩第六子。嘉庆七年，袭睿亲王。道光六年，薨。谥曰僖。
恩　恩颖第三子。嘉庆十年，封三等镇国将军。十三年，降二等，寻卒。	恩　端颖第四子。嘉庆七年，袭睿亲王。道光六年，薨。谥曰勤。
惠　淳颖第三子。嘉庆十年，封三等镇国将军。同治十三年，降二等，寻卒。	端　淳颖第四子。嘉庆七年，袭睿亲王。道光六年，薨。谥曰勤。

光 文 岫 德		隆 德	
仁寿第 六子。德 岫子。光 宣统二		仁寿第 四子。同 治七年， 封二等 镇国将 军。光绪 二十一 年，卒。无 嗣。	睿亲王。 光绪二 年，薨。谥 曰悫。

绪六年，袭镇国将军。封镇国将军。将军。宣统二年，卒。	文昆华 仁寿第七子。光绪三十二年，封二等辅国将军。三十年，卒。	
	德钢 仁寿第八子。光绪三年，	

封二等镇国将军。十年,卒,无嗣。

裕恩　淳颖第六子。嘉庆十四年,封二等镇国将军。道光二十五年卒。无嗣。

吉恩　淳颖第八子。嘉……道光二……

寿　吉恩子。

庆十七
年，封三
等镇国
将军。同
治七年，
卒。

十四年，
封三等
辅国将
军。光绪
十一年，
卒。无嗣。

恩
谦
淳颖第
九子。嘉
庆二十
一年，封
二等镇
国将军。
咸丰七
年，卒。
无嗣。

瑞　崇哲　福盛　惠茂　绥基　尔扎　札鄂　尼多　铎多

多铎　大祖第十五子。崇德二年，初封贝勒。以功封郡王，赐号墨尔根。顺治六年，晋豫亲王。顺治九年，坐父罪，缘事降贝勒。[后]晋豫亲王，谥曰和。

多尼　多铎第二子。顺治七年，袭信郡王。康熙六年薨。顺治十四年，晋信亲王，谥曰宣和。

鄂札　多尼第二子。顺治九年，封世子。顺治十四年，袭信郡王。康熙四十一年薨。

德昭　鄂札第五子。康熙四十五年，袭信郡王。恩封将军。乾隆二十五年薨。

华龄　德昭第二子。乾隆十一年，袭封郡王。信郡王，恩封将军。乾隆二十五年薨。

扎尔布　第一子。康熙四十年，袭奉恩将军。雍正十年卒。

基绶　第二子。雍正十年，袭奉恩将军。乾隆二十年卒。

茂惠　第一子。乾隆二十年，袭奉恩将军。嘉庆二十年卒。

盛福　额第一子。乾隆五十三年，袭奉恩将军。道光十四年卒。

崇额哲　第一子。道光十四年，袭奉恩将军。光绪二十五年卒。次已尽，不袭。

裕丰　修龄第十四格。四十三年，追封豫郡王。

十七年，缘事薨。谥曰革退。

裕龄　德昭第乾隆十五子。乾隆五十三年，乾隆十六年，袭豫郡王。四十三年，以多铎故事革爵。一子。乾隆十一年，袭豫郡王。嘉庆十九年，缘事革爵。

裕瑞

裕　修龄第二子。乾隆六十之最，追国诸王功为开复豫封诸王。仍袭豫入八分令修龄复豫来王。以佐命殊功，

年，以功加德豫亲王。四年，加封辅政叔德亲王。六年，薨。九年，坐多尔衮罪追降郡王。谥曰通。乾隆四十三年，复豫亲王。以佐命殊功，

裕兴　修龄第二子。乾隆六十年，封不入八分辅国公。嘉庆十九年，袭镇奉王。二十五年，缘事革退。

来王。五十一年，薨。谥曰良。辅国公。嘉庆八年，缘事革退。

配享大庙。

裕全	义道	本格	懋林	
修龄第五子，嘉庆四年，封不入八分辅国公。二十五年，袭豫亲王。道光二十年，薨。谥曰厚。	裕全第二子。道光二十年，袭豫亲王。同治七年，薨。谥曰慎。	义道第一子。同治七年，袭豫亲王。光绪二十四年，薨。谥曰诚。	盛照子，道光本格嗣子。光绪二十五年，袭豫亲王。	义阅 道光第三子。道光三十年，封镇国将军。咸丰七年，

宜咸

祥　福阿
福　祥

英　龄　福阿
德　昭

福祥阿第一子。嘉庆十年，奏袭将军。嘉庆将军。十咸丰八

德昭第十六子。英龄第乾隆三二子。嘉庆四年，庆十五年，封奉恩将军。嘉庆将军。十五年，封奉恩将军。

宝义　裕全第四子。咸丰元年，封二等镇国将军。同治四年，卒。无嗣。

卒，无嗣。

庆三年，卒。无嗣。

和博尔　纲嗣第一子。乾隆四十四年，卒。

保纲　玛第一子。乾隆二十三年，袭奉恩将军。四十四年，卒。

察玛　扎克丹第一子。康熙十一年，袭奉恩将军。乾隆二十三年，卒。

扎克丹　鄂明第四子。康熙九年，封三等奉国将军。三十九年，袭奉恩将军。六十年，卒。

鄂明　多尼第四子。康熙九年，封三等奉国将军。三十九年，袭奉恩将军。六十年，卒。

济拉芬　鄂明第五子。康熙五十一年，封奉恩将军。

济昌　多尼第子。

麟庆　济昌嗣子。乾隆二十五年，袭奉恩将军。

	察尼 查达
	察尼，多铎第四子。顺治十二年，封贝勒。康熙十年，封奉恩辅国勤。康熙十九年，十三年，缘事革爵。二十七年，卒。
	查达，尼第一子。康熙二十年，封奉恩将军。雍正十二年退，复以辅国公品级殡葬。谥二十三

奉恩将军。乾隆二十五年，卒。	
五十六年，卒。	

泰
鄂齐礼第三子。康熙五十一年，封奉恩将军。雍

鄂齐礼
鄂多铎第七。顺治十八年，封贝勒。康熙十六年，奉国将军。

洞鄂
鄂多绎第七。康熙三十一年，勘。康熙七年，封奉恩

福
德察尼第五子。康熙十五年，封奉恩将军。三十七年，缘事革退。

曰恪僖。年，卒。

		硕 恭阿第二子。乾隆
		庆尔乌阿 善恭阿乾隆二子。乾隆
		乌尔恭阿 鄂齐礼第十五子。乾隆
		积善 鄂齐礼

费扬阿，鄂齐礼第五子。康熙五十一年，封奉恩将军。五十八年，卒。无嗣。

缘事革退。

正四年，四年，卒。退。

以无军功革退。乾隆四年，四十二年，袭信郡王。四十五年，薨。

五年，袭奉恩将军。二十年，卒。 袭奉恩将军。二十五年，卒。 袭奉恩将军。嘉庆元年，四十六年，因病革退。无嗣。	
查齐　洞鄂第十六子。雍正九年，封三等奉国将军。乾隆二十七年，缘事革退。十… **库珠**　查库齐第二子。乾隆八年，封奉恩将军。乾隆十四年，缘事革退。 **和珠**　第二子。	

永诚	明智	新	爱	和	绰诺		福	延达	喇讷	席	毕	扬古	费古
明智泰第一子。嘉庆三年,袭奉将军。嘉庆因病告退。	爱新和诺第一子。乾隆四十年,袭奉将军。嘉庆十八年,袭奉恩将军。同治十二年,卒。		奎库齐绰诺第四子。乾隆十二年,封奉恩将军。三十年,卒。		六年,卒。		讷讷延第二子。乾隆二十年,封奉恩将军。	第八子。雍正三年,封奉将军。四年,封奉恩将军。	毕扬古第二子。康熙二十年,封一年,封奉恩将军。		费古多铎第八子。康熙二年,封三等		

永诚,嘉庆十九年,袭奉将军,卒。二年,卒。袭次已尽,不袭。

喜

达巴延第
二子。乾
隆三十
二年，袭

福

延尚

巴延　毕喇席

第九子。乾隆八年，

雍正三年，封奉恩

恩将军。奉将军。三

八年，十二年，

卒。　卒。

奉国将军。五十一年，晋辅国公。

奉恩将军。雍正四年，卒。

乾隆二十四年，因病告退。

庆
二年，嘉元年，卒。无嗣。

奉国将军。五十八年，缘事革退。雍正元年，卒。

						泰克色额
						克色星
						吉色星
奉恩将军。四十五年，卒。无嗣。	世照永阿明	毕喇席第十三子。雍正六子，乾隆四年，封奉恩将军。乾隆二十四年，卒。嘉庆十八年，缘事革退。			桓色叙和岳布	
					詹布青管楊場古	

	诚	裕	英	文	谦	吉

诚　英第二子。光绪十一年，袭奉恩将军，卒。

裕　文第二子。同治四年，袭奉恩将军。光绪十年，卒。

英　文谦子。

文　吉谦子。

谦　色克星额子。

吉　色克星额子。

顿第一子。道光二年，袭奉恩将军。同治三年，卒。

恒第一子。嘉庆三年，袭奉恩将军。道光元年，卒。

叙三子。嘉庆八年，袭奉恩将军。嘉庆十六年，卒。

乾三子。隆四十四年，袭奉恩将军。嘉庆二年，卒。

乾七子。隆九年，袭奉恩将军。乾隆十六年，因病告退。

第五子。康熙十三年，封奉恩将军。乾隆九年，卒。

英　康熙第一子。

遥努根　努达扬古第六子。

康熙三十八年，袭封奉恩将军。十四年，卒。 熙四十五年，袭奉恩将军。乾隆四年，卒。	
费扬果 太祖第十六子。太宗时，获罪正法，子孙降为红带子。	

清史稿卷一六三

表第三

皇子世表三

大宗系

豪格	国泰
大宗第一子。初封贝勒。天聪六年，晋和	豪格第二子。顺治十年，封辅国

颂贝勒。崇德元年,以功退。

熙三年,缘事革

松健　图讷子。封奉恩将军。

晋肃亲王,以功勒。二年,复封肃亲王。六年,降郡王,康熙十一年,缘事革卒。以功复封肃亲来

图讷　武礼子。封奉国将军。缘事革退。

武礼　握赫纳第一子。顺治熙元年,三子。顺治十年,

握赫纳　王。缘事降贝勒。二年,复封肃亲王。六年,降郡王,熙七年,熙元年,以功复封肃亲来

额尔德蒙额　德蒙额　图讷子。封奉恩将军。

春韶　永俊第三子。乾隆二十

成信　丹臻第

永俊　成信第三子。乾隆十七,隆二十

丹臻　富绥第

富绥　王。顺治元年,缘事降贝子。顺治八年,熙九年,熙四十年,寻复封

	永锡	敬敏	华连
	成信第五子。乾隆四十三年，封三等奉国将军。道光元年，薨，追封肃亲王。	永锡第一子。乾隆四十三年，袭封不入八分辅国公。道光元年，薨。	敬敏第一子。乾隆十七年，嘉庆六十年，封不入八分辅国将军。道光九年，

七年，封奉恩将军。二十八年，卒。

封奉恩将军。乾隆二十三年，卒。四十三年，追封肃亲王。

肃亲王。袭亲王。五年，革爵，幽禁自尽，年，以无事被害，追封肃亲王。十三年，追谥曰武。乾隆四十三年，以佐命殊功配享太庙。

袭亲王。改号曰显。康熙八年，薨，谥曰悫。

袭显亲王。七年，封一等奉恩将军。国将军。乾隆二年，卒。十三年，卒。四十三年，追封肃亲王。

华丰　敬敏第二子。道光四年，封三等镇国将军。九年，封不入八分辅国公。咸丰三年，袭肃亲王。同治八年，薨。谥曰恪。

隆勤　华丰第二子。同治元年，封三等镇国将军。九年，封镇国将军。光绪十四年，袭肃亲王。二十年，薨。谥曰良。

善耆　隆勤第二子。光绪十二年，封镇国将军。二十二年，封镇国将军，二十四年，袭肃亲王。

宪章　善耆第二子。光绪三十年，封不入八分辅国公。

宪德　善耆第二子。光绪三十二年，封不入八……

……袭肃亲王，卒，无嗣。谥曰恭。

分辅国公。			善豫　隆懃第二子。光绪十四年，封二等镇国将军。	善亨　隆懃第三子。光绪十四年，封二等镇国将军。二十五年，

卒。无嗣。	善旌 隆懃第四子。光绪二十四年。宣统元年，袭镇国将军。封二等镇国将军。宣统元年，卒。	宪同 善旌嗣子。光绪元年，袭镇国将军。		善峒 隆爱第四子。同治二年，封二等辅国将军。光绪年，袭镇国将军。	隆爱 华丰第四子。同治元年，封二等镇国将军。光绪年，袭辅国将军。	

			善诒
二十三年,卒。	隆普 华丰第十子。光统三年,封二等镇国将军。	隆鋆 华丰第十一子。光绪十四年,封二等镇国将军。	隆慧

慧第

隆 华丰第十二子。光绪三年，封二等镇国将军。十六年，休致。

一子。光绪十七年，袭捕国国将军。

隆志 华丰第十三子。光绪六年，封二等镇国将军。

隆庄 华庄第

隆恰 华庄敏敏第

四子。道二子。咸
光六年，丰三年，
封二等 封三等
镇国将 辅国将
军。咸丰军。六年，
五年，卒。袭二等，
十年，卒。
无嗣。

隆懋

华庄第
四子。咸
丰七年，
封三等
辅国将
军。同治
十一年，
卒。无

敬叙	硕庆	德琨	嗣。
永锡第二子。嘉庆四年，封不入八分辅国公。道光六年，卒。	敬叙子。道光六年，袭镇国将军。三十年，卒。	硕庆子。咸丰元年，袭三等辅国将军。	

敬效	蔚枢	春贤	成麟
永锡第三子。嘉庆十一年，封不入八分辅国公。光绪四年，辅国公。同治四年，	敬效第二子。道光十一年，袭不入八分辅国公。同治四年，袭镇国将军。将军。光	蔚枢第一子。同治四年，袭镇国将军。光绪七年，卒。	春贤子。光绪八年，袭奉国将军。

			普荣	盛昌	恒龄	敬敔
道光十年，卒。卒。	敬征 永锡第四子。嘉庆十年，封不入八分辅国公。咸丰元年，卒。无嗣。		盛昌第一子。光绪六年，袭奉国将军	恒龄子。道光三十年，袭三等辅	敬敔第一子。道光四年，袭三等	永锡第五子。嘉庆十七年，封不入

入八分辅国公。道光四年，卒。

镇国将军。三十年，卒。

国将军。光绪五年，卒。

将军。十七年，卒。无嗣。

恒训 散教第二子。道光二十四年，封辅国将军。光绪九年，卒。

盛昆 恒训第一子。光绪十年，袭奉国将军。

敬歆 永锡第六子。道光十八

志勖 敬歆第三子。嘉庆十四年

桂龄 承光第一子。同治九年，袭奉国将军。光绪十年，休致。 **麒兆** 锐正第二子。光绪二十		
承光 志良第一子。道光十八年，封辅国将军。同治九年，卒。 **锐正** 敬敩第二子。道光十六年		
年，封二年，袭辅等镇国将军。道咸丰八将军。光十八年，卒。年，卒。无嗣。 **志良** 敬敩第四子。光十八年，封辅国将军。同治九年，卒。 **敬敩** 永锡第八子。嘉庆十四		

年，封三年，封三年，袭奉
等镇国等辅国国将军。
将军。道将军。光宣统元
光二十绪元年，卒。
七年，年，卒。
卒。无嗣。

瑞全
敬数第
三子。道
光十六
年，封三
等辅国
将军。二
十二年，
卒。无
嗣。

恩荣　锐艺

敬敫第四子。道光十八年，封三等辅国将军。光绪二十二年，因病告退。

锐艺第五子。同治三年，封奉国将军。光绪二十

益秀　麟定第二子。同光绪十四年，袭奉恩将军。

麟定　锐芬第二子。道光十八年，封三等辅国将军。同治十年，袭奉国将军。光绪二十年，光将军。光绪二十

锐芬　敬敫第五子。道光十八年，封三等辅国将军。同治十年，袭奉国将军。光绪二十年，治十年，四年，

质浚　敬斌第二子。道光二十四年，封三等辅

保岱　质善第三子。同治三年，袭奉国将军。光绪四年，无嗣。

质善　敬斌第十子。道光元年，封二等镇国将军。咸丰七年，卒。

同治三年。道光十八年，封二等奉国将军。同治四年，光绪四年，卒，无嗣。同治三年，卒。

敬斌　永锡第十子。道光元年，封三等镇国将军。同治三年，卒。

因病告退。

敬斌

崇恩　灵秀第一子。道二子。同

灵秀　祥璧第二子。乾一子。

祥璧　纯裕第一子。乾一子。

纯裕　宝铭第一子。乾一子。

宝铭　延德第三子。乾一子。康

延德　丹臻第七子。康三子。

国将军。同治十二年，卒无嗣。

衍璜

丹臻第六子。康熙四十一年，袭显亲王。乾隆三十六年，薨。谥曰谨。

熙五十年，封三等奉国将军。乾隆二十四年，因病告退。

隆五十年，袭奉恩将军。乾隆二十八年，因病告退。

隆六十年，袭奉恩将军。道光二年，卒。

光二十年，袭奉恩将军。同治二年，卒。

治四年，袭奉恩将军。光绪二十三年，因病告退。次袭已尽，不表。

拜察礼　当绥第五子。康熙五十五年，封三等奉国将军。乾隆三十七年，因病告退。

蕴著　拜察礼第三子。乾隆四年，封辅国将军。乾隆三十七年，卒。

舒明　蕴著第二子。乾隆八年，封三等奉恩将军。二等奉恩将军。乾隆二十年，袭奉恩将军。嘉庆五年，卒。

忠灵　舒明第一子。乾隆二十年，封二等奉恩将军。嘉庆十一年，卒。

聪顺　忠灵第一子。乾隆五十年，袭奉恩将军。七年，卒。

	壁芳	惠营	忠杰	淑衡	蕴清	
卒。乾隆二十七年，袭显亲王。乾隆三十三年，追封显亲王，复封始封之号曰肃。谥曰亲，谥曰夑，谥曰勤。	惠营子。嘉庆十三年，袭奉恩将军。道光十四年，卒。无嗣。	忠杰子。	淑衡第一子。乾隆三十一年，袭奉恩将军。嘉庆十三年，卒。	蕴清第二子。乾隆十九年，袭奉恩将军。乾隆三十年，卒。	拜察礼第四子。雍正三年，封三等奉国将军。乾隆十九年，卒。	淑德
					蕴兴	

拜察礼 蕴兴子。雍正四年，封三等奉国将军。乾隆二十二年，病告退。第六子。乾隆二十二年，袭奉恩将军。乾隆十九年，缘事革退。	
伽蓝保 富绥第六子。康熙二十二年，封三等辅国将军。	

佛永惠 猛峨第 五子。順 治十四 年,封温 郡王。康 熙十三 年,薨。 諡曰良。 **猛峨** 豪格第 …… 四十六 年,緣事 革退。		**揆惠** 延綏第 二子。康 熙十七 年,薨温,封奉 **延綏** 猛峨第 二子。康 熙五十 年,薨温,封奉

延信

揆良
延绶第二子。康熙五十年，袭恩封将军。乾隆十五年卒。

普禄
揆良第二子。乾隆七年，封奉恩将军。乾隆五十五年，卒。

恩将军。五年，袭辅国公。雍正元年，缘事革爵。

郡王。三十七年，降贝勒。五十四年，卒。

猛峨第三子。康熙二十七年，封三等奉国将军。雍正元年，袭贝子。寻以晋郡功晋郡王。六年，因罪革爵，子孙降为红带子。

星保

豪格第六子。顺治十四年，封辅国将军。康熙五年，缘事革退。	洛格太宗第二子。早卒。无嗣。	
	洛博会太宗第三子。早	

							灶君保	双关保
				扎延佛尔奇	延佛尔奇	额尔奇	双关保	灶君保
卒。无嗣。	叶布舒	苏尔登	佛尔奇	佛尔奇第三子。雍正二年,卒。无嗣。	佛尔奇第四子。康熙五十四年,封三等镇国将军,袭辅国将军。乾隆六年,卒。	苏尔登第六子。乾隆七年,封奉国将军。	额尔奇第二子。乾隆十年,袭奉国将军。	双关保第三子。乾隆四十三年,袭十三年,表十三年,
	太宗第四子。封三等镇国将军。康熙八年,晋辅国将军,卒。	叶布舒第一子。封镇国将军。康熙十四年,封辅国公。二十一年,因病告退,卒。	苏尔登第四子。康熙五十四年,封四等镇国将军。雍正二年,卒。					

恩将军。 奉恩将 奉恩
十六年， 军。四十 将军。五
卒。 二年，卒。 十一年，
 卒，无嗣。

顾塞 博果铎

大宗第 顺塞第
五子。顺 一子。顺
治元年， 治十二
封承泽 年，袭奉
郡王。八 恩将军，
年，以功 改号
晋豫王。 曰庄。雍
十一年， 正元年，
薨。谥曰 薨。谥曰
裕。 靖。以圣
 祖十六
 子允禄

表第三·皇子世表三　　　　　　　　　　　　　　·3537·

博翁果诺	球琳	福苍	德谨	德春
颁塞第二子。康熙四年，封惠郡王。二十三年，缘事革爵，事革事	福苍第一子。雍正元年，表贝勒，六年，惠郡王。乾隆十五年，缘葬，十年，降一年，追封贝勒。二贝勒。	博翁果诺第五子。康熙五十四年，乾隆五年，卒。以贝勒级殡，二十品封惠郡王。	球琳第四子。乾隆二十三年，表贝勒，晋辅国公。二十八年乾隆，缘事革退。	球琳第三子。乾隆二十九年，表镇三等十二年，缘事革退。

为后。

			万祥	恒麟	英萃	中端
	德三	徙义	肃章阿第二子，徙义二子。道	万祥第二子，徙义二子。道	恒麟子。道	英萃子。同治十
国将军。二十三年，因病告退。	球琳第四子。乾隆五十三年，袭三等辅国将军。	德三第三子。乾隆三十三年，袭三等辅国将军。嘉庆十六年，缘事革退。				

三年，袭奉恩将军。光绪十四年，卒。		
	英茂　恒麟第三子。光绪十四年，袭奉恩将军。	
族弟。嘉庆十五年，袭奉恩将军。道光十五年，卒。		
年，袭奉恩将军。同治十三年，卒。		
	明赫　博翁果诺孙，伊泰子。乾隆二年，封镇国	

公。四年，缘事革退。		
	荣贵 靝额布第六子。康熙五年，袭封三等奉国将军。十年，卒。	
靝额布 领塞第三子。康熙五年，袭封三等奉辅国将军。二十年，卒。二十二年，卒，谥曰温僖。		靖桓 高鋆第一子。康熙九年，封辅国
高鋆 太宗第六子。初封辅国		

云升	释迦保	释迦保	忠福保		
高鉴第三子。康熙十七年，封不入八分辅国公。二十六年，缘事革退。雍正三年，正三年，	云升第二子。雍正六年，袭三等镇国将军二十八年，乾隆元年，缘事革退。	释迦保第一子。乾隆二年，袭辅国将军。二十八年，缘事革退。	释迦保第一子。乾隆二年，缘事革退。	袭不入八分辅国公。雍正六年，缘事革退。	公。康熙八年，晋镇国公。九年，卒。谥曰悫厚。

常舒
大宗第

德明
常舒第

成孚
高塞第
五子。康
熙二十
二年,封
不入八
分辅国
公。六十
年,缘事
革退。雍
正元年,
卒。以公
品级殡
葬。

卒。

海林	福普	塞沙达	慧文	
常舒第七子。初封三等镇国将军。康熙八年，晋辅国公。十四年，缘事革退。三十七年，封辅国公品级。三十八年，卒。	海林第一子。乾隆元年，封奉恩将军。十三年，卒。	福普第一子。乾隆九年，袭奉恩将军。二十三年，卒。	塞沙达嗣子。乾隆二十四年，袭奉恩将军。五十年，卒。	灵泰 容吉 韶塞

庆诚

阿尔吉图　阿尔吉图第一子，明尧第一子。乾隆四十一年，袭奉恩将军。咸丰元年，卒。

明尧　谕德第二子。乾隆元年，封奉恩将军。十年，卒。嘉庆十一年，袭奉恩将军。

谕德

大宗第十子。康熙五十一年，袭镇国将军。三十四年，卒。

容吉第五子。康熙二十二年，封三等辅国将军。雍正十三年，缘事退。

韬塞第四子。初封三等镇国将军。康熙八年，晋辅国公。四十三年，缘事退。

				世祖系
博穆博果尔 大宗第十一子。顺治十二年,封襄亲王。十三年,薨。谥曰昭。无嗣。			十年,卒。 卒。无嗣。	牛钮

广华 保泰第	广善 保泰第	保全 福全第二子。康熙四十一年，封世子。雍正二年，缘事革退，缘品级。六年，又革爵。	福全 世祖第二子。康熙六年，封裕亲王。四十二年，薨。谥曰宪。	世祖第一子。早卒。

保绶　福全第二子。雍正二年，表裕亲王。四年，缘事革爵。

广灵　保绶第五子。初封辅国公品级。康熙四十五年，卒。雍正

三子。雍正二年，封辅国公。寻缘事革退。

广禄　保绶第三子。雍正四年，封亮王，乾隆十四年，……三年，追……谥曰悼。

亮景　广禄第三子。乾隆……乾隆第

恒国　亮景第二子。乾隆十八……

亮清	恒维	文彦	祥来	春来
广禄第八子。乾	亮清第一子。乾	恒维第一子。乾	文彦第一子。嘉一子。乾	祥来第二子。道二子。光

衮裕来年，封三年，袭辅
王。乾隆等镇国将军。
五十年，将军。十九年，
薨。谥曰七年，卒。无嗣。
庄。

亮智
广禄第
七子。乾
隆二十
一年，封
一等辅
国将军。
三十八
年，缘事
革退。

隆三十五年，封二等辅国将军。四十一年，卒。		
隆四十一年，袭二等奉国将军。嘉庆十四年，卒。	文瑚 恒维第三子。嘉庆二十一年，封奉恩将军。同治元年，卒。	
庆十年，封奉恩将军。道光八年，卒。		
光九年，袭奉恩将军。光绪元年，卒。		
绪二年，袭奉恩将军。三十三年，卒。袭次已尽，不袭。		
	恒壁 亮柱第	亮柱 广禄第

魁璋	荣毓	继善	祥端	文和	恒存	亮焕	
荣毓第一子。咸丰十一年，十四年，袭镇国公。光绪二十年，卒。	继善第一子，祥端嗣子。道光十一年，袭镇国公。光绪十三年，卒。	祥端第一子，端嗣子。嘉庆二十一年，袭镇国公。咸丰十一年，卒。	文和第一子。乾隆二十年，袭奉恩将军。一年，卒。贝子。道光光绪十六二十年，卒。	恒存子。乾隆二十二子。第一子，祥端嗣子。道光二十一年，封奉恩将军。十三年，袭贝勒。光绪二十年，卒。	亮焕第二子。乾隆四十年，封奉国将军。九年，封恩将军，三等奉将军。十三年，封国将军。嘉庆五年，卒。	广禄第十二子。乾隆二十年，袭奉恩将军。十七年，封三等辅国将军。嘉庆元年，袭镇国将军。五年，卒。	十一子。一子。乾隆四十七年，袭封三等奉国将军。嘉庆四十八年，卒。
			祥瑞	文杰			
				道光三年，追封裕郡王。			

		荣昌			荣兆
	继凤				
祥登					祥翰
文征					继麟
恒略					

恒略　亮焕第四子。嘉庆四年，封辅国将军。道光十二年，襲将军。道光十七年，卒。

文征　恒略第三子。嘉庆二十一年，襲奉恩将军。道光十一年，襲辅国将军。光绪二十七年，因庸告退。

祥登　文征第一子。道光二十一年，襲奉恩将军。光绪七年，卒。

继凤　祥登第二子。光绪七年，襲奉恩将军。

荣昌　继凤第一子。光绪十七年，襲奉恩将军。

文杰　恒存第二子。嘉庆七年，封奉恩将军。道光十五年，襲奉恩将军。道光十四年，卒。道光十七年，卒。

封贝勒。嘉庆十三年，襲。谥曰僖。

嘉庆十三年，襲。谥曰僖。

		文义
		恒晋

祥享　文征第三子。道光三十年，封奉恩将军。光绪三十年，卒。无嗣。

祥翰　文征第二子。道光三十年，封奉恩将军。光绪十八年，卒。

继麟子。光绪十八年，袭奉恩将军。

		祥善
	文谦	
恒持		
亮魁		

恒晋　亮焕第五子。嘉庆七年,封三等镇国将军。道光二十六年,卒。无嗣。

恒津　亮焕第七子。道光十三年,封三等辅国将军。咸丰八年,卒。无嗣。

文锡　恒津第一子。嘉庆十五年,封奉国将军。奉恩将军。道光十八年,卒。无嗣。

亮庆

广禄第十四子。乾隆二十七年，封三等镇国将军。五十四年，袭三等镇国将军。嘉庆五年，卒。

恒多

广禄第十五子。乾隆五十七年，袭三等镇国将军。嘉庆十四年，封辅国将军。嘉庆五年，封辅国将军。

文谦

恒多第一子。乾隆二十五年，封奉恩将军。寻袭辅国将军。嘉庆十三年，告退。二十一年，因病告退。二十五年，卒。无嗣。道光元年，袭奉国将军。嘉庆二十一年，告退。二十五年，卒。

二年,卒。 亮远 广禄第十七子。乾隆三十五年,封二等辅国将军。嘉庆十三年,卒。 恒贵 亮远第一子。嘉庆十三年,袭奉国将军。嘉庆十五年,卒。无嗣。	亮瑚 广禄第十八子。乾隆四十年,封二等镇

	亮聪	恒翰	文初		荣亲王
国将军。嘉庆二年，卒。无嗣。	广禄第二十一子。乾隆四十九年，封二等镇国将军。嘉庆元年，卒。	亮聪第一子。嘉庆二年，袭二等奉国将军。同治二年，卒。	恒翰第四子。同治二年，袭二等辅国将军。光绪二十八年，卒。无嗣。		世祖第

四子，未命名。顺治十五年，卒。无嗣。

常颖

世祖第五子。康熙十年，封恭亲王。四十三年，薨。

永绶

常颖第一子。康熙二十四年，封辅国将军。二十五年，卒。无嗣。

满都护

海普	禄穆布	斐苏	明韶	晋昌	祥林	承熙	崇略	德荫
常颖第三子。康熙三十四年，封奉恩将军。	海善子。	禄穆布子。雍正九年，隆三十四年，封奉恩将军。	斐苏第二子。雍正十一年，袭镇国将军。乾隆八年，袭贝勒。隆二十	明韶第一子。乾隆四十年，袭年，封辅国将军。五子贝勒二十	晋昌第二子。乾隆四十光八年袭不入八分镇	祥林第一子。道光二十年，光绪二十八年袭不入八镇	承熙第一子。道光一子。光绪十八年，袭不入八分	崇略第一子。光绪二十年，袭不入八分

常颖第二子。康熙五十一年，袭贝勒。雍正四年，缘事降复贝子。号国公。九年，卒。

德茂 崇略第二子。光绪二十二年，袭不入八分镇国公。

镇国公。二十一年，卒。

镇国公。光绪二十年，卒。

分镇国公。光绪十七年，卒。

国公。十三年，袭镇国公，因嘉庆崩告退。嘉庆八年，缘事革爵。二十二年，复袭辅国公。道光公。道光公。道光

镇国公。五十二年，卒。

八年，卒。十二年，卒。

玉彩 晋隆第二子。嘉庆十年，封三等

晋隆 明韶第二子。乾隆四十九年，封三等

年。四十二年，袭贝勒。五十一年，缘事革退。雍正十年，复封贝勒。乾隆八年，卒，谥曰僖敏。

	明恭 斐苏第五子。乾隆三十年，封二等辅国将军。嘉庆元年，封二等辅国将军。嘉庆二十三年，袭奉恩将军。道光十六年，卒。缘事革事
辅国将军。道光十三年，袭一等辅国将军。嘉庆八年，袭辅国公。十二年，因病告退。缘事革爵。	连喜 嘉培第二子。嘉庆二十二年，袭三等奉国将军。道光二十年，卒。 嘉培 缘事

退。

灵瑞　庆琳第二子。道光二十年，袭奉国将军，恩袭将军。咸丰七年，卒。无嗣。

庆琳　纯暇子。道光五年，袭奉国将军。二十年，卒。

纯暇　明佩子。乾隆三十年，封二等辅国将军。道光五年，卒。

明佩　斐苏第六子。乾隆三十年，封……

官瑞　宜贵第一子。乾隆二十八年，袭恩袭将军。道光二年，咸丰……

宜贵　明缵第一子。乾隆六十年，封奉恩将军。

明缵　斐苏第十一子。乾隆四十年，封奉恩将军，袭恩将军。道光五年，卒。咸丰……

九年,卒。十七年,卒。卒。袭次已尽,不袭。	明该 玉显　明该第十一子。乾隆五十年,封奉恩将军。嘉庆十五年,因告退,卒。无嗣。	明范　斐苏第十二子。乾隆四

十九年，封奉恩将军。嘉庆二十年，卒。		
明昆 斐苏第十四子。乾隆四十九年，封奉恩将军。嘉庆十八年，因病告退。道光五年，卒。	恒春 明昆第二子。嘉庆十九年，袭奉恩将军。道光二十四年卒。	荣秀 第恒春一子。道光二十四年，袭奉恩将军。光绪九年卒。无袭次已尽，不袭。
安楚		
爱隆		
对清		

额	阿	额额	杭阿	
常额第四子。康熙三十九年,封三等辅国将军。乾隆五	对清额第四子。乾隆五年,封奉国将军。九年,卒。	乾隆五年,因两告退。	爱隆阿第三子。乾隆九年,袭奉恩将军。十年,卒。无嗣。	福格 对清额第八子。乾隆二十二年,封奉恩将军。四十二年,卒。无嗣。
				奇臣

对清颖第九子。乾隆二十二年，封三等奉国将军。嘉庆十二年，缘事革退。	
	卓泰颖第五子。康熙四十一年，封三等辅国将军。

四十四年，卒。无嗣。

奇授　世祖第六子。早卒。无嗣。

富尔祜伦

隆禧　世祖第七子。康熙十三年，封纯亲王，袭亲王。十八年，薨。谥曰靖。无嗣。

永干　世祖第